Les Nouvelles Mille et Une Nuits

Robert Louis Stevenson

Les Nouvelles Mille et Une Nuits

ÉDITIONS FRANCE LOISIRS

Traduit de l'anglais par Isabelle Py Balibar

Édition du Club France Loisirs,
avec l'autorisation des Éditions Phébus.

Éditions France Loisirs,
123, boulevard de Grenelle, Paris.
www.franceloisirs.com

ISBN : 2-7441-6996-X

Les Nouvelles Mille et Une Nuits

Première livraison
1882

Le Club du suicide

I

Histoire du jeune homme aux tartelettes à la crème

LE PRINCE Florizel de Bohême, gentleman accompli, gagna, pendant son séjour à Londres, la sympathie de toutes les classes sociales par son comportement plein de charme et une générosité unanimement estimée. Le peu qu'on savait de lui le désignait comme un homme remarquable, et pourtant, ce n'était rien en comparaison des largesses dont il était coutumier. Bien que d'un tempérament placide dans la vie quotidienne, et habitué à prendre les choses avec autant de philosophie qu'un simple paysan, le prince de Bohême n'était pas sans éprouver un certain goût pour des modes de vie plus aventureux et plus excentriques que celui auquel le destinait sa naissance. De temps à autre, quand il sombrait dans la mélancolie, qu'il n'y avait pas de comédie à voir dans aucun des théâtres londoniens et que la saison ne se prêtait pas à ces exercices de plein air où il surpassait tous ses concurrents, il mandait son confident et Grand Écuyer, le colonel Geraldine, et lui ordonnait de se préparer pour une expédition nocturne. Le Grand Écuyer était un jeune officier d'un tempérament courageux, voire téméraire. Il accueillait la nouvelle avec joie et se préparait en toute hâte. Une longue habitude et une connaissance des multiples facettes de la vie l'avaient rendu particulièrement habile à se déguiser ; il savait prendre non seulement le visage et le maintien, mais aussi la voix et jusqu'aux pensées de n'importe quelle personnalité, et excellait à copier de même chaque classe sociale ou nation ; ainsi l'attention se détournait du prince, et cela lui valait parfois d'être introduit avec ce dernier dans d'étranges sociétés. Les autorités civiles n'étaient jamais mises dans le secret de ces aventures. Le courage imperturbable de l'un, les facultés d'invention et le dévouement chevaleresque de l'autre leur avaient permis de traverser bon nombre de situations dangereuses, et ils prenaient de l'assurance au fur et à mesure que le temps passait.

Un soir de mars, une violente averse de neige fondue les contraignit à se réfugier dans un bar à huîtres au voisinage immédiat de Leicester Square. Le colonel Geraldine était habillé et grimé de façon à représenter une personne liée à la Presse, qui connaîtrait des temps difficiles ; le prince, quant à lui, s'était travesti comme d'habitude à l'aide de fausses moustaches et d'une paire d'épais sourcils adhésifs. Ces postiches lui donnaient un air hirsute et las qui, pour quelqu'un d'aussi distingué que lui, constituait le déguisement le plus impénétrable. Ainsi équipés, le colonel et son satellite sirotaient leur fine à l'eau en toute sécurité.

Le bar était rempli de monde, hommes et femmes ; mais, bien que plus d'un tentât d'entrer en conversation avec nos aventuriers, aucun d'eux ne promettait de devenir intéressant après plus ample connaissance. Il n'y avait là que les bas-fonds de Londres et la canaille la plus ordinaire ; le prince s'était déjà laissé aller à bâiller, et toute l'entreprise commençait à lui peser, quand un jeune homme suivi de deux commissionnaires pénétra dans le bar en poussant violemment la porte à battants. Chacun des commissionnaires portait un grand plat de tartelettes à la crème recouvertes d'un linge qu'ils ôtèrent sur-le-champ ; le jeune homme fit alors le tour de la compagnie, pressant chacun d'accepter ces pâtisseries avec une courtoisie exagérée. Parfois son offre était accueillie en riant ; parfois elle était rejetée avec véhémence, voire avec rudesse, auquel cas le nouveau venu mangeait systématiquement la tartelette lui-même, se livrant à un commentaire plus ou moins drôle.

Pour finir, il aborda le prince Florizel.

– Monsieur, dit-il avec une profonde révérence, tout en lui présentant la tartelette entre le pouce et l'index, voudriez-vous aller jusqu'à honorer un parfait inconnu ? Je réponds de la qualité de la pâtisserie ; j'en ai moi-même mangé deux douzaines plus trois depuis cinq heures de l'après-midi.

– J'ai coutume, répondit le prince, de ne pas tant

considérer la nature du cadeau que l'esprit dans lequel il est offert.

– L'esprit ? Un esprit de dérision, monsieur, répliqua le jeune homme, tout en renouvelant son salut.

– De dérision ? répéta Florizel. Et qui vous proposez-vous de tourner en dérision ?

– Je ne suis pas ici pour exposer ma philosophie, reprit l'autre, mais pour distribuer ces tartelettes à la crème. Si je précise que je m'inclus très volontiers dans le ridicule de cette transaction, j'espère que vous voudrez bien considérer l'honneur sauf et accepter. Sinon, vous me contraindrez à manger ma vingt-huitième tartelette, et j'avoue être las de cet exercice.

– Vous me touchez, dit le prince, et c'est avec la meilleure volonté du monde que je tiens à vous délivrer de ce dilemme, mais à une condition. Si mon ami et moi-même mangeons de vos gâteaux – pour lesquels ni l'un ni l'autre n'avons aucune inclination naturelle –, nous espérons qu'en retour vous voudrez bien vous joindre à nous pour partager notre souper.

Le jeune homme parut réfléchir.

– J'en ai encore plusieurs douzaines sur les bras, finit-il par dire ; et cela va m'obliger à me rendre dans plusieurs autres bars avant que cette grande entreprise soit réglée, ce qui risque de prendre quelque temps ; et si vous avez faim...

Le prince l'interrompit d'un geste poli.

– Mon ami et moi-même allons vous accompagner, dit-il ; car nous prenons d'ores et déjà un très vif intérêt à votre manière fort plaisante de passer la soirée. Et, à présent que les préliminaires de paix sont conclus, permettez-moi de signer le traité en notre nom à tous les deux.

Et le prince avala la tartelette avec la meilleure grâce du monde.

– C'est délicieux, dit-il.

– Je vois que vous êtes connaisseur, répliqua le jeune homme.

Le colonel Geraldine fit également honneur à la pâtisserie ; et, tous les clients du bar ayant désormais soit accepté soit refusé ses douceurs, le jeune homme aux tartelettes les entraîna vers un autre établissement du même genre. Les deux commissionnaires, qui semblaient s'être accoutumés à l'absurdité de leur tâche, venaient sur ses talons ; et le prince et le colonel fermaient la marche, bras dessus, bras dessous, échangeant des sourires tout le long du chemin. La compagnie se rendit, en cet ordre, dans deux autres tavernes, où la scène se déroula comme il a été décrit plus haut – certains refusant, d'autres acceptant les faveurs de cette hospitalité vagabonde, et le jeune homme lui-même absorbant toute tartelette qui avait fait l'objet d'un refus.

Au moment de quitter le troisième bar, le jeune homme compta ses réserves. Il ne lui restait plus que neuf tartelettes, trois sur un plateau, et six sur l'autre.

– Messieurs, dit-il à l'adresse de ses deux nouveaux compagnons, je ne voudrais pas retarder votre souper. Vous devez avoir faim, cela ne fait pas l'ombre d'un doute. J'ai le sentiment de vous devoir une considération particulière. Et, en ce grand jour, pour moi qui mets un terme à une carrière d'extravagances par l'acte le plus manifestement stupide, je souhaite me montrer généreux envers tous ceux qui m'accordent leur appui. Messieurs, vous n'allez pas attendre plus longtemps. Bien que ma santé soit ébranlée par mes excès antérieurs, au risque de ma vie je me débarrasse de la condition suspensive.

À ces mots, il enfourna les neuf tartelettes restantes, ne faisant qu'une bouchée de chacune d'entre elles. Puis, se tournant vers les commissionnaires, il leur donna deux souverains.

– Je dois vous remercier, dit-il, pour votre patience prodigieuse.

Et il les congédia l'un après l'autre d'une révérence. Pendant quelques secondes, il resta à regarder la bourse où il avait puisé pour payer ses collaborateurs, puis il la lança en riant au beau milieu de la rue et déclara qu'il était prêt à aller souper.

Dans un petit restaurant français de Soho, qui avait joui pendant une courte période d'une réputation exagérée mais commençait déjà à sombrer dans l'oubli, les trois compagnons, installés à l'étage dans un salon particulier, se firent servir un souper raffiné, arrosé de trois ou quatre bouteilles de champagne, tout en bavardant de tout et de rien. Le jeune homme avait la parole facile et enjouée, mais il riait plus fort qu'il n'était naturel à une personne bien élevée ; ses mains tremblaient violemment, et sa voix prenait soudain des inflexions surprenantes, indépendantes, semblait-il, de sa volonté. La table avait été desservie et ils avaient tous trois allumé un cigare, quand le prince s'adressa à lui en ces termes :

– Vous me pardonnerez, j'en suis sûr, mon sans-gêne. Ce que j'ai vu de vous m'a grandement réjoui mais encore plus intrigué. Et, sans vouloir pousser trop loin la curiosité, je tiens à vous dire que mon ami et moi sommes des personnes tout à fait dignes de nous voir confier un secret. Nous en avons nous-mêmes beaucoup, que nous révélons sans cesse à des oreilles indiscrètes. Et si, comme je le suppose, votre histoire est loufoque, ne vous croyez pas obligé de vous gêner avec nous qui sommes deux des hommes les plus loufoques d'Angleterre. Je m'appelle Godall, Théophile Godall ; mon ami est le major Alfred Hammersmith – ou du moins tel est le nom sous lequel il choisit d'être connu. Nous consacrons notre vie entière à la recherche d'aventures extravagantes ; et il n'est aucune extravagance pour laquelle nous n'éprouvions de la sympathie.

– Vous me plaisez, monsieur Godall, répondit le jeune homme ; vous m'inspirez spontanément confiance ; et je n'ai pas la moindre réticence envers votre ami le major, que je considère comme un aristocrate déguisé. Du moins ai-je la certitude que ce n'est pas un militaire.

Le colonel sourit à ce compliment, qui saluait la perfection de son art ; et le jeune homme reprit sur un ton plus animé :

– J'ai toutes les raisons de ne pas vous raconter mon histoire. Peut-être est-ce justement là ce qui m'incite à le faire. En tout cas, vous semblez si bien préparés à entendre un récit loufoque que je n'ai pas le cœur de vous décevoir. Quant à mon nom, en dépit de votre exemple, je le garderai pour moi. Mon âge n'est pas essentiel au récit. Je descends de mes ancêtres par une filiation ordinaire, et j'ai hérité d'eux la propriété très avantageuse où je réside encore, ainsi qu'une fortune de trois cents livres par an. Je suppose qu'ils m'ont aussi transmis une humeur légère, à laquelle mon principal plaisir a été de donner libre cours. J'ai reçu une bonne éducation. Je sais jouer du violon presque assez bien pour gagner quelque argent dans un orchestre de beuglant, mais pas tout à fait. La même remarque s'applique à la flûte et au cor d'harmonie. Je connais assez les règles du whist pour perdre environ cent livres par an à ce jeu qui est une véritable science. Mes aptitudes en français sont suffisantes pour me permettre de dilapider mon argent à Paris à peu près aussi facilement qu'à Londres. Bref, je suis une personne comblée de talents virils. J'ai déjà eu toutes sortes d'aventures, y compris un duel sans motif particulier. Il y a à peine deux mois, j'ai rencontré une jeune femme conforme en tous points à mes goûts, corps et âme ; j'ai senti mon cœur fondre ; j'ai compris que j'avais enfin rencontré mon destin et que j'allais tomber amoureux. Mais quand j'ai voulu faire le compte de ce qu'il me restait de mon capital, je me suis aperçu qu'il s'élevait à moins de quatre cents livres ! Honnêtement, je vous le demande – un homme qui se respecte peut-il tomber amoureux avec en tout et pour tout quatre cents livres ? J'en suis venu à la conclusion que non, en aucun cas ; j'ai quitté mon enchanteresse et, accroissant légèrement le rythme ordinaire de mes dépenses, je suis parvenu ce matin à mes quatre-vingts dernières livres. J'ai divisé cette somme en deux parties égales : j'en ai mis quarante de côté pour un usage particulier et j'ai décidé de dépenser les quarante autres avant la nuit. Ainsi ai-je passé une journée très divertissante et joué bien des tours, outre celui des tartelettes à la crème, qui m'a procuré l'avantage de vous rencontrer ; car j'étais déterminé, je vous l'ai dit, à mettre un terme à une carrière insensée de façon encore plus insensée ; et quand vous m'avez vu lancer ma bourse dans la rue, je venais d'épuiser mes quarante livres. À présent, vous me connaissez aussi bien que je me connais moi-même : un idiot, mais un idiot cohérent ; et, je vous prie de croire, ni un geignard, ni un lâche.

Au ton général de la déclaration du jeune homme, il était clair qu'il nourrissait des pensées très amères et très méprisantes envers lui-même. Ses interlocuteurs en vinrent à imaginer que son histoire d'amour lui tenait beaucoup plus à cœur qu'il ne voulait l'admettre, et qu'il devait caresser un dessein concernant sa propre vie. La farce des tartelettes à la crème commençait à prendre toutes les apparences d'une tragédie déguisée.

– Eh bien ! coupa Geraldine en jetant un coup d'œil au prince Florizel, n'est-il pas singulier que nous nous soyons tous trois rencontrés par le plus grand des hasards dans une jungle aussi vaste que Londres, et que nous nous trouvions dans des situations quasi analogues ?

– Comment ? s'écria le jeune homme. Vous aussi,

vous êtes ruinés ? Ce souper est-il une folie du même genre que mes tartelettes à la crème ? Le diable a-t-il réuni trois de ses séides pour une dernière ripaille ?

– Le diable, croyez-moi, est parfois fort capable d'agir en gentleman, répliqua le prince Florizel. Oui, je suis si touché par cette coïncidence, bien que nous ne soyons pas exactement dans le même cas, que je vais mettre un terme à cette différence. Que le sort héroïque que vous avez réservé aux dernières tartelettes à la crème me serve d'exemple.

Ce disant, le prince sortit sa bourse et en retira une petite liasse de billets de banque.

– Voyez-vous, j'avais environ une semaine de retard par rapport à vous, mais j'ai l'intention de vous rattraper et de parvenir à égalité au poteau d'arrivée, continua-t-il. Cela suffira, dit-il en posant l'une des coupures sur la table, pour l'addition. Quant au reste...

Il les jeta dans le feu où elles s'envolèrent en une flamme unique.

Le jeune homme tenta de retenir son bras, mais comme la table les séparait, son intervention arriva trop tard.

– Malheureux ! cria-t-il, vous n'auriez pas dû les brûler toutes ! Vous auriez dû garder quarante livres.

– Quarante livres ! répéta le prince. Pourquoi, au nom du ciel, quarante livres ?

– Pourquoi pas quatre-vingts ? hurla le colonel ; car, à ma connaissance, ce devait être une liasse de cent.

– Il n'avait besoin que de quarante livres, dit le

jeune homme tristement. Mais sans ces quarante livres, on n'est pas admis. La règle est stricte : quarante livres par personne. Maudite vie, où un homme ne peut même pas mourir sans argent !

Le prince et le colonel échangèrent des regards.

– Expliquez-vous, reprit ce dernier. J'ai encore un portefeuille passablement bien garni, et je n'ai pas besoin de dire que je suis prêt à partager ma fortune avec Godall. Mais je dois savoir dans quel dessein : allons, dites-nous donc de quoi il retourne.

Le jeune homme sembla se réveiller ; il les regarda à tour de rôle d'un air embarrassé, et son visage s'empourpra violemment.

– Vous ne vous moquez pas de moi ? s'étonna-t-il. Vous aussi, vous êtes bel et bien ruinés ?

– En ce qui me concerne, sans aucun doute, répondit le colonel.

– Et, quant à moi, ajouta le prince, je vous en ai donné la preuve. Qui, hormis un homme ruiné, jetterait ses billets au feu ? Cet acte parle de lui-même.

– Un homme ruiné... oui, répliqua l'autre, soupçonneux, ou bien un millionnaire.

– Il suffit, monsieur, dit le prince ; j'ai dit « ruiné », et je n'ai pas l'habitude qu'on mette ma parole en doute.

– Ruiné ? dit le jeune homme. Ruiné comme je le suis ? En êtes-vous arrivé, après une vie de plaisirs, à une telle extrémité que vous ne pouvez que céder à un ultime caprice ? Êtes-vous prêts... poursuivit-il en baissant peu à peu le ton, êtes-vous prêts à vous accorder cet ultime caprice ? À éviter les conséquences de votre folie en empruntant le seul chemin commode, le seul chemin infaillible ? Allez-vous fausser compagnie aux fonctionnaires du tribunal de la conscience par la seule porte qui s'offre ?

Soudain, il s'interrompit et s'efforça de rire.

– À votre santé ! cria-t-il en vidant son verre, et bonne nuit à vous, mes joyeux compagnons d'infortune !

Le colonel Geraldine le saisit par le bras au moment où il s'apprêtait à se lever.

– Vous manquez de confiance en nous, dit-il, et c'est une erreur. À toutes vos questions, je réponds par l'affirmative. Mais je ne suis pas si timoré et je parle sans détours un anglais correct. Nous aussi, tout comme vous, en avons assez de la vie et sommes décidés à mourir. Tôt ou tard, seuls ou ensemble, nous avions l'intention de trouver la mort et de la braver là où elle est tapie. Et pourquoi pas ce soir – tout de suite même – puisque nous vous avons rencontré et que votre cas est plus urgent, et, si cela vous agrée, tous les trois ensemble. Un trio réduit à une telle indigence, s'écria-t-il, devrait se rendre bras dessus, bras dessous dans la demeure de Pluton, et s'encourager mutuellement au royaume des ombres !

Geraldine avait trouvé exactement les manières et les intonations qui convenaient au rôle qu'il était en train de jouer. Le prince lui-même était ébranlé, et jetait à son confident des regards légèrement dubitatifs. Quant au jeune homme, un éclat sombre lui empourpra de nouveau les joues, et ses yeux étincelèrent.

– Vous êtes mes hommes ! s'écria-t-il, avec une gaieté presque effrayante. Serrons-nous la main ! l'affaire est conclue ! (Sa main était froide et moite.) Vous êtes loin de vous douter dans quelle compagnie vous allez entamer cette marche funèbre ! Vous êtes loin de vous douter quel heureux moment fut pour vous celui où vous avez goûté mes tartelettes à la crème ! Je ne suis qu'un élément, mais un élément au sein d'une armée entière. Je connais la porte dérobée de la Mort. Je suis un de ses intimes et je peux vous faire pénétrer dans l'éternité sans cérémonie et pourtant sans scandale.

Ils le prièrent vivement d'expliquer sa pensée.

– Pouvez-vous réunir quatre-vingts livres à vous deux ? implora-t-il.

Geraldine examina son portefeuille avec ostentation et répondit par l'affirmative.

– Heureux hommes ! s'écria le jeune homme. Quarante livres représentent la somme nécessaire pour s'inscrire au club du Suicide.

– Le club du Suicide, dit le prince, mais que diable est-ce donc ?

– Écoutez, dit le jeune homme ; nous sommes à l'époque du confort, et il me faut vous raconter la dernière perfection en la matière. Nous gérons des affaires en différents lieux ; d'où l'invention des chemins de fer. Les chemins de fer nous séparaient irrémédiablement de nos amis ; c'est pourquoi le télégraphe a été inventé de façon que nous communiquions rapidement sur de grandes distances. Même dans les hôtels nous avons des ascenseurs pour nous épargner la peine de monter une centaine de marches. Nous savons désormais que la vie n'est qu'une scène où faire le pitre aussi longtemps que le rôle nous divertit. Il manquait encore une commodité au confort moderne ; une manière convenable et facile de quitter la scène ; l'escalier de service vers la liberté ; ou, si vous voulez, comme je l'ai dit à l'instant, la porte dérobée de la Mort. Tout cela, mes chers compagnons de révolte, est fourni par le club du Suicide. N'allez pas croire que nous sommes seuls, vous et moi, à professer ce désir extrêmement raisonnable – ni même exceptionnels. Un grand nombre de nos frères humains, sérieusement lassés du numéro auquel ils sont censés participer chaque jour de leur vie, ne sont retenus que par une ou deux considérations. Certains ont une famille qui serait bouleversée, voire tenue pour responsable, si l'affaire était rendue publique ; d'autres ont en eux une certaine fragilité et reculent devant les détails de la mort. C'est mon cas, dans une certaine mesure. Je suis incapable de me mettre un pistolet contre la tempe et d'appuyer sur la détente ; quelque chose de plus fort que moi me retient de passer à l'acte ; j'ai beau avoir la vie en horreur, je ne trouve pas dans mon corps la force suffisante pour affronter la mort et en finir. C'est pour les gens comme moi et pour tous ceux qui désirent se libérer de leurs chaînes sans scandale posthume qu'on a créé le club du Suicide. Quant à la façon dont cela s'est fait, quant à son histoire et à ses ramifications éventuelles dans d'autres pays, j'en ignore tout ; et je n'ai pas la liberté de vous communiquer ce que je sais de sa composition. Toutefois, cela étant, je suis à votre disposition. Si vous êtes vraiment las de vivre, je peux vous emmener ce soir à une réunion et vous serez facilement déchargé de votre existence, sinon ce soir, du moins à un moment ou à un autre de la semaine. Il est à présent onze heures, ajouta-t-il en consultant sa montre ; à la demie, au plus tard, il nous faut quitter cet endroit ; il vous reste donc une demi-heure pour réfléchir à ma proposition. C'est plus sérieux qu'une tartelette à la crème, conclut-il dans un sourire, et plus agréable au goût, je présume.

– Plus sérieux, sans aucun doute, repartit le colonel Geraldine ; tellement plus sérieux, précisément, que j'aimerais m'entretenir cinq minutes en privé avec mon ami, monsieur Godall, si vous le permettez.

– C'est la moindre des choses, répondit le jeune homme. Permettez-moi de me retirer.

– C'est très aimable à vous, dit le colonel.

À peine se retrouvèrent-ils seuls que le prince Florizel se récria :

– À quoi rime ce discours, Geraldine ? Je constate que vous êtes troublé alors que ma décision est prise. Je veux voir comment tout cela va se terminer.

– Votre Grandeur, reprit le colonel, qui avait pâli, permettez-moi de vous demander de réfléchir à l'importance de votre vie, non seulement pour vos amis, mais pour l'intérêt public. « Sinon ce soir », a dit ce fou ; mais, à supposer que ce soir un désastre irréparable dût frapper la personne de Votre Grandeur, quel ne serait pas mon désespoir, je vous le demande, quels ne seraient pas l'inquiétude et l'effondrement d'une grande nation ?

– Je veux voir comment tout cela va se terminer, répéta le prince Florizel d'une voix des plus mesurées ; ayez la bonté, colonel Geraldine, de vous rappeler et de respecter votre parole d'honneur de gentleman. Souvenez-vous qu'en aucun cas, ni sans mon autorisation particulière, vous ne devez trahir l'incognito sous lequel il me plaît de voyager à l'étranger. Telles étaient mes exigences, que je réaffirme à présent. Mais, pour l'instant, ajouta-t-il, auriez-vous l'amabilité de demander l'addition ?

Le colonel Geraldine s'inclina en signe de soumission ; mais, lorsqu'il fit venir le jeune homme aux tartelettes et donna ses instructions au serveur, il avait le visage blafard. Le prince resta impassible et décrivit avec beaucoup d'humour et d'enthousiasme une farce du Palais-Royal à l'intention du jeune suicidaire. Il évita sans ostentation les regards suppliants du colonel et choisit un autre petit cigare avec un soin inaccoutumé. Il était bien à présent le seul des trois à garder la maîtrise de ses nerfs.

L'addition fut réglée, le prince laissant toute la monnaie du billet au serveur étonné, puis ils prirent un fiacre. Ils n'avaient pas fait beaucoup de chemin quand le fiacre s'arrêta devant l'entrée d'une allée plutôt sombre, où tous trois descendirent.

Quand Geraldine eut payé la course, le jeune homme se tourna et s'adressa au prince Florizel en ces termes :

– Il est encore temps, monsieur Godall, de réussir

votre retour vers l'esclavage. Et vous aussi, major Hammersmith. Réchéchissez bien avant de franchir le pas ; et si votre cœur, messieurs, dit non – c'est ici la croisée des chemins.

– Continuez à nous montrer la voie, dit le prince. Je ne suis pas homme à reculer une fois que j'ai convenu de quelque chose.

– Votre sang-froid me réconforte, répliqua leur guide. Je n'ai jamais vu personne manifester un tel détachement dans un moment aussi critique ; et pourtant vous n'êtes pas le premier que j'ai escorté jusqu'à cette porte. Plus d'un de mes amis m'ont précédé là où je savais devoir les suivre peu après. Mais cela ne présente aucun intérêt pour vous. Attendez-moi ici quelques instants ; je serai de retour dès que j'aurai réglé les formalités préliminaires de votre présentation.

Là-dessus, le jeune homme, les saluant d'un geste de la main, s'engagea dans l'allée, franchit un porche et disparut.

– De toutes nos folies, dit le colonel Geraldine à voix basse, celle-là est bien la plus extravagante et la plus dangereuse.

– J'en suis intimement persuadé, repartit le prince.

– Il nous reste encore un moment à nous, poursuivit le colonel. Permettez-moi d'implorer Votre Grandeur de profiter de cette occasion pour nous retirer. Les conséquences de votre décision sont tellement sombres et peuvent se révéler si sérieuses qu'il me semble légitime de pousser un peu plus loin que d'habitude la liberté que Votre Grandeur condescend à m'accorder en privé.

– Dois-je comprendre que le colonel Geraldine a peur ? s'enquit Sa Grandeur en retirant le petit cigare de ses lèvres, son regard pénétrant fixé sur le visage de son compagnon.

– Ce n'est assurément pas pour moi que j'ai peur, répliqua l'autre avec fierté ; Votre Grandeur peut en être bien certaine.

– Je n'en supposais pas moins, reprit le prince avec une bonne humeur imperturbable ; mais je ne souhaitais pas vous rappeler notre différence de rang. Il suffit ! ajouta-t-il en voyant Geraldine sur le point de se justifier, vous êtes tout excusé.

Sur ce, adossé à une balustrade, il resta tranquillement à fumer jusqu'au retour du jeune homme.

– Eh bien, demanda-t-il alors, est-on à présent en mesure de nous recevoir ?

– Suivez-moi, s'entendit-il répondre. Le président vous verra dans son bureau. Je ne saurais trop vous suggérer d'être francs dans vos réponses. Je me suis porté garant de vous ; mais le club exige une enquête minutieuse préalable à l'admission ; car l'indiscrétion d'un seul membre conduirait à la dissolution définitive de toute l'association.

Le prince et Geraldine se concertèrent un instant. « Répondez comme moi à cette question-ci », disait l'un ; « Répondez comme moi à cette question-là », disait l'autre ; et, adoptant carrément le rôle d'hommes qu'ils connaissaient tous deux, ils s'étaient mis d'accord en un clin d'œil, prêts à suivre leur guide jusque dans le bureau du président.

Il n'y avait pas d'obstacles terribles à franchir. La porte donnant sur l'extérieur était ouverte ; la porte du bureau entrouverte, et là, dans une salle petite mais très haute de plafond, le jeune homme à nouveau les abandonna.

– Il va arriver sans tarder, dit-il en les saluant d'un signe de la tête avant de disparaître.

On percevait des voix dans le bureau à travers la porte en accordéon qui, d'un côté, tenait lieu de cloison ; de temps en temps, l'explosion d'un bouchon de champagne, suivie d'éclats de rire, survenait au milieu des bruits de la conversation. Une seule fenêtre haute donnait sur le fleuve et la berge ; d'après la disposition des lumières, ils estimèrent qu'ils n'étaient pas loin de la gare de Charing Cross. Le mobilier était peu abondant et les housses des sièges usées jusqu'à la corde ; tout était fixe, à part une sonnette placée au centre d'une table ronde ainsi que les chapeaux et les manteaux d'un groupe considérable accrochés à des patères tout le long du mur.

– Qu'est-ce que c'est que ce repaire ? demanda Geraldine.

– C'est ce que je suis venu voir, répondit le prince. S'ils gardent sur les lieux des démons vivants, la chose peut devenir amusante.

À ce moment précis, la porte en accordéon s'ouvrit, pas plus qu'il n'était nécessaire pour permettre le passage d'un être humain ; alors, pénétrèrent ensemble le bourdonnement plus sonore des conversations et le redoutable président du club du Suicide. Le président était un homme d'une cinquantaine d'années ou davantage ; grand, la démarche peu assurée, les favoris hirsutes, le sommet du crâne chauve et un œil gris voilé qui clignait de temps à autre. Sans cesser de triturer un énorme cigare d'un coin à l'autre de la bouche, il dévisageait les inconnus d'un air froid et entendu. Il était vêtu de tweed clair, le col de sa chemise rayée dégageant largement le cou ; il portait sous le bras le registre des délibérations.

– Bonsoir, dit-il après avoir refermé la porte derrière lui. On me dit que vous souhaitez me parler.

– Nous désirons adhérer au club du Suicide, monsieur, répondit le colonel.

Le président fit rouler son cigare entre ses lèvres.

– De quoi s'agit-il ? dit-il abruptement.

– Pardonnez-moi, reprit le colonel, mais je crois que vous êtes la personne la mieux qualifiée pour nous fournir des renseignements à ce sujet.

– Moi ? s'écria le président. Un club du Suicide ? Allons, allons ! C'est un poisson d'avril ! Je peux me montrer indulgent envers des gentlemen qui ont bu un verre de trop, mais ça suffit.

– Appelez votre club comme vous l'entendez, dit le colonel, mais vous avez de la compagnie derrière ces portes et nous tenons à en faire partie.

– Monsieur, rétorqua sèchement le président, vous faites erreur. Vous êtes ici dans une maison privée et je vous enjoins de quitter les lieux sur-le-champ.

Le prince était resté tranquillement assis pendant toute cette brève conversation ; mais, à présent que le colonel jetait un coup d'œil dans sa direction, comme pour dire « Répondez quelque chose, allez-y, pour l'amour de Dieu ! », il retira son petit cigare de la bouche et prit la parole :

— Je suis venu ici, commença-t-il, à l'invitation d'un de vos amis. Il vous a certainement informé de mon intention, en faisant ainsi irruption dans votre réunion. Laissez-moi vous rappeler qu'une personne de ma condition n'est liée que par très peu de choses et qu'elle n'est pas du tout de nature à tolérer beaucoup d'impolitesse. Je suis, en temps ordinaire, un homme très paisible ; mais, mon cher monsieur, vous allez me rendre service dans la petite affaire que vous savez, ou alors vous regretterez amèrement de ne m'avoir jamais admis dans votre antichambre.

Le président s'esclaffa.

— Voilà qui est bien parlé ! dit-il. Vous êtes vraiment un homme ! Vous trouvez le chemin de mon cœur et pouvez faire de moi ce que vous voulez. Voulez-vous, poursuivit-il en s'adressant à Geraldine, vous écarter quelques instants ? J'en terminerai d'abord avec votre compagnon ; d'ailleurs certaines formalités du club demandent à être remplies en privé.

Ce disant, il ouvrit la porte d'un petit réduit où il enferma le colonel.

— J'ai confiance en vous, dit-il à Florizel dès qu'ils furent seuls, mais êtes-vous sûr de votre ami ?

— Pas autant que de moi-même, bien qu'il ait des motifs plus puissants ; mais suffisamment pour l'amener ici sans inquiétude. Il a subi assez de revers pour guérir de la vie l'homme le plus obstiné. Il a été réformé l'autre jour pour avoir triché aux cartes.

– Sans doute une bonne raison, répondit le président ; nous avons, du moins, un autre individu dans le même cas et je réponds de lui. Avez-vous aussi servi dans l'armée, si je peux me permettre cette question ?

– Oui, mais j'étais trop paresseux, j'en suis parti assez tôt.

– Quelle raison avez-vous d'être lassé de la vie ? poursuivit le président.

– La même, autant que je puisse en juger, répondit le prince : la paresse pure et simple.

Le président sursauta.

– Nom de..., dit-il, vous devez avoir mieux que ça.

– Je n'ai plus d'argent, ajouta Florizel. C'est aussi un tracas, croyez-moi. Cela porte mon sens de l'oisiveté à un point aigu.

Le président fit rouler son cigare entre ses lèvres pendant quelques secondes, dirigeant son regard droit dans les yeux de ce néophyte peu ordinaire ; mais le prince supporta cet examen minutieux sans perdre le moins du monde sa bonne humeur.

– Si je n'avais pas une grande expérience, finit par dire le président, je vous arrêterais tout de suite. Mais je connais le monde ; et ceci en tout cas, que les prétextes les plus frivoles pour se suicider sont souvent les plus difficiles à maintenir. Et quand j'apprécie franchement quelqu'un, comme je vous apprécie, monsieur, j'aimerais mieux faire une exception au règlement plutôt que de lui opposer un refus.

Le prince et le colonel, l'un après l'autre, furent

soumis à un interrogatoire long et détaillé : le prince, seul ; mais Geraldine en présence du prince, de telle sorte que le président pût observer la mine de l'un tandis que l'autre faisait l'objet d'un contre-interrogatoire serré. Le résultat fut satisfaisant et le président, après avoir enregistré quelques détails concernant chacun des cas, présenta un formulaire de serment à remplir. On ne saurait concevoir rien de plus passif que l'obéissance promise, ni rien de plus rigoureux que les termes par lesquels se liait l'intéressé. À qui rompait un engagement aussi terrible, il restait à peine un lambeau d'honneur ou un quelconque réconfort d'ordre religieux. Florizel signa le document, non sans frissonner ; le colonel suivit son exemple, l'air très abattu. Puis le président encaissa les frais d'inscription et, sans plus de cérémonie, les fit entrer dans le fumoir du club du Suicide.

Le fumoir du club du Suicide avait la même hauteur que le cabinet sur lequel il ouvrait, mais il était beaucoup plus grand et tapissé de haut en bas de faux lambris de chêne. Un grand feu clair et plusieurs lampes à gaz éclairaient l'assemblée. L'arrivée du prince suivi de Geraldine porta le nombre des participants à dix-huit. La plupart d'entre eux fumaient et buvaient du champagne ; une hilarité fiévreuse régnait, entrecoupée de pauses soudaines plutôt effrayantes.

– Est-ce là une réunion plénière ? s'enquit le prince.

– Une réunion moyenne, dit le président. À propos, ajouta-t-il, si vous avez un peu d'argent, il est d'usage d'offrir du champagne. Cela maintient la bonne humeur et c'est un de mes petits profits.

– Hammersmith, dit Florizel, je me permets de vous laisser vous occuper du champagne.

Là-dessus, il tourna les talons et se mit à circuler parmi les invités. Habitué au rôle d'hôte dans les cercles les plus sélects, il charmait et dominait tous ceux qu'il approchait ; il y avait quelque chose d'à la fois engageant et impérieux dans sa façon de les aborder et son flegme extraordinaire lui conférait une distinction de plus dans cette société à demi obsédée. Il allait de l'un à l'autre, les yeux et les oreilles grands ouverts, et ne tarda pas à se faire une idée générale des gens parmi lesquels il se trouvait. Comme dans tous les autres lieux très fréquentés, un type prédominait : des individus dans la prime jeunesse, qui avaient toutes les apparences de l'intelligence et de la sensibilité, mais ne laissaient guère espérer cette force ou cette qualité qui conduit à la réussite. Rares étaient ceux qui avaient dépassé la trentaine et un certain nombre étaient encore adolescents. Ils se tenaient là, appuyés aux tables, passant d'un pied sur l'autre ; parfois, ils tiraient sur leurs cigares à une vitesse prodigieuse et, parfois, les laissaient s'éteindre ; certains s'exprimaient avec aisance, mais la conversation des autres, résultat manifeste de la tension nerveuse, était dénuée d'esprit autant que de signification. Chaque fois qu'une nouvelle bouteille de champagne était débouchée, la gaieté s'améliorait sensiblement. Seuls deux d'entre eux étaient assis – l'un sur une chaise dans l'embrasure de la fenêtre, la tête penchée et les mains enfoncées dans les poches de son pantalon, pâle, visiblement moite de transpiration, ne disant jamais un mot : une véritable épave, au physique comme au moral ; l'autre était assis sur le divan, tout près de la cheminée, et attirait l'attention par une différence qui tranchait sur tout le reste. Il avait probablement plus de quarante ans, mais il donnait l'impression d'avoir bien dix ans de plus ; Florizel pensa qu'il n'avait jamais vu d'homme plus naturellement affreux, ni plus ravagé par la maladie et les émotions dévastatrices. Il n'avait que la peau et les os, était partiellement paralysé et portait des lunettes aux verres si puissants que ses yeux apparaissaient démesurément grossis et déformés. Mis à part le prince et le président, il était la seule personne de la pièce à conserver la maîtrise de soi que l'on possède dans la vie courante.

Il y avait peu de bienséance parmi les membres du club. Certains se vantaient d'actions infamantes dont les conséquences les avaient réduits à chercher refuge dans la mort, tandis que les autres écoutaient sans manifester de désapprobation. Il y avait une entente tacite à l'encontre des jugements moraux ; quiconque franchissait les portes du club jouissait déjà de l'immunité de la tombe. Ils buvaient à la mémoire les uns des autres, et à celle d'éminents suicidés du passé. Ils comparaient et développaient leurs différentes conceptions de la mort – certains déclarant que ce n'était que ténèbres et suspension ; d'autres, remplis de l'espoir que cette nuit même ils escaladeraient les étoiles et s'entretiendraient avec les morts tout-puissants.

– À la mémoire éternelle du baron Trenck, l'archétype du suicidé ! s'écria quelqu'un. Il a quitté une petite cellule pour une autre, plus petite, afin de recouvrer la liberté.

– En ce qui me concerne, dit un autre, je ne souhaite qu'un bandeau sur les yeux et du coton dans les oreilles. Seulement on ne trouve pas de coton assez épais en ce monde.

Un troisième était pour lire les mystères de la vie dans une condition future et un quatrième affirmait qu'il n'aurait jamais adhéré au club, s'il n'avait été amené à croire en Darwin.

– Je n'ai pas pu supporter l'idée, disait ce suicidaire remarquable, de descendre d'un singe.

Somme toute, le prince était déçu par le comportement et la conversation des membres du club. « Il ne semble pas qu'il y ait lieu de faire un tel tapage sur ce sujet, pensait-il. Si un homme a décidé de mettre fin à ses jours, qu'il le fasse, que diable, en gentleman ! Cette agitation et ces propos enflés sont déplacés. »

Pendant ce temps, le colonel Geraldine était en proie aux inquiétudes les plus noires ; le club et ses règles restaient un mystère et il cherchait des yeux quelqu'un dans la pièce susceptible de dissiper ses craintes. Au cours de son inspection, son regard se posa sur le paralytique aux verres épais ; le voyant si incroyablement serein, il supplia le président qui, très affairé, ne cessait d'aller et venir, de le présenter au gentleman installé sur le divan.

Le responsable expliqua l'inutilité de tant de formalités à l'intérieur du club, mais ne présenta pas moins Mr. Hammersmith à Mr. Malthus.

Mr. Malthus dévisagea le colonel avec curiosité puis le pria de prendre place à sa droite.

– Vous êtes nouveau, dit-il, et vous désirez être informé ? Vous avez frappé à la bonne porte. Voilà deux ans que je suis venu pour la première fois dans ce club plein d'attraits.

Le colonel respira. Si Mr. Malthus fréquentait cet endroit depuis deux ans, le prince ne risquait pas grand-chose en une seule nuit. Mais Geraldine n'en restait pas moins surpris et se mit à soupçonner une mystification.

– Comment ! s'écria-t-il, deux ans ! Je croyais... mais je vois bien que j'ai été victime d'une plaisanterie.

– En aucun cas, répondit Mr. Malthus avec douceur. Mon cas est spécial. Je ne suis pas du tout, à proprement parler, suicidaire ; mais, pour ainsi dire, membre honoraire. Il est rare que je me rende au club plus d'une fois tous les deux mois. Mon infirmité et la gentillesse du président m'ont valu ces petites dispenses, pour lesquelles je paie, d'ailleurs, un tarif plus élevé. Malgré tout, j'ai eu une chance extraordinaire.

– Je crains d'avoir à vous demander d'être plus explicite, reprit le colonel. Souvenez-vous que je suis encore très imparfaitement informé des règles du club.

– Un membre ordinaire qui vient ici, comme vous, pour trouver la mort, dit le paralytique, y revient tous les soirs jusqu'à ce que le sort lui soit favorable. Il peut même, s'il est sans le sou, se faire loger et nourrir par le président : c'est très bien, je crois, c'est propre, bien que, cela va de soi, pas luxueux ; cela ne pourrait guère l'être, étant donné la modicité (si je puis m'exprimer ainsi) de la cotisation. Sans compter que la compagnie du président est en elle-même très recherchée.

– Vraiment ! s'écria Geraldine, il ne m'a pas beaucoup impressionné.

– Ah ! répondit Mr. Malthus, vous ne connaissez pas l'homme : c'est un drôle de farceur ! Quelles histoires ! Quel cynisme ! Il connaît la vie jusqu'à s'en émerveiller et, entre nous, c'est probablement le gredin le plus corrompu de la chrétienté.

– Et lui aussi, demanda le colonel, est un permanent, comme vous-même, si je puis m'exprimer ainsi sans vous offenser ?

– En fait, c'est un permanent dans un sens très différent de moi, répondit Mr. Malthus. J'ai été miséricordieusement épargné, mais pour finir je devrai m'en aller. Or, il ne joue jamais. Il mélange et distribue les cartes pour le club, et prend les dispositions nécessaires. Cet homme, mon cher monsieur Hammersmith, est l'ingéniosité même. Cela fait trois ans qu'il exerce à Londres son métier utile et, je pense pouvoir ajouter, artistique ; sans compter qu'il n'a pas une seule fois éveillé l'ombre d'un soupçon. Je le crois, quant à moi, inspiré. Vous vous rappelez sûrement le cas célèbre de ce gentleman qui, il y a six mois, a été empoisonné par accident dans une pharmacie ? C'était l'une de ses idées les moins riches, les moins piquantes ; et pourtant, quelle simplicité ! quelle sécurité !

– Vous me stupéfiez ! dit le colonel. Ce malheureux gentleman était-il l'une des... ?

Il allait dire : « victimes » mais, se ravisant à temps, il lui substitua l'expression « l'un des membres du club ».

Dans le même éclair de pensée, il se rendit compte que Mr. Malthus lui-même n'avait pas du tout parlé sur le ton de quelqu'un qui recherche la mort ; et il s'empressa d'ajouter :

– Mais je m'aperçois que je suis toujours dans les ténèbres. Vous parlez de mélanger et distribuer les cartes, mais à quelle fin, je vous prie ? Et puisque vous semblez plutôt peu disposé à mourir, je dois avouer que je n'arrive pas à concevoir le moins du monde ce qui vous amène ici.

– Vous avez raison de dire que vous êtes dans les ténèbres, répondit Mr. Malthus d'un ton plus animé. Eh bien, mon cher monsieur, ce club est le temple de l'ivresse. Si ma santé affaiblie pouvait supporter plus souvent les sensations fortes, je serais ici plus souvent, soyez-en sûr. Il me faut tout le sens du devoir engendré par une mauvaise santé permanente et un régime strict pour m'empêcher de me laisser aller à des excès dans ce domaine qui est, si je puis dire, ma dernière dissipation. Je les ai toutes essayées, continua-t-il en posant sa main sur le bras de Geraldine, toutes sans exception, et je vous le déclare sur mon honneur, il n'en est pas une qui n'ait été énormément et mensongèrement surestimée. Les gens badinent avec l'amour. Or, je refuse d'admettre que l'amour soit une passion forte. La peur est la seule passion forte ; c'est de la peur que vous devez vous jouer, si vous voulez goûter les joies les plus intenses de l'existence. Enviez-moi... enviez-moi, monsieur, ajouta-t-il dans un gloussement, je suis un lâche !

Geraldine eut de la peine à retenir un mouvement de répulsion envers ce pauvre malheureux ; mais il fit un effort pour se maîtriser et poursuivit son enquête.

– Comment, monsieur, demanda-t-il, les sensations fortes sont-elles aussi astucieusement prolongées ? Et où est donc l'élément d'incertitude ?

– Il me faut vous raconter comment la victime est sélectionnée chaque soir, répondit Mr. Malthus ; et non seulement la victime, mais aussi un autre membre, qui devient l'instrument entre les mains du club et le grand prêtre de la mort pour cette occasion.

– Mon Dieu ! intervint le colonel, est-ce qu'ils s'entre-tuent donc ?

– L'ennui causé par le suicide est de cette façon écarté, reprit Malthus avec un hochement de tête.

– Juste ciel ! s'exclama le colonel, et il se peut que vous... que je... que le... mon ami veux-je dire... que n'importe lequel d'entre nous soit désigné ce soir pour être le meurtrier du corps et de l'âme immortelle d'un autre homme ? De telles choses sont-elles possibles de la part d'hommes issus de femmes ? Oh ! infamie des infamies !

Il était sur le point de se lever, sous le coup de l'horreur, quand son regard croisa celui du prince qui le fixait de l'autre bout de la pièce, dans un froncement de colère. En un instant, Geraldine recouvra son sang-froid.

– Après tout, ajouta-t-il, pourquoi pas ? Et puisque vous dites que le jeu est intéressant, *vogue la galère** [1]... je suis pour le club !

Mr. Malthus s'était vivement délecté de l'étonnement et du dégoût du colonel. Il s'enorgueillissait de sa propre perversité ; et il était ravi de voir un autre homme céder à un mouvement de générosité, tandis que lui-même, dans sa corruption absolue, se sentait au-dessus de telles émotions.

– Vous êtes à présent, le premier moment de surprise passé, en position d'apprécier les délices de notre société, dit-il. Vous voyez comment elle combine l'exaltation suscitée par une table de jeu, un duel et un amphithéâtre romain. Les païens ne faisaient pas mal les choses ; j'admire sincèrement le raffinement de leur esprit ; mais il a été réservé à un pays chrétien d'atteindre cet extrême, cette quintessence, cet absolu de violence émotionnelle. Vous comprendrez combien sont fades tous les amusements pour un homme qui a acquis le goût de celui-ci. Le

1. Tous les mots ou expressions en italique suivis d'un astérisque sont en français dans le texte. *(Sauf mention contraire, toutes les notes sont de la traductrice.)*

divertissement auquel nous nous livrons, poursuivit-il, est d'une très grande simplicité. Un jeu complet... mais je m'aperçois que vous êtes sur le point de voir se dérouler les choses. Voulez-vous me prêter votre bras ? Je suis malheureusement paralysé.

En effet, au moment précis où Mr. Malthus entamait sa description, on ouvrit brusquement deux autres portes en accordéon et le club, dans son entier, entreprit, non sans une certaine hâte, de passer dans la pièce voisine. Elle était semblable en tous points à celle d'où l'on venait, mais meublée quelque peu différemment. Le centre était occupé par une longue table verte, à laquelle était assis le président, qui battait un paquet de cartes de façon très méticuleuse. Même avec l'aide de sa canne et soutenu par le bras du colonel, Mr. Malthus marchait avec tant de difficulté que tout le monde fut assis avant que l'un et l'autre, accompagnés du prince, qui les avait attendus, eussent pénétré dans la pièce ; tous trois, par conséquent, se retrouvèrent assis ensemble au bout de la table.

– C'est un paquet de cinquante-deux, murmura Mr. Malthus. Guettez l'as de pique, qui est le signe de mort, et l'as de trèfle, qui désigne celui qui sera de service cette nuit. Heureux, heureux jeunes gens ! ajouta-t-il. Vous avez de bons yeux et pouvez suivre le jeu. Hélas ! je ne peux pas distinguer un as d'un deux à l'autre bout de la table.

Et il se mit en devoir de s'équiper d'une seconde paire de lunettes.

– Il me faut au moins voir les visages, expliqua-t-il.

Le colonel informa rapidement son ami de tout ce qu'il avait appris de ce membre honoraire et de l'horrible alternative à laquelle ils étaient confrontés. Le prince ressentit clairement un frisson mortel et une contraction dans la région du cœur ; il avait la gorge nouée et jetait des regards autour de lui comme un homme prisonnier d'un labyrinthe.

– Un coup audacieux, murmura le colonel, et nous pouvons encore nous enfuir.

Mais la suggestion redonna au prince tout son courage.

– Silence ! coupa-t-il. Montrez-moi que vous savez vous comporter en gentleman, quel que soit l'enjeu, fût-il le plus grave.

Et il regarda autour de lui, de nouveau à l'aise en apparence, bien que son cœur battît la chamade et qu'il se sentît désagréablement oppressé. Tous les membres du club étaient calmes et attentifs ; tous étaient pâles, mais aucun n'avait la pâleur de Mr. Malthus. Celui-ci avait les yeux exorbités ; sa tête ne cessait de dodeliner sans contrôle au sommet de sa colonne vertébrale ; il portait l'une après l'autre ses mains à la bouche, dont elles agrippaient nerveusement les lèvres cendreuses. De toute évidence, le membre honoraire jouissait de sa qualité de membre dans des conditions proprement saisissantes.

– Messieurs, un peu d'attention ! dit le président.

Et il se mit à donner lentement les cartes autour de la table en sens inverse des aiguilles d'une montre, marquant une pause devant chacun jusqu'à ce qu'il ait dévoilé sa carte. Presque tous hésitaient ; et on voyait parfois les doigts d'un joueur s'y reprendre à plusieurs fois avant de réussir à retourner le bout de carton décisif. À mesure que le tour du prince approchait, il éprouvait nettement une agitation grandissante, presque suffocante ; mais il avait un peu un tempérament de joueur et reconnut, presque étonné, qu'il y avait une part de plaisir dans ses sensations. Le neuf de trèfle lui échut ; le trois de pique à Geraldine ; et la reine de cœur à Mr. Malthus, qui fut incapable de réprimer un sanglot de soulagement. Le jeune homme aux tartelettes à la crème retourna presque immédiatement après l'as de trèfle et resta glacé d'horreur, la carte encore posée sur le doigt ; il n'était pas venu là pour tuer mais pour être tué ; et le prince, par sympathie et générosité envers lui, en oublia presque le danger qui était toujours suspendu au-dessus de sa propre personne et de son ami.

On faisait un second tour et la carte de la Mort n'était toujours pas sortie. Les joueurs retenaient leur souffle et ne respiraient que par à-coups. Le prince eut droit à un nouveau trèfle ; Geraldine à un carreau ; mais lorsque Mr. Malthus découvrit sa carte, un bruit effroyable, comme le son de quelque chose qui se brise, s'échappa de sa bouche ; et il se leva de son siège, puis se rassit sans le moindre signe de paralysie. C'était l'as de pique. Le membre honoraire s'était joué une fois de trop de ses terreurs.

La conversation reprit presque aussitôt. Les joueurs, abandonnant leurs attitudes rigides, se détendirent et commencèrent à se lever de table pour rejoindre le fumoir d'un pas nonchalant, par groupes de deux ou trois. Le président s'étira et bâilla, comme quelqu'un qui a fini sa journée de travail. Mais Mr. Malthus restait assis à sa place, la tête dans les mains et les mains sur la table, ivre et inerte – terrassé.

Le prince et Geraldine s'enfuirent aussitôt. Dans l'air vif de la nuit, l'horreur que leur inspirait le spectacle dont ils avaient été les témoins redoubla.

– Hélas ! s'écria le prince, être lié par serment dans une telle affaire ! tolérer que ce commerce du meurtre sur une grande échelle continue avec profit et impunité ! Si j'osais seulement renoncer à ma promesse !

– Voilà qui est impossible pour Votre Grandeur, dont l'honneur est l'honneur de la Bohême, répondit le colonel. Mais j'ose, et je le peux en toute bienséance, renoncer à la mienne.

– Geraldine, dit le prince, si votre honneur souffre dans une des aventures où je vous entraîne, quelle qu'elle soit, non seulement je ne vous pardonnerai jamais, mais – ce qui vous affectera encore bien davantage, je pense – je ne me le pardonnerai jamais à moi-même.

– J'obéis aux ordres de Votre Grandeur, répondit le colonel. Et si nous quittions ce lieu maudit ?

– Oui, dit le prince. Appelez une voiture, au nom du ciel, et laissez-moi essayer d'oublier dans le sommeil le souvenir du déshonneur de cette nuit.

Mais – détail remarquable – il nota avec soin le nom de la rue avant de la quitter.

Le lendemain matin, dès que le prince fut réveillé, le colonel Geraldine lui apporta un quotidien où on pouvait lire le paragraphe suivant :

« TRISTE ACCIDENT – Ce matin, vers deux heures, alors qu'il rentrait chez lui après avoir passé la soirée chez des amis, Mr. Bartholomew Malthus, résidant 16, place de Chepstow, Westbourne Grove, a basculé par-dessus le muret en bordure de Trafalgar Square : il s'est fracturé le crâne et brisé une jambe et un bras. La mort a été instantanée. Mr. Malthus, qui était accompagné d'un ami, était à la recherche d'une voiture au moment où est survenu le malheureux accident. Comme Mr. Malthus était paralysé, on pense que sa chute a pu être occasionnée par une nouvelle attaque. Le malheureux gentleman était bien connu dans les cercles les plus respectables et sa perte sera amplement et profondément déplorée. »

– Si jamais âme est allée droit en enfer, dit Geraldine avec solennité, c'est bien celle de ce paralytique.

Le prince enfouit le visage dans ses mains et garda le silence.

– Je me réjouis presque de savoir qu'il est mort, poursuivit le colonel. Mais mon cœur saigne, je l'avoue, pour le jeune homme aux tartelettes à la crème.

– Geraldine, dit le prince en relevant la tête, ce jeune homme malheureux était hier soir aussi innocent que vous et moi ; et ce matin il a du sang sur la conscience. Quand je pense au président, cela me donne la nausée. J'ignore comment cela se fera, mais j'aurai ce gredin à ma merci aussi sûrement qu'il existe un dieu au ciel. Quelle expérience, quelle leçon que cette partie de cartes !

– Une expérience à ne jamais renouveler, dit le colonel.

Le prince resta si longtemps sans répondre que Geraldine s'alarma.

– Vous ne pouvez pas avoir l'intention d'y retourner, dit-il. Vous avez déjà trop souffert et vu trop d'horreur. Les devoirs de votre rang vous interdisent de risquer à nouveau votre vie.

– Il y a beaucoup de vrai dans ce que vous dites, répliqua le prince, et je ne suis pas entièrement satisfait de ma propre résolution. Hélas ! sous les vêtements du plus grand potentat, qu'y a-t-il sinon un homme ? Je n'ai jamais ressenti ma faiblesse avec autant d'acuité qu'aujourd'hui, Geraldine, mais c'est plus fort que moi. Puis-je cesser de m'intéresser au sort du malheureux jeune homme qui a partagé notre souper il y a quelques heures ? Puis-je laisser le président poursuivre sa carrière infâme en toute impunité ? Puis-je entamer une aventure aussi passionnante sans la suivre jusqu'au bout ? Non, Geraldine : vous exigez du prince plus que l'homme n'en peut accomplir. Ce soir encore, nous prendrons place à la table du club du Suicide.

Le colonel Geraldine tomba à genoux.

– Votre Grandeur veut-elle m'ôter la vie ? hurla-t-il. Elle est à elle – à elle en toute liberté ; mais, je vous en supplie ! ne permettez pas qu'elle me demande d'approuver un risque aussi terrible.

– Colonel Geraldine, répondit le prince avec une certaine arrogance, votre vie vous appartient entièrement. Je me suis borné à rechercher l'obéissance ; et quand elle me sera accordée de mauvaise grâce, je ne la rechercherai plus. Un mot, encore : vous vous êtes montré suffisamment importun dans cette affaire.

Le colonel de la Garde se releva aussitôt.

– Votre Grandeur, dit-il, puis-je être dispensé de service cet après-midi ? Je suis un homme d'honneur et je ne tiens pas à me risquer une seconde fois dans cette fatale demeure avant d'avoir réglé parfaitement mes affaires. Votre Grandeur ne rencontrera plus d'opposition, je lui en fais la promesse, de la part du plus dévoué et du plus reconnaissant de ses serviteurs.

– Mon cher Geraldine, répondit le prince Florizel, je suis toujours navré quand vous m'obligez à me souvenir de mon rang. Disposez comme bon vous semble de votre journée, mais soyez de retour avant onze heures dans le même déguisement.

Le club, ce deuxième soir, n'était pas autant fréquenté ; et quand Geraldine et le prince arrivèrent, il n'y avait pas plus d'une demi-douzaine de personnes dans le fumoir. Sa Grandeur prit le président à part et le félicita chaleureusement du décès de Mr. Malthus.

– J'aime rencontrer des personnes capables, dit-il, et vous êtes certainement de celles-là. Votre métier est d'une nature très délicate, mais je constate que vous êtes tout à fait qualifié pour le pratiquer avec succès et discrétion.

Le président fut quelque peu ému par ces compliments venant d'une personne à l'air supérieur comme Sa Grandeur. Il les accueillit presque avec humilité.

– Pauvre Malthy, ajouta-t-il, j'aurai de la peine à reconnaître le club sans lui. La plupart de mes clients sont de jeunes garçons, monsieur, de jeunes garçons pleins de poésie, qui ne sont pas d'une bien grande compagnie pour moi. Je ne veux pas dire par là que Malthy n'avait pas de sens poétique, lui aussi, mais il était d'un genre que je pouvais comprendre.

– Je peux aisément imaginer que vous ayez été en sympathie avec Mr. Malthus, répondit le prince. Il m'a frappé comme étant un homme au tempérament très original.

Le jeune homme aux tartelettes à la crème se trouvait dans la salle, mais dans un état douloureux d'abattement et de mutisme. Ses compagnons de la veille cherchaient en vain à le faire participer à la conversation.

– Comme je regrette amèrement de vous avoir amenés dans cette abominable demeure ! s'écria-t-il. Allez-vous-en, tant que vos mains ne sont pas souillées. Si vous aviez entendu hurler ce vieillard quand il est tombé, et comme ses os ont résonné sur le pavé ! Souhaitez-moi, si vous éprouvez la moindre affection pour un être aussi déchu, souhaitez-moi de tomber ce soir sur l'as de pique !

Quelques autres membres arrivèrent dans le courant de la soirée, mais le club ne rassemblait pas plus de la douzaine fatidique quand ils prirent place à la table. Le prince éprouvait clairement, de nouveau, une certaine joie mêlée à ses inquiétudes ; mais il fut surpris de voir Geraldine beaucoup plus maître de lui-même que la nuit précédente.

« C'est extraordinaire, pensa le prince, qu'un testament, rédigé ou non, ait une si grande influence sur l'esprit d'un jeune homme. »

– Messieurs, un peu d'attention ! dit le président, et il commença à distribuer.

Les cartes firent par trois fois le tour de la table, sans que les numéros attendus fussent encore tombés de sa main. Quand il amorça la quatrième donne, l'agitation était à son comble. Il y avait juste assez de cartes pour faire un nouveau tour complet. Le prince, assis en second à la gauche du donneur, recevrait, étant donné la distribution inversée pratiquée dans le club, l'avant-dernière carte. Le troisième joueur découvrit un as noir... l'as de trèfle. Le suivant reçut un carreau, le suivant un cœur, et ainsi de suite ; mais l'as de pique n'était toujours pas sorti. Pour finir, Geraldine, assis à la gauche du prince, retourna sa carte : c'était un as, mais l'as de cœur.

Quand le prince Florizel vit son destin étalé sur la table en face de lui, son cœur s'arrêta de battre. C'était un homme courageux, mais la sueur inonda son visage. Il y avait exactement une chance sur deux qu'il soit condamné. Il retourna la carte : c'était l'as de pique. Un grondement sonore emplit son cerveau et la table dansa devant ses yeux. Il entendit le joueur à sa droite saisi d'un grand éclat de rire, intermédiaire entre l'allégresse et la déception ; il vit la compagnie se disperser rapidement, mais son esprit était submergé d'autres pensées. Il réalisa combien sa conduite avait été insensée et criminelle. Lui qui était en parfaite santé, dans la fleur de la jeunesse, lui l'héritier du trône, il avait dilapidé au jeu son avenir et celui d'un pays courageux et loyal.

– Mon Dieu, s'écria-t-il, mon Dieu, pardonnez-moi !

Là-dessus, la confusion de ses sens se dissipa et, en un instant, il retrouva son sang-froid.

À sa grande surprise, Geraldine avait disparu. Il n'y avait personne dans la salle, si ce n'est le boucher qui lui avait été désigné par le sort et s'entretenait avec le président, et le jeune homme aux tartelettes à la crème qui s'approcha furtivement du prince et lui murmura à l'oreille :

– Je donnerais un million, si je le possédais, pour avoir votre chance.

Sa Grandeur ne put s'empêcher de se faire la réflexion, alors que le jeune homme s'éloignait, qu'il aurait vendu sa « chance » à un prix beaucoup plus modique.

L'entretien qui s'était déroulé à voix basse touchait à présent à sa fin. Le détenteur de l'as de trèfle quitta la pièce d'un air entendu et le président, s'avançant vers le malheureux prince, lui tendit la main.

– Je suis heureux d'avoir fait votre connaissance, dit-il, et heureux d'avoir été en mesure de vous rendre ce menu service. Vous n'avez, au moins, pas à vous plaindre : les choses n'ont pas traîné. Dès le deuxième soir... quel coup de chance !

Le prince s'efforça en vain d'articuler quelque chose en réponse, mais il avait la bouche sèche et la langue comme paralysée.

– Vous n'avez pas l'air très bien ? s'enquit le président, en apparence plein de sollicitude. C'est le cas de la plupart de ces messieurs. Voulez-vous un petit cognac ?

Le prince répondit par l'affirmative et l'autre lui remplit aussitôt un verre d'alcool.

– Pauvre vieux Malthy ! s'exclama le président, tandis que le prince vidait son verre d'un trait. Il en a bu pas loin d'un demi-litre et cela n'a pas semblé lui faire grand bien.

– Je suis plus sensible au traitement, dit le prince, bien remonté. Je suis à nouveau maître de moi, c'est instantané, comme vous pouvez le constater. Donc, dites-moi, quelles sont les directives ?

– Vous longerez le Strand en direction de la City, sur le trottoir de gauche, jusqu'à ce que vous rencontriez le gentleman qui vient de quitter les lieux. Il vous donnera d'autres instructions et vous aurez la gentillesse de lui obéir à lui ; il est investi de l'autorité du club pour la soirée. À présent, ajouta le président, je vous souhaite une bonne promenade.

Florizel accueillit cette salutation avec un certain embarras et prit congé. Il traversa le fumoir, où la majeure partie des joueurs en étaient toujours au champagne, celui qu'il avait lui-même contribué à commander et à payer ; il fut surpris de découvrir qu'il les maudissait du fond du cœur. Il mit son chapeau et son pardessus dans le réduit et prit son parapluie laissé dans un coin. La familiarité de ces gestes et la pensée qu'il les accomplissait pour la dernière fois lui arrachèrent un éclat de rire involontaire qui sonna d'une manière désagréable à ses oreilles. Il concevait une certaine répugnance à quitter le réduit et s'approcha plutôt de la fenêtre. La vue des réverbères et l'obscurité le rappelèrent à la réalité.

« Allons, allons, je dois me comporter en homme, pensa-t-il, et m'arracher à cet endroit. »

Au coin de Box Court, trois hommes fondirent sur le prince Florizel et il fut poussé sans ménagement dans une voiture, qui aussitôt s'éloigna rapidement. Elle contenait déjà un occupant.

– Votre Grandeur me pardonnera-t-elle mon empressement ? demanda une voix bien connue.

Le prince, soulagé, se jeta au cou du colonel dans un transport de soulagement.

– Comment pourrai-je jamais vous remercier ? s'écria-t-il. Et comment avez-vous fait ?

Bien qu'il eût été prêt à avancer dignement à la rencontre de son destin, il était submergé par la joie de s'abandonner à cette violence amicale et de revenir, une fois encore, à la vie et à l'espoir.

– Vous pouvez me remercier assez efficacement, répondit le colonel, en évitant à l'avenir de tels dangers. Quant à votre seconde question, tout a été réalisé par les moyens les plus simples. Je me suis entendu cet après-midi avec un célèbre détective. Il a promis, moyennant finances, de garder le secret. Ce sont principalement vos propres serviteurs qui ont été mis à contribution dans l'affaire. La maison de Box Court était cernée depuis la tombée de la nuit et cette voiture, qui est une des vôtres, vous attendait depuis presque une heure.

– Et qu'est-il advenu du misérable qui devait me tuer ? demanda le prince.

– On l'a capturé quand il a quitté le club, répondit le colonel, et il attend maintenant votre sentence au Palais, où il sera bientôt rejoint par ses complices.

– Geraldine, dit le prince, vous m'avez sauvé malgré mes ordres explicites, et vous avez bien fait. Je vous dois non seulement la vie, mais une leçon ; et je ne serais pas digne de mon rang si je ne me montrais pas reconnaissant envers mon professeur. À vous de choisir comment.

Il y eut une pause, pendant laquelle la voiture continua à rouler à vive allure à travers les rues, laissant les deux hommes plongés chacun dans leurs propres pensées. Ce fut le colonel Geraldine qui rompit le silence.

– Votre Grandeur, dit-il, détient, à l'heure actuelle, un nombre important de prisonniers. Il y a parmi eux au moins un criminel envers qui il faudrait appliquer la loi. Notre serment nous interdit tout recours à la justice ; la discrétion nous l'interdirait tout autant si nous étions déliés du serment. Puis-je connaître les intentions de Votre Grandeur ?

– Ma décision est prise, répondit Florizel ; le président devra périr en duel. Il ne reste qu'à nommer son adversaire.

– Votre Grandeur m'a permis de choisir ma récompense, dit le colonel. Me permettra-t-elle de demander que mon frère soit désigné pour cette tâche ? C'est un poste honorable, mais je garantis

Votre Grandeur que le garçon s'acquittera de l'ouvrage honorablement.

– Vous me demandez une faveur ingrate, dit le prince, mais il m'est impossible de rien vous refuser.

Le colonel lui baisa la main avec la plus grande affection ; au même moment, la voiture s'engouffra sous le porche de la magnifique résidence du prince.

Une heure plus tard, en tenue de cérémonie et portant toutes les décorations de Bohême, le prince recevait les membres du club du Suicide.

– Hommes insensés et méchants, leur dit-il, tous ceux d'entre vous que la misère a réduits à cette extrémité recevront de la part de mes administrateurs un emploi rémunéré. Ceux qui sont victimes d'un sentiment de culpabilité doivent avoir recours à un potentat plus puissant et plus généreux que moi. J'éprouve de la pitié pour vous tous, une pitié plus profonde que vous ne pouvez l'imaginer ; demain, vous me raconterez vos infortunes et je pourrai d'autant mieux remédier à vos malheurs que vous me répondrez avec franchise. Quant à vous, ajouta-t-il en se tournant vers le président, je ne ferais qu'offenser une personne aussi douée que vous en lui offrant une aide quelconque ; mais j'ai, en revanche, un certain divertissement à vous proposer. Voici, dit-il en mettant la main sur l'épaule du jeune frère de Geraldine, un de mes officiers qui désire faire un petit tour sur le continent ; aussi vous demandé-je comme une faveur de l'accompagner dans cette excursion. Savez-vous bien manier le pistolet ? poursuivit-il en changeant de ton. Parce qu'il se peut que vous ayez besoin de ce talent. Quand deux hommes partent ensemble en voyage, il vaut mieux qu'ils soient prêts à tout. J'ajouterai que, si par un hasard quelconque, vous perdiez en chemin le jeune Mr. Geraldine, j'aurai toujours un autre de mes gens à mettre à votre disposition ; et je suis connu, monsieur le président, pour avoir de bons yeux ainsi que le bras long.

C'est sur ces paroles, prononcées avec beaucoup de fermeté, que le prince conclut son discours. Le lendemain matin, les membres du club furent convenablement dotés par sa munificence et le président entreprit son voyage, sous la surveillance de Mr. Geraldine et de deux fidèles et adroits laquais, bien entraînés dans la maison du prince. De plus, le prince confia la maison de Box Court à des agents discrets, et toutes les lettres adressées au club du Suicide ou à ses employés, et tous les visiteurs qui s'y rendaient devaient être examinés par le prince Florizel en personne.

*Ici (dit mon Auteur arabe) s'achève l'*Histoire du jeune homme aux tartelettes à la crème, *à présent propriétaire aisé de Wigmore Street, à Cavendish Square. Je ne dis pas à quel numéro, pour des raisons évidentes. Ceux qui aimeraient connaître la suite des aventures du prince Florizel et du président du club du Suicide peuvent lire l'*Histoire du médecin et du coffre de Saratoga.

II

Histoire du médecin et du coffre de Saratoga

Mr. Silas Q. Scuddamore était un jeune Américain au naturel simple et sans malice, ce qui était d'autant plus à son honneur qu'il était originaire de Nouvelle-Angleterre – partie du Nouveau Monde qui n'est pas spécialement renommée pour ses qualités. Bien qu'il fût extrêmement riche, il notait chacune de ses dépenses dans un petit calepin ; et il avait choisi d'étudier les séductions de Paris du septième étage de ce qu'on appelle un meublé, dans le quartier Latin. Son avarice était en grande partie une affaire d'habitude ; et son mérite, notoire parmi ses compagnons, était essentiellement fondé sur le manque d'assurance et la jeunesse.

La chambre voisine de la sienne était occupée par une dame, à l'air très séduisant et à la toilette très élégante, qu'à son arrivée il avait d'abord prise pour une comtesse. Avec le temps, il avait appris qu'elle répondait au nom de Mme Zéphyrine et que sa situation sociale, quelle qu'elle fût, n'était pas celle d'une personne bien née. Mme Zéphyrine, probablement dans l'espoir de charmer le jeune Américain, avait l'habitude de le dépasser ostensiblement dans l'escalier, le gratifiant d'un salut courtois, assorti bien entendu de quelques mots et d'un regard percutant de ses yeux noirs, avant de disparaître dans un froissement de soie, non sans dévoiler un pied et une cheville admirables. Mais ces avances, loin d'encourager Mr. Scuddamore, le plongeaient dans un abîme de mélancolie et de timidité. Elle était venue plusieurs fois lui demander du feu ou s'excuser de déprédations imaginaires causées par son caniche ; mais il restait muet en présence d'un être tellement supérieur, son français très vite l'abandonnait et il ne pouvait que la contempler et bégayer jusqu'à ce qu'elle s'en aille. La minceur de leurs relations ne l'empêchait pas de se vanter en faisant certaines allusions d'un ordre tout à fait glorieux quand il était en lieu sûr, seul avec d'autres jeunes hommes.

L'Américain avait un autre voisin de palier – car il y avait trois chambres par étage dans l'hôtel – en la personne d'un vieux médecin anglais d'une réputation assez douteuse. Le Dr Noël, puisque tel était son nom, avait été contraint de quitter Londres où il avait une grosse clientèle, toujours plus nombreuse ; le bruit courait que la police avait été à l'origine de ce changement de décor. Toujours est-il que, lui qui avait à ses débuts quelque peu brillé dans le monde, habitait désormais au quartier Latin, tout seul, dans la plus grande simplicité, et consacrait l'essentiel de son temps à l'étude. Mr. Scuddamore avait fait sa connaissance et de temps en temps ils partageaient un dîner frugal dans un restaurant en face de l'hôtel.

Silas Q. Scuddamore avait quantité de petits défauts d'un genre tout à fait respectable et, n'étant pas retenu par la délicatesse, il leur donnait libre cours de mille façons plutôt discutables. La principale de ses faiblesses était la curiosité. C'était un bavard-né ; et la vie, surtout les domaines de la vie dont il n'avait aucune expérience, l'intéressait passionnément. Il poussait jusqu'à l'effronterie sa manière de poser des questions, menant ses enquêtes avec autant d'obstination que d'indiscrétion ; on l'avait surpris, quand il portait une lettre à la poste, à la soupeser, la tourner en tous sens et en étudier l'adresse avec soin ; et quand il découvrit une fissure dans la cloison qui séparait sa chambre de celle de Mme Zéphyrine, au lieu de la combler, il en agrandit et améliora l'ouverture pour espionner sa voisine.

Un jour, à la fin du mois de mars, sa curiosité augmentant en proportion du temps qu'il y passait, il agrandit le trou encore davantage, de façon à pouvoir contrôler un autre coin de la chambre. Ce soir-là, alors qu'il s'apprêtait comme d'habitude à surveiller les mouvements de Mme Zéphyrine, il fut grandement étonné de découvrir l'ouverture masquée d'une façon bizarre de l'autre côté, et encore plus décontenancé lorsque l'obstacle fut soudain retiré et qu'un petit rire étouffé lui parvint aux oreilles. Un peu de plâtre avait de toute évidence trahi le secret de son poste d'observation et sa voisine lui avait rendu la monnaie de sa pièce. Mr. Scuddamore en ressentit une très vive contrariété ; il blâma Mme Zéphyrine impitoyablement ; il alla jusqu'à se faire des reproches à lui-même ; mais lorsqu'il se rendit compte, le lendemain, qu'elle n'avait pris aucune mesure pour le frustrer de son passe-temps favori, il continua de tirer avantage de sa négligence et de satisfaire sa curiosité désœuvrée.

Le lendemain, Mme Zéphyrine reçut une longue visite d'un homme d'une cinquantaine d'années, grand et assez mal bâti, que Silas n'avait jusque-là jamais vu. Son complet de tweed et sa chemise de couleur, comme ses favoris hirsutes, révélaient son origine britannique, et le regard gris et terne du bonhomme lui firent froid dans le dos. L'individu ne cessa de remuer les lèvres en tous sens pendant l'entretien qui se déroula à voix basse. À plusieurs reprises, il sembla au jeune Américain que leurs gestes désignaient sa propre chambre ; mais la seule chose précise qu'il pût comprendre malgré une attention des plus soutenues fut cette remarque de l'Anglais, prononcée d'une voix légèrement plus haute, comme en réponse à quelque hésitation ou quelque refus :

– J'ai parfaitement étudié son goût et je vous dis et je vous répète que vous êtes la seule femme sur qui je puisse compter.

En guise de réponse, Mme Zéphyrine soupira et esquissa, semble-t-il, un geste de résignation, comme quelqu'un qui cède à une autorité non compétente.

Cet après-midi-là, l'observatoire finit par être obturé, une armoire ayant été tirée devant, de l'autre côté de la cloison ; et tandis que Silas se lamentait encore de cette malchance, qu'il attribuait à la suggestion malveillante du Britannique, la concierge lui monta une lettre écrite d'une main de femme. Elle était conçue dans un français à l'orthographe approximative, ne comportait pas de signature et invitait le jeune Américain, dans les termes les plus convaincants, à se trouver dans un endroit précis du bal Bullier à onze heures ce même soir. La curiosité et la timidité se livrèrent un long combat dans son cœur ; parfois, il était toute réserve, parfois tout feu tout flamme ; il en résulta que, bien avant dix heures, Mr. Silas Scuddamore se présenta dans une tenue irréprochable à la porte des salons du bal Bullier et paya son entrée avec un sentiment de diabolique témérité qui n'était pas sans charme.

C'était l'époque du carnaval et le bal était comble et très bruyant. Tout d'abord, les lumières et la foule décontenancèrent plutôt notre jeune aventurier, puis le grisèrent, lui donnant une ardeur virile peu commune. Il se sentait prêt à affronter le diable et se pavanait dans la salle de danse avec l'air fanfaron d'un cavalier. Tandis qu'il paradait ainsi, il se rendit compte que Mme Zéphyrine et son Britannique étaient en train de discuter derrière un pilier. Cette disposition féline qui le portait à l'indiscrétion s'empara aussitôt de lui. Il se rapprocha furtivement du couple par-derrière, jusqu'à ce qu'il fût à portée de voix.

– Le voici, disait le Britannique, là... avec les longs cheveux blonds... qui parle à une jeune fille en vert.

Silas identifia un très beau jeune homme de petite taille, qui faisait manifestement l'objet de cette désignation.

– Bien, dit Mme Zéphyrine. Je ferai tout mon possible. Mais rappelez-vous que le meilleur d'entre nous peut échouer dans une telle entreprise.

– Allons donc ! répondit son compagnon. Je réponds du résultat. Ne vous ai-je pas choisie entre mille ? Allez-y ; mais méfiez-vous du prince. Je n'arrive pas à comprendre quel maudit hasard l'a amené ici ce soir. Comme s'il n'y avait pas une douzaine de bals à Paris qui méritaient bien plus son attention que cette débauche d'étudiants et de commis de magasins ! Regardez-moi cette attitude : on dirait un empereur régnant sur ses sujets plutôt qu'un prince en vacances.

Silas eut à nouveau de la chance. Il remarqua une personne bien bâtie, d'une beauté hors du commun, au port noble et majestueux, assise à une table en compagnie d'un autre beau jeune homme, de plusieurs années son cadet, qui s'adressait à lui avec une déférence manifeste. Le nom de « prince » sonna de façon agréable aux oreilles républicaines de Silas et l'aspect de la personne à qui ce nom était appliqué exerça son charme habituel sur son esprit. Il laissa Mme Zéphyrine et son Anglais prendre soin l'un de l'autre et, se faufilant au milieu de l'assemblée, il s'approcha de la table que le prince et son confident avaient honorée de leur choix.

– Croyez-moi, Geraldine, disait le premier, cette action est pure folie. Vous avez vous-même (je m'en souviens avec grand plaisir) désigné votre frère pour cette tâche dangereuse, et il est de votre devoir de surveiller sa conduite. Il a accepté de s'attarder si longtemps à Paris ; c'était déjà une imprudence, étant donné la personnalité de l'homme à qui il a affaire ; mais à présent qu'il est à quarante-huit heures du départ, à deux ou trois jours de l'épreuve décisive, je vous le demande, est-ce là un endroit bien choisi pour passer le temps ? Il devrait être en train de s'entraîner sur un stand de tir ; de faire de longues nuits et un peu de marche ; il devrait suivre un régime sévère, sans vin blanc ni alcool. Est-ce que ce chien de président s'imagine que nous sommes tous en train de jouer la comédie ? L'affaire est terriblement sérieuse, Geraldine.

– Je connais trop bien le gosse pour intervenir, répondit Geraldine, et assez pour ne pas m'alarmer. Il est plus prudent que vous ne l'imaginez, et d'un courage indomptable. S'il avait affaire à une femme, je n'en dirais pas tant, mais je leur fais confiance pour le président, à lui et aux deux serviteurs, sans la moindre appréhension.

– Cela me fait plaisir de vous l'entendre dire, répondit le prince ; cependant, mon esprit n'est pas en repos. Ces serviteurs sont des espions bien entraînés, mais ce scélérat n'a-t-il pas déjà réussi, par trois fois, à échapper à leur surveillance et à passer plusieurs heures d'affilée à régler des affaires privées, probablement très dangereuses ? Un amateur aurait pu perdre sa trace par hasard, mais si Rodolphe et Jérôme ont été déjoués, ce doit être de propos délibéré, et par un homme qui avait une raison valable et des talents exceptionnels.

– Je crois qu'il s'agit désormais d'un problème entre mon frère et moi, répondit Geraldine d'un ton légèrement offensé.

– Qu'il en soit ainsi, colonel Geraldine, répliqua le prince Florizel. Peut-être est-ce précisément pour cette raison que vous devriez être d'autant plus disposé à accepter mes conseils. Mais, il suffit. Cette fille en jaune danse bien.

La conversation vira alors aux sujets qui ont cours ordinairement dans un bal de carnaval à Paris.

Silas comprit où il était : l'heure était toute proche où il devait se trouver à l'endroit qui lui avait été indiqué. Plus il y songeait, moins il appréciait cette perspective et, comme à ce moment-là des remous dans la foule commençaient à l'entraîner en direction de la porte, il se laissa porter sans la moindre résistance. Le tourbillon le laissa en plan dans un coin sous les tribunes, où son oreille perçut soudain la voix de Mme Zéphyrine. Elle parlait en français au jeune homme aux boucles blondes que l'étrange Britannique avait désigné moins d'une demi-heure plus tôt.

– Il y va de ma réputation, disait-elle, sans quoi je ne mettrais aucune autre condition que celle que mon cœur me dicte. Mais vous n'avez qu'à en toucher deux mots au concierge et il vous laissera passer sans rien dire.

– Mais pourquoi parler de dette ? objecta son interlocuteur.

– Ciel ! dit-elle, croyez-vous que je ne comprenne pas ce qui se passe dans mon hôtel ?

Et elle avança, affectueusement pendue au bras de son compagnon.

Cela rappela à Silas le billet qu'il avait reçu. « D'ici dix minutes, pensa-t-il, il se peut que je marche au bras d'une femme aussi belle, et même mieux habillée – une vraie dame peut-être, peut-être une dame de la noblesse. »

Puis il se souvint de l'orthographe et fut un peu découragé. « Mais c'est peut-être sa femme de chambre qui l'a écrit », imagina-t-il.

L'horloge marquait quelques minutes avant l'heure prévue et cette imminence lui fit battre le cœur à une allure singulière et plutôt désagréable. Il pensa avec soulagement qu'il n'était en aucun cas tenu de faire une apparition. Vertu et lâcheté se conjuguaient et il se dirigea, une fois de plus, vers la porte, mais cette fois-ci de son plein gré, en luttant contre le flot de gens qui avançaient à présent en sens contraire. Peut-être cette résistance prolongée lui pesa-t-elle, ou peut-être était-il dans cet état d'esprit où le seul fait de suivre la même idée un certain temps produit une réaction et une résolution différente. Du moins, ce qui est sûr, c'est qu'il fit volte-face pour la troisième fois et ne s'arrêta pas avant d'avoir trouvé un endroit où se cacher, à quelques mètres du lieu désigné.

Là, il ressentit un grand accablement qui l'amena à plusieurs reprises à prier Dieu de lui venir en aide, car Silas avait été élevé dans la dévotion. À présent, il n'avait pas la moindre envie de faire cette rencontre ; rien ne le retenait de s'enfuir si ce n'est la crainte ridicule qu'on puisse penser qu'il manquait de courage ; mais cette crainte était si forte qu'elle tenait en échec tous les autres motifs ; et bien qu'elle ne pût le décider à aller de l'avant, elle l'empêchait manifestement de partir en courant. Pour finir, l'horloge indiqua que l'heure était passée depuis dix minutes. Le jeune Scuddamore reprit courage ; il jeta un regard depuis sa cachette et ne vit personne à l'endroit prévu ; son correspondant inconnu, lassé d'attendre, était sans doute parti. Il devint aussi audacieux qu'il avait été timide auparavant. Il lui semblait que, s'il venait au rendez-vous, même en retard, on ne pouvait en aucun cas l'accuser de lâcheté. Il commençait même, maintenant, à soupçonner une farce et, de fait, se félicitait de sa perspicacité à démasquer les mystificateurs et à déjouer leurs plans, tant est vain l'esprit d'un jeune garçon.

Tout à ces réflexions, il sortit de son coin et s'avança courageusement ; mais il n'avait pas fait plus de deux pas qu'une main se posa sur son bras. Il se retourna et aperçut une dame coulée dans un moule imposant, et aux traits pleins de noblesse, mais sans aucune dureté dans le regard.

– Je vois que vous êtes un don Juan très sûr de vous, dit-elle, car vous vous faites attendre. Mais j'étais bien décidée à vous rencontrer. Une fois qu'une femme s'est laissée aller à faire les premiers pas, il y a belle lurette qu'elle a abandonné toute considération d'orgueil sans importance.

Silas était atterré par la taille et les séductions de

son interlocutrice et par la soudaineté avec laquelle elle avait fondu sur lui. Mais elle le mit bien vite à l'aise. Elle avait un comportement très affable et doux ; elle le poussa à faire des plaisanteries puis l'applaudit à tout rompre ; si bien qu'en très peu de temps, entre les flatteries et une administration généreuse de cognac, elle ne l'avait pas seulement amené à se croire amoureux, mais aussi à lui déclarer sa passion avec la plus grande ardeur.

– Hélas ! dit-elle, je ne sais si je ne devrais pas déplorer ce moment, si grand que soit le plaisir que vous me donnez par vos paroles. Jusqu'ici, j'étais seule à souffrir ; à présent, pauvre ami, nous serons deux. Je ne suis pas maîtresse de mes faits et gestes. Je n'ose pas vous dire de me rendre visite chez moi, car je suis surveillée par des yeux jaloux. Voyons, ajouta-t-elle, je suis plus âgée que vous, bien que beaucoup plus faible ; et tout en ayant confiance dans votre courage et votre détermination, je me dois d'employer ma propre connaissance du monde dans notre intérêt à tous deux. Où habitez-vous ?

Il lui expliqua qu'il logeait dans un meublé et donna le nom de la rue et le numéro.

Elle parut réfléchir quelques minutes, et se concentrer.

– Voici, finit-elle par dire. Vous serez fidèle et obéissant, n'est-ce-pas ?

Silas l'assura vivement de sa fidélité.

– Eh bien, demain soir, poursuivit-elle avec un sourire encourageant, il vous faudra rester chez vous toute la soirée ; et si des amis devaient vous rendre visite, décommandez-les sur-le-champ en invoquant le premier prétexte qui vous vient à l'esprit. Votre porte est probablement fermée à partir de dix heures ? demanda-t-elle.

– Onze, répondit Silas.

– À onze heures et quart, poursuivit la dame, partez de chez vous. Contentez-vous de demander qu'on vous ouvre la porte et gardez-vous d'engager la conversation avec le concierge, ce qui risquerait de tout anéantir. Allez tout droit à l'angle où le jardin du Luxembourg rejoint le boulevard ; je serai là, je vous attendrai. Je vous fais confiance pour suivre mes recommandations de bout en bout. Et souvenez-vous que si vous manquez à vos engagements envers moi sur un seul détail, vous attirerez les ennuis les plus vifs à une femme dont la seule faute est de vous avoir rencontré et aimé.

– Je ne vois pas l'utilité de toutes ces directives, dit Silas.

– J'ai l'impression que vous commencez déjà à vous conduire en maître ! s'écria-t-elle en lui tapotant le bras de son éventail. Patience, patience ! cela viendra en son temps. Une femme aime d'abord qu'on lui obéisse, même si, par la suite, elle trouve du plaisir à obéir. Faites ce que je vous demande, pour l'amour du ciel, ou je ne réponds de rien. En fait, maintenant que j'y pense, ajouta-t-elle de l'air de qui vient d'apercevoir une difficulté nouvelle, je crois que j'ai une meilleure idée pour éloigner des visiteurs importuns. Dites au concierge de ne laisser entrer personne pour vous voir, à l'exception de quelqu'un qui viendra peut-être ce soir-là réclamer une dette ; et parlez-en avec émotion comme si vous redoutiez l'entrevue, de façon qu'il puisse prendre au sérieux vos propos.

– Je crois que vous pouvez me faire confiance pour me protéger des intrus, dit-il, non sans un peu de dépit.

– C'est ainsi que je préférerais voir la chose arrangée, répondit-elle avec froideur. Je vous connais, vous les hommes ; vous ne faites aucun cas de la réputation d'une femme.

Silas rougit et baissa un peu la tête ; car le plan qu'il avait en vue incluait un peu de gloriole devant ses connaissances.

– Surtout, ajouta-t-elle, ne parlez pas au concierge quand vous sortez.

– Et pourquoi donc ? demanda-t-il. De toutes les instructions que vous m'avez données, celle-ci me paraît la moins importante.

– Au début, vous avez mis en doute la sagesse d'une partie des autres, dont vous constatez à présent qu'elles sont absolument nécessaires, répondit-elle. Croyez-moi, celle-ci aussi a son importance ; vous le découvrirez en temps utile ; et que dois-je penser de votre attachement si vous ergotez de la sorte dès notre première entrevue ?

Silas se confondit en explications et en excuses ; il n'avait pas terminé qu'elle leva les yeux vers l'horloge et joignit les mains en poussant un cri étouffé.

– Mon Dieu ! s'écria-t-elle, est-il vraiment si tard ? Je n'ai pas un instant à perdre. Hélas, pauvres de nous, les femmes ! quelles esclaves nous faisons ! Que n'ai-je pas risqué déjà pour vous ?

Et après avoir répété ses instructions, qu'avec un art consommé elle mêlait aux caresses et aux regards les plus alanguis, elle lui dit au revoir et disparut dans la foule.

Toute la journée qui suivit, Silas fut pénétré d'un sentiment de grande importance ; il était certain maintenant qu'elle était comtesse ; et lorsque le soir arriva, il obéit point par point à ses ordres et se trouva à l'angle du jardin du Luxembourg à l'heure convenue. Il n'y avait personne. Il attendit presque une demi-heure, scrutant le visage de tous les gens qui passaient ou déambulaient alentour ; il se rendit même aux autres coins du boulevard et fit le tour complet des grilles du jardin ; mais il n'y avait pas de belle comtesse prête à se jeter dans ses bras. Finalement, avec beaucoup de réticence, il entreprit de revenir sur ses pas en direction de son hôtel. En chemin, il se rappela les propos qu'il avait surpris entre Mme Zéphyrine et le jeune homme blond, et ils lui procurèrent un vague malaise.

« On dirait qu'il faut que tout le monde mente à notre concierge », se dit-il.

Il sonna, la porte s'ouvrit et le portier en tenue de nuit arriva pour l'éclairer.

– Est-ce qu'il est parti ? s'enquit ce dernier.

– Qui ? De qui voulez-vous parler ? demanda Silas assez sèchement, car il était irrité par sa déception.

– Je ne l'ai pas vu sortir, poursuivit le portier, mais je veux croire que vous l'avez payé. Nous n'aimons pas, dans cette maison, avoir des locataires qui ne peuvent pas faire face à leurs engagements.

– Que diable voulez-vous dire ? demanda Silas avec rudesse. Je ne comprends pas un mot de ce méli-mélo.

– Le jeune homme blond, petit, qui est venu réclamer sa dette, répliqua l'autre. C'est de lui que je parle. De qui d'autre, étant donné que j'ai entendu vos ordres de ne laisser entrer personne d'autre ?

– Eh bien, mon Dieu, il n'est jamais venu, bien sûr, rétorqua Silas.

– Je crois ce que je crois, répondit le portier avec une ironie mutine.

– Vous êtes un insolent ! s'écria Silas.

Et, sentant qu'il avait fait montre d'une dureté ridicule, confondu en même temps par mille inquiétudes, il tourna les talons et grimpa les escaliers quatre à quatre.

– Vous ne voulez pas de lumière, alors ? cria le portier.

Mais Silas ne fit qu'accélérer encore et ne s'arrêta pas avant d'avoir atteint le septième palier, face à la porte de sa chambre. Là, il attendit un instant pour reprendre son souffle, assailli par les pires pressentiments et redoutant presque de pénétrer dans sa chambre.

Quand il finit par le faire, il fut soulagé de la trouver plongée dans l'obscurité et, selon toute apparence, inoccupée. Il respira un grand coup. Il était de nouveau chez lui, en sécurité, et ce serait là sa dernière sottise, aussi sûrement que ç'avait été la première. Les allumettes se trouvaient sur une petite table près du lit, et il se mit à avancer à tâtons dans cette direction. Au fur et à mesure qu'il se déplaçait, ses appréhensions s'emparèrent à nouveau de lui et, lorsque son pied rencontra un obstacle, il fut content de découvrir que ce n'était qu'une chaise. Enfin, il toucha les rideaux. D'après la position de la fenêtre, légèrement visible, il jugea qu'il devait être au pied du lit et qu'il n'avait qu'à le longer en tâtonnant de façon à atteindre la table en question.

Il baissa la main, mais ce qu'elle toucha ne fut pas uniquement la courtepointe... c'était la courtepointe avec quelque chose dessous qui ressemblait au contour d'une jambe humaine. Silas retira son bras et demeura un moment pétrifié.

« Qu'est-ce que... cela veut dire ? » se demanda-t-il.

Il écouta avec une vive attention, mais n'entendit aucun bruit de respiration. Une nouvelle fois, il fournit un grand effort pour atteindre du bout du doigt l'endroit qu'il avait déjà touché ; mais, cette fois-ci, il fit un bond de près d'un mètre en arrière et resta tremblant, paralysé de terreur. Il y avait quelque chose dans son lit. Quoi, il n'en savait rien, mais il y avait bien quelque chose.

Quelques secondes s'écoulèrent avant qu'il pût bouger. Puis, guidé par un instinct, il trouva directement les allumettes et, le dos tourné au lit, alluma une bougie. Dès que la flamme se fut élevée, il se retourna lentement et rechercha ce qu'il redoutait de voir. Le pire de ce qu'il avait pu imaginer se trouvait effectivement réalisé. Le couvre-lit était tiré soigneusement jusque sur l'oreiller, mais il moulait la silhouette d'un corps humain allongé, inerte ; et quand il se précipita pour rejeter les draps, il découvrit le jeune homme blond qu'il avait vu la veille au bal Bullier, les yeux ouverts et dénués d'expression, le visage gonflé et noirci, un filet de sang perlant des narines.

Silas fit entendre un long gémissement tremblant, laissa choir la bougie et tomba à genoux à côté du lit.

Il fut tiré de la stupeur dans laquelle cette terrible découverte l'avait plongé par de petits coups répétés mais discrets frappés à la porte. Il mit quelques secondes à se souvenir de sa situation et, lorsqu'il se hâta d'empêcher qui que ce fût d'entrer, il était déjà trop tard. Le Dr Noël, coiffé d'un grand bonnet de nuit, une lampe à la main qui éclairait sa longue figure blanche, la démarche furtive, la tête dressée et l'air inquisiteur comme certains oiseaux, ouvrit la porte lentement et pénétra jusqu'au milieu de la pièce.

– J'ai cru entendre un cri, commença le docteur, et craignant que vous ne vous trouviez mal, je n'ai pas hésité à m'imposer.

Silas, le visage tout rouge et le cœur battant la chamade, s'interposa entre le docteur et le lit ; mais aucun son ne sortit de sa bouche.

– Vous êtes dans l'obscurité, continua le docteur, et pourtant vous ne vous êtes pas même préparé pour la nuit. Vous aurez du mal à me convaincre malgré moi ; et votre visage témoigne avec éloquence que vous avez besoin soit d'un ami, soit d'un médecin

– lequel des deux ? Laissez-moi tâter votre pouls, car c'est souvent un bon révélateur du cœur.

Il s'approcha de Silas, qui continuait de reculer devant lui, et chercha à le saisir par le poignet ; mais la tension exercée sur les nerfs du jeune Américain était devenue trop difficile à supporter. Il évita le docteur d'un mouvement fébrile et, se jetant sur le plancher, éclata en sanglots.

Dès que le Dr Noël aperçut le mort dans le lit, son visage s'assombrit et, revenant en toute hâte à la porte qu'il avait laissée entrebâillée, il s'empressa de la fermer à double tour.

– Debout ! s'écria-t-il, s'adressant à Silas d'une voix stridente ; ce n'est pas le moment de pleurer. Qu'avez-vous fait ? Comment ce corps est-il venu dans votre chambre ? Parlez franchement à quelqu'un qui peut vous venir en aide. Croyez-vous que je veuille votre perte ? Pensez-vous que cette masse de chair morte sur votre oreiller puisse modifier en quoi que ce soit la sympathie que vous m'avez inspirée ? Jeune homme crédule, l'horreur avec laquelle la loi aveugle et injuste considère une action ne s'attache jamais à son auteur aux yeux de ceux qui l'aiment ; et si je voyais l'ami de mon cœur me revenir d'une mer de sang, cela ne changerait en rien mon affection pour lui. Levez-vous, dit-il ; le bien et le mal sont une chimère ; il n'est rien dans la vie si ce n'est la destinée et, quelle que soit la façon dont vous êtes impliqué dans cette affaire, il y a quelqu'un à vos côtés qui vous aidera jusqu'au bout.

Encouragé de la sorte, Silas se ressaisit et, grâce

aux questions du docteur, réussit finalement à lui faire, d'une voix brisée, le récit de ce qui s'était passé. Mais il omit complètement la conversation entre le prince et Geraldine, étant donné qu'il n'en avait pas bien compris la teneur et qu'il ne lui était pas venu à l'idée qu'elle pût être reliée d'une façon ou d'une autre à sa propre mésaventure.

– Hélas ! s'écria le Dr Noël, ou je me trompe beaucoup, ou vous êtes tombé en toute innocence dans les mains de l'individu le plus dangereux d'Europe. Pauvre garçon, quelle fosse a été creusée là pour votre naïveté ! Dans quel péril mortel vos pas imprudents ont été conduits ! Cet homme, dit-il, cet Anglais que vous avez vu deux fois et que je soupçonne d'être l'âme de cette machination, êtes-vous en mesure de le décrire ? Était-il jeune ou vieux ? grand ou petit ?

Mais Silas qui, en dépit de toute sa curiosité, n'avait pas un sens aigu de l'observation, ne put fournir que des généralités impossibles à préciser.

– Il faudrait qu'apprendre à voir fasse partie de l'enseignement donné dans toutes les écoles ! s'écria le docteur avec colère. À quoi servent la vue et le discours articulé si un homme est incapable d'observer et de se rappeler les traits de son ennemi ? J'aurais pu, moi qui connais tous les bandits d'Europe, l'identifier et acquérir de nouvelles armes pour vous défendre. Cultivez cet art à l'avenir, mon pauvre garçon ; il vous rendra peut-être des services considérables.

– L'avenir ! répéta Silas. Quel avenir me reste-t-il en dehors de la potence ?

– La jeunesse n'est qu'une période de lâcheté, répliqua le docteur, et un homme trouve ses malheurs plus sombres qu'ils ne sont. Je suis âgé, et pourtant je ne désespère jamais.

– Puis-je raconter une telle histoire à la police ? demanda Silas.

– Sûrement pas, répondit le docteur. D'après ce que je perçois déjà de la machination dans laquelle vous avez été impliqué, votre cas est désespéré de ce côté-là ; et pour les autorités, dont l'étroitesse de vue est bien connue, vous êtes infailliblement le coupable. Souvenez-vous que nous ne connaissons qu'une partie du complot ; et les mêmes instigateurs ont sans aucun doute combiné bien d'autres détails qui seraient tirés au clair par une enquête policière et contribueraient à fixer la culpabilité de façon encore plus certaine sur votre innocence.

– Alors je suis bel et bien perdu ! s'écria Silas.

– Je n'ai rien dit de tel, répondit le Dr Noël, car je suis un homme prudent.

– Mais regardez cela ! objecta Silas en désignant le corps. Cet objet est là, dans mon lit, sans qu'on puisse expliquer sa présence, ni en disposer, ni le regarder sans horreur.

– Horreur ? répondit le docteur. Non. Quand cette sorte d'horloge s'est arrêtée, elle ne représente rien d'autre à mes yeux qu'un mécanisme ingénieux, à examiner bistouri en main. Une fois que le sang est froid et ne circule plus, ce n'est plus du sang humain ; une fois que la chair est morte, ce n'est plus cette chair que nous désirons chez les êtres que nous aimons et que nous respectons chez nos amis. La grâce, l'attirance, la peur, tout cela s'en est retiré en même temps que l'esprit qui l'animait. Habituez-vous à le regarder avec sang-froid ; car, si mon plan est réalisable, vous allez devoir vivre quelques jours dans une proximité de tous les instants avec ce qui vous terrifie tant à présent.

– Votre plan ? s'écria Silas. De quoi s'agit-il ? Dites-moi vite, docteur ; car j'ai à peine assez de force pour continuer à vivre.

Sans répondre, le Dr Noël se tourna vers le lit et passa à l'examen du cadavre.

– Bel et bien mort, murmura-t-il. Oui, et comme je l'avais supposé, les poches vides. Oui, et l'étiquette de la chemise arrachée. Ils ont fait du bon travail jusque dans le moindre détail. Par chance, il est de petite taille.

Silas écoutait ces paroles avec une inquiétude extrême. Pour finir, une fois son autopsie achevée, le docteur prit une chaise et s'adressa au jeune Américain avec un sourire.

– Depuis que je suis rentré dans votre chambre, dit-il, bien que mes oreilles et ma langue n'aient pas chômé, je n'ai pas laissé mes yeux dans ma poche. J'ai remarqué, il y a un petit moment, que vous aviez là, dans l'angle, une de ces inventions gigantesques que vos compatriotes transportent avec eux dans tous les coins du globe – en un mot, un coffre de Saratoga. Jusqu'à ce moment-là, je n'avais jamais pu concevoir l'utilité de ces édifices ; mais j'ai commencé alors à en avoir une vague lueur. Je n'arrive pas à décider si c'était pour faciliter le commerce des esclaves ou pour parer aux conséquences d'un usage trop prompt du poignard. Mais il y a une chose que je vois clairement, c'est qu'une telle caisse est destinée à contenir un corps humain.

– Je vous assure, s'écria Silas, je vous assure que ce n'est pas le moment de plaisanter.

– Je m'exprime peut-être dans une certaine mesure sur un ton de plaisanterie, répondit le docteur, mais malgré tout, le sens de mes propos est tout à fait sérieux. Et la première chose que nous ayons à faire, mon jeune ami, est de vider votre coffre de tout ce qu'il contient.

Silas, se soumettant à l'autorité du Dr Noël, obtempéra. Le coffre de Saratoga fut aussitôt vidé de son contenu, ce qui causa un désordre considérable sur le plancher ; puis, le corps de la victime fut soulevé du lit – Silas l'ayant pris par les talons et le docteur le soutenant par les épaules – et, après quelque difficulté, plié en deux puis introduit tout entier dans la caisse vide. Ils conjuguèrent leurs efforts pour parvenir à rabattre le couvercle sur ce contenu inhabituel ; le coffre fut ensuite verrouillé et entouré d'une corde par le docteur lui-même, tandis que Silas répartissait les affaires qui jonchaient le sol entre le placard et une commode.

– Voilà, dit le docteur, le premier pas a été effectué en vue de votre libération. Demain, ou plutôt aujourd'hui, il va vous falloir dissiper les soupçons de votre concierge, en lui payant tout ce que vous lui devez ; tandis que moi, vous pouvez me faire confiance, je prendrai toutes les dispositions nécessaires pour aboutir à un résultat des plus sûrs. En attendant, suivez-moi jusque dans ma chambre, où je vous donnerai un narcotique puissant et sans danger ; car, quoi que vous fassiez, il faut que vous vous reposiez.

Le lendemain fut le jour le plus long qu'ait connu Silas ; il semblait ne devoir jamais finir. L'Américain déclina les invitations de ses amis et resta assis dans un coin, les yeux fixés sur le coffre de Saratoga, plongé dans une sinistre méditation. Les indiscrétions auxquelles il s'était lui-même livré naguère lui étaient maintenant rendues dans la même monnaie ; car le poste d'observation avait été réouvert et il était conscient d'être épié presque continuellement de l'appartement de Mme Zéphyrine. Cela devint si pénible qu'il finit par être obligé de boucher le trou de son côté à lui ; et quand il se trouva ainsi à l'abri des regards, il passa, tout contrit, un temps considérable en larmes et en prières.

Tard dans la soirée, le Dr Noël entra dans la pièce avec, à la main, deux enveloppes cachetées sans adresse, l'une plutôt volumineuse et l'autre si mince qu'elle semblait ne contenir aucun document.

– Silas, dit-il en s'asseyant à la table, le moment est maintenant venu pour moi d'expliquer le plan que j'ai conçu pour vous sauver. Demain matin, très tôt, le prince Florizel de Bohême retourne à Londres, après s'être amusé quelques jours au carnaval de Paris. J'ai eu la chance, il y a déjà assez longtemps, de rendre au colonel Geraldine, son Grand Écuyer, un de ces services si fréquents dans mon métier, qu'on n'oublie jamais de part et d'autre. Je n'ai pas besoin de vous expliquer en quoi il m'est obligé ; qu'il me suffise de dire que je le savais prêt à me rendre service dans toute la mesure de ses moyens. Or, il était nécessaire que vous vous rendiez à Londres sans que le coffre fût ouvert. Mais la douane semblait s'y opposer de façon incontournable ; alors je me suis avisé que les bagages d'un personnage aussi important que le prince, par mesure de courtoisie, n'étaient pas soumis à un examen de la part des employés de la douane. Je me suis adressé au colonel Geraldine et j'ai réussi à obtenir une réponse favorable. Demain, si vous vous rendez avant six heures à l'hôtel où est descendu le prince, vos bagages passeront comme faisant partie des siens et vous voyagerez vous-même comme membre de sa suite.

– Il me semble, à vous entendre, que j'ai déjà vu le prince et le colonel Geraldine ; j'ai même surpris quelques mots de leur conversation, l'autre soir, au bal Bullier.

– C'est assez probable, car le prince aime se mêler à toutes sortes de gens, répondit le docteur. Une fois que vous serez arrivé à Londres, poursuivit-il, vous serez presque au bout de vos peines. Dans la plus volumineuse de ces enveloppes, je vous ai confié une lettre pour laquelle je ne veux pas prendre le risque de libeller l'adresse ; mais dans l'autre vous trouverez l'indication de la maison où vous devez la porter ainsi que votre malle, dont vous serez alors libéré et n'aurez plus à vous soucier.

– Hélas, dit Silas, je ne demande pas mieux que de vous croire, mais comment est-ce possible ? Vous m'ouvrez une perspective lumineuse ; cependant, je vous pose la question, mon esprit est-il capable d'admettre une solution si invraisemblable ? Soyez moins avare de détails, et faites-moi mieux comprendre vos intentions.

Ces paroles produisirent sur le docteur une impression pénible.

– Mon garçon, répondit-il, vous ne savez pas quel récit difficile vous exigez de moi. Mais qu'il en soit ainsi. Je suis désormais accoutumé à l'humiliation, et il serait bizarre de vous refuser celle-ci, après vous avoir tant accordé. Sachez donc que, malgré les dehors si tranquilles qui sont les miens à présent – une vie frugale, solitaire, adonnée à l'étude –, mon nom, quand j'étais plus jeune, fut un temps un cri de ralliement pour tous les esprits les plus rusés et les plus dangereux de Londres ; et tandis que j'étais en apparence l'objet du respect et de la considération, mon véritable pouvoir résidait dans les relations les plus secrètes, les plus terribles et les plus criminelles. C'est à l'une des personnes qui, à l'époque, étaient sous mes ordres que je m'adresse aujourd'hui pour vous délivrer de votre fardeau. C'étaient des hommes de différents pays et de différents talents, tous liés ensemble par un serment redoutable, et dont les objectifs étaient communs ; les buts de l'association résidaient dans le meurtre et j'étais, moi qui vous parle, innocent en apparence, le chef de cette terrible bande.

– Quoi ? s'écria Silas. Un meurtrier ? Quelqu'un pour qui le meurtre était un but ? M'est-il possible de vous prendre la main ? Devrais-je aller jusqu'à accepter vos services ? Vieil homme sombre et criminel, feriez-vous de ma jeunesse et de mon affliction votre complice ?

Le docteur eut un rire amer.

– Vous êtes difficile à satisfaire, monsieur Scuddamore, dit-il, mais je vous offre à présent de choisir pour compagnie entre la victime et le meurtrier. Si votre conscience est trop délicate pour accepter mon aide, dites-le, et je vous quitterai aussitôt. Dès lors, vous pourrez vous débrouiller avec votre coffre et ce qu'il renferme, et vous arranger pour satisfaire l'intégrité de votre conscience.

– Je reconnais que j'ai tort, répondit Silas. J'aurais dû me rappeler avec quelle générosité vous m'avez proposé de me protéger, avant même que je vous aie convaincu de mon innocence, et je veux continuer à écouter vos conseils avec gratitude.

– Voilà qui est bien, rétorqua le docteur, et je constate que vous commencez à tirer quelques leçons de l'expérience.

– Cependant, reprit le jeune homme de Nouvelle-Angleterre, comme vous reconnaissez que vous êtes habitué à ce commerce tragique et que les gens à qui vous me recommandez sont vos anciens associés et amis, ne pourriez-vous pas vous charger vous-même du transport de la malle, et me débarrasser sur-le-champ de son odieuse présence ?

– Ma parole ! répliqua le docteur, je vous admire

cordialement. Si vous ne pensez pas que je me suis déjà suffisamment ingéré dans vos affaires, croyez-moi, je pense sincèrement le contraire. Je vous offre mes services : c'est à prendre ou à laisser, et ne venez plus m'ennuyer avec des paroles de reconnaissance, car j'apprécie encore moins votre estime que votre intelligence. Un jour viendra, si vous êtes épargné et si vous conservez assez longtemps une bonne santé mentale, un jour viendra, disais-je, où vous aurez une autre opinion de tout cela et où vous rougirez de votre comportement de ce soir.

À ces mots, le docteur se leva, répéta en quelques phrases brèves et claires ses instructions et quitta la pièce sans laisser à Silas le temps de répondre.

Le lendemain matin, Silas se présenta à l'hôtel, où il fut reçu avec courtoisie par le colonel Geraldine et soulagé, à partir de ce moment-là, de toute inquiétude immédiate concernant le coffre et son macabre contenu. Le voyage se déroula sans grand incident, bien que le jeune homme fût horrifié d'entendre par hasard les marins et les porteurs du chemin de fer se plaindre entre eux du poids inhabituel des bagages du prince. Silas voyagea dans un wagon réservé aux serviteurs, car le prince Florizel avait choisi d'être seul avec son Grand Écuyer. Toutefois, sur le bateau, Silas attira l'attention de Sa Grandeur par la mélancolie de son expression et de son attitude, alors qu'il restait à contempler le monceau de bagages ; il était encore, en effet, rempli d'inquiétude quant à l'avenir.

– Voici un jeune homme, fit remarquer le prince, qui doit avoir des raisons d'être triste.

– C'est l'Américain pour qui j'ai obtenu la faveur de voyager avec votre suite, répondit Geraldine.

– Vous me faites penser que j'ai négligé d'être courtois, dit le prince Florizel.

Et, s'approchant de Silas, il s'adressa à lui en ces termes, avec la condescendance la plus exquise :

– J'ai été enchanté, jeune homme, de pouvoir satisfaire le désir que vous m'avez fait connaître par l'intermédiaire du colonel Geraldine. Souvenez-vous, si vous le voulez bien, que je serai très heureux, à tout moment, dans l'avenir, de faire de vous mon obligé pour une cause beaucoup plus sérieuse.

Il lui posa alors quelques questions touchant à la situation politique de l'Amérique, auxquelles Silas répondit avec bon sens et à propos.

– Vous êtes encore jeune, dit le prince, mais je constate que vous êtes très raisonnable pour votre âge. Peut-être vous laissez-vous trop accaparer par des études sérieuses. Mais peut-être, d'un autre côté, suis-je moi-même indiscret d'aborder un sujet douloureux.

– Il est certain que j'ai de bonnes raisons d'être le plus malheureux des hommes, dit Silas ; jamais individu plus innocent n'a été plus lamentablement abusé.

– Je ne vous demanderai pas de vous confier à moi, reprit le prince Florizel. Mais n'oubliez pas que la recommandation du colonel Geraldine est un passeport infaillible et que je ne suis pas seulement désireux, mais vraisemblablement plus à même que bien d'autres, de vous rendre service.

Silas fut ravi de l'amabilité que lui témoignait ce grand personnage ; mais son esprit retourna vite à ses sombres préoccupations, tant il est vrai que même la faveur d'un prince accordée à un républicain ne peut alléger de ses soucis un esprit qui ressasse les mêmes pensées.

Le train arriva en gare de Charing Cross, où les employés du fisc eurent pour les bagages du prince les égards habituels. Les équipages les plus élégants attendaient et Silas fut conduit avec les autres à la résidence du prince. Là, le colonel Geraldine vint le trouver et lui dit combien il avait été heureux de rendre service à un ami du médecin pour qui il professait beaucoup de considération.

– J'espère, ajouta-t-il, qu'aucune pièce de votre service en porcelaine n'aura été endommagée. Des ordres spéciaux ont été donnés pendant le trajet pour qu'on traite les affaires du prince avec ménagements.

Puis, ordonnant aux serviteurs de mettre une voiture à la disposition du jeune homme et de charger immédiatement le coffre de Saratoga sur le siège du cocher, le colonel lui serra la main et s'excusa en raison de ses occupations dans la maison princière.

Silas brisa alors le sceau de l'enveloppe contenant l'adresse et commanda au valet de pied très digne de le conduire à Box Court, qui donnait sur le Strand. On eût dit que l'endroit n'était pas du tout inconnu de cet homme car, sous le coup de la surprise, il pria le jeune homme de répéter son ordre. C'est le cœur plein d'inquiétude que Silas monta dans le véhicule luxueux pour être conduit à destination. L'entrée de

Box Court était trop étroite pour le passage d'un carrosse ; c'était une simple allée entre des grilles, avec une borne à chaque extrémité. Sur l'une de ces bornes était assis un homme qui, aussitôt, sauta à terre et échangea un signe amical avec le conducteur, tandis que le valet de pied ouvrait la porte du carrosse et demandait à Silas s'il devait décharger le coffre de Saratoga et à quel numéro il devait être transporté.

– Au trois, je vous prie, dit Silas.

Le valet de pied et l'homme qui était assis sur la borne, même avec l'aide de Silas, eurent toutes les peines du monde pour transporter le coffre ; et avant qu'il soit déposé à la porte de la maison en question, le jeune Américain fut terrifié de voir qu'une vingtaine de passants les regardaient faire. Mais il frappa à la porte, l'air aussi détendu que possible, et tendit l'autre enveloppe à la personne qui ouvrit.

– Il est sorti, dit-il, mais si vous voulez bien laisser votre lettre et revenir demain en début de matinée, je serai en mesure de vous dire s'il peut vous recevoir et quand. Voulez-vous laisser votre malle ? ajouta-t-il.

– Très volontiers ! s'écria Silas.

Mais peu après il se reprocha sa précipitation et déclara, avec la même véhémence, qu'il préférait l'emporter avec lui à l'hôtel.

La foule railla son indécision et le suivit jusqu'à la voiture en se livrant à des remarques désobligeantes ; Silas, au comble de la honte et de la frayeur, implora les serviteurs de le conduire à un établissement calme et confortable dans le voisinage immédiat.

L'équipage du prince déposa Silas à l'hôtel Craven,

dans Craven Street, et s'en alla aussitôt, le laissant seul avec les serveurs de l'auberge. La seule chambre disponible, semblait-il, était un petit réduit au quatrième étage, donnant sur l'arrière. C'est jusqu'à cette retraite, non sans force plaintes et embarras, que deux porteurs solides transportèrent le coffre de Saratoga. Inutile de dire que Silas les suivait de près pendant toute la montée et que son cœur battait la chamade à chaque palier. Le moindre faux pas, se disait-il, et la malle risquait de passer par-dessus la rampe et de décharger son contenu fatal au grand jour, sur le sol de l'entrée.

Parvenu dans sa chambre, il s'assit sur le bord du lit pour se remettre du supplice qu'il venait d'endurer ; mais il était à peine installé qu'il fut rappelé au sentiment du danger qu'il courait par le garçon d'hôtel, qui s'était agenouillé à côté du coffre et s'apprêtait avec zèle à en défaire les attaches compliquées.

– Laissez ! s'écria Silas. Je n'aurai rien à prendre là-dedans pendant mon séjour ici.

– Alors, vous auriez pu le laisser dans l'entrée, gronda l'homme ; une chose aussi grosse et lourde qu'une église. Je ne peux pas imaginer ce que vous avez là-dedans. S'il est plein d'argent, vous êtes plus riche que moi.

– De l'argent ? répéta Silas, soudain troublé. Que voulez-vous dire par argent ? Je n'ai pas d'argent et vous parlez comme un écervelé.

– Très bien, chef, répliqua le garçon avec un clin d'œil. Y a personne qui touchera à l'argent de votre seigneurie. Je suis muet comme une tombe, ajouta-t-il, mais comme la malle est lourde, ça ne me déplairait pas de boire quelque chose à la santé de votre seigneurie.

Silas le pressa d'accepter deux napoléons, s'excusant, par la même occasion, d'être obligé de l'ennuyer avec de l'argent étranger, et arguant de sa récente arrivée en guise d'excuse. L'homme, grommelant avec encore plus d'ardeur et regardant tour à tour l'argent qu'il tenait et le coffre de Saratoga, consentit pour finir à se retirer.

Il y avait presque deux jours que le cadavre était emballé dans la malle de Silas et, dès qu'il se retrouva seul, le malheureux jeune homme de Nouvelle-Angleterre renifla tous les interstices et les ouvertures avec la plus vive attention. Mais le temps était frais et le coffre parvenait encore à protéger son odieux secret.

Il s'installa tout près, sur une chaise, et ensevelit son visage dans ses mains, son esprit dans une très profonde réflexion. S'il n'était pas rapidement débarrassé du cadavre, il était évident qu'il serait rapidement découvert. Seul dans une ville étrangère, sans amis ni complices, si la recommandation du docteur lui faisait défaut, il était sans aucun doute un homme perdu. Il songea de façon pathétique à ses desseins ambitieux pour l'avenir ; ce n'est pas maintenant qu'il deviendrait le héros et le porte-parole de Bangor, sa ville natale, dans le Maine ; il ne serait pas, comme il l'avait naïvement imaginé, promu de poste en poste et d'honneur en honneur ; il pouvait aussi bien d'ores et déjà renoncer à tout espoir d'être acclamé président des États-Unis et de laisser derrière lui une statue, dans le pire style architectural, pour orner le Capitole à Washington. Il était là, enchaîné à un Anglais mort plié en deux dans un coffre de Saratoga, et dont il devait se débarrasser, sous peine d'être rayé des listes des glorieux enfants de Nouvelle-Angleterre !

Je n'oserai pas rapporter les propos employés par ce jeune homme à l'adresse du docteur, de la victime, de Mme Zéphyrine, du garçon de l'hôtel, des serviteurs du prince et, en un mot, de tous ceux qui avaient été, de près ou de loin, liés à cet horrible malheur.

Il descendit dîner furtivement vers sept heures du soir ; mais la salle à manger jaune l'épouvanta, les autres dîneurs semblaient poser sur lui des regards soupçonneux et ses pensées étaient toujours tournées là-haut, vers le coffre de Saratoga. Quand le serveur s'approcha pour lui proposer du fromage, ses nerfs étaient tellement à fleur de peau qu'il sursauta sur sa chaise et répandit le reste d'une bouteille de bière sur la nappe.

Le garçon offrit de le conduire au fumoir après son repas ; et, bien qu'il eût de loin préféré rejoindre aussitôt son dangereux trésor, il n'eut pas le courage de refuser et fut précédé au sous-sol jusque dans une cave sombre éclairée au gaz qui constituait – et constitue sans doute encore – le fumoir de l'hôtel Craven.

Deux sinistres habitués des paris jouaient au billard, servis par un pointeur poitrinaire à la peau moite ; sur le coup, Silas pensa qu'ils étaient les seuls occupants de la pièce. Mais, à y mieux regarder, il remarqua quelqu'un à l'allure des plus respectables et modestes, qui fumait les yeux baissés dans l'angle le plus éloigné. Il se rendit compte immédiatement qu'il avait déjà vu ce visage auparavant et, malgré le changement complet de tenue vestimentaire, il reconnut l'homme qu'il avait trouvé assis sur une borne à l'entrée de Box Court, et qui l'avait aidé à sortir le coffre de la voiture pour l'y remettre ensuite. Le jeune homme de Nouvelle-Angleterre fit tout simplement demi-tour, partit en courant et ne s'arrêta pas avant de s'être enfermé à double tour dans sa chambre.

Là, en proie aux fantasmes les plus terribles, il veilla toute la nuit à côté de la malle fatale renfermant le cadavre. La supposition du garçon d'étage, selon laquelle son coffre était rempli d'or, lui inspirait toutes sortes de nouvelles terreurs dès qu'il se risquait à fermer un œil ; et la présence dans le fumoir, sous un déguisement évident, du flâneur de Box Court lui prouvait qu'il était à nouveau le centre d'obscures machinations.

Minuit avait sonné depuis quelque temps déjà quand, poussé par des soupçons qui le tourmentaient, Silas ouvrit la porte de sa chambre et scruta le couloir. Il était éclairé faiblement par une unique lampe à gaz ; mais à quelque distance, il distingua un homme endormi sur le sol dans l'uniforme d'un aide-domestique de l'hôtel. Silas s'approcha de l'homme sur la pointe des pieds. Il était allongé moitié sur le dos, moitié sur le côté et son avant-bras droit dissimulait son visage, qu'on ne pouvait distinguer. Soudain, tandis que l'Américain était toujours penché sur lui, le dormeur déplaça son bras et ouvrit les yeux : Silas se trouva une fois de plus face à face avec le flâneur de Box Court.

– Bonsoir, monsieur, dit l'homme aimablement.

Mais Silas était trop profondément troublé pour trouver quelque chose à répondre et il regagna sa chambre en silence.

Sur le matin, épuisé par l'angoisse, il tomba endormi sur sa chaise, la tête plongeant en avant sur le coffre. Malgré une attitude si peu confortable et un oreiller si macabre, il dormit profondément pendant de longues heures, et ce n'est que très tard dans la matinée qu'il fut réveillé par des coups vigoureux frappés à la porte. Il s'empressa d'ouvrir et se trouva face au garçon d'étage.

– Vous êtes le monsieur qui est allé hier à Box Court ? demanda-t-il.

Silas, d'une voix tremblante, répondit que oui.

– Alors ce billet est pour vous, ajouta le serviteur en tendant une enveloppe scellée.

Silas déchira l'enveloppe et trouva ce mot à l'intérieur : « Midi. »

Il se montra ponctuel ; le coffre le précédait, porté par plusieurs robustes serviteurs ; il fut lui-même introduit dans une pièce où un homme était assis devant la cheminée, tournant le dos à la porte. Le bruit de tant de monde entrant et sortant, ainsi que le raclement du coffre que l'on déposait à même le plancher ne réussirent pas plus l'un que l'autre à attirer l'attention de l'occupant ; et Silas resta debout à attendre, en proie à une terreur indicible, jusqu'à ce qu'il daignât reconnaître sa présence.

– Eh bien monsieur, dit-il d'un ton très sévère, c'est donc là la manière dont vous abusez de ma courtoisie ? Vous vous associez, je constate, à des gens de noble condition dans la seule intention d'échapper aux conséquences de vos crimes ; et je comprends aisément votre embarras quand je vous ai adressé la parole hier.

– En vérité, je ne suis coupable de rien, sauf d'être malheureux.

Alors, d'une voix précipitée, et avec la plus grande sincérité, il raconta au prince dans les moindres détails sa désastreuse histoire.

– Je vois que je me suis trompé, dit Sa Grandeur, une fois qu'il l'eut écouté jusqu'au bout. Vous n'êtes qu'une victime, et comme je n'ai pas à vous punir, soyez certain que je vais faire tout mon possible pour vous aider. À présent, poursuivit-il, au travail. Ouvrez tout de suite votre malle et faites-moi voir ce qu'elle contient.

Silas changea de couleur.

– J'ai plutôt peur de regarder, s'exclama-t-il.

– Allons, répondit le prince, ne l'avez-vous pas déjà vu ? Voici une forme de sentimentalité à laquelle il faut résister. La vue d'un homme malade, à qui on peut encore venir en aide, devrait solliciter davantage les sentiments que celle d'un mort à qui on ne peut plus faire ni bien ni mal, qu'on ne peut plus aimer ni haïr. Du cran, monsieur Scuddamore !

Puis, voyant que Silas hésitait encore :

– Je ne souhaite pas donner un autre nom à ma requête, ajouta-t-il.

Le jeune Américain se réveilla comme d'un rêve et, avec un frisson de dégoût, se mit en devoir de défaire les courroies et d'ouvrir la serrure du coffre de Saratoga. Le prince se tenait à côté de lui, observant avec une expression tranquille, les mains derrière le dos. Le corps était tout à fait raide : pour le déplacer et dégager le visage, Silas dut fournir un gros effort, tant moral que physique.

Le prince Florizel eut un brusque mouvement de recul et poussa une exclamation de surprise douloureuse.

– Hélas ! s'écria-t-il, vous ne pouvez savoir quel cadeau cruel vous m'avez apporté, monsieur Scuddamore. C'est un jeune homme de ma suite, le frère de mon plus fidèle ami ; et c'est pour me servir qu'il a ainsi péri aux mains d'hommes violents et perfides. Pauvre Geraldine, continua-t-il comme pour lui-même, dans quels termes dois-je vous annoncer le destin de votre frère ? Comment pourrez-vous me pardonner – comment Dieu le pourrait-il ? – d'avoir conçu les projets qui l'ont mené à cette mort sanglante et contre nature ? Ah, Florizel, Florizel, quand apprendras-tu la discrétion qui convient à la vie des mortels, quand cesseras-tu d'être ébloui par l'image du pouvoir dont tu disposes ? Le pouvoir ! s'écria-t-il. Est-il quelqu'un de plus impuissant que moi ? Il me suffit de considérer ce jeune homme que j'ai sacrifié, monsieur Scuddamore, pour sentir quelle piètre chose c'est que d'être prince.

Silas fut touché devant son émotion. Il tenta de murmurer des paroles réconfortantes et éclata en sanglots. Le prince, ému par son intention évidente, s'approcha de lui et lui prit la main.

– Dominez-vous, dit-il. Nous avons tous deux beaucoup à apprendre et nous serons tous deux rendus meilleurs grâce à notre rencontre d'aujourd'hui.

Silas le remercia sans rien dire, d'un regard affectueux.

– Écrivez-moi l'adresse du Dr Noël sur ce bout de papier, continua le prince en le conduisant à la table ; et laissez-moi vous recommander, quand vous serez de retour à Paris, d'éviter la société de ce dangereux individu. Il a agi dans cette affaire sur une inspiration généreuse, cela, je veux le croire ; s'il avait été instruit de la mort du jeune Geraldine, il n'aurait jamais fait envoyer le corps au véritable criminel.

– Le véritable criminel ! s'étonna Silas.

– C'est ainsi, reprit le prince, cette lettre, que la toute-puissante providence a mise de façon si étrange entre mes mains, était adressée à nul autre que le criminel en personne, l'infâme président du club du Suicide. Ne cherchez pas à pénétrer plus avant dans ces intrigues dangereuses, mais soyez satisfait d'en avoir vous-même miraculeusement réchappé et quittez cette maison sur-le-champ. J'ai des problèmes urgents à régler et je dois prendre des dispositions pour cette malheureuse dépouille qui, tout récemment encore, était un brave et beau jeune homme.

Silas, reconnaissant et docile, prit congé du prince Florizel, mais il s'attarda à Box Court, jusqu'à ce qu'il le vît partir dans une voiture splendide pour rendre visite au colonel Henderson, de la police de Londres. Tout républicain qu'il fût, le jeune Américain salua avec presque un sentiment de dévouement le carrosse qui s'éloignait. Le soir même, il montait dans un train pour rentrer à Paris.

*Ici s'achève (souligne mon Auteur arabe) l'*Histoire du médecin et du coffre de Saratoga. *Laissant de côté quelques réflexions sur le pouvoir de la Providence, hautement pertinentes dans la tradition orientale mais peu conformes à la nôtre, je me contenterai d'ajouter que Mr. Scuddamore a déjà commencé à gravir les échelons de la gloire politique et, aux dernières nouvelles, qu'il était shérif de sa ville natale.*

III

L'aventure des fiacres

LE LIEUTENANT Brackenbury Rich s'était vaillamment distingué en Inde au cours d'une des petites guerres de montagne. C'était lui qui, de sa propre main, avait fait prisonnier le chef ennemi ; sa bravoure fut applaudie dans le monde entier ; et quand il revint en Europe, accablé par une mauvaise blessure au sabre et par une fièvre persistante contractée dans la jungle, la société se préparait à accueillir le lieutenant comme une célébrité de second rang. Cependant il était d'un tempérament remarquable par sa modestie naturelle ; il avait un goût profond pour l'aventure, mais il se souciait peu d'être adulé ; et il attendit dans des villes d'eaux étrangères et à Alger que la renommée de ses exploits, épuisée au bout de neuf jours, ait commencé à être oubliée. Il arriva pour finir à Londres, au début de la saison, aussi peu remarqué qu'il pouvait le souhaiter ; d'autre part il était orphelin, il n'avait que de la famille éloignée habitant en province, et ce fut presque en étranger qu'il s'installa dans la capitale du pays pour lequel il avait versé son sang.

Le jour qui suivit son arrivée, il dîna seul dans un club militaire. Il serra la main à quelques vieux camarades et reçut leurs chaleureuses félicitations ; cependant, comme les uns et les autres avaient un rendez-vous prévu le soir, il se retrouva entièrement livré à lui-même. Il était en habit, car il avait nourri l'idée d'aller au théâtre. Mais la grande ville était nouvelle pour lui ; il était passé d'une école de province à un collège militaire et, de là, directement dans l'empire d'Orient ; aussi se promettait-il toute une variété de plaisirs dans ce monde livré à son exploration. Balançant sa canne, il se dirigea vers l'ouest. La soirée était douce, déjà sombre et, de temps à autre, la pluie menaçait. Le défilé des visages à la lumière des réverbères excitait l'imagination du lieutenant et il lui semblait qu'il pourrait marcher éternellement dans cette atmosphère stimulante de la ville, entouré du mystère de quatre millions de vies privées. Il regardait les maisons et se demandait avec émerveillement ce qui se passait derrière ces fenêtres chaudement éclairées ; il étudiait les visages les uns après les autres et les voyait tous absorbés par quelque intérêt inconnu, criminel ou bienveillant.

« On parle de la guerre, songea-t-il, mais c'est ici que se trouve le grand champ de bataille de l'humanité. »

Il commença alors à s'étonner de marcher si longtemps sur ce terrain complexe sans rencontrer lui-même ne serait-ce que l'ombre d'une aventure.

« Chaque chose en son temps, se dit-il. Je suis toujours un étranger et j'ai peut-être un drôle d'air. Mais je vais certainement être, sous peu, happé dans le tourbillon. »

La nuit était déjà avancée quand une ondée froide tomba soudain du ciel obscurci. Brackenbury s'arrêta sous des arbres et, ce faisant, aperçut un cocher de fiacre qui lui signalait d'un signe qu'il était libre. Ce détail se produisit si à propos qu'il leva aussitôt sa canne en guise de réponse et eut tôt fait de s'installer confortablement dans la gondole londonienne.

– Où va-t-on ? demanda le cocher.

– Où vous voulez, dit Brackenbury.

Et aussitôt, à une allure d'une rapidité surprenante, le fiacre se mit à avancer sous la pluie dans un labyrinthe de pavillons. Ces derniers étaient si semblables les uns aux autres, chacun avec son jardin en façade, et il y avait si peu de chose qui permît de distinguer les rues et les allées en arc de cercle, éclairées mais désertes, empruntées par le fiacre volant que, très vite, Brackenbury perdit toute idée de direction. Il aurait été tenté de croire que le cocher s'amusait à le faire tourner sans fin dans le même petit quartier, mais il y avait quelque chose de précis dans l'allure qui le convainquit du contraire. L'homme avait une idée en tête, il se hâtait vers un but bien défini ; et Brackenbury était à la fois étonné de l'habileté de cet individu à trouver son chemin dans un tel dédale, et un peu inquiet d'imaginer quel était le motif de sa précipitation. Il avait entendu des histoires d'étrangers qui tombaient malades à Londres. Le cocher appartenait-il à quelque association cruelle et perfide ? et lui-même était-il emporté à toute allure vers une mort violente ?

La pensée s'était à peine présentée à son esprit que le fiacre prit un tournant avec une brusquerie farouche et s'arrêta devant un portail fermant le jardin d'un pavillon situé sur une route droite et large. La maison était brillamment éclairée. Un autre fiacre venait de repartir et Brackenbury vit un gentleman accueilli à la porte d'entrée par plusieurs serviteurs en livrée. Il s'étonna que le cocher se fût arrêté d'une façon si instantanée devant une maison où avait lieu une réception ; mais il ne douta pas que ce fût à la suite d'une erreur, et il resta tranquillement assis à fumer là où il se trouvait, lorsqu'il entendit l'abattant s'ouvrir grand au-dessus de sa tête.

– Nous sommes arrivés, monsieur, dit le cocher.

– Arrivés ! répéta Brackenbury. Mais où ?

– Vous m'avez dit de vous conduire où je voulais, monsieur, gloussa l'homme, eh bien, nous sommes arrivés.

Brackenbury fut frappé par le fait que cette voix était extraordinairement douce et courtoise pour un homme d'une situation aussi inférieure ; il se rappela la vitesse à laquelle il avait été conduit et il lui traversa alors l'esprit que le fiacre était aménagé de façon beaucoup plus luxueuse que ce n'était le cas d'ordinaire pour les véhicules publics.

– Je me vois dans l'obligation de vous demander de vous expliquer, dit-il. Avez-vous l'intention de me laisser là, dehors, sous la pluie ? Mon brave, je suppose que c'est à moi de choisir.

– C'est à vous de choisir, sans aucun doute, répondit le cocher ; mais quand je vous aurai tout raconté, je sais ce qu'un gentleman de votre classe décidera. On donne en ces lieux une réception entre messieurs. Je ne sais pas si le maître de maison est étranger à Londres et connaît peu de monde, ou si c'est un homme aux idées bizarres. Mais ce qui est sûr, c'est que j'ai été embauché pour enlever des gentlemen solitaires en tenue de soirée, en aussi grand nombre que je voulais, mais des officiers de l'armée de préférence. Vous n'avez qu'à entrer et dire que c'est Mr. Morris qui vous a convié.

– Êtes-vous Mr. Morris ? s'enquit le lieutenant.

– Oh, non ! répondit le cocher. Mr. Morris est le maître de maison.

– Ce n'est pas une façon banale de réunir des invités, dit Brackenbury ; mais un original pourrait très bien s'offrir cette fantaisie sans aucune intention d'offenser. Et supposez que je refuse l'invitation de Mr. Morris, continua-t-il, que se passe-t-il alors ?

– J'ai ordre de vous reconduire là où je vous ai trouvé, répondit l'homme, et de me mettre en quête d'autres personnes jusqu'à minuit. Ceux qui ne sont pas séduits par une telle aventure ne sont pas des invités pour lui, c'est ce qu'a dit Mr. Morris.

Ces mots décidèrent le lieutenant sur-le-champ.

« Après tout, se dit-il alors qu'il descendait du fiacre, je n'ai pas eu longtemps à attendre mon aventure. »

Il avait à peine mis un pied sur le trottoir et était encore en train de chercher dans sa poche de quoi payer la course que le fiacre fit demi-tour et partit à nouveau en trombe, empruntant le chemin par où ils étaient venus. Brackenbury appela l'homme à grands cris, qui n'y prêta pas attention et continua sa route ; mais à l'intérieur de la maison, on entendit le son de sa voix : la porte fut une nouvelle fois grande ouverte, inondant le jardin d'un flot de lumière, et un serviteur courut à sa rencontre avec un parapluie.

– Le cocher a été payé, fit-il observer d'un ton très courtois.

Et il se mit en devoir d'escorter Brackenbury le long de l'allée et jusqu'en haut des marches. Dans l'entrée, plusieurs autres domestiques le débarrassèrent de son chapeau, de sa canne et de son vêtement, lui donnèrent en échange un billet numéroté et l'entraînèrent avec un empressement poli en haut d'un escalier décoré de fleurs tropicales, jusqu'à une porte au premier étage. Là, un majordome à la mine sérieuse s'enquit de son nom et, tout en annonçant « Lieutenant Brackenbury Rich », le fit entrer dans le salon de la maison.

Un jeune homme mince, d'une beauté singulière, s'avança pour l'accueillir avec un air à la fois raffiné et affectueux. Des centaines de chandelles, de la cire la plus pure, éclairaient la pièce, parfumée, ainsi que la cage d'escalier, avec une profusion d'arbustes fleuris des espèces les plus rares et les plus belles. Une desserte était chargée de mets alléchants. Plusieurs serviteurs allaient et venaient, portant des corbeilles de fruits et des coupes de champagne. La compagnie se montait peut-être à seize personnes, rien que des hommes, à peu près tous dans la fleur de l'âge et qui, à une exception près, paraissaient tous doués et fringants. Ils étaient divisés en deux groupes, les uns près de la roulette, les autres réunis autour d'une table où l'un d'entre eux tenait la banque du baccara.

« Je vois, se dit Brackenbury : je suis dans un salon de jeu privé et le cocher racole les clients. »

Il avait embrassé ces détails du regard, et son esprit en tirait la conclusion, tandis que son hôte le tenait toujours par la main ; c'est vers lui que ses yeux se tournèrent à nouveau après ce rapide tour d'horizon. Cette fois-ci, il fut encore plus surpris par Mr. Morris qu'à première vue. L'aisance et l'élégance de ses manières, la distinction, l'amabilité et le courage qui se lisaient sur ses traits correspondaient très mal avec l'idée préconçue qu'il se faisait du propriétaire d'un tripot : le ton de sa conversation semblait le désigner au contraire comme un homme de condition et de mérite. Brackenbury se découvrit une sympathie instinctive pour son hôte ; et bien qu'il se reprochât sa faiblesse, il était incapable de résister à une sorte d'attirance amicale pour la personne et le caractère de Mr. Morris.

– J'ai entendu parler de vous, lieutenant Rich, dit Mr. Morris en baissant la voix, et croyez-moi, je suis très content de faire votre connaissance. Votre apparence correspond à la réputation qui vous a précédé depuis l'Inde. Et si vous voulez bien, pour un temps, oublier la hardiesse avec laquelle je vous ai fait arriver chez moi, je me sentirai non seulement honoré, mais encore sincèrement heureux. Un homme qui ne fait qu'une bouchée de cavaliers barbares, ajouta-t-il en riant, ne devrait pas être épouvanté par un manquement aux convenances, quelle qu'en soit la gravité.

Il l'entraîna alors vers le buffet et insista pour qu'il prît quelque rafraîchissement.

« Ma parole, se dit le lieutenant, voici l'un des personnages les plus charmants et, sans aucun doute, un des cercles les plus agréables de Londres. »

Il accepta du champagne, qu'il trouva excellent ; et remarquant que bien des personnes présentes étaient déjà en train de fumer, il alluma un de ses propres Manille et se dirigea lentement jusque vers la roulette, où il entreprit de miser et de considérer en souriant la fortune des autres. Ce fut alors que, debout, là, à ne rien faire, il se rendit compte que tous les invités étaient soumis à un examen attentif et minutieux. Mr. Morris allait et venait, remplissant ostensiblement ses fonctions d'hôte ; mais cela ne l'empêchait pas d'exercer sa vigilance sur l'assemblée ; aucun invité n'échappait à ses regards pénétrants ; il jaugeait le comportement de ceux qui perdaient gros, évaluait le montant des enjeux, s'arrêtait derrière deux personnes en pleine conversation ; en un mot, il n'y avait pour ainsi dire pas un trait caractéristique d'un des participants qu'il ne semblait saisir et enregistrer mentalement. Brackenbury commençait à se demander s'il était bien là dans un tripot, tant cela ressemblait à une sorte d'inquisition privée. Il suivit

Mr. Morris dans ses moindres mouvements et, bien que ce dernier eût le sourire facile, il lui sembla percevoir, comme derrière un masque, un esprit égaré, préoccupé et rongé d'inquiétude. Les hommes autour de lui riaient et faisaient leur mise ; mais Brackenbury avait perdu tout intérêt pour les invités.

« Ce Morris, pensa-t-il, ne reste pas à ne rien faire, dans ce salon. Quelque dessein profond l'anime ; que le mien soit de le découvrir. »

De temps à autre, Mr. Morris prenait à part un de ses visiteurs ; et après une brève conversation dans une antichambre, il revenait seul et les visiteurs en question ne réapparaissaient plus. Quand il l'eut renouvelé un certain nombre de fois, ce manège excita au plus haut point la curiosité de Brackenbury. Il décida de connaître sur-le-champ le fin fond de ce petit mystère et, ayant pénétré nonchalamment dans l'antichambre, découvrit une profonde embrasure de fenêtre dérobée aux regards par des rideaux de la teinte verte alors en vogue. Il s'empressa de s'y blottir. Il n'avait pas attendu longtemps que déjà le bruit des pas et des voix en provenance de la pièce principale se rapprochait. Épiant la scène de l'espace ménagé entre les rideaux, il vit Mr. Morris escorter un individu gros et rougeaud, aux allures de voyageur de commerce, que Brackenbury avait déjà remarqué à cause de son rire grossier et de son comportement peu distingué à la table. Ils s'arrêtèrent tous deux devant la fenêtre, si bien que Brackenbury ne perdit pas une miette de leur conversation :

– Je vous demande mille fois pardon, commença

Mr. Morris sur le ton le plus conciliant, et si je vous parais impoli, je suis sûr que vous m'excuserez aisément. Dans un endroit aussi vaste que Londres, les mésaventures se produisent nécessairement à tout instant et ce que nous pouvons espérer de mieux, c'est d'y remédier le plus rapidement possible. Je ne nierai pas que vous avez fait, je le crains, une erreur, et que vous avez honoré ma pauvre maison par inadvertance ; car, pour parler ouvertement, votre visage ne me dit rien du tout. Laissez-moi vous poser la question sans circonlocution superflue – entre gens d'honneur, un mot suffira : sous quel toit pensez-vous vous trouver ?

– Celui de Mr. Morris, répondit l'autre, au comble de la confusion depuis qu'il avait entendu Mr. Morris prononcer cette dernière phrase.

– Mr. John ou Mr. James Morris ? s'enquit l'hôte.

– Je ne peux absolument pas vous le dire, répondit le malheureux invité. Personnellement, je ne connais pas davantage ce monsieur que je ne vous connais vous-même.

– Je vois, dit Mr. Morris. Il y a une autre personne du même nom un peu plus bas dans la rue et je ne doute pas que l'agent de police soit à même de vous fournir son numéro. Croyez-moi, je me félicite du malentendu qui m'a procuré le plaisir de votre compagnie si longtemps ; et laissez-moi vous dire mon espoir de nous revoir dans des conditions plus normales. En attendant, je ne voudrais pour rien au monde vous priver plus longtemps de la compagnie de vos amis. John, ajouta-t-il en élevant la voix, voulez-vous veiller à ce que ce monsieur trouve son pardessus ?

Alors, avec la plus grande courtoisie, Mr. Morris raccompagna son visiteur jusqu'à la porte de l'antichambre, où il l'abandonna aux soins du majordome. Au moment où il passa devant la fenêtre pour retourner dans le salon, Brackenbury l'entendit pousser un profond soupir, comme si son esprit était chargé d'une grande inquiétude, et que ses nerfs fussent déjà mis à rude épreuve par la tâche qu'il s'était fixée.

Pendant une heure peut-être, les fiacres continuèrent d'arriver à une telle cadence que Mr. Morris devait recevoir un nouvel invité pour chaque ancien qu'il congédiait ; aussi la compagnie ne voyait-elle pas son nombre diminuer. Mais, par la suite, les arrivées se firent plus rares et plus espacées, puis cessèrent totalement, tandis que le processus d'élimination se poursuivait au même rythme. Le salon commença à se vider : le baccara fut interrompu faute de banquier ; plus d'un invité prit congé de son propre chef, qu'on laissait partir sans protester, tandis que Mr. Morris redoublait d'amabilités envers ceux qui restaient. Il allait d'un groupe à l'autre et d'une personne à l'autre, témoignant la plus vive sympathie et tenant les propos les plus pertinents et les plus agréables ; il ressemblait moins à un hôte qu'à une hôtesse, et il y avait dans sa conduite une coquetterie et une condescendance toutes féminines qui charmaient tous les cœurs.

Comme les invités se faisaient plus rares, le lieutenant Rich se rendit tranquillement du salon vers l'entrée, en quête d'air plus frais. Mais il n'eut pas sitôt franchi le seuil de l'antichambre qu'il s'arrêta net, sous le coup d'une découverte de la plus surprenante nature. Les arbustes fleuris avaient disparu de la cage d'escalier ; trois grandes voitures de déménagement se trouvaient devant le portail ; les domestiques s'affairaient à démonter la maison de toutes parts ; certains d'entre eux avaient déjà revêtu leur pardessus et se préparaient à partir. C'était comme la fin d'un bal à la campagne, où tout a été fourni par contrat. Brackenbury avait largement de quoi réfléchir. Tout d'abord, les invités, qui n'étaient pas après tout de vrais invités, avaient été congédiés ; et à présent les serviteurs, qui ne pouvaient guère être d'authentiques serviteurs, se dispersaient activement.

« Toute cette maison est-elle factice ? se demanda-t-il. Le champignon poussé en une nuit qui disparaît au petit matin ? »

Guettant une occasion favorable, Brackenbury se précipita dans l'escalier vers les étages élevés de la maison. C'était bien ce qu'il pensait. Il passa en courant d'une pièce à l'autre et ne vit pas l'ombre d'un meuble ni d'un tableau sur les murs. Bien que la maison eût été peinte et tapissée, elle était non seulement inhabitée à ce moment-là, mais elle n'avait tout simplement jamais été habitée du tout. Le jeune officier se rappela avec étonnement combien elle paraissait trompeuse, avec son air tranquille et hospitalier, quand il était arrivé. C'était seulement à un prix considérable que cette imposture avait pu être menée sur une si grande échelle.

Qui donc était Mr. Morris ? Quelle était son intention, quand il jouait ainsi les maîtres de maison d'une seule nuit au fin fond des quartiers ouest de Londres ? Et pourquoi choisissait-il ses visiteurs au hasard dans les rues ?

Brackenbury se rappela soudain qu'il s'était déjà attardé trop longtemps et se dépêcha de rejoindre la compagnie. Beaucoup étaient partis en son absence et il n'y avait pas plus de cinq personnes, y compris le lieutenant et son hôte, dans le salon – naguère si bondé. Mr. Morris l'accueillit avec un sourire au moment où il revint dans le salon et se leva immédiatement.

– Il est temps maintenant, messieurs, que je vous explique la raison pour laquelle je vous arrache à vos jeux. Je suis sûr que vous n'avez pas trouvé la soirée trop pesante ; seulement, mon objectif, je le reconnais, n'était pas de vous divertir mais d'obtenir de l'aide dans une situation pénible et fâcheuse. Vous êtes tous des gentlemen, poursuivit-il, votre air me le prouve aisément et je ne cherche pas de meilleure garantie. C'est pourquoi, je vous le dis franchement, je vous prie de me rendre un service dangereux et délicat ; dangereux, parce qu'il se peut que ce soit au péril de votre vie, et délicat, parce que je dois exiger de vous une discrétion absolue sur tout ce que vous allez voir ou entendre. De la part d'un parfait étranger, la requête est d'une extravagance qui frise le ridicule ; j'en ai pleine conscience et je voudrais ajouter tout de suite que s'il se trouve quelqu'un, ici présent, qui en a entendu assez, s'il se trouve quelqu'un parmi vous qui recule devant une confidence dangereuse et devant une manifestation de dévouement donquichottesque envers quelqu'un qu'il ne connaît pas – je suis prêt à lui serrer la main et à lui souhaiter bonne nuit et bonne chance le plus sincèrement du monde.

Un homme brun, très grand, le dos fortement voûté, répondit immédiatement à cet appel.

– Je loue votre franchise, monsieur, dit-il et, quant à moi, je m'en vais. Je ne fais pas de commentaires ; mais je ne peux nier que vous me remplissez de méfiance. Je m'en vais, je vous l'ai dit ; et peut-être penserez-vous que je n'ai aucun droit d'ajouter quelques mots à l'exemple que je donne.

– Au contraire, répondit Mr. Morris, je vous suis très obligé pour tout ce que vous allez dire. Il serait impossible d'exagérer la gravité de ma proposition.

– Eh bien messieurs, qu'en pensez-vous ? dit l'homme de haute taille à l'adresse des autres. Nous avons eu notre soirée d'amusements ; pourquoi ne pas nous retirer pacifiquement tous ensemble ? Vous apprécierez ma suggestion demain matin, quand, sains et saufs, vous reverrez le soleil en toute innocence.

Et l'homme prononça ces derniers mots sur un ton qui ajoutait à leur force ; quant à son visage, il avait une expression singulière, grave et lourde de sens. Un autre invité s'empressa de se lever et, l'air un peu inquiet, se prépara à prendre congé. Ils n'étaient plus que deux à ne pas lâcher pied, Brackenbury et un vieux major de cavalerie au nez rouge ; mais ces deux-là gardaient une attitude nonchalante et, mis à part un regard entendu, apparaissaient totalement étrangers à la discussion qui venait de s'achever.

Mr. Morris accompagna les déserteurs jusqu'à la porte, qu'il referma sur leurs talons ; puis il revint, paraissant soulagé et stimulé à la fois, et s'adressa en ces termes aux deux officiers :

– J'ai choisi mes hommes comme Josué dans la Bible, dit Mr. Morris, et je crois maintenant détenir ce qu'il y a de mieux à Londres. Votre allure a plu à mes cochers, puis elle m'a enchanté ; j'ai observé votre comportement au milieu d'un groupe d'inconnus et dans les circonstances les plus insolites : j'ai étudié la façon dont vous jouiez et celle dont vous acceptiez vos pertes ; enfin, je vous ai soumis à l'épreuve d'une annonce stupéfiante et vous l'avez accueillie comme une invitation à dîner. Ce n'est pas pour rien, s'écria-t-il, que je suis depuis des années le compagnon et l'élève du monarque le plus brave et le plus avisé d'Europe.

– Dans l'affaire de Bunderchang, fit remarquer le major, j'avais demandé douze volontaires, et tous les simples soldats de la cavalerie ont répondu à mon appel. Mais un groupe de joueurs n'est pas la même chose qu'un régiment qui essuie le feu de l'ennemi. Vous pouvez vous réjouir, je suppose, d'avoir trouvé deux volontaires, deux qui ne vous laisseront pas tomber au moment critique. Quant aux deux individus qui se sont sauvés, je les range au nombre des canailles les plus pitoyables que j'aie jamais rencontrées. Lieutenant Rich, ajouta-t-il en s'adressant à Brackenbury, j'ai beaucoup entendu parler de vous récemment ; et je ne doute pas que vous ayez aussi entendu parler de moi. Je suis le major O'Rooke.

Le vétéran tendit alors une main rouge et tremblante au jeune lieutenant.

– Qui n'a pas entendu parler de vous ? répondit Brackenbury.

– Quand cette petite affaire sera réglée, dit Mr. Morris, vous penserez que je vous ai suffisamment récompensés ; car je ne pouvais vous rendre à chacun plus grand service que de vous mettre en présence l'un de l'autre.

– Eh quoi ? dit le major O'Rooke, s'agit-il d'un duel ?

– Un duel si l'on peut dire, répondit Mr. Morris, un duel avec des ennemis inconnus et dangereux et, je le crains, un duel à mort. Je dois vous prier, poursuivit-il, de ne plus m'appeler Morris ; appelez-moi Hammersmith, si vous le voulez bien ; quant à ma véritable identité et à celle d'une autre personne à qui j'espère vous présenter d'ici peu, je vous serais reconnaissant de ne pas me la demander et de ne pas chercher à la découvrir par vous-mêmes. Il y a trois jours, la personne dont je parle a disparu subitement de chez elle et, jusqu'à ce matin, je n'avais reçu aucune indication sur son sort. Vous imaginerez mon inquiétude quand je vous aurai dit qu'il est en train d'essayer de régler une opération de justice privée. Lié par un serment malheureux prêté trop à la légère, il estime nécessaire, sans l'aide de la loi, de débarrasser la terre d'un scélérat traître et sanguinaire. Deux de nos amis déjà, dont mon propre frère, ont péri dans l'entreprise. Lui-même, ou je me trompe fort, est pris dans les mêmes rets funestes. Mais, du moins, est-il encore en vie et plein d'espoir, comme ce billet suffit à le prouver.

Et celui qui n'était autre que le colonel Geraldine leur tendit une lettre ainsi libellée :

« Major Hammersmith, mercredi, à trois heures du matin, un homme qui est entièrement à mon service vous fera entrer par la petite porte donnant sur les jardins de Rochester House, à Regent's Park. Je dois vous demander d'être extrêmement ponctuel. Apportez, je vous prie, mon assortiment d'épées et amenez avec vous, si vous pouvez les trouver, un ou deux gentlemen discrets et honorables qui ne me connaissent pas. Mon nom ne doit pas être utilisé dans cette affaire.

« T. GODALL. »

– En vertu de sa seule sagesse, s'il n'avait d'autre titre, poursuivit le colonel Geraldine une fois que les autres eurent tous deux satisfait leur curiosité, mon ami est un homme dont on doit suivre aveuglément les instructions. Inutile de vous dire, par conséquent, que je ne me suis pas risqué à explorer les abords de Rochester House et que je suis encore dans le noir, tout comme vous l'êtes vous-mêmes quant à la nature du dilemme de mon ami. Dès que j'ai reçu cet ordre, je me suis rendu chez un fabricant de mobilier et, en quelques heures, la maison où nous sommes en ce moment a pris l'air de fête qu'elle avait au début de la soirée. Mon plan avait au moins le mérite de l'originalité et je suis loin de regretter une action qui m'a procuré les services du major O'Rooke et du lieutenant Brackenbury Rich. Mais les employés de la rue vont avoir un drôle de réveil. Cette maison, toute illuminée et pleine de monde cette nuit, ils la découvriront inhabitée et à vendre demain matin. Ainsi, même les problèmes les plus graves ont un côté joyeux, ajouta le colonel.

– Et, espérons, une joyeuse issue, renchérit Brackenbury.

Le colonel consulta sa montre.

– Il est maintenant bientôt deux heures, dit-il. Nous avons une heure devant nous et un fiacre rapide est à la porte. Dites-moi si je puis compter sur votre aide.

– Au cours de ma longue vie, répondit le major O'Rooke, je ne suis jamais revenu sur une promesse, pas plus que je n'ai refusé un pari.

Brackenbury déclara dans les termes les plus convenables qu'il était prêt ; enfin, après qu'ils eurent bu un verre ou deux de vin, le colonel leur donna à chacun un revolver chargé et tous trois montèrent dans le fiacre qui se rendit à l'adresse en question.

Rochester House était une résidence somptueuse sur les bords du canal. Un jardin extrêmement vaste la protégeait de façon extraordinaire des désagréments causés par le voisinage. Il ressemblait au *parc aux cerfs** de quelque grand seigneur ou millionnaire. Autant qu'on pouvait en juger depuis la rue, il n'y avait pas la moindre lueur à aucune des nombreuses fenêtres du manoir ; l'endroit avait même un air négligé, comme si le maître des lieux était absent depuis longtemps.

On renvoya le fiacre et les trois gentlemen ne mirent pas longtemps à découvrir la petite porte, sorte d'entrée de service donnant sur une allée entre deux murs de jardin. Il restait encore dix minutes à un quart d'heure avant l'heure fixée ; la pluie tombait drue et nos aventuriers s'abritèrent sous un lierre dont les rameaux retombaient, discutant à voix basse de l'épreuve toute proche.

Soudain Geraldine leva le doigt pour imposer le silence et tous trois tendirent l'oreille le plus attentivement possible. À travers le bruit incessant de la pluie, les pas et les voix de deux hommes se firent entendre de l'autre côté du mur et, à mesure qu'ils s'approchaient, Brackenbury, qui avait l'ouïe remarquablement fine, put même distinguer quelques bribes de leur conversation :

– Est-ce que la tombe est creusée ? demanda l'un.

– Oui, répondit l'autre ; derrière la haie de laurier. Quand on aura fait la besogne, on pourra la recouvrir avec un tas de fagots.

Le premier interlocuteur se mit à rire et cette hilarité déplut à ceux qui écoutaient de l'autre côté.

– D'ici une heure, ajouta-t-il.

Alors, d'après le bruit des pas, il fut clair que les deux individus se séparaient et avançaient dans des directions opposées.

Presque aussitôt après que la porte eut été ouverte avec précautions, une tête pâle apparut dans l'allée et l'on vit une main faire signe à ceux qui attendaient. Dans un silence de mort, tous trois franchirent la porte, qui fut immédiatement refermée à double tour derrière eux, et suivirent leur guide le long de plusieurs allées du jardin jusqu'à l'entrée de service de la maison. Une seule chandelle brûlait dans la grande cuisine dallée, dépourvue du mobilier habituel ; et, comme le groupe s'apprêtait à gravir un escalier en colimaçon, une cavalcade de rats témoigna encore plus clairement du délabrement de la maison.

Leur guide les précéda, portant la chandelle. C'était un homme maigre, très courbé, mais encore agile ; il se retournait de temps en temps et les exhortait par gestes au silence et à la prudence. Le colonel Geraldine montait sur ses talons, l'assortiment d'épées sous le bras et un pistolet armé dans l'autre main. Le cœur de Brackenbury battait très fort. Il remarqua qu'ils étaient toujours dans les temps ; mais à en juger par l'empressement du vieillard, il comprit que le moment de passer à l'action était proche ; les circonstances de cette aventure étaient si obscures et menaçantes, l'endroit semblait si bien choisi pour les actions les plus noires qu'on aurait pu pardonner à un homme plus âgé que Brackenbury une certaine dose d'émotion, alors qu'il fermait la marche dans l'escalier en colimaçon.

Parvenu au sommet, le guide ouvrit une porte et fit entrer les trois officiers dans une petite pièce éclairée par une lampe qui fumait et par le rougeoiement d'un maigre feu. Au coin de la cheminée, était assis un homme très jeune, solide mais élégant et majestueux. Il témoignait par son attitude et son expression d'une maîtrise de soi des plus totales ; il fumait sans hâte et avec beaucoup de plaisir un petit cigare, et sur la table, près de son coude, se trouvait un grand verre rempli d'un breuvage pétillant qui répandait une odeur agréable dans la pièce.

– Bienvenue, dit-il en tendant la main au colonel Geraldine. Je savais que je pouvais compter sur votre exactitude.

– Sur mon dévouement, répondit le colonel en s'inclinant.

– Présentez-moi à vos amis, continua le premier avant d'ajouter, une fois cette formalité accomplie, avec l'affabilité la plus exquise : j'aurais aimé, messieurs, vous proposer un programme plus réjouissant ; il est fort incivil d'amorcer des relations par des questions graves, mais la contrainte des événements est plus forte que les obligations de l'amitié. J'espère et je ne doute pas que vous voudrez bien me pardonner cette soirée désagréable ; et à des hommes de votre trempe, il suffira de savoir que vous m'accordez une faveur extraordinaire.

– Votre Grandeur excusera mon franc-parler, dit le major. Je suis incapable de cacher ce que je sais. Depuis un moment, je crois avoir percé à jour le major Hammersmith, mais on ne peut pas se tromper sur Mr. Godall. Se mettre, à Londres, en quête de deux hommes qui ne connaissent pas le prince Florizel de Bohême, c'était trop demander au destin.

– Prince Florizel ! s'écria Brackenbury, stupéfait.

Et il contempla avec le plus profond intérêt les

traits du célèbre personnage qui se trouvait devant lui.

— Je ne vais pas me lamenter sur la perte de mon incognito, fit observer le prince, car elle me permet de vous remercier de façon d'autant plus qualifiée. Vous en auriez fait autant, j'en suis sûr, pour Mr. Godall que pour le prince de Bohême ; mais ce dernier peut faire peut-être davantage pour vous. L'avantage est pour moi, ajouta-t-il avec un geste courtois.

L'instant d'après, il parlait avec les deux officiers de l'armée des Indes et des troupes indigènes, sujet sur lequel, comme sur tous les autres, il possédait des sources d'information remarquables et les vues les plus sensées.

Il y avait quelque chose de si saisissant dans l'attitude de cet homme, à une heure de danger mortel, que Brackenbury fut saisi d'admiration et de respect ; il n'était pas moins sensible au charme de sa conversation ni à l'aménité surprenante de ses propos. Chaque geste, chaque intonation n'était pas seulement noble en soi, mais semblait conférer de la noblesse à l'heureux mortel à qui ils étaient destinés ; et Brackenbury, débordant d'enthousiasme, s'avoua à lui-même que c'était là un souverain pour qui un homme valeureux pouvait sacrifier sa vie avec reconnaissance.

De nombreuses minutes s'étaient écoulées de la sorte, quand la personne qui les avait fait pénétrer dans la maison et qui, depuis, était restée assise dans un coin, la montre à la main, se leva et murmura un mot à l'oreille du prince.

– Très bien, docteur Noël, répondit Florizel à haute voix.

Puis, s'adressant aux autres :

– Vous voudrez bien m'excuser, messieurs, de vous laisser dans le noir. Le moment approche à présent.

Le Dr Noël éteignit la lampe. Une lumière pâle et grise, qui annonçait l'aube, éclaira la fenêtre, sans être suffisante pour éclairer la pièce ; et quand le prince se leva, il était impossible de distinguer ses traits ou de deviner la nature de l'émotion qui était nettement sensible dans ses paroles. Il se dirigea vers la porte et se posta d'un côté dans l'attitude de quelqu'un qui est sur ses gardes.

– Veuillez avoir la gentillesse d'observer le silence le plus strict, dit-il, et de vous cacher dans l'ombre la plus profonde.

Les trois officiers et le médecin se hâtèrent d'obéir et, pendant presque dix minutes, le seul bruit qu'on pût entendre dans Rochester House provenait des cavalcades des rats derrière les boiseries. Soudain, le grincement sonore des gonds d'une porte brisa très nettement le silence ; peu après, les cinq hommes à l'affût distinguèrent un bruit de pas lents et prudents qui se rapprochait par l'escalier de la cuisine. L'intrus faisait deux pas, puis semblait marquer une pause pour tendre l'oreille et, pendant ces intervalles, qui semblaient durer un temps infini, une inquiétude profonde s'emparait de l'esprit de ceux qui écoutaient. Le Dr Noël, tout habitué qu'il était aux émotions fortes, était dans un état de prostration physique presque pitoyable ; sa respiration était sifflante, il grinçait des dents et on entendait ses articulations craquer quand il changeait nerveusement de position.

Pour finir, une main toucha la porte et le pêne glissa dans la serrure avec un léger bruit. Alors il y eut une autre pause durant laquelle Brackenbury vit le prince se ramasser sur lui-même silencieusement, comme pour un effort inhabituel. Puis la porte s'ouvrit, laissant pénétrer un peu plus de lumière du jour ; et la silhouette d'un homme apparut sur le seuil, où elle resta immobile. L'homme était grand et tenait un couteau à la main. Même dans la pénombre, ils virent briller ses dents du haut, car il ouvrait la bouche comme un dogue prêt à bondir. De toute évidence, l'homme avait été complètement immergé à peine quelques minutes plus tôt ; et à présent, alors qu'il était là, immobile, les gouttes continuaient de dégouliner de ses vêtements mouillés et tombaient sur le sol en crépitant.

L'instant d'après, il franchit le seuil. Il y eut un bond, un cri étouffé, une lutte immédiate ; et avant que le colonel Geraldine ait pu se précipiter à son secours, le prince maintenait l'homme, désarmé et impuissant, par les épaules.

– Docteur Noël, dit-il, soyez assez gentil pour rallumer la lampe.

Laissant alors la charge de son prisonnier à Geraldine et à Brackenbury, il traversa la pièce et s'adossa au manteau de la cheminée. Dès que la lampe eut été allumée, le groupe nota une dureté inhabituelle sur les traits du prince. Ce n'était plus Florizel, le gentleman insouciant ; c'était le prince de Bohême, courroucé à juste titre et animé d'un dessein implacable, qui relevait désormais la tête pour s'adresser au président du club du Suicide, son prisonnier.

– Président, dit-il, vous avez tendu votre dernier piège et vous vous êtes pris les pieds dedans. Le jour se lève ; c'est votre dernier matin. Vous venez de nager dans le canal de Regent's Park – votre dernier bain en ce monde. Votre ancien complice, le docteur Noël, bien loin de me trahir, vous a livré entre mes mains pour que vous soyez jugé. Et la tombe que vous avez creusée pour moi cet après-midi servira, par la divine providence, à dérober votre juste sort à la curiosité des hommes. Agenouillez-vous et priez, monsieur, si vous en avez le désir ; car le temps vous est compté et Dieu est las de vos iniquités.

Le président ne répondit rien et n'esquissa aucun geste, mais continua à laisser pendre sa tête et à fixer le sol d'un air sombre, comme s'il était conscient du regard prolongé et impitoyable du prince.

– Messieurs, poursuivit Florizel, reprenant le ton ordinaire de la conversation, voici un individu qui m'échappe depuis longtemps, mais que, grâce au Dr Noël, je tiens désormais étroitement serré. Faire le récit de ses crimes prendrait plus de temps que nous n'en disposons maintenant ; mais si le canal n'avait contenu que le sang de ses victimes, je crois que le scélérat n'aurait pas été plus sec que vous le voyez à présent. Même dans une affaire de cette sorte, je souhaite conserver les formes de l'honneur. Mais je vous laisse juges, messieurs – il s'agit plus d'une mise à mort que d'un duel ; et donner au gredin le choix de son arme serait pousser trop loin le protocole. Je ne peux me permettre de perdre la vie dans cette affaire, continua-t-il en déverrouillant le coffret contenant les épées ; et comme une balle de pistolet voyage si souvent sur les ailes du hasard, et que l'adresse et le courage peuvent être anéantis par le tireur le moins assuré, j'ai décidé, et je suis sûr que vous approuverez ma résolution, de régler cette question à la pointe de l'épée.

Quand Brackenbury et le major O'Rooke, à qui ces remarques étaient spécialement adressées, eurent tous deux fait connaître leur approbation, le prince Florizel ajouta à l'intention du président :

– Dépêchez-vous, monsieur, choisissez une lame et ne me faites pas attendre ; j'ai hâte d'en finir avec vous pour toujours.

Pour la première fois depuis qu'il avait été pris et désarmé, le président leva la tête et il devint évident qu'il se décidait à l'instant même à faire appel à tout son courage.

– Est-ce un combat en règle ? demanda-t-il âprement, et entre vous et moi ?

– Je pense ainsi vous honorer, répliqua le prince.

– Allons donc ! s'écria le président. En toute justice, qui sait comment les choses peuvent tourner ? Je dois ajouter que c'est, de la part de Votre Grandeur, une attitude généreuse ; et en mettant les choses au pire, je mourrai de la main d'un des gentlemen les plus vaillants d'Europe.

Alors, libéré par ceux qui l'avaient maintenu, le président s'avança vers la table et entreprit, avec une attention minutieuse, de choisir une épée. Il exultait et semblait penser qu'il sortirait sans aucun doute vainqueur du combat. Les assistants s'alarmèrent d'une assurance aussi totale et supplièrent le prince Florizel de reconsidérer sa décision.

– Ce n'est qu'une farce ! répondit-il, et je crois pouvoir vous promettre, messieurs, qu'elle ne va pas durer longtemps.

– Votre Grandeur serait bien avisée de ne pas trop présumer de ses forces, dit le colonel Geraldine.

– Geraldine, reprit le prince, m'avez-vous jamais vu faillir quand il s'agit d'une dette d'honneur ? Je vous dois la mort de cet homme et vous l'aurez.

Pour finir, le président s'attribua une des rapières et fit signe qu'il était paré, d'un geste qui n'était pas dépourvu d'une noblesse brutale. L'imminence du danger et un sentiment de courage, même à cet odieux scélérat, prêtaient un air d'humanité et une certaine élégance.

Le prince prit une épée au hasard.

– Le colonel Geraldine et le Dr Noël, dit-il, auront la bonté de m'attendre dans cette pièce. Je souhaite qu'aucun de mes amis ne soit impliqué dans cette opération. Major O'Rooke, vous êtes un homme d'un certain âge dont la réputation est bien établie – laissez-moi recommander le président à vos bonnes grâces. Le lieutenant Rich sera assez bon pour m'accorder ses soins : un jeune homme ne saurait avoir trop d'expérience dans de telles affaires.

– Votre Grandeur, répondit Brackenbury, c'est un honneur auquel j'attache le plus grand prix.

– C'est bien, répondit le prince Florizel, j'espère rester votre ami dans des circonstances plus importantes.

À ces mots, il sortit de la pièce le premier, guidant la marche par l'escalier de la cuisine.

Les deux hommes, qui étaient restés seuls, ouvrirent grand la fenêtre et se penchèrent au-dehors, tous leurs sens tendus pour saisir quelque détail sur le déroulement des événements tragiques qui allaient suivre. La pluie avait désormais cessé ; il faisait presque jour et les oiseaux pépiaient dans les buissons et les arbres du jardin. Le prince et ses compagnons furent visibles un instant, alors qu'ils empruntaient une allée entre deux massifs en fleurs ; mais, au premier tournant, le feuillage s'interposa et ils furent à nouveau dérobés à la vue. Ce fut tout ce que le colonel et le médecin purent voir, et le jardin était si vaste, le lieu du combat de toute évidence si éloigné de la maison qu'ils n'entendaient même pas les épées s'entrechoquer.

– Il l'a entraîné vers la tombe, dit le Dr Noël avec un frisson.

– Que Dieu défende le droit ! s'écria le colonel.

Ils attendirent alors l'issue de l'événement en silence, le docteur tremblant de peur, le colonel trempé de sueur. De nombreuses minutes avaient dû s'écouler, il faisait sensiblement plus clair et les oiseaux chantaient avec plus d'entrain dans le jardin quand un bruit de pas qui se rapprochaient leur fit tourner les yeux vers la porte. Ce furent le prince et les deux officiers de l'armée des Indes qui entrèrent. Dieu avait défendu le droit.

– J'ai honte d'être ému, dit le prince Florizel ; je trouve que c'est là une faiblesse indigne de ma situation, mais l'existence prolongée de cette crapule diabolique avait commencé à me miner comme une maladie, et sa mort m'a plus rafraîchi qu'une nuit de sommeil. Regardez, Geraldine, poursuivit-il en jetant son épée par terre, voici le sang de l'homme qui a tué votre frère. Ce devrait être une vue réconfortante. Cependant, ajouta-t-il, voyez comme nous sommes bizarrement faits, nous les hommes ! Ma vengeance n'a pas plus de cinq minutes et je commence déjà à me demander si la vengeance elle-même n'est pas inaccessible sur cette scène précaire qu'est la vie. Le mal qu'il a fait, qui peut le défaire ? La carrière au cours de laquelle il a amassé une grosse fortune (car la maison même où nous nous trouvons lui appartenait) – cette carrière fait à présent partie pour toujours du destin de l'humanité ; et je pourrais m'épuiser à me battre en duel jusqu'à ce que sonne la trompette du Jugement dernier : le frère de Geraldine n'en serait pas moins mort et un millier d'autres innocents pas moins déshonorés et corrompus ! L'existence d'un homme est une chose si facile à prendre, si considérable à employer ! Hélas ! s'écria-t-il, y a-t-il rien au monde qui cause plus de désenchantement que d'atteindre son but ?

– La justice divine a été rendue, répondit le docteur. Voilà ce que je vois. La leçon, Votre Grandeur, a été cruelle pour moi ; et j'attends mon tour avec une appréhension mortelle.

– Que disais-je ? s'écria le prince. J'ai châtié et voici parmi nous l'homme qui peut m'aider à réparer. Ah ! docteur Noël, nous avons devant nous, vous et moi, bien des journées d'efforts difficiles mais honorables ; et il se peut qu'avant que nous en ayons terminé, vous ayez largement racheté vos erreurs passées.

– En attendant, dit le docteur, permettez-moi d'aller enterrer mon plus ancien ami.

Telle est (fait remarquer notre Arabe érudit) la conclusion heureuse de cette histoire. Le prince, cela va sans dire, n'oublia aucun de ceux qui lui avaient rendu service dans l'accomplissement de ce haut fait ; à ce jour, son autorité et son influence les aident à progresser dans leur carrière publique, tandis que l'amitié qu'il condescend à leur accorder ajoute de l'agrément à leur vie privée. Réunir tous les événements étranges dans lesquels le prince a joué le rôle de la Providence (poursuit mon auteur) reviendrait à remplir de livres la surface habitable du globe. Mais les histoires qui se rapportent aux aventures du « Diamant du rajah » sont trop divertissantes (dit-il) pour ne pas être racontées. En suivant avec prudence les pas de cet Oriental, nous commencerons la série à laquelle il se réfère par l'« Histoire du carton à chapeaux ».

Le Diamant du rajah

I

Histoire du carton à chapeaux

JUSQU'À L'ÂGE de seize ans, Mr. Harry Hartley avait reçu dans une école privée, puis dans une de ces institutions prestigieuses qui sont à juste titre réputées en Angleterre, l'éducation ordinaire d'un gentleman. À cette époque, il manifestait pour l'étude une aversion considérable et le seul parent qui lui restait étant à la fois faible et ignorant, il fut, dès lors, autorisé à passer son temps à acquérir des talents dérisoires qui relevaient de la pure élégance. Deux ans plus tard, il se retrouva orphelin et sans le sou. Harry était inapte par nature aussi bien que par formation à toutes les carrières qui réclamaient du zèle et de l'ardeur au travail. Il savait fredonner des couplets romantiques et s'accompagner au piano à volonté ; c'était un jeune homme gracieux quoique timide ; il avait un goût prononcé pour le jeu d'échecs ; et la nature l'avait, en le mettant au monde, doté d'une apparence des plus séduisantes qu'on puisse imaginer. Blond et rose, avec des yeux de colombe et un doux sourire, il avait un air de tendresse et de mélancolie charmantes et les manières les plus dociles et les plus caressantes. Mais, cela dit, il n'était pas homme à prendre la tête d'une troupe de guerre ni à diriger le conseil d'un État.

Un hasard heureux et quelque protection valurent à Harry, à l'époque de son deuil, le poste de secrétaire particulier du général de division Sir Thomas Vandeleur, Compagnon de l'ordre du Bain. Sir Thomas était un homme de soixante ans, à la voix forte, débordant d'activité et autoritaire. Pour une raison donnée – un service rendu dont la nature avait suscité bien des murmures et de fréquents démentis –, le rajah de Kashgar avait fait cadeau à cet officier du diamant connu comme le sixième au monde. Ce présent avait transformé le général Vandeleur, de pauvre qu'il était, en un homme riche, de soldat obscur et impopulaire en l'une des célébrités de la société londonienne ; le propriétaire du diamant du rajah était bien accueilli dans les cercles les plus fermés et il avait rencontré une dame, jeune, belle et bien née qui désirait faire sien le diamant, fût-ce au prix du mariage avec Sir Thomas Vandeleur. Qui se ressemble s'assemble : aussi disait-on généralement qu'un bijou en avait attiré un autre ; il est certain que lady Vandeleur n'était pas seulement, en elle-même, une gemme de la plus belle eau, mais elle se présentait au monde sertie de façon très coûteuse ; et nombre d'autorités respectables la considéraient comme une des trois ou quatre personnes les mieux habillées d'Angleterre.

Les responsabilités de Harry en tant que secrétaire

n'étaient pas trop lourdes mais il avait de l'aversion pour tout travail prolongé ; il souffrait de se tacher les doigts d'encre ; et les charmes de Lady Vandeleur et de ses toilettes l'incitaient souvent à délaisser la bibliothèque pour le boudoir. Il avait les plus jolies manières parmi les femmes, pouvait parler chiffons avec plaisir et n'était jamais si heureux que lorsqu'il donnait son avis sur une nuance de ruban, ou qu'il allait faire une course chez la modiste. Bref, la correspondance de Sir Thomas prit un retard lamentable et « madame » acquit une femme de chambre supplémentaire.

Pour finir, le général, qui était un des chefs militaires les moins patients, se leva de son siège dans un violent accès de colère et fit savoir à son secrétaire, par un de ces gestes explicatifs très rarement utilisés entre gentlemen, qu'il n'avait plus besoin de ses services. La porte étant malencontreusement ouverte, Mr. Hartley roula dans l'escalier tête la première.

Il se releva quelque peu meurtri et très profondément chagriné. La vie dans la maison du général lui convenait parfaitement ; sans avoir une situation bien définie, il évoluait dans une société très distinguée, travaillait peu, mangeait les mets les plus délicats et éprouvait une quiète satisfaction à être auprès de Lady Vandeleur que, dans son cœur, il qualifiait d'un nom plus passionné.

Tout de suite après avoir été outragé par le pied du général, il se hâta de rejoindre le boudoir pour raconter ses malheurs.

– Vous savez très bien, mon cher Harry, répondit

Lady Vandeleur, car elle l'appelait par son prénom, comme un enfant ou un domestique, qu'il ne vous arrive jamais de faire ce que le général vous demande. Moi non plus, me direz-vous. Mais cela est différent. Une femme peut obtenir le pardon d'une bonne année de désobéissance par un seul geste adroit de soumission ; et, en outre, personne n'est marié à son secrétaire particulier. Je serai désolée de vous perdre ; mais puisque vous ne pouvez plus rester dans une maison où vous avez été insulté, je vais vous dire adieu et vous promets de faire payer son comportement au général.

Harry fut tout décontenancé ; des larmes lui vinrent aux yeux et il contempla lady Vandeleur d'un air de tendre reproche.

– Madame, dit-il, qu'est-ce qu'une insulte ? J'aurais une bien piètre opinion de quelqu'un qui ne pardonnerait pas des dizaines d'insultes. Mais quitter ses amis ; briser les liens de l'affection...

Il fut incapable de continuer, car sa voix était étranglée par l'émotion, et il se mit à pleurer.

Lady Vandeleur le regarda avec une étrange expression.

« Ce petit imbécile s'imagine être amoureux de moi, pensa-t-elle. Pourquoi ne deviendrait-il pas mon domestique au lieu d'être celui du général ? Il est facile à vivre, serviable, et il comprend quelque chose à la toilette ; et, par ailleurs, cela l'empêchera de faire des bêtises. Il est vraiment trop mignon pour être libre de toute attache. »

Ce soir-là, elle en persuada le général, déjà un peu

honteux de sa vivacité ; Harry fut transféré au département féminin, où sa vie était presque paradisiaque. Il était toujours vêtu avec un raffinement peu ordinaire, portait une fleur délicate à la boutonnière et savait recevoir un visiteur avec tact et civilité. Il s'enorgueillissait d'être au service d'une belle femme ; recevait les ordres de Lady Vandeleur comme autant de marques de faveur ; et il était content de s'exhiber, en présence d'autres hommes qui le raillaient et le méprisaient, dans son rôle de femme de chambre-homme et de modiste au masculin. Sans compter qu'il avait aussi une haute idée de cette existence d'un point de vue moral. Le mal lui semblait être essentiellement un attribut masculin, et passer ses jours auprès d'une femme charmante, à s'occuper principalement d'accessoires de mode, c'était habiter une île enchantée au cœur des tempêtes de la vie.

Un beau matin, il pénétra dans le salon et se mit à disposer des partitions sur le piano. Lady Vandeleur, à l'autre bout de la pièce, était en train de parler avec quelque impatience avec son frère, Charlie Pendragon, un homme plus très jeune, usé par la débauche, et qui boitait. Le secrétaire particulier, à qui ils ne prêtèrent aucune attention quand il entra, ne put éviter de surprendre une partie de leur conversation.

– C'est aujourd'hui ou jamais, dit la dame. Cela doit se faire aujourd'hui, une fois pour toutes.

– Aujourd'hui, s'il le faut, soupira le frère. Mais c'est une erreur, une erreur qui causera notre ruine, Clara ; et nous le regretterons amèrement toute notre vie.

Lady Vandeleur regarda fixement son frère, d'un air un peu étrange.

– Vous oubliez une chose, dit-elle, il est temps que cet homme meure.

– Ma parole, Clara, dit Pendragon, j'en arrive à croire que vous êtes la canaille la plus cruelle d'Angleterre.

– Vous, les hommes, répliqua-t-elle, vous êtes si grossièrement faits que vous êtes incapables d'apprécier une nuance de sens. Vous êtes vous-mêmes avides, violents, immodestes, peu soucieux de distinction ; et pourtant, la moindre pensée pour l'avenir chez une femme vous scandalise. Je ne supporte pas ce genre de choses. Vous mépriseriez, chez un simple banquier, la sottise que vous vous attendez à trouver chez une femme.

– Il est fort probable que vous ayez raison, répondit son frère, vous avez toujours été plus intelligente que moi. Et, de toutes façons, vous connaissez ma devise : la famille avant tout.

– Oui, Charlie, répondit-elle en lui prenant la main, je connais votre devise mieux que vous ne la connaissez vous-même. « Et Clara avant la famille ! » N'est-ce pas la seconde partie de votre devise ? Vous êtes vraiment le meilleur des frères et je vous aime tendrement.

Mr. Pendragon se leva, un peu déconcerté par ces témoignages d'affection fraternelle.

– Il vaut mieux qu'on ne me voie pas, dit-il. Je comprends mon rôle à merveille, et je vais garder les yeux sur le toutou à sa mémère.

– Tu feras bien, répondit-elle. C'est une créature servile qui pourrait bien tout faire échouer.

Elle lui envoya un baiser délicat du bout des doigts et le frère se retira par le boudoir et l'escalier de service.

– Harry, dit Lady Vandeleur, se tournant vers le secrétaire dès qu'ils furent seuls, j'ai une commission à vous faire faire ce matin. Mais vous prendrez un fiacre ; je ne veux pas que mon secrétaire soit couvert de taches de rousseur.

Elle insista sur les derniers mots, avec un air de fierté quasi maternelle qui causa une immense satisfaction au pauvre Harry ; et il se déclara enchanté de trouver une occasion de la servir.

– C'est un autre de nos grands secrets, poursuivit-elle, l'air coquin, et personne, en dehors de mon serviteur et de moi-même, ne doit rien en savoir. Sir Thomas entrerait dans la plus grande colère ; et si vous saviez comme je suis lassée de ces scènes ! Oh, Harry, Harry, pouvez-vous m'expliquer ce qui vous rend, vous les hommes, si violents et si injustes ? Mais, bien sûr, je sais que vous êtes différent ; vous êtes le seul homme au monde qui ignore tout de ces honteuses passions ; vous êtes si bon, Harry, et si gentil ; vous, au moins, vous pouvez être l'ami d'une femme, et, savez-vous ? je crois que vous rendez les autres plus laids par comparaison.

– C'est vous, dit Harry galamment, qui êtes si gentille avec moi. Vous me traitez comme...

– Comme une mère, coupa Lady Vandeleur ; je m'efforce d'être une mère pour vous. Ou, du moins, corrigea-t-elle avec un sourire, presque une mère. Je crois que je suis trop jeune pour être réellement votre mère. Disons une amie – une amie très chère.

Elle marqua une pause suffisamment longue pour laisser ses mots produire leur effet sur la sensiblerie de Harry, pas suffisamment toutefois pour lui permettre de répondre.

– Mais tout cela est hors de propos, reprit-elle. Vous trouverez un carton à chapeaux dans l'armoire en chêne, du côté gauche ; il se trouve sous le jupon rose que j'avais mis mercredi avec ma dentelle de Malines. Vous le porterez immédiatement à l'adresse que voici (elle lui tendit un papier), mais ne le lâchez en aucun cas avant d'avoir obtenu un reçu écrit de ma main. Comprenez-vous ? Répondez, de grâce, répondez ! C'est de la première importance et il me faut vous demander de faire un peu attention.

Harry l'apaisa en répétant à la perfection les instructions qu'elle lui avait données ; et elle s'apprêtait à lui en dire plus quand le général Vandeleur entra en coup de vent dans la pièce, rouge de colère, et tenant à la main une facture longue et détaillée de la modiste.

– Voulez-vous jeter un coup d'œil à ceci, madame ? s'écria-t-il. Voulez-vous avoir la bonté de jeter un coup d'œil à ce document ? Je sais bien que vous m'avez épousé pour mon argent et j'espère que je peux vous procurer des rentes aussi importantes que n'importe quel homme dans ma situation ; mais, aussi sûrement que Dieu m'a fait, j'ai l'intention de mettre un terme à cette honteuse prodigalité.

– Monsieur Hartley, dit Lady Vandeleur, je crois que vous comprenez ce que vous avez à faire. Puis-je vous demander de vous en occuper sur-le-champ ?

– Une seconde ! dit le général à l'adresse de Harry, un mot avant de vous en aller.

Puis, se tournant vers Lady Vandeleur :

– De quelle commission avez-vous chargé ce précieux individu ? demanda-t-il. Je n'ai pas plus confiance en lui qu'en vous, croyez-le bien. S'il avait les notions les plus élémentaires d'honnêteté, il trouverait indigne l'idée de rester dans cette maison ; et ce qu'il fait pour mériter ses gages est un mystère pour tout le monde. Quelle est cette commission, madame ? Et pourquoi l'expédiez-vous si vite ?

– Je croyais que vous aviez quelque chose à me dire en privé, répondit la dame.

– Vous avez parlé d'une commission, insista le général. Ne cherchez pas à me tromper dans l'état d'esprit où je suis en ce moment. Vous avez, assurément, parlé d'une commission.

– Si vous tenez vraiment à rendre vos serviteurs témoins de nos dissensions humiliantes, répondit Lady Vandeleur, je ferais peut-être mieux de dire à Mr. Hartley de s'asseoir. Non ? continua-t-elle ; alors vous pouvez disposer, monsieur Hartley. J'aime à croire que vous vous souviendrez de tout ce que vous avez entendu dans cette pièce ; cela pourra vous être utile.

Harry quitta aussitôt le salon, et alors qu'il montait l'escalier quatre à quatre, il entendait s'enfler les accents déclamatoires du général, et la voix fluette de

Lady Vandeleur assener des reparties glaciales chaque fois qu'elle le pouvait. Quelle admiration chaleureuse il éprouvait pour l'épouse ! Avec quelle habileté elle évitait une question embarrassante ! Avec quelle solide effronterie elle répétait ses instructions sous les tirs mêmes de l'ennemi ! Et, en revanche, comme il détestait le mari !

Il n'y avait rien eu d'extraordinaire dans les événements de la matinée, car il avait toujours l'habitude de servir Lady Vandeleur dans des missions secrètes, en liaison principalement avec la boutique de la modiste. Il y avait un secret dans la maison, il le savait pertinemment. Les prodigalités infinies de l'épouse et les dettes dont elle ignorait le montant avaient depuis longtemps englouti sa fortune à elle et menaçaient, jour après jour, de faire de même avec celle du mari. Une ou deux fois par an, le scandale et la ruine semblaient imminents et Harry ne cessait de courir à droite et à gauche chez toutes sortes de fournisseurs, racontant de petits mensonges et payant de petites avances sur le montant brut, de façon à passer un autre terme et à permettre à la dame ainsi qu'à son fidèle secrétaire de respirer à nouveau. Car, Harry avait de tout cœur, et à double titre, choisi son camp : non seulement il adorait Lady Vandeleur et craignait et détestait son mari, mais il partageait naturellement avec elle l'amour de la parure, et il ne faisait de folies que chez le tailleur.

Il trouva le carton à chapeaux là où on lui avait dit, arrangea sa toilette avec soin et quitta la maison. Le soleil brillait d'un vif éclat ; la distance qu'il avait à parcourir était considérable et il se rappela avec consternation que l'irruption soudaine du général avait empêché Lady Vandeleur de lui donner de l'argent pour le fiacre. Par une telle journée, il y avait toutes les chances pour que son teint souffre sévèrement de la chaleur étouffante ; et marcher si longtemps dans les rues de Londres avec un carton à chapeaux sous le bras était une humiliation presque insupportable pour un jeune homme de son tempérament. Il s'arrêta, le temps d'en délibérer avec lui-même. Les Vandeleur habitaient à Eaton Place ; sa destination était proche de Notting Hill ; il pouvait évidemment traverser le parc en restant à découvert et en évitant les allées très peuplées ; et il remercia sa bonne étoile quand il se dit qu'il était encore relativement tôt.

Impatient de se débarrasser de ce fardeau, il marchait plutôt plus vite qu'à l'ordinaire et il avait déjà fait un bout de chemin à travers Kensington Gardens quand, dans un endroit isolé au milieu des arbres, il se retrouva nez à nez avec le général.

– Je vous demande pardon, sir Thomas, fit observer Harry en se serrant poliment d'un côté, car le général se tenait au beau milieu du chemin.

– Où allez-vous, monsieur ? demanda le général.

– Je fais une petite promenade au milieu des arbres, répondit le jeune homme.

Le général toucha le carton à chapeaux du bout de sa canne.

– Avec ça ? s'écria-t-il. Vous mentez, monsieur, et vous savez que vous mentez !

– C'est que je ne suis pas habitué, sir Thomas, à ce qu'on me questionne avec tant de véhémence, répondit Harry.

– Vous ne comprenez pas votre situation, dit le général. Vous êtes mon serviteur, et un serviteur envers qui je nourris les soupçons les plus graves. Comment savoir si votre carton n'est pas rempli de cuillers à thé ?

– Il renferme un chapeau de soie qui appartient à un ami, dit Harry.

– Très bien, répondit le général Vandeleur. Dans ces conditions, je tiens à voir le chapeau de soie de votre ami. J'ai une curiosité singulière, ajouta-t-il, inflexible, pour les chapeaux ; et vous n'ignorez pas, je crois, que je suis assez déterminé.

– Je vous demande pardon, sir Thomas, je suis extrêmement désolé, s'excusa Harry, mais c'est vraiment une affaire privée.

D'une main, le général l'attrapa sans ménagement par l'épaule, tandis qu'il levait sa canne de l'autre dans un geste terriblement menaçant. Harry se crut perdu ; mais au même moment, le ciel lui accorda un défenseur inattendu en la personne de Charlie Pendragon, qui sortit de derrière les arbres et s'avançait à présent vers eux à grandes enjambées.

– Allons, allons, général, retenez votre main, dit-il, cela n'est ni courtois ni viril.

– Ah, ah ! s'écria le général, se retournant brusquement pour affronter son nouvel adversaire, monsieur Pendragon ! Et croyez-vous, monsieur Pendragon, que, sous prétexte que j'ai eu le malheur d'épouser votre sœur, je vais supporter d'être poursuivi et contrarié par un libertin déconsidéré et ruiné comme vous ? Ma rencontre avec Lady Vandeleur m'a ôté tout appétit pour les autres membres de sa famille !

– Est-ce que vous vous imaginez, général Vandeleur, répliqua Charlie, que sous prétexte que ma sœur a eu le malheur de vous épouser, elle a, séance tenante, perdu ses droits et ses privilèges de femme ? Je reconnais, monsieur, que par cette action elle a fait tout ce qu'il était possible de faire pour déroger à son rang ; mais, à mes yeux, elle est toujours une Pendragon. Je considère comme mon devoir de la protéger d'un outrage indigne d'un gentleman, et seriez-vous dix fois son mari que je ne permettrais pas que sa liberté soit entravée, ni que ses messagers privés soient violemment pris à partie.

– Qu'en dites-vous, monsieur Hartley ? demanda le général. Mr. Pendragon est de mon avis, dirait-on. Lui aussi soupçonne Lady Vandeleur d'avoir quelque chose à voir avec le chapeau de soie de votre ami.

Charlie se rendit compte qu'il avait commis une bévue impardonnable ; il s'empressa de réparer.

– Comment, monsieur ? s'écria-t-il. Je soupçonne, dites-vous ? Je ne soupçonne rien. Seulement, quand je m'aperçois que la force est mal employée et qu'un homme brutalise ses inférieurs, je prends la liberté d'intervenir.

À ces mots, il fit à l'intention de Harry un signe que ce dernier fut trop lent ou trop troublé pour comprendre.

– Dans quel sens dois-je interpréter votre attitude, monsieur ? interrogea Vandeleur.

– Eh bien, monsieur, comme bon vous semble, répondit Pendragon.

Le général une fois de plus leva sa canne en direction de la tête de Charlie ; mais celui-ci, bien que boiteux et désavantagé, para le coup avec son parapluie, se rua sur son terrible adversaire qu'il empoigna à bras-le-corps.

– Cours, Harry, cours ! s'écria-t-il, mais cours donc, espèce de cruche !

Harry resta un instant pétrifié, regardant les deux hommes osciller dans cette étreinte féroce ; puis il tourna les talons et prit ses jambes à son cou. Quand il jeta un coup d'œil par-dessus son épaule, il vit le général effondré sous le genou de Charlie, mais faisant toujours des efforts désespérés pour renverser la situation ; et les jardins semblaient s'être remplis de monde, qui accourait de tous côtés sur les lieux du combat.

Ce spectacle donna des ailes au secrétaire ; et il ne ralentit pas son allure avant d'avoir gagné Bayswater Road et de s'être engouffré au hasard dans une petite rue peu fréquentée.

Voir deux gentlemen de sa connaissance se malmener l'un l'autre avec une telle brutalité bouleversait Harry profondément. Il désirait oublier ce spectacle ; il désirait, par-dessus tout, mettre une distance aussi grande que possible entre lui et le général Vandeleur ; dans son acharnement à le faire, il en oubliait complètement sa destination et filait droit devant lui, tête baissée et tremblant. Quand il se rappela que Lady Vandeleur était la femme de l'un de ces gladiateurs et la sœur de l'autre, son cœur s'émut de compassion pour une femme si mal lotie et si malheureuse dans la vie. Et même sa propre existence dans la maison du général ne lui paraissait vraiment pas aussi agréable que d'habitude à la lumière de ces violentes transactions.

Il avait avancé un peu, préoccupé par ces méditations, quand un léger heurt avec un autre passant lui rappela le carton à chapeaux qu'il avait à la main.

– Mon Dieu ! s'écria-t-il. Où avais-je la tête ? Et où donc me suis-je aventuré ?

Là-dessus, il ouvrit l'enveloppe que Lady Vandeleur lui avait confiée. L'adresse y figurait, mais sans le moindre nom. Harry avait simplement pour mission de demander de gentleman qui attendait un paquet de la part de Lady Vandeleur et, s'il n'était pas chez lui, d'attendre son retour. Le gentleman était censé, disait encore le petit mot, présenter un reçu écrit de la main même de la dame. Tout cela semblait hautement mystérieux et Harry était par-dessus tout étonné de cette omission du nom et de la formalité du reçu. Il n'en avait pas pensé grand-chose quand il l'avait entendu mentionner dans la conversation ; mais, en le lisant de sang-froid et en le considérant en liaison avec les autres détails étranges, il fut convaincu qu'il était engagé dans une affaire dangereuse. Pendant une fraction de seconde, il douta de Lady Vandeleur elle-même ; car il trouvait ces procédés obscurs quelque peu indignes d'une dame d'aussi haut rang, et il devint plus critique à l'idée qu'elle lui cachait des secrets. Mais l'empire qu'elle avait sur son esprit était trop absolu : il écarta ses soupçons et se blâma vertement de les avoir tant soit peu éprouvés.

Pour une chose, en tout cas, son devoir et son intérêt, sa générosité et ses terreurs coïncidaient : il s'agissait de se débarrasser du carton à chapeaux le plus vite possible.

Il aborda le premier policier qu'il rencontra et lui demanda courtoisement son chemin. Il s'avéra qu'il n'était déjà plus très loin de sa destination et, au bout de quelques minutes de marche, il se trouva dans une allée, devant une petite maison peinte de fraîche date et entretenue avec le plus grand soin. Le marteau et la poignée de sonnette étaient très bien astiqués ; des pots d'herbes potagères en fleurs garnissaient les rebords des différentes fenêtres ; et des rideaux d'une étoffe précieuse dissimulaient l'intérieur aux yeux des passants curieux. L'endroit respirait la tranquillité et le secret ; et Harry fut tellement saisi par cette atmosphère qu'il frappa plus discrètement qu'à l'ordinaire et fut plus soucieux que d'habitude d'ôter toute saleté de ses bottines.

Une domestique non dépourvue de charmes personnels ouvrit immédiatement la porte et sembla considérer le secrétaire d'un air plutôt bienveillant.

– Voici le paquet de la part de Lady Vandeleur, dit Harry.

– Je suis au courant, répondit la bonne en hochant

la tête. Mais Monsieur est sorti. Voulez-vous me laisser le paquet ?

– Je ne peux pas, répondit Harry. J'ai la consigne de ne m'en séparer qu'à une certaine condition, et il me faut vous demander, je le crains, la permission d'attendre.

– Très bien, dit-elle, je suppose que je peux vous autoriser à attendre. Je suis assez seule, ça je peux vous le garantir, et vous n'avez pas l'air prêt à vous jeter sur une fille. En tout cas, ne me demandez pas le nom du gentleman car je ne suis pas censée vous le donner.

– Ah, vraiment ! s'écria Harry. Comme c'est étrange ! Mais, de toute façon, depuis quelque temps, je vais de surprise en surprise. Il y a une question que je peux sûrement vous demander sans indiscrétion : Est-il le maître de maison ?

– Il est locataire, depuis huit jours seulement, répondit la bonne. Maintenant, en échange, répondez à ma question : Est-ce que vous connaissez Lady Vandeleur ?

– Je suis son secrétaire particulier, répondit Harry, rougissant d'une modeste fierté.

– Elle est jolie, n'est-ce pas ? poursuivit la domestique.

– Oh, ravissante ! s'écria Harry. Adorable, une merveille ! et avec ça, bonne et gentille !

– Vous avez l'air assez gentil aussi, répliqua-t-elle, et je parie que vous valez bien douze lady Vandeleur !

Harry était véritablement scandalisé.

– Moi ! s'écria-t-il. Mais je suis un simple secrétaire !

– C'est pour moi que vous dites cela ? dit la fille. Parce que je suis une simple bonne, si vous permettez ?

Puis, s'adoucissant devant la confusion évidente de Harry :

– Je sais que vous ne vouliez rien dire de tel, ajouta-t-elle ; et j'aime bien votre air ; mais je ne pense rien de bon de votre lady Vandeleur. Ah ! ces maîtresses ! s'écria-t-elle. Dépêcher un vrai gentleman comme vous – avec un carton à chapeaux – au grand jour !

Pendant cette conversation, ils étaient restés chacun dans la position où ils étaient au début, elle sur le pas de la porte, lui sur le trottoir, nu-tête pour avoir moins chaud, et le carton à chapeaux sous le bras. Mais, à ce dernier discours, Harry, qui était incapable de faire face à des compliments aussi directs concernant sa personne et à l'air engageant qui les accompagnait, commença à changer d'attitude et, dans son trouble, à regarder furtivement à droite et à gauche. Ce faisant, il tourna la tête vers le bas de l'allée et là, à sa grande consternation, son regard rencontra celui du général Vandeleur. Le général, en proie à la prodigieuse agitation où l'avaient plongé la chaleur, la précipitation et l'indignation, avait parcouru les rues à la poursuite de son beau-frère ; mais dès qu'il avait aperçu le secrétaire fautif, son objectif avait changé, sa colère emprunté un nouveau canal, et il avait tourné les talons pour remonter l'allée à toute vitesse en gesticulant et en vociférant.

Harry ne fit qu'un saut à l'intérieur, en poussant la bonne devant lui ; et la porte fut claquée à la figure de son poursuivant.

– Y a-t-il une barre ? On peut la verrouiller ? demanda Harry, tandis qu'une salve de coups de heurtoir faisait résonner la maison d'un mur à l'autre.

– Mais pourquoi ? Qu'est-ce qui ne va pas ? demanda la bonne. C'est ce vieux monsieur ?

– S'il met la main sur moi, murmura Harry, autant dire que je suis mort. Il m'a poursuivi toute la journée et porte une canne-épée ; c'est un officier de l'armée des Indes.

– En voilà des manières ! s'écria la bonne. Et on peut savoir son nom, s'il vous plaît ?

– C'est le général, mon maître, répondit Harry. Il est à la recherche du carton à chapeaux.

– Je vous l'avais bien dit ! s'écria la bonne, triomphante. Je vous avais dit que votre lady Vandeleur ne m'inspirait rien qui vaille ; et si vous aviez des yeux pour voir, vous comprendriez ce qu'elle est pour vous. Une friponne ingrate, j'en mettrais ma main au feu !

Le général renouvela son attaque contre le heurtoir et, comme il s'énervait que l'on tarde à lui ouvrir, il commença à donner des coups de pied et à taper sur les panneaux de la porte.

– C'est une chance, fit remarquer la jeune fille, que je sois seule dans la maison ; votre général peut tambouriner à la porte tant qu'il veut, il n'y a personne pour lui ouvrir. Suivez-moi !

À ces mots, elle conduisit Harry dans la cuisine, où elle le fit asseoir, se tenant debout près de lui, une main sur son épaule, dans une attitude affectueuse. Le vacarme à la porte, loin de s'affaiblir, continuait de plus belle et, à chaque coup, le malheureux secrétaire était ébranlé jusqu'à la moelle.

– Comment vous appelez-vous ? demanda la fille.

– Harry Hartley, répondit-il.

– Moi, c'est Prudence, poursuivit-elle. Ça vous plaît ?

– Beaucoup, dit Harry. Mais écoutez un peu comme le général tape à la porte. À force, il va la défoncer et rentrer, et alors, au nom du ciel, qu'est-ce qui m'attend sinon la mort ?

– Il n'y a pas lieu de vous mettre dans tous ces états, répondit Prudence. Laissez votre général frapper, tout ce qu'il gagnera, c'est des ampoules aux mains. Est-ce que vous croyez que je vous garderais ici, si je n'étais pas certaine de vous sauver ? Oh, non, je suis une amie sûre pour les gens qui me plaisent ! Et nous avons une porte de service qui donne sur une autre allée. Mais, ajouta-t-elle en réfrénant son impatience, car il s'était levé immédiatement à cette bonne nouvelle, mais je ne vous montrerai pas où c'est tant que vous ne m'aurez pas embrassée. Vous voulez bien, Harry ?

– Oh, pour ça, oui ! s'écria-t-il, se rappelant sa galanterie, je ne le ferai pas pour votre porte de service, mais parce que vous avez bon cœur et que vous êtes jolie.

Et il lui administra deux ou trois baisers cordiaux qui lui furent payés de retour.

Après quoi, Prudence le conduisit à la porte de service et mit la main sur la clé.

– Viendrez-vous me voir ? demanda-t-elle.

– Certainement, dit Harry. Ne vous dois-je pas la vie ?

– Et maintenant, ajouta-t-elle en ouvrant la porte, prenez vos jambes à votre cou, car je vais faire entrer le général.

Harry n'avait pas vraiment besoin du conseil ; la peur lui donnait des ailes : il mit tout son zèle à prendre la fuite. Encore quelques pas, et il pensait se tirer de ses épreuves et rejoindre Lady Vandeleur en tout honneur et en toute sécurité. Mais il n'avait pas fait ces quelques pas qu'il entendit une voix d'homme le héler par son nom avec force imprécations et, jetant un coup d'œil par-dessus son épaule, il aperçut Charlie Pendragon qui lui faisait signe à deux mains de revenir. Le choc de ce nouvel incident fut si soudain et si profond, et Harry était déjà parvenu à un tel état de tension nerveuse qu'il ne put rien trouver de mieux que d'accélérer le pas et de continuer sa course. Il aurait dû, assurément, se rappeler l'épisode des jardins de Kensington ; il aurait dû, assurément, en conclure que, si le général était son ennemi, Charlie Pendragon ne pouvait être qu'un ami. Mais tels étaient la fièvre et le trouble de son esprit qu'il ne fut frappé par aucune de ces considérations, et qu'il continua à courir encore plus vite sur le chemin.

Charlie, d'après le son de sa voix et les termes

ignobles dont il accablait le secrétaire, était de toute évidence hors de lui. Lui aussi courait à toutes jambes ; mais, malgré tous ses efforts, les avantages physiques n'étaient pas de son côté, et ses protestations et le bruit de son pied estropié sur le macadam s'estompaient peu à peu dans le sillage de Harry.

Les espérances de ce dernier se réveillèrent à nouveau. Le chemin était à la fois pentu et étroit, mais il était très isolé, bordé de chaque côté par des murs de jardins d'où dépassaient des feuillages ; et, aussi loin que le fugitif pouvait voir devant lui, il n'y avait pas la moindre créature en mouvement ni aucune porte ouverte. La Providence, lassée de le persécuter, lui offrait à présent le champ libre pour prendre la fuite.

Hélas ! comme il arrivait à la hauteur d'une porte de jardin, sous un bouquet de châtaigniers, celle-ci fut soudain ouverte et il distingua à l'intérieur, sur une allée, la silhouette d'un garçon boucher portant un plateau sur le bras. Il ne s'en rendit compte qu'une fois la porte dépassée de quelques pas. Mais l'individu avait eu le temps de l'observer ; il était évidemment très surpris de voir un gentleman passer par là à une telle allure ; il sortit sur le chemin et se mit à interpeller Harry avec des cris d'encouragement ironiques.

Cette apparition donna une nouvelle idée à Charlie Pendragon qui, tout en étant désormais fâcheusement à bout de souffle, éleva de nouveau la voix :

– Arrêtez-le ! Au voleur ! s'écria-t-il.

Le garçon boucher s'empressa de reprendre l'invective et se lança également à sa poursuite.

Ce fut un moment amer pour le secrétaire traqué.

Il est vrai que sa frayeur lui permettait une fois de plus d'accélérer l'allure et, à chaque pas, de gagner du terrain sur ses poursuivants ; mais il avait bien conscience qu'il était presque à bout de forces et, à supposer qu'il rencontrât quelqu'un venant en sens inverse, sa situation difficile sur ce chemin étroit serait bel et bien désespérée.

« Il faut que je trouve un endroit pour me cacher, pensa-t-il, et ce, dans les secondes qui viennent, sans quoi tout est fini pour moi en ce monde. »

Cette pensée venait à peine de lui traverser l'esprit qu'à la faveur d'un brusque tournant du chemin il se trouva dérobé à la vue de ses ennemis. Il est des circonstances où même les individus les plus dépourvus d'énergie apprennent à se comporter avec vigueur et détermination, où les plus circonspects oublient leur prudence et adoptent des résolutions téméraires. Ce fut là une de ces circonstances pour Harry Hartley ; et ceux qui le connaissaient le mieux auraient été très étonnés de l'audace du jeune homme. Il s'arrêta net, lança le carton à chapeaux par-dessus le mur d'un jardin et, grimpant avec une agilité incroyable en empoignant le chaperon à pleines mains, il culbuta tête la première dans le jardin, à la suite du carton.

Il se retrouva assis dans une plate-bande de petits rosiers, où il reprit rapidement ses esprits. Il avait les mains et les genoux écorchés et en sang, car le mur avait été protégé contre ce genre d'escalade par une abondance de vieilles bouteilles ; il avait l'impression d'être complètement disloqué, et que tout flottait dans sa tête. En face de lui, à l'autre extrémité du jardin, admirablement cultivé et orné de fleurs au parfum des plus suaves, il aperçut l'arrière d'une maison. Elle était très grande et manifestement habitable ; mais, par un contraste étrange avec l'extérieur, elle était délabrée, mal entretenue et d'apparence misérable. De tous côtés, l'enceinte du jardin se révélait ininterrompue.

Il enregistra ces caractéristiques d'un coup d'œil machinal, mais son esprit était toujours incapable de reconstituer un ensemble ou de tirer une conclusion rationnelle de ce qu'il voyait. Et quand il entendit des pas sur le gravier, bien qu'il tournât les yeux dans cette direction, il ne pensa nullement à se défendre ni à fuir.

Le nouvel arrivant était un personnage grand, rude et assez repoussant, vêtu d'une tenue de jardin et tenant un arrosoir dans la main gauche. Quelqu'un de moins troublé aurait été un peu alarmé à la vue de l'énorme gabarit de cet homme et de ses yeux noirs, menaçants. Mais Harry était trop gravement secoué par sa chute pour être terrifié le moins du monde ; s'il était incapable de détourner ses regards du jardinier, il n'en restait pas moins d'une passivité absolue, et il supporta sans esquisser un geste de résistance qu'il s'approche, le prenne par l'épaule et le mette debout brutalement.

L'espace d'un instant, ils se regardèrent dans les yeux l'un de l'autre, Harry fasciné, l'homme débordant de colère et d'une humeur cruelle et sarcastique.

– Qui es-tu ? finit-il par demander. Qui es-tu pour sauter par-dessus mon mur et écraser mes *Gloire de*

*Dijon** ! Comment t'appelles-tu ? ajouta-t-il en le secouant ; et que diable peux-tu bien avoir à faire ici ?

Harry ne réussit même pas à proférer le moindre mot d'explication.

Mais, à ce moment précis, Pendragon et le garçon boucher passèrent d'un pas lourd, et le bruit de leurs pas et leurs hurlements rauques résonnèrent distinctement dans l'étroit sentier. Le jardinier avait obtenu sa réponse ; il baissa les yeux sur Harry avec un sourire détestable.

– Un voleur ! dit-il. Ma parole ! Et ça doit bien marcher, si j'en juge par le fait que tu es habillé, des pieds à la tête, en gentleman. N'as-tu pas honte de parcourir le monde dans une telle tenue et de rencontrer des gens honnêtes, probablement ravis d'acheter d'occasion les beaux atours dont tu te défais ? Allez, parle, coquin ! poursuivit l'homme ; tu comprends l'anglais, je suppose ; j'ai l'intention d'avoir une petite discussion avec toi avant de t'emmener au poste.

– Monsieur, dit Harry, tout cela est vraiment un affreux malentendu ; et si vous voulez bien m'accompagner chez sir Thomas Vandeleur à Eaton Place, je vous promets que tout cela sera éclairci. On peut être amené à soupçonner, je m'en rends compte à présent, la personne la plus intègre.

– Mon petit bonhomme, répondit le jardinier, je ne t'accompagnerai pas plus loin que le poste de police de la rue la plus proche. L'inspecteur sera sans aucun doute ravi de faire une promenade avec toi jusqu'à Eaton Place et de prendre une tasse de thé avec tes nobles connaissances. À moins que tu ne préfères aller directement au ministère de l'Intérieur ? Sir Thomas Vandeleur, ben voyons ! Tu crois peut-être que je ne sais pas distinguer un gentleman, quand j'en vois un, d'un galvaudeux dans ton genre. Vêtements ou non, je peux te lire à livre ouvert. Voici une chemise qui coûte peut-être aussi cher que mon chapeau du dimanche ; et ce manteau, je présume, n'a jamais vu le marché aux puces de l'intérieur, quant à ces bottines...

L'homme, dont les yeux s'étaient posés sur le sol, arrêta net ce commentaire insultant et resta un moment à regarder attentivement quelque chose à ses pieds. Lorsqu'il reprit la parole, sa voix était profondément altérée.

– Qu'est-ce que c'est que tout cela, au nom du ciel ? dit-il.

Suivant la direction de son regard, Harry découvrit un spectacle qui le rendit muet de terreur et de stupeur. Dans sa chute, il était tombé droit sur le carton à chapeaux et l'avait éventré de part en part ; il s'en était déversé un immense trésor de diamants qui gisaient là éparpillés, en partie écrasés dans la terre, en partie dispersés à la surface dans une profusion royale et scintillante. Il y avait un diadème magnifique qu'il avait souvent admiré sur Lady Vandeleur ; il y avait des bagues et des broches, des boucles d'oreilles et des bracelets, et même des brillants non sertis qui avaient roulé çà et là au milieu des rosiers comme des gouttes de rosée. Une fortune princière s'étalait sur le sol entre les deux hommes – une fortune dans sa forme la plus alléchante, la plus substantielle et la plus durable, qui aurait pu tenir dans un tablier, belle en elle-même, et renvoyant la lumière en un million d'éclairs irisés.

– Mon Dieu ! dit Harry, je suis perdu !

Son esprit s'emballa, se reportant en arrière avec une rapidité de pensée inouïe, et Harry commença à embrasser d'un seul regard ses aventures de la journée, à la concevoir comme un tout et à se rendre compte du triste imbroglio dans lequel sa personne et son sort étaient imbriqués. Il regarda autour de lui comme pour trouver de l'aide, mais il était seul dans le jardin avec ses diamants éparpillés et son redoutable interlocuteur ; et, quand il prêta l'oreille, il n'entendit aucun son, si ce n'est le bruissement des feuilles et les battements précipités de son cœur. Il n'était guère étonnant que le jeune homme se sentît complètement découragé et, d'une voix brisée, il répéta sa dernière exclamation :

– Je suis perdu !

Le jardinier, inquiet, regardait de tous côtés d'un air coupable ; mais aucun visage n'était apparu aux fenêtres et il sembla respirer à nouveau.

– Ressaisis-toi, espèce d'idiot ! Le pire est passé. Tu n'aurais pas pu dire tout de suite qu'il y en avait assez pour deux ? Pour deux ? répéta-t-il, oui, pour deux cents même ! Mais, viens un peu à l'écart, ici nous pourrions être observés ; et pour l'amour du ciel, arrange ton chapeau et brosse tes habits. Tu ne pourrais pas aller loin avec l'air de clown que tu as en ce moment.

Tandis que, machinalement, Harry se montrait docile à ces suggestions, le jardinier, se mettant à genoux, rassembla en hâte les bijoux éparpillés et les remit dans le carton à chapeaux. Le contact de ces cristaux précieux fit passer un frisson d'émotion dans la carcasse vigoureuse de l'homme ; son visage était transfiguré et ses yeux brillaient de concupiscence ; on aurait vraiment dit qu'il prolongeait voluptueusement la tâche et caressait chacun des diamants qu'il manipulait. Néanmoins, il en vint à bout ; cachant le carton à chapeaux dans les plis de sa blouse, le jardinier fit signe à Harry de le suivre et tous deux se dirigèrent vers la maison.

Près de la porte, ils furent accueillis par un jeune homme qui était de toute évidence dans les ordres, brun et remarquablement beau, l'air à la fois faible et décidé, et vêtu avec grand soin dans le style propre aux gens de son espèce. Le jardinier fut manifestement ennuyé de cette rencontre ; mais il s'efforça de n'en rien laisser paraître et aborda l'ecclésiastique avec un sourire obséquieux.

– Belle journée, monsieur Rolles ! dit-il, belle journée assurément, aussi sûr que Dieu l'a faite ! Voici un jeune ami à moi qui avait envie de voir mes roses. J'ai pris la liberté de le faire entrer, pensant qu'aucun des locataires ne s'en offusquerait.

– En aucun cas, en ce qui me concerne du moins, répondit le révérend Rolles ; et j'imagine qu'aucun des autres ne serait plus pointilleux sur une question aussi mineure. Le jardin est votre domaine, monsieur Raeburn ; aucun de nous ne doit l'oublier ; et dans la mesure où vous nous permettez de nous y promener, ce serait vraiment de notre part manquer de civilité que d'abuser de votre politesse au point de porter atteinte au bon plaisir de vos amis. Mais, réflexion faite, ajouta-t-il, je crois que ce monsieur et moi-même nous sommes déjà rencontrés. Monsieur Hartley, je crois. Je suis désolé de constater que vous avez fait une chute.

Sur ce, il lui tendit la main.

Une sorte de dignité de jeune fille et un désir de retarder aussi longtemps que possible la nécessité de s'expliquer incitèrent Harry à refuser cette chance de salut et à nier sa propre identité. Il préféra le bon vouloir du jardinier qui, du moins, était inconnu de lui, à la curiosité et, peut-être aux incertitudes de quelqu'un qu'il connaissait déjà.

– Je crains qu'il ne s'agisse d'une erreur, dit-il. Je m'appelle Thomlinson et je suis un ami de Mr. Raeburn.

– Vraiment ? dit Mr. Rolles. La ressemblance est stupéfiante.

Mr. Raeburn, qui avait été sur des charbons ardents pendant toute cette conversation, sentait à présent qu'il était grand temps d'y mettre un terme.

– Je vous souhaite une agréable promenade, monsieur, dit-il.

Et, là-dessus, il entraîna Harry à sa suite dans la maison, puis dans une pièce qui donnait sur le jardin. Son premier soin fut de baisser la jalousie, car Mr. Rolles était toujours là où ils l'avaient laissé, dans une attitude songeuse et perplexe. Puis, il vida le carton à chapeaux endommagé sur la table et se tint devant le trésor, ainsi complètement étalé, avec une expression de cupidité extatique, en se frottant les mains sur les cuisses. Pour Harry, la vue du visage de cet homme en proie à pareille émotion abjecte ajoutait une autre angoisse à celles dont il souffrait déjà. Il lui semblait incroyable que, d'une vie de futilités pure et délicate, il fût plongé en une seconde au cœur d'accointances sordides et criminelles. Il n'arrivait pas, dans sa conscience, à se reprocher le moindre acte coupable, et pourtant il subissait à présent la punition du péché sous ses formes les plus aiguës et les plus cruelles – la terreur du châtiment, les soupçons de la part des gens de bien, ainsi que la compagnie et l'influence perverse de natures viles et brutales. Il sentait qu'il pourrait faire le sacrifice de sa vie avec joie pour échapper à cette chambre et à la société de Mr. Raeburn.

– Maintenant, dit ce dernier, après avoir fait des bijoux deux parts à peu près égales, et approché de lui l'une d'elles ; maintenant, dit-il, on doit dans ce monde payer pour tout, et pour certaines choses, c'est agréable. Tu dois savoir, monsieur Hartley, si tel est bien ton nom, que je suis un homme très accommodant et que la bonté a toujours été ma raison d'agir. Je pourrais empocher tous ces jolis cailloux, si j'en décidais ainsi, et il ferait beau voir que tu oses dire le moindre mot ; mais je crois que j'ai dû me prendre d'amitié pour toi ; car je déclare que je n'ai pas le cœur de te tondre de si près. Ainsi, vois-tu, c'est par gentillesse pure que je propose que nous partagions...

Et, désignant les deux tas :

– Ce sont là les proportions qui me semblent justes et amicales. Y vois-tu quelque objection, monsieur Hartley, je te le demande ? Je ne suis pas homme à m'accrocher à une broche.

– Mais monsieur, s'écria Harry, ce que vous me proposez est impossible. Les bijoux ne sont pas à moi et je ne peux pas partager – peu importe avec qui ou en combien de parts – ce qui appartient à autrui.

– Ils ne sont pas à toi, n'est-ce pas ? répondit Raeburn. Et tu ne pourrais les partager avec personne, n'est-ce-pas ? Alors, c'est bien dommage, je dirais ; et dans ce cas, je suis contraint de t'emmener au poste. La police... penses-y, poursuivit-il ; pense à l'infamie pour tes respectables parents ; pense, dit-il encore tout en saisissant Harry par le poignet, pense aux colonies et au jour du Jugement.

– Je n'y peux rien, gémit Harry. Ce n'est pas ma faute. Ne voulez-vous pas m'accompagner à Eaton Place ?

– Non, répondit l'homme, je ne veux pas, c'est clair. Et j'ai l'intention de partager ces joujoux ici, avec toi.

À ces mots, il infligea au jeune homme une soudaine et sévère torsion au poignet.

Harry ne put retenir un cri et la sueur lui inonda le visage. La douleur et l'effroi avivèrent peut-être son intelligence, toujours est-il qu'à ce moment-là, il vit brusquement toute l'affaire sous un autre éclairage ; il comprit qu'il n'y avait rien d'autre à faire que d'accéder à la proposition du voyou, et d'espérer retrouver la maison des Vandeleur pour forcer ensuite Raeburn à rendre le tout dans des circonstances plus favorables, quand lui-même serait lavé de tout soupçon.

– D'accord, dit-il.

– En voilà un agneau ! ricana le jardinier. Je pensais bien que tu finirais par reconnaître ton intérêt. Ce carton à chapeaux, poursuivit-il, je vais le brûler avec mes détritus ; des gens curieux pourraient le reconnaître ; quant à toi, ramasse tes brillants et fourre-les dans ta poche.

Harry se mit en devoir d'obéir, sous les regards de Raeburn dont l'avidité, attisée de temps à autre par quelque scintillation, lui faisait dérober un autre bijou de la part qui revenait au secrétaire pour l'ajouter à la sienne.

Quand cela fut terminé, tous deux se dirigèrent vers la porte d'entrée, que Raeburn ouvrit avec prudence pour scruter les alentours. Apparemment, il n'y avait aucun passant ; car il saisit brusquement Harry par la peau du cou et, lui maintenant la tête baissée de façon qu'il ne vît rien d'autre que la chaussée et le seuil des maisons, le poussa violemment devant lui le long d'une rue, puis d'une autre, l'espace d'une minute et demie peut-être. Harry avait compté trois tournants avant que la brute n'eût relâché son étreinte et, en criant « Maintenant, va-t'en ! », envoyé le jeune homme valser la tête la première, d'un coup de pied athlétique et bien placé.

Quand Harry retrouva ses esprits, à moitié assommé et saignant du nez abondamment, Mr. Raeburn avait complètement disparu. Pour la première fois, la colère et la douleur triomphaient si complètement du courage du jeune homme qu'il éclata en larmes et resta à sangloter au milieu de la chaussée.

Après avoir ainsi un peu apaisé son émoi, il commença à regarder autour de lui et à lire le nom des rues à l'intersection desquelles il avait été abandonné par le jardinier. Il se trouvait toujours dans un quartier peu fréquenté de l'ouest de Londres, au milieu de pavillons et de grands jardins ; mais il voyait à une fenêtre des personnes qui sans aucun doute avaient été les témoins de son infortune ; presque immédiatement après, une domestique sortit en courant d'une maison et lui offrit un verre d'eau. Au même moment, un vagabond crasseux qui traînait dans les environs s'approcha de lui par l'autre côté.

– Pauvre Monsieur, dit la domestique, vous avez été bien maltraité, pour sûr ! Regardez, vos genoux sont tout écorchés et vos vêtements en loques ! Vous connaissez le scélérat qui vous a mis dans un état pareil ?

– Si je le connais ! s'écria Harry, quelque peu ranimé par le verre d'eau ; je le traquerai jusque chez lui malgré ses précautions. Il va payer cher ce qu'il a fait aujourd'hui, je vous le garantis.

– Vous feriez mieux d'entrer vous laver et vous brosser, poursuivit la domestique. Ma maîtresse vous fera bon accueil, ne craignez rien. Voyez, je vais ramasser votre chapeau. Oh là là, grands dieux ! s'exclama-t-elle, vous avez vu tous ces diamants que vous avez fait tomber dans la rue !

C'était bien vrai ; une bonne moitié de ce qu'il lui restait après les ravages opérés par Mr. Raeburn était tombé de ses poches au cours de sa culbute et, une fois de plus, étincelait sur le sol. Il bénit le sort de ce que la bonne ait eu l'œil si vif. « Ça va vraiment mal, mais ça pourrait être pire », pensa-t-il ; et la récupération de ces quelques diamants lui parut une chose aussi importante que la perte de tous les autres. Mais, hélas ! alors qu'il se penchait pour ramasser ses trésors, l'homme qui traînait par là passa violemment à l'attaque, renversa Harry et la bonne d'un mouvement des bras, ramassa deux poignées de diamants et prit la fuite avec une rapidité surprenante.

Dès qu'il se fut relevé, Harry prit en chasse le gredin avec force hurlements, mais ce dernier avait le pied léger et connaissait sans doute trop bien le voisinage ; car Harry avait beau prendre toutes les directions possibles, il ne trouvait aucune trace du fugitif.

En proie au plus profond abattement, Harry revint sur les lieux de sa mésaventure où la bonne, qui attendait toujours, lui rendit avec beaucoup de probité son chapeau et le reste des diamants qui étaient tombés de sa poche. Harry la remercia du fond du cœur, et comme il ne se sentait désormais pas du tout d'humeur à faire des économies, il se rendit à la station de fiacres la plus proche pour rentrer en voiture à Eaton Place.

À son arrivée, une certaine agitation semblait régner dans la maison, comme si une catastrophe s'était produite dans la famille ; les serviteurs se regroupèrent dans le hall et furent incapables de réprimer leur hilarité – ils n'avaient peut-être pas très envie de le faire – à la vue de la silhouette loqueteuse du secrétaire. Il passa devant eux en affectant autant de dignité qu'il put et se rendit directement au boudoir. Quand il ouvrit la porte, un spectacle étonnant, voire menaçant, s'offrit à ses yeux : le général, sa femme et, surtout, Charlie Pendragon, cloîtrés là, à discuter avec sérieux et véhémence d'un sujet important. Harry vit tout de suite qu'il ne lui restait pas grand-chose à expliquer – une confession plénière avait manifestement été faite au général, concernant la tentative de vol de ses biens et l'échec malheureux de la machination ; et ils faisaient tous cause commune contre un danger commun.

– Dieu merci ! s'écria Lady Vandeleur, le voici ! Le carton à chapeaux, Harry... Le carton à chapeaux !

Mais Harry restait planté devant eux, silencieux et abattu.

– Parlez ! hurla-t-elle. Où est le carton à chapeaux ?

Les deux hommes, quant à eux, répétèrent la question avec des gestes menaçants.

Harry tira une poignée de diamants de sa poche. Il était livide.

– C'est tout ce qu'il reste, dit-il. Je déclare devant Dieu que ce n'est pas ma faute ; et si vous voulez bien patienter, même si certains d'entre eux sont perdus, je le crains, à jamais, je suis sûr que d'autres peuvent encore être retrouvés.

– Hélas ! s'écria Lady Vandeleur, tous nos

diamants ont disparu et je dois quatre-vingt-dix mille livres de toilettes !

– Madame, dit le général, vous auriez pu paver le caniveau de vos fanfreluches, vous auriez pu faire des dettes s'élevant à cinquante fois le montant de celles que vous mentionnez ; vous auriez pu me dérober le diadème et la bague de ma mère ; et la Nature aurait pu encore l'emporter au point que j'eusse fini par vous pardonner. Mais, madame, vous avez pris le diamant du rajah – l'Œil-de-Lumière, comme l'appellent poétiquement les Orientaux – l'orgueil de Kashgar ! Vous m'avez pris le diamant du rajah ! hurla-t-il en levant les bras, et tout, madame, tout est fini entre nous !

– Croyez-moi, général Vandeleur, répondit-elle, voici un des discours les plus agréables que je vous aie jamais entendu prononcer ; et puisque nous allons de toute façon être ruinés, je pourrais presque accueillir favorablement le changement, s'il me délivre de vous. Vous m'avez assez répété que je vous ai épousé pour votre argent ; laissez-moi vous dire à présent que j'ai toujours amèrement regretté de l'avoir fait ; et si vous étiez encore mariable et que vous ayez un diamant plus gros que la tête, je déconseillerais même à ma femme de chambre une union aussi peu engageante et aussi désastreuse. Quant à vous, monsieur Hartley, poursuivit-elle en se tournant vers le secrétaire, vous avez suffisamment étalé vos précieuses qualités dans cette maison ; nous sommes maintenant persuadés que vous manquez de qualités viriles, d'intelligence et de dignité personnelle ; aussi ne vois-je pour vous qu'un seul parti à prendre : vous retirer sur-le-champ et, si possible, ne jamais revenir. En ce qui concerne vos gages, vous pouvez prendre rang parmi les créanciers dans la faillite de celui qui fut un jour mon mari.

Harry avait à peine saisi ce discours insultant que le général lui en assenait un autre.

– En attendant, dit ce personnage, suivez-moi au poste de police le plus proche. Vous pouvez peut-être tromper la candeur d'un militaire, mais l'œil de la loi percera à jour votre misérable secret. Si je dois finir ma vie dans la pauvreté à cause de vos intrigues sournoises avec ma femme, j'ai l'intention, du moins, de faire en sorte que vos efforts ne restent pas impunis ; et Dieu me privera d'une très grande satisfaction si vous n'allez pas casser des cailloux pour le restant de vos jours.

Là-dessus, le général tira Harry hors de la pièce et l'entraîna en toute hâte par l'escalier, puis dans la rue, jusqu'au commissariat de police du quartier.

Ici s'achève (dit mon Auteur arabe) cette déplorable affaire du carton à chapeaux. Mais pour le malheureux secrétaire, toute cette histoire fut le début d'une nouvelle vie, plus virile. La police fut facilement convaincue de son innocence ; et, une fois qu'il eut donné toute l'aide qu'il put dans les investigations qui suivirent, il fut même complimenté par l'un des chefs de la section de détectives pour la probité et l'ingénuité de son comportement. Plusieurs personnes témoignè-

rent de l'intérêt à un être si malheureux et, peu après, il hérita une certaine somme d'argent d'une tante célibataire du Worcestershire, ce qui lui permit d'épouser Prudence et de faire voile pour Bendigo ou, selon un autre récit, pour Trinconmalee, extrêmement heureux et avec un bel avenir devant lui.

II

Histoire du jeune ecclésiastique

Le révérend Simon Rolles s'était distingué dans les sciences morales et il était plus compétent en théologie que la moyenne. Son essai *Sur la doctrine chrétienne des obligations sociales* lui valut, au moment de sa parution, une certaine célébrité à l'université d'Oxford ; et l'on savait dans les cercles cléricaux cultivés que le jeune Mr. Rolles avait en projet une œuvre considérable – un in-folio, disait-on – sur l'autorité des Pères de l'Église. Ces connaissances, ces visées ambitieuses, étaient loin, cependant, de lui procurer un quelconque bénéfice ; et il était toujours à la recherche de son premier vicariat quand le hasard d'une promenade dans cette partie de Londres, l'air paisible et florissant du jardin, un désir de solitude et d'étude, sans compter la modicité du loyer, l'amenèrent à élire domicile chez Mr. Raeburn, pépiniériste de Stockdove Lane.

Il avait coutume, tous les après-midi, après avoir

travaillé six ou sept heures sur saint Ambroise ou saint Chrysostome, d'aller méditer quelques instants, tout en marchant, parmi les roses. C'était généralement un des moments les plus productifs de sa journée. Mais même un appétit sincère pour la pensée et l'excitation suscitée par des problèmes sérieux en attente d'être résolus ne sont pas toujours suffisants pour prémunir l'esprit du philosophe contre les chocs et les contacts infimes avec le monde extérieur. Et, lorsque Mr. Rolles trouva le secrétaire du général Vandeleur, en loques et couvert de sang, en compagnie de son logeur ; quand il les vit tous deux changer de couleur et chercher à éviter les questions et surtout, quand le premier nia sa propre identité avec l'assurance la plus imperturbable, il eut tôt fait d'oublier les saints et les Pères de l'Église pour satisfaire prosaïquement sa curiosité.

« Je ne peux pas me tromper, pensait-il. C'est Mr. Hartley, sans aucun doute. Comment en est-il arrivé à se mettre dans un tel pétrin ? Pourquoi nie-t-il son identité ? Et que peut-il bien avoir à faire avec mon logeur, cette brute à la mine patibulaire ? »

Il réfléchissait ainsi, lorsqu'un autre détail bizarre attira son attention. Le visage de Mr. Raeburn apparut à une fenêtre basse voisine de la porte et le hasard voulut que ses yeux rencontrent ceux de Mr. Rolles. Le pépiniériste parut déconcerté, voire inquiet ; et immédiatement après, le store fut vigoureusement baissé.

« Tout cela est peut-être très bien, se dit Mr. Rolles ; tout cela est peut-être parfait ; mais j'avoue que je n'en crois rien. Soupçonneux, sournois, menteurs, craignant d'être observés... sur mon âme, se dit-il, j'ai idée que ces deux-là sont en train de comploter une mauvaise action. »

Le détective qui sommeille en chacun de nous se réveilla et se fit pressant dans le cœur de Mr. Rolles ; aussi, d'un pas vif et rapide qui ne ressemblait en rien à sa démarche habituelle, il entreprit de faire le tour du jardin. Quand il parvint à l'endroit où Harry avait escaladé le mur, son regard fut aussitôt arrêté par un rosier cassé et des traces de piétinement sur le terreau meuble. Il leva les yeux et vit des éraflures sur la brique, et un lambeau de pantalon qui flottait, accroché à un tesson de bouteille. Telle était donc la façon dont l'ami personnel de Mr. Raeburn avait choisi d'entrer ! C'était ainsi que le secrétaire du général Vandeleur venait admirer un parterre de fleurs ! Le jeune ecclésiastique sifflotait doucement tout en s'arrêtant pour examiner le sol. Il découvrait l'endroit où Harry avait atterri après sa chute périlleuse ; il reconnaissait le pied plat de Mr. Raeburn là où il avait écrasé profondément la terre quand il avait tiré le secrétaire par le col ; et même, après un examen approfondi, il crut distinguer des traces de doigts fureteurs, comme si quelque chose avait été renversé et vivement ramassé.

« Ma parole, songea-t-il, l'affaire devient très intéressante. »

Juste à ce moment-là, il aperçut quelque chose qui était presque enterré dans le sol. En un instant, il avait dégagé un coffret en maroquin délicat, décoré à l'or fin et fermé par une boucle également en or. L'objet avait été lourdement foulé aux pieds et avait ainsi échappé à la recherche précipitée de Mr. Raeburn. Mr. Rolles ouvrit le coffret et l'étonnement – pour ne pas dire la frayeur – lui coupa le souffle ; car, devant lui, dans un écrin de velours vert, reposait un diamant de la plus belle eau et d'une taille prodigieuse. Il avait la grosseur d'un œuf de canne, une forme magnifique, sans la moindre imperfection. Sous les rayons du soleil, il brillait d'un éclat éblouissant et semblait brûler dans sa main de mille feux intérieurs.

Le révérend ne connaissait pas grand-chose aux pierres précieuses ; mais le diamant du rajah était un joyau qui se passait d'explication ; un enfant qui l'aurait trouvé à la campagne se fût précipité en hurlant jusqu'à la chaumière la plus proche ; un sauvage se prosternerait en signe d'adoration devant un fétiche aussi impressionnant. La beauté de la pierre flattait les yeux du jeune ecclésiastique ; la pensée de sa valeur incalculable subjuguait son intellect. Il savait que ce qu'il tenait à la main valait plus que l'achat à tempérament d'un archevêché ; qu'il permettrait de bâtir des cathédrales plus majestueuses que celle d'Ely ou de Cologne ; que celui qui le possédait était libéré pour toujours de la malédiction originelle et pourrait suivre ses propres penchants sans souci ni précipitation, sans empêchement ni entrave. Et, comme il le retournait brusquement, le diamant darda encore une fois ses rayons avec un éclat renouvelé qui semblait l'atteindre au plus profond du cœur.

Les actions décisives sont souvent entreprises en

un instant sans que s'exprime consciemment la raison humaine. C'est ce qu'il advint avec Mr. Rolles. Il jeta un coup d'œil rapide autour de lui ; comme Mr. Raeburn avant lui, il n'aperçut rien d'autre que les parterres de fleurs dans la lumière du soleil, les cimes élevées des arbres et la maison aux stores fermés ; en un clin d'œil, il eut fourré le coffret dans sa poche après l'avoir refermé et se hâta de rejoindre son bureau avec un empressement coupable.

Le révérend Simon Rolles venait de voler le diamant du rajah.

Tôt dans l'après-midi, la police arriva avec Harry Hartley. Le pépiniériste, qui sous l'effet de la terreur ne se possédait plus, découvrit aisément son magot ; et les bijoux furent identifiés et inventoriés en présence du secrétaire. Quant à Mr. Rolles, il se montra de l'humeur la plus complaisante, communiqua ce qu'il savait en toute liberté et manifesta ses regrets de ne pouvoir être plus utile aux policiers dans l'exercice de leur fonction.

– Cependant, ajouta-t-il, je suppose que votre enquête est presque terminée.

– Pas du tout, répondit l'homme de Scotland Yard.

Il fit le récit du second vol dont Harry avait été la victime directe et fournit au jeune ecclésiastique une description des bijoux les plus importants qui n'avaient pas encore été trouvés, s'étendant particulièrement sur le diamant du rajah.

– Il doit valoir une fortune, observa Mr. Rolles.

– Dix fortunes... vingt fortunes ! s'écria le policier.

– Plus l'objet a de la valeur, plus il doit être

difficile à vendre, fit remarquer Simon avec perspicacité. Celui-ci n'a pas une physionomie qu'on puisse déguiser et j'imagine qu'il serait aussi facile d'entreprendre de négocier la cathédrale Saint-Paul !

– Oh, c'est certain ! dit l'autre, mais si le traître était un tant soit peu intelligent, il le découperait en trois ou quatre et il lui en resterait toujours assez pour être riche.

– Merci, dit l'ecclésiastique, vous ne pouvez pas savoir à quel point vos informations m'intéressent.

Là-dessus, le fonctionnaire reconnut qu'ils voyaient quantité de choses étranges dans sa profession et, aussitôt après, il se retira.

Mr. Rolles regagna sa chambre. Elle semblait plus petite et plus nue que d'habitude ; la documentation pour son grand ouvrage n'avait jamais présenté aussi peu d'intérêt, et il considéra sa bibliothèque avec l'œil du mépris. Il descendit, un par un, plusieurs volumes des Pères de l'Église et les feuilleta ; mais ils ne contenaient rien d'utile à son sujet.

« Ces vieux bonshommes, se dit-il, sont sans aucun doute des écrivains de grande valeur, mais ils me semblent manifestement ignorants des choses de la vie. Me voici avec un bagage suffisant pour devenir évêque, et j'ignore tout de la façon dont on peut écouler un diamant volé. Je glane quelques bribes d'un simple policier et, avec tous mes in-folio, je ne parviens même pas à mettre ses conseils à exécution. Cela me donne une bien piètre opinion des études universitaires. »

Là-dessus, il renversa son étagère d'un coup de

pied et, coiffé de son chapeau, quitta en hâte la maison pour se rendre au club dont il était membre. Dans un tel repaire mondain, il espérait trouver un homme de bon conseil, doué de clairvoyance et d'une bonne expérience de la vie. Dans la salle de lecture, il vit beaucoup de représentants du clergé de province et un archidiacre ; il y avait trois journalistes et un écrivain grand spécialiste de métaphysique en train de jouer au billard américain ; et au dîner, seule la masse ordinaire des membres habituels du club affichèrent leurs mines effacées et médiocres. Aucun de ceux-là, se dit Mr. Rolles, n'en saurait plus long que lui sur des sujets dangereux ; aucun d'entre eux n'était propre à le guider dans la situation difficile où il se trouvait alors. Finalement, dans le fumoir situé en haut d'un escalier pénible à gravir, il trouva un gentleman assez corpulent, vêtu avec une simplicité remarquable. Il fumait un cigare et lisait la *Fortnightly Review* ; son visage était singulièrement exempt de toute trace de préoccupation ou de fatigue ; et il y avait dans son expression quelque chose qui semblait inviter à la confidence et encourager la soumission. Plus le jeune ecclésiastique scrutait ses traits, plus il était convaincu d'être tombé sur quelqu'un qui était susceptible de lui donner un conseil pertinent.

– Veuillez excuser, monsieur, la façon abrupte dont je vous aborde, dit-il, mais si j'en juge par votre mine, vous semblez être un homme du monde accompli.

– J'ai en effet de sérieuses prétentions à cette

distinction, répondit l'inconnu, posant sa revue d'un air mi-amusé, mi-surpris.

– Quant à moi, monsieur, reprit le vicaire, je suis un reclus, un étudiant, un être voué aux encriers et aux Pères de l'Église. Un événement récent m'a fait voir clairement ma folie et je désire m'instruire sur la vie. Par « vie », ajouta-t-il, je n'entends pas les romans de Thackeray, mais les crimes et les possibilités secrètes de notre société, ainsi que les principes d'une conduite avisée au milieu d'événements exceptionnels. Je suis un lecteur patient ; la chose peut-elle s'apprendre dans les livres ?

– Vous me mettez en difficulté, dit l'étranger. J'avoue que je ne me fais pas une haute idée de l'utilité des livres, si ce n'est pour agrémenter un voyage en train ; encore qu'il existe, je suppose, des traités très précis sur l'astronomie, l'étude de la sphère, l'agriculture et l'art de confectionner des fleurs en papier. En ce qui concerne les régions les moins évidentes de la vie, je crains que vous ne trouviez rien de véridique. Cependant, attendez, ajouta-t-il, avez-vous lu Gaboriau ?

Mr. Rolles reconnut qu'il n'en avait jamais entendu parler, pas même de nom.

– Il se peut que vous trouviez quelques informations chez Gaboriau, reprit l'étranger. Du moins est-il suggestif ; et comme c'est un auteur que le prince Bismarck a beaucoup étudié, au pire vous perdrez votre temps en bonne compagnie.

– Monsieur, dit le vicaire, je vous suis infiniment obligé de votre amabilité.

– Vous vous êtes déjà plus qu'acquitté envers moi, reprit l'autre.

– Comment cela ? demanda Simon.

– Par le caractère inédit de votre requête, répondit le gentleman.

Et d'un geste poli, comme pour demander la permission, il reprit son étude de la *Fortnightly Review*.

Sur le chemin du retour, Mr. Rolles acheta un ouvrage sur les pierres précieuses et plusieurs des romans de Gaboriau. Il parcourut ces derniers avidement jusqu'à une heure avancée de la matinée ; mais ils eurent beau lui faire connaître beaucoup d'idées nouvelles, à aucun endroit il ne put découvrir ce qu'il devait faire d'un diamant volé. De plus, il était contrarié de trouver les détails précis noyés dans un récit romantique au lieu d'être exposés sobrement comme dans un manuel ; et il en conclut que, même si l'écrivain avait beaucoup réfléchi à ces questions, il manquait complètement de méthode pédagogique. En tout cas, le révérend était incapable de contenir son admiration pour le personnage de Lecoq et ses réalisations.

« C'était vraiment un être supérieur, ruminait Mr. Rolles. Il connaissait le monde aussi bien que moi les Preuves de Paley. Il n'était rien qu'il ne pût mener à terme de sa propre main malgré les difficultés les plus grandes. Ciel ! explosa-t-il soudain, n'est-ce pas là la leçon ? Ne dois-je pas apprendre la taille des diamants ? »

Il lui sembla que ses doutes avaient soudain pris le large ; il se rappela qu'il connaissait un bijoutier, un certain B. Macculloch, à Édimbourg, qui serait ravi de lui donner les rudiments de cette nécessaire formation ; quelques mois, quelques années peut-être de dur labeur et il serait suffisamment expert dans l'art de la taille et suffisamment astucieux pour disposer avec profit du diamant du rajah. Après quoi, il pourrait, étudiant riche et baignant dans le luxe, envié et respecté de tous, reprendre ses recherches à loisir. Des visions dorées l'accompagnèrent dans son sommeil et il se réveilla frais et dispos avec le soleil du matin.

La maison de Mr. Raeburn devait, ce jour-là, être mise sous scellés par la police, ce qui lui fournit un prétexte pour en partir. Il prépara ses bagages avec entrain, les transporta à King's Cross où il les laissa à la consigne et retourna au club passer l'après-midi et dîner.

– Si vous dînez ici aujourd'hui, fit remarquer une de ses connaissances, vous verrez deux des hommes les plus remarquables d'Angleterre : le prince Florizel de Bohême et le vieux Jack Vandeleur.

– J'ai entendu parler du prince, répondit Mr. Rolles ; et j'ai même rencontré le général Vandeleur dans la haute société.

– Le général Vandeleur est un imbécile ! répliqua l'autre. Je veux parler de son frère John, le plus grand aventurier, le meilleur juge en pierres précieuses et l'un des diplomates les plus avisés d'Europe. N'avez-vous jamais entendu parler de son duel avec le duc de Val d'Orge ? De ses exploits et des atrocités qu'il a perpétrées du temps où il était dictateur du Paraguay ? De son habileté à récupérer les bijoux de sir Samuel Levi ? Des services, enfin, qu'il a rendus dans la révolte des Indes – des services dont le gouvernement a profité mais qu'il n'a pas osé reconnaître ? J'en arrive à me demander ce que l'on entend par célébrité, ou même par infamie ; car Jack Vandeleur a des prétentions extraordinaires à l'une comme à l'autre. Descendez vite, poursuivit-il, prenez une table proche de la leur et ouvrez les oreilles. Vous entendrez une étrange conversation, ou je me trompe fort.

– Mais à quoi les reconnaîtrai-je ? s'enquit l'ecclésiastique.

– À quoi vous les reconnaîtrez ? s'écria son ami ; c'est très simple, le prince est l'homme le plus raffiné d'Europe, le seul être au monde qui ait l'air d'un roi ; quant à Jack Vandeleur, si vous pouvez imaginer Ulysse âgé de soixante-dix ans, le visage balafré, c'est lui ! Les reconnaître, parlons-en ! Ma foi, vous les repéreriez un jour de Derby !

Rolles s'empressa de gagner la salle à manger. Les choses étaient telles que son ami les avait décrites. Le vieux Jack Vandeleur était une force de la nature, manifestement rompu aux exercices les plus difficiles. Il n'avait ni le maintien d'un tireur d'épée, ni celui d'un marin, ni non plus celui de quelqu'un de versé dans l'équitation ; mais il avait quelque chose qui était le mélange de tout cela, fruit et expression de quantité d'habitudes et d'arts différents. Il avait des traits vigoureux et aquilins ; un air arrogant et prédateur : toute son allure était celle d'un homme d'action, rapide, violent et sans scrupules ; enfin, sa chevelure blanche abondante et la profonde balafre qu'il avait en travers du nez et de la tempe ajoutaient une note de férocité à une tête en soi déjà remarquable et menaçante.

En son compagnon, le prince de Bohême, Mr. Rolles fut stupéfié de reconnaître le gentleman qui lui avait recommandé l'étude de Gaboriau. Le prince Florizel, qui venait rarement à ce club, dont il était, comme de tant d'autres, membre associé, attendait sûrement John Vandeleur quand Simon l'avait accosté la veille.

Les autres dîneurs s'étaient discrètement retirés aux quatre coins de la pièce pour respecter tant soit peu l'isolement de ces deux hommes distingués, mais le jeune ecclésiastique, sans se laisser le moins du monde intimider, s'avança hardiment pour prendre place à la table voisine de la leur.

La conversation était bien sûr nouvelle pour l'étudiant. L'ex-dictateur du Paraguay exposa nombre de ses fabuleuses expériences en différentes régions du monde ; le prince, quant à lui, se livra à un commentaire qui, pour un homme qui réfléchit, était plus intéressant encore que les faits eux-mêmes. Deux formes d'expérience étaient ainsi confrontées et exposées devant le jeune ecclésiastique ; et il ne savait qui admirer le plus – l'acteur héroïque ou le grand connaisseur des choses de la vie ; l'homme qui parlait effrontément de ses exploits et des dangers qu'il avait courus, ou celui qui, à l'instar d'un dieu, semblait tout savoir et n'avoir rien subi. Le style de chacun d'eux correspondait pertinemment au rôle qu'il tenait dans la conversation. Le dictateur se permettait des brutalités tant verbales que gestuelles ; son poing s'ouvrait, se fermait et tombait brutalement sur la table ; il avait la voix forte et grave. Le prince, quant à lui, semblait le type même de la docilité et de l'aménité courtoises ; le moindre mouvement, la moindre inflexion avaient chez lui une signification de plus de poids que toutes les vociférations et la pantomime de son compagnon ; et s'il lui arrivait jamais de décrire, comme cela devait être le cas fréquemment, une expérience personnelle, elle était dissimulée avec tant d'à-propos qu'elle passait inaperçue au milieu du reste.

À la fin, la conversation s'égara sur les derniers brigandages et sur le diamant du rajah.

– Ce diamant serait mieux au fond de la mer, fit remarquer le prince Florizel.

– Votre Grandeur peut imaginer qu'en tant que Vandeleur, je ne sois pas de cet avis, répondit le dictateur.

– Je dis cela pour des questions d'intérêt public, poursuivit le prince. Des bijoux d'une telle valeur devraient être réservés à une collection princière ou au trésor d'une grande nation. Les mettre entre les mains du commun des mortels, c'est mettre à prix la tête de la Vertu ; et si le rajah de Kashgar – un prince très éclairé, à ce que je comprends – souhaitait prendre sa revanche sur les Européens, il ne pouvait guère atteindre son but plus efficacement qu'en nous envoyant cette pomme de discorde. Il n'y a pas d'honnêteté qui résiste à une telle épreuve. Moi qui ai quantité de devoirs et de privilèges propres, moi-même, monsieur Vandeleur, je pourrais à peine manier sans risque ce joyau grisant. Quant à vous, qui êtes chasseur de diamants par goût et par profession, je ne crois pas qu'il y ait un crime au monde que vous ne pourriez perpétrer – je ne crois pas que vous ayez un seul ami que vous ne soyez impatient de trahir – j'ignore si vous avez une famille, mais, si oui, j'affirme que vous sacrifieriez vos enfants – et tout cela pour quoi ? Non pour vous enrichir, non pour jouir de plus de bien-être ni de plus de respect, mais uniquement pour dire que ce diamant est à vous pour un an ou deux jusqu'à votre mort, et de temps en temps ouvrir un coffre-fort et le contempler comme on contemple un tableau.

– C'est vrai, répondit Vandeleur. J'ai chassé la plupart des choses, depuis les hommes et les femmes jusqu'aux moustiques ; j'ai plongé pour trouver du corail ; j'ai poursuivi les baleines comme les tigres ; et un diamant représente la plus belle proie de toutes. Il incarne la beauté et la valeur ; à lui seul, il peut récompenser les difficultés de la poursuite. En ce moment, comme Votre Grandeur peut l'imaginer, je suis sur la piste ; j'ai un tour de main et une vaste expérience ; je connais tous les diamants de prix de la collection de mon frère comme un berger connaît ses moutons ; puissé-je mourir si je ne les retrouve pas tous !

– Sir Thomas Vandeleur aura toutes les raisons de vous remercier, dit le prince.

– Je n'en suis pas certain, s'esclaffa le dictateur.

Ce sera à l'un des Vandeleur de le faire. Thomas ou Jean – Pierre ou Paul, nous sommes tous des apôtres.

– Je n'ai pas bien saisi votre remarque, dit le prince avec un certain dégoût.

Au même instant, le serveur informa Mr. Vandeleur que son fiacre était à la porte.

Mr. Rolles jeta un coup d'œil à l'horloge et constata qu'il devait, lui aussi, s'en aller ; cette coïncidence lui causa un choc désagréable car il souhaitait ne plus voir le chasseur de diamants.

L'étude intensive ayant d'une certaine façon ébranlé les nerfs du jeune homme, il avait l'habitude de voyager luxueusement ; et pour ce trajet-ci, il avait pris une couchette dans un wagon-lit.

– Vous serez très bien, dit le contrôleur ; il n'y a personne dans votre compartiment, et juste un vieux monsieur à l'autre bout.

L'heure du départ approchait et on contrôlait les billets quand Mr. Rolles aperçut cet autre compagnon de voyage, conduit à sa place par de nombreux porteurs ; il est certain qu'il aurait préféré n'importe quel autre individu au monde – car c'était le vieux John Vandeleur, l'ex-dictateur.

Les wagons-couchettes sur la Great Northern Line étaient séparés en trois compartiments – un à chaque extrémité réservé aux voyageurs, et celui du milieu, équipé de toilettes. Une porte à glissière séparait chacun des compartiments des toilettes ; mais comme il n'y avait ni verrous ni serrures, l'ensemble ne faisait pour ainsi dire qu'un.

Une fois que Mr. Rolles eut étudié sa situation, il

comprit qu'il était sans défense. Si le dictateur choisissait de lui rendre visite dans le courant de la nuit, il ne pouvait pas faire moins que de le recevoir ; il n'avait aucun moyen de se retrancher et était exposé aux attaques comme s'il avait été couché dans les champs. Devant cet état de fait, il fut saisi d'angoisse. Il se rappelait avec inquiétude les déclarations fanfaronnes de son compagnon de voyage au cours du dîner et les protestations d'immoralité qu'il l'avait entendu adresser au prince écœuré. Certaines personnes sont dotées, se souvenait-il avoir lu, d'une prodigieuse acuité pour repérer intuitivement la proximité des métaux précieux ; on dit qu'elles découvrent la présence de l'or à travers les murs, y compris à des distances considérables. S'il en allait de même pour les diamants ? se dit-il ; et à supposer que cela fût possible, qui était plus susceptible de jouir de cette faculté transcendante que celui qui se glorifiait d'être appelé *chasseur de diamants ?* Il se rendit compte qu'il avait tout à craindre d'un tel individu et attendit avec impatience la venue du jour.

Dans l'intervalle, il ne négligea aucune précaution, cacha son diamant dans la poche la mieux protégée d'un ensemble de pardessus, et se recommanda pieusement aux soins de la Providence.

Le train avançait de son allure rapide et régulière et avait déjà franchi la moitié du parcours avant que le sommeil ne commence à triompher de l'angoisse dans le cœur de Mr. Rolles. Pendant quelque temps, il résista à son influence ; mais le sommeil l'envahissait de plus en plus et, un peu avant York, il fut heureux de s'allonger sur une des couchettes et de laisser ses yeux se fermer ; presque au même instant, le jeune ecclésiastique perdit conscience. Sa dernière pensée fut pour son terrible voisin.

Quand il se réveilla, il faisait toujours nuit noire, mis à part le vacillement de la veilleuse ; le grondement et l'oscillation permanents témoignaient que le train n'avait pas ralenti l'allure. Il se dressa sur son séant, en proie à la panique, car il avait été torturé par les cauchemars les plus angoissants ; quelques secondes s'écoulèrent avant qu'il ne retrouve son sang-froid ; et même après qu'il se fut allongé de nouveau, le sommeil continua à le fuir et il resta éveillé, l'esprit dans un état de violente agitation et les yeux rivés à la porte des toilettes. Il tira un peu plus son feutre sur ses yeux pour se protéger de la lumière et adopta les expédients habituels – compter les moutons ou bannir toute pensée – auxquels ont recours les insomniaques avertis quand ils veulent gagner les faveurs du sommeil. Dans le cas de Mr. Rolles, ils se révélèrent inutiles, tous sans exception ; il était harcelé par une douzaine d'inquiétudes différentes – le vieil homme à l'autre bout du wagon le hantait sous les formes les plus alarmantes ; et quelque position qu'il adoptât pour s'allonger, le diamant dans sa poche lui procurait une douleur physique assez considérable. Il brûlait, il était trop gros, il lui meurtrissait les côtes ; et il y avait des fractions de seconde infinitésimales où il avait presque envie de le jeter par la fenêtre.

Alors qu'il était ainsi étendu, un incident étrange

se produisit. La porte à glissière qui donnait dans les toilettes bougea un peu, puis un peu plus, et fut finalement tirée d'environ cinquante centimètres. La lampe des toilettes n'avait pas d'abat-jour et, dans l'ouverture éclairée ainsi ménagée, Mr. Rolles vit la tête de Mr. Vandeleur qui avait l'air très attentif. Il eut conscience que le regard du dictateur était fixement posé sur son visage ; l'instinct d'auto-conservation lui fit retenir sa respiration, s'interdire le moindre geste et, les yeux toujours baissés, observer son visiteur de derrière ses paupières. Au bout d'un moment, la tête se retira et la porte des toilettes fut refermée.

Le dictateur n'était pas venu attaquer, mais observer ; son acte n'était pas celui d'un homme qui en menace un autre, mais celui d'un homme qui est lui-même menacé ; si Mr. Rolles avait peur de lui, il semblait que lui non plus n'était pas tout à fait détendu en ce qui concernait Mr. Rolles. Il était venu, semblait-il, pour s'assurer que son seul compagnon de voyage était endormi ; et après avoir obtenu satisfaction sur ce point, il s'était aussitôt retiré.

L'ecclésiastique se leva d'un bond. Le paroxysme de la terreur avait fait place à une réaction d'une hardiesse téméraire. Il se dit que le fracas du train lancé à vive allure étouffait tous les autres bruits et décida, quoi qu'il advînt, de rendre la visite qu'il venait de recevoir. Ôtant son manteau, qui aurait pu entraver sa liberté d'action, il pénétra dans les toilettes et s'arrêta pour écouter. Comme il s'en doutait, on n'entendait rien qui ne fût couvert par le grondement du train en marche ; alors, posant la main sur la porte à l'extrémité opposée, il avança précautionneusement pour la faire glisser d'une vingtaine de centimètres. Puis il s'arrêta et ne put retenir une exclamation de surprise.

John Vandeleur était coiffé d'une toque de voyage en fourrure avec des rabats pour protéger les oreilles ; et cela pouvait s'associer au bruit de l'express pour le maintenir dans l'ignorance de ce qui se passait. Il est certain, du moins, qu'il ne leva pas la tête, mais continua sans s'interrompre son étrange activité. Entre ses pieds se trouvait un carton à chapeaux ouvert ; d'une main, il tenait la manche de son manteau en peau de phoque ; de l'autre, un couteau impressionnant, avec lequel il venait d'inciser la doublure de la manche. Mr. Rolles avait lu qu'il y avait des gens qui transportaient de l'argent dans leur ceinture ; et comme il n'était pas familier des ceintures, si ce n'est celles de cricket, il n'avait jamais su au juste comment on s'y prenait. Mais il avait sous les yeux un spectacle encore plus étrange : John Vandeleur, semblait-il, transportait des diamants dans la doublure de sa manche ; et, à ce moment précis, le jeune ecclésiastique vit des diamants scintillants tomber l'un après l'autre dans le carton à chapeaux.

Il était cloué sur place, suivant des yeux cette activité inhabituelle. Les diamants étaient petits, pour la plupart, et difficiles à distinguer les uns des autres, que ce soit par leur forme ou par leur éclat. Soudain, le dictateur donna l'impression de rencontrer une difficulté ; il s'y prit à deux mains et se pencha au-dessus de sa tâche ; mais ce ne fut qu'après des manipulations considérables qu'il dégagea de la doublure un grand diadème en diamants et le maintint en l'air pour l'examiner quelques instants avant de le déposer avec les autres dans le carton à chapeaux. Le diadème fut, pour Mr. Rolles, un rayon de lumière ; il le reconnut immédiatement comme faisant partie du trésor volé par le flâneur à Harry Hartley. Il était impossible de se tromper ; tout était exactement conforme à la description qu'en avait faite le détective : les étoiles en rubis autour d'une grosse émeraude au centre ; les croissants entrelacés ; les pendants en forme de poire, chacun fait d'une seule pierre ; ce qui donnait une valeur spéciale au diadème de lady Vandeleur.

Mr. Rolles fut immensément soulagé. Le dictateur était aussi impliqué dans cette affaire qu'il l'était lui-même ; aucun des deux ne pouvait raconter des histoires sur le compte de l'autre. Dans un premier élan de bonheur, l'ecclésiastique laissa échapper un profond soupir ; et comme il avait retenu son souffle et que sa gorge s'était desséchée au cours du suspense qui avait précédé, le soupir fut suivi d'un accès de toux.

Mr. Vandeleur leva les yeux : son visage se contracta sous l'effet de la colère la plus noire et la plus implacable ; ses yeux s'ouvrirent tout grands et sa mâchoire inférieure s'affaissa sous le coup d'une stupeur qui frisait la fureur. D'un mouvement instinctif, il avait recouvert de son manteau le carton à chapeaux. Pendant quelque trente secondes, les deux hommes se dévisagèrent en silence. Ce n'était pas un intervalle très long, mais il n'en fallut pas plus à Mr. Rolles ; il était de ces hommes qui pensent vite dans des circonstances dangereuses ; il décida d'une ligne de conduite d'une nature singulièrement téméraire ; et bien qu'il sentît qu'il confiait sa vie au hasard, il fut le premier à rompre le silence.

– Je vous demande pardon, dit-il.

Le dictateur frémit légèrement et, quand il parla, sa voix était rauque.

– Que venez-vous faire ici ? demanda-t-il.

– Je m'intéresse particulièrement aux diamants, répondit Mr. Rolles, l'air de se maîtriser parfaitement. Deux spécialistes devraient faire connaissance. J'ai moi-même une vague petite chose qui pourrait servir à me présenter.

À ces mots, il tira tranquillement l'écrin de sa poche et prit le temps de montrer le diamant du rajah au dictateur avant de le replacer en sécurité.

– Il a appartenu naguère à votre frère, ajouta-t-il.

John Vandeleur continua à le considérer avec un air de stupéfaction presque douloureux ; mais il n'eut aucune parole ni aucun geste.

– J'ai été content de constater, reprit le jeune homme, que nous avons des pierres provenant de la même collection.

Le dictateur ne fut plus maître de sa surprise :

– Je vous demande pardon, dit-il, je commence à me rendre compte que je deviens vieux ! Je ne suis absolument pas préparé à de petits incidents de ce genre. Mais apaisez mon esprit sur un point : mes yeux m'abusent-ils ou êtes-vous vraiment un pasteur ?

– Je suis dans les ordres, répondit Mr. Rolles.

– Eh bien, s'écria l'autre, aussi longtemps que je vivrai, je ne veux plus entendre le moindre mot contre le clergé !

– Vous me flattez, dit Mr. Rolles.

– Pardonnez-moi, répondit Vandeleur, pardonnez-moi, vous n'êtes pas un lâche, mais il reste encore à voir si vous n'êtes pas le dernier des imbéciles. Peut-être, poursuivit-il, en s'adossant à son siège, peut-être voudrez-vous bien m'obliger en me donnant quelques détails. Il me faut supposer que vous aviez une idée derrière la tête, vu l'effronterie sidérante de votre manière d'agir, et je confesse que je serais assez curieux de la connaître.

– C'est très simple, répondit l'ecclésiastique, cela vient de mon manque d'expérience de la vie, qui est considérable.

– Je serai heureux d'en avoir la preuve, répondit Vandeleur.

Là-dessus, Mr. Rolles lui raconta toute l'histoire de ses liens avec le diamant du rajah, depuis le moment où il l'avait trouvé dans le jardin de Raeburn jusqu'à celui où il avait quitté Londres dans le « Flying Scotschman ». Il ajouta un bref résumé de ses sentiments et de ses pensées pendant le voyage et conclut par ces mots :

– Quand j'ai reconnu le diadème, j'ai compris que nous avions la même attitude devant la société et cela m'a inspiré l'espoir – j'espère que vous ne le direz pas infondé – que vous puissiez être, en quelque sorte, mon associé dans les difficultés et, bien entendu, les avantages de ma situation. À quelqu'un qui a, comme vous, des connaissances particulières et de toute évidence une grande expérience, la négociation du diamant ne donnera que peu de souci, tandis que pour moi c'était une chose impossible. D'un autre côté, j'ai estimé que je risquais, en découpant le diamant, probablement d'une main malhabile, de perdre presque autant d'argent qu'il m'en faudrait pour vous dédommager généreusement comme il convient de votre aide. C'était un sujet délicat à aborder ; et peut-être n'ai-je pas eu la délicatesse suffisante. Mais il me faut vous rappeler que pour moi la situation était nouvelle et que j'ignorais totalement les convenances en usage. Je pense, sans me vanter, que j'aurais pu vous marier ou vous baptiser d'une manière très acceptable ; mais tout homme a ses aptitudes propres et cette sorte de marché ne figurait pas sur la liste de mes talents.

– Je ne souhaite pas vous flatter, répondit Vandeleur ; mais, ma parole, vous avez une disposition peu commune pour le crime. Vous avez plus de talents que vous n'imaginez ; et j'ai beau avoir rencontré un certain nombre de gredins dans différentes régions du monde, je n'ai jamais fait la connaissance d'une personne aussi effrontée que vous. Réjouissez-vous, monsieur Rolles, vous avez enfin trouvé le métier qui vous convient ! Quant à vous aider, vous pouvez me donner les ordres que vous voulez. J'ai simplement à faire à Édimbourg une journée, pour régler un petit problème pour mon frère ; après quoi, je rentre à Paris où je réside habituellement. Si vous le désirez, vous pouvez m'y accompagner. Et avant un mois, je pense que j'aurai amené votre petite affaire à une conclusion satisfaisante.

À ce point du récit, contrairement à tous les canons de son art, notre Auteur arabe interrompt l'« Histoire du jeune ecclésiastique ». Je déplore et condamne de telles pratiques ; mais il me faut suivre le texte d'origine et, pour la conclusion des aventures de Mr. Rolles, renvoyer le lecteur au prochain chapitre de ce cycle, l'« Histoire de la maison aux stores verts ».

III

Histoire de la maison aux stores verts

FRANCIS SCRYMGEOUR, employé à la Bank of Scotland à Édimbourg, avait atteint l'âge de vingt-cinq ans dans une ambiance familiale tranquille et honorable. Sa mère était morte quand il était enfant ; mais son père, homme intelligent et honnête, lui avait fait donner à l'école une excellente éducation et l'avait élevé, à la maison, selon les habitudes d'une vie simple et rangée. Francis, qui avait un caractère docile et affectueux, mit à profit ces avantages avec zèle et se consacra corps et âme à son métier. Une promenade à pied le samedi après-midi, un dîner de temps en temps avec des membres de sa famille et un voyage annuel d'une quinzaine de jours dans les Highlands, ou même sur le continent européen, étaient ses principales distractions, et il vit rapidement augmenter sa cote auprès de ses supérieurs, tandis qu'il jouissait déjà d'un salaire qui frisait les deux cents livres par an, avec la perspective de toucher le double, ou presque, en fin de carrière. Il y avait peu de jeunes gens plus satisfaits, plus travailleurs et mieux disposés que Francis Scrymgeour. Parfois, le soir, après avoir lu son quotidien, il jouait de la flûte pour divertir son père, dont il respectait profondément les qualités.

Un jour, il reçut un mot d'une célèbre étude d'avoués qui sollicitait la faveur de s'entretenir sur-le-champ avec lui. La lettre portait la mention « Privée et confidentielle » et lui avait été adressée à la banque plutôt que chez lui – deux détails inhabituels qui lui firent répondre à cette convocation avec d'autant plus d'empressement. Le responsable de la maison, homme aux manières très austères, lui souhaita la bienvenue d'un ton solennel, le pria de prendre un siège et se mit en devoir de lui expliquer ce dont il s'agissait avec les expressions choisies propres à un vétéran des affaires. Une personne, qui devait rester anonyme, mais dont le notaire avait toutes les raisons de penser du bien – bref, un homme de condition dans le pays –, désirait verser à Francis une rente annuelle de cinq cents livres. Le capital devait être placé sous le contrôle de l'étude de notaires et de deux curateurs qui devaient également rester anonymes. Certaines conditions étaient adjointes à cette libéralité, mais il était d'avis que son nouveau client n'y trouverait rien d'excessif ni de déshonorant ; et il insista sur ces deux termes, comme s'il désirait ne pas s'engager davantage.

Francis demanda la nature de ces conditions.

– Les conditions, dit l'avoué, ne sont, comme je l'ai déjà souligné à deux reprises, ni déshonorantes ni excessives. Toutefois, je ne peux vous cacher qu'elles sont des plus inhabituelles. D'ailleurs, toute cette affaire est très différente de ce que nous pratiquons d'habitude ; et j'aurais certainement refusé de m'en occuper, s'il ne s'était agi de la réputation du gentleman qui me l'a confiée et, permettez-moi d'ajouter, monsieur Scrymgeour, de l'intérêt que j'ai été amené à vous porter sur la bonne foi de nombreux rapports flatteurs et, je n'en doute pas, bien mérités.

Francis le pria instamment d'être plus précis.

– Vous ne pouvez imaginer mon inquiétude en ce qui concerne ces conditions, dit-il.

– Elles sont au nombre de deux, répondit le notaire, seulement deux ; et le montant s'élève, rappelez-vous, à cinq cents livres par an... net d'impôts, j'oubliais d'ajouter, net d'impôts !

Le notaire leva alors les sourcils, l'air grave et satisfait.

– La première, reprit-il, est d'une simplicité remarquable. Vous devez être à Paris le dimanche 15 après-midi ; là, vous trouverez, au guichet de la Comédie-Française, un billet d'entrée à votre nom, qui vous attend. Vous êtes prié d'assister à toute la représentation dans le fauteuil réservé, et c'est tout.

– J'aurais, bien sûr, préféré un jour de semaine, répondit Francis. Mais, après tout, pour une fois...

– Et à Paris ! mon cher monsieur, ajouta le notaire avec douceur. Je suis moi-même, je crois, un peu rigoriste, mais pour un tel motif, et à Paris, je n'hésiterais pas un seul instant.

Tous deux rirent joyeusement.

– La seconde est plus importante, poursuivit l'avoué. Elle concerne votre mariage. Mon client, qui prend un grand intérêt à votre bonheur, désire vous conseiller de façon absolue dans le choix d'une épouse. De façon absolue, vous comprenez, répéta-t-il.

– Soyons plus explicites, si vous le voulez bien, répliqua Francis. Devrai-je épouser n'importe quelle femme – jeune fille ou veuve, blanche ou noire – qu'il plaira à cet inconnu de me proposer ?

– J'ai le devoir de vous garantir qu'il sera tenu compte de la concordance de l'âge et de la position sociale, répondit le notaire. Quant à la race, j'avoue que ce problème ne m'est pas venu à l'esprit et j'ai omis de me renseigner ; mais, si vous voulez, je vais le noter tout de suite et vous tiendrai au courant à la première occasion.

– Monsieur, dit Francis, il reste à voir si toute cette affaire n'est pas une escroquerie des plus méprisables. Les conditions sont inexplicables – j'allais dire incroyables ; tant que je n'y verrai pas un peu plus clair, et que n'apparaîtra pas une raison plus plausible, j'avoue que je regretterais vraiment de participer à cette opération. Dans ces circonstances, je vous supplie de bien vouloir me renseigner. Il me faut savoir ce qui est à la base de tout cela. Si vous l'ignorez, si vous ne pouvez deviner ou si vous n'avez pas la liberté de me le dire, je n'ai plus qu'à prendre mon chapeau et m'en retourner à ma banque, comme je suis venu.

– Je n'en sais rien, répondit le notaire, mais je

hasarde une excellente hypothèse. C'est votre père, et personne d'autre, qui est à la racine de cette affaire apparemment bizarre.

– Mon père ! s'écria Francis, avec un dédain prononcé. Cher monsieur, je connais toutes ses pensées et toute sa fortune jusqu'au moindre sou !

– Vous vous trompez sur le sens de mes paroles, dit le notaire. Je ne fais pas référence à Mr. Scrymgeour senior ; car il n'est pas votre père. Quand lui et sa femme sont arrivés à Édimbourg, vous aviez presque un an déjà et cela ne faisait même pas trois mois que vous leur aviez été confié. Le secret a été bien gardé ; mais le fait est là. Votre père est inconnu et je répète que je suis persuadé qu'il est à l'origine des offres que je suis chargé à présent de vous transmettre.

Il serait impossible d'exagérer l'étonnement de Francis Scrymgeour entendant cette nouvelle inattendue. Il invoqua son désarroi auprès du notaire.

– Monsieur, dit-il, après une révélation aussi surprenante, vous devez m'accorder quelques heures de réflexion. Vous saurez ce soir la conclusion à laquelle j'aurai abouti.

Le notaire lui recommanda la prudence ; Francis, se faisant excuser à la banque sous un prétexte quelconque, fit une grande promenade dans la campagne et examina à fond les différents aspects de la situation et les décisions à prendre qui s'imposaient. Le sentiment agréable de sa propre importance le rendait d'autant plus circonspect ; mais l'issue était dès le départ prévisible. Tout son être charnel aspirait irrésistiblement à accepter les cinq cents livres annuelles et les conditions étranges dont elles étaient assorties ; il se découvrait une répugnance invincible pour le nom de Scrymgeour qui, à ce jour, ne lui avait encore jamais déplu ; il commençait à mépriser les intérêts étriqués et peu romantiques de la vie qu'il avait menée jusque-là ; et, une fois qu'il eut vraiment pris sa décision, il avança avec un sentiment nouveau de force et de liberté, et entretint par anticipation les rêves les plus fous.

Il n'eut qu'un mot à dire au notaire pour recevoir sur-le-champ un chèque comprenant un rappel de deux trimestres ; car la rente était antidatée du premier janvier. Le chèque en poche, il rentra chez lui. L'appartement de Scotland Street lui parut minable ; ses narines, pour la première fois, se rebellèrent contre l'odeur du bouillon ; et il remarqua chez son père adoptif de petits défauts de savoir-vivre qui le remplirent d'étonnement et presque de dégoût. Le lendemain – sa décision était prise – il prendrait le chemin de Paris.

Dans cette ville, où il arriva longtemps avant la date fixée, il descendit dans un hôtel modeste fréquenté par des Anglais et des Italiens, et s'employa à perfectionner son français ; dans ce but, il voyait un professeur deux fois par semaine, entrait en conversation avec des passants sur les Champs-Élysées et, le soir, allait au théâtre. Il fit renouveler complètement sa garde-robe ; tous les matins, il se faisait raser et coiffer par un barbier de la rue voisine. Cela lui donnait un air étranger et semblait balayer l'opprobre des années écoulées.

Enfin, le samedi après-midi, il se rendit au bureau de location du théâtre, rue de Richelieu. À peine eut-il mentionné son nom que l'employé lui tendit une enveloppe contenant les instructions, dont l'adresse était à peine sèche.

– On vient de l'apporter, dit l'employé.

– Ah ! dit Francis. Puis-je vous demander comment était ce gentleman ?

– Votre ami est facile à décrire, répondit l'employé. Il est âgé, corpulent et beau ; il a les cheveux blancs et une cicatrice en travers du visage. On ne peut pas ne pas reconnaître quelqu'un qui a une telle balafre.

– Non, bien entendu, repartit Francis ; je vous remercie de votre amabilité.

– Il ne doit pas être bien loin, ajouta l'employé. En vous dépêchant, vous pourriez encore le rattraper.

Francis ne se le fit pas dire deux fois ; il quitta précipitamment le théâtre, gagna le milieu de la rue et regarda dans toutes les directions. Des hommes à cheveux blancs, il y en avait plus d'un ; mais il les rattrapa tous, successivement : aucun n'avait de cicatrice. Pendant presque une demi-heure, il essaya toutes les rues avoisinantes jusqu'à ce que, finalement, comprenant la folie d'une telle poursuite, il entreprît de marcher pour apaiser le désordre de ses sentiments ; en effet, l'imminence d'une rencontre avec celui qui, à n'en pas douter, était l'auteur de ses jours, avait profondément bouleversé le jeune homme.

Le hasard voulut qu'il empruntât la rue Drouot et, de là, la rue des Martyrs ; et le hasard, cette fois-ci, le servit mieux que toute la préméditation du monde. Car, sur le boulevard extérieur, il vit deux hommes assis sur un banc, en pleine discussion. L'un, brun, jeune, beau, vêtu comme un laïc, avait un air clérical indélébile ; l'autre répondait point par point à la description faite par l'employé. Francis sentit son cœur battre la chamade ; il se rendait compte qu'il allait entendre la voix de son père ; aussi, faisant un large détour, il vint se placer sans bruit derrière les deux hommes, bien trop absorbés par leur discussion pour prêter attention au reste. Comme Francis s'y était attendu, la conversation se déroulait en anglais.

– Vos soupçons commencent à m'ennuyer, Rolles, disait le plus âgé des deux. Je vous dis que je fais tout mon possible ; on ne peut pas mettre la main sur des millions en un instant. Ne vous ai-je pas pris en amitié, vous, un simple étranger, par pure bienveillance ? Ne vivez-vous pas de ma générosité ?

– De vos avances, monsieur Vandeleur, corrigea l'autre.

– Avances, si vous voulez, et par intérêt, non par bienveillance, si vous préférez, répondit Vandeleur, irrité. Je ne suis pas ici pour peaufiner mes phrases. Les affaires sont les affaires ; et vos affaires, permettez-moi de vous le rappeler, sont trop bourbeuses pour vous autoriser ces grands airs. Faites-moi confiance, ou laissez-moi tranquille et trouvez quelqu'un d'autre ; mais finissons-en, de grâce, avec vos jérémiades.

– Je commence à connaître le monde, répondit l'autre, et je constate que vous avez toutes les raisons de me trahir et aucune de vous comporter honnêtement. Moi non plus, je ne suis pas ici pour peaufiner mes phrases ; vous voulez le diamant pour vous seul, vous le savez très bien – vous n'osez pas le nier. N'avez-vous pas déjà falsifié mon nom et fouillé mon logement en mon absence ? Je comprends la raison de vos retards ; vous êtes à l'affût ; en vérité, c'est vous le chasseur de diamant ; et tôt ou tard, par des moyens honnêtes ou non, vous mettrez la main dessus. Je vous le dis, cela doit cesser ; poussez-moi encore un peu et je vous promets une surprise.

– Il vous sied mal d'employer la menace, rétorqua Vandeleur. Moi aussi, je peux le faire, et aussi bien que vous. Mon frère est ici, à Paris ; la police est en alerte ; et si vous persistez à me fatiguer avec vos miaulements, je vous préparerai de quoi vous étonner, monsieur Rolles. Mais avec moi, ce sera une fois pour toutes. Comprenez-vous, ou préférez-vous que je vous le dise en hébreu ? Il y a une fin à tout, et ma patience, avec vous, est à bout. Mardi, à sept heures ; pas un jour, pas une heure plus tôt, pas la moindre fraction de seconde, quand bien même ce serait pour vous sauver la vie. Et si vous ne choisissez pas d'attendre, alors pour moi vous pouvez bien aller au diable, et grand bien vous fasse !

À ces mots, le dictateur se leva du banc et s'en alla à grands pas en direction de Montmartre, hochant la tête et balançant sa canne d'un air courroucé, tandis que son compagnon restait là, l'air totalement fermé.

Francis était au comble de la surprise et de l'horreur ; ses sentiments avaient été au plus haut point ébranlés ; l'espoir et la tendresse qui l'avaient poussé à aller s'asseoir sur le banc s'étaient transformés en répulsion et en désespoir ; le vieux Mr. Scrymgeour, se dit-il, était un parent nettement plus bienveillant et plus estimable que cet intrigant dangereux et violent ; mais il garda sa présence d'esprit et ne laissa pas un instant s'écouler qu'il ne fût sur la trace du dictateur.

La colère folle qui animait ce dernier le faisait avancer d'un bon pas et il était si totalement plongé dans ses pensées rageuses qu'il ne jeta même pas un regard derrière lui avant d'avoir atteint sa porte.

Sa maison se dressait en haut de la rue Lepic : elle avait vue sur tout Paris et jouissait de l'air pur des hauteurs. Elle comprenait deux étages et était munie de stores et de volets verts ; toutes les fenêtres donnant sur la rue étaient hermétiquement fermées. La cime des arbres apparaissait au-dessus du haut mur du jardin, protégé par des *chevaux de frise**. Le dictateur s'arrêta un instant, le temps de chercher la clé dans sa poche ; puis, ouvrant la grille, il disparut à l'intérieur de l'enceinte.

Francis regarda autour de lui ; le voisinage était à l'écart de tout, la maison isolée dans son jardin. Il semblait qu'il dût mettre brutalement fin ici à son enquête. Cependant, un second coup d'œil lui révéla une grande maison, tout à côté, qui avait un pignon donnant sur le jardin et, sur ce pignon, une fenêtre unique. Il longea la façade et vit un écriteau qui proposait des chambres au mois, non meublées ; renseignements pris, la chambre qui donnait sur le jardin du dictateur se révéla l'une de celles qui étaient à louer. Francis n'hésita pas un instant ; il réserva la chambre, paya une avance sur le loyer et retourna à l'hôtel chercher ses bagages.

Que le vieil homme à la cicatrice fût ou non son père, que la piste fût ou non la bonne, il était en tout cas aux portes d'un mystère exaltant et il se promit de ne pas relâcher son observation avant d'en avoir percé le secret.

De la fenêtre de son nouveau logement, Francis Scrymgeour avait une vue complète sur le jardin de la maison aux stores verts. Juste en dessous de lui, un châtaignier majestueux aux branches étalées abritait deux tables rustiques où l'on dînait sans doute au plus chaud de l'été. Sur tous les côtés sauf un, une végétation dense couvrait le sol ; mais à cet emplacement, entre les tables et la maison, on voyait une allée de gravier qui menait de la véranda à la porte du jardin. Étudiant l'endroit de derrière les lattes du store vénitien, qu'il n'osait pas remonter de peur d'attirer l'attention, Francis ne remarquait pas grand-chose qui pût lui indiquer les habitudes des occupants de la maison, et ce « pas grand-chose » ne dénotait rien de plus qu'une prudente réserve et le goût pour la solitude. Le jardin avait quelque chose de conventuel, la maison ressemblait à une prison. Les stores verts étaient tous baissés ; la porte qui donnait dans la véranda était fermée ; le jardin, ou ce qu'il en voyait dans le soleil couchant, était livré complètement à lui-même. La mince volute de fumée qui s'échappait d'une unique cheminée attestait seule la présence de ses occupants.

Afin de ne pas rester complètement désœuvré et de donner à sa vie une certaine coloration, Francis avait acheté un ouvrage de géométrie euclidienne en français, qu'il commença à recopier et à traduire, assis par terre, adossé au mur, avec sa grosse valise en guise d'écritoire, car il n'avait ni chaise ni table. De temps en temps, il se levait pour jeter un coup d'œil dans l'enceinte de la maison aux stores verts ; mais les fenêtres restaient obstinément fermées et le jardin demeurait vide.

Ce n'est que tard dans la soirée que quelque chose se produisit, récompensant son attention soutenue. Entre neuf et dix heures, le tintement aigu d'une cloche le réveilla d'un petit somme ; et il bondit vers son observatoire juste à temps pour entendre un bruit impressionnant de serrures qu'on déverrouillait et de barres qu'on ôtait, et pour voir Mr. Vandeleur, une lanterne à la main, vêtu d'une ample robe de chambre de velours noir et coiffé d'une calotte assortie, surgir de sous la véranda et se diriger sans se presser vers la porte du jardin. Le bruit des verrous et des barres se répéta alors et, un instant après, Francis aperçut le dictateur qui escortait jusque dans la maison, à la lumière vacillante de la lanterne, un individu de vile et abjecte apparence.

Une demi-heure plus tard, le visiteur fut reconduit jusqu'à la rue et Mr. Vandeleur, déposant sa lanterne sur l'une des tables rustiques, acheva sans se presser de fumer un cigare sous le feuillage du châtaignier. Francis, qui l'épiait à travers un espace dégagé au milieu des feuilles, parvenait à suivre ses gestes, quand il jetait la cendre ou se délectait d'une copieuse bouffée ; il s'aperçut que le vieil homme avait le sourcil froncé et les lèvres agitées d'un tic, témoins d'un enchaînement de pensées profondes et sans doute pénibles. Le cigare était déjà presque entièrement consumé quand une voix de jeune fille soudain se fit entendre, lui criant l'heure depuis l'intérieur de la maison.

– Un instant, répondit John Vandeleur.

Là-dessus, il jeta son mégot et, soulevant la lanterne, s'éloigna et disparut sous la véranda pour la nuit. Dès que la porte fut refermée, la maison fut plongée dans une obscurité complète ; Francis avait beau écarquiller les yeux, il ne pouvait détecter le moindre rai de lumière sous un store ; il en conclut alors, avec beaucoup de bon sens, que les chambres à coucher donnaient toutes de l'autre côté.

Le lendemain matin de bonne heure (il s'était, en effet, réveillé tôt après une nuit inconfortable sur le plancher), il vit une raison d'adopter une explication différente. Les stores furent remontés les uns après les autres grâce à un mécanisme actionné de l'intérieur, et révélèrent des rideaux d'acier tels qu'on en voit aux devantures des magasins ; à leur tour, ces derniers furent enroulés au moyen d'un dispositif analogue et, l'espace d'environ une heure, les chambres restèrent ouvertes pour laisser pénétrer l'air matinal. Après quoi, Mr. Vandeleur en personne referma les rideaux et remit les stores en place de l'intérieur.

Alors que Francis s'étonnait encore de ces précautions, la porte s'ouvrit et une jeune fille s'avança pour regarder autour d'elle dans le jardin. Deux minutes à peine s'écoulèrent avant qu'elle ne rentre dans la maison, mais même en si peu de temps il en vit assez pour se convaincre qu'elle possédait les charmes les plus exceptionnels. Non seulement sa curiosité fut sérieusement excitée par cet événement, mais son ardeur s'accrut de façon bien plus remarquable. Les manières inquiétantes et la vie plus qu'équivoque de son père cessèrent, à partir de ce moment-là, de miner son esprit ; à partir de ce moment-là, il prit avec passion le parti de sa nouvelle famille et, que la jeune femme se révélât être sa sœur ou son épouse, il fut convaincu qu'il s'agissait d'un ange déguisé ; à tel point que le saisit une terreur soudaine quand il prit conscience du peu qu'il connaissait de la situation réelle, et de l'éventualité qu'il eût suivi quelqu'un d'autre en croyant suivre Mr. Vandeleur.

Il consulta le concierge, qui ne put lui fournir que peu d'éléments d'information ; mais en tout état de cause, ces éléments semblaient mystérieux et contestables. La personne qui habitait la maison d'à côté était un Anglais extrêmement riche et non moins original dans ses goûts et ses habitudes. Il possédait des collections de grande valeur qu'il conservait auprès de lui ; et c'était pour les protéger qu'il avait équipé l'endroit de rideaux d'acier, de fermetures sophistiquées et de *chevaux de frise** le long du mur du jardin. Il vivait très solitairement, malgré le passage de quelques visiteurs bizarres avec qui, semblait-il, il entretenait des relations d'affaires ; et il n'y avait personne d'autre dans la maison, si ce n'est Mademoiselle et une vieille servante.

– Mademoiselle est-elle sa fille ? s'enquit Francis.

– Assurément, répondit le concierge. Mademoiselle est la fille de la maison ; et il est étrange de voir comme on la fait travailler. Car, en dépit de toutes les richesses de son père, c'est elle qui va faire le marché ; et chaque jour de la semaine, on la voit passer, un panier au bras.

– Et les collections ? demanda l'autre.

– Monsieur, dit l'homme, elles sont inestimables. Je ne peux vous en dire plus. Depuis l'arrivée de Mr. Vandeleur, personne dans le quartier n'a franchi ne serait-ce que le seuil de sa porte.

– Même en supposant cela, répondit Francis, vous devez tout de même sûrement avoir une idée de ce que contiennent ces galeries célèbres. S'agit-il de tableaux, de soieries, de statues, de bijoux, que sais-je encore ?

– Ma foi, répondit le concierge avec un haussement d'épaules, ce seraient des carottes que je ne pourrais pas davantage vous le dire. Comment saurais-je ? La maison, vous pouvez le constater, est gardée comme une garnison.

Mais, alors que Francis, déçu, regagnait sa chambre, le concierge le rappela.

– À propos, je me souviens, monsieur, dit-il.

Mr. Vandeleur a voyagé dans toutes les parties du monde et j'ai entendu, une fois, la vieille femme affirmer qu'il avait rapporté quantité de diamants. Si c'est vrai, il doit y avoir une belle exposition derrière ces volets.

De bonne heure le dimanche, Francis était à sa place au théâtre. Le fauteuil qu'on lui avait réservé se trouvait seulement à deux ou trois numéros à partir de la gauche, exactement à l'opposé d'une des loges les plus basses. Comme il avait été tout spécialement choisi, il y avait sans aucun doute quelque chose à apprendre de sa position ; et Francis estima instinctivement que la loge sur sa droite était, d'une façon ou d'une autre, reliée au drame dans lequel, sans le savoir, il jouait un rôle. De fait, elle était située de telle sorte que ses occupants, s'ils le souhaitaient, pouvaient l'observer du début à la fin de la pièce ; en revanche, ils pouvaient, profitant de la profondeur, se dérober relativement bien à tout contre-examen de sa part. Il se promit de ne pas quitter la loge des yeux un seul instant ; et tout en balayant du regard le reste du théâtre, ou en feignant de prêter attention à ce qui se passait sur la scène, il gardait toujours un œil fixé sur la loge vide.

Le second acte se déroulait depuis quelque temps déjà, et touchait presque à sa fin, quand la porte s'ouvrit, laissant pénétrer deux personnes qui s'installèrent au plus épais de l'ombre. Francis eut de la peine à contrôler son émotion. C'étaient Mr. Vandeleur et sa fille. Le sang bouillonnait dans ses artères et ses veines à une allure stupéfiante ; ses oreilles vibraient ;

la tête lui tournait. Il n'osait regarder, de peur d'éveiller les soupçons ; son programme, qu'il ne cessait de lire et relire d'un bout à l'autre, passait du blanc au rouge devant ses yeux ; lorsque ces derniers se posaient fugitivement sur la scène, elle lui semblait terriblement éloignée, et il trouvait les propos et les gestes des acteurs d'une insolence et d'une absurdité extrêmes.

De temps en temps, il risquait un regard rapide dans la direction qui l'intéressait au premier chef ; il eut, au moins une fois, la certitude que ses yeux avaient rencontré ceux de la jeune fille. Son corps en fut fort ébranlé et il vit toutes les couleurs de l'arc-en-ciel. Que n'aurait-il pas donné pour surprendre ce que se disaient les Vandeleur ! Que n'aurait-il pas donné pour avoir le courage de s'emparer de ses jumelles et d'examiner de façon soutenue leur attitude et leur expression ! C'était là, autant qu'il sût, que sa vie se jouait – sans qu'il fût capable d'intervenir, ni même de suivre le débat, mais condamné à rester assis et à souffrir là où il était, en proie à une inquiétude impuissante.

Enfin, l'acte prit fin. Le rideau tomba et les gens autour de lui commencèrent à quitter leurs places pour l'entracte. Il était tout naturel qu'il suivît leur exemple ; et, dans ce cas, il n'était pas seulement naturel mais nécessaire qu'il passât aussitôt devant la loge en question. Rassemblant tout son courage, mais gardant les yeux baissés, Francis se dirigea vers elle. Il avançait lentement, car le vieux monsieur qui se trouvait devant lui se déplaçait à pas incroyablement mesurés, en respirant péniblement. Que devait-il faire ? Devait-il saluer nommément les Vandeleur en passant ? Devait-il ôter la fleur de sa boutonnière et la jeter dans la loge ? Devait-il relever la tête et diriger un regard tendre et insistant sur la jeune fille qui était peut-être sa sœur, peut-être sa fiancée ? Alors qu'il se débattait entre tant d'éventualités, il eut une vision de son ancienne existence paisible à la banque et fut assailli par une pensée de regret pour le passé.

À ce moment-là, il était parvenu exactement en face de la loge ; et bien qu'il fût toujours indécis, ne sachant que faire ni même s'il devait faire quelque chose, il tourna la tête et leva les yeux. À peine l'eût-il fait qu'il poussa un cri de déception et resta rivé sur place. La loge était vide. Tandis qu'il avait toutes les peines du monde à avancer, Mr. Vandeleur et sa fille s'étaient tranquillement éclipsés.

Quelqu'un, derrière, lui fit poliment remarquer qu'il bloquait le passage ; aussi se remit-il en marche d'un pas mécanique, laissant sans résistance la foule le porter hors du théâtre. Une fois dans la rue, la bousculade ayant cessé, il s'arrêta, et l'air frais de la nuit le remit rapidement en pleine possession de ses facultés. Il fut surpris de découvrir qu'il souffrait d'un violent mal de tête et qu'il ne se rappelait pas le moindre mot des deux actes auxquels il avait assisté. Son agitation se calma et fit place à une envie de dormir incoercible : il héla un fiacre et regagna son logis dans un état de fatigue extrême, et passablement dégoûté de la vie.

Le lendemain matin, il se posta sur le trajet qu'empruntait Miss Vandeleur pour se rendre au marché et se mit à l'attendre ; à huit heures, il l'aperçut qui descendait une allée. Elle était vêtue simplement, voire pauvrement ; mais, dans son port de tête et son maintien, il y avait quelque chose de souple et de noble qui aurait conféré de la distinction à la toilette la plus misérable. Même son panier l'embellissait, tant elle le portait avec grâce. Il sembla à Francis, alors qu'il se glissait sous un porche, que le soleil la suivait et que les ombres s'écartaient sur son passage ; et, pour la première fois, il s'aperçut qu'un oiseau chantait dans une cage au-dessus de l'allée.

Il la laissa dépasser le porche, puis, se remettant en marche, l'appela par son nom.

– Mademoiselle Vandeleur ? dit-il.

Elle se retourna et, voyant qui il était, devint mortellement pâle.

– Pardonnez-moi, poursuivit-il. Dieu sait que je n'avais pas l'intention de vous effrayer ; et il ne devrait rien y avoir d'alarmant dans la présence de quelqu'un qui, comme moi, vous veut tant de bien. Croyez-moi, j'agis plus par nécessité que par choix. Nous avons beaucoup de choses en commun et je suis dans l'obscurité la plus désolante. Je devrais faire beaucoup, mais j'ai les mains liées. Je ne sais même pas qu'éprouver, ni qui sont mes amis et mes ennemis.

Elle fit un effort pour parler.

– Je ne sais pas qui vous êtes, dit-elle.

– Oh, si ! mademoiselle Vandeleur, vous le savez très bien, répondit Francis, mieux que moi. Et c'est précisément sur ce point, avant tout, que je cherche des éclaircissements. Dites-moi ce que vous savez, implora-t-il. Dites-moi qui je suis, qui vous êtes, et de quelle façon nos destins sont mêlés. Aidez-moi un peu à vivre, mademoiselle Vandeleur... rien qu'un mot ou deux pour me guider, rien que le nom de mon père, si vous voulez... et je serai reconnaissant et satisfait.

– Je n'essaierai pas de vous mentir, répondit-elle. Je sais qui vous êtes, mais je n'ai pas la liberté de le dire.

– Dites-moi, au moins, que vous m'avez pardonné mon audace et j'attendrai, avec toute la patience dont je suis capable. Si je ne suis pas censé savoir, je m'en accommoderai. C'est cruel, mais je peux supporter davantage dans un moment difficile. Simplement, n'ajoutez pas à mes ennuis l'idée que je me suis fait de vous une ennemie.

– Vous n'avez rien fait que de naturel, dit-elle, et je n'ai rien à vous pardonner. Adieu.

– Faut-il que ce soit *adieu** ? demanda-t-il.

– Non, cela, je n'en sais rien moi-même, répondit-elle. Adieu pour l'instant, si vous préférez.

Et, sur ces paroles, elle disparut.

Francis regagna sa chambre l'esprit profondément bouleversé. Il n'avança pour ainsi dire pas dans son étude d'Euclide cet après-midi-là et passa plus de temps à la fenêtre qu'à sa table de travail improvisée. Mais, à part le retour de Miss Vandeleur, la rencontre de celle-ci avec son père qui fumait un cigare Trichinopoli dans la véranda, il ne se passa rien de notable au voisinage de la maison aux stores verts avant l'heure du déjeuner. Le jeune homme se rendit dans un restaurant tout proche où sa faim fut rapidement assouvie, puis, sa curiosité, elle, étant loin de l'être, il retourna en toute hâte à la maison de la rue Lepic. Un serviteur à cheval en faisait manœuvrer un autre le long du mur du jardin, et le concierge de la maison où logeait Francis fumait la pipe, adossé au montant de la porte, absorbé dans la contemplation de la livrée et des coursiers.

– Regardez ! cria-t-il au jeune homme, quelles belles bêtes ! quel costume élégant ! Ils appartiennent au frère de Mr. Vandeleur : il est en visite ici, en ce moment. C'est un grand homme, un général, dans votre pays ! Et vous le connaissez sûrement bien de réputation.

– J'avoue, répondit Francis, que je n'ai jamais entendu parler du général Vandeleur. Nous avons beaucoup d'officiers de ce grade et mes activités sont exclusivement d'ordre civil.

– C'est lui, répondit le concierge, qui a perdu le gros diamant des Indes. Vous avez au moins dû lire des choses là-dessus dans les journaux.

Dès que Francis put se libérer du concierge, il grimpa rapidement chez lui et se dépêcha de prendre son poste près de la fenêtre. Juste en dessous de l'espace ménagé entre les feuilles de châtaignier, les deux hommes étaient assis à bavarder tout en fumant le cigare. Le général, homme rougeaud à l'allure martiale, offrait quelques traces de ressemblance avec son frère ; il avait un peu les mêmes traits ; un peu aussi, bien que très peu, le même port dégagé et puissant ;

mais il était plus âgé, plus petit et avait l'air plus ordinaire ; l'analogie relevait de la caricature : à côté du dictateur, il paraissait chétif et totalement insignifiant.

Ils parlaient à voix si basse, en se penchant par-dessus la table d'un air absorbé, que Francis ne parvenait à comprendre qu'un mot ou deux de temps en temps. D'après le peu qu'il arrivait à saisir, il était convaincu que la conversation tournait autour de lui et de sa propre carrière ; à plusieurs reprises, le nom de Scrymgeour parvint à son oreille, car il était facile à distinguer, et il crut distinguer encore plus souvent le nom de « Francis ». Pour finir, le général, comme exaspéré, éclata en plusieurs exclamations violentes.

– Francis Vandeleur ! s'écria-t-il, mettant l'accent sur le dernier mot. Francis Vandeleur, je vous le dis !

Le dictateur eut un mouvement de tout le corps, mi-affirmatif, mi-méprisant, mais sa réponse resta inaudible pour le jeune homme.

Était-il le Francis Vandeleur en question ? se demandait ce dernier. Étaient-ils en train de discuter du nom sous lequel on devait le marier ? Ou bien toute l'affaire était-elle un rêve, une illusion due à sa vanité et à son égocentrisme ?

Après un autre intervalle de conversation inaudible, un désaccord sembla de nouveau s'élever entre les deux hommes installés sous le châtaignier et, là encore, le général en colère haussa la voix de telle sorte que Francis put l'entendre.

– Ma femme ? s'écria-t-il. J'en ai fini avec ma femme pour de bon. Je ne veux plus entendre parler d'elle. Son seul nom me rend malade.

Et il jura tout haut, frappant du poing sur la table.

Le dictateur sembla l'apaiser par des gestes, d'une façon paternelle ; et peu après, il le reconduisit à la grille du jardin. Les deux hommes se serrèrent la main plutôt affectueusement ; mais dès que la porte se fut refermée derrière son visiteur, John Vandeleur éclata d'un rire que Francis Scrymgeour trouva sardonique, pour ne pas dire diabolique.

Ainsi s'était écoulé un autre jour, qui n'apportait pas grand-chose de nouveau. Mais le jeune homme se rappela que le lendemain était mardi et il se promit de curieuses découvertes ; tout pouvait bien ou mal se passer ; du moins était-il sûr de glaner de singuliers renseignements, et peut-être, avec un peu de chance, de parvenir au cœur du mystère qui entourait son père et sa famille.

Comme l'heure du dîner approchait, on se livrait à quantité de préparatifs dans le jardin de la maison aux stores verts. La table que Francis voyait en partie à travers les feuilles de châtaignier était destinée à servir de desserte et portait des assiettes de rechange et les accessoires pour la salade ; l'autre, qui était presque entièrement cachée, avait été dressée à l'écart pour les convives et Francis apercevait une nappe blanche et de l'argenterie.

Mr. Rolles arriva exactement à l'heure fixée ; il avait l'air d'être sur ses gardes et parlait à voix basse, avec retenue. Le dictateur, quant à lui, semblait être plus prolixe qu'à l'ordinaire ; son rire, juvénile et agréable à entendre, montait souvent des profondeurs du jardin ; d'après les inflexions et les modifications de sa voix, il était évident qu'il racontait quantité d'histoires drôles et imitait les accents d'une foule de pays différents ; et avant que le jeune ecclésiastique et lui eussent fini leur vermouth, tout sentiment de méfiance avait disparu, ils discutaient comme deux camarades d'école.

Enfin, Miss Vandeleur apparut, apportant la soupière. Mr. Rolles courut au-devant d'elle pour lui offrir son aide, qu'elle refusa en riant ; il y eut entre eux trois un échange de plaisanteries qui semblaient des allusions à cette coutume ancienne qui veut que l'un des convives fasse le service.

– C'est plus commode, entendit-il Mr. Vandeleur déclarer.

L'instant d'après, ils étaient tous trois à leur place et Francis voyait aussi peu qu'il n'entendait. Mais le dîner semblait se dérouler joyeusement ; il y avait un bavardage et un bruit de couverts incessants sous le châtaignier ; Francis, qui n'avait qu'un petit pain à ronger, enviait le confort et l'atmosphère paisible du repas. Les convives s'attardèrent sur chaque plat, l'un après l'autre, puis sur un dessert délicat, arrosé d'une bouteille de bon vin débouché par les soins attentifs du dictateur lui-même. Comme il commençait à faire sombre, on alluma une lampe sur la table et deux chandelles sur la desserte ; la nuit était pure, pleine d'étoiles et sans un souffle de vent. Du reste, la véranda était inondée de lumière, si bien que le jardin était vraiment illuminé et que les feuilles scintillaient dans l'obscurité.

Pour la dixième fois peut-être, Miss Vandeleur

pénétra dans la maison ; et cette fois-ci, elle revint chargée du plateau du café, qu'elle déposa sur la desserte. Au même moment, son père se leva de son siège.

– Le café est mon domaine, l'entendit déclarer Francis.

Et, peu après, il vit son père présumé debout près de la desserte dans la lumière des chandelles.

Continuant de parler sans se retourner, Mr. Vandeleur emplit deux tasses de ce noir élixir, puis, d'un geste rapide de prestidigitateur, vida le contenu d'une fiole minuscule dans la plus petite des deux. La chose fut si vite faite que même Francis, qui le regardait fixement, eut tout juste le temps de percevoir le mouvement qu'il s'apprêtait à accomplir. L'instant d'après, Mr. Vandeleur, toujours en riant, s'était retourné vers la table, une tasse dans chaque main.

– Avant d'en avoir fini avec ça, dit-il, nous pourrons retrouver notre hébreu.

Il serait impossible de décrire le trouble et la détresse de Francis Scrymgeour. Il voyait se dérouler sous ses yeux un jeu déloyal, et il se sentait obligé d'intervenir, sans savoir comment. Ce pouvait être une simple plaisanterie et, dans ce cas, de quoi aurait-il l'air s'il allait proférer une mise en garde inutile ? Ou bien, si c'était sérieux, il se pouvait que le criminel fût son propre père et, dans ce cas, comment ne se lamenterait-il pas s'il devait causer la perte de l'auteur de ses jours ? Pour la première fois, il se rendit compte de sa situation d'espion. Attendre sans agir dans un tel moment et avec au cœur un tel conflit de sentiments, c'était souffrir le martyre ; il s'agrippa aux montants des volets : son cœur battait à toute vitesse de façon saccadée, et il sentait la sueur inonder son corps. Plusieurs minutes s'écoulèrent.

Il lui sembla entendre la conversation s'affaiblir et devenir de moins en moins vive et sonore ; mais toujours aucun signe d'événement inquiétant, ni même notable.

Soudain, le tintement d'un verre qui se brise fut suivi d'un bruit léger et assourdi, comme produit par la chute en avant d'une personne dont la tête s'affalerait sur la table. Au même moment, un cri perçant s'éleva du jardin.

– Qu'avez-vous fait ? hurla Miss Vandeleur. Il est mort !

Le dictateur émit une réponse brutale, à voix basse mais dans un sifflement d'une telle véhémence que tous les mots en furent audibles pour l'observateur posté à la fenêtre :

– Silence ! Cet homme se porte aussi bien que moi. Prenez-le par les talons tandis que je vais le porter par les épaules.

Francis entendit Miss Vandeleur se répandre en un torrent de larmes.

– Entendez-vous ce que je dis ? reprit le dictateur, toujours à voix basse. Ou voulez-vous vous quereller avec moi ? Je vous donne le choix, mademoiselle Vandeleur.

Il y eut une nouvelle pause, puis le dictateur prit à nouveau la parole.

– Saisissez-le par les talons, dit-il. Il me faut le

ramener à l'intérieur. Si j'étais un peu plus jeune, je me débrouillerais seul contre tous. Mais à présent que les années et les dangers m'assaillent, que mes mains sont affaiblies, je dois vous demander de l'aide.

– C'est un crime, répondit la jeune fille.

– Je suis votre père, dit Mr. Vandeleur.

Cette supplication sembla produire son effet. On entendit le bruit des pieds raclant sur le gravier, une chaise fut renversée, après quoi Francis vit le père et la fille avancer en titubant sur l'allée et disparaître sous la véranda, chargés du corps inanimé de Mr. Rolles, qu'ils tenaient fortement serré par les genoux et les épaules. Le jeune ecclésiastique était mou et blême, et sa tête à chaque pas roulait sur ses épaules.

Était-il vivant ou mort ? Francis, malgré ce qu'avait dit le dictateur, penchait pour la deuxième hypothèse. Un grand crime avait été commis ; une grande calamité s'était abattue sur les habitants de la maison aux stores verts. À sa surprise, Francis découvrit que toute l'horreur qu'il éprouvait envers cet acte était engloutie dans le chagrin ; il avait sous les yeux une jeune fille et un vieil homme manifestement en danger. Une marée de sentiments généreux envahit son cœur ; lui aussi, il prendrait le parti de son père contre l'humanité entière, contre le destin et la justice ; et, ouvrant vivement les volets, il ferma les yeux et se lança bras tendus dans le feuillage du châtaignier.

Il n'arrivait pas à saisir les branches qui lui échappaient les unes après les autres ou cédaient sous son poids ; enfin, il retint un rameau vigoureux calé sous son aisselle et resta une seconde suspendu en l'air ; après quoi il se laissa glisser et tomba lourdement contre la table. Un cri d'alarme provenant de l'intérieur de la maison l'avertit que son entrée n'était pas passée inaperçue. Il se rétablit en chancelant et traversa en trois bonds l'espace intermédiaire, pour se retrouver debout devant la porte de la véranda.

Dans une petite pièce au sol couvert d'une natte et aux murs entièrement garnis de vitrines regorgeant de bibelots rares et coûteux, Mr. Vandeleur était penché sur le corps de Mr. Rolles. Il se redressa au moment où Francis entrait, et il y eut aussitôt un chassé croisé de gestes. Ce fut l'affaire d'une seconde ; l'affaire fut accomplie en un clin d'œil ; le jeune homme n'eut pas le temps d'en être sûr, mais il lui sembla que le dictateur s'était emparé d'un objet qui se trouvait dans la poche de poitrine du vicaire, l'avait examiné une fraction de seconde, le temps qu'il l'avait eu en main, avant de le passer soudain, très vite, à sa fille.

Francis avait encore un pied sur le seuil et l'autre en l'air que tout cela était terminé. L'instant d'après, il était à genoux devant Mr. Vandeleur.

– Père ! s'écria-t-il. Laissez-moi vous aider, moi aussi. Je ferai ce que vous voulez sans poser de questions ; je vous obéirai sur ma vie ; traitez-moi comme un fils et vous découvrirez que je vous suis dévoué comme un fils.

Une horrible explosion de jurons fut la première réponse du dictateur.

– Fils et père ? s'écria-t-il. Père et fils ? Quelle f...

comédie contre nature est-ce là ? Comment êtes-vous entré dans mon jardin ? Que voulez-vous ? Et qui, au nom du ciel, êtes-vous ?

Francis, stupéfait et confus, se releva et garda le silence.

Puis, un trait de lumière sembla fondre sur Mr. Vandeleur qui se mit à rire à gorge déployée.

– Je vois ! hurla-t-il. C'est ce Scrymgeour. Très bien, monsieur Scrymgeour. Laissez-moi vous dire en quelques mots quelle est votre situation. Vous avez pénétré dans ma résidence privée par la force, ou peut-être frauduleusement, mais sans le moindre encouragement de ma part, c'est certain ; et vous arrivez à un moment plutôt mal choisi – un invité s'étant évanoui à ma table – pour m'assaillir de vos protestations d'amitié. Vous n'êtes pas mon fils. Vous êtes le bâtard que mon frère a eu d'une harengère, si vous voulez savoir. Je vous considère avec une indifférence qui frise l'aversion ; et à en juger à présent par votre conduite, j'estime votre esprit exactement conforme à votre apparence extérieure. Je vous recommande de méditer à loisir ces pensées mortifiantes ; et, en attendant, je vous demande instamment de nous débarrasser de votre présence. Si je n'étais occupé, ajouta le dictateur avec un juron épouvantable, je vous flanquerais avant que vous ne partiez la raclée la plus sacrilège qui soit !

Francis l'écoutait, profondément humilié. Il aurait voulu s'enfuir, si cela avait été possible ; mais comme il n'avait aucun moyen de quitter la demeure dans laquelle il avait pénétré si malencontreusement, il ne pouvait que rester sottement là où il se trouvait.

Ce fut Miss Vandeleur qui brisa le silence.

– Père, dit-elle, vous parlez sous le coup de la colère. Mr. Scrymgeour s'est peut-être trompé, mais ses intentions étaient bonnes et amicales.

– Merci d'avoir parlé, répondit le dictateur. Vous me rappelez d'autres remarques que je mets un point d'honneur à faire à Mr. Scrymgeour. Mon frère, poursuivit-il en s'adressant au jeune homme, a été assez stupide pour vous donner une rente ; il a été assez stupide et présomptueux pour suggérer une union entre cette jeune femme et vous. Vous lui avez été présenté avant-hier soir ; et j'ai la joie de vous annoncer qu'elle a rejeté cette idée avec dégoût. J'ajouterai que j'ai une influence considérable sur votre père ; je ferai l'impossible pour que vous soyez privé de votre rente et renvoyé à vos paperasses avant la fin de la semaine.

La voix du vieil homme était encore plus blessante, si possible, que ses paroles ; Francis se sentait la proie du mépris le plus cruel, le plus destructeur et le plus insoutenable ; la tête lui tournait, il se cacha le visage dans les mains, laissant entendre en même temps un sanglot désespéré, sans pleurer pour autant. Mais, une fois de plus, Miss Vandeleur intercéda en sa faveur.

– Monsieur Scrymgeour, dit-elle d'une voix claire et posée, ne vous laissez pas atteindre par les propos durs de mon père. Je n'éprouve aucun dégoût pour vous ; au contraire, j'ai demandé qu'on m'accorde l'occasion de faire plus ample connaissance avec vous.

Quant à ce qui s'est passé ce soir, croyez-moi, cela m'a remplie à la fois de compassion et d'estime.

Juste à ce moment, Mr. Rolles eut un mouvement convulsif du bras ; cela convainquit Francis qu'il n'était que drogué, et qu'il commençait à se libérer de l'influence du narcotique. Mr. Vandeleur se pencha sur lui et examina un instant son visage.

– Allons, allons ! s'écria-t-il en relevant la tête. Finissons-en avec ça. Et puisque vous appréciez tellement sa conduite, mademoiselle Vandeleur, prenez une chandelle et mettez ce bâtard à la porte.

La jeune femme s'empressa d'obéir.

– Merci, dit Francis, dès qu'il fut seul avec elle dans le jardin. Je vous remercie de tout mon cœur. Cette soirée a été la plus amère de mon existence, mais j'en garderai toujours un unique souvenir agréable.

– J'ai dit ce que je ressentais, répondit-elle, et pour vous rendre justice. J'étais désolée que vous fussiez si cruellement traité.

Ils avaient atteint la grille du jardin ; Miss Vandeleur, qui avait posé la chandelle sur le sol, était déjà en train d'ôter les verrous.

– Encore un mot, dit Francis. Ce n'est pas la dernière fois... Je vous reverrai, n'est-ce pas ?

– Hélas ! répondit-elle. Vous avez entendu mon père. Que puis-je faire d'autre qu'obéir ?

– Dites-moi au moins que c'est malgré vous, répondit Francis ; dites-moi que vous n'avez aucun désir de ne plus me revoir.

– Bien sûr, répondit-elle. Pour moi, vous êtes à la fois courageux et honnête.

– Alors, dit Francis, donnez-moi un porte-bonheur.

Elle s'arrêta un instant, la main sur la clé ; car les différents verrous et barres étaient tous ôtés et il ne restait plus qu'à actionner la serrure.

– Si j'accepte, dit-elle, voulez-vous me promettre de faire en tous points ce que je vous dirai ?

– Inutile de me le demander, répondit Francis. Je le ferai avec joie sur un seul mot de vous.

Elle tourna la clé et ouvrit la porte.

– Qu'il en soit ainsi, dit-elle. Vous ignorez ce que vous me demandez, mais qu'il en soit ainsi. Quoi que vous entendiez, poursuivit-elle, quoi qu'il arrive, ne revenez pas dans cette maison ; dépêchez-vous de rejoindre les quartiers éclairés et plus fréquentés de la ville ; même alors, restez sur vos gardes. Vous courez un danger plus grand que vous n'imaginez. Promettez-moi que vous ne regarderez pas mon porte-bonheur avant d'être en lieu sûr.

– Je vous le promets, répondit Francis.

Elle glissa dans la main du jeune homme un objet vaguement enveloppé dans un mouchoir ; et, en même temps, avec plus de force qu'il n'eût pu en attendre d'elle, elle le poussa dans la rue.

– À présent, courez ! cria-t-elle.

Il entendit la porte se refermer derrière lui et le bruit des verrous que l'on remet en place.

– Ma foi, dit-il, puisque j'ai promis !

Et il s'élança en courant le long de l'allée qui donne dans la rue Ravignan.

Il ne s'était pas éloigné de cinquante pas de la maison aux stores verts que les clameurs les plus sauvages brisèrent soudain la paix nocturne. Il s'arrêta machinalement ; un autre passant l'imita ; aux étages des maisons voisines, il vit des gens s'amasser aux fenêtres ; un incendie n'aurait pas produit plus de tapage dans ce quartier désert. Et pourtant, cela semblait être l'œuvre d'un seul homme, dont les rugissements hésitaient entre la douleur et la rage, tels ceux d'une lionne à qui on a volé ses petits ; Francis fut alors surpris et alarmé d'entendre son propre nom hurlé dans le vent au milieu d'imprécations en anglais.

Son premier mouvement fut de retourner à cette maison ; son second, comme il se rappelait le conseil de Miss Vandeleur, de continuer son chemin en accélérant encore le pas ; et il s'apprêtait à agir ainsi quand le dictateur, tête nue, hurlant tandis que flottait sa chevelure blanche, le dépassa comme un boulet de canon et poursuivit sa course dans la rue.

« Je l'ai échappé belle, se dit Francis. Ce qu'il me veut, et la raison pour laquelle il est si excité, je n'en ai aucune idée ; mais il n'est manifestement pas de bonne compagnie pour l'instant et je ne peux faire mieux que de suivre le conseil de Miss Vandeleur. »

Ce disant, il rebroussa chemin, projetant de faire un crochet et de descendre la rue Lepic, tandis que son poursuivant continuerait à lui courir après de l'autre côté. Le plan se révéla mauvais : en fait, il aurait dû s'asseoir dans le café le plus proche et attendre que les premières ardeurs de la poursuite fussent passées. Mais, outre le fait que Francis, dépourvu d'expérience, avait peu de dons naturels pour les petites bagarres privées, il voyait si peu ce qu'il avait pu faire de mal qu'il croyait n'avoir rien d'autre à redouter qu'un interrogatoire désagréable. Et, en matière d'interrogatoire désagréable, il avait le sentiment d'avoir déjà fait son apprentissage ce soir-là ; il ne pouvait pas non plus supposer que Miss Vandeleur n'avait pas tout dit. En vérité, le jeune homme était atteint à la fois dans son corps et dans son esprit : l'un était tout contusionné et l'autre transpercé de flèches acérées ; et il reconnaissait que Mr. Vandeleur était maître dans l'art de décocher des traits meurtriers.

La pensée de ses contusions lui rappela qu'il était non seulement sorti sans chapeau, mais que ses vêtements avaient considérablement souffert au cours de sa chute dans le châtaignier. Au premier magasin venu, il acheta pour trois fois rien un chapeau à larges bords, et répara ainsi sommairement le désordre de sa toilette. Quant au porte-bonheur, toujours enveloppé dans le mouchoir, il le fourra en attendant dans la poche de son pantalon.

Il avait à peine dépassé la boutique de quelques pas qu'il ressentit un choc soudain : une main plaquée sur sa gorge, un visage furibond tout proche du sien et une bouche béante qui hurlait des injures à son oreille. Le dictateur, n'ayant pas trouvé trace de son gibier, revenait de l'autre côté. Francis était un jeune homme vigoureux ; mais il n'était pas de taille à affronter son adversaire, ni par sa force ni par son adresse ; aussi, après quelques vaines tentatives de lutte, se rendit-il entièrement à son ravisseur.

– Que me voulez-vous ?

– Nous parlerons de cela à la maison, répondit sévèrement le dictateur.

Et il continua à pousser le jeune homme vers le haut de la rue en direction de la maison aux stores verts.

Mais Francis, bien qu'il ne tentât plus de résister, n'attendait qu'une occasion pour se libérer d'un coup hardi. Se dégageant brusquement, il abandonna le col de son manteau aux mains de Mr. Vandeleur, et une nouvelle fois se sauva le plus vite qu'il put en direction des grands boulevards.

Désormais, les rôles étaient inversés. Si le dictateur était le plus fort, Francis, dans la fleur de la jeunesse, était le plus rapide à la course, et il eut tôt fait de disparaître au milieu de la foule. Provisoirement soulagé, mais l'esprit travaillé par un sentiment grandissant d'inquiétude et d'étonnement, il marcha d'un bon pas jusqu'à la place de l'Opéra, éclairée comme en plein jour grâce aux lampadaires électriques.

« Voilà, du moins, qui devrait satisfaire Miss Vandeleur, pensa-t-il. »

Prenant alors sur sa droite le long des grands boulevards, il entra dans le Café Américain et commanda de la bière. Il était à la fois tôt et tard pour la majorité des habitués de l'établissement. Seules deux ou trois personnes, toutes des hommes, étaient dispersées dans la salle, à des tables isolées, et Francis était trop préoccupé par ses pensées pour prêter attention à leur présence.

Il tira le mouchoir de sa poche. L'objet enveloppé se révéla être un écrin en maroquin décoré à l'or fin, muni d'un fermoir également en or qui s'ouvrit au moyen d'un ressort pour offrir au jeune homme terrifié la vue d'un diamant d'une taille colossale et d'un éclat extraordinaire. Ce fait était si inexplicable, la valeur de la pierre manifestement si considérable, que Francis restait là à le contempler dans son écrin ouvert, immobile, incapable de raisonner, comme un homme brusquement frappé de stupidité.

Une main se posa sur son épaule, légère mais ferme, et une voix calme, qui possédait cependant un accent de commandement, prononça ces mots à son oreille :

– Fermez l'écrin et reprenez vos esprits.

Levant les yeux, il vit un homme encore jeune, d'une urbanité sereine, vêtu avec une simplicité recherchée. Ce personnage s'était levé d'une table voisine et, apportant son verre avec lui, s'était assis à côté de Francis.

– Fermez l'écrin, répéta l'étranger, et remettez-le calmement dans votre poche, où je suis persuadé qu'il n'aurait jamais dû se trouver. Essayez, si possible, de vous débarrasser de cet air ahuri, et faites comme si j'étais une de vos connaissances, rencontrée par hasard. Bien ! Trinquons. Voilà qui est mieux. Je crains, monsieur, que vous ne soyez un amateur.

L'étranger prononça ces derniers mots avec un sourire à la signification particulière, s'adossa à son siège et savoura une longue inhalation de tabac.

– Pour l'amour de Dieu, dit Francis, dites-moi qui vous êtes et ce que cela signifie. Pourquoi je devrais obéir à vos suggestions des plus insolites, voilà bien ce que j'ignore ; mais, il est vrai, je suis tombé ce soir dans tant d'aventures confuses et tous les gens que je rencontre se comportent de façon si bizarre que je crois être devenu fou ou m'être égaré sur une autre planète. Votre visage m'inspire confiance ; vous avez l'air sage, bon et plein d'expérience ; dites-moi, pour l'amour du ciel, pourquoi vous m'avez abordé de si étrange manière.

– Chaque chose en son temps, répondit l'étranger. Mais j'ai priorité et vous devez commencer par me raconter comment le diamant du rajah est en votre possession.

– Le diamant du rajah ! dit Francis en écho.

– Si j'étais vous, je ne parlerais pas si fort, répondit l'autre. Mais il est certain que vous avez le diamant du rajah dans votre poche. Je l'ai vu maintes fois dans la collection de Mr. Thomas Vandeleur, je l'ai même eu entre les mains.

– Mr. Thomas Vandeleur ! Le général ! Mon père ! s'écria Francis.

– Votre père ? répéta l'étranger. J'ignorais que le général eût de la famille.

– Je suis illégitime, monsieur, répondit Francis en rougissant.

L'autre s'inclina gravement. C'était un salut plein de respect, celui d'un homme qui présente des excuses en silence à l'un de ses pairs ; Francis se sentit soulagé et réconforté, il savait à peine pourquoi. La société de cet homme lui faisait du bien ; il lui semblait toucher la terre ferme ; un profond sentiment de respect grandit en lui et il ôta machinalement son chapeau comme en présence d'un supérieur.

– Je m'aperçois, dit l'étranger, que vos aventures n'ont pas été de tout repos. Votre col est déchiré, votre visage égratigné, vous avez une coupure à la tempe ; vous me pardonnerez peut-être ma curiosité, si je vous demande comment vous en êtes arrivé là, et comment il se fait que vous ayez mis dans votre poche un bien volé d'une valeur considérable.

– Il me faut vous signifier mon désaccord, répondit Francis avec feu. Je ne possède aucun bien volé. Et si vous faites référence au diamant, c'est Miss Vandeleur qui me l'a donné il y a une heure, rue Lepic.

– Miss Vandeleur, rue Lepic ! répéta l'autre ! Vous m'intéressez plus que vous ne le supposez. Poursuivez, je vous en prie.

– Ciel ! s'écria Francis.

Brusquement un détail lui revenait en mémoire. Il avait vu Mr. Vandeleur retirer un objet de la poche de poitrine de son visiteur drogué, et cet objet, il en était à présent persuadé, était un écrin en maroquin.

– Vous avez une illumination ? s'enquit l'inconnu.

– Écoutez, reprit Francis, je ne sais pas qui vous êtes, mais je pense que vous êtes digne de confiance et que vous pourrez m'aider ; je me trouve dans une situation troublante ; j'ai besoin de conseils et de soutien et, puisque vous m'y invitez, je vais tout vous raconter.

Et il fit brièvement le récit de ses aventures depuis le jour où, à la banque, il avait été convoqué par son notaire.

– C'est assurément une histoire étonnante que la vôtre, dit l'inconnu, une fois que le jeune homme eut achevé sa narration ; et votre situation est pleine de difficultés et d'embûches. Bien des gens vous conseilleraient de rechercher votre père et de lui donner le diamant ; mais j'ai d'autres plans. Garçon ! cria-t-il.

Le serveur s'approcha.

– Voulez-vous demander au directeur de venir me parler un instant ? dit-il.

Et Francis remarqua une nouvelle fois, tant dans le ton de sa voix que dans ses manières, une habitude évidente du commandement.

Le serveur se retira et revint un instant plus tard avec le directeur, qui s'inclina avec un respect frisant l'obséquiosité.

– Que puis-je pour vous servir ? demanda-t-il.

– Ayez la bonté, répondit l'étranger en montrant Francis, de dire mon nom à ce monsieur.

– Vous avez l'honneur, monsieur, dit le directeur à l'adresse du jeune Scrymgeour, d'occuper la même table que Sa Grandeur le prince Florizel de Bohême.

Francis se leva avec empressement et fit une révérence reconnaissante au prince, qui lui enjoignit de reprendre son siège.

– Je vous remercie, dit Florizel, s'adressant de

nouveau au directeur ; je suis désolé de vous avoir dérangé pour si peu de chose.

Et il le congédia d'un geste de la main.

– À présent, ajouta le prince en se tournant vers Francis, donnez-moi le diamant.

Sans un mot, l'écrin lui fut tendu.

– Vous avez bien agi, dit Florizel, vos sentiments vous ont bien inspiré et vous vivrez assez pour être reconnaissant des malheurs de ce soir. Un homme, monsieur Scrymgeour, peut tomber dans mille complications, mais si son cœur est honnête et son intelligence claire, il s'en sortira toujours sans déshonneur. Que votre esprit soit en repos ; vos affaires sont entre mes mains et, avec l'aide du ciel, je suis de taille à les mener à bonne fin. Suivez-moi, je vous prie, jusqu'à mon équipage.

Ce disant, le prince se leva et, ayant laissé une pièce d'or pour le serveur, il conduisit le jeune homme le long du boulevard, du café jusqu'à l'endroit où un coupé de ville sans prétention et deux serviteurs sans livrée attendaient son retour.

– Cet équipage, dit-il, est à votre disposition ; rassemblez vos bagages aussi rapidement que vous le pouvez et mes serviteurs vous conduiront dans une demeure aux environs de Paris où vous pourrez attendre, dans un confort certain, jusqu'à ce que j'aie eu le temps d'arranger votre situation. Vous trouverez là-bas un jardin agréable, une bibliothèque remplie de bons auteurs, un cuisinier, une cave et quelques bons cigares que je recommande à votre attention. Jérôme, ajouta-t-il en se tournant vers l'un des serviteurs, vous avez entendu ce que j'ai dit ; je vous confie Mr. Scrymgeour ; vous prendrez soin de mon ami, je le sais.

Francis balbutia quelques mots de remerciement.

– Vous aurez tout le temps de me témoigner votre gratitude, dit le prince, quand vous aurez été reconnu par votre père et marié à Miss Vandeleur.

Sur ce, le prince tourna les talons et se dirigea nonchalamment vers Montmartre. Il héla le premier fiacre qui passait, donna une adresse et, un quart d'heure plus tard, ayant renvoyé le chauffeur un peu plus bas, il frappait à la grille du jardin de Mr. Vandeleur.

Elle fut ouverte avec un luxe de précautions par le dictateur en personne.

– Qui êtes-vous ? demanda-t-il.

– Vous devez me pardonner cette visite tardive, monsieur Vandeleur, répondit le prince.

– Votre Grandeur est toujours la bienvenue, répondit Mr. Vandeleur, en reculant d'un pas.

Le prince, profitant de ce que la voie était libre et, sans attendre son hôte, pénétra directement dans la maison et ouvrit la porte du *salon**. Il y avait là deux personnes ; l'une était Miss Vandeleur, qui avait les yeux rougis par les larmes et était encore secouée de temps en temps par un sanglot ; dans l'autre, le prince reconnut le jeune homme qui l'avait consulté sur des sujets littéraires environ un mois plus tôt, dans le fumoir d'un club.

– Bonsoir, mademoiselle Vandeleur, dit Florizel ; vous avez l'air épuisée. Monsieur Rolles, je suppose ?

J'espère que vous avez tiré profit de l'étude de Gaboriau, monsieur Rolles.

Mais le jeune ecclésiastique était d'humeur trop amère pour pouvoir parler ; il se contenta de s'incliner avec raideur et continua à se mordre la lèvre.

– À quel bon vent, dit Mr. Vandeleur, suivant son invité, dois-je attribuer l'honneur de la présence de Votre Grandeur ?

– Je viens pour affaires, répondit le prince ; pour discuter affaires avec vous ; dès que cela sera réglé, je prierai Mr. Rolles de m'accompagner pour une petite promenade. Monsieur Rolles, ajouta-t-il avec sévérité, je vous ferai remarquer que je ne me suis pas encore assis.

L'ecclésiastique bondit sur ses pieds en s'excusant ; sur quoi, le prince prit un fauteuil près de la table, tendit son chapeau à Mr. Vandeleur, sa canne à Mr. Rolles et, les laissant ainsi, debout, employés à son service en qualité d'inférieurs, parla en ces termes :

– Je suis venu, je l'ai dit, pour affaires ; mais si j'étais venu pour mon plaisir, je n'aurais pu être plus désagréablement accueilli, ni plus mécontent de ma compagnie. Vous, monsieur, dit-il à l'adresse de Mr. Rolles, vous avez traité votre supérieur de façon discourtoise ; vous, Vandeleur, vous me recevez avec le sourire, mais vous savez pertinemment que vos mains ne sont pas lavées de votre inconduite. Je désire ne pas être interrompu, monsieur, ajouta-t-il d'une voix impérieuse ; je suis ici pour parler, non pour écouter, et je dois vous demander de prêter une attention respectueuse à mes paroles et d'obéir scrupuleusement. Dans les plus brefs délais, votre fille sera mariée à l'ambassade à mon ami, Francis Scrymgeour, le fils reconnu de votre frère. Vous m'obligerez d'offrir une dot qui ne soit pas inférieure à dix mille livres. Par ailleurs, je vous indiquerai par lettre une mission relativement importante au Siam que je vous laisse le soin de remplir. Et maintenant, monsieur, répondez-moi en deux mots si vous êtes d'accord ou non avec ces propositions.

– Votre Grandeur me pardonnera, dit Mr. Vandeleur, et me permettra, avec tout le respect que je lui dois, de lui soumettre deux questions ?

– La permission est accordée, répondit le prince.

– Votre Grandeur, reprit le dictateur, a appelé Mr. Scrymgeour son ami. Croyez-moi, si j'avais su qu'il avait cet honneur, je l'aurais traité en conséquence.

– Voilà une question habilement posée, dit le prince ; mais cela ne vous servira à rien. Vous avez mes ordres ; si je n'avais jamais vu ce jeune homme avant ce soir, cela ne les rendrait pas moins absolus.

– Votre Grandeur interprète mes propos avec sa subtilité habituelle, répondit Vandeleur. Une chose encore : j'ai malheureusement mis la police sur les traces de Mr. Scrymgeour – une plainte pour vol ; dois-je retirer ou maintenir l'accusation ?

– Comme vous voulez, répondit Florizel. La question est entre votre conscience et les lois de ce pays. Donnez-moi mon chapeau ; quant à vous, monsieur Rolles, donnez-moi ma canne et suivez-moi. Mademoiselle Vandeleur, je vous souhaite le bonsoir. Je considère, ajouta-t-il à l'adresse de Vandeleur, que votre silence équivaut à un assentiment sans réserve.

– Si je ne peux pas faire mieux, répondit le vieil homme, je me soumettrai ; mais je vous avertis franchement que ce ne sera pas sans combat.

– Vous êtes âgé, dit le prince ; mais les années sont un déshonneur pour les méchants. Votre vieillesse est plus déraisonnable que la jeunesse chez d'autres. Ne me provoquez pas, ou vous risqueriez de me découvrir plus dur que vous ne l'imaginez. C'est la première fois que je me trouve en travers de votre chemin avec un sentiment de colère ; veillez à ce que ce soit la dernière.

À ces mots, faisant signe à l'ecclésiastique de le suivre, Florizel quitta la pièce et se dirigea vers la grille du jardin ; le dictateur, qui les éclairait par-derrière avec une chandelle, déverrouilla une fois de plus les fermetures compliquées grâce auxquelles il cherchait à se protéger de toute intrusion.

– Votre fille n'est plus ici pour nous entendre, dit le prince, se retournant vers le seuil. Laissez-moi vous dire que je comprends vos menaces ; vous n'avez qu'à lever la main pour vous attirer une déchéance soudaine et irrémédiable.

Le dictateur ne répondit pas ; mais comme le prince lui tournait le dos dans la lumière de la lampe, il fit un geste plein de menace et de folle fureur ; l'instant d'après, disparaissant à l'angle de la rue, il se dirigeait à toute allure jusqu'à la station de fiacres la plus proche.

À ce point du récit (dit mon Arabe), le fil des événements est enfin détourné de « La Maison aux stores verts ». Encore une aventure (ajoute-t-il), et nous en aurons fini avec Le Diamant du rajah. *Ce dernier maillon de la chaîne est connu des habitants de Bagdad sous le nom de « L'Aventure du prince Florizel et d'un détective ».*

IV

L'Aventure du prince Florizel et d'un détective

LE PRINCE FLORIZEL se dirigea avec Mr. Rolles jusqu'à la porte d'un petit hôtel où ce dernier résidait. Ils discutèrent longtemps et l'ecclésiastique fut à plusieurs reprises ému jusqu'aux larmes sous l'effet conjugué de la sévérité et de la douceur des reproches de Florizel.

– J'ai ruiné ma vie, finit-il par dire. Aidez-moi ; dites-moi ce que je dois faire ; je n'ai, hélas, ni les vertus d'un prêtre ni l'habileté d'un gredin.

– Maintenant que vous faites preuve d'humilité, dit le prince, ce n'est plus à moi de vous donner des ordres ; ceux qui se repentent ont affaire à Dieu et non aux princes. Mais si vous me permettez un conseil, partez pour l'Australie comme colon, cherchez un travail subalterne au grand air et essayez d'oublier que vous avez jamais été ecclésiastique et que vous avez un jour posé les yeux sur cette pierre maudite.

– Maudite, c'est bien le mot ! répondit Mr. Rolles.

Où est-elle à présent ? Quel mal n'est-elle pas encore en train de causer à l'humanité ?

– Elle n'en fera plus aucun, répondit le prince. Elle est ici, dans ma poche. Voilà qui vous montre, ajouta-t-il avec bienveillance, que j'ai quelque foi en votre repentir, aussi récent soit-il.

– Souffrez que je vous prenne la main, supplia Mr. Rolles.

– Non, répondit le prince Florizel, pas encore.

Le ton sur lequel il avait prononcé ces derniers mots était pour le jeune ecclésiastique lourd de sens ; et pendant quelques minutes après le départ du prince, il se tint sur le seuil, suivant des yeux la silhouette qui s'éloignait et invoquant la bénédiction du ciel sur un homme de si excellent conseil.

Pendant plusieurs heures, le prince marcha seul dans des rues peu fréquentées. Son esprit était très préoccupé ; que devait-il faire du diamant ? Fallait-il le rendre à son propriétaire qu'il jugeait indigne de posséder cette pièce unique au monde, ou prendre une mesure radicale et courageuse en le mettant hors de portée de tous sans exception, immédiatement et pour toujours ? C'était là un problème trop grave pour qu'il en décidât en un instant. La façon dont il lui était venu entre les mains se révélait manifestement providentielle ; et, comme il avait sorti le joyau pour l'examiner à la lumière des réverbères, sa taille et son éclat surprenant le poussaient de plus en plus à le considérer comme un mal totalement pernicieux pour l'humanité entière.

« Que Dieu me vienne en aide ! se dit-il. Si je le

contemple plus souvent, je vais commencer à devenir moi aussi un être cupide. »

Enfin, bien qu'il fût encore indécis, il se dirigea vers le petit hôtel particulier à l'élégante architecture qui appartenait depuis des siècles à sa royale famille. Les armes de Bohême sont gravées en profondeur au-dessus de la porte et sur les hautes cheminées ; on peut distinguer de la rue une cour intérieure verdoyante, agrémentée des fleurs les plus recherchées, et une cigogne, la seule de tout Paris, perchée toute la journée sur le pignon, attire la foule devant la maison. À l'intérieur, on voit aller et venir des serviteurs solennels et, de temps en temps, le grand portail est ouvert pour laisser un équipage franchir le porche. Pour de nombreuses raisons, cette résidence était spécialement chère au cœur du prince Florizel ; il ne s'en approchait jamais sans éprouver cette impression de rentrer au bercail, si rare dans la vie des grands ; ce soir-là, il aperçut son toit pentu et ses fenêtres éclairées d'une lumière douce avec un soulagement et une satisfaction véritables.

Comme il approchait de la porte de service par laquelle il entrait toujours lorsqu'il était seul, un homme sortit de l'ombre et se présenta sur son passage avec un profond salut.

– Ai-je bien l'honneur de m'adresser au prince Florizel de Bohême ? dit-il.

– Tel est mon titre, répondit le prince. Que me voulez-vous ?

– Je suis un détective, dit l'homme, et je dois présenter à Votre Grandeur ce billet de la part du préfet de police.

Le prince prit la lettre et la parcourut rapidement à la lumière du réverbère. Malgré son style très obséquieux, elle lui demandait de suivre sans délai le messager à la préfecture de police.

– En somme, dit Florizel, je suis en état d'arrestation.

– Votre Grandeur, répondit l'employé, rien, j'en suis sûr, ne saurait être plus éloigné de l'intention du préfet. Vous remarquerez qu'il n'y a pas de mandat d'amener. C'est une simple formalité, ou, en d'autres termes, si vous préférez, une obligation à laquelle les autorités soumettent Votre Grandeur.

– Et néanmoins, demanda le prince, si j'allais refuser de vous suivre ?

– Je ne cacherai pas à Votre Grandeur qu'on m'a donné toute latitude... répondit le détective en s'inclinant.

– Ma parole ! s'écria Florizel, votre effronterie me stupéfie ! Vous, je vous pardonne, vous n'êtes qu'un exécutant ; mais vos supérieurs vont payer cher leur attitude. Quelle est, si vous en avez la moindre idée, la cause de cet acte peu politique et anticonstitutionnel ? Vous remarquerez que je n'ai encore ni refusé ni consenti et que tout ou presque va dépendre de la rapidité et de la franchise de votre réponse. Laissez-moi vous rappeler, monsieur, que cette affaire me paraît plutôt sérieuse.

– Votre Grandeur, dit le détective avec humilité, le général Vandeleur et son frère ont eu l'incroyable audace de vous accuser de vol. Ils affirment que le fameux diamant est entre vos mains. Un seul mot de votre part prouvant le contraire satisfera amplement le préfet ; et même, je vais plus loin ; si Votre Grandeur voulait bien aller jusqu'à faire l'honneur à un subalterne, à moi-même en l'occurrence, de lui dire qu'il ignore tout de la question, je vous demanderais la permission de me retirer sur-le-champ.

Florizel, jusqu'au denier moment, avait considéré son aventure comme une bagatelle, qui n'était sérieuse qu'au regard de considérations internationales. Au nom de Vandeleur, l'horrible vérité se fit jour en lui d'un seul coup ; il n'était pas seulement arrêté, mais coupable. Ce n'était pas seulement un incident ennuyeux, mais un danger pour son honneur. Que devait-il dire ? Que devait-il faire ? Le diamant du rajah était décidément une pierre maudite ; et il semblait devoir être la dernière victime de son influence.

Une chose était sûre : il ne pouvait donner au détective l'assurance exigée. Il devait gagner du temps.

Son hésitation n'avait pas duré une seconde.

– Qu'il en soit ainsi, dit-il, allons ensemble à la préfecture.

L'homme fit de nouveau une révérence et se mit à suivre Florizel à une distance respectueuse.

– Approchez, dit le prince. Je suis d'humeur à bavarder et, si je ne me trompe, à vous mieux regarder, ce n'est pas la première fois que nous nous rencontrons.

– C'est un honneur pour moi, répondit l'employé, que Sa Grandeur se souvienne de mon visage. Cela fait huit ans que vous m'avez fait le plaisir d'une interview.

– Se souvenir des visages, répondit Florizel, fait tout autant partie de mon métier que du vôtre. En fait, tout bien considéré, un prince et un détective servent dans le même corps. Nous luttons tous deux contre le crime ; seulement mon grade est le plus lucratif et le vôtre le plus dangereux, et en un sens, tous deux peuvent être honorables pour un homme de bien. Aussi étrange que cela vous paraisse, je préférerais être un détective qui a du talent et de la personnalité qu'un souverain faible et indigne.

L'employé était bouleversé.

– Votre Grandeur rend le bien pour le mal, dit-il. Alors qu'on la considère comme voleur présumé, elle répond par la plus grande complaisance.

– Comment savez-vous, répondit Florizel, que je ne cherche pas à vous corrompre ?

– Le ciel me garde de la tentation ! s'écria le détective.

– J'applaudis à votre réponse, répondit le prince. C'est celle d'un homme honnête et sage. Le monde est un lieu très vaste où s'entassent les richesses et la beauté, et il n'y a aucune limite aux récompenses que l'on peut offrir. Tel qui refuserait la somme d'un million vendrait son honneur pour un empire ou pour l'amour d'une femme ; moi-même, qui vous parle, j'ai vu des occasions si tentantes, des provocations auxquelles la vertu humaine la plus forte aurait tant de peine à résister que j'ai été content de vous suivre et de me recommander à Dieu. C'est ainsi, grâce à cette habitude de vertu uniquement, ajouta-t-il, que vous et moi pouvons, le cœur pur, déambuler ensemble dans cette ville.

– J'avais toujours entendu dire que vous étiez courageux, répondit l'employé, mais j'ignorais que vous fussiez sage et pieux. Vous parlez le langage de la vérité et vous le faites avec des accents qui me vont droit au cœur. Ce monde est assurément un lieu d'épreuves.

– Nous voici à présent au milieu du pont, dit Florizel. Accoudez-vous au parapet et regardez en dessous. Telle l'eau qui court là-bas, les passions et les complications de la vie emportent l'intégrité des hommes faibles. Laissez-moi vous raconter une histoire.

– Je suis aux ordres de Votre Grandeur, répondit l'homme.

Alors, imitant le prince, il s'accouda au parapet et se disposa à écouter. La ville était déjà plongée dans le sommeil ; s'il n'y avait eu l'infinité des lumières et le contour des immeubles se détachant sur le ciel étoilé, ils auraient pu se sentir seuls près d'une rivière à la campagne.

– Un officier, commença le prince Florizel, homme de courage et de bonne conduite, qui avait déjà, par son mérite, accédé à une position éminente et gagné non seulement l'admiration mais le respect, visita, à un moment mal choisi pour la paix de son âme, les collections d'un prince indien. Il aperçut là un diamant si extraordinaire par sa taille et sa beauté qu'à partir de ce moment, il n'eut qu'un seul désir dans la vie : honneur, réputation, amitié, amour du pays, il était prêt à tout sacrifier pour ce morceau de cristal étincelant. Pendant trois ans, il servit ce souverain semi-barbare comme Jacob servit Laban ; il falsifia des frontières, fut complice de crimes, il condamna et exécuta injustement un officier de ses amis qui avait eu le malheur de déplaire au rajah en prenant quelques légitimes libertés ; pour finir, à un moment où son pays natal courait un grand danger, il trahit un corps de ses compagnons d'armes et toléra qu'ils fussent vaincus et massacrés par milliers. Il avait, au bout du compte, amassé une fortune somptueuse et ramené avec lui le diamant convoité.

» Les années passèrent, continua le prince. Un jour enfin, le diamant disparaît accidentellement. Il tombe entre les mains d'un jeune étudiant simple et travailleur, ministre de Dieu, qui entame tout juste une carrière de dévouement et même d'honneur. Sur lui aussi, le sortilège opère ; il abandonne tout, sa vocation sacrée, ses études, et s'enfuit avec la pierre précieuse dans un pays étranger. L'officier a un frère, homme rusé, hardi et sans scrupules, qui apprend le secret de l'ecclésiastique. Que fait-il ? Le dit-il à son frère ? En informe-t-il la police ? Non, sur cet homme aussi le charme satanique s'est abattu ; il lui faut le diamant. Prenant le risque de le tuer, il drogue le jeune prêtre et s'empare de la proie. Et à présent, par un hasard qui est sans importance dans mon histoire, le bijou passe de ses mains à celles d'un autre qui, terrifié de ce qu'il voit, le remet aux soins d'un homme de haut rang et au-dessus de tout soupçon.

» Le nom de l'officier est Thomas Vandeleur, poursuivit Florizel. La pierre porte le nom de diamant du rajah. Et – il ouvrit soudain la main – vous l'avez ici sous les yeux.

Le détective recula en poussant un cri.

– Nous avons parlé de corruption, dit le prince. Pour moi, cette pépite de cristal étincelant est aussi repoussante que si elle se trouvait au milieu des vers grouillants de la mort ; aussi scandaleuse que si elle était composée de sang innocent. Je la vois ici, au creux de ma main, et je sais qu'elle brille comme le feu de l'enfer. Je ne vous ai raconté qu'un centième de son histoire ; ce qui s'est passé autrefois, à quels crimes et à quelles traîtrises elle a poussé les hommes du temps jadis, l'imagination tremble à le concevoir ; pendant des années et des années, elle a servi fidèlement les pouvoirs de l'enfer ; assez de sang, dis-je, assez de malheur, assez de vies et d'amitiés brisées ; toutes choses ont une fin, les mauvaises comme les bonnes ; la peste, tout comme la belle musique ; et quant au diamant, Dieu me pardonne si je me trompe, mais son empire s'achève ce soir.

Le prince eut un mouvement soudain de la main et le bijou, décrivant un arc de lumière qui explosa en mille gouttelettes à la surface de l'eau, disparut dans le cours du fleuve.

– Amen ! dit Florizel, gravement. J'ai mis à mort le monstre fabuleux !

– Dieu me pardonne ! s'écria le détective. Qu'avez-vous fait ? Je suis un homme ruiné.

– Je crois, répondit le prince avec un sourire, que bien des gens prospères de cette ville pourraient vous envier votre ruine.

– Hélas ! Votre Grandeur ! dit l'employé, ainsi vous finissez par me corrompre.

– Il n'y avait, semble-t-il, rien d'autre à faire, répondit Florizel. Maintenant, allons à la préfecture.

Peu de temps après, le mariage de Francis Scrymgeour et de Miss Vandeleur fut célébré dans la plus stricte intimité ; le prince, à cette occasion, fut témoin du marié. Les deux Vandeleur eurent vent de ce qui était arrivé au diamant ; et leurs opérations de plongée de grande envergure dans la Seine font la surprise et l'amusement des passants. En vérité, par un calcul erroné, ils ont choisi le mauvais bras du fleuve. Quant au prince, cet homme sublime, ayant désormais joué son rôle, peut disparaître tête la première dans l'espace, en compagnie de *l'Auteur arabe*. Mais si le lecteur insiste pour avoir des renseignements plus précis, je suis heureux de dire qu'il y a peu, une révolution l'a chassé du trône de Bohême, en raison de ses absences répétées et de sa négligence notoire des affaires publiques, et qu'à présent Sa Grandeur tient une boutique de cigares dans Rupert Street, très fréquentée par d'autres réfugiés étrangers. Je vais là-bas, de temps en temps, fumer et faire un brin de conversation, et je trouve que c'est un être aussi remarquable que du temps de sa prospérité ; il a un air olympien derrière le comptoir ; et bien que sa vie sédentaire commence à marquer sa taille, il est probablement, tout compte fait, le plus élégant débitant de tabac de Londres.

Le Pavillon sur la lande

NOTE DE LA TRADUCTRICE

Le terme écossais links *désigne un terrain moelleux et tourbeux, d'origine marécageuse (ce qui explique la présence des* quicksands *dans le récit) et recouvert d'herbe rase. Stevenson n'hésite pas à en donner sa propre définition dans le cours même du récit, tant le mot est spécifique :* « links being a Scottish name for sand which has ceased drifting and become more or less solidly covered with turf ». *Il est d'ailleurs passé tel quel en français, dans le vocabulaire des golfeurs. Cet usage particulier rendait impossible le maintien du mot links dans ce récit, et nous lui avons préféré le terme « lande », peut-être* more or less *satisfaisant (plutôt* more *que* less) *sur le plan de la stricte traduction (« lande » =* moor), *mais beaucoup plus évocateur et plus à même de rendre compte d'un état de paysage (comme on parle d'un état d'âme) que tout autre mot tournant autour de l'idée de « marais », de « marécage », voire de « tourbière ». L'emploi de ces derniers termes, eux-mêmes approximatifs, aurait transformé le terrain légèrement spongieux (*« more or less solidly »*) choisi par Stevenson pour cet épisode en un paysage « gorgé d'eau ». C'est tout l'imaginaire du lecteur qui en aurait été changé, et les trahisons d'imaginaire sont les plus traîtres de toutes, dit le traditore. Stevenson lui-même n'a-t-il pas baptisé le maître des lieux Northmour, « lande du Nord » ? En somme, la traduction a ses* quicksands *et son* drifting *que le puriste ne connaît pas : c'est une épreuve, mais de ces sables mouvants-là, on ne meurt pas.*

I. P. B.

CHAPITRE PREMIER

Raconte comment je campais dans le bois de Graden Sea-Wood, et comment j'aperçus une lumière dans la maison.

QUAND J'ÉTAIS JEUNE, j'étais un grand solitaire. Je mettais ma fierté à rester à l'écart et à me distraire par moi-même ; et je puis dire que je n'ai eu ni amis ni connaissances avant de rencontrer celle qui est devenue ma femme et la mère de mes enfants. J'ai eu des relations amicales avec un seul homme : c'était R. Northmour, Esquire, de Graden Easter, en Écosse. Nous nous étions connus au collège ; et bien qu'il n'y eût pas beaucoup d'affection entre nous, ni même beaucoup d'intimité, nous étions si proches par le tempérament que nous pouvions aisément partager l'une et l'autre. Des misanthropes, c'est ce que nous croyions être ; mais je me suis dit depuis que nous étions seulement des garçons boudeurs. C'était à peine de la camaraderie, plutôt la coexistence de deux êtres peu sociables. L'exceptionnelle violence de caractère de Northmour rendait ses rapports difficiles avec tout autre que moi ; et, comme il respectait mes silences et me laissait aller et venir à mon gré, je pouvais tolérer sa présence sans m'en inquiéter. Je crois que nous nous traitions mutuellement d'amis.

Quand Northmour passa ses diplômes et que je décidai de quitter l'université sans me présenter à aucun, il m'invita à séjourner quelque temps à Graden Easter ; et c'est ainsi que je me familiarisai avec le cadre de mes aventures. Le manoir de Graden se dressait sur une étendue désolée à quelque cinq kilomètres de la mer du Nord. Il était aussi grand qu'une caserne ; et comme il avait été construit dans une pierre tendre, susceptible de se déliter à l'air vif du bord de mer, il était humide, plein de courants d'air et à moitié en ruine. Il était impossible à deux jeunes gens de se loger confortablement dans une telle demeure. Mais, dans la partie nord du domaine, au cœur d'une vaste lande et de dunes battues par les vents, entre une plantation et la mer, se dressait un petit pavillon ou belvédère, à l'architecture moderne, en tous points conforme à nos besoins ; et dans cet ermitage, Northmour et moi passâmes quatre mois d'hiver et de tempête : nous parlions peu, lisions beaucoup et vivions rarement ensemble, sinon pour les repas. J'aurais pu rester plus longtemps ; mais, un soir de mars, une dispute éclata entre nous, qui rendit mon départ nécessaire. Northmour s'emporta, je m'en souviens, et je crois que je dus répondre de façon un peu aigre. Il bondit de son siège et fondit sur moi ; il me fallut me battre pour défendre ma vie – je n'exagère pas – et je ne le maîtrisai qu'à grand-peine, car il était physiquement presque aussi robuste que moi, et semblait animé d'une énergie démoniaque. Le lendemain matin, nous nous retrouvâmes en bons termes, mais j'estimai qu'il était plus délicat de me retirer. Il ne chercha d'ailleurs pas à m'en dissuader.

Neuf ans s'écoulèrent avant que je retourne dans cette région. À cette époque, je voyageais avec une charrette bâchée, une tente et un réchaud, cheminant toute la journée à côté du chariot, et la nuit, chaque fois que c'était possible, campant comme un romanichel dans un repli des collines, ou aux abords d'un bois. Je crois avoir ainsi parcouru la plupart des lieux sauvages et désolés d'Angleterre et d'Écosse ; étant sans amis ni parents, je n'avais pas le souci de la correspondance et je n'avais pas la moindre adresse officielle, si ce n'est l'étude du notaire qui me remettait ma rente deux fois par an. Cette existence m'enchantait ; et je pensais vraiment que je vieillirais sur la route et que je mourrais, pour finir, dans un fossé.

Tout ce que j'avais à faire, c'était de découvrir des coins déserts, où camper sans crainte d'être dérangé ; c'est pourquoi, me trouvant dans une autre partie du même comté, je m'avisai brusquement de la proximité du Pavillon sur la lande. Il n'y avait aucun chemin à moins de cinq kilomètres à la ronde. La ville la plus proche, encore n'était-ce qu'un village de pêcheurs, était à une distance de dix à onze kilomètres. Cette bande de paysage stérile longeait la mer sur seize kilomètres de long et une profondeur variant de cinq kilomètres à sept cents mètres. La plage, qui en était l'approche naturelle, était envahie de sables mouvants. Je puis vraiment affirmer qu'il n'y a guère de meilleur endroit pour se cacher dans tout le Royaume-Uni. Je décidai de passer une semaine dans le Sea-Wood de Graden Easter où je parvins, au terme d'une longue étape, au coucher du soleil, un soir de tempête en septembre.

La campagne, je l'ai dit, était un mélange de dunes et de lande – *links* étant un nom écossais qui désigne le sable qui a cessé de former des dunes et a été recouvert d'une couche de gazon plus ou moins ferme. Le pavillon se dressait sur un terrain uni ; derrière lui, un peu en retrait, le bois commençait par une haie de sureaux resserrés sur eux-mêmes à cause du vent ; devant, quelques dunes écroulées le séparaient de la mer. Un affleurement de rochers avait formé un bastion pour le sable, de telle sorte qu'il y avait à cet endroit de la côte un promontoire entre deux baies peu profondes ; et juste au-delà de la ligne des vagues, le rocher affleurait de nouveau pour constituer un îlot de petites dimensions, aux contours cependant saisissants. Les sables mouvants s'étendaient très loin à marée basse, et avaient très mauvaise réputation dans le pays. Près du rivage, entre l'îlot et le promontoire, on disait qu'ils pouvaient engloutir un homme en quatre minutes et demie ; mais cette précision était sans doute peu fondée. La région grouillait de lapins et était hantée par les mouettes qui ne cessaient de criailler aux abords du pavillon. L'été, la vue était splendide et même des plus agréables ; mais, en septembre, au coucher du soleil, par grand vent, avec un gros ressac à la frange de la lande, l'endroit n'évoquait que naufrages et marins noyés. Un bateau louvoyant à l'horizon et un énorme morceau d'épave à moitié enseveli dans le sable à mes pieds ajoutaient une touche macabre à la scène.

Le pavillon – construit par le dernier propriétaire, l'oncle de Northmour, amateur de baroque – présentait peu de signes de vieillissement. Il avait deux étages, une architecture à l'italienne et était entouré d'un carré de jardin où rien n'avait poussé que quelques fleurs sauvages ; avec ses volets fermés, il ressemblait moins à un refuge abandonné qu'à une maison qui n'aurait jamais été occupée par un être humain. Northmour était manifestement absent ; qu'il fût, comme d'habitude, en train de ruminer des pensées maussades dans la cabine de son yacht, ou allé faire une de ces apparitions extravagantes dans le grand monde comme il lui en prenait l'envie de temps en temps, je n'avais, bien entendu, aucun moyen de le deviner. L'endroit avait un air de désolation propre à décourager même un solitaire de mon espèce ; le vent hurlait dans les cheminées sur une note étrange et plaintive et ce fut avec l'impression d'échapper à un danger, comme si je me réfugiais quelque part au lieu de rester dehors, que je tournai les talons et, poussant ma charrette devant moi, pénétrai en lisière de la forêt.

Le Sea-Wood de Graden avait été planté pour protéger les champs cultivés qui se trouvaient derrière, et contenir les empiètements du sable poussé par le vent. Quand on s'y enfonçait en venant de la côte, les sureaux faisaient place à d'autres arbustes résistants ;

mais les arbres, en proie à une vie conflictuelle, étaient tous rabougris et broussailleux ; ils étaient habitués à être secoués toute la nuit par les violentes tempêtes hivernales ; et dès le début du printemps, dans cette plantation ventée, les feuilles s'envolaient déjà et l'automne s'amorçait. À l'intérieur, le sol s'élevait en une petite colline qui, avec l'îlot, servait aux marins de repère pour la navigation. Quand la colline ne se confondait pas avec l'îlot, au nord, les vaisseaux devaient appuyer nettement vers l'est pour éviter Graden Ness et les récifs de Graden Bullers. À l'endroit le plus bas, un ruisselet courait au milieu des arbres et, comme il était obstrué par des feuilles mortes et l'argile qu'il charriait, il s'étalait un peu partout et formait des flaques stagnantes. Une ou deux chaumières en ruine étaient dispersées dans le bois ; d'après Northmour, il s'agissait d'établissements religieux qui avaient, à l'époque, abrité de pieux ermites.

Je découvris un antre, une petite cavité, où se trouvait une source d'eau pure ; c'est là qu'après avoir dégagé les ronces, je dressai la tente et fis un feu pour faire cuire mon dîner. Quant à mon cheval, je l'attachai un peu plus loin, dans le bois où poussait un carré de gazon. Les parois de mon repaire non seulement dérobaient aux regards la lumière de mon feu, mais m'abritaient du vent, qui était aussi glacé que violent.

La vie que je menais me rendait à la fois robuste et frugal. Je ne buvais que de l'eau et mangeais rarement des mets plus coûteux que de la bouillie d'avoine ; et j'avais besoin de si peu de sommeil que, tout en me levant au point du jour, il m'arrivait souvent de rester longtemps éveillé, l'oreille aux aguets, dans la nuit obscure ou étoilée. C'est ainsi qu'à Graden Sea-Wood j'eus beau m'endormir avec soulagement à huit heures du soir, je fus de nouveau éveillé avant onze heures, en pleine possession de mes facultés, sans éprouver la moindre somnolence ni la moindre fatigue. Je me levai et m'assis près du feu, regardant les arbres secoués par la tempête et les nuages dans leur course vertigineuse, et prêtant l'oreille au vent et à la houle le long du rivage, jusqu'à ce que, lassé enfin de ne rien faire, j'abandonne la tanière pour me diriger lentement jusqu'à la lisière du bois. La nouvelle lune, voilée par la brume, éclairait faiblement mes pas ; et la lumière se fit plus vive quand je débouchai sur la lande. Au même instant, le vent, chargé de l'odeur de sel de la haute mer et charriant des particules de sable, me frappa de plein fouet au point que je dus courber la tête.

Quand je la redressai pour regarder autour de moi, il me sembla distinguer une lumière dans le pavillon. Elle n'était pas fixe, mais se déplaçait d'une fenêtre à une autre, comme si quelqu'un passait en revue les différentes pièces avec une lampe ou une chandelle. Je l'observai quelques secondes, stupéfait. Quand j'étais arrivé, dans l'après-midi, il était évident que la maison était déserte ; il était tout aussi évident à présent qu'elle était occupée. Ma première idée fut qu'une bande de voleurs étaient sans doute entrés par effraction et pillaient à présent les placards de Northmour, nombreux et assez bien garnis. Mais qu'est-ce qui pouvait bien amener des voleurs à Graden Easter ? De plus, tous les volets avaient été ouverts et il aurait été davantage dans le style de ces gens-là de les garder fermés. J'écartai cette idée et me rabattis sur une autre. Northmour en personne avait dû arriver : il aérait et inspectait maintenant le pavillon.

J'ai dit qu'il n'existait pas de réel attachement entre cet homme et moi ; mais, l'eussé-je aimé comme un frère, j'étais alors tellement plus amoureux de la solitude que je n'en aurais pas moins évité sa compagnie. De fait, je fis demi-tour et me sauvai ; et ce fut avec une véritable satisfaction que je me retrouvai en sécurité près du feu. J'avais échappé à quelqu'un de connu ; j'aurais une nuit de plus à l'abri. Dans la matinée, je pourrais ou bien m'esquiver avant que Northmour soit sorti, ou bien lui rendre une visite aussi courte que je le désirerais.

Mais, quand survint le matin, je trouvai cette situation si amusante que j'en oubliai ma sauvagerie. Northmour était à ma merci ; je préparai une bonne farce, tout en sachant que mon voisin n'était pas homme avec qui plaisanter en toute impunité et, riant par avance de ma réussite, je m'installai au milieu des sureaux, à l'orée du bois, d'où je pouvais surveiller la porte du pavillon. Les volets étaient tous à nouveau fermés, ce que je me rappelle avoir trouvé bizarre ; et dans la lumière du matin, la maison, avec ses murs blancs et ses contrevents verts, avait l'air pimpant et habitable. Les heures s'écoulèrent, sans le moindre signe de Northmour. Je savais qu'il était paresseux le matin ; mais, comme midi approchait, je perdis patience. À dire vrai, je m'étais promis de prendre mon petit déjeuner dans le pavillon et la faim commençait sérieusement à me tenailler. Il était dommage de laisser passer cette occasion de s'amuser ; mais le désir le plus bas l'emporta : j'abandonnai ma plaisanterie à regret et sortis du bois.

À mesure que je m'approchai, l'apparence de la maison me plongea dans l'inquiétude. Elle semblait n'avoir pas changé depuis la veille au soir ; et je m'étais attendu, je ne sais pourquoi, à quelques signes visibles montrant qu'elle était habitée. Mais non : les fenêtres étaient toutes hermétiquement fermées, les cheminées ne laissaient passer aucune fumée et la porte d'entrée même était soigneusement verrouillée. Par conséquent, Northmour était entré par-derrière ; telle était la conclusion naturelle et, assurément, la seule qui s'imposât ; que l'on juge alors de ma surprise quand, faisant le tour de la maison, je trouvai la porte de derrière également fermée.

Mon esprit se reporta aussitôt à la supposition initiale des voleurs et je me reprochai vivement mon inaction de la nuit précédente. J'examinai toutes les fenêtres du rez-de-chaussée, mais aucune n'avait été crochetée ; j'essayai les verrous, mais ils étaient tous deux intacts. Je me posai alors le problème de savoir comment les voleurs, si voleurs il y avait, s'étaient débrouillés pour pénétrer dans la maison. Ils avaient dû monter, raisonnai-je, sur le toit de la remise, où Northmour rangeait son attirail photographique ; et, de là, opérer leur entrée frauduleuse en passant soit par la fenêtre du bureau, soit par celle de mon ancienne chambre.

Je suivis ce que j'imaginais être leur exemple et, me hissant sur le toit, je vérifiai les volets de chaque pièce. Tout était bien fermé ; mais il apparut que j'avais eu raison : en forçant un peu, je fis céder l'un d'eux et m'écorchai le dos de la main au passage. Je me souviens avoir porté la blessure à mes lèvres et être resté une demi-minute peut-être à la lécher comme un chien, tout en regardant machinalement la lande désolée et la mer derrière moi ; et, dans cet intervalle, mes yeux se portèrent sur une grande goélette à quelques kilomètres au nord-est. Alors je fis coulisser la fenêtre vers le haut et pénétrai à l'intérieur.

Je parcourus toute la maison dans une perplexité indicible. Il n'y avait aucun signe de désordre, bien au contraire, les pièces étaient inhabituellement propres et agréables. Je trouvai des feux tout prêts à être allumés ; trois chambres préparées avec un luxe tout à fait étranger aux habitudes de Northmour, de l'eau dans les aiguières et des lits dont on avait fait la couverture ; la table mise pour trois personnes dans la salle à manger ; et une réserve abondante de viandes froides, de gibier et de légumes sur les étagères de l'office. Des invités étaient attendus, c'était clair ; mais pourquoi des invités, alors que Northmour détestait la société ? Et, surtout, pourquoi la maison était-elle ainsi apprêtée en cachette au cœur de la nuit ? Et pourquoi les volets étaient-ils fermés, les portes verrouillées ?

J'effaçai toutes traces de ma visite et sortis par la fenêtre, dégrisé et soucieux.

La goélette était toujours à la même place ; il me traversa l'esprit un instant qu'il s'agissait peut-être du *Comte Rouge* qui amenait le propriétaire du pavillon et ses invités. Mais la proue du vaisseau était orientée de l'autre côté.

CHAPITRE II

Raconte le débarquement nocturne des passagers de la goélette.

JE RETOURNAI à la tanière pour me préparer un repas, dont j'avais grand besoin, et m'occuper de mon cheval, que j'avais quelque peu négligé le matin. De temps en temps, je descendais jusqu'à la lisière du bois ; mais il n'y avait aucun changement dans le pavillon et on ne vit aucun être humain sur la lande de toute la journée. La goélette à l'horizon était l'unique marque de vie dans mon champ visuel. Elle semblait, apparemment sans but précis, continuer sa route vers le large et se tenir à la cape, une heure après l'autre ; mais à mesure que le soir tombait, elle ne cessa de se rapprocher. Cela renforça ma conviction qu'elle transportait Northmour et ses amis et qu'ils allaient probablement débarquer après la tombée de la nuit ; non seulement parce que cela correspondait au secret des préparatifs, mais parce que la marée n'aurait pas monté suffisamment avant onze heures du soir pour recouvrir Graden Floe et les autres mauvaises passes qui protégeaient le rivage des envahisseurs.

Dans la journée, le vent s'était peu à peu apaisé et la mer aussi ; mais, vers le soir, il y eut un retour du gros temps de la veille. La nuit tomba, noire comme poix. Le vent montait de la mer par rafales, comme le tir d'une batterie de canons ; de temps en temps, il y avait un grain, et le ressac était plus violent avec la marée montante. J'étais là, à mon poste d'observation au milieu des sureaux, lorsqu'une lumière fut hissée à la tête de mât de la goélette, révélant qu'elle était plus près du rivage que lorsque je l'avais vue pour la dernière fois dans le jour déclinant. J'en conclus que ce devait être un signal destiné aux complices de Northmour restés sur le rivage ; et m'avançant sur la lande, je regardai autour de moi, guettant une réaction.

Un petit sentier, qui longeait la lisière du bois, assurait la communication la plus directe entre le pavillon et le manoir ; et, comme je tournais les yeux de ce côté-là, je vis une lueur vacillante, à moins de trois cents mètres, qui se déplaçait rapidement. À en juger par son mouvement irrégulier, on aurait dit la lumière d'une lanterne portée par quelqu'un qui suivait les courbes du chemin et que les bourrasques les plus violentes faisaient chanceler et déstabilisaient. Je me dissimulai à nouveau dans les sureaux et attendis avec impatience que le nouveau venu se rapproche. C'était en réalité une femme ; et, comme elle passait à moins de trois mètres de ma cachette, je pus reconnaître ses traits. La vieille dame sourde et muette, qui avait été la gouvernante de Northmour quand il était petit, était sa complice dans cette affaire clandestine.

Je la suivis de près, profitant des innombrables bosses et dépressions, caché par l'obscurité et favorisé non seulement par la surdité de la gouvernante mais aussi par le tumulte du vent et du ressac. Elle pénétra dans le pavillon et, montant aussitôt à l'étage, ouvrit les volets et alluma une lumière à l'une des fenêtres qui donnaient sur la mer. Immédiatement après, la lumière à la tête de mât de la goélette fut descendue et éteinte. Son objectif avait été atteint et ceux qui se trouvaient à bord étaient certains d'être attendus. La vieille femme reprit ses préparatifs ; les autres volets avaient beau rester fermés, je voyais une faible lueur aller et venir dans la maison ; des gerbes d'étincelles montant des cheminées les unes après les autres m'informèrent bientôt qu'on était en train d'allumer les feux.

Northmour et ses amis, j'en étais maintenant persuadé, allaient aborder dès qu'il y aurait de l'eau sur le *floe*[1]. C'était une nuit de tempête épouvantable pour naviguer, et j'éprouvai une inquiétude mêlée de curiosité à l'idée du danger de l'accostage. Mon ancien compagnon, il est vrai, était le plus original des hommes ; mais la bizarrerie présente était à la fois angoissante et lugubre. Cette diversité de sentiments me conduisit ainsi jusqu'à la plage, où je m'aplatis face contre terre dans un trou, à moins de deux

1. Mot d'origine norvégienne qui désigne ordinairement la glace disloquée. Ici, il s'agit des sables mouvants.

mètres de la piste qui menait au pavillon. De là, j'aurais la satisfaction de reconnaître les arrivants et, s'ils se révélaient des connaissances, de les accueillir dès qu'ils auraient débarqué.

Peu avant onze heures, tandis que la marée était toujours dangereusement basse, une lanterne de bateau apparut tout près du rivage ; et mon attention ainsi éveillée, j'en distinguai une autre, encore loin en mer, violemment secouée et masquée parfois par les flots. Le temps, qui devenait de plus en plus affreux au fur et à mesure que la nuit avançait, ainsi que la position périlleuse de la goélette près d'une côte sous le vent, les avaient probablement amenés à tenter d'accoster le plus tôt possible.

Peu après, quatre marins, chargés d'un coffre très lourd et guidés par un cinquième muni d'une lanterne, passèrent tout près de moi, qui étais toujours allongé, et furent introduits dans le pavillon par la gouvernante. Ils retournèrent à la plage et repassèrent devant moi avec un autre coffre, plus grand mais moins lourd, semblait-il, que le précédent. Une troisième fois encore, ils firent la navette et, à cette occasion, l'un des marins portait une grosse valise de cuir et les autres une malle de femme et un sac de voyage. Ma curiosité était vivement excitée. S'il y avait une femme parmi les invités de Northmour, cela montrerait un changement de ses habitudes et une apostasie par rapport à ses théories favorites sur l'existence, propres à me remplir d'étonnement. Quand nous habitions là, ensemble, lui et moi, le pavillon avait été un temple de la misogynie. Or, à présent, une représentante du sexe abhorré allait être installée sous ce toit. Je me rappelai un ou deux détails, quelques indices de raffinement et presque de coquetterie qui m'avaient frappé la veille, alors que je passais en revue les préparatifs de la maison ; leur but était clair désormais : il fallait être borné pour ne l'avoir pas remarqué depuis le début.

J'étais en proie à ces pensées quand une seconde lanterne s'approcha de moi, venant de la plage. Elle était portée par un marin que je n'avais pas encore vu et qui guidait deux autres personnes vers le pavillon. Ces deux personnes étaient indiscutablement les invités pour qui la maison avait été apprêtée ; alors, l'œil et l'oreille aux aguets, je me préparai à les observer au moment où ils allaient passer. L'un d'eux était un homme d'une taille peu commune, coiffé d'un chapeau de voyage rabattu sur les yeux et vêtu d'une pèlerine de montagnard boutonnée jusqu'en haut, dont le col était remonté de façon à masquer son visage. On ne pouvait rien discerner de plus à son sujet, si ce n'est, comme je l'ai dit, qu'il était d'une taille peu commune et qu'il marchait difficilement, le dos très voûté. À ses côtés, soit qu'elle se cramponnât à lui, soit qu'elle le soutînt pour marcher – je ne pus trancher – se tenait une femme à la silhouette jeune, grande et mince. Elle était extrêmement pâle ; mais des ombres vives et mouvantes dues à la lumière de la lanterne déparaient tellement son visage qu'elle aurait pu aussi bien être laide à faire peur que belle, comme je m'en rendis compte par la suite.

Quand ils furent juste à ma hauteur, la jeune fille fit une remarque qui fut noyée par le bruit du vent.

– Chut ! dit son compagnon.

Et il y avait quelque chose dans le ton sur lequel ce mot fut prononcé qui me fit frissonner et me troubla passablement. Il semblait avoir été exhalé par la poitrine d'un homme luttant contre la plus mortelle frayeur ; je n'ai jamais rien entendu d'aussi expressif ; je l'entends encore, la nuit, quand je suis dans un état fébrile, et mon esprit se remémore le temps jadis. L'homme, en parlant, se tourna vers la jeune fille ; j'entrevis une barbe rousse abondante et un nez qui semblait avoir été cassé autrefois ; et ses yeux brillaient dans son visage d'un éclat qui traduisait une émotion vive et désagréable.

Mais tous deux continuèrent leur chemin et furent introduits à leur tour dans le pavillon.

Un par un, ou en groupes, les marins retournèrent à la plage. Le vent m'apporta le son d'une voix rude qui criait « Mettez en route ! ». Puis, après une pause, une autre lanterne s'approcha. C'était Northmour, seul.

Ma femme et moi, un homme et une femme, nous nous sommes souvent l'un et l'autre demandé comment une personne pouvait être à la fois aussi belle et aussi repoussante que Northmour. Il avait l'allure d'un gentleman accompli ; son visage portait tous les signes de l'intelligence et du courage ; mais il suffisait de le regarder, même lorsqu'il paraissait le plus aimable, pour se rendre compte qu'il avait le caractère d'un commandant de bateau négrier. Je n'ai jamais connu de personnalité qui fût, à un degré égal, à la fois explosive et vindicative ; il alliait la vivacité du sud aux haines durables et implacables du nord ; et ces traits étaient tous deux inscrits sur son visage, ce qui était une sorte de signal de danger. Il était grand, robuste et actif de sa personne ; il avait les cheveux et le teint très foncés ; les traits harmonieusement dessinés, mais gâtés par une expression menaçante.

Au moment dont je parle, il était un peu plus pâle que d'ordinaire ; il avait un froncement accusé des sourcils ; il tordait les lèvres et jetait des regards perçants autour de lui tout en marchant, comme un homme assailli par l'inquiétude. Pourtant, je lui trouvai un air de triomphe qui sous-tendait le tout, comme s'il avait déjà fait beaucoup et était sur le point de réussir quelque prouesse.

En partie par un scrupule de délicatesse – qui venait sans doute trop tard –, en partie pour le plaisir de surprendre une connaissance, je souhaitais qu'il sût sans tarder que j'étais là.

Je me relevai tout d'un coup et fis un pas en avant.

– Northmour ! dis-je.

Je n'ai jamais eu de surprise plus bouleversante de toute ma vie. Il bondit sur moi sans un mot ; quelque chose brillait dans sa main : il chercha à me frapper au cœur avec un poignard. Au même moment, je le fis basculer. Que ce fût ma rapidité ou son indécision, je ne sais, mais la lame ne fit que m'effleurer l'épaule, tandis que le manche du poignard et son poing m'atteignaient violemment à la bouche.

Je m'enfuis, mais non loin de là. J'avais remarqué maintes fois les possibilités offertes par les sables mouvants pour des embuscades prolongées ou pour des avances et des retraites furtives ; aussi, à moins de trois mètres de la scène de la bagarre, je me laissai de nouveau aller sur l'herbe. La lanterne était tombée et s'était éteinte. Mais quel ne fut pas mon étonnement de voir Northmour se glisser d'un bond dans le pavillon et de l'entendre barricader la porte derrière lui dans un fracas métallique !

Il ne m'avait pas poursuivi. Il s'était enfui. Northmour, que je savais être le plus implacable et le plus audacieux des hommes, s'était enfui ! Je pouvais à peine en croire mes yeux ; et pourtant, dans cette étrange affaire, où tout était incroyable, il n'y avait absolument pas de quoi faire une histoire d'une invraisemblance de plus. En effet, pourquoi le pavillon avait-il été préparé en secret ? Pourquoi Northmour avait-il débarqué avec ses invités en pleine nuit, dans une semi-tempête, sans attendre que le *floe* soit complètement recouvert ? Pourquoi avait-il cherché à me tuer ? N'avait-il pas reconnu ma voix ? Je m'interrogeais. Et, surtout, comment se faisait-il qu'il eût un poignard à la main, prêt à l'usage ? Un poignard, ou même un couteau pointu, ne semblait pas convenir à l'époque où nous vivions ; et, en vérité, un gentleman qui débarque de son yacht sur le rivage de son propre domaine, même si c'est la nuit, dans des circonstances mystérieuses, ne se déplace généralement pas ainsi, prêt à subir un assaut implacable. Plus je réfléchissais, plus je me sentais désorienté. Je récapitulai les éléments du mystère, en les comptant sur mes doigts ; le pavillon préparé en secret pour des invités ; les invités débarqués au péril de leur vie et dans un danger imminent pour la goélette ; les invités, ou du moins l'un d'entre eux, dans un état de terreur non déguisée et sans cause apparente ; Northmour muni d'une arme blanche ; Northmour poignardant la plus intime de ses connaissances au premier mot ; et enfin, dernier mystère mais non des moindres, Northmour s'enfuyant loin de l'homme qu'il a cherché à tuer, et se barricadant, comme un être aux abois, derrière la porte du pavillon. Cela constituait au moins six raisons distinctes d'être extrêmement surpris ; chacune faisant partie intégrante de l'ensemble, et formant avec les autres une histoire cohérente. J'avais presque honte d'accorder foi à ma raison.

Alors que je me tenais ainsi, paralysé par l'étonnement, je commençai à ressentir douloureusement les blessures que j'avais reçues au cours de la bagarre ; je contournai furtivement les sables mouvants et, par un sentier détourné, regagnai mon abri dans le bois. En chemin, je vis la vieille gouvernante passer à nouveau à quelques mètres de moi, toujours munie de sa lanterne, alors qu'elle rentrait au manoir de Graden. Cela représentait un septième indice suspect dans cette affaire. Northmour et ses invités devaient, semble-t-il, faire la cuisine et le ménage eux-mêmes, tandis que la vieille femme continuait à occuper la grande caserne vide au milieu du parc. Il y avait sûrement là une raison de garder le secret, quand, pour ce faire, on affrontait tant de désagréments.

Tout à ces pensées, je regagnai le repaire. Pour plus de sûreté, j'éteignis les braises en les piétinant et allumai ma lanterne pour examiner la plaie que j'avais à l'épaule. C'était une blessure insignifiante, bien qu'elle saignât plutôt abondamment, et je la pansai tant bien que mal (car elle était mal située) avec un lambeau de chiffon et de l'eau froide provenant de la source. Ainsi occupé, je déclarai mentalement la guerre à Northmour et à son mystère. Je ne suis pas un homme coléreux par nature, et je pense qu'il y avait plus de curiosité que de ressentiment dans mon cœur. Mais la guerre, je la déclarais, c'est certain ; et, en guise de préparation, je sortis mon revolver, dont je retirai le chargeur, pour le nettoyer, avant de le recharger avec un soin méticuleux. Ensuite, je m'inquiétai pour mon cheval. Il pouvait s'échapper, ou se mettre à hennir et ainsi trahir mon campement du Sea-Wood. Je décidai de l'éloigner du voisinage et, bien avant l'aube, je le conduisis par la lande en direction du village de pêcheurs.

CHAPITRE III

Raconte comment je fis la connaissance de ma femme.

PENDANT DEUX JOURS, je rôdai furtivement autour du pavillon, mettant à profit la surface accidentée de la lande. Je devins habile à utiliser les tactiques nécessaires. Ces petites buttes et ces vallons peu profonds, imbriqués les uns dans les autres, formaient une sorte de manteau d'obscurité pour la quête passionnante, mais peut-être indigne, que j'avais entreprise. Cependant, en dépit de cet avantage, je n'appris pas grand-chose de Northmour ni de ses invités.

La vieille dame profitait de la nuit pour apporter du manoir des provisions nouvelles. Northmour et la jeune femme, parfois ensemble, mais le plus souvent séparément, se promenaient une heure ou deux d'affilée sur la plage, à proximité des sables mouvants. Je pouvais donc en conclure que ce lieu de promenade était choisi par souci de garder le secret ; car cet endroit n'était ouvert que du côté de la mer. Mais cela me convenait non moins excellemment ; les dunes les plus élevées et les plus accidentées étaient immédiatement contiguës ; et, de là, posté sur l'une d'elles, couché dans un creux, je pouvais voir de haut Northmour, ou la jeune femme, quand ils marchaient.

L'homme de haute taille semblait avoir disparu. Non seulement il ne franchit jamais le seuil, mais il ne se montra jamais à une fenêtre, pour autant que je m'en fusse rendu compte ; car je n'osais pas me traîner plus avant au-delà d'une certaine limite dans la journée, puisque l'étage supérieur permettait de voir tout en bas de la lande ; et la nuit, quand je pouvais m'aventurer plus loin, les fenêtres du rez-de-chaussée étaient barricadées comme pour soutenir un siège. Parfois, je me disais que l'homme de haute taille devait être obligé de garder le lit, car je me rappelais la faiblesse de sa démarche ; et parfois je me disais qu'il avait dû s'en aller et que Northmour et la jeune femme restaient seuls dans le pavillon. Cette idée me déplaisait déjà.

Que ces deux-là fussent ou non mari et femme, j'avais eu sous les yeux toutes les raisons de douter de l'amitié de leur relation.

Bien qu'il me fût impossible de rien entendre de ce qu'ils disaient, et rarement même de glaner une expression nette sur le visage de l'un ou de l'autre, je percevais une distance, presque une raideur, dans leur comportement qui prouvait soit qu'ils se connaissaient mal, soit qu'ils entretenaient des rapports d'inimitié. La jeune fille marchait plus vite quand elle était avec Northmour que lorsqu'elle était seule ; et je me figurais qu'une inclination, quelle qu'elle fût, entre un homme et une femme, inviterait plutôt à ralentir le pas qu'à l'accélérer. De plus, elle laissait un mètre entre lui et elle et gardait son parapluie à la main entre eux deux, comme pour se protéger. Northmour ne cessait de se rapprocher insensiblement et, comme la jeune fille s'écartait d'autant, leur parcours décrivait une sorte de diagonale en travers de la plage, et les aurait amenés dans la vague déferlante s'il s'était prolongé assez longtemps. Mais, lorsque c'était sur le point de se produire, la jeune fille changeait discrètement de côté et plaçait Northmour entre elle et la mer. Quant à moi, j'observais ces manœuvres avec un plaisir et un assentiment immenses, et riais dans ma barbe à chacun de leurs déplacements.

Le matin du troisième jour, elle fit une promenade en solitaire pendant un bon moment et, à mon grand désarroi, je la vis pleurer à plusieurs reprises. On constatera que mon cœur s'intéressait déjà à elle plus que je ne le supposais. Elle avait quelque chose de ferme mais d'aérien dans ses mouvements et un port de tête d'une grâce inimaginable ; chacun de ses pas méritait d'être regardé et elle me semblait respirer la douceur et l'élégance.

La journée, calme et ensoleillée, était si agréable, la mer si sereine malgré l'air vif et tonique, que, contrairement à son habitude, elle fut tentée de sortir à nouveau se promener. Cette fois-ci, elle était accompagnée de Northmour et ils n'avaient passé qu'un bref instant sur la plage quand je le vis lui saisir la main de force. Elle se débattit et poussa un cri qui était presque un hurlement. Je bondis sur mes pieds, indifférent à mon étrange situation ; mais, avant que j'aie pu faire un pas, je vis Northmour s'incliner très bas, tête nue, comme pour lui présenter des excuses ; et aussitôt je me laissai retomber dans ma cachette. Ils échangèrent quelques mots ; puis, après une seconde révérence, il quitta la plage et retourna au pavillon. Il passa non loin de moi et je le vis, rouge et menaçant, qui frappait l'herbe sauvagement de sa canne. Ce n'est pas sans satisfaction que je reconnus mon ouvrage sous la forme d'une grande balafre sous l'œil droit et d'une ecchymose importante autour de l'orbite.

Pendant quelque temps, la jeune fille resta là où il l'avait laissée, les yeux fixés sur la mer lumineuse au-delà de l'îlot. Puis, dans un sursaut, comme quelqu'un qui se débarrasse de ses préoccupations et retrouve toute l'ardeur de son énergie, elle se mit à marcher d'un pas rapide et décidé. Elle aussi était très irritée par ce qui venait de se passer. Elle avait oublié où elle se trouvait. Je la vis alors se diriger droit sur les lisières des sables mouvants, là où ils sont le plus abrupts et le plus dangereux. Encore deux ou trois pas et sa vie aurait été sérieusement en danger : je me laissai glisser alors le long de la dune, très à pic à cet endroit-là et, me précipitant en avant, je lui criai de s'arrêter.

Ce qu'elle fit, en effet, avant de se retourner. Il n'y avait pas le moindre tremblement de peur dans son attitude et elle s'avança droit dans ma direction, telle une reine. J'étais pieds nus, et vêtu comme un marin ordinaire, mis à part un foulard égyptien noué autour de ma taille ; elle me prit sans doute, au départ, pour un habitant du village de pêcheurs, errant à la recherche d'un appât. Quand je me trouvai ainsi face à elle, ses yeux fixés impérieusement sur les miens, je fus rempli d'admiration et de surprise et elle me parut encore plus belle que je ne m'y attendais. Je ne pouvais pas non plus avoir une trop haute idée de quelqu'un qui, agissant avec tant de hardiesse, conservait pourtant un air pudique, à la fois étrange et engageant ; car mon épouse garda toute sa vie – qui fut admirable – une rigueur désuète dans ses manières, chose excellente chez une femme en ce qu'elle confère une autre valeur à ses tendres privautés.

– Qu'est-ce que cela signifie ? demanda-t-elle.

– Vous vous enfonciez droit dans Graden Floe, lui dis-je.

– Vous n'êtes pas de la région, ajouta-t-elle. Vous parlez en homme instruit.

– Je crois avoir droit à ce titre, dis-je, malgré ce déguisement.

Mais son regard de femme avait déjà repéré mon foulard.

– Oh, dit-elle, votre foulard vous trahit.

– Vous avez prononcé le mot *trahit*, repris-je. Puis-je vous demander de ne pas me trahir ? J'ai été contraint de révéler ma présence dans votre intérêt ; mais si Northmour l'apprenait, ce pourrait être pire que désagréable pour moi.

– Savez-vous, demanda-t-elle, à qui vous parlez ?

– Pas à l'épouse de Northmour ? interrogeai-je, en guise de réponse.

Elle secoua la tête. Pendant tout ce temps, elle étudiait mon visage avec une attention soutenue qui me mettait mal à l'aise. Puis, elle déclara :

– Vous avez l'air honnête. Soyez aussi honnête que vous le paraissez, monsieur, et dites-moi ce que vous voulez et de quoi vous avez peur. Croyez-vous que je puisse vous faire du mal ? J'imagine que vous avez bien davantage le pouvoir de me blesser ! Et pourtant, vous n'avez pas l'air malveillant. Où voulez-vous en venir, vous qui êtes un gentleman, à rôder ainsi comme un espion dans cet endroit désolé ? Qui donc haïssez-vous ? dit-elle, racontez-moi.

– Je ne hais personne, répondis-je, et je n'ai peur d'affronter personne. Mon nom est Cassilis, Frank Cassilis. Je mène une vie de vagabond pour mon seul bon plaisir. Je suis un des plus anciens amis de Northmour ; et, il y a trois jours, quand je lui ai adressé la parole sur cette lande, le soir, il m'a donné un coup de couteau dans l'épaule.

– C'était vous ! dit-elle.

– Pourquoi il a fait cela, poursuivis-je sans tenir compte de son intervention, c'est plus que je n'en puis deviner et que je ne désire savoir. Je n'ai pas beaucoup d'amis et je ne suis pas non plus très porté sur l'amitié ; mais personne ne peut me chasser d'un lieu par la terreur. J'avais établi mon campement à Graden Sea-Wood avant qu'il ne vienne ; j'y suis encore. Si vous croyez que je vous veux du mal, à vous ou à l'un des vôtres, madame, le remède est entre vos mains. Dites-lui que mon campement est à Hemlock

Den et, ce soir même, il pourra venir me poignarder tranquillement pendant mon sommeil.

Là-dessus, j'ôtai ma casquette pour la saluer et, une fois de plus, escaladai les dunes de sable à quatre pattes. Je ne sais pourquoi, j'éprouvais un prodigieux sentiment d'injustice, et je me sentais comme un héros ou un martyr, alors qu'en fait, je n'avais rien à dire pour ma défense, ni même la moindre raison plausible à offrir, qui justifiât mon comportement. J'étais resté à Graden par une curiosité assez naturelle, mais qui manquait de dignité ; et bien qu'il y eût un autre motif qui prenait de plus en plus d'importance à côté du premier, il n'était pas de ceux que j'aurais pu alors expliquer clairement à la dame de mon cœur.

Cette nuit-là, je ne pensai vraiment à personne d'autre et, bien que sa conduite et son attitude tout entière aient pu me paraître suspectes, je ne parvenais pas à trouver en moi des raisons de douter de son intégrité. J'aurais pu parier, sur ma vie, qu'elle était à l'abri du blâme, et malgré l'incertitude présente, que son rôle dans ces événements était à la fois bon et nécessaire, comme le montrerait l'explication du mystère. Il est vrai – et j'avais beau me creuser la tête tant et plus – que je ne parvenais pas à inventer la moindre théorie concernant ses relations avec Northmour ; mais je n'en étais pas moins sûr de ma conclusion parce qu'elle était fondée sur l'instinct et non sur la raison, et je m'endormis ce soir-là avec, si je puis dire, la pensée de cette jeune femme sous mon oreiller.

Le lendemain, elle sortit à peu près à la même heure, seule, et dès qu'elle fut, grâce aux dunes, à l'abri des regards indiscrets venant du pavillon, elle s'approcha du bord et m'appela par mon nom, d'une voix prudente. Je fus surpris de remarquer qu'elle était d'une pâleur mortelle et semblait sous l'influence d'une émotion forte.

– Monsieur Cassilis ! cria-t-elle, monsieur Cassilis !

Je me montrai immédiatement et sautai sur la plage. Une expression notable de soulagement envahit son visage dès qu'elle me vit.

– Oh ! s'écria-t-elle, d'une voix rauque, comme quelqu'un qui se sent le cœur plus léger.

Puis elle ajouta :

– Dieu merci, vous êtes sain et sauf ! je savais que, si c'était le cas, vous seriez ici.

(N'était-ce pas étrange ? Nature prépare nos cœurs si rapidement et de façon si avisée à ces longues intimités de toute une vie qu'à peine le lendemain du jour où nous nous étions rencontrés, nous avions eu, ma femme et moi, un pressentiment. Dès ce moment-là, j'avais espéré qu'elle me chercherait ; elle, elle avait été sûre de me trouver.)

– Ne restez pas, poursuivit-elle en hâte, ne restez pas à cet endroit. Promettez-moi de ne plus dormir dans ce bois. Vous ne savez pas combien je souffre ; je n'ai pas dormi de la nuit tant je pensais au danger que vous couriez.

– Au danger ? répétai-je. Un danger qui viendrait de qui ? De Northmour ?

– Mais non, dit-elle. Pensiez-vous que j'allais tout lui raconter après ce que vous m'aviez dit ?

– Pas de Northmour ? répétai-je. Alors comment ? De qui ? Je ne vois personne à redouter.

– Ne me posez pas de questions, se borna-t-elle à dire, car je ne suis pas libre de vous répondre. Seulement, croyez-moi, et allez-vous-en... croyez-moi, et partez vite, vite, il y va de votre vie !

Éveiller en lui l'inquiétude ne constitue jamais un bon plan pour se débarrasser d'un jeune homme courageux. Mon obstination ne fut qu'accrue par ses propos et je mis un point d'honneur à rester. Sa sollicitude envers ma sécurité me confirmait encore plus dans ma résolution.

– Je ne voudrais pas être trop curieux, madame, répondis-je ; mais si Graden est un endroit si dangereux, vous-même, vous courez peut-être un risque en restant ici.

Elle se borna à me regarder d'un air de reproche.

– Vous et votre père, repris-je.

Mais elle en eut presque le souffle coupé.

– Mon père ! m'interrompit-elle. Comment savez-vous cela ?

– Je vous ai vus ensemble quand vous avez débarqué.

Et je ne sais pourquoi, cette réponse sembla satisfaisante pour chacun de nous, étant donné que c'était effectivement la vérité.

– Mais, repris-je, vous ne devez pas vous méfier de moi. Je constate que vous avez quelque raison de garder votre secret et, croyez-moi, il est aussi protégé avec moi que si j'étais dans Graden Floe. Cela fait des années que je n'ai pour ainsi dire pas parlé à qui que ce soit ; mon cheval est mon seul compagnon et même lui, la pauvre bête, n'est pas à mes côtés. Vous voyez bien que vous pouvez compter sur moi, pour ce qui est de garder le silence. Alors, dites-moi la vérité, ma chère amie, n'êtes-vous pas en danger ?

– Mr. Northmour dit que vous êtes un homme d'honneur, reprit-elle, et je le crois quand je vous vois. Je peux vous dire ceci, vous avez raison ; nous courons un danger terrible, terrible, et vous le partagez en restant où vous êtes.

– Ah ! dis-je ; Northmour vous a parlé de moi ? Et il me trouve du caractère ?

– Je lui ai posé des questions à votre sujet, hier soir, répondit-elle. J'ai fait semblant, hésita-t-elle, j'ai fait semblant de vous avoir rencontré il y a longtemps et de vous avoir parlé de lui. Ce n'était pas vrai ; mais il le fallait pour ne pas vous trahir, et vous m'aviez mise en difficulté. Il a dit beaucoup de bien de vous.

– Et – permettez-moi une seule question – ce danger provient-il de Northmour ? demandai-je.

– De Mr. Northmour ? s'écria-t-elle. Oh non, il reste avec nous pour en prendre sa part.

– Tandis que vous suggérez que je m'en aille ! dis-je. Vous n'avez pas une haute opinion de moi.

– Pourquoi resteriez-vous ? demanda-t-elle. Vous ne faites pas partie de nos amis.

Je ne sais ce qui m'envahit, car je n'avais jamais éprouvé une telle faiblesse depuis mon enfance, mais je fus si mortifié par cette réplique que mes yeux me piquèrent et se remplirent de larmes, alors que je continuais à la regarder.

– Non, non, dit-elle d'une voix changée ; je ne disais pas cela méchamment.

– C'est moi qui vous ai offensée, dis-je.

Et je lui tendis la main d'un air suppliant qui d'une certaine façon l'émut, car elle me donna la sienne aussitôt, et même avec empressement. Je la tins un instant serrée dans la mienne et la regardai dans les yeux. Ce fut elle qui retira sa main la première et, oubliant tout de sa requête et de la promesse qu'elle avait cherché à m'extorquer, partit en courant le plus vite possible, sans se retourner, jusqu'à ce qu'elle fût hors de mon champ visuel. Alors, je sus que je l'aimais, et je me dis, le cœur content, qu'elle n'était pas – elle non plus – indifférente à ma demande. Bien des fois, par la suite, elle l'a nié, mais c'était avec le sourire et ce n'était pas un démenti sérieux. Quant à moi, je suis certain que nos mains ne seraient pas restées si étroitement serrées l'une dans l'autre si déjà elle n'avait commencé à s'attendrir à mon égard. Et, tout bien considéré, ce n'est pas un grand problème, puisque, de son propre aveu, elle a commencé à m'aimer le lendemain.

Et cependant, le lendemain, il ne se passa pas grand-chose. Elle vint et m'appela comme la veille, me fit des reproches pour m'être attardé à Graden et, lorsqu'elle découvrit que j'étais toujours inflexible, elle se mit à me questionner plus en détail sur mon arrivée en ce lieu. Je lui racontai par quelle série d'événements j'en étais venu à être témoin de leur débarquement et comment j'avais décidé de rester, en partie à cause de l'intérêt qu'avaient éveillé en moi les invités de Northmour, en partie à cause de l'attaque meurtrière de ce dernier contre moi. En ce qui concerne la première raison, je crains de n'avoir pas été sincère et de l'avoir induite à croire que j'avais été attiré par elle dès l'instant où je l'avais vue sur la lande pour la première fois. Cela me soulage le cœur de faire cette confession maintenant que Dieu me l'a reprise, et qu'elle sait déjà tout, y compris l'honnêteté de mon dessein, même sur ce point ; car, tant qu'elle a vécu, bien que cela m'eût souvent torturé, je n'ai jamais eu le courage de la détromper. Même un secret infime, dans une vie conjugale comme la nôtre, est comme le petit pois qui empêchait la princesse de dormir.

À partir de là, la conversation bifurqua sur d'autres sujets et je lui parlai longuement de ma vie errante et solitaire ; elle, de son côté, était attentive et parlait peu. Nous conversions très naturellement, abordant même des questions qui pouvaient paraître indifférentes, et pourtant nous étions tous deux agréablement émus. Bien trop tôt, il lui fallut s'en aller ; et nous nous séparâmes sans nous serrer la main, pour ainsi dire d'un commun accord, car nous savions l'un et l'autre qu'entre nous, ce n'était pas une vaine formalité.

Le lendemain, c'est-à-dire trois jours après notre rencontre, nous nous retrouvâmes au même endroit, mais tôt le matin, comme si nous nous connaissions depuis longtemps et, cependant, l'un et l'autre très intimidés. Quand elle eut une nouvelle fois évoqué le danger que je courais – et c'était là, je le compris, un prétexte utilisé pour venir – je commençai, moi qui avais préparé beaucoup d'arguments au cours de la nuit, à lui exposer combien j'appréciais le tendre intérêt qu'elle me témoignait et comment personne ne s'était jamais soucié de m'entendre parler de moi ni moi de raconter ma vie, avant la veille. Soudain, elle m'interrompit avec véhémence :

– Et pourtant, si vous saviez qui je suis, vous ne me parleriez même pas !

Je lui dis que c'était folie que de penser cela et que notre rencontre avait beau être toute récente, je la considérais déjà comme une amie chère ; mais mes protestations ne la rendirent, semble-t-il, que plus désespérée.

– Mon père est obligé de se cacher ! s'écria-t-elle.

– Ma chère, lui dis-je, oubliant pour la première fois d'ajouter « amie », qu'est-ce que cela peut me faire ? S'il devait l'être vingt fois de suite, auriez-vous la moindre intention de changer ?

– Ah ! mais le motif ! s'écria-t-elle, le motif ! C'est...

Elle hésita une seconde...

– C'est un déshonneur pour nous !

CHAPITRE IV

Raconte de quelle façon surprenante j'appris que je n'étais pas seul à Graden Sea-Wood.

VOICI L'HISTOIRE de ma femme, telle que je la lui arrachai au milieu de ses larmes et de ses sanglots. Elle s'appelait Clara Huddlestone : ce nom était pour moi de toute beauté, presque aussi beau à entendre que cet autre, Clara Cassilis, qu'elle porta pendant la période la plus longue et, grâce à Dieu, la plus heureuse de son existence. Son père, Bernard Huddlestone, avait été à la tête d'une grosse banque privée. Bien des années auparavant, ses affaires périclitant, il avait été amené à utiliser des expédients dangereux, et finalement criminels, pour se soustraire à la ruine. Tous ces efforts furent vains ; il fut de plus en plus gravement impliqué et perdit son honneur en même temps que sa fortune. À cette époque, Northmour courtisait sa fille avec beaucoup d'assiduité, sans y être vraiment encouragé ; et c'est à lui que Bernard Huddlestone aux abois demanda de l'aide, le sachant bien disposé en sa faveur. Ce n'était pas simplement la ruine et le déshonneur, pas simplement une condamnation légale, que l'infortuné avait attirés sur sa tête. Il aurait pu, semble-t-il, aller en prison le cœur léger. Ce qu'il redoutait, ce qui le maintenait éveillé la nuit ou le faisait passer du sommeil aux affres du désespoir, c'était qu'on s'en prenne à sa vie de façon secrète, soudaine et déloyale. Aussi désirait-il se faire oublier et partir pour une des îles du Pacifique Sud, et c'était sur la goélette de Northmour, le *Comte Rouge*, qu'il avait l'intention de s'embarquer. La goélette les avait pris à bord clandestinement sur la côte galloise et les avait déposés à Graden, jusqu'à ce qu'elle fût remise en état et approvisionnée pour la longue traversée. De plus, Clara était certaine qu'il avait été convenu que sa main serait le prix du passage. Car, bien que Northmour ne fût ni cruel ni même discourtois, il s'était montré à plusieurs reprises quelque peu impudent dans ses propos et ses manières.

J'écoutais, inutile de le dire, avec une attention soutenue, et je posai quantité de questions concernant la partie la plus mystérieuse. Ce fut en vain. Elle n'avait aucune idée précise de ce que serait le coup porté, ni de la façon dont il allait tomber. L'inquiétude de son père n'était pas simulée et l'accablait physiquement, et il avait pensé plus d'une fois se rendre sans condition à la police. Mais le plan fut finalement abandonné, car il était convaincu que même la sûreté de nos prisons anglaises ne pouvait le protéger contre ses poursuivants. Il avait accompli, au cours des dernières années de sa carrière, beaucoup de transactions avec l'Italie et avec des Italiens qui résidaient à

Londres ; et ces derniers, s'imaginait Clara, étaient peu ou prou liés au destin qui le menaçait. Il avait manifesté une peur panique en apprenant la présence d'un marin italien à bord du *Comte Rouge*, et n'avait, à cause de cela, cessé d'accuser violemment Northmour. Ce dernier s'était défendu en lui répondant que Beppo (c'était le nom du marin) était un garçon remarquable et qu'on pouvait avoir en lui une confiance illimitée ; mais Mr. Huddlestone avait continué, depuis, de déclarer que tout était perdu, que ce n'était plus qu'une question de jours et que Beppo serait malgré tout sa ruine.

Je considérais toute cette histoire comme les inventions d'un esprit ébranlé par le malheur. Il avait subi de lourdes pertes à cause de ses opérations avec les Italiens et, pour cette raison, la vue d'un Italien lui était détestable, et le rôle principal dans son cauchemar était tout naturellement joué par quelqu'un de cette nationalité.

– Ce dont votre père a besoin, dis-je, c'est d'un bon médecin et d'un calmant.

– Mais Mr. Northmour ? fit remarquer votre mère[1]. Lui n'est pas inquiété par des revers financiers, et pourtant il partage cette terreur.

Je ne pus m'empêcher de rire à ce que j'estimais être sa candeur.

– Ma chère, dis-je, vous m'avez dit vous-même quelle récompense doit lui revenir. Tous les moyens

1. Le narrateur est sans doute censé raconter l'histoire à ses enfants.

sont bons, en amour, souvenez-vous-en ; et si Northmour entretient les terreurs de votre père, ce n'est en aucun cas parce qu'il a peur d'un Italien, mais simplement parce qu'il est amoureux d'une charmante jeune Anglaise.

Elle me rappela qu'il m'avait attaqué la nuit de l'accostage, et je fus incapable de lui en fournir une explication. Bref, de fil en aiguille, il fut convenu entre nous que je partirais aussitôt pour le village de pêcheurs de Graden Wester – c'était son nom –, que je consulterais tous les journaux que je pourrais trouver et que je verrais par moi-même s'il y avait quelque fondement concret à ces inquiétudes perpétuelles. Le lendemain matin, à la même heure et au même endroit, je devais en rendre compte à Clara. Elle ne reparla pas, à cette occasion, de mon départ ; elle ne cacha pas non plus, en fait, qu'elle s'accrochait à la pensée que j'étais proche comme à quelque chose de rassurant et d'agréable ; quant à moi, je n'aurais pu la laisser, me l'eût-elle demandé à genoux.

J'atteignis Graden Wester avant dix heures du matin ; car à cette époque, j'étais un excellent marcheur et la distance à parcourir, comme je crois l'avoir dit, n'était guère plus de dix kilomètres ; il faisait bon marcher, tout le long du chemin, sur l'herbe moelleuse. Le village est le plus sinistre de la côte, ce qui n'est pas peu dire : il y a une église dans un creux ; un malheureux port dans les rochers, où beaucoup de bateaux ont péri au retour de la pêche ; une cinquantaine de maisons en pierre réparties le long de la plage et de deux rues, l'une qui vient du port et l'autre qui en part à angle droit ; et, à la jonction de ces deux rues, une taverne très triste et très sombre, en guise de principal hôtel.

Je m'étais habillé de façon un peu plus en accord avec ma position sociale et je me rendis tout de suite chez le pasteur, dans son petit presbytère, à côté du cimetière. Il me reconnut, bien que notre dernière rencontre remontât à neuf ans ; et lorsque je lui eus raconté que j'avais fait un très long voyage à pied et que j'avais du retard en ce qui concernait l'actualité, il me prêta aussitôt une brassée de journaux – tous ceux du mois précédent. Je me mis en quête de la taverne, chargé des journaux et, commandant un petit déjeuner, je m'assis pour étudier la « faillite de la maison Huddlestone ».

Ç'avait été, semblait-il, un cas notoire. Des milliers de gens furent réduits à la misère ; et l'un d'eux, en particulier, s'était fait sauter la cervelle le jour où les paiements avaient été suspendus. Il était étrange, pour moi, de constater, tandis que je lisais ces détails, que je continuais à sympathiser plus avec Mr. Huddlestone qu'avec ses victimes, si absolu était déjà l'empire de mon amour pour ma femme. La tête du banquier était naturellement mise à prix et, comme l'affaire était sans excuse et avait excité à fond l'indignation des gens, la somme astronomique de sept cent cinquante livres était offerte pour sa capture. On rapportait qu'il possédait une fortune considérable. Un jour, on avait entendu signaler sa présence en Espagne ; le lendemain, on savait de source sûre qu'il se cachait encore entre Manchester et Liverpool ou le long de la côte galloise ; et le lendemain, un télégramme annonçait son arrivée à Cuba ou au Yucatán. Mais, dans tout cela, il n'était absolument pas question d'un Italien et il n'y avait aucun signe de mystère.

Dans le tout dernier journal, néanmoins, il y avait un article qui n'était pas aussi clair. Les comptables chargés de contrôler la faillite étaient, semblait-il, tombés sur les traces d'un grand nombre de milliers de livres qui figurèrent, un temps, dans les transactions de la maison Huddlestone, mais qui ne venaient de nulle part et disparurent de la même façon mystérieuse. On y faisait référence seulement une fois nominalement, puis sous les initiales « X.X. ». Mais il était évident que cette somme avait été investie pour la première fois dans l'affaire à une période de grande dépression, environ six ans plus tôt. Le nom d'un éminent personnage royal avait été mentionné par la rumeur en liaison avec cette somme. « Le lâche desperado » – telle était, je m'en souviens, l'expression de la rédaction – était censé s'être enfui avec une bonne part de ces fonds mystérieux encore en sa possession. Je ressassais toujours cet épisode et tentais de voir comment il pouvait être en relation avec le danger couru par Mr. Huddlestone, quand un homme entra dans la taverne et demanda avec un accent étranger prononcé qu'on lui servît du pain et du fromage.

– *Siete Italiano ?* dis-je.

– *Si signore*, fut sa réponse.

Je lui dis qu'il était rare de rencontrer l'un de ses compatriotes si loin au nord ; à quoi, haussant les épaules, il répondit qu'un homme irait n'importe où pour trouver du travail. Quel travail il pouvait espérer trouver à Graden Wester, j'étais totalement incapable de le concevoir ; cet incident me frappa de façon si désagréable que je demandai au patron, tandis qu'il me rendait la monnaie, s'il avait déjà vu un Italien dans le village. Il dit qu'il avait vu une fois des Norvégiens, qui avaient fait naufrage de l'autre côté de Graden Ness et avaient été secourus par le bateau de sauvetage en provenance de Cauldhaven.

– Non ! dis-je, un Italien, comme l'homme qui a commandé du pain et du fromage.

– Hein ? s'écria-t-il, l' type à l' tête noiraude avè les dents ? C'tait un Italien ? Ben, c'est ben l' premier qu'j'ai jamais vu et m'est avis qu' ce s' ra sans dout' le dernier.

Alors qu'il parlait, je levai les yeux et, jetant un coup d'œil dans la rue, j'aperçus trois hommes en grande conversation, à moins de trente mètres de là. L'un d'eux était mon tout récent compagnon dans l'arrière-salle de la taverne ; les deux autres, d'après leurs traits harmonieux, leur teint mat et leurs feutres mous, avaient de toute évidence la même nationalité. Une foule d'enfants du village faisaient cercle autour d'eux, en gesticulant et en baragouinant de façon mimétique. Le trio avait l'air singulièrement étranger à la rue sale et lugubre où ils se tenaient et au ciel sombre et gris qui s'étendait au-dessus d'eux ; et j'avoue que mon incrédulité reçut à ce moment-là un choc dont elle ne se remit jamais. J'avais beau essayer de me raisonner tant que je voulais, je ne pouvais réduire l'effet de ce que j'avais vu et je commençai à partager la terreur engendrée par la présence italienne.

Au retour, je n'avais pas encore fait beaucoup de chemin sur la lande, après avoir rapporté les journaux au presbytère, que le jour commençait déjà à tomber. Je n'oublierai jamais ce trajet. Il se mit à faire très froid, la tempête s'annonçait ; le vent sifflait dans l'herbe rase sous mes pieds ; une pluie fine tombait, portée par les rafales, et une énorme barrière de nuages s'éleva peu à peu du sein de la mer. Il serait difficile d'imaginer soirée plus lugubre ; et, que ces influences extérieures en fussent la cause, ou que j'eusse déjà les nerfs à vif en raison de ce que j'avais vu et entendu, mes pensées étaient aussi sombres que le temps.

Les fenêtres supérieures du premier étage du pavillon donnaient sur une vaste étendue de lande en direction de Graden Wester. Pour éviter d'être observé, il me fallait longer la plage jusqu'à ce que j'eusse atteint la protection des plus hautes dunes sur le petit promontoire, d'où je pouvais me diriger à travers les dépressions vers la lisière du bois. Le soleil était sur le point de se coucher ; la marée était basse et tous les sables mouvants découverts ; j'avançais, perdu dans des pensées désagréables, quand je fus tout d'un coup sidéré de remarquer des empreintes de pieds. Elles avançaient parallèlement à mon propre trajet, mais en bas, sur la plage, au lieu d'être sur la frange de l'herbe ; et quand je les examinai, je vis aussitôt, d'après la taille et la grosseur de l'impression, que c'étaient celles de quelqu'un qui était inconnu de moi et des occupants du pavillon récemment passés par là. Bien plus, d'après l'imprudence du tracé qu'il avait suivi, avançant au plus près des zones les plus redoutables du sable, il était de façon tout aussi évidente étranger à cette région et ignorait la mauvaise réputation de la plage de Graden.

Pas à pas, je suivis les empreintes, jusqu'à ce que, trois cents mètres plus loin, je les visse s'effacer à la limite sud-est de Graden Floe. Là, le malheureux, quel qu'il fût, avait péri. Une ou deux mouettes, qui l'avaient peut-être vu disparaître, tournoyaient au-dessus de son sépulcre en poussant mélancoliquement leur cri habituel. Le soleil avait réussi, dans un dernier effort, à percer les nuages et colorait de pourpre foncé la vaste étendue des sables mouvants. Je restai quelque temps à contempler l'endroit, glacé et abattu par mes propres réflexions, terriblement conscient de la présence toute-puissante de la mort. Je me souviens m'être demandé combien de temps avait duré la tragédie et si ses cris avaient été entendus du pavillon. Alors, prenant une ferme décision, j'étais sur le point de m'arracher à ce lieu quand une bourrasque plus violente que les autres s'abattit sur cette portion de la plage et je vis, tantôt tourbillonnant très haut dans les airs, tantôt rasant légèrement la surface des sables, un feutre mou, noir, de forme vaguement conique, tel que j'en avais déjà remarqué sur la tête des Italiens.

Je crois, mais je n'en suis pas sûr, avoir poussé un cri. Le vent emportait le chapeau vers le rivage et je fis en courant le tour du *floe* pour être prêt à l'attraper. La bourrasque s'apaisa, laissant retomber un instant le chapeau sur les sables mouvants, puis, reprenant de plus belle, le déposa à quelques mètres de l'endroit où je me tenais. Je m'en emparai avec l'intérêt qu'on peut imaginer. Il avait déjà beaucoup servi ; en fait, il était plus terni qu'aucun de ceux que j'avais vus ce jour-là dans la rue. La doublure était rouge, et portait le cachet du fabricant, que je n'ai pas gardé en mémoire, ainsi que celui du lieu de la fabrication, *Venedig*. Tel est (je ne suis pas prêt de l'oublier) le nom donné par les Autrichiens à la belle cité de Venise, alors – et pour longtemps encore – partie de leur empire.

Ce fut un choc absolu. Je vis des Italiens imaginaires de tous les côtés ; pour la première fois, et je puis dire la dernière de mon existence, je fus en proie à ce qu'on appelle une terreur panique. À ma connaissance, je n'avais rien à redouter et pourtant, je dois admettre que j'avais une peur bleue ; et c'est avec une réticence certaine que je retournai à mon campement solitaire et peu protégé de Sea-Wood.

Là, je mangeai de la bouillie d'avoine froide qui restait de la veille, car je n'avais guère envie de faire du feu ; puis, me sentant réconforté et rassuré, je chassai de mon esprit toutes ces frayeurs imaginaires et me couchai calmement.

Il m'est impossible de savoir combien de temps j'ai pu dormir ; mais je fus réveillé soudain par une lumière aveuglante dirigée sur mon visage. Elle eut l'effet d'un coup. En un instant, je fus debout. Mais la lumière avait disparu aussi soudainement qu'elle était venue. L'obscurité était profonde. Et comme il soufflait de la mer un vent à décorner les bœufs et que la pluie tombait à seaux, les bruits de la tempête couvraient de façon efficace tous les autres.

Il s'écoula peut-être une demi-minute avant que je retrouve mes esprits. Sans deux détails précis, j'aurais pu croire que j'avais été réveillé par quelque forme nouvelle de cauchemar caractérisé. D'une part, le rabat de ma tente, que j'avais fermé avec soin en me couchant, était maintenant défait ; d'autre part, je sentais encore, avec une acuité qui excluait toute théorie hallucinatoire, l'odeur du métal chauffé et de l'huile qui brûle. La conclusion était évidente. J'avais été réveillé par quelqu'un qui m'avait braqué une lanterne sourde en pleine figure. Cela n'avait duré que le temps d'un éclair, avant de disparaître. Il avait vu mon visage puis s'en était allé. Je me demandai quel pouvait être l'objet d'une démarche aussi étrange, et la réponse vint sur-le-champ. L'homme, quel qu'il fût, avait cru me reconnaître, mais sans succès. Il restait encore une autre question non résolue ; et, à celle-là, je puis dire que je redoutais de donner une réponse : s'il m'avait reconnu, qu'aurait-il fait ?

Mes craintes se détournèrent aussitôt de ma personne, car je compris qu'on m'avait rendu visite par erreur ; et j'eus la conviction qu'un danger redoutable menaçait le pavillon. Il fallait du courage pour sortir de la tente et se retrouver dans les fourrés touffus et sombres qui entouraient et surplombaient le repaire ; mais j'avançai à tâtons jusqu'à la lande, trempé jusqu'aux os, martelé et assourdi par les bourrasques, et craignant à chaque pas de mettre la main sur un rôdeur hostile. L'obscurité était si totale que j'aurais pu être cerné par une armée sans m'en rendre compte, et le vent de tempête grondait si fort que mon ouïe était aussi inutile que ma vue.

Le restant de cette nuit-là, qui me parut interminable, je montai la garde aux abords du pavillon, sans voir un être vivant ni entendre le moindre bruit en dehors du concert du vent, de la mer et de la pluie. Une lumière à l'étage supérieur filtrait à travers une fente du volet et me tint compagnie jusqu'à l'approche de l'aube.

CHAPITRE V

Parle d'un entretien entre Northmour, Clara et moi-même.

AU POINT DU JOUR, je quittai le terrain découvert pour rejoindre ma vieille cachette au milieu des dunes, afin d'y attendre la venue de ma femme. C'était un matin gris, sauvage et mélancolique ; le vent resta modéré jusqu'au lever du soleil puis se mit à souffler en rafales de la côte ; la mer commençait à descendre, mais la pluie tombait toujours sans répit. Sur la lande désolée, on ne voyait pas le moindre signe de vie. Cependant, j'étais persuadé que le voisinage grouillait d'ennemis qui rôdaient. La lumière que l'on m'avait braquée sur le visage de façon si soudaine et surprenante alors que je dormais, ainsi que le chapeau porté par le vent depuis Graden Floe, qui était venu s'échouer à mes pieds, étaient deux signes éloquents du danger qui environnait Clara et le reste du groupe dans le pavillon.

Il était peut-être sept heures et demie, ou plus près de huit heures, quand je vis la porte s'ouvrir et la chère silhouette venir vers moi sous la pluie. J'étais déjà sur la plage à l'attendre avant qu'elle eût franchi les dunes.

– J'ai eu tellement de mal pour venir ! s'écria-t-elle. Ils ne voulaient pas que j'aille me promener sous la pluie.

– Clara, dis-je, vous n'avez pas peur !

– Non, dit-elle avec une simplicité qui me remplit de confiance.

Car ma femme était la plus courageuse et la meilleure des femmes ; au cours de ma vie, je me suis aperçu que les deux n'allaient pas toujours ensemble, mais avec elle, si : elle alliait une très grande force d'âme aux vertus les plus attachantes et les plus belles.

Je lui racontai ce qui s'était passé et, bien qu'elle pâlît visiblement, elle demeura parfaitement maîtresse d'elle-même.

– Vous voyez, à présent, que je suis en sécurité, ajoutai-je. Ils n'ont pas l'intention de me faire du mal, car, s'ils l'avaient voulu, j'étais un homme mort, la nuit dernière.

Elle posa la main sur mon bras.

– Et je n'ai eu aucun pressentiment ! s'écria-t-elle.

Sa voix émue me fit frissonner de joie. Je passai le bras autour de sa taille et la serrai contre moi. Sans que nous ayons eu le temps de nous en rendre compte, ses mains se retrouvèrent sur mes épaules et mes lèvres sur sa bouche. Pourtant, jusqu'à ce moment-là, aucun mot d'amour n'avait été échangé. Aujourd'hui encore, je me rappelle le toucher de sa joue, qui était froide et mouillée de pluie ; et bien des fois depuis, quand elle se lavait le visage, je l'ai embrassée encore en souvenir de ce matin-là sur la plage. Maintenant qu'elle m'a été enlevée et que j'achève seul mon pèlerinage, je me souviens de nos anciennes tendresses amoureuses, de la sincérité et de l'affection profondes qui nous unissaient, et la perte dont je suis victime aujourd'hui me paraît légère en comparaison.

Nous sommes restés ainsi quelques secondes peut-être – le temps passe vite pour les amoureux – avant qu'un éclat de rire tout proche ne nous fît sursauter. Ce n'était pas une hilarité naturelle, mais quelque chose d'affecté, semblait-il, afin de dissimuler une irritation plus violente. Nous nous retournâmes tous deux, mais je gardai le bras gauche autour de la taille de Clara ; elle ne chercha pas non plus à s'écarter de moi : là, quelques pas plus loin sur la plage, se tenait Northmour, la tête baissée, les mains derrière le dos, les narines livides de colère.

– Ah ! Cassilis ! dit-il, en découvrant mon visage.

– Lui-même, dis-je, car je n'étais pas troublé le moins du monde.

– Ainsi, mademoiselle Huddlestone, continua-t-il avec lenteur mais brutalité, voilà comment vous tenez vos promesses envers votre père et envers moi ? Est-ce là la valeur que vous attachez à la vie de votre père ? Et vous êtes-vous tellement entichée de ce jeune homme qu'il vous faut braver la ruine, les convenances et la prudence la plus élémentaire ?

– Mademoiselle Huddlestone...

J'allais l'interrompre quand, à son tour, il me coupa brutalement la parole...

– Vous, taisez-vous dit-il ; je parle à cette jeune fille.

– Cette jeune fille, comme vous dites, est ma femme, déclarai-je.

Et ma femme se contenta de se serrer un peu plus contre moi, de telle sorte que je compris qu'elle confirmait mes propos.

– Votre quoi ? hurla-t-il. Vous mentez !

– Northmour, dis-je, personne n'ignore que vous avez mauvais caractère, et je suis le dernier à me laisser impressionner par des paroles. Cependant, je suggère que vous parliez plus bas car j'ai la conviction que nous ne sommes pas seuls.

Il regarda autour de lui : ma remarque, c'était clair, calma un peu sa colère.

– Que voulez-vous dire ? demanda-t-il.

Je ne prononçai qu'un mot :

– Les Italiens.

Il laissa échapper un juron et nous regarda l'un après l'autre.

– M. Cassilis sait tout ce que je sais, dit ma femme.

– Ce que je veux savoir, déclara-t-il, c'est d'où diable vient M. Cassilis et ce que diable il fait par ici. Vous dites que vous êtes mariés : cela, je ne le crois pas. Si vous l'étiez, Graden Floe se chargerait rapidement de vous faire divorcer ; quatre minutes et demie, Cassilis. Je réserve mon cimetière privé à mes amis.

– Cela a pris un peu plus de temps, dis-je, pour cet Italien.

Il me dévisagea un instant, à moitié démonté, puis, presque avec civilité, me pria de raconter ce que je savais.

– Vous avez trop d'avantage sur moi, Cassilis, ajouta-t-il.

Je m'exécutai, bien entendu, et il m'écouta, non sans s'exclamer à plusieurs reprises, tandis que je lui racontais comment j'étais venu à Graden : que c'était moi qu'il avait tenté de poignarder le soir du débarquement, et ce que, par la suite, j'avais vu et entendu concernant les Italiens.

– Eh bien, dit-il quand j'eus terminé, nous y voici enfin ; il n'y a aucune erreur possible sur ce point. Et puis-je vous demander ce que vous comptez faire ?

– Je compte rester avec vous et vous prêter main-forte, dis-je.

– Vous êtes courageux, répondit-il avec une intonation particulière.

– Je n'ai pas peur, dis-je.

– Et donc, poursuivit-il, je dois comprendre que vous êtes mariés, vous deux ? Et vous pouvez me le dire en face, mademoiselle Huddlestone ?

– Nous ne sommes pas encore mariés, dit Clara, mais nous le serons dès que possible.

– Bravo, s'écria Northmour. Et le marché conclu ? Nom de D..., vous n'êtes pas idiote, jeune dame ; je peux appeler un chat un chat, avec vous. Qu'en est-il du marché conclu ? Vous savez aussi bien que moi de quoi dépend la vie de votre père. Je n'ai qu'à mettre les mains dans mes basques et m'en aller, et on lui tranchera la gorge avant ce soir.

– Oui, monsieur Northmour, répondit Clara avec beaucoup de courage, mais cela, vous ne le ferez jamais. Vous avez conclu un marché indigne d'un gentleman ; mais vous êtes malgré tout un gentleman et vous n'abandonnerez jamais un homme que vous avez commencé à aider.

– Ah, ah ! dit-il. Vous croyez que je vais céder mon yacht pour rien ? Vous croyez que je vais risquer ma vie et ma liberté pour l'amour d'un vieux monsieur, puis, je suppose, pour clore l'affaire, être témoin à votre mariage ? Ma foi, ajouta-t-il avec un sourire étrange, peut-être n'avez-vous pas entièrement tort. Mais demandez à Cassilis ici même. Lui me connaît. Suis-je un homme en qui on peut avoir confiance ? Suis-je sûr et scrupuleux ? Suis-je bon ?

– Je sais que vous parlez beaucoup, et que parfois vous dites n'importe quoi, répondit Clara, mais je sais que vous êtes un gentleman et je ne suis pas le moins du monde inquiète.

Il la regarda d'un air bizarrement approbateur et admiratif ; puis, se tournant vers moi, il dit :

– Croyez-vous que je vais renoncer à elle sans opposer de résistance, Frank ? Je vous le dis clairement, prenez garde ! La prochaine fois que nous en viendrons aux mains...

– Sera la troisième, l'interrompis-je en souriant.

– C'est ma foi vrai, dit-il. J'avais oublié. Eh bien, la troisième fois sera la bonne.

– La troisième fois, vous voulez dire, vous aurez tout l'équipage du *Comte Rouge* pour vous aider, dis-je.

– Vous l'entendez ? demanda-t-il en s'adressant à ma femme.

– J'entends deux hommes qui parlent comme des lâches, dit-elle. Je me mépriserais de penser ou de parler de la sorte. Sans compter que ni l'un ni l'autre ne croit un mot de ce qu'il dit, ce qui est encore plus pervers et stupide.

– Elle vient à la rescousse ! s'écria Northmour. Mais ce n'est pas encore Mme Cassilis. Je n'en dis pas plus. Le cadeau n'est pas pour moi.

C'est alors que ma femme me surprit.

– Je vous laisse, dit-elle soudain. Mon père est seul depuis trop longtemps. Mais rappelez-vous ceci : vous devez être amis, car vous êtes l'un et l'autre pour moi de bons amis.

Elle m'a dit depuis pourquoi elle avait pris cette décision. Elle affirme que, tant qu'elle serait restée, nous aurions continué tous les deux à nous quereller ; et je crois qu'elle avait raison, car dès qu'elle fut partie, nous en vînmes presque aux confidences.

Northmour la suivit des yeux alors qu'elle s'éloignait sur la dune.

– C'est la seule femme au monde ! s'exclama-t-il avec un juron. Regardez comme elle avance.

Quant à moi, je bondis sur cette occasion de tête à tête pour avoir quelques éclaircissements supplémentaires.

– Écoutez, Northmour, dis-je, nous sommes tous en mauvaise passe, n'est-ce-pas ?

– À qui le dites-vous, mon vieux ! répondit-il en me regardant dans les yeux avec beaucoup d'insistance. Nous avons tous l'enfer suspendu au-dessus de nous, ça, c'est vrai. Vous me croirez peut-être, mais j'ai peur pour ma vie.

– Dites-moi une chose, ajoutai-je, qu'est-ce qu'ils cherchent, ces Italiens ? Qu'est-ce qu'ils lui veulent, à Mr. Huddlestone ?

– Comment, vous ne savez pas ? s'écria-t-il. Ce vieux bandit a des fonds *carbonaro* en dépôt – deux cent quatre-vingt mille livres ; et, évidemment, il les a joués et perdus en Bourse. Il devait y avoir une révolution dans le Trentin, ou à Parme ; mais la révolution est remise et tout le nid de guêpes aux trousses de Huddlestone. On aura tous de la chance si on sauve sa peau !

– Les *Carbonari !* m'exclamai-je. Vraiment, que Dieu lui vienne en aide !

– Amen ! dit Northmour. Et à présent, écoutez : j'ai dit que nous sommes dans le pétrin et, franchement, je serais content que vous nous aidiez. Si je ne peux sauver Huddlestone, je veux au moins sauver sa fille. Venez habiter dans le pavillon et, je vous en donne ma parole, j'agirai avec vous en ami jusqu'à ce que le vieillard soit tiré d'affaire ou mort. Mais, ajouta-t-il, une fois que ce problème sera réglé, vous redeviendrez mon rival et je vous préviens... prenez garde à vous.

– Affaire conclue ! dis-je, et nous nous serrâmes la main.

– À présent, allons droit à la forteresse, dit Northmour.

Aussitôt, je lui emboîtai le pas sous la pluie.

CHAPITRE VI

Raconte comment je fus présenté à l'homme de haute taille.

NOUS FÛMES INTRODUITS dans le pavillon par Clara et je fus surpris de voir à quel point les protections étaient parfaitement sûres. Une barre très solide mais facile à déplacer maintenait la porte contre toute violence extérieure ; les volets de la salle à manger, où je fus conduit directement et qui était éclairée faiblement par une lampe, étaient consolidés avec encore plus de soin. Les panneaux étaient renforcés par des barres et des traverses, et ces dernières, à leur tour, maintenues en place par un système d'entretoises et d'étais dont certains s'appuyaient sur le sol, d'autres contre le toit et d'autres, enfin, au mur opposé de la pièce. C'était un travail de menuiserie à la fois solide et bien conçu ; et je ne cherchai pas à masquer mon admiration.

– C'est moi l'ingénieur, dit Northmour. Vous vous souvenez des planches, dans le jardin ? Les voici.

– Je ne savais pas que vous aviez de si nombreux talents, dis-je.

– Êtes-vous armé ? poursuivit-il en me désignant un ensemble impressionnant de fusils et de pistolets, tous en parfait état de fonctionnement, rangés contre le mur ou étalés sur le buffet.

– Merci, répondis-je ; je suis armé depuis notre dernière rencontre. Mais, pour ne rien vous cacher, je n'ai rien mangé depuis hier soir.

Northmour sortit de la viande froide, devant laquelle je m'attablai avec avidité, et une bouteille de bon bourgogne, dont je n'hésitai pas, trempé comme je l'étais, à profiter amplement. J'ai toujours été par principe un homme d'une extrême sobriété ; mais il ne sert à rien de pousser les principes outre mesure et, en cette occasion, je crois avoir bu les trois quarts de la bouteille. Tout en mangeant, je continuais d'admirer les préparatifs de défense.

– Nous pourrions tenir un siège, dis-je à la longue.

– Ou... ui, acquiesça Northmour d'une voix traînante ; un tout petit, peut...-être. Ce n'est pas tellement la résistance du pavillon que je mets en cause ; c'est le double danger qui me tue. Si nous en venons à tirer, le pays est tellement sauvage qu'il y aura sûrement quelqu'un pour entendre la détonation, et alors... Bah, ça revient au même, en un peu différent, comme on dit : soit coffrés par la loi, soit tués par les Carbonari. Voilà le choix. C'est rudement mauvais d'avoir la loi contre soi en ce monde, et c'est ce que je dis au vieux monsieur là-haut. Il est tout à fait de mon avis.

– À propos, dis-je, quel genre de personne est-ce ?

– Oh, lui ! s'écria Northmour, c'est un sale bonhomme. J'aimerais que demain, tous les démons d'Italie lui tordent le cou. Je ne suis pas de son côté dans cette affaire. Vous voyez ce que je veux dire ? J'ai conclu un marché pour avoir la main de la demoiselle et j'ai bien l'intention de l'avoir.

– Cela dit en passant, ajoutai-je. Je comprends. Mais comment Mr. Huddlestone prendra-t-il mon intrusion ?

– Laissez Clara s'en charger, répondit Northmour.

J'aurais pu le frapper en pleine figure pour cette familiarité grossière, mais je respectai la trêve, comme le faisait Northmour – je dois le reconnaître – et, aussi longtemps que le danger menaça, pas un nuage ne vint ternir notre relation. Je lui rends ce témoignage avec la satisfaction la plus sincère ; ce n'est pas non plus sans fierté que j'évoque le comportement qui fut alors le mien. Car il est certain que jamais deux hommes ne furent laissés dans une situation plus propre à susciter la jalousie, ni plus irritante.

Dès que j'eus achevé mon repas, nous passâmes à l'inspection du rez-de-chaussée. Une fenêtre après l'autre, nous vérifiâmes les différents étais, nous livrant de temps en temps à un changement insignifiant : les coups de marteau résonnaient de façon terrifiante dans la maison ! Je proposai, je m'en souviens, de ménager des meurtrières ; mais il me dit qu'il y en avait déjà aux fenêtres du premier étage. Cette inspection fut une tâche inquiétante, qui me laissa tout abattu. Il y avait deux portes et cinq fenêtres à protéger et, en comptant Clara, nous étions seulement quatre pour les défendre contre un nombre inconnu d'adversaires. Je fis part de mes incertitudes à Northmour qui m'assura sans sourciller qu'il les partageait entièrement.

– Avant le matin, dit-il, nous serons tous massacrés et ensevelis dans Graden Floe. À mon avis, c'est écrit.

Je ne pus m'empêcher de frissonner en l'entendant évoquer les sables mouvants, mais je rappelai à Northmour que, dans le bois, nos ennemis m'avaient épargné.

– Ne vous vantez pas ! dit-il. À ce moment-là, vous n'étiez pas dans la même galère que le vieux monsieur ; maintenant vous y êtes. C'est le *floe* pour chacun de nous, notez bien ce que je vous dis.

Je tremblais pour Clara ; et à ce moment précis, on entendit sa voix chérie qui nous enjoignait de monter. Northmour me montra le chemin et, lorsqu'il eut atteint le palier, il frappa à la porte de ce qu'on avait coutume d'appeler la *chambre de l'Oncle*, étant donné que le premier propriétaire du pavillon l'avait conçue spécialement pour lui-même.

– Entrez, Northmour ; entrez, cher monsieur Cassilis, dit une voix de l'intérieur.

Northmour poussa la porte et me fit pénétrer le premier dans la chambre. En entrant, je vis la fille du vieil homme s'esquiver par la petite porte donnant sur le bureau qui lui avait été préparé en guise de chambre à coucher. Dans le lit, qui était repoussé contre le mur, au lieu d'être placé, comme je l'avais vu pour la dernière fois, carrément en face de la fenêtre, était assis Bernard Huddlestone, le banquier failli. Le peu que j'avais vu de lui à la lueur vacillante de la lanterne, sur la lande, me permit de l'identifier sans difficulté. Il avait une figure allongée au teint cireux, encadrée par une longue barbe rousse et des favoris. Son nez cassé et ses pommettes saillantes lui donnaient un peu l'air d'un Kalmouk, et ses yeux clairs brillaient sous l'effet d'une forte fièvre. Il était coiffé d'une calotte de soie noire ; une Bible énorme reposait, ouverte, devant lui sur le lit, une paire de lunettes cerclées d'or sur la page, et une pile d'autres livres étaient posés sur le guéridon à côté de lui. Les rideaux verts donnaient à sa joue une ombre cadavérique ; et, comme il était soutenu par des oreillers, sa grande stature était nettement courbée, et sa tête avançait au niveau des genoux. S'il n'était pas mort d'une autre façon, je pense qu'il aurait succombé à la tuberculose en l'espace de quelques semaines.

Il me tendit une main longue, maigre et désagréablement poilue.

– Entrez, entrez, monsieur Cassilis, dit-il. Un autre protecteur... hum... un autre protecteur. On est toujours le bienvenu, en tant qu'ami de ma fille, monsieur Cassilis. Comme ils se sont rassemblés près de moi, les amis de ma fille ! Puisse le Dieu du ciel les bénir et les en récompenser !

Je lui tendis la main, bien entendu, parce que je ne pouvais faire autrement ; mais la sympathie que j'avais pensé ressentir pour le père de Clara tourna immédiatement à l'aigre devant son apparence et le ton enjôleur et peu naturel de sa voix.

– Cassilis est un homme de bien, dit Northmour ; il en vaut dix.

– C'est ce que j'apprends, s'empressa-t-il de dire, c'est ce que me dit ma fille. Ah, monsieur Cassilis, je paie les conséquences de mes erreurs, voyez-vous ! Je suis bien bas, bien bas ; mais, je l'espère, tout aussi repentant. Nous parvenons tous nécessairement au trône de la grâce tôt ou tard, monsieur Cassilis. En ce qui me concerne, j'arrive bien tard, c'est vrai ; mais avec une sincère humilité, je crois.

– Chansons que tout cela ! dit Northmour brutalement.

– Non, non, cher Northmour, s'écria le banquier. Il ne faut pas dire cela ; il ne faut pas chercher à m'ébranler. Vous oubliez, mon cher et bon garçon, vous oubliez qu'il se peut que je sois rappelé cette nuit même auprès de mon Créateur.

Son exaltation faisait pitié à voir ; et je sentis monter mon indignation envers Northmour, dont je connaissais les opinions athées : je m'empressai de les railler, tandis qu'il continuait, par ses sarcasmes, de détourner le pauvre pécheur de son humeur repentante.

– Bah, mon cher Huddlestone ! dit-il. Vous êtes injuste envers vous-même. Vous êtes un homme du monde corps et âme, et vous maniganciez toutes sortes de mauvais coups avant que je sois né. Votre conscience est tannée comme le cuir d'Amérique du Sud – seulement vous avez oublié de tanner votre foie et c'est là, croyez-moi, que se trouve la cause de vos ennuis.

– Fripon ! fripon ! méchant garçon ! dit Mr. Huddlestone en agitant l'index. Je ne suis pas puritain, si c'est à cela que vous voulez en venir. J'ai toujours détesté les puritains ; mais je n'ai jamais renoncé, de ma vie, à quelque chose de mieux. J'ai été un méchant homme, monsieur Cassilis ; je ne cherche pas à le nier ; mais c'était après la mort de ma femme et, vous savez, pour un veuf, c'est différent : j'ai péché... je ne dirais pas le contraire ; mais il y a des degrés, espérons-le. Et, à propos... Écoutez !

Il s'interrompit soudain, la main levée, les doigts tendus, le visage torturé par la curiosité et la frayeur.

– Dieu soit loué, c'est seulement la pluie ! ajouta-t-il après une pause, avec un soulagement indescriptible.

Pendant quelques secondes, il resta renversé en arrière sur les oreillers comme un homme au bord de l'évanouissement ; puis il rassembla ses esprits et, d'une voix légèrement chevrotante, recommença à me remercier pour la part que je me préparais à prendre à sa défense.

– Une question, monsieur, dis-je quand il se fut interrompu. Est-il vrai que vous ayez de l'argent avec vous ?

Il parut contrarié par cette question mais reconnut avec réticence qu'il en avait un peu.

– Eh bien, repris-je, c'est leur argent qu'ils recherchent, n'est-ce-pas ? Pourquoi ne pas le leur donner ?

– Ah ! répondit-il en secouant la tête, j'ai déjà essayé, monsieur Cassilis ; si seulement il en était ainsi ! Mais c'est du sang qu'ils veulent.

– Huddlestone, ce n'est pas tout à fait juste, dit Northmour. Vous devriez mentionner que la somme que vous leur avez offerte était insuffisante : ils s'attendaient à deux cent mille livres de plus. Cette différence mérite d'être signalée ; c'est ce qu'on appelle une coquette somme, Frank. Alors, voyez-vous, ces gens-là raisonnent à leur manière, italienne et limpide ; et ils ont l'impression, comme moi évidemment, qu'ils peuvent tout aussi bien avoir l'un et l'autre pendant qu'ils y sont – l'argent et le sang à la fois, parbleu – et du plaisir en plus, sans qu'il en résulte pour eux un surcroît d'ennuis.

– L'argent est-il dans le pavillon ? demandai-je.

– Oui, j'aimerais mieux qu'il soit au fond de la mer, dit Northmour.

Puis, soudain :

– Pourquoi me faites-vous des grimaces ? cria-t-il à l'adresse de Mr. Huddlestone, à qui j'avais sans m'en rendre compte tourné le dos.

– Croyez-vous que Cassilis va vous vendre ?

Mr. Huddlestone protesta en assurant que rien n'était plus éloigné de sa pensée.

– C'est une bonne chose, rétorqua Northmour de sa manière la plus menaçante. Vous pourriez finir par nous lasser. Qu'alliez-vous dire ? ajouta-t-il en se tournant vers moi.

– J'allais proposer une occupation pour l'après-midi, dis-je. Portons cet argent dehors, une liasse après l'autre, et posons-le devant la porte du pavillon. Si les Carbonari arrivent, eh bien, il sera pour eux, de toutes façons.

– Non, non, s'écria Mr. Huddlestone, ce n'est pas

le leur, il est impossible qu'il soit pour eux ! Il devrait être réparti au *pro rata* entre tous mes créanciers.

– Allons, allons, Huddlestone, dit Northmour, il ne s'agit pas de cela.

– Mais ma fille ? gémit le misérable.

– Votre fille se débrouillera très bien. Elle a deux prétendants, Cassilis et moi, qui ne sommes ni l'un ni l'autre des mendiants, et entre lesquels elle aura à choisir. Quant à vous, pour en terminer avec les discussions, vous n'avez pas droit au moindre sou et, si je ne me trompe, vous allez mourir.

C'était dit, assurément, avec beaucoup de cruauté ; mais Mr. Huddlestone était un homme qui suscitait peu la sympathie et j'eus beau le voir se crisper et frissonner, je souscrivis mentalement au blâme ; j'y ajoutai même ma propre contribution.

– Northmour et moi, dis-je, voulons bien vous aider à sauver votre peau, mais non à vous enfuir avec des biens volés.

Il lutta un instant contre lui-même, comme s'il était sur le point de donner libre cours à sa colère, mais la prudence l'emporta sur la discussion.

– Mes chers amis, dit-il, faites de moi ou de mon argent ce que vous voulez. Je m'en remets entièrement à vous. Laissez-moi retrouver mon calme.

Là-dessus, nous le quittâmes, bien contents, ma foi. Il avait repris sa grande Bible et, de ses mains tremblantes, ajustait ses lunettes : ce fut la dernière chose que je vis.

CHAPITRE VII

Raconte comment un cri fut poussé par la fenêtre du pavillon.

LE SOUVENIR de cet après-midi-là restera toujours gravé dans mon esprit. Northmour et moi étions persuadés qu'une attaque était imminente ; et s'il avait été en notre pouvoir de modifier d'une façon ou d'une autre le cours des événements, ce pouvoir aurait été utilisé pour précipiter le moment critique plutôt que pour le retarder. On pouvait s'attendre au pire. Cependant, nous ne pouvions concevoir de situation plus triste que le suspense que nous vivions en ce moment. Bien que lisant beaucoup, je n'ai jamais été un lecteur passionné ; mais je n'ai jamais trouvé de livres plus insipides que ceux que j'ai pris, puis reposés, cet après-midi-là dans le pavillon. Même la conversation devenait impossible, au fur et à mesure que les heures s'écoulaient. L'un de nous était toujours en train de tendre l'oreille pour guetter le moindre bruit, ou de scruter la lande d'une fenêtre de l'étage. Pourtant, aucun signe n'indiquait la présence de nos ennemis.

Nous débattîmes à maintes reprises de ma proposition concernant l'argent, et si nous avions été en pleine possession de nos moyens, je suis sûr que nous l'aurions condamnée comme déraisonnable. Mais nous étions bouleversés par l'inquiétude, nous nous raccrochions à n'importe quoi et décidâmes, bien que cela revînt à signaler la présence de Mr. Huddlestone dans le pavillon, de mettre à exécution ma proposition.

La somme était en partie en espèces, en partie en coupures, en partie en lettres de crédit circulaires payables au nom de James Gregory. Nous sortîmes l'ensemble, le comptâmes, l'enfermâmes de nouveau dans une boîte à documents appartenant à Northmour et rédigeâmes une lettre en italien qu'il attacha à la poignée. Elle disait que c'était là tout l'argent qui avait échappé à la ruine de la maison Huddlestone ; nous la signâmes tous les deux, sous serment. Ce fut peut-être l'action la plus insensée jamais accomplie par deux personnes se prétendant saines d'esprit. Si la boîte à documents était tombée dans d'autres mains que celles à qui elle était destinée, nous aurions été reconnus coupables d'un crime d'après notre propre témoignage écrit ; mais, comme je l'ai dit, nous n'étions ni l'un ni l'autre en mesure de juger sainement et avions une soif d'action qui nous poussait à faire quelque chose, en bien ou en mal, plutôt que d'endurer le supplice de l'attente. De plus, comme nous étions tous deux convaincus que les creux de la lande grouillaient d'espions cachés qui guettaient nos moindres mouvements, nous espérions que notre apparition avec la boîte pourrait mener à des pourparlers et peut-être à un compromis.

Il n'était pas loin de trois heures quand nous sortîmes du pavillon. La pluie s'était arrêtée ; le soleil brillait presque gaillardement. Je n'ai jamais vu les mouettes voler si près de la maison ni s'approcher avec autant d'intrépidité d'êtres humains. Sur le seuil même, l'une d'elles battit lourdement des ailes près de nos têtes et poussa son cri sauvage en plein dans mon oreille.

– Voilà un présage pour vous, dit Northmour qui, comme tous les libres penseurs, était très superstitieux. Elles croient qu'on est déjà morts.

Je fis une remarque qui se voulut plaisante, mais le cœur n'y était pas, car ce détail m'avait impressionné.

À un mètre ou deux en avant de la barrière, sur un carré d'herbe moelleuse, nous déposâmes la boîte et Northmour agita un chiffon blanc au-dessus de sa tête. Il n'obtint aucune réponse. Nous élevâmes la voix pour expliquer tout haut en italien que nous étions là en tant qu'ambassadeurs pour régler cette querelle ; mais seules les mouettes et le ressac rompirent le silence. J'avais le cœur lourd quand nous renonçâmes à crier et je vis que même Northmour était inhabituellement pâle. Il regardait nerveusement par-dessus son épaule comme s'il redoutait que quelqu'un se fût introduit entre la porte du pavillon et lui.

– Par Dieu, murmura-t-il, voilà qui est trop pour moi !

Je répliquai sur le même ton :

– Supposez qu'il n'y ait personne, après tout !

– Regardez, là ! répondit-il avec un mouvement de tête comme s'il avait eu peur de faire un geste de la main.

Je jetai un coup d'œil dans la direction indiquée et là, en provenance du nord de Sea-Wood, je vis s'élever, contre le ciel à présent sans nuage, une mince et régulière colonne de fumée.

– Northmour, dis-je (nous continuions à parler à voix basse), il n'est pas possible d'endurer un tel suspense. Je préfère cinquante fois la mort. Restez ici, vous, pour surveiller le pavillon. Je vais aller dans cette direction pour être fixé, même si je dois pénétrer jusque dans leur campement.

Il regarda une nouvelle fois tout autour de lui en fronçant les sourcils, puis approuva ma proposition d'un signe de tête.

Mon cœur battait la chamade comme je me dirigeais d'un pas rapide en direction de la fumée ; et alors que, jusqu'à ce moment-là, j'étais glacé et frissonnant, je sentis soudain tout mon corps embrasé d'une chaleur fiévreuse. Le sol dans cette direction était très irrégulier : une centaine d'hommes auraient bien pu être cachés dans la centaine de mètres carrés qui bordaient mon parcours. Mais je n'avais pas pratiqué le secteur en vain : je choisis le trajet qui menait droit sur la base même de la cachette ennemie et, en avançant toujours sur les arêtes les plus commodes, je dominais plusieurs creux à la fois. Je fus bientôt récompensé de ma prévoyance. Parvenant soudain à une butte un peu plus élevée que les mamelons environnants, je vis, à moins de trente mètres, un homme presque plié en deux qui courait aussi vite que sa situation le lui permettait, dans le fond d'une ravine. J'avais débusqué un des espions. Dès que je le vis, je l'appelai à haute voix en anglais et en italien ; et lui, voyant qu'il n'était plus possible de se cacher, se redressa, bondit hors de la ravine et décampa comme une flèche pour rejoindre la lisière du bois.

Me lancer à sa poursuite n'était pas mon affaire ; j'avais appris ce que je voulais : nous étions surveillés et cernés. Je retournai aussitôt, marchant le plus possible dans mes anciennes traces, jusqu'à l'endroit où Northmour m'attendait à côté de la boîte. Il était encore plus pâle que lorsque je l'avais quitté, et sa voix tremblait un peu.

– Avez-vous vu à quoi il ressemblait ? demanda-t-il.

– Il avait le dos tourné, répondis-je.

– Rentrons, Frank. Je ne crois pas être lâche mais je ne peux pas en supporter davantage, murmura-t-il.

Tout était calme et ensoleillé à proximité du pavillon comme nous retournions sur nos pas ; même les mouettes décrivaient des cercles plus larges et on les voyait battre des ailes au-dessus de la plage et des dunes : cette solitude me terrifia plus qu'un régiment sous les armes. Ce n'est pas avant que la porte fût barricadée que je pus respirer à fond et me libérer du poids qui m'oppressait. Northmour et moi échangeâmes un long regard et je suppose que chacun de nous se fit ses propres commentaires devant la mine pâle et hagarde de l'autre.

– Vous aviez raison, dis-je. Tout est fini. Serrons-nous la main, mon vieux, une dernière fois.

– Oui, répondit-il, je veux bien vous serrer la main, car, aussi sûr que je suis ici, je ne vous veux pas de mal. Mais, souvenez-vous, si par quelque impossible hasard nous faussions compagnie à ces fripouilles, j'aurais raison de vous, de gré ou de force.

– Oh, dis-je, vous me fatiguez !

Il parut blessé et se dirigea en silence jusqu'au pied de l'escalier, où il s'arrêta.

– Vous ne comprenez pas, dit-il. Je ne suis pas un escroc et je cherche à me protéger, c'est tout. Que cela vous fatigue ou non, monsieur Cassilis, je m'en soucie comme d'une guigne ; je parle pour obtenir réparation et non pour vous divertir. Vous feriez mieux de monter faire la cour à la jeune fille ; en ce qui me concerne, je reste ici.

– Et je reste avec vous, répondis-je. Croyez-vous que j'aie l'intention de vous prendre de vitesse, même avec votre permission ?

– Frank, dit-il en souriant, c'est dommage que vous soyez un âne, car vous avez l'étoffe d'un homme. Je dois être cinglé aujourd'hui, vous ne réussissez pas à me mettre en colère, même quand vous essayez. Savez-vous, continua-t-il doucement, je crois que nous sommes les deux hommes les plus malheureux d'Angleterre, vous et moi. Nous sommes parvenus à la trentaine sans femme ni enfant, ni même une boutique à gérer – de pauvres diables pitoyables et abandonnés, tous les deux ! Et maintenant, nous nous bagarrons pour une fille ! comme s'il n'y en avait pas des millions dans le Royaume-Uni ! Ah, Frank, Frank, celui des deux qui va perdre ce coup, que ce soit vous ou moi, je le plains ! Il vaudrait mieux pour lui – comment dit la Bible déjà ? – qu'on le jette dans les profondeurs de la mer, une meule suspendue à son cou. Buvons, conclut-il soudain, mais sans la moindre légèreté de ton.

Je fus touché par ces mots et j'acceptai. Il s'assit à la table de la salle à manger et porta le verre de sherry à la hauteur de ses yeux.

– Si vous me battez, Frank, dit-il, je m'adonnerai à la boisson. Et vous, si c'est l'inverse ?

– Dieu seul le sait, répondis-je.

– Bon, dit-il, eh bien en attendant, je porte un toast à l'*Italia irredenta !*

Le reste de la journée s'écoula dans le même ennui et le même suspense sinistres. Je dressai la table pour le dîner, tandis que Northmour et Clara préparaient le repas ensemble dans la cuisine. Dans mes allées et venues, j'entendais leur conversation et je fus surpris de découvrir que j'en étais le principal centre d'intérêt. Northmour nous mettait ex æquo et taquinait Clara sur le choix d'un mari ; mais il n'en continuait pas moins de parler de moi avec sympathie et ne prononçait jamais un mot qui me fût préjudiciable sans s'inclure lui-même dans la condamnation. Cela éveilla dans mon cœur un sentiment de gratitude qui, associé à l'imminence du danger, m'emplit les yeux de larmes. Après tout, me disais-je – et peut-être cette pensée était-elle risible et vaine –, nous étions ici trois nobles êtres humains destinés à périr pour la défense d'un banquier voleur.

Avant de nous asseoir à table, j'allai regarder dehors par une fenêtre de l'étage. Le jour commençait à décliner ; la lande était complètement déserte ; la boîte à documents était toujours là, intacte, où nous l'avions laissée quelques heures plus tôt.

Mr. Huddlestone, vêtu d'une longue robe d'intérieur jaune, prit place à un bout de la table, Clara à l'autre ; Northmour et moi nous faisions face de chaque côté. La lampe éclairait bien, sans fumer, le vin était bon, les mets, bien que froids pour la plupart, étaient excellents, chacun dans son genre. Nous semblions nous être tacitement mis d'accord ; toute référence à la catastrophe qui nous menaçait était évitée avec soin et, étant donné les circonstances tragiques, nous formions un groupe plus joyeux qu'on aurait pu s'y attendre. De temps en temps, il est vrai, Northmour ou moi nous levions de table pour faire le tour des protections et, à chaque fois, Mr. Huddlestone, rappelé au tragique de sa situation, levait des yeux épouvantés, et son visage, l'espace d'un instant, était marqué du sceau de la terreur. Mais il se dépêchait de vider son verre, s'essuyait le front de son mouchoir et participait de nouveau à la conversation.

Je fus étonné de l'esprit et des connaissances qu'il montra. Mr. Huddlestone n'était sûrement pas un personnage ordinaire : il avait lu et s'était livré à des observations personnelles ; ses dons étaient solides et j'eus beau ne jamais parvenir à aimer cet homme, je commençai à comprendre son succès en affaires et le grand respect dans lequel on l'avait tenu avant sa faillite. Il était, par-dessus tout, éminemment sociable ; et bien que je ne l'eusse jamais entendu parler que dans cette occasion particulièrement défavorable, je le compte parmi les causeurs les plus brillants que j'aie jamais rencontrés.

Il racontait avec beaucoup d'enthousiasme, et en apparence sans éprouver la moindre honte, les manœuvres d'un gredin de courtier qu'il avait connu et observé quand il était jeune, et nous étions tous à l'écouter avec un mélange d'amusement et de gêne, quand notre petite fête prit fin brutalement, et de la plus surprenante façon.

Un bruit pareil à celui que ferait un doigt mouillé sur le carreau d'une fenêtre interrompit le récit de Mr. Huddlestone ; nous devînmes tous quatre instantanément livides et restâmes assis autour de la table, immobiles, la gorge nouée.

– Un escargot, finis-je par dire, car j'avais entendu dire que ces animaux font un bruit quelque peu semblable.

– Maudit escargot ! dit Northmour. Chut !

Le même bruit se répéta deux fois à intervalles réguliers, puis une voix tonitruante hurla à travers les volets le mot italien « *Traditore !* ».

Mr. Huddlestone releva brusquement la tête ; il battit des paupières, puis tomba sous la table, sans connaissance. Northmour et moi courûmes à l'armurerie nous emparer chacun d'un fusil. Clara était debout, la main à la gorge.

Nous restâmes ainsi à attendre car nous pensions

que l'heure de l'attaque était de toute évidence arrivée. Mais les secondes s'écoulèrent et, hormis la houle, tout restait silencieux au voisinage du pavillon.

– Vite, dit Northmour ; portons-le en haut avant qu'ils arrivent.

CHAPITRE VIII

Raconte la fin de l'homme de haute taille.

TANT BIEN QUE MAL, en conjuguant nos efforts, nous portâmes Bernard Huddlestone comme un ballot à l'étage et l'allongeâmes sur le lit dans la *chambre de l'Oncle*. Durant toute cette opération, qui fut assez rude, il resta inconscient et demeura sur son lit tel que nous l'y avions jeté, sans bouger d'un pouce. Sa fille ouvrit sa chemise et commença à lui humecter la tête et la poitrine, tandis que Northmour et moi nous nous précipitions à la fenêtre. Le temps était toujours clair ; la lune, qui était presque pleine à présent, s'était levée et répandait une lumière très vive sur la lande ; pourtant, nous avions beau plisser les yeux pour essayer de distinguer quelque chose, nous ne voyions rien bouger. Quelques taches sombres, plus ou moins visibles sur l'étendue irrégulière, ne pouvaient être identifiées. Ç'aurait pu être des hommes tapis, ç'aurait pu être des ombres : impossible d'en être sûr.

– Dieu merci, dit Northmour, Aggie ne vient pas ce soir.

Aggie était le nom de la vieille gouvernante ; il n'avait pas pensé à elle jusqu'à maintenant ; mais qu'il pût penser à elle le moins du monde était un trait qui me surprit chez cet homme.

Nous en étions de nouveau réduits à attendre. Northmour s'approcha de la cheminée et tendit les mains devant les braises rouges, comme s'il avait froid. Je le suivis machinalement des yeux et, ce faisant, tournai le dos à la fenêtre. À ce moment-là, on entendit une rumeur très faible venant de l'extérieur : une balle fracassa une vitre et s'enfonça dans le volet à quelques centimètres de ma tête. J'entendis Clara crier ; je bondis aussitôt dans un coin hors de portée, et déjà elle était là, pour ainsi dire, devant moi, cherchant à savoir si j'étais blessé. Je sentis que je pourrais supporter qu'on me tire dessus tous les jours et à tout instant, si de telles marques de sollicitude devaient en être la récompense. Aussi continuai-je de la rassurer, avec les caresses les plus tendres et dans l'oubli total de la situation où nous nous trouvions, jusqu'à ce que la voix de Northmour me rappelât à la réalité.

– Un fusil à air comprimé, dit-il. Ils ne veulent pas faire de bruit.

J'écartai Clara et le regardai. Il était debout, dos au feu et les mains serrées derrière le dos et je compris, d'après l'expression sombre de son visage, qu'au-dedans de lui il bouillait de colère. J'avais vu exactement la même expression avant qu'il ne m'agresse, cette nuit de mars, dans la chambre voisine, et j'avais beau avoir toute l'indulgence possible pour sa colère, je tremblais à l'idée des conséquences. Il regardait droit devant lui, mais il nous voyait du coin de l'œil et sa fureur ne cessait de monter comme un vent de tempête. En plus de la véritable bataille qui nous attendait dehors, la perspective de cette lutte d'extermination réciproque commençait à me décourager.

Soudain, comme j'observais de près son expression, m'attendant au pire, je vis un changement, un éclair, un air de soulagement sur son visage. Il s'empara de la lampe qui se trouvait à côté de lui sur la table et se tourna vers nous, l'air quelque peu agité.

– Il y a un point sur lequel nous devons être fixés, dit-il. Vont-ils tous nous massacrer ou seulement Huddlestone ? Est-ce qu'ils vous ont pris pour lui, ou fait feu sur vous pour vos *beaux yeux** ?

– Ils m'ont pris pour lui, c'est certain, répondis-je. Je suis presque aussi grand et j'ai les cheveux blonds.

– Je vais m'en assurer, répondit Northmour.

Il s'avança jusqu'à la fenêtre, tenant la lampe à hauteur de sa tête, et se tint là debout, affrontant la mort calmement, une demi-minute.

Clara chercha à s'élancer pour l'écarter de l'endroit dangereux ; mais j'eus l'égoïsme pardonnable de la retenir de force.

– Oui, dit Northmour, se détournant froidement de la fenêtre, c'est uniquement Huddlestone qu'ils veulent.

– Oh, monsieur Northmour ! s'écria Clara.

Mais elle ne trouva rien d'autre à ajouter, la témérité dont elle venait d'être témoin semblant au-delà des mots.

Lui, de son côté, me regardait la tête haute, un

éclat triomphant dans les yeux, et je compris aussitôt qu'il avait ainsi risqué sa vie simplement pour attirer l'attention de Clara et me détrôner de ma position de héros du moment. Il fit claquer ses doigts.

– La fusillade ne fait que commencer, dit-il. Quand ils se seront échauffés, ils ne seront pas aussi exigeants.

On entendit alors une voix qui nous hélait depuis l'entrée. De la fenêtre, dans la clarté de la lune, on voyait la silhouette d'un homme ; il se tenait là, immobile, le visage levé vers nous et une espèce de chiffon blanc sur son bras tendu ; et comme nous le regardions d'en haut, bien qu'il fût à une bonne distance sur la lande, nous pouvions voir le reflet de la lune briller dans ses yeux.

Il ouvrit de nouveau la bouche et parla pendant plusieurs minutes d'affilée, à voix si haute qu'on aurait pu l'entendre de tous les coins du pavillon et jusqu'à la lisière du bois. C'était la même que celle qui avait déjà crié « *Traditore !* » à travers les volets de la salle à manger. Cette fois-ci, il fit toute une déclaration, très claire. Si « le traître Oddlestone » était livré, tous les autres seraient épargnés ; dans le cas contraire, personne n'en réchapperait pour raconter l'histoire.

– Eh bien, Huddlestone, que répondez-vous à cela ? demanda Northmour, se tournant vers le lit.

Jusqu'à ce moment-là, le banquier n'avait donné aucun signe de vie et j'avais supposé, quant à moi, qu'il gisait, toujours évanoui ; mais il répliqua aussitôt et, avec des accents que je n'avais jamais entendus nulle part ailleurs, si ce n'est chez un malade en plein délire, nous adjura et nous supplia de ne pas l'abandonner. C'était le numéro le plus abominable et le plus abject que mon imagination pût concevoir.

– Assez ! s'écria Northmour.

Puis il ouvrit la fenêtre, se pencha dans le noir, et d'une voix qui exultait, dans un oubli total de ce qu'exigeait la présence d'une dame, déversa sur cet ambassadeur un chapelet des plus épouvantables invectives... à la fois en anglais et en italien, lui enjoignant de retourner là d'où il venait. J'imagine que rien, à cet instant, ne réjouit plus Northmour que la pensée que nous devions tous périr infailliblement avant la fin de la nuit.

Pendant ce temps, l'Italien fourra son drapeau de trêve dans sa poche et disparut sans se presser au milieu des dunes.

– Ils font une guerre honorable, dit Northmour. Ce sont tous des gentlemen et des soldats. Pour l'honneur de la situation, j'aimerais qu'on puisse changer de camp – vous et moi, Frank, ainsi que vous, mam'zelle, ma chérie – et laisser cet individu allongé sur le lit aux soins de quelqu'un d'autre. Allons, allons ! ne prenez pas cet air offensé ! Nous courons tous la poste pour rejoindre ce qu'on appelle l'éternité, et nous pouvons aussi bien jouer cartes sur table pendant qu'il est encore temps. En ce qui me concerne, si je pouvais d'abord étrangler Huddlestone puis serrer Clara dans mes bras, je mourrais fier et content. Et, les choses étant ce qu'elles sont, par Dieu, je vais voler un baiser !

Avant qu'il me fût possible d'intervenir, il avait brusquement pris dans ses bras et embrassé à plusieurs reprises la jeune fille qui résistait. L'instant d'après, je l'avais écarté avec violence et projeté lourdement contre le mur. Il eut un long rire sonore et je craignis qu'il n'eût perdu la tête sous l'effet de la tension nerveuse ; car, même dans ses meilleurs jours, il riait peu et discrètement.

– À présent, Frank, dit-il quand son hilarité fut quelque peu dissipée, à votre tour. Voici ma main. Adieu, portez-vous bien !

Puis, me voyant immobile, l'air sévère et indigné, serrant Clara contre moi :

– Mon vieux, explosa-t-il, êtes-vous fâché ? Croyiez-vous que nous allions mourir en nous donnant tous les airs et les délicatesses de la bonne société ? J'ai volé un baiser ; j'en suis content ; vous pouvez en voler un à présent si vous en avez envie, et le compte sera bon.

Je me détournai de lui avec un mépris que je ne cherchai pas à dissimuler.

– Comme vous voulez, dit-il. Vous avez vécu en petit saint, vous mourrez de même.

Là-dessus, il s'assit sur une chaise, un fusil sur les genoux et s'amusa à en faire claquer le cran de sûreté, mais je vis que son accès de folie exubérante (le seul que je le vis jamais manifester) était déjà fini et que lui succédait une humeur maussade et renfrognée.

Pendant tout ce temps, nos assaillants auraient pu pénétrer dans la maison à notre insu ; en vérité, nous avions presque oublié le danger imminent suspendu au-dessus de nos têtes. Mais, juste à ce moment-là, Mr. Huddlestone poussa un cri et bondit du lit.

Je lui demandai ce qui n'allait pas.

– Le feu ! hurla-t-il. Ils ont mis le feu à la maison !

Northmour se leva immédiatement et nous nous ruâmes tous deux dans le bureau par la porte de communication. La pièce était illuminée par une vive lumière rouge. Presque au moment où nous arrivions, une colonne de flammes s'éleva devant la fenêtre et, avec un bruit cristallin de verre qui tinte, une vitre tomba sur le tapis à l'intérieur. Ils avaient mis le feu à l'appentis où Northmour abritait ses clichés.

– Joli travail, ça chauffe ! dit Northmour. Essayons par ton ancienne chambre.

Nous y courûmes d'un trait et, relevant la vitre, regardâmes dehors. Tout le long du mur, à l'arrière du pavillon, des piles de combustible avaient été disposées et allumées, et il est probable qu'elles avaient été arrosées de pétrole car, en dépit de la pluie du matin, elles brûlaient avec ardeur. Le feu avait déjà bien envahi l'appentis, qui brûlait avec une intensité de plus en plus grande ; la porte de derrière était le cœur d'un véritable brasier incandescent ; le feu couvait déjà dans les avant-toits que nous pouvions voir, au-dessus de nous, car le toit débordait largement et était soutenu par d'énormes poutres de bois. Au même moment, des nuages d'une fumée brûlante, âcre et suffocante commencèrent à envahir la maison. On ne voyait pas un être humain, ni à droite ni à gauche.

– Eh bien ! dit Northmour, le dénouement est proche, Dieu merci.

Nous retournâmes alors à la *chambre de l'Oncle*. Mr. Huddlestone enfilait ses bottines ; il tremblait encore terriblement mais avait un air décidé que je ne lui avais pas connu jusque-là. Clara se tenait près de lui, portant son manteau à deux mains, prête à s'en couvrir les épaules. Elle avait un regard étrange, comme si elle était à moitié confiante, à moitié dubitative en ce qui concernait son père.

– Bon, mes enfants, dit Northmour, que diriez-vous d'une petite sortie ? Le four est en train de brûler ; ce n'est pas bon de rester ici pour être rôti ; et moi, je veux en venir aux mains avec eux et en finir.

– Il n'y a rien d'autre à faire, répondis-je.

Clara, tout comme Mr. Huddlestone, bien qu'avec une intonation différente, ajouta :

– Rien.

Dans l'escalier, la chaleur était intolérable, et le ronflement des flammes assourdissant. Nous avions à peine atteint le couloir que la fenêtre de l'escalier se brisa en miettes, une branche enflammée fut projetée par l'ouverture et l'intérieur du pavillon s'illumina du terrible et aveuglant éclat des flammes vacillantes. Au même moment, nous entendîmes le choc de quelque chose de lourd et de rigide à l'étage supérieur. Il était clair que le pavillon s'était enflammé comme une boîte d'allumettes et était non seulement la proie de flammes immenses s'élevant dans toutes les directions, mais menaçait à tout instant de totalement s'écrouler.

Northmour et moi armâmes nos revolvers. Mr. Huddlestone, qui avait déjà refusé une arme à feu, nous plaça derrière lui d'un geste autoritaire.

– Laissez Clara ouvrir la porte, dit-il. Ainsi, s'ils tirent une salve, elle sera protégée. Et pendant ce temps restez derrière moi. Je suis le bouc émissaire ; mes péchés m'ont démasqué.

Debout derrière lui, retenant mon souffle, prêt à tirer, je l'entendis réciter des prières dans un murmure tremblant et précipité. Et je l'avoue, aussi horrible que cela puisse paraître, je le méprisai de penser à des supplications dans un moment aussi critique et angoissant. Pendant ce temps, Clara, livide mais toujours pleinement consciente, avait ôté la barricade de la porte d'entrée, qu'elle ouvrit aussitôt. La lueur du feu et la clarté de la lune illuminaient la lande d'un éclat confus et changeant, et on voyait, très loin contre le ciel, une longue traînée de fumée rougeoyante.

Mr. Huddlestone, rempli alors d'une force qui le dépassait, nous frappa Northmour et moi en pleine poitrine d'un revers de la main et tandis que nous étions momentanément rendus incapables d'agir, levant les bras au-dessus de sa tête comme quelqu'un qui s'apprête à plonger, sortit en courant du pavillon.

– Me voici ! hurla-t-il, moi, Huddlestone ! Tuez-moi et épargnez les autres !

Son apparition soudaine troubla, je suppose, nos ennemis invisibles ; car Northmour et moi eûmes le temps de nous ressaisir, de placer Clara entre nous, chacun par un bras, et de nous ruer en avant pour lui porter secours, avant que rien d'autre ne se fût produit. Mais à peine eûmes-nous franchi le seuil qu'une douzaine de détonations et d'éclairs venus des dépressions de la lande jaillirent de tous côtés. Mr. Huddlestone chancela, poussa un cri sauvage qui nous fit froid dans le dos, leva les bras au-dessus de sa tête et tomba à la renverse sur l'herbe.

– *Traditore ! Traditore !* crièrent les vengeurs invisibles.

Juste à ce moment-là, une partie du toit s'effondra, tant le feu progressait rapidement. Sa chute fut accompagnée d'un vacarme innommable et des flammes immenses montèrent vers le ciel. On devait alors les voir à trente kilomètres en mer, du rivage de Graden Wester et loin à l'intérieur des terres du pic de Graystiel, le sommet des Caulder Hills situé le plus à l'est. Bernard Huddlestone – Dieu sait ce que furent ses obsèques – eut au moment de mourir un beau bûcher.

CHAPITRE IX

Raconte comment Northmour mit sa menace à exécution.

JE DEVRAIS AVOIR la plus grande difficulté à vous raconter ce qui survint après ce dénouement tragique. Quand je me le remémore, tout pour moi se mélange et mes efforts se révèlent inefficaces, comme ceux d'un dormeur aux prises avec un cauchemar. Clara, je m'en souviens, poussa un soupir de désespoir et serait tombée en avant sur le sol si Northmour et moi n'avions soutenu son corps sans connaissance. Je ne crois pas que nous avons été attaqués ; je ne me rappelle même pas avoir vu un assaillant et il me semble que nous avons abandonné Mr. Huddlestone sans un regard. Je me souviens seulement d'avoir couru comme un homme en proie à la panique, tantôt portant seul Clara dans mes bras, tantôt partageant cette charge avec Northmour, tantôt me bagarrant confusément pour la possession de ce fardeau bien-aimé. Pourquoi nous avons dû nous diriger vers mon campement dans Hemlock Den ou comment nous l'avons atteint, ce sont là des points que je n'arriverai jamais à me rappeler. Mes souvenirs clairs et précis remontent au moment où, ayant déposé Clara contre l'entrée de ma petite tente, Northmour et moi roulâmes ensemble sur le sol et où lui, avec une fureur contenue, se mit à me frapper la tête avec la crosse de son revolver. Il m'avait déjà fait deux blessures au cuir chevelu et je perdais mon sang en abondance, ce qui me rendit soudain toute ma lucidité d'esprit.

Je le saisis par le poignet.

– Northmour, ai-je dit, je m'en souviens, vous pourrez toujours me tuer après. Occupons-nous d'abord de Clara.

À ce moment-là, il avait le dessus. À peine avais-je prononcé ces paroles qu'il s'était redressé d'un bond et rué vers la tente ; l'instant d'après, il étreignait Clara, toujours inconsciente, et couvrait de caresses ses mains et son visage.

– C'est une honte ! m'écriai-je. Honte à vous, Northmour !

Et, bien que je fusse encore tout étourdi, je le frappai à plusieurs reprises à la tête et aux épaules.

Il lâcha prise et me fit face à la clarté pâlissante de la lune.

– Vous étiez à ma merci, je vous ai relâché, dit-il, et maintenant vous me frappez ! Lâche !

– C'est vous qui êtes lâche ! rétorquai-je. Est-ce qu'elle souhaitait que vous l'embrassiez quand elle était encore consciente de ce qu'elle voulait ? Certainement pas ! Et à présent elle est peut-être en train de mourir, et vous perdez un temps précieux et abusez de son impuissance. Poussez-vous et laissez-moi lui venir en aide.

Il me défia un instant, pâle et menaçant, puis soudain s'écarta.

– Eh bien, venez-lui en aide alors, dit-il.

Je me jetai à genoux près d'elle et desserrai de mon mieux sa robe et son corset ; mais, tandis que j'étais ainsi occupé, une poigne de fer s'abattit sur mon épaule.

– Ne la touchez pas, s'écria Northmour d'un ton farouche. Croyez-vous que je n'aie pas de sang dans les veines ?

– Northmour, m'écriai-je, si vous ne voulez ni lui porter secours vous-même ni me laisser le faire, savez-vous que je vais être obligé de vous tuer ?

– Voilà qui est mieux ! cria-t-il. Qu'elle meure aussi, où est le mal ? Écartez-vous de cette fille ! Et redressez-vous pour le combat.

– Vous remarquerez, dis-je, en me relevant à moitié, que je ne l'ai pas encore embrassée.

– Je vous mets au défi de le faire ! cria-t-il.

Je ne sais pas ce qui me prit ; c'est l'une des choses dont j'ai le plus honte, et pourtant, comme disait ma femme, je savais que mes baisers seraient toujours bien accueillis, qu'elle fût morte ou vive ; je me laissai retomber sur les genoux, écartai ses cheveux de son front et, avec la tendresse la plus respectueuse, posai un instant mes lèvres sur ce front glacé. C'était un baiser comme un père aurait pu en donner ; de cette sorte qui n'est pas inconvenante de la part d'un homme près de mourir envers une femme déjà morte.

– À présent, dis-je, je suis à votre service, monsieur Northmour.

Mais je constatai, à ma surprise, qu'il m'avait tourné le dos.

– Vous m'entendez ? demandai-je.

– Oui, je vous entends, dit-il. Si vous voulez vous battre, je suis prêt. Sinon, continuez de sauver Clara. Tout m'est égal.

Je ne me le fis pas dire deux fois et, me courbant de nouveau au-dessus de Clara, je poursuivis mes efforts pour la ranimer. Elle était toujours étendue, livide et inerte ; je commençai à craindre que son âme pure se fût effectivement envolée sans retour, et l'horreur, mêlée à un sentiment d'absolue désolation, s'empara de mon cœur. Je l'appelai par son nom avec les inflexions les plus tendres ; je frictionnai et tapotai ses mains ; tantôt je lui plaçais la tête sur le sol, tantôt je la soutenais contre mon genou ; mais tout semblait vain et ses paupières étaient lourdement baissées sur ses yeux.

– Northmour, dis-je, tenez mon chapeau. Pour l'amour de Dieu, rapportez de l'eau de la source.

Il fut de retour avec l'eau presque instantanément.

– Je l'ai rapportée dans le mien. Vous ne m'en voulez pas de ce privilège ?

– Northmour... commençai-je, tout en baignant sa tête et sa poitrine.

Mais il m'interrompit brutalement.

– Oh, vous, taisez-vous, dit-il. Le mieux que vous puissiez faire c'est de ne rien dire.

Je n'avais vraiment aucun désir de parler, mon

esprit étant perdu d'inquiétude pour mon cher amour et la situation où elle se trouvait. Aussi continuai-je en silence à tenter de mon mieux de la faire revenir à elle et, lorsque le chapeau fut vide, je le lui rendis avec un seul mot : « Encore. » Il avait, je crois, fait plusieurs allées et venues quand Clara rouvrit les yeux.

– Maintenant, dit-il, puisqu'elle va mieux, vous pouvez vous passer de moi, n'est-ce-pas ? Je vous souhaite une bonne nuit, monsieur Cassilis.

Et, là-dessus, il disparut dans les fourrés. Je fis un feu, car je n'avais désormais plus peur des Italiens, qui avaient même épargné toutes les petites affaires que j'avais laissées dans mon campement. Clara était brisée par les émotions de la soirée et son atroce dénouement, mais je parvins, d'une façon ou d'une autre – par la persuasion, les encouragements, la chaleur et autres remèdes simples que je pus trouver –, à lui redonner un peu d'apaisement et de force physique.

Le jour était déjà levé quand un « Psst ! » aigu se fit entendre dans le fourré. Je me dressai d'un bond, mais on entendit la voix de Northmour ajouter le plus calmement du monde :

– Venez ici, Cassilis, seul ; je veux vous montrer quelque chose.

Je consultai Clara des yeux et, avec son assentiment tacite, je la laissai seule et me hissai hors de la tanière. Un peu plus loin, je vis Northmour appuyé contre un tronc de sureau. Dès qu'il m'aperçut, il se mit à marcher en direction de la mer. Je l'avais presque rattrapé alors qu'il parvenait aux confins du bois.

– Regardez, dit-il en s'arrêtant.

Quelques pas de plus m'amenèrent hors du couvert des arbres. La lumière du matin, froide et claire, baignait ce paysage bien connu. Le pavillon n'était plus qu'une ruine noircie ; le toit s'était effondré d'un côté, l'un des pignons était tombé de l'autre et, partout, la surface de la lande était couturée de petites taches d'ajoncs brûlés. Une épaisse fumée s'élevait toujours dans l'air immobile du matin et un gros tas de braises rougeoyantes remplissait le vide intérieur de la maison, comme du charbon dans un foyer ouvert. Tout près de l'îlot, une goélette était à la cape et un canot bien armé faisait force de rames vers la côte.

– Le *Comte Rouge* ! m'écriai-je. Le *Comte Rouge*, douze heures trop tard !

– Tâtez votre poche, Frank. Êtes-vous armé ? demanda Northmour.

Je lui obéis, et je dus devenir atrocement pâle. On m'avait pris mon revolver.

– Vous êtes en mon pouvoir, vous voyez, poursuivit-il. Je vous ai désarmé la nuit dernière, quand vous vous occupiez de Clara, mais ce matin – tenez – prenez votre pistolet. Ne me remerciez pas, s'écria-t-il le bras levé. Je n'aime pas cela ; c'est la seule façon dont vous puissiez me fâcher à présent.

Il se mit en marche à travers la lande à la rencontre du bateau et je le suivis, un pas ou deux en arrière. Devant le pavillon, je m'arrêtai pour voir l'endroit où

Mr. Huddlestone était tombé ; mais il n'y avait aucun signe de sa présence, ni même une trace de sang.

– Graden Floe, dit Northmour.

Il continua d'avancer jusqu'à ce que nous soyons parvenus au bout de la plage.

– Pas plus loin, s'il vous plaît, dit-il. Aimeriez-vous l'emmener à Graden House ?

– Merci, répondis-je, j'essaierai de la faire aller jusque chez le pasteur de Graden Wester.

La proue du canot crissa alors sur la plage et un marin sauta sur le rivage, un cordage à la main.

– Attendez un peu, les gars ! cria Northmour.

Puis, plus bas à mon oreille :

– Vous feriez mieux de ne rien lui dire de tout cela, ajouta-t-il.

– Au contraire ! explosai-je, elle saura tout ce que je serai en mesure de lui raconter.

– Vous ne comprenez pas, répliqua-t-il, le visage empreint de dignité. Ce ne sera rien pour elle ; elle s'y attend de ma part. Adieu ! ajouta-t-il avec un signe de tête.

Je lui tendis la main.

– Excusez-moi, dit-il. C'est peu, je sais, mais je ne peux pas aller plus loin. Je ne veux pas faire de sentimentalisme, être le vagabond aux cheveux blancs qui reste assis chez vous au coin du feu, et tout ce que cela suppose. Bien au contraire : plaise au ciel que je ne vous voie plus jamais, ni l'un ni l'autre.

– Eh bien, Dieu vous bénisse, Northmour ! dis-je de tout mon cœur.

– Oh, oui, répondit-il.

Il traversa la plage. L'homme qui était descendu du canot l'aida à y monter, puis repoussa l'embarcation et sauta à son tour à l'avant. Northmour prit la barre ; le canot dansait sur les vagues et les rames grinçaient en cadence entre les tolets, dans l'air vif du matin.

Ils n'avaient pas encore parcouru la moitié de la distance qui les séparait du *Comte Rouge* et j'étais toujours là à les contempler quand le soleil s'éleva au-dessus de la mer.

Encore un mot pour achever mon récit. Des années plus tard, Northmour fut tué en combattant sous le drapeau de Garibaldi pour la libération du Tyrol.

Un logis pour la nuit

Histoire de François Villon

ON ÉTAIT à la fin de novembre 1456. La neige tombait sur Paris, sans discontinuer, avec une rigueur implacable ; parfois, une rafale l'éparpillait et la faisait tourbillonner ; parfois, le vent se calmait et les flocons, avec des détours infinis, poursuivaient leur chute, en silence, du plus noir de la nuit. Pour les pauvres gens qui levaient les yeux sous leurs paupières humides de neige, leur apparition relevait du miracle. Maître François Villon, cet après-midi-là, derrière la vitre d'une taverne, avait proposé l'alternative suivante : était-ce simplement ce païen de Jupiter qui plumait des oies sur l'Olympe, ou les saints anges qui muaient ? Il n'était qu'un pauvre maître ès arts, poursuivait-il ; et comme ce problème touchait en quelque sorte la théologie, il n'osait pas se risquer à conclure. Un vieux prêtre stupide de Montargis, qui faisait partie de la compagnie, offrit au jeune coquin une bouteille de vin en l'honneur de cette plaisanterie et des simagrées qui l'accompagnaient, et jura sur sa barbe blanche qu'il avait été exactement le même genre de chien irrévérencieux quand il avait l'âge de Villon.

L'air était vif et mordant mais la température guère en dessous de zéro ; les flocons étaient gros, mouillés et collants. La ville était recouverte d'un linceul. Une armée en marche aurait pu la traverser d'un bout à l'autre sans que le moindre bruit de pas eût donné l'alarme. S'il se trouvait quelques oiseaux attardés dans le ciel, ils voyaient l'île de la Cité comme une grande tache blanche et les ponts comme de minces espars blancs sur le sol noir de la rivière. Très loin au-dessus des têtes, la neige s'installait parmi les nervures des tours de Notre-Dame. Elle s'était accumulée dans toutes les niches ; toutes les statues, grotesques ou sanctifiées, avaient la tête coiffée d'un long bonnet blanc. Les gargouilles avaient été transformées en énormes faux nez qui s'affaissaient vers la pointe. Les crochets des pignons ressemblaient à des oreillers verticaux gonflés d'un côté. Quand le vent se calmait, on entendait les gouttes tomber sourdement aux abords de l'enceinte de la cathédrale.

Le cimetière de Saint-Jean avait eu sa part de neige. Toutes les tombes étaient convenablement recouvertes ; les maisons aux grands toits blancs se dressaient tout autour en rangées solennelles ; les honorables bourgeois étaient au lit depuis longtemps, ayant mis leur bonnet de nuit, à l'instar de leur domicile ; il n'y avait aucune lumière dans tout le voisinage, à l'exception d'une petite lueur provenant d'une lampe suspendue qui se balançait dans le chœur de la cathédrale et projetait les ombres çà et là au rythme de ses oscillations. L'horloge marquait presque dix heures quand la patrouille, munie de hallebardes et d'une lanterne, passa en tapant des mains ; elle ne vit rien de suspect aux alentours du cimetière de Saint-Jean.

Il y avait cependant une petite maison adossée au mur du cimetière qui était encore éveillée – éveillée pour un mauvais motif, dans ce quartier où tout dormait déjà profondément. Il n'y avait pas grand-chose pour la trahir de l'extérieur, rien qu'un filet de vapeur chaude qui s'échappait du sommet de la cheminée, un endroit où la neige fondait sur le toit et quelques empreintes de pas à moitié effacées à la porte. Mais à l'intérieur, derrière les fenêtres aux volets clos, maître François Villon, le poète, et quelques membres de l'équipe de voleurs avec qui il frayait passaient la nuit sans fermer l'œil en faisant circuler la bouteille.

Dans la cheminée voûtée, une masse de braises vives diffusait une forte lumière rougeoyante. Devant elle, était assis à califourchon dom Nicolas, le moine picard, sa robe relevée et ses grosses jambes nues offertes à la chaleur réconfortante. Son ombre dilatée coupait la pièce en deux et la lueur du feu ne se diffusait que de part et d'autre de sa personne corpulente, ainsi que dans une petite flaque entre ses pieds étalés. Son visage avait l'aspect fané et aviné de l'ivrogne endurci ; il était couvert d'un réseau de veines congestionnées, violettes en temps ordinaire, mais plutôt mauves à présent, car, même avec le dos au feu, le froid le pinçait de l'autre côté. Son capuchon avait à moitié glissé en arrière et faisait une excroissance bizarre de chaque côté de son cou de taureau. Ainsi donc se tenait dom Nicolas, à califourchon sur une chaise, grommelant, et il coupait la pièce en deux de l'ombre de sa charpente massive.

À sa droite, Villon et Guy Tabary étaient tous deux penchés sur un bout de parchemin : Villon composait une ballade qu'il devait appeler la « Ballade du Poisson grillé » et Tabary crachotait d'admiration contre son épaule. Le poète était une loque humaine : petit et maigre, il avait la mine sombre, les joues creuses et des boucles de fins cheveux noirs. Il portait ses vingt-quatre ans avec une vivacité fiévreuse. La cupidité lui avait creusé des poches sous les yeux ; un sourire mauvais lui avait plissé la bouche. Son visage tenait à la fois du loup et du porc. Il avait une expression rusée, disgracieuse et terre à terre qui en disait long. Ses mains, aux doigts noueux comme une corde, étaient petites et rapaces ; elles allaient et venaient sans cesse devant lui en une pantomime violente et expressive. Quant à Tabary, il respirait la stupidité grossière, suffisante et béate, avec son nez épaté et ses lèvres baveuses : il était devenu voleur, tout comme il aurait pu devenir le plus honnête des bourgeois, par le hasard impérieux qui gouverne la vie des oies humaines et des ânes humains.

De l'autre côté du moine, Montigny et Thévenin Pansette se livraient à un jeu de hasard. Autour du premier, flottait un parfum de haute naissance et de bonne éducation, comme autour d'un ange déchu : quelque chose d'élancé, de souple et d'élégant dans sa personne ; quelque chose d'aquilin et de sombre dans le visage. Thévenin, pauvre âme, était plein d'entrain : ce filou avait réussi un bon coup cet après-midi-là, faubourg Saint-Jacques, et toute la soirée, il avait gagné beaucoup d'argent en jouant contre Montigny. Un sourire niais illuminait son visage ; son crâne chauve était d'un rose luisant au milieu d'une guirlande de boucles rousses ; sa petite panse rebondie était secouée de gloussements muets alors qu'il ramassait ses gains.

– Quitte ou double, dit Thévenin.

Montigny hocha la tête d'un air sinistre.

– *Il se peut que d'aucuns préfèrent les dîners d'apparat*, écrivait Villon, *de pain et de fromage sur une écuelle en argent.* Ou bien... ou bien... aide-moi à terminer, Guido !

Tabary gloussa.

– *Ou du persil sur un plat en or*, griffonna le poète.

Dehors, le vent fraîchissait ; il poussait la neige devant lui et parfois haussait le ton en un cri de victoire, faisant résonner une complainte sépulcrale dans la cheminée. Le froid devenait plus vif au fur et à mesure que la nuit s'avançait. Villon, les lèvres en avant, imitait la bourrasque en sifflant et gémissant. C'était un des talents du poète, désagréable et inquiétant, que le moine picard détestait par-dessus tout.

– Vous ne l'entendez pas, ce bruit de crécelle, dans le gibet ? dit Villon. Ils dansent tous la gigue du diable dans le vide, là-haut. Vous pouvez toujours danser, mes braves, ça ne vous réchauffera pas pour autant ! Fichtre ! Quelle rafale ! Quelqu'un vient juste de tomber ! Une nèfle de moins sur le néflier à trois pattes !... Il va faire froid ce soir sur la route de Saint-Denis, dom Nicolas, pas vrai ? demanda-t-il.

Dom Nicolas cligna de ses gros yeux et manqua s'étrangler. Montfaucon, l'effroyable gibet de Paris, se dressait, immense, près de la route de Saint-Denis, et la plaisanterie le piquait au vif. Quant à Tabary, il rit à gorge déployée à cause des nèfles ; il n'avait jamais rien entendu de plus plaisant ; il se tenait les côtes et chantait victoire. Villon lui flanqua sur le nez une chiquenaude qui transforma son hilarité en une quinte de toux.

– Oh, arrête ce raffut, dit Villon, et cherche des rimes pour « poisson ».

– Quitte ou double, répéta Montigny avec obstination.

– De tout mon cœur, fit Thévenin.

– Est-ce qu'il reste quelque chose dans cette bouteille ? demanda le moine.

– Débouches-en une autre, dit Villon. Comment crois-tu jamais remplir ton corps, cette grosse barrique, avec des choses aussi petites que des bouteilles ? Et comment espères-tu aller au ciel ? Combien d'anges faudrait-il, à ton avis, pour emmener là-haut un seul moine de Picardie ? Ou est-ce que tu te prends pour un nouvel Élie à qui on va envoyer le carrosse ?

– *Hominibus impossible*, répondit le moine, tout en remplissant son verre.

Tabary était en extase.

Villon lui fit une nouvelle chiquenaude sur le nez.

– Ris de mes plaisanteries, si ça t'amuse, dit-il.

– Elle était très bonne, fit remarquer Tabary.

Villon lui fit une grimace.

– Trouve des rimes pour « poisson », dit-il. Qu'as-tu à voir avec le latin ? Tu regretteras de le connaître au jour du Jugement dernier, quand le diable appellera Guido Tabary, *clericus*... le diable bossu aux ongles rouge vif. À propos de diable, murmura-t-il, regardez Montigny !

Tous trois observèrent le joueur à la dérobée. Il semblait ne pas avoir de chance. Il avait la bouche un peu de travers, une narine presque fermée et l'autre très dilatée. Il avait du guignon, pour employer une sinistre métaphore de chanson populaire, et il respirait avec peine sous ce fardeau horrible.

– On dirait qu'il va lui donner un coup de dague, murmura Tabary les yeux ronds.

Le moine frissonna, détourna la tête et tendit la paume de ses mains vers les braises rouges. C'était le froid qui affectait ainsi dom Nicolas, et non quelque excès de sensibilité morale.

– Bon, alors, dit Villon, voyons cette ballade. Comment ça coule, jusqu'à présent ?

Et, battant la mesure de la main, il la lut à haute voix à Tabary.

Ils furent interrompus au quatrième vers par un geste bref et fatal chez les joueurs. La partie était terminée et Thévenin allait ouvrir la bouche pour proclamer une nouvelle victoire quand Montigny se leva d'un bond, vif comme l'éclair, et le poignarda en plein cœur. Le coup porta avant qu'il eût le temps de pousser un cri, avant qu'il eût le temps de faire un mouvement. Une ou deux convulsions secouèrent son corps ; ses mains s'ouvrirent et se refermèrent, ses talons raclèrent le sol ; puis sa tête roula en arrière par-dessus l'épaule, les yeux grands ouverts : l'âme de Thévenin Pansette était retournée à Celui qui l'avait conçue.

Tous se dressèrent précipitamment ; mais l'affaire fut réglée en un clin d'œil. Les quatre individus vivants se regardèrent, l'air plutôt blême, le mort contemplant un angle du plafond avec un regard mauvais singulièrement horrible.

– Mon Dieu ! dit Tabary, en se mettant à prier en latin.

Villon explosa d'un rire hystérique. Il avança d'un pas, fit une ridicule petite courbette devant Thévenin et se remit à rire encore plus fort. Puis il se laissa tomber sur un tabouret, bras et jambes coupées, et continua à rire amèrement, secoué comme un pantin disloqué.

Montigny fut le premier à se ressaisir.

– Voyons un peu ce qu'il a sur lui, observa-t-il.

Il fit alors les poches du mort d'une main experte et partagea l'argent sur la table en quatre parts égales.

– Voici pour toi, dit-il.

Le moine reçut sa part avec un profond soupir et un unique regard furtif vers Thévenin mort, qui commençait à s'affaisser et à basculer sur le côté en dehors de la chaise.

– On va tous écoper ! s'écria Villon, ravalant son hilarité. C'est un cas pendable pour nous tous ici, sans compter les absents. Il fit un geste épouvantable de sa main droite levée, tira la langue et rejeta la tête d'un côté, de façon à imiter l'apparence d'un pendu. Puis il empocha sa part du butin et exécuta un mouvement traînant des pieds, comme pour réactiver la circulation.

Tabary fut le dernier à se servir ; il se rua sur l'argent et se retira à l'autre bout de la pièce.

Montigny redressa Thévenin sur la chaise et retira la dague, ce qui provoqua une giclée de sang.

– Vous, les gars, vous feriez mieux de décamper, dit-il tout en essuyant la lame contre le pourpoint de sa victime.

– C'est bien mon avis, répliqua Villon, la gorge serrée, en essayant de déglutir. Maudit soit cet imbécile ! éclata-t-il. Ça me reste en travers de la gorge. Comment a-t-on le droit d'être rouquin quand on est mort ?

Il se laissa retomber tout d'une pièce sur le tabouret et se couvrit complètement le visage de ses mains.

Montigny et dom Nicolas éclatèrent de rire, Tabary même essayant de faire chorus.

– C'est ça, pleurniche ! dit le moine.

– J'ai toujours dit que ce n'était qu'une femmelette, ricana Montigny. Tu ne peux pas te redresser ? continua-t-il en secouant de nouveau la victime.

– Piétine ce feu, Nick !

Mais Nick avait mieux à faire. Il était tranquillement en train de s'emparer de la bourse de Villon, assis comme une loque et tout tremblant sur le tabouret où, moins de trois minutes plus tôt, il avait composé une ballade. Montigny et Tabary réclamèrent par gestes une part du butin, que le moine leur promit en silence, tout en fourrant le petit sac dans le haut de sa robe. À maints égards, une nature d'artiste rend l'homme inapte à l'existence pratique.

Le vol avait à peine été accompli que Villon se secoua, se leva d'un bond et se mit à aider à disperser et à éteindre les braises. Pendant ce temps, Montigny ouvrit la porte et scruta prudemment les alentours. La voie était libre : aucune patrouille indiscrète en vue. On jugea pourtant plus sage de s'esquiver séparément ; et comme Villon avait lui-même hâte de fuir le voisinage de Thévenin mort, et que les autres avaient une hâte encore plus grande de se débarrasser de lui avant qu'il ne découvre la perte de son argent, ce fut lui qui, d'un commun accord, sortit en premier dans la rue.

Le vent avait triomphé de tous les nuages et les avait balayés du ciel. Seules quelques vapeurs, légères comme la clarté de la lune, voilaient les étoiles dans leur dérive rapide. Il faisait un froid cinglant et, par un effet optique courant, les choses semblaient presque plus nettes qu'en plein jour. La ville endormie était absolument paisible : une assemblée de capuchons blancs, un sol couvert de montagnes miniatures sous les étoiles scintillantes. Villon maudit son sort. Si seulement il neigeait encore ! Maintenant, où qu'il allât, il laissait une trace bien marquée derrière lui dans les rues étincelantes ; où qu'il allât, il était cependant rivé à la maison près du cimetière de Saint-Jean ; où qu'il allât, il lui fallait inévitablement tresser, de son pas pesant, la corde qui le liait au crime et le lierait au gibet. Le regard cynique du mort lui revenait à l'esprit avec une signification nouvelle. Il fit claquer ses doigts comme pour se redonner du courage et, choisissant une rue au hasard, avança vaillamment dans la neige.

Deux choses le préoccupaient tandis qu'il avançait : d'une part, la vision du gibet à Montfaucon dans cette phase claire et venteuse de la nuit ; et d'autre part, l'air du mort avec sa tête chauve et sa couronne de boucles rousses. Les deux images lui glaçaient le cœur et il ne cessait d'accélérer le pas comme s'il pouvait échapper à des pensées désagréables par la simple vivacité de son allure. Parfois il regardait par-dessus son épaule dans un brusque sursaut d'inquiétude ; mais il était la seule chose mobile dans ces rues blanches, hormis la neige, qui commençait à geler et qu'un brutal coup de vent à l'angle d'une rue projetait parfois en l'air, en jaillissements de poussière scintillante.

Soudain, il vit loin devant lui une masse noire et deux lanternes. La masse se déplaçait et les lanternes se balançaient comme si elles étaient portées par des hommes en marche. C'était une patrouille. Et bien qu'elle ne fît que croiser son chemin, il jugea plus sage de sortir de son champ visuel le plus vite possible. Il n'était pas d'humeur à être provoqué et il avait conscience de laisser sur la neige des traces très voyantes. Juste à sa gauche, se dressait un grand hôtel particulier, flanqué de plusieurs tourelles et d'une porte précédée d'un grand porche ; il était à moitié en ruine, se rappelait-il, et depuis longtemps inoccupé ; en trois enjambées, il se retrouva à l'abri sous le porche. L'intérieur était vraiment sombre, après les rues étincelantes de neige, et il avançait à tâtons, les bras tendus, quand il trébucha sur quelque chose qui offrait un mélange indescriptible de résistances, quelque chose de dur et de mou, de ferme et de flasque à la fois. Son cœur bondit dans sa poitrine ; il fit brusquement deux pas en arrière et fixa l'obstacle, épouvanté. Puis il laissa échapper un petit rire de soulagement. Ce n'était qu'une femme, et elle était morte. Il s'agenouilla à ses côtés pour s'assurer de ce dernier point. Elle était gelée et raide comme un bâton. Quelques fanfreluches en lambeaux dans ses cheveux flottaient au vent et elle avait dû se mettre beaucoup de rouge aux joues cette après-midi-là. Ses poches étaient quasi vides, mais dans son bas, sous la jarretière, Villon trouva deux de ces petites pièces qu'on appelait des deniers. Ce n'était pas grand-chose, mais c'était toujours cela ; et le poète fut profondément ému à l'idée qu'elle fût morte avant d'avoir dépensé son argent. Cela lui parut un mystère sombre et navrant. Ses yeux allaient des pièces qu'il avait dans la main à la morte, puis se posaient de nouveau sur les pièces, et il hochait la tête à la pensée de cette énigme qu'est la vie humaine. Henri V d'Angleterre mourant à Vincennes juste après sa conquête de la France, et cette pauvre traînée fauchée par un courant d'air glacé sur le seuil de la demeure d'un grand personnage, avant d'avoir eu le temps de dépenser ses deux deniers, c'était là, semblait-il, une façon cruelle de mener le monde. Il aurait fallu si peu de temps pour croquer deux deniers ; et cependant, elle aurait eu un bon goût de plus dans la bouche, elle se serait léché les babines une fois de plus avant que le diable n'emporte son âme et que son corps ne soit livré aux oiseaux et à la vermine. Lui voudrait brûler tout son suif avant que la flamme ne s'éteigne, avant que la lanterne ne se brise.

Tandis que ces pensées lui traversaient l'esprit, il cherchait sa bourse d'un geste à moitié machinal. Soudain, son cœur s'arrêta de battre ; une sensation d'écailles froides lui parcourut les mollets de bas en haut et il eut l'impression de recevoir un coup glacé sur le cuir chevelu. Il resta un instant pétrifié ; puis il tâta de nouveau sa poche d'un geste fébrile ; alors il se rendit compte brusquement qu'il avait tout perdu et il se mit aussitôt à transpirer abondamment. Pour les êtres dépensiers, l'argent est si vivant et si réel – c'est un voile si mince entre eux et leurs plaisirs ! Il n'est qu'une limite à leur fortune, celle qu'impose le temps. Un être dépensier disposant seulement de quelques couronnes se prend pour l'empereur de Rome jusqu'à ce qu'il les ait dépensées. Pour lui, perdre son argent, c'est subir le revers le plus atroce, tomber du ciel en enfer, passer de tout à rien, en un clin d'œil. Et cela d'autant plus s'il s'est passé la corde au cou pour l'acquérir et s'il y a des chances pour qu'il soit pendu le lendemain pour cette même bourse, si chèrement gagnée, si stupidement disparue ! Villon restait là à lancer des imprécations ; il jeta les deux deniers dans la rue ; il brandit le poing en direction des cieux ; il trépigna et ne ressentit aucune horreur en s'apercevant qu'il piétinait le malheureux cadavre. Puis il entreprit rapidement de retourner jusqu'à la maison proche du cimetière. Il avait oublié toute crainte de la patrouille, qui avait en tout cas disparu depuis longtemps, et il n'avait d'autre pensée que celle de sa bourse perdue. En vain, il regarda à droite et à gauche sur la neige : il ne vit rien. Il ne l'avait pas laissé tomber dans les rues. Était-elle tombée dans la maison ? Il aurait bien aimé aller voir ; mais l'idée du macabre occupant lui en ôta le courage. Et il constata en outre, en s'approchant, que leurs efforts pour éteindre le feu avaient été infructueux ; au contraire, il s'était mis à flamber et une lumière changeante jouait dans les interstices de la porte et de la fenêtre, et ravivait sa terreur des autorités et du gibet de Paris.

Il retourna sous le porche de l'hôtel et chercha à tâtons sur la neige l'argent qu'il avait jeté dans un mouvement de colère puéril. Mais il ne put trouver qu'un seul denier ; sans doute l'autre était-il tombé sur la tranche pour s'enfoncer profondément dans la neige. Avec un seul denier en poche, tous ses projets de passer une nuit formidable dans une taverne à l'atmosphère frénétique disparurent complètement. Et ce n'était pas seulement le plaisir qui s'envolait en riant hors de sa portée ; un malaise véritable, une véritable douleur l'assaillirent tandis qu'il était là, tristement, devant le porche. La sueur avait séché sur lui ; et bien que le vent se fût à présent calmé, un gel des plus sévères s'installait, toujours plus intense au fil des heures, et il se sentit transi et profondément écœuré. Que faire ? Bien qu'il fût tard et qu'une réponse positive fût improbable, il allait tenter d'aller chez son père adoptif, le chapelain de Saint-Benoît.

Il s'y rendit en courant tout le long et frappa timidement. Il n'y eut pas de réponse. Il frappa à maintes reprises, reprenant espoir à chaque coup ; enfin, il entendit des pas se rapprocher de la porte. Un guichet à barreaux s'ouvrit dans la porte cloutée, laissant passer un rayon de lumière jaune.

– Mettez la tête devant le guichet, dit le chapelain, de l'intérieur.

– Ce n'est que moi, gémit Villon.

– Oh, ce n'est que toi, vraiment ? répondit le chapelain.

Alors, à coups de grossières injures bien peu dignes d'un prêtre, il le maudit de le déranger à une heure pareille et lui enjoignit d'aller à tous les diables, là d'où il venait.

– Mes mains sont bleues jusqu'au poignet, plaida Villon ; j'ai les pieds morts et pleins d'élancements ; l'air vif me fait mal au nez ; je suis glacé jusqu'au cœur. Je vais peut-être mourir avant le matin. Pour cette fois seulement, Père, et devant Dieu, je jure que je ne demanderai plus jamais rien !

– Tu aurais dû venir plus tôt, dit l'ecclésiastique avec froideur. Les jeunes gens méritent une leçon de temps en temps. Il ferma le guichet et s'éloigna sans hâte vers les profondeurs de la maison.

Villon était hors de lui ; il donna force coups de

pied et de poing contre la porte et hurla d'une voix rauque à l'intention du chapelain :

– Vieux renard véreux ! Si je pouvais mettre la main dans ta tignasse, je t'enverrais valser tête la première au fin fond des enfers !

Ce fut à peine s'il entendit une porte se refermer à l'intérieur, au bout de longs corridors. Il jura en se passant la main sur la bouche. Puis la cocasserie de la situation le frappa : il se mit à rire et leva légèrement les yeux vers le ciel, où les étoiles semblaient saluer sa déconvenue par des clignements complices.

Que faire ? Cela allait sans doute être une nuit à la rue, par un froid glacial. L'idée de la morte envahit son imagination et le remplit d'une énorme crainte ; ce qui lui était arrivé à elle au début de la nuit pouvait très bien lui arriver à lui avant le jour. Lui qui était si jeune ! Promis à tant de possibilités de plaisirs et de débauches ! Il se sentit vraiment pathétique à la pensée de son propre destin, comme si ç'avait été celui d'un autre, et essaya de se représenter la scène, quand au matin on trouverait son corps.

Il passa en revue toutes les possibilités qui s'offraient à lui, faisant tourner le denier entre le pouce et l'index. Il était malheureusement en mauvais termes avec de vieux amis qui l'auraient autrefois pris en pitié dans une posture aussi fâcheuse. Il les avait brocardés dans ses vers, les avait battus et dupés ; et pourtant, à présent qu'il était dans une situation aussi critique, il se disait qu'il y en avait au moins un qui pourrait peut-être se laisser fléchir. C'était hasardeux.

Du moins cela valait-il la peine d'essayer et d'aller voir.

En chemin, il lui arriva deux petits incidents qui colorèrent ses méditations d'une tout autre manière. Tout d'abord, en effet, il rencontra les traces d'une patrouille et les suivit pendant une centaine de mètres, bien que ce ne fût pas vraiment la bonne direction. Et cela lui redonna de l'entrain ; il avait au moins brouillé sa piste ; car il était toujours obsédé par l'idée qu'on le traquait dans tout Paris sur la neige et qu'on lui mettrait la main au collet le lendemain matin avant son réveil. L'autre question le toucha bien différemment. Il arriva à un carrefour où, il n'y avait pas si longtemps de cela, une femme et son enfant avaient été dévorés par les loups. Il faisait exactement le genre de temps, se dit-il, où les loups pouvaient se mettre dans l'idée de pénétrer à nouveau dans Paris ; et un homme seul dans ces rues désertes courait le risque de trouver un sort pire qu'une simple peur. Il s'arrêta pour regarder ce lieu avec intérêt et déplaisir – il se trouvait à l'intersection de plusieurs chemins. Il les considéra l'un après l'autre, retint sa respiration pour écouter s'il percevait des choses noires galopant sur la neige ou s'il entendait des hurlements d'ici à la rivière. Il se rappela sa mère qui lui racontait cette histoire et lui désignait l'emplacement, alors qu'il était encore enfant. Sa mère ! Si seulement il savait où elle habitait, il pourrait être certain au moins de trouver un refuge. Il décida qu'il se renseignerait le lendemain ; et même, il irait la voir, pauvre vieille ! Tout à ces pensées, il arriva à destination... son dernier espoir pour la nuit.

La maison était tout entière plongée dans l'obscurité, comme les maisons voisines ; pourtant, après avoir frappé quelques petits coups, il entendit des pas à l'étage au-dessus, une porte s'ouvrir et une voix prudente demander qui était là. Le poète murmura son nom suffisamment fort et attendit le résultat, non sans trembler violemment. Il n'eut d'ailleurs pas à attendre longtemps. Une fenêtre s'ouvrit brusquement et un plein seau d'eaux sales se répandit sur le pas de la porte. Villon s'était attendu à quelque chose de ce genre et s'était mis à l'abri autant que la nature du porche le permettait ; mais, en dépit de ces précautions, il eut le bas du corps lamentablement trempé. Ses chausses se mirent aussitôt à geler. Il allait mourir de froid ; il se souvint qu'il avait une prédisposition à la tuberculose et commença à tousser à titre d'essai. Mais la gravité du danger calma ses nerfs. Il s'arrêta à quelques centaines de mètres de la porte où on l'avait traité avec tant d'impolitesse et réfléchit, un doigt sur le nez. Il ne voyait qu'une façon de trouver un logis : c'était de se l'approprier. Il avait remarqué non loin de là une maison où il semblait facile de s'introduire, et il s'y rendit promptement, nourrissant en chemin l'idée d'une pièce encore chaude dont la table serait encore encombrée des reliefs du souper, où il pourrait passer le reste de la nuit, et d'où il sortirait, le lendemain matin, les bras chargés d'argenterie précieuse. Il alla même jusqu'à envisager quels aliments et quels vins il préférerait ; et comme il dressait la liste de ses gourmandises favorites, le poisson grillé lui revint à l'esprit avec, chose curieuse, amusement et horreur à la fois.

« Je ne finirai jamais cette ballade », se dit-il, puis, tremblant à nouveau à cette évocation :

– Oh, maudit soit cet imbécile ! répéta-t-il avec passion.

Et il cracha sur la neige.

La maison en question, à première vue, paraissait sombre ; mais comme Villon se livrait à une inspection préliminaire pour en trouver le point sensible, un léger scintillement lumineux sur une fenêtre au rideau tiré attira son attention.

– Morbleu ! se dit-il. Des gens qui ne dorment pas ! Un étudiant ou un saint, au diable cette engeance ! Ne peuvent-ils pas se saouler et être au lit à ronfler comme leurs voisins ? À quoi bon le couvre-feu et ces pauvres diables de sonneurs de cloches qui sautent au bout d'une corde dans les clochers ? À quoi sert le jour, si les gens restent éveillés toute la nuit ? Qu'ils attrapent la colique !

Il grimaça un sourire en voyant où sa logique le conduisait.

– Chacun à son affaire, après tout, ajouta-t-il, et s'ils sont réveillés, par Dieu, j'aurai peut-être un souper par des moyens honnêtes, pour une fois, et je ferai mentir le démon.

Il s'avança hardiment jusqu'à la porte et frappa d'une main assurée. Dans les deux occasions précédentes, il avait frappé timidement et en redoutant d'attirer l'attention ; mais à présent qu'il venait de rejeter l'idée d'une entrée frauduleuse, frapper à une porte lui semblait une façon d'agir prodigieusement simple et innocente. Le bruit des coups frappés résonna dans la maison en échos affaiblis et fantomatiques, comme si elle était entièrement vide ; mais ils s'étaient à peine éteints qu'un pas mesuré s'approcha, que deux verrous furent tirés et qu'un des battants de la porte s'ouvrit largement, comme si les occupants ignoraient toute perfidie ou toute peur de la tromperie. Une haute silhouette d'homme, mince et musclée, mais légèrement courbée, se trouva en face de Villon. La tête était de dimensions massives mais harmonieusement sculptée ; le nez épaté à l'extrémité, mais s'affinant vers le haut où il rejoignait une paire de sourcils fournis et francs ; la bouche et les yeux cernés de rides délicates, et tout le visage soutenu par une épaisse barbe blanche, vigoureusement taillée au carré. Vu ainsi à la lumière vacillante d'une lanterne, il semblait peut-être plus noble qu'il n'en avait la qualité ; mais c'était un beau visage, plus honnête qu'intelligent, puissant, simple et vertueux.

– Vous frappez bien tard, monsieur, dit le vieillard d'une voix sonore et courtoise.

Villon se fit tout petit et émit un flot de paroles serviles en guise d'excuse ; dans une situation critique de ce genre, le mendiant prenait le dessus, chez lui, et l'homme de génie se voilait la tête de confusion.

– Vous avez froid, reprit le vieil homme, et faim, peut-être ? Eh bien, venez.

Et il lui fit signe d'entrer dans la maison d'un geste plutôt noble.

« Quelque grand seigneur », se dit Villon, alors que son hôte, posant la lampe sur le sol dallé de l'entrée, repoussait vivement les verrous.

– Vous me pardonnerez de passer devant, dit-il quand il eut achevé.

Et il conduisit le poète à l'étage, dans une grande pièce chauffée grâce à une bassine de charbon de bois et éclairée par une grande lampe qui pendait du toit. Elle était très peu meublée : simplement un peu d'orfèvrerie sur un buffet ; des livres et un socle d'armure entre les fenêtres. De belles tapisseries étaient accrochées aux murs, qui représentaient, l'une la crucifixion de Notre-Seigneur, et l'autre une scène de bergers et de bergères près d'un ruisseau. Sur la cheminée, se trouvait un blason armorié.

– Voulez-vous vous asseoir, dit le vieil homme, et me pardonner si je vous laisse ? Je suis seul chez moi ce soir et si vous devez manger, il me faut aller moi-même vous trouver quelque chose.

À peine son hôte était-il parti que Villon bondit de la chaise sur laquelle il venait de s'asseoir et se mit à examiner la pièce avec les mouvements discrets et attentifs d'un chat. Il soupesa les flacons en or, ouvrit tous les livres et examina les armes sur le blason, ainsi que l'étoffe qui tapissait les sièges. Il souleva les rideaux et constata que les fenêtres étaient garnies de riches vitraux représentant des guerriers, autant qu'il pût en juger. Puis il se tint au milieu de la pièce, prit une longue inspiration et, se gonflant les joues, regarda de tous côtés en tournant sur lui-même à plusieurs reprises, comme pour imprimer chaque détail de la pièce dans sa mémoire.

– Sept pièces d'orfèvrerie, dit-il. S'il y en avait eu dix, j'aurais risqué le coup. Une belle maison, et un beau vieillard de propriétaire, que tous les saints me viennent en aide !

Juste à ce moment-là, entendant le pas du vieil homme le long du corridor, il revint furtivement à sa place et se mit humblement à réchauffer ses jambes mouillées devant la bassine remplie de charbon de bois.

Son hôte tenait une assiette de viande d'une main et une cruche de vin de l'autre. Il posa l'assiette sur la table, faisant signe à Villon d'approcher sa chaise et, se dirigeant vers le buffet, en rapporta deux gobelets, qu'il remplit.

– Je bois à un sort meilleur pour vous, dit-il, trinquant gravement avec Villon.

– Puissions-nous faire plus ample connaissance, dit le poète, qui s'enhardissait.

Un simple homme du peuple aurait été impressionné par la courtoisie du vieux seigneur, mais Villon, dans ce domaine, était endurci ; il avait fait le bouffon pour les grands seigneurs bien avant ce soir-là et il les considérait comme d'aussi fieffés coquins que lui. C'est pourquoi il se consacra à la nourriture avec un plaisir vorace, tandis que le vieil homme, appuyé en arrière, l'observait sans bouger d'un regard plein de curiosité.

– Vous avez du sang sur l'épaule, mon ami, dit-il.

Montigny avait dû poser sa main droite ensanglantée sur lui au moment où il s'apprêtait à quitter la maison. Il maudit Montigny du fond du cœur.

– Ce n'est pas moi qui ai fait couler le sang, bégaya-t-il.

– Je n'avais pas émis une telle supposition, répondit son hôte avec calme. Une bagarre ?

– Ma foi, quelque chose dans ce genre, reconnut Villon d'une voix tremblante.

– Peut-être le meurtre d'un compagnon ?

– Oh, non, pas le meurtre ! dit le poète, de plus en plus embarrassé. C'était à la loyale... il a été tué par accident. Je n'y suis pour rien, je veux bien être pendu si je mens ! ajouta-t-il avec ferveur.

– Un scélérat de moins, c'est fort probable, fit remarquer le maître de maison.

– Fort probable, en effet, admit Villon, infiniment soulagé. Un coquin aussi grand que d'ici à Jérusalem. Il a cassé sa pipe sans regimber. Mais ce n'était pas joli à voir. Vous avez sans doute vu des morts dans votre vie, Monseigneur ? ajouta-t-il en jetant un coup d'œil à l'armure.

– Beaucoup, dit le vieil homme. J'ai suivi les guerres, comme vous pouvez l'imaginer.

Villon posa son couteau et sa fourchette, qu'il venait de reprendre.

– Y en avait-il des chauves ? demanda-t-il.

– Oh, oui, et avec un restant de cheveux aussi blancs que les miens.

– Je ne crois pas que le blanc me gênerait tant que cela, dit Villon. Lui, il avait les cheveux roux.

Et il fut repris par des tremblements et une tendance à rire qu'il noya d'une grande rasade de vin.

– Je suis un peu troublé quand j'y repense, poursuivit-il. Je le connaissais... maudit soit-il ! Et puis, le froid donne de drôles d'idées, à moins que ce ne soient les idées qui fassent froid dans le dos, je ne sais pas lequel des deux.

– Avez-vous de l'argent ? demanda le vieil homme.

– J'ai un denier, répondit le poète en riant. Je l'ai trouvé dans le bas d'une traînée, morte sous un porche. Elle était raide morte, la pauvre, et froide comme une église, avec des bouts de ruban collés dans les cheveux. C'est un monde sans pitié, l'hiver, pour les loups, les filles et les malheureux coquins dans mon genre.

– Moi, dit le vieil homme, je suis Enguerrand de la Feuillée, seigneur de Brisetout, bailly du Patatrac. Qui donc êtes-vous ?

Villon se leva et fit une révérence appropriée.

– On m'appelle François Villon, dit-il, pauvre maître ès Arts de cette université. Je m'y connais un peu en latin, et beaucoup en débauche. Je peux composer des chansons, des ballades, des lais, des virelais et des rondeaux, et j'aime beaucoup le vin. Je suis né dans une mansarde et il n'est pas improbable que je meure sur le gibet. J'ajouterai, mon seigneur, qu'à compter de cette nuit, je suis le serviteur très obéissant de Votre Seigneurie.

– Pas mon serviteur, dit le chevalier, mon hôte pour ce soir, pas plus.

– Un hôte plein de gratitude, dit Villon poliment, et il fit le geste de boire à la santé de son hôte.

– Vous avez l'esprit vif, commença le vieil homme, en se tapotant le front, très vif ; vous êtes instruit ; vous êtes un clerc ; et malgré cela, vous dérobez une petite pièce de monnaie dans la rue à une morte. N'est-ce pas une sorte de vol ?

– C'est une sorte de vol très pratiqué dans les guerres, mon seigneur.

– Les guerres sont le champ d'honneur, répondit le vieil homme avec fierté. Là, un homme joue sa vie sur les dépouilles ; il combat pour son seigneur le roi, pour son seigneur Dieu et toutes ses seigneuries les saints et les anges.

– Admettons, dit Villon, que je sois vraiment un voleur, ne devrais-je pas jouer ma vie aussi, et contre des adversaires plus importants ?

– Pour un gain, mais pas pour l'honneur.

– Un gain ! répéta Villon avec un haussement d'épaules. Le pauvre bougre a faim et il se sert. C'est ce que fait le soldat en campagne. Franchement, qu'est-ce que c'est que toutes ces réquisitions dont on entend si souvent parler ? Si ce ne sont pas des gains pour ceux qui se servent, ce sont pourtant des pertes pour les autres. Les hommes d'armes boivent près d'un bon feu, tandis que le citoyen se serre la ceinture pour leur acheter du vin et du bois. J'ai vu quantité de paysans qui se balançaient au bout des branches dans la campagne, oui, j'en ai vu trente sur un seul orme, et ils faisaient une triste figure ; et quand j'ai demandé comment il se trouvait qu'ils soient tous pendus, on m'a répondu que c'était parce qu'ils ne pouvaient rassembler assez d'argent pour satisfaire les hommes d'armes.

– Ces choses-là sont une nécessité de la guerre, que les gens de basse extraction doivent endurer avec constance. Il est vrai que certains capitaines les exploitent trop ; il y a, dans toutes les troupes, des esprits qui ne sont pas facilement émus par la pitié ; et, en fait, beaucoup embrassent la carrière des armes mais ne valent pas mieux que les brigands.

– Vous voyez bien, dit le poète, vous ne pouvez pas distinguer le soldat du brigand ; et qu'est-ce qu'un voleur si ce n'est un brigand isolé aux manières circonspectes ? Je dérobe deux côtelettes de mouton, sans même troubler le sommeil des gens ; le fermier grogne un peu, mais n'en soupe pas moins convenablement avec le reste. Vous, vous arrivez en jouant glorieusement de la trompette, vous emportez le mouton tout entier, et vous rouez de coups le paysan par-dessus le marché. Moi, je n'ai pas de trompette ; je suis seulement Tom, Dick ou Harry ; je suis un coquin et un chien, et c'est trop bon pour moi d'être pendu... sincèrement ; mais demandez simplement au fermier qui de nous deux il préfère, cherchez simplement lequel de nous deux il maudit quand, par les nuits glacées, il est couché sans trouver le sommeil.

– Regardez-nous, dit sa seigneurie. Je suis âgé, puissant et honoré. Si demain j'étais mis à la porte de chez moi, ils seraient des centaines à être fiers de m'accueillir. Des pauvres iraient passer la nuit dehors dans les rues avec leurs enfants, si je ne faisais que laisser entendre que je souhaite être seul. Et voilà que je vous rencontre, errant sans abri, et prenant des pièces de monnaie sur des mortes au bord du chemin ! Je ne crains rien ni personne ; et je vous ai vu trembler et perdre contenance pour un mot. J'attends que Dieu me rappelle à lui sans me plaindre, chez moi, ou bien, s'il plaît au roi de me redonner du service, sur le champ de bataille. Vous, vous envisagez le gibet ; une mort violente et rapide, sans espoir ni honneur. N'y a-t-il donc pas de différence entre nous deux ?

– Une aussi grande que d'ici à la lune, acquiesça Villon. Mais si j'étais né seigneur de Brisetout et que vous ayez été le pauvre escholier François, la différence aurait-elle été moins grande ? N'aurais-je pas été en train de me chauffer les genoux devant cette bassine remplie de charbon de bois et n'auriez-vous pas cherché à découvrir des deniers dans la neige ? N'est-ce pas moi qui aurais été le soldat, et vous le voleur ?

– Un voleur ! s'écria le vieil homme. Moi, un voleur ! Si vous compreniez le sens de vos propos, vous les regretteriez.

Villon étendit ses mains ouvertes dans un geste d'une insolence inimitable.

– Si Votre Seigneurie m'avait fait l'honneur de suivre mon raisonnement ! dit-il.

– Je vous fais trop d'honneur en supportant votre présence, dit le chevalier. Apprenez à contrôler votre langue quand vous parlez avec des vieillards honorables, ou bien vous pourriez tomber sur quelqu'un de plus leste que moi qui vous reprendrait d'une manière plus sévère.

Il se leva alors et se mit à marcher de long en large à l'autre bout de la pièce, luttant contre la colère et l'aversion. Villon remplit de nouveau sa coupe à la dérobée, et s'installa plus confortablement sur sa chaise, croisant les jambes, la tête appuyée contre une main et le coude reposant sur le dossier de la chaise. Il était à présent rassasié et réchauffé ; et il n'avait en aucune façon peur pour son hôte, l'ayant jaugé avec autant de justesse qu'il était possible entre deux individus aussi différents. La nuit était déjà bien avancée et se passait, après tout, dans un confort certain ; et il se sentait moralement assuré de partir en toute sécurité le lendemain.

– Dites-moi une chose, dit le vieil homme, interrompant sa marche. Êtes-vous vraiment un voleur ?

– Je sollicite les droits sacrés de l'hospitalité, répondit le poète. Oui, Monseigneur.

– Vous êtes très jeune, poursuivit le chevalier.

– Je ne serais jamais devenu aussi vieux, répondit Villon en montrant ses doigts, si je ne m'étais tiré d'affaire grâce à ces dix talents. Ils ont été mes mères nourricières, mes pères nourriciers.

– Il est encore temps de vous repentir et de changer.

– Je me repens tous les jours, dit le poète. Il y a peu de gens plus enclins au repentir que le pauvre François. Quant à changer, que quelqu'un change mes conditions de vie. Un homme doit continuer à se nourrir, ne serait-ce que pour pouvoir continuer à se repentir.

– Le changement doit partir du cœur, répondit le vieil homme d'un ton solennel.

– Mon cher seigneur, répondit Villon, croyez-vous réellement que je vole par plaisir ? Je hais le vol, au même titre que n'importe quel autre travail, que n'importe quel autre danger. Je claque des dents quand j'aperçois un gibet. Mais il me faut manger, il me faut boire, il me faut me frotter au monde, quel qu'il soit. Que diable ! L'homme n'est pas un animal solitaire... *Cui Deus feminam tradit.* Faites-moi panetier du roi, faites-moi abbé de Saint-Denis, faites-moi bailly de Patatrac ; alors, là, je changerai vraiment. Mais tant que vous me laissez à mon sort de pauvre escholier François Villon sans un denier, eh bien, c'est sûr, je reste le même !

– La grâce de Dieu est toute-puissante.

– Je serais hérétique de la mettre en doute, dit François. Elle vous a fait seigneur de Brisetout et bailly de Patatrac ; elle ne m'a rien accordé, si ce n'est l'esprit vif sous mon chapeau et ces dix doigts aux mains. Puis-je reprendre du vin ? Je vous remercie respectueusement. Par Dieu, vous avez un cru excellent.

Le seigneur de Brisetout marchait de long en large, les mains derrière le dos. Peut-être n'avait-il pas encore l'esprit tout à fait tranquille à propos du parallèle entre les voleurs et les soldats ; peut-être Villon l'avait-il intéressé par quelques fils de sympathie qui s'étaient tissés entre eux ; peut-être son intelligence était-elle simplement brouillée par un raisonnement si peu familier ; mais, quelle qu'en fût la cause, il aspirait d'une manière ou d'une autre à amener le jeune homme à une meilleure façon de penser et ne pouvait se décider à le renvoyer dans la rue.

– Il y a quelque chose là-dedans qui dépasse mon entendement, finit-il par dire. Votre bouche est pleine de subtilités et le diable vous a entraîné très loin ; mais le diable n'est qu'un esprit faible face à la vérité de Dieu, et toutes ses subtilités disparaissent à la moindre parole d'honneur véritable, comme l'obscurité quand vient le matin. Écoutez-moi encore une fois. J'ai appris il y a longtemps qu'un homme bien né devait vivre de façon chevaleresque et dans l'amour de Dieu, du roi et de sa dame ; or, bien que j'aie vu se produire beaucoup de choses étranges, je me suis toujours efforcé de me conformer à cette règle. Ce n'est pas écrit seulement dans les nobles histoires, mais aussi dans le cœur de tout homme, s'il se donne la peine de lire. Vous parlez de nourriture et de vin, et je sais très bien que la faim est une épreuve difficile à supporter ; mais vous ne parlez pas d'autres besoins ; vous ne dites rien de l'honneur, de la fidélité à Dieu et aux autres hommes, de la courtoisie, de l'amour sans opprobre. Je ne suis peut-être pas très avisé – et cependant je crois l'être – mais vous me semblez être comme quelqu'un qui a perdu son chemin et fait une grave erreur dans la vie. Vous vous occupez des nécessités matérielles et vous avez complètement oublié les grandes, les seules réelles, comme un homme qui soignerait une rage de dents le jour du Jugement dernier. Car des choses comme l'honneur, l'amour et la fidélité ne sont pas seulement plus nobles que le boire et le manger, mais je crois sincèrement que nous les désirons plus ardemment et que nous souffrons davantage de leur absence. Je vous parle dans les termes que je vous crois capable de comprendre le plus facilement. Tandis que vous vous souciez de vous remplir la panse, ne méprisez-vous pas un autre appétit en vous, ce qui vous gâche le plaisir de vivre et vous laisse perpétuellement malheureux ?

Villon était visiblement agacé par toutes ces remontrances.

– Vous croyez que je n'ai aucun sens de l'honneur ! s'écria-t-il. Dieu sait si je suis pauvre ! Il est dur de voir des gens riches aux mains gantées quand vous, vous soufflez dans vos mains. Un estomac vide est une chose cruelle, même si vous en parlez avec tant de légèreté. Si vous l'aviez eu aussi souvent que moi, peut-être changeriez-vous de refrain. En tout cas, je suis un voleur – faites-en ce que vous voulez – mais je ne suis pas un démon de l'enfer, Dieu m'en garde. J'aimerais que vous sachiez que j'ai mon propre honneur, aussi bon que le vôtre, bien que je n'en parle pas à tout bout de champ, comme si c'était un miracle divin que d'en avoir. Il me semble à moi tout à fait naturel ; je le garde dans son écrin jusqu'au moment où j'en ai besoin. Voyons, écoutez un peu, depuis combien de temps suis-je dans cette pièce avec vous ? Ne m'avez-vous pas dit que vous étiez seul dans la maison ? Vous voyez votre assiette en or !

Vous êtes puissant si vous voulez, mais vous êtes vieux et sans arme, et moi j'ai mon couteau. Il m'aurait suffi de lever le coude, et nous nous serions retrouvés, vous ici, avec l'acier glacé dans le ventre, et moi, là-bas, traînant les rues, les bras chargés de coupes en or ! Vous avez cru que je n'avais pas assez d'astuce pour voir cela, n'est-ce pas ? Et j'ai dédaigné d'agir ainsi. Les voilà, vos satanés gobelets, aussi en sécurité que dans une église ; vous voilà, vous, avec votre cœur qui bat comme neuf ; et me voici, moi, prêt à ressortir aussi pauvre que je l'étais en entrant, avec mon unique denier que vous m'avez envoyé à la figure ! Et vous croyez que je n'ai aucun sens de l'honneur – que Dieu me pende, si je mens !

Le vieil homme étendit le bras droit.

– Je vais vous dire ce que vous êtes, dit-il. Vous êtes un coquin, mon ami, un coquin impudent à l'âme noire et un vagabond. J'ai passé une heure avec vous. Et, croyez-moi, je me sens déshonoré ! Et vous avez même mangé et bu à ma table. Mais, à présent, j'en ai assez de votre présence ; il va faire jour et l'oiseau de nuit devrait regagner son perchoir. Voulez-vous passer devant ou derrière ?

– Comme il vous plaira, répondit le poète en se levant. Je pense que vous êtes rigoureusement honorable.

Il vida sa coupe, pensivement.

– J'aimerais pouvoir ajouter que vous êtes intelligent, reprit-il en se frappant la tête de ses poings. L'âge, c'est l'âge ! le cerveau est raide et perclus de rhumatismes.

Le vieil homme le précéda par souci de dignité ; Villon le suivit en sifflotant, les pouces dans la ceinture.

– Dieu ait pitié de vous, dit le seigneur de Brisetout quand ils furent parvenus à la porte.

– Bonne nuit, petit père, répondit Villon dans un bâillement. Un grand merci pour le mouton froid.

La porte se referma derrière lui. L'aube pointait au-dessus des toits blancs. Un matin glacé et inconfortable préludait au jour. Villon, debout au milieu de la route, s'étira longuement.

« Un vieux monsieur très ennuyeux, se dit-il. Je me demande ce que peuvent bien valoir ses gobelets. »

La Porte du sire de Malétroit

DENIS DE BEAULIEU n'avait pas encore vingt-deux ans, mais il se considérait comme adulte et, de surcroît, parfait gentilhomme. À cette époque rude et guerrière, les garçons étaient formés de bonne heure, et quand on a participé à une bataille rangée et à une douzaine de razzias, qu'on a tué son homme de façon honorable et qu'on sait deux ou trois choses en matière de stratégie et de nature humaine, on peut assurément se faire pardonner une allure un peu fanfaronne. Il avait prodigué tous ses soins à son cheval et soupé avec modération ; puis, étant d'excellente humeur, il sortit faire une visite dans le gris du soir. Ce n'était pas très raisonnable de la part du jeune homme. Il aurait mieux fait de rester près du feu ou d'aller se coucher de bonne heure. La ville, en effet, était remplie des troupes de Bourgogne et d'Angleterre sous commandement mixte, et bien que Denis fût muni d'un sauf-conduit, ce dernier risquait de lui être d'un piètre secours en cas de rencontre inopinée.

On était en septembre de l'année 1429 ; le temps s'était brusquement refroidi ; un vent léger, chargé d'averses, sifflait par toute la ville et les feuilles mortes envahissaient les rues. Çà et là, une fenêtre était déjà éclairée et le bruit que faisaient les hommes d'armes en train de souper joyeusement à l'intérieur parvenait aux oreilles par à-coups avant d'être englouti et emporté par le vent. La nuit tombait rapidement ; le drapeau d'Angleterre, flottant au sommet du clocher de l'église, se détachait de moins en moins sur les nuages rapides – une tache noire semblable à une hirondelle dans le chaos plombé et tumultueux du ciel. À mesure que la nuit tombait, le vent devenait plus violent et commençait à mugir sous les porches et à gronder à la cime des arbres dans la vallée que surplombait la ville.

Denis de Beaulieu marchait vite et frappa bientôt à la porte de son ami ; mais bien qu'il se fût promis de ne pas rester longtemps et de rentrer tôt, il fut si bien accueilli et il avait tant de raisons de retarder son retour qu'il était bien plus de minuit quand il le quitta sur le seuil. Dans l'intervalle, le vent était retombé ; la nuit était noire comme un tombeau ; pas une étoile, pas le moindre rayon de lune ne traversaient la voûte des nuages. Denis était peu familier des chemins enchevêtrés de Château-Landon ; même de jour il avait eu quelque peine à trouver sa route ; et dans cette obscurité totale, il la perdit bientôt tout à fait. Il n'était certain que d'une chose : il fallait continuer à grimper la colline, car la maison de son ami était dans le bas de Château-Landon, à la sortie, tandis que l'auberge était en haut à l'entrée, sous la haute flèche de l'église. Fort de cette indication à suivre, il trébuchait et cherchait son chemin à tâtons, tantôt respirant plus librement dans les endroits dégagés où il avait un grand morceau de ciel au-dessus de la tête, tantôt s'aidant du mur qu'il longeait dans les passages suffocants. C'est une situation inquiétante et mystérieuse que d'être ainsi plongé dans l'obscurité totale d'une ville presque inconnue. Le silence, avec tout ce qui peut arriver, est terrifiant. Le contact des barreaux glacés d'une fenêtre, pour la main qui va à l'aveuglette, fait tressaillir l'homme comme celui d'un crapaud ; les inégalités du pavé lui serrent le cœur ; un coin d'obscurité plus intense fait redouter une embuscade ou un gouffre sur le chemin ; et là où l'air est plus clair, les maisons revêtent des apparences étranges et déroutantes, comme pour l'égarer davantage de sa route. Pour Denis, qui devait rejoindre son auberge sans attirer l'attention, cette marche représentait un réel danger tout autant qu'un simple désagrément. Il avançait donc avec circonspection et audace à la fois, et s'arrêtait à chaque détour pour étudier le terrain.

Depuis quelque temps déjà, il se faufilait sur un sentier si étroit qu'il pouvait toucher un mur de chaque côté, quand celui-ci commença à s'élargir et à descendre brusquement. Il ne conduisait manifestement plus en direction de son auberge, mais dans l'espoir d'y voir un peu plus clair, Denis fut tenté d'aller de l'avant pour reconnaître les lieux. Le chemin se terminait par une terrasse entourée d'un mur garni d'échauguettes qui offraient un point d'observation entre des maisons élevées, comme d'une embrasure, sur la vallée qui s'étendait, sombre et informe, à plusieurs centaines de mètres en dessous. Denis regarda en bas et distingua la cime de quelques arbres agités par le vent ainsi qu'une unique tache lumineuse là où la rivière franchissait un barrage. Le temps se dégageait et le ciel s'était éclairci, montrant ainsi le contour des nuages plus épais et le bord sombre des collines. Dans cette lueur incertaine, la maison à sa gauche semblait un bâtiment d'une certaine importance ; elle était surmontée de plusieurs pinacles et tourelles ; l'arrière arrondi d'une chapelle, bordé d'arcs-boutants, se détachait audacieusement du bâtiment principal, et la porte était abritée sous un porche profond décoré de personnages sculptés et surplombé par deux gargouilles allongées. Les vitraux de la chapelle brillaient, à travers leur réseau complexe, d'une lumière qui semblait provenir de nombreux cierges, et renvoyaient les arcs-boutants et le toit pointu à une obscurité encore plus intense contre le ciel. C'était manifestement l'hôtel particulier de quelque grande famille du voisinage ; et comme il rappelait à Denis celui qu'il possédait à Bourges, il restait là à le contempler, évaluant mentalement le savoir-faire des architectes et l'importance des deux familles.

Il ne semblait pas y avoir d'autre moyen de quitter la terrasse en dehors du sentier par lequel il y était arrivé ; il ne pouvait que retourner sur ses pas, mais il avait acquis quelque notion de l'endroit où il était et espérait de la sorte gagner la rue principale et rejoindre rapidement l'auberge. C'était calculer sans cette kyrielle de mésaventures qui devaient rendre cette nuit mémorable entre toutes dans sa carrière ; car il n'avait pas fait plus de cent mètres en arrière qu'il vit une lumière venir à sa rencontre et entendit des voix sonores dont l'écho se répercutait sur le chemin. C'était un groupe d'hommes d'armes munis de torches qui effectuaient leur ronde de nuit. Denis était convaincu qu'ils avaient tous largement abusé de la bouteille et qu'ils n'étaient pas du tout d'humeur à se montrer exigeants quant aux sauf-conduits ou aux subtilités de la guerre chevaleresque. Il était probable qu'ils allaient le tuer comme un chien et l'abandonner là où il serait tombé. La situation l'aiguillonnait mais l'inquiétait aussi. Il se dit que les torches le déroberaient à leur vue et il espérait qu'ils noieraient le bruit de ses propres pas dans leurs vaines paroles. En restant léger et silencieux, il pourrait éviter de se faire remarquer.

Malheureusement, comme il se retournait pour battre en retraite, son pied roula sur un caillou ; il tomba contre le mur en poussant un cri, et son épée résonna bruyamment contre les pierres. Quelques voix crièrent : « Qui va là ? » – les unes en français, d'autres en anglais ; mais Denis ne répondit rien et courut encore plus vite sur le chemin. Une fois sur la terrasse, il s'arrêta pour regarder derrière lui. Ils continuaient à l'appeler et, à ce moment précis, se mirent à accélérer leur poursuite, dans un cliquetis d'armures considérable, en balançant leurs torches d'un côté et de l'autre dans les passages resserrés du chemin.

Denis jeta un coup d'œil autour de lui et se précipita sous le porche. Là, il pourrait échapper à leur observation, ou du moins – si c'était trop demander – il serait dans une position excellente soit pour parlementer, soit pour se défendre. Se disant cela, il dégaina son épée et tenta de se caler le dos contre la porte. À sa grande surprise, elle céda sous son poids et, bien qu'il se fût retourné en un éclair, elle continua à pivoter sur des gonds bien huilés et silencieux, avant de s'immobiliser, grande ouverte sur un intérieur sombre. Quand les choses arrivent si opportunément, la personne concernée n'est pas en mesure de se poser des questions sur le pourquoi et le comment, sa satisfaction personnelle immédiate semblant une raison suffisante pour expliquer les bizarreries et les changements les plus étranges de notre univers sublunaire ; c'est ainsi que Denis, sans un instant d'hésitation, pénétra à l'intérieur et referma partiellement la porte derrière lui pour masquer l'endroit où il s'était réfugié. Rien n'était plus éloigné de ses pensées que de la fermer complètement ; mais pour une raison inexplicable – peut-être sous l'effet d'un ressort ou d'un contrepoids – la lourde masse de chêne lui échappa brusquement et claqua, dans un fracas terrible accompagné d'un bruit qui ressemblait à la chute d'une barre automatique.

La ronde, à cet instant précis, déboucha sur la terrasse et se mit à le sommer de répondre, avec force cris et malédictions. Il les entendit fureter dans les recoins sombres ; et l'estoc d'une lance vint même gratter contre la surface extérieure de la porte derrière laquelle il se tenait ; mais ces messieurs étaient dans un état d'ébriété trop avancé pour s'attarder longtemps ; ils décampèrent bientôt en empruntant un sentier en spirale qui avait échappé à l'attention de Denis, et disparurent hors de vue et de portée le long des remparts de la ville.

Denis respira à nouveau. Il leur donna quelques minutes de répit par crainte d'une nouvelle mésaventure, puis chercha à tâtons un moyen d'ouvrir la porte et de se glisser à nouveau dehors. La surface intérieure de la porte était totalement lisse, sans la moindre poignée, la moindre moulure ni la moindre saillie d'aucune sorte. Il enfonça les ongles autour des bords et tira mais la masse ne bougea pas d'un pouce. Il la secoua : elle était aussi ferme que le roc. Denis de Beaulieu fronça les sourcils et émit un petit sifflement discret. Qu'est-ce qui lui prenait, à cette porte ? se demandait-il. Pourquoi s'était-elle ouverte ? Comment en était-elle venue si facilement et si efficacement à se refermer sur lui ? Il y avait là-dessous quelque chose d'obscur et de secret qui était très peu au goût du jeune homme. Cela ressemblait à un traquenard et, cependant, qui irait imaginer un traquenard dans une ruelle aussi tranquille et dans une maison à l'extérieur si florissant, voire si noble ? Et pourtant – traquenard ou non, intentionnel ou non – il était bel et bien là, joliment pris au piège ; et il ne voyait absolument aucun moyen de s'en sortir. L'obscurité commença à lui peser. Il prêta l'oreille ;

dehors, tout était silencieux, mais à l'intérieur, tout près de lui, il crut percevoir de faibles soupirs, un faible bruissement de sanglots, un petit craquement furtif – comme si quantité de personnes étaient à ses côtés, se tenant tout à fait tranquilles, et maîtrisant jusqu'à leur respiration avec une dissimulation extrême. L'idée lui porta un coup en plein cœur et il fit soudain volte-face, comme pour défendre sa vie. Alors, pour la première fois, il aperçut une lumière à hauteur des yeux, un peu plus loin dans la maison – un filet de lumière vertical, qui s'élargissait vers le bas, comme il pourrait s'en échapper entre deux pans de tenture dans l'encadrement d'une porte. Voir quelque chose fut pour Denis un soulagement, comme un morceau de terre ferme pour un homme qui avance péniblement dans un marécage ; son esprit s'empara de cette vision avec avidité, et Denis resta là à contempler ce phénomène et à tenter de se faire une idée logique des lieux qui l'entouraient. Il y avait, manifestement, une volée de marches qui montait du niveau où il se trouvait jusqu'à cette porte illuminée ; et il crut effectivement distinguer un autre filet de lumière, aussi fin qu'une aiguille et aussi faible qu'une phosphorescence, qui se reflétait sans doute le long du bois poli d'une rampe d'escalier. Depuis qu'il avait commencé à se douter qu'il n'était pas seul, son cœur n'avait cessé de battre avec une violence qui le suffoquait et il était animé d'un insupportable désir d'action, quelle qu'elle fût. Il se croyait en danger de mort. Quoi de plus naturel que de monter l'escalier, soulever le rideau et affronter aussitôt l'obstacle ? Du moins aurait-il affaire à quelque chose de tangible ; du moins ne serait-il plus dans le noir. Il avança lentement les mains en avant, jusqu'à ce que son pied bute contre la première marche ; puis il grimpa rapidement l'escalier, s'arrêta un instant pour se composer un visage, souleva la tenture et entra.

Il se trouva dans une grande pièce au sol de pierre luisant. Il y avait trois portes, une sur chacun de trois des côtés ; toutes étaient semblablement habillées de tentures. Le quatrième côté était occupé par deux hautes fenêtres et par un immense manteau de cheminée de pierre sculpté aux armes des Malétroit. Denis reconnut les armoiries et fut satisfait de se savoir en si bonnes mains. La pièce était violemment éclairée ; mais elle contenait peu de meubles, si ce n'est une table massive et une ou deux chaises ; il n'y avait pas de feu dans l'âtre, et le dallage était seulement parsemé d'un peu de paille qui n'était, de toute évidence, plus très fraîche.

Sur une chaise à haut dossier, à côté de la cheminée, exactement en face de Denis au moment où il entra, était assis un vieux monsieur enveloppé d'une étole de fourrure. Il était assis jambes croisées et mains jointes, et une tasse de vin chaud aux épices était posée, à la hauteur de son coude, sur une console fixée au mur. Sa physionomie très mâle – pas à proprement parler humaine, mais semblable à celle du taureau, du bouc ou du verrat – avait quelque chose d'équivoque et de patelin, quelque chose de vorace, de brutal et de dangereux. Sa lèvre supérieure était extraordinairement pleine, comme gonflée sous l'effet d'un coup ou d'une rage de dents ; et le sourire, les sourcils en accent circonflexe et les petits yeux perçants avaient, de façon bizarre et presque comique, une expression méchante. De beaux cheveux blancs et longs encadraient son visage comme une auréole et retombaient en une unique mèche bouclée sur l'étole. Sa barbe et sa moustache étaient le modèle même du charme vénérable. La vieillesse, peut-être parce qu'il avait pris des précautions extrêmes, n'avait pas imprimé sa marque sur ses mains – les Malétroit étaient célèbres pour la beauté de leurs mains. Il serait difficile d'imaginer rien d'aussi charnu et d'aussi délicat à la fois dans son modelé ; les doigts fuselés et sensuels ressemblaient à ceux des madones de Léonard de Vinci ; l'articulation du pouce formait une protubérance potelée quand il était replié ; les ongles, d'une forme parfaite, surprenaient par leur mortelle blancheur. Ce qui rendait son apparence dix fois plus redoutable, c'était qu'un homme doté de telles mains les gardât jointes dévotement dans son giron comme une vierge martyre, qu'un homme à l'expression si tendue et si saisissante restât assis patiemment sur son siège à contempler fixement les gens sans ciller, telle une divinité ou la statue d'une divinité. Sa quiétude semblait ironique et perfide, tant elle correspondait mal à son apparence.

C'était Alain, sire de Malétroit.

Denis et lui se dévisagèrent une seconde ou deux en silence.

– Entrez, je vous prie, dit le sire de Malétroit. Je vous attends depuis le début de la soirée.

Il ne s'était pas levé, mais il accompagna ses propos d'un sourire et d'un léger mais courtois mouvement de la tête. À cause de ce sourire aussi bien que du murmure étrangement mélodieux dont le seigneur fit précéder cette invite, Denis ressentit jusqu'à la moelle un frisson de dégoût. Et, pris entre la répulsion et le trouble réel de son esprit, il put à peine aligner quelques mots en réponse.

– Je crains, dit-il, qu'il ne s'agisse là d'une double erreur. Je ne suis pas la personne que vous croyez. Il semble que vous attendiez une visite ; mais, en ce qui me concerne, rien n'était plus éloigné de mes pensées – rien ne pouvait être plus contraire à mes désirs – que cette intrusion.

– Bon, bon, répondit le vieillard avec indulgence, vous voici, c'est l'essentiel. Asseyez-vous, mon ami, et mettez-vous tout à fait à votre aise. Nous allons arranger nos petites affaires sans tarder.

Denis se rendit compte que le problème se compliquait encore d'un autre malentendu et il se hâta de poursuivre ses explications.

– Votre porte... commença-t-il.

– Eh bien quoi, ma porte ? demanda l'autre, levant ses sourcils en accent circonflexe. Une petite trouvaille !

Et il haussa les épaules.

– Une fantaisie d'hospitalité ! Vous l'avez dit vous-même, vous ne souhaitiez pas faire ma connaissance. Nous autres, vieillards, sommes de temps en temps en quête d'une telle réticence, et quand cela touche à notre honneur, nous cherchons un moyen d'en triompher, et nous finissons toujours par en trouver un. Vous arrivez sans avoir été invité, mais, croyez-moi, vous êtes le bienvenu.

– Vous vous obstinez à ne pas comprendre, dit Denis. Il ne peut y avoir d'affaire entre vous et moi. Je suis étranger dans cette région. Je m'appelle Denis, damoiseau de Beaulieu. Si vous me voyez chez vous, c'est seulement que...

– Mon jeune ami, coupa l'autre, vous me permettrez d'avoir mon opinion personnelle sur ce sujet. Elle diffère probablement de la vôtre pour l'instant, ajouta-t-il avec un regard mauvais, mais le temps dira qui de nous a raison.

Denis était convaincu d'avoir affaire à un fou. Il s'assit en haussant les épaules, se bornant à attendre le dénouement ; un silence s'ensuivit, pendant lequel il crut distinguer un bredouillement précipité comme une litanie, qui provenait de l'autre côté de la tenture, juste en face de lui. Parfois, il semblait qu'une seule personne était impliquée, parfois deux ; et l'intensité de la voix, toute basse qu'elle fût, semblait indiquer soit une précipitation extrême, soit une terrible angoisse. L'idée lui vint que cette tenture masquait l'entrée de la chapelle qu'il avait remarquée de l'extérieur.

Pendant ce temps, le vieux monsieur examinait Denis des pieds à la tête avec un sourire et, de temps en temps, émettait de petits bruits comme en fait un oiseau ou une souris, ce qui semblait indiquer une satisfaction extrême. Cet état de choses devint vite insupportable ; aussi, Denis, pour y mettre un terme, fit-il poliment remarquer que le vent était tombé.

Le vieux monsieur fut pris d'un rire silencieux, si prolongé et si violent qu'il devint tout rouge. Denis se leva aussitôt et mit son chapeau d'un geste ample.

– Monsieur, dit-il, si vous avez tout votre bon sens, vous m'avez grossièrement offensé. Si vous avez perdu la raison, je me flatte de faire un meilleur usage de mon cerveau que de parler avec des fous. J'ai la conscience tranquille. Vous vous êtes moqué de moi dès le début ; vous avez refusé d'entendre mes explications ; et il n'existe à présent aucune puissance hormis Dieu qui puisse me contraindre à rester ici plus longtemps ; et si je ne parviens pas à sortir de manière plus convenable, je mettrai votre porte en pièces à coups de sabre.

Le sire de Malétroit leva la main droite et l'agita en direction de Denis, l'index et le petit doigt tendus.

– Mon cher neveu, dit-il, asseyez-vous.

– Neveu ! Vous mentez effrontément ! Rétorqua Denis en lui faisant la nique.

– Asseyez-vous, coquin ! hurla le vieux monsieur d'une voix soudain devenue âpre comme l'aboiement d'un chien. Est-ce que vous vous imaginez, poursuivit-il, qu'une fois que j'avais installé mon petit dispositif à la porte, j'allais être arrêté par cela ? Si vous préférez être pieds et poings liés jusqu'à vous sentir complètement brisé, levez-vous et essayez de partir. Si vous choisissez de rester fringant et libre, à converser agréablement avec un vieillard... eh bien, gardez votre calme, ne bougez pas de là où vous êtes et que Dieu soit avec vous.

– Voulez-vous dire que je suis prisonnier ? demanda Denis.

– Je vous expose les faits, répondit l'autre. Je préférerais vous laisser le soin de conclure.

Denis se rassit. Il s'arrangea pour donner l'impression de rester très serein ; mais, intérieurement, tantôt il bouillait de colère, tantôt il était transi de peur. Il n'était plus convaincu de traiter avec un fou. Et si le vieillard était sain d'esprit, au nom du ciel, que pouvait-il bien chercher ? Quelle aventure absurde ou tragique lui était-il arrivé ? Quelle attitude devait-il adopter ?

Tandis qu'il se faisait ces réflexions désagréables, la tenture accrochée au-dessus de la porte de la chapelle se souleva et un prêtre de grande taille en tenue de cérémonie s'avança qui, jetant sur Denis un long regard pénétrant, dit quelque chose à voix basse au sire de Malétroit.

– Est-elle dans une meilleure disposition ? demanda ce dernier.

– Elle est plus résignée, messire, répondit le prêtre.

– Que le Seigneur lui vienne en aide à présent, elle est difficile à contenter ! ricana le vieillard. Un beau garçon bien né, et qu'elle a choisi elle-même, par-dessus le marché ? Diantre, que voudrait-elle de plus, la drôlesse ?

– La situation n'est pas courante pour une jeune

damoiselle, reprit l'autre ; elle met sa modestie à rude épreuve.

– Elle aurait dû y penser avant d'entrer dans la danse. Je ne suis pour rien dans son choix, Dieu le sait, mais puisqu'elle y est, par Notre-Dame, il faut qu'elle aille jusqu'au bout.

Puis, s'adressant à Denis :

– Monsieur de Beaulieu, puis-je vous présenter à ma nièce ? Elle attend votre arrivée avec, si je puis dire, encore plus d'impatience que moi.

Denis s'était résigné avec bonne grâce – tout ce qu'il voulait, c'était connaître le pire le plus vite possible ; aussi se leva-t-il aussitôt et s'inclina-t-il en signe d'acquiescement. Le sire de Malétroit suivit son exemple et se dirigea en boitant, au bras du chapelain, jusqu'à la porte de la chapelle. Le prêtre écarta la tenture et tous trois entrèrent. Le bâtiment avait des prétentions architecturales considérables. De légères nervures partaient de six colonnes massives pour retomber du centre de la voûte en deux magnifiques culs-de-lampe. L'endroit se terminait derrière l'autel en arrondi, dans un luxe d'ornementation et de sculptures, avec de nombreuses petites ouvertures en forme d'étoiles, de trèfles ou de roues. Ces fenêtres étaient dotées de vitres peu jointives de telle sorte que l'air de la nuit circulait librement dans la chapelle. La flamme des cierges, dont il devait y avoir une bonne cinquantaine en train de brûler sur l'autel, vacillait impitoyablement en tous sens, et la lumière passait par toutes sortes de phases d'éclat et de semi-éclipse. Sur les marches, au pied de l'autel, était agenouillée une jeune fille parée de somptueux atours de mariée. Un frisson envahit Denis alors qu'il observait sa tenue ; il lutta avec l'énergie du désespoir contre la conclusion qui s'imposait à son esprit ; ce ne devait pas être ce qu'il craignait – c'était impossible.

– Blanche, dit le sire de Malétroit, de sa voix la plus flûtée, je t'ai amené un ami, ma petite fille ; retourne-toi et tends-lui ta jolie main. C'est bien d'être pieuse, mais il faut être polie, ma nièce.

La jeune fille se leva et se retourna vers les nouveaux arrivants. Elle se déplaçait d'un seul bloc ; la honte et l'épuisement se lisaient sur toutes les courbes d'un corps dans sa prime jeunesse ; elle s'avançait lentement, gardant la tête baissée et les yeux rivés au sol. Ce faisant, ses yeux se posèrent sur les pieds de Denis de Beaulieu – des pieds dont il était fier à juste titre, cela mérite d'être souligné, et qu'il avait toujours très élégamment chaussés même quand il voyageait. Elle s'arrêta... sursauta, comme si les bottines jaunes avaient évoqué une idée abominable et leva soudain les yeux pour voir la mine de celui qui les portait. Leurs regards se croisèrent ; sur ses traits, la honte fit place à l'horreur et à l'effroi ; ses lèvres devinrent exsangues ; elle se couvrit le visage de ses mains en poussant un cri perçant et s'effondra sur le sol de la chapelle.

– Ce n'est pas lui ! s'écria-t-elle. Mon oncle, ce n'est pas lui !

Le sire de Malétroit pépia gaiement.

– Bien sûr que non, dit-il, je m'y attendais. C'était

tellement dommage que vous ne vous rappeliez pas son nom.

– Je vous assure, s'écria-t-elle, je vous assure que je n'ai jamais vu cet homme auparavant... Je n'ai même jamais posé les yeux sur lui... Je souhaite ne jamais le revoir. Monsieur, dit-elle en se tournant vers Denis, si vous êtes un gentleman, vous confirmerez mes paroles. Vous ai-je jamais vu – m'avez-vous jamais vue – avant cette heure maudite ?

– En ce qui me concerne, je n'ai jamais eu ce plaisir, répondit le jeune homme. C'est la première fois, messire, que je rencontre votre charmante nièce.

Le vieil homme haussa les épaules.

– Je suis désolé de l'apprendre, dit-il. Mais il n'est jamais trop tard pour commencer. Je ne connaissais guère plus feu mon épouse avant de me marier, ce qui prouve, ajouta-t-il en grimaçant, que ces mariages impromptus peuvent souvent donner une entente excellente à la longue. Comme le futur marié doit avoir voix au chapitre, je veux bien lui accorder deux heures pour rattraper le temps perdu avant que nous ne procédions à la cérémonie.

Et il se tourna vers la porte, suivi de l'ecclésiastique.

La jeune fille se releva aussitôt.

– Mon oncle, vous ne parlez pas sérieusement, dit-elle. Je déclare devant Dieu que je me poignarderai plutôt que d'être contrainte à épouser ce jeune homme. Mon cœur se révolte à cette idée ; Dieu interdit de tels mariages ; vous déshonorez vos cheveux blancs. Oh, mon oncle, ayez pitié de moi ! Il n'est pas une femme au monde qui ne préférerait la mort à de telles noces. Il est possible, ajouta-t-elle d'une voix hésitante, il est possible que vous ne me croyiez pas... que vous continuiez à croire que c'est là – et elle désigna Denis avec un tremblement de colère et de mépris... Que vous continuiez à penser que c'est là l'homme en question.

– Pour être sincère, oui, je le crois, dit le vieil homme, s'arrêtant sur le seuil. Mais laissez-moi vous expliquer une fois pour toutes, Blanche de Malétroit, mon point de vue dans cette affaire. Quand vous vous êtes mis en tête de déshonorer ma famille et le nom que je porte en temps de paix comme en temps de guerre, depuis plus de soixante ans, vous avez perdu non seulement le droit de contester mes desseins, mais celui de me regarder en face. Si votre père avait été encore de ce monde, il vous aurait craché au visage et mise à la porte. Il avait, lui, une main de fer. Vous pouvez louer le Seigneur de n'avoir affaire qu'à la main de velours, mademoiselle. Il était de mon devoir de vous marier sans délai. Par pure bienveillance, j'ai essayé de retrouver votre galant. Et je crois avoir réussi. Mais, devant Dieu et tous les anges du ciel, Blanche de Malétroit, s'il n'en est rien, je m'en soucie comme d'une guigne. Aussi vous recommandé-je d'être polie avec notre jeune ami ; car, je vous en donne ma parole, votre prochain fiancé risque d'être moins agréable à regarder.

Sur ce, il sortit, le chapelain sur ses talons ; et la tenture retomba derrière eux.

La jeune fille se tourna vers Denis, les yeux étincelants.

– Quelle peut bien être, monsieur, demanda-t-elle, la signification de tout cela ?

– Dieu seul le sait, répondit Denis tristement. Je suis prisonnier dans cette maison qui me semble remplie de fous. Je n'en sais pas davantage et je n'y comprends rien.

– Et comment êtes-vous entré ici, je vous prie ? demanda-t-elle.

Il le lui raconta le plus brièvement possible.

– Pour le reste, ajouta-t-il, peut-être suivrez-vous mon exemple afin de me donner la réponse à toutes ces énigmes et de me dire, au nom de Dieu, comment tout cela est censé finir.

Elle resta un moment silencieuse, et il vit ses lèvres trembler et ses yeux sans larmes s'animer d'un éclat fébrile. Puis elle se prit le front dans les mains.

– Hélas, que j'ai mal à la tête ! dit-elle avec lassitude, sans parler de mon pauvre cœur ! Mais il faut que vous connaissiez mon histoire, aussi indigne d'une jeune fille qu'elle vous doive apparaître. Je m'appelle Blanche de Malétroit ; je n'ai ni père ni mère depuis – oh ! aussi loin que je me souvienne... Et j'ai été en vérité très malheureuse toute ma vie. Il y a trois mois, un jeune capitaine est venu se placer près de moi tous les jours à l'église. Je voyais que je lui plaisais ; je mérite le blâme mais j'étais si heureuse que quelqu'un m'aime que, lorsqu'il me tendit une lettre, je l'ai emportée à la maison, où je l'ai lue avec grand plaisir. Depuis ce moment-là, il m'a beaucoup écrit. Il désirait tellement me parler, le pauvre ! Et il ne cessait de me demander de laisser la porte ouverte un soir, afin que nous puissions échanger quelques mots dans l'escalier. Car il savait à quel point mon oncle avait confiance en moi.

Elle fit entendre alors une sorte de sanglot et mit un certain temps avant de pouvoir poursuivre.

– Mon oncle est un homme dur, mais il est très perspicace, finit-elle par dire. Il a accompli de nombreux exploits en temps de guerre et fut à la cour un grand personnage, qui eut, jadis, toute la confiance de la reine Isabeau. Je ne saurais dire comment il en vint à me soupçonner, mais il est difficile de lui cacher quoi que ce soit ; ce matin, au retour de la messe, il m'a saisi la main, l'a ouverte de force et a lu mon petit billet, sans cesser de marcher à mes côtés. Quand il a eu fini, il me l'a rendu avec beaucoup de courtoisie. Le billet me priait une nouvelle fois de laisser la porte ouverte : voilà ce qui a causé notre ruine à tous. Mon oncle m'a cloîtrée dans ma chambre jusqu'au soir, puis m'a ordonné de me vêtir ainsi – un pénible simulacre pour une jeune fille, ne croyez-vous pas ? Je suppose que, comme il ne pouvait me persuader de lui dire le nom du jeune capitaine, il a dû lui tendre un piège, dans lequel, hélas ! vous êtes tombé, sous le coup de la colère de Dieu. Je m'attendais à être bien confondue, car comment aurais-je pu savoir s'il souhaitait me prendre pour épouse dans ces conditions déloyales ? Peut-être s'était-il joué de moi dès le début ; ou peut-être n'avais-je pas tenu mon rang à ses yeux. Mais, sincèrement, je n'avais pas envisagé une punition aussi humiliante que celle-ci ! Je ne pouvais imaginer que Dieu laisserait une jeune fille déshonorée de la sorte devant un jeune homme. À présent, je vous ai tout dit et je n'ose espérer que vous ne me mépriserez pas.

Denis s'inclina devant elle avec respect.

– Madame, dit-il, vous m'avez honoré de votre confiance. Il me reste à vous prouver que je ne suis pas indigne de cet honneur. Messire de Malétroit est-il près d'ici ?

– Je pense qu'il est en train d'écrire dans la salle, à côté, répondit-elle.

– Puis-je vous y conduire, madame ? demanda Denis, lui offrant sa main dans une attitude des plus courtoises.

Elle accepta ; tous deux sortirent de la chapelle, Blanche abattue et honteuse à l'extrême, mais Denis bombant le torse dans la pleine conscience de sa mission et la certitude puérile de l'accomplir en tout honneur.

Le sire de Malétroit se leva pour aller à leur rencontre avec une révérence pleine d'ironie.

– Monsieur, dit Denis, arborant l'air le plus noble possible, je crois véritablement avoir un avis concernant ce mariage ; et permettez-moi de vous dire tout de suite que je ne me ferai pas votre complice pour forcer cette jeune demoiselle à m'aimer. Si elle m'avait été offerte en toute liberté, j'aurais été fier d'accepter sa main, car je constate qu'elle est aussi bonne que belle ; mais, les choses étant ce qu'elles sont, j'ai maintenant l'honneur, messire, de refuser.

Blanche le regarda avec gratitude ; mais le vieux monsieur ne fit que sourire, d'un sourire interminable qui finit par écœurer totalement Denis.

– Je crains, dit-il, monsieur de Beaulieu, que vous ne compreniez pas tout à fait le choix que j'ai à vous proposer. Suivez-moi, je vous prie, jusqu'à cette fenêtre.

Et il l'amena près d'une des grandes fenêtres qui étaient ouvertes sur la nuit.

– Vous constatez, poursuivit-il, qu'il y a dans le haut de la maçonnerie un anneau de fer au travers duquel est passée une corde très solide. À présent, écoutez-moi bien ! Si par hasard vous trouviez insurmontable votre aversion pour ma nièce, je vous ferais pendre à cette fenêtre avant le lever du soleil. Je n'en viendrai à une telle extrémité qu'avec le plus grand regret, croyez-moi. Car ce n'est nullement votre mort que je désire, mais l'établissement de ma nièce. Cependant, il en sera nécessairement ainsi si vous persistez dans votre obstination. Votre famille, monsieur de Beaulieu, ne manque pas de qualités ; mais si vous descendez de Charlemagne, vous ne devriez pas refuser impunément la main d'une Malétroit – quand bien même elle serait aussi quelconque que la route de Paris, quand bien même elle serait aussi hideuse que la gargouille qui surmonte ma porte. Ni ma nièce ni vous, ni même mes propres sentiments ne m'émeuvent le moins du monde dans cette affaire. L'honneur de ma maison a été compromis ; je pense que c'est vous le coupable ; du moins êtes-vous à présent dans le secret ; et vous n'êtes guère en droit de vous étonner que je vous somme d'effacer la souillure. Si vous refusez, que votre sang retombe sur vous ! Ce ne sera pas une grande joie pour moi que d'entendre votre intéressante dépouille taper des talons dans la brise sous mes fenêtres ; mais mieux vaut tenir que courir, et si je ne peux effacer le déshonneur, du moins puis-je mettre un terme au scandale.

Il y eut un silence.

– Je crois qu'il existe d'autres façons de régler de tels imbroglios entre gentlemen, dit Denis. Vous portez l'épée et je me suis laissé dire que vous vous êtes distingué dans le maniement de cette arme.

Le sire de Malétroit fit un signe au chapelain, qui traversa la pièce à grands pas feutrés et souleva la tenture qui masquait la troisième des portes. Presque aussitôt après, il la laissa retomber ; mais Denis avait eu le temps d'apercevoir un passage obscur rempli d'hommes armés.

– Étant un peu plus jeune, j'aurais été ravi d'honorer votre requête, monsieur de Beaulieu, dit sire Alain ; mais je suis trop vieux à présent. Des serviteurs fidèles sont le nerf de la vieillesse, et je dois utiliser les forces qui sont à ma disposition. C'est, lorsqu'on avance en âge, une des choses les plus difficiles à accepter ; mais, avec un peu de patience, on se fait même à cela. La demoiselle et vous-même semblez préférer la salle pour ce qu'il reste des deux heures que je vous ai accordées ; et comme je n'ai pas envie d'aller à l'encontre de votre préférence, je vous en laisse l'usage avec le plus grand plaisir. Ne vous pressez pas ! ajouta-t-il en levant la main, quand il vit le visage de Denis de Beaulieu prendre un air menaçant. Si votre esprit s'insurge à l'idée de la pendaison, il sera toujours temps dans deux heures de vous jeter par la fenêtre ou sur les piques de mes gens. Deux heures de vie, c'est toujours cela. Beaucoup de choses peuvent se produire même en si peu de temps. Et, par ailleurs, si j'interprète bien son attitude, ma nièce a encore quelque chose à vous dire. Vous n'allez pas gâcher vos dernières heures par un manque d'égards envers une dame ?

Denis regarda Blanche, qui lui adressa un geste implorant.

Il est probable que le vieillard était grandement satisfait de cet indice de compréhension, car il sourit en les regardant et ajouta doucement :

– Si vous voulez bien me donner votre parole d'honneur, monsieur de Beaulieu, que vous attendrez mon retour au terme des deux heures avant de tenter quoi que ce soit de désespéré, je retirerai mes gens et vous laisserai parler avec Mademoiselle dans une plus grande intimité.

Denis jeta à nouveau un coup d'œil sur la jeune fille, qui semblait le supplier d'accepter.

– Je vous donne ma parole d'honneur, dit-il.

Messire de Malétroit s'inclina et se mit à clopiner dans la pièce, sans cesser de s'éclaircir la voix par cette stridulation étrangement mélodieuse qui avait déjà tant agacé les oreilles de Denis de Beaulieu. Il s'empara tout d'abord de quelques papiers qui se trouvaient sur la table ; puis il se rendit à l'entrée du passage et sembla donner un ordre aux hommes postés derrière la tenture ; enfin, il sortit en boitillant, suivi du chapelain chargé d'une lanterne, en empruntant la porte par où Denis était entré, et se retourna sur le seuil pour saluer d'un sourire les deux jeunes gens.

À peine furent-ils seuls que Blanche s'avança vers Denis, les mains tendues. Son visage était rouge d'émotion et ses yeux brillaient de larmes.

– Vous ne devez pas mourir ! s'écria-t-elle. Somme toute, il faut que vous m'épousiez.

– Vous semblez croire, madame, répondit Denis, que j'ai grand-peur de la mort.

– Oh, non, non ! dit-elle, je vois bien que vous n'êtes pas un lâche. C'est pour moi, je ne pourrais pas supporter que l'on vous mette à mort pour un tel cas de conscience.

– Je crains, répliqua Denis, que vous ne sous-estimiez la difficulté, madame. Ce que vous êtes sans doute trop généreuse pour refuser, je suis sans doute trop fier pour l'accepter. Dans un élan de noblesse à mon égard, vous avez oublié ce que, peut-être, vous devez à d'autres.

Il eut la délicatesse de garder les yeux baissés en disant ces mots et pendant quelques minutes encore, de façon à ne pas voir sa confusion. Elle resta un instant silencieuse puis s'éloigna soudain et, s'affalant sur la chaise de son oncle, éclata franchement en sanglots. Denis était au comble de l'embarras. Il regarda autour de lui, en quête d'inspiration et, avisant un tabouret, s'y laissa lourdement tomber, comme pour se donner une contenance. Il resta assis là, jouant avec la garde de sa rapière, regrettant de n'être pas mille fois mort et enterré dans le tas d'ordures le plus nauséabond de France. Ses yeux faisaient le tour de la pièce, sans rien trouver qui les retînt. Il y avait tant d'espace entre les meubles, une lumière morne éclairait si faiblement l'ensemble, l'air qui semblait sourdre par les fenêtres des ténèbres extérieures était si glacé qu'il se dit qu'il n'avait jamais vu d'église si vaste ni de tombe plus mélancolique. Les sanglots réguliers de Blanche de Malétroit rythmaient le temps comme le tic-tac d'une horloge. Il lut et relut la devise inscrite sur l'écusson, jusqu'à ce que ses yeux se brouillent ; il scruta les recoins plongés dans l'ombre jusqu'à les imaginer grouillants d'horribles animaux et, de temps en temps, il reprenait brusquement conscience pour se rappeler que ses deux dernières heures s'écoulaient, rapides, et que la mort était en marche.

De plus en plus souvent, au fur et à mesure que le temps passait, son regard se posait sur la jeune fille. Elle avait la tête penchée, le visage recouvert de ses mains, et était secouée de loin en loin par un hoquet convulsif de douleur. Même ainsi, se dit Denis, elle n'était pas désagréable à contempler, si potelée et pourtant si fine, la peau dorée, avec les plus beaux cheveux qu'il eût jamais vus chez une femme. Ses mains étaient comme celles de son oncle, mais convenaient mieux à ses jeunes bras et avaient l'air infiniment douces et caressantes. Il se rappela l'éclat de ses yeux bleus posés sur lui, pleins de colère, de pitié et d'innocence. Et plus il s'appesantissait sur ses perfections, plus la mort lui paraissait laide, et plus il était pris d'un repentir profond devant ses larmes ininterrompues. Tantôt il pensait qu'aucun homme n'aurait le courage de quitter un monde qui renfermait une si belle créature, tantôt il aurait donné quarante minutes de sa dernière heure pour n'avoir pas prononcé ces propos cruels.

Soudain, le chant du coq, enroué et saccadé, leur parvint de la sombre vallée que dominaient les fenêtres. Et ce bruit qui trouait le silence des alentours fut comme une lumière dans un endroit sombre et les tira tous deux de leurs réflexions.

– Hélas, ne puis-je rien faire pour vous aider ? dit-elle en levant les yeux.

– Madame, répondit Denis, avec un beau manque d'à-propos, si j'ai dit quoi que ce soit qui vous a blessée, croyez-moi, c'est par égard pour vous, non pour moi.

Elle le remercia, les yeux pleins de larmes.

– Votre situation m'afflige, poursuivit-il. Le monde a été impitoyable avec vous. Votre oncle est une honte pour l'humanité. Croyez-moi, madame, il n'est aucun gentilhomme dans toute la France qui ne serait heureux de l'occasion que j'ai de mourir en vous rendant service un instant.

– Je sais déjà que vous pouvez être très brave et généreux, répondit-elle. Ce que je veux absolument savoir, c'est si je puis vous être utile, maintenant ou plus tard, ajouta-t-elle d'une voix mal assurée.

– Très certainement, répondit-il avec un sourire. Laissez-moi m'asseoir à vos côtés comme si j'étais un ami, plutôt qu'un intrus ridicule ; essayez d'oublier dans quelle situation gênante nous sommes l'un envers l'autre ; faites en sorte que mes derniers moments s'écoulent agréablement : c'est ainsi que vous me rendrez le plus grand service possible.

– Vous êtes extrêmement chevaleresque, ajouta-t-elle avec une tristesse accrue... extrêmement chevaleresque... et d'une certaine façon cela me peine. Mais rapprochez-vous, je vous en prie, et si vous avez quelque chose à me dire, soyez certain du moins d'être écouté par une oreille bienveillante. Ah ! monsieur de Beaulieu, dit-elle soudain avec véhémence, ah ! monsieur de Beaulieu, comment puis-je vous regarder en face ? Et elle se remit à pleurer de plus belle.

– Madame, dit Denis en prenant sa main dans les siennes, pensez au peu de temps qu'il me reste, et à la vive amertume où me jette la vue de votre détresse. Épargnez-moi, dans mes derniers instants, le spectacle de ce à quoi je ne saurais remédier, même au prix de ma vie.

– Je suis très égoïste, dit Blanche. Je vais être plus courageuse, monsieur de Beaulieu, par égard pour vous. Mais dites-moi si je ne puis avoir aucune tendre attention pour vous par la suite – si vous n'avez pas des amis à qui je pourrais transmettre vos adieux. Chargez-moi autant que vous le pouvez ; tout fardeau allégera, si peu que ce soit, la gratitude inestimable que je vous dois. Donnez-moi le pouvoir de faire pour vous autre chose que de pleurer.

– Ma mère est remariée et doit veiller sur de

jeunes enfants. Mon frère Guichard héritera de mes fiefs ; et, si je ne me trompe, cela le consolera amplement de ma mort. La vie est une vapeur légère qui file entre les doigts, comme nous l'apprennent les représentants de Dieu. Quand un homme est dans la bonne voie et qu'il a la vie devant lui, il a l'impression d'être un personnage très important dans le monde. Son cheval l'accueille par des hennissements ; les trompettes sonnent et les filles se mettent à la fenêtre quand il entre en ville sur sa monture à la tête de sa compagnie ; il reçoit maints témoignages de confiance et de considération – parfois par voie épistolaire – parfois face à face, avec des gens très importants qui se jettent à son cou. Rien d'étonnant à ce que la tête lui tourne quelque temps. Mais, une fois mort, qu'il ait été aussi courageux qu'Hercule ou aussi sage que Salomon, il est vite oublié. Il n'y a pas dix ans que mon père est tombé, et beaucoup d'autres chevaliers avec lui, au cours d'un combat féroce et je ne crois pas qu'on se souvienne aujourd'hui d'aucun d'eux, ni même du nom de la bataille. Non, non, madame, plus vous vous approchez de la mort, plus vous constatez qu'elle est un coin sombre et poussiéreux : un homme entre dans la tombe et la porte se referme derrière lui jusqu'au jour du Jugement dernier. À l'heure actuelle, j'ai peu d'amis, mais une fois mort, je n'en aurai plus aucun.

– Ah, monsieur de Beaulieu ! s'exclama-t-elle, vous oubliez Blanche de Malétroit.

– Vous avez une nature exquise, madame, et il

vous plaît d'estimer un petit service bien au-delà de sa valeur.

– Ce n'est pas cela, répondit-elle. Vous vous trompez sur mon compte si vous croyez que je suis si facilement affectée par mes soucis personnels. Je dis cela parce que vous êtes l'homme le plus noble que j'aie jamais rencontré ; parce que je reconnais en vous un courage qui aurait rendu célèbre dans le pays même une personne ordinaire.

– Et cependant, voici que je meurs dans un piège à rats – sans faire d'autre bruit que mon propre couinement, répondit-il.

Une expression de souffrance parut sur son visage et elle garda le silence un petit instant. Puis ses yeux s'éclairèrent et, dans un sourire, elle reprit la parole.

– Je ne peux supporter que mon champion ait une si piètre opinion de lui-même. Quiconque donne sa vie pour un autre sera accueilli au paradis par tous les hérauts et les anges du Seigneur. Et vous n'avez pas une telle raison d'être pendu. Car... Je vous en prie, me trouvez-vous belle ? demanda-t-elle en rougissant beaucoup.

– Certainement, madame, dit-il.

– J'en suis heureuse, répondit-elle du fond du cœur. Croyez-vous qu'il y a beaucoup d'hommes en France qui aient été demandés en mariage par une belle jeune fille – de sa propre bouche – et qui lui aient dit non en face ? Je sais que vous, les hommes, mépriseriez à moitié un tel triomphe ; mais, croyez-moi, nous les femmes, nous savons plus ce qui est précieux en amour. Rien ne devrait rehausser davantage un homme à ses propres yeux ; et nous, les femmes, n'apprécierions rien plus chèrement.

– Vous êtes très bonne, dit-il, mais vous ne parviendrez pas à me faire oublier que c'est la pitié qui est à l'origine de cette demande et non l'amour.

– Je n'en suis pas si sûre, répondit-elle, la tête baissée. Écoutez-moi jusqu'au bout, monsieur de Beaulieu. Je sais combien vous devez me mépriser ; je pense que vous avez raison de le faire ; je suis une créature trop médiocre pour occuper une seule pensée de votre esprit, bien que, hélas, vous dussiez mourir pour moi à l'aube. Mais quand je vous ai demandé de m'épouser, c'était vraiment, je vous l'assure, parce que je vous ai respecté et admiré, et que je vous ai aimé de toute mon âme dès lors que vous avez pris mon parti contre celui de mon oncle. Si vous vous étiez vu, si vous aviez vu l'air noble qui était alors le vôtre, vous auriez pitié de moi au lieu de me mépriser. Et, à présent, poursuivit-elle en lui faisant signe de ne rien dire, bien que j'aie abandonné toute réserve et que je vous aie fait toutes ces confidences, rappelez-vous que je connais déjà vos sentiments envers moi. Croyez-moi, étant de noble naissance, je ne vous forcerai pas à accepter par des propos importuns et lassants. Moi aussi, j'ai ma fierté : et je déclare devant la sainte mère de Dieu que si vous deviez à présent vous dédire, je ne vous épouserais pas plus que je n'épouserais le palefrenier de mon oncle.

Denis eut un sourire un peu amer.

– C'est un bien petit amour, dit-il, celui qui se cabre devant un peu de fierté.

Elle ne répondit pas, bien qu'elle eût sans doute son propre point de vue.

– Venez près de la fenêtre, dit-il dans un soupir. L'aube point.

Effectivement, l'aube s'annonçait déjà. La voûte du ciel était pleine des premiers rayons de lumière, diaphane et pure, et la vallée en dessous était inondée d'un reflet gris. Quelques fines vapeurs s'accrochaient dans les profondeurs de la forêt ou suivaient le cours sinueux de la rivière. Ce paysage dégageait un effet surprenant de sérénité, à peine interrompu quand les coqs recommencèrent à chanter dans les fermes. Peut-être le même volatile qui avait fait entendre un cri strident si horrible dans l'obscurité, à peine une demi-heure plus tôt, saluait-il à présent le jour naissant avec les cris de joie les plus vifs. Un vent léger agitait de tourbillons la cime des arbres sous les fenêtres. Et toujours, la lumière du jour continuait de se déverser insensiblement à l'est, qui devint vite incandescent au moment de lancer dans le ciel ce boulet de canon flamboyant, le soleil levant.

Denis considérait la scène avec un léger frisson. Il avait pris la main de la jeune fille et la gardait dans la sienne presque sans s'en rendre compte.

– Le jour est-il là ? dit-elle.

Puis, d'une façon assez illogique :

– La nuit a été si longue. Hélas ! qu'allons-nous dire à mon oncle quand il reviendra ?

– Ce que vous voulez, dit Denis en serrant ses doigts dans les siens.

Elle gardait le silence.

– Blanche, déclara-t-il dans un élan rapide, incertain et passionné, vous avez vu que je ne craignais pas la mort. Il faut que vous sachiez vraiment que je préférerais sauter dans le vide plutôt que de poser la main sur vous sans votre consentement libre et entier. Mais si vous vous intéressez à moi le moins du monde, ne me laissez pas perdre la vie pour une méprise ; car je vous aime plus que tout au monde ; et j'ai beau être prêt à mourir pour vous avec joie, j'éprouverais toutes les joies du paradis réunies à continuer à vivre pour vous servir.

Comme il achevait de parler, une cloche résonna à l'intérieur de la maison ; et un cliquetis d'armure dans le couloir montra que les hommes d'armes retournaient à leur poste et que les deux heures s'étaient écoulées.

– Après tout ce que vous avez appris ? murmura-t-elle en penchant vers lui ses lèvres et ses yeux.

– Je n'ai rien appris, répondit-il.

– Le nom du capitaine était Florimond de Champdivers, lui dit-elle à l'oreille.

– Je ne l'ai pas retenu, répondit-il en prenant son corps souple dans ses bras et en couvrant de baisers son visage baigné de larmes.

Un gazouillement mélodieux se fit entendre par-derrière, suivi d'un beau gloussement, et la voix de messire de Malétroit souhaita le bonjour à son nouveau neveu.

La Providence et la Guitare

I

MONSIEUR LÉON BERTHELINI prenait grand soin de sa toilette et faisait toujours très attention d'assortir son maintien au costume du moment. Il affectait quelque chose d'espagnol dans son apparence, quelque chose du bandit, à quoi il ajoutait, chez lui, un zeste de Rembrandt. Il était incontestablement petit et avait tendance à l'embonpoint ; son visage reflétait la bonne humeur ; ses yeux sombres, très expressifs, révélaient un cœur tendre, une nature vive et gaie et l'énergie la plus grande. S'il avait porté les vêtements de notre époque, on l'aurait pris pour un hybride jusque-là inconnu, qui tenait à la fois du barbier, de l'aubergiste et de l'apothicaire affable. Mais, avec sa jaquette de velours et son couvre-chef à rabats l'un et l'autre d'une splendeur outrancière, ses pantalons qui étaient plus exactement des collants couleur chair, son foulard blanc noué cavalièrement autour du cou, la masse de boucles olympiennes qui lui descendaient sur le front, et les pieds chaussés par tous les temps des souliers les plus fins à la Molière – il suffisait de le regarder pour savoir qu'on était en présence d'un Être Extraordinaire. Quand il portait un pardessus, il dédaignait d'en enfiler les manches ; il en boutonnait un seul bouton pour le maintenir sur ses épaules et le rejetait en arrière comme une pèlerine qu'il arborait avec l'allure et la présence d'un Almaviva. À mon avis, il approchait de la quarantaine. Mais il avait un cœur de petit garçon, était fier de ses atours et avançait dans la vie comme un enfant en perpétuelle représentation. S'il n'était pas Almaviva, après tout, ce n'était pas faute de faire semblant. Et il savourait les compensations de l'artiste. S'il n'était pas vraiment Almaviva, il était parfois tout aussi heureux que s'il l'eût été.

Je l'ai vu, à des moments où il s'imaginait être seul avec son Créateur, prendre une attitude si gaie et chevaleresque, et jouer son rôle avec tant de chaleur et de conscience que l'illusion était contagieuse, et j'étais persuadé qu'il était vraiment l'Être Extraordinaire.

Mais hélas ! on ne peut pas mener sa vie sur ces seuls principes ; l'homme ne vit pas seulement d'Almavivacité ; et l'Être Extraordinaire, ayant échoué sur la scène de plusieurs théâtres, était obligé de redescendre chaque soir de ses hauteurs et de chanter environ six à douze chansons comiques, de pincer la guitare, de faire régner la gaieté parmi un public de campagne et, enfin, de présider aux mystères d'une tombola.

Mme Berthelini, qui était sa complice de tous les instants dans ces tâches obscures, avait peut-être une place plus élevée dans l'échelle des êtres, et jouissait d'une dignité naturelle qui lui était propre. Mais son cœur n'était pas pour autant mieux placé, parce que c'eût été impossible, et elle avait un petit air mélancolique assez attrayant dans son genre, mais moins réconfortant à voir que l'immense entrain juvénile et plein de santé de son seigneur et maître.

Lui, en vérité, planait comme un cerf-volant dans la brise, bien au-dessus des misères terrestres. Les éclats de colère n'étaient pas rares dans les zones où il évoluait, mais les brouillards cotonneux et les dépressions noyées de larmes y étaient également inconnus. Un poing frappé sur la table, ou une noble attitude, copiée de Mélingne ou de Frédéric, apaisait son irritation comme une vengeance. Même si le ciel avait dû lui tomber sur la tête, Berthelini eût été content s'il avait bien joué son rôle. Et l'ambiance créée par cet homme, sinon son exemple, réagissait sur sa femme car tous deux s'adoraient et, bien qu'on eût pu croire qu'ils se mouvaient dans des mondes différents, ils n'en continuaient pas moins à marcher la main dans la main.

Il arriva un jour que M. et Mme Berthelini s'arrêtèrent avec deux malles et une guitare dans un étui volumineux à la gare de la petite ville de Castel-le-Gâchis, et l'omnibus les amena avec leurs affaires à l'hôtel de la Tête Noire. C'était un bâtiment sinistre, à l'allure de couvent, situé dans une rue étroite, pouvant soutenir un siège lorsque toutes les issues en étaient fermées, et dont l'intérieur dégageait une odeur étrange de paille, de chocolat et de vieux atours féminins. Berthelini s'arrêta sur le seuil, en proie à un douloureux pressentiment. Dans quelque vie antérieure, lui semblait-il, il était descendu dans une auberge qui ne sentait pas autrement, et il avait été mal reçu.

L'hôtelier, un homme sombre portant un grand feutre, se leva d'un bureau situé sous le tableau de clés et s'avança, tout en ôtant son chapeau des deux mains.

– Monsieur, je vous salue. Puis-je savoir combien vous prenez pour les artistes ? s'enquit Berthelini avec une courtoisie à la fois superbe et insinuante.

– Pour les artistes ? dit l'hôtelier.

Son visage s'allongea et le sourire accueillant disparut.

– Oh, les artistes ! ajouta-t-il sans ménagements, quatre francs par jour.

Et il tourna le dos à ces clients négligeables.

Un voyageur de commerce, on le reçoit, lui aussi, en lui faisant un rabais. Et pourtant, il est bien accueilli, il peut commander le veau gras ; mais un artiste, eût-il l'allure d'un Almaviva, fût-il vêtu comme Salomon dans toute sa gloire, est reçu comme un chien et servi comme une dame timide qui voyage seule.

Bien qu'habitué aux difficultés de sa profession, Berthelini fut désagréablement affecté par le comportement de l'hôtelier.

– Elvira, dit-il à sa femme, écoute-moi bien : Castel-le-Gâchis est une sottise tragique.

– Attendons de voir ce qu'on va nous donner, répondit Elvira.

– On ne va rien nous donner, répondit Berthelini, on va nous nourrir d'insultes. Je m'y connais, Elvira ; j'ai un sixième sens et cet endroit est maudit. L'hôtelier a été impoli, le commissaire sera brutal, le public vulgaire et tapageur et tu prendras mal à la gorge. Nous avons été assez fous pour venir ici ; le sort en est jeté – ce sera un second Sedan.

Sedan était une ville détestée des Berthelini, non seulement par patriotisme (car ils étaient français et répondaient en réalité au nom plutôt ordinaire de Duval), mais parce qu'elle avait été le théâtre de leurs revers les plus tristes. C'est là qu'ils avaient passé trois semaines en otage, faute de pouvoir payer leur note d'hôtel et, sans un surprenant coup de chance, ils y seraient peut-être encore à ce jour. Prononcer le nom de Sedan, c'était pour les Berthelini peindre éclipse et tremblement de terre. Le comte Almaviva rabattit son chapeau d'un geste exprimant le désespoir, et Elvira elle-même eut l'impression qu'on avait appelé sur eux le malheur en personne.

– Commandons le petit déjeuner, dit-elle avec un tact tout féminin.

Le commissaire de police de Castel-le-Gâchis était un commissaire gros et rougeaud, boutonneux et affligé d'une forte transpiration cutanée. J'ai répété le nom de son emploi parce que c'était beaucoup plus un commissaire qu'un homme. Il était rempli du sentiment de sa dignité. Il portait son corps de métier comme si c'était une charge officielle. Chaque fois qu'il insultait un simple citoyen, il lui semblait que c'était une façon habile de flatter indirectement le gouvernement ; à défaut de dignité, il était brutal par un sens outrecuidant du devoir. Son bureau était un antre d'où parvenaient aux oreilles des passants les accents destinés à imposer non pas la loi, mais le bon plaisir du commissaire.

À six reprises au cours de la journée, M. Berthelini fit de rapides allers et retours au commissariat pour obtenir l'autorisation nécessaire à son spectacle de la soirée ; à six reprises, on lui dit que le fonctionnaire était sorti. Léon Berthelini apparut peu à peu comme un personnage familier dans les rues de Castel-le-Gâchis ; il devenait une célébrité locale et on le désignait comme « l'homme qui cherche le commissaire ». Les enfants désœuvrés s'attachèrent à ses pas et le suivirent dans ses allées et venues entre l'hôtel et le bureau. Il avait beau faire tous ses efforts, rouler des cigarettes, marcher les jambes écartées, donner à son chapeau mille et une inclinaisons coquines, le rôle d'Almaviva était, dans ces conditions, bien difficile à jouer.

Alors qu'il passait par la place du marché en se rendant au commissariat pour la septième fois, on lui montra le commissaire, le gilet ouvert et les mains au dos, en train de contrôler la vente et la pesée du beurre. Berthelini se fraya un chemin entre les étals et les paniers, et accosta le dignitaire avec un salut qui était un triomphe de l'art dramatique.

— J'ai l'honneur, demanda-t-il, de rencontrer monsieur le commissaire ?

Le commissaire fut touché par la noblesse de cet abord.

– L'honneur, dit-il, est pour moi.

– Je suis, poursuivit l'acteur ambulant, je suis, monsieur, un artiste et je me permets de vous interrompre pour affaires. Ce soir, je donne un modeste spectacle musical au café des Triomphes de la Charrue – permettez-moi de vous offrir ce petit programme –, aussi suis-je venu vous demander l'autorisation nécessaire.

Au mot d'« artiste », le commissaire avait remis son chapeau, de l'air de quelqu'un qui, ayant fait trop de concessions, se rappellerait soudain les devoirs de son rang.

– Circulez, circulez ! dit-il, je suis occupé, je pèse le beurre.

« Païen de juif ! » pensa Léon.

– Permettez-moi, monsieur, reprit-il à haute voix, je suis déjà allé six fois...

– Collez vos affiches si vous voulez, interrompit le commissaire. Dans une heure environ, j'examinerai vos papiers au bureau. Mais maintenant, allez-vous-en, je suis occupé.

« Peser du beurre ! pensa Berthelini. Oh, France ! et c'est pour ça qu'on a fait 93 ! »

Les préparatifs furent bientôt achevés ; les affiches collées, les programmes déposés sur les tables de tous les hôtels de la ville, et une estrade érigée à une extrémité de la salle du café des Triomphes de la Charrue ; mais quand Léon retourna au bureau, le commissaire était une fois de plus sorti.

« Il est comme Mme Benoîton, pensa Léon. Fichu commissaire ! » Et juste à ce moment-là, il se trouva nez à nez avec lui.

– Voici, monsieur, voici, dit-il, mes papiers. Voulez-vous avoir la bonté de vérifier ?

Mais le commissaire était maintenant préoccupé par son dîner.

– Pas la peine, pas la peine ! Je suis occupé. Je suis très content. Donnez votre spectacle.

Et il se hâta de sortir.

« Fichu commissaire ! » pensa Léon.

II

Il y avait beaucoup de monde dans la salle, et le cafetier en profita pour vendre beaucoup de bière. Mais les Berthelini se donnèrent du mal pour rien.

Léon était radieux, en velours de coton ; il avait une façon cavalière de fumer une cigarette après chaque chanson qui valait son pesant d'or. Il soulignait les passages comiques, de sorte que les plus nigauds des habitants de Castel-le-Gâchis savaient quand il fallait rire, et il utilisait sa guitare d'une manière vraiment digne de lui. En vérité, son jeu sur cet instrument valait tout un drame romantique, tant il était brillant, fleuri et désinvolte.

Elvira, de son côté, chantait des chants patriotiques et romantiques avec encore plus d'expression qu'à l'ordinaire ; sa voix était vibrante et pleine de charme et, lorsque Léon la regardait, dans sa robe pourpre à taille basse qui dégageait entièrement les bras, une fleur rouge provocante entre les seins, il se répétait pour la nième fois que c'était une des plus ravissantes créatures du monde féminin.

Hélas ! quand elle passa dans l'assistance, le tambourin à la main, la jeunesse dorée de Castel-le-Gâchis se détourna froidement. Un simple sou fut recueilli ici ou là ; le résultat net d'une quête n'atteignit même pas cinquante centimes et le maire lui-même, après sept tours de salle, avait versé exactement quatre sous. Un certain froid commença à gagner les artistes ; ils avaient l'impression de chanter devant des limaces. Apollon lui-même aurait perdu courage devant un tel public. Les Berthelini essayaient de combattre cette impression ; ils se donnaient à fond, chantaient toujours plus fort, la guitare vibrait comme un être vivant. Enfin, Léon se produisit dans toute sa puissance et entonna, avec une conviction inimitable, son grand air : *Y a des honnêtes gens partout* !* Jamais il n'avait donné meilleure preuve de sa maîtrise artistique. Il était intimement persuadé que Castel-le-Gâchis constituait une exception à la loi qu'il proclamait ainsi avec lyrisme, et était uniquement peuplé de voleurs et de brutes. Et pourtant, je l'affirme, il le lançait comme un défi, il le chantait comme un article de foi, tandis que son visage rayonnait au point qu'on aurait cru qu'il allait convertir même les bancs.

Il était au sommet de sa voix, la tête rejetée en

arrière et la bouche ouverte, quand la porte fut violemment poussée : deux nouveaux venus pénétrèrent bruyamment dans le café. C'était le commissaire, suivi du garde champêtre.

Berthelini, impavide, continuait encore à proclamer *Y a des honnêtes gens partout !* Mais cette opinion faisait maintenant ricaner tout haut le public. Berthelini se demandait pourquoi ; il ignorait les antécédents du garde champêtre, il n'avait jamais entendu parler de la petite affaire des timbres-poste. Mais le public, lui, était parfaitement au courant et s'amusait beaucoup de la coïncidence.

Le commissaire se cala sur une chaise vide dans une attitude qui faisait penser à Cromwell rendant visite au Parlement Croupion, et il adressait de temps à autre quelques mots à son acolyte, qui se tenait au garde-à-vous derrière lui. Leurs yeux à tous deux étaient tournés vers Berthelini qui répétait obstinément le même refrain.

Y a des honnêtes gens partout ! Il le redisait pour la vingtième fois quand le commissaire se dressa soudain et, de sa canne, fit brusquement signe au chanteur.

– C'est moi que vous voulez ? demanda Léon, s'arrêtant de chanter.

– C'est vous, répondit le potentat.

« Fichu commissaire ! » pensa Léon, qui descendit de l'estrade et se dirigea vers le commissaire.

– Comment se fait-il, monsieur, dit le commissaire, tout imbu de sa personne, que je vous trouve à jouer les saltimbanques dans un lieu public sans ma permission ?

– Sans votre... ? s'écria Léon indigné. Permettez-moi de vous rappeler...

– Allons, allons, monsieur, dit le commissaire, je ne veux aucune explication.

– Peu m'importe ce que vous voulez, répondit le chanteur. Moi, je tiens à vous en donner, et je ne vous laisserai pas m'en imposer. Je suis un artiste, monsieur, une distinction que vous ne pouvez pas comprendre. J'ai reçu votre autorisation et c'est fort de cette autorisation que je suis ici. Que celui qui veut m'empêcher de poursuivre le fasse s'il l'ose.

– Vous n'avez pas ma signature, je vous le dis, s'écria le commissaire. Montrez-moi ma signature ! Où est ma signature ?

C'était bien là le problème ; où était sa signature ? Léon reconnut qu'il était dans un mauvais pas ; mais il se montra, par son courage, à la hauteur de la situation et fanfaronna superbement, rejetant ses boucles en arrière. Le commissaire lui donna la réplique dans le rôle du tyran ; et tandis que l'un se penchait davantage en avant, l'autre se penchait d'autant en arrière, la majesté tenant tête à la fureur. Le public avait tourné son attention vers ce nouveau spectacle et écoutait avec toute la gravité silencieuse qu'ont les Français en présence de la police. Elvira s'était assise, elle avait l'habitude de ces interruptions et se sentait à présent mélancolique plutôt qu'effrayée.

– Encore un mot, cria le commissaire, et je vous arrête.

– M'arrêter ? hurla Léon, je vous mets au défi de le faire.

– C'est moi le commissaire de police, dit le fonctionnaire.

Léon contint ses ardeurs et répondit par un sous-entendu d'une grande délicatesse :

– Il semblerait que oui.

La remarque était trop fine pour Castel-le-Gâchis et ne provoqua pas le moindre sourire. Quant au commissaire, il ordonna simplement au chanteur de le suivre dans son bureau et se dirigea, impérial, vers la porte. Léon n'avait plus qu'à obtempérer, ce qu'il fit en affectant avec à-propos l'indifférence, mais c'était là, indéniablement, lui faire avaler des couleuvres.

Le maire s'était glissé dehors et attendait déjà à la porte du commissariat. Or, le maire, en France, est le refuge des opprimés. Il se tient entre ses administrés et les rigueurs tapageuses de la police. Il est parfois capable de comprendre ce qu'on lui dit ; il n'est pas toujours gonflé outre mesure du sentiment de sa dignité. C'est une chose qu'il faut savoir quand on voyage en France. Quand tout semble perdu et qu'un homme s'est résigné à l'injustice, il a encore, comme les héros des ballades romantiques, un petit cor pendu à sa ceinture dont il peut sonner ; et le maire, magnanime *deus ex machina*, peut encore descendre le délivrer des tracasseries de la justice. Le maire de Castel-le-Gâchis, bien qu'inaccessible aux charmes de la musique telle qu'elle était vendue au détail par les Berthelini, n'hésita pas un instant pour ce qui était des tenants et des aboutissants de l'affaire. Il se prit sur-le-champ de querelle avec le commissaire en des termes très vifs, et ce dernier, piqué au vif par cette humiliation, accepta le combat sur le détail des faits. Le débat dura quelque temps, donnant raison tantôt à l'un tantôt à l'autre, jusqu'à ce qu'enfin la victoire penchât en faveur du commissaire de façon si évidente que le maire fut contraint par la nécessité de s'affirmer par un acte d'autorité. Il avait été mis à bout d'arguments mais il était toujours le maire. Aussi, se détournant de son interlocuteur, conseilla-t-il en termes brefs mais bienveillants à Léon de retourner à son concert.

– Il se fait tard, ajouta-t-il.

Léon n'eut pas besoin de se le faire dire deux fois. Il retourna en toute diligence au café des Triomphes de la Charrue. Hélas ! le public s'était éclipsé pendant son absence ; Elvira était assise, éplorée, sur l'étui à guitare ; elle avait vu la foule se disperser par groupes de deux ou trois et ce spectacle prolongé lui avait un peu fait perdre courage. Elle se disait que chacun s'en allait en emportant une partie de ses gains potentiels, elle voyait la note d'hôtel, les billets de chemin de fer et même, en fin de compte, le dîner du lendemain quitter le café l'un après l'autre et disparaître dans la nuit.

– Comment ça s'est passé ? demanda-t-elle faiblement.

Mais Léon ne répondit pas. Il regardait autour de lui la scène de la défaite. Une vingtaine de spectateurs à peine étaient encore là, qui ne lui disaient rien qui vaille. L'aiguille des minutes approchait déjà de onze heures.

– C'est une bataille perdue, dit-il.

Puis, saisissant la bourse, il la retourna.

– Trois francs soixante-quinze, s'écria-t-il, pour quatre de frais d'hôtel et six de chemin de fer, et on n'a pas le temps de faire la tombola ! Elvira, c'est Waterloo !

Il s'assit et se passa les deux mains dans les cheveux avec désespoir.

– Oh ! Fichu commissaire ! s'écria-t-il, fichu commissaire !

– Rassemblons nos affaires et partons, répondit Elvira. Nous pourrions peut-être essayer de chanter encore, mais il n'y a pas six sous dans la salle.

– Six sous ! s'écria Léon, six cent mille démons ! Il n'y a pas une seule créature humaine dans la ville – rien que des cochons, des chiens et des commissaires ! Plaise au ciel que nous rentrions à l'hôtel sains et saufs !

– Ne va pas imaginer des choses ! s'exclama Elvira en frissonnant.

Là-dessus, ils se mirent en devoir de se préparer à rentrer. Le pot à tabac, le fume-cigarettes, les trois paquets de boutons de plastron qui auraient dû être les prix de la tombola, si cette dernière avait eu lieu, furent emballés avec les partitions. La guitare fut replacée dans son étui. Lorsqu'Elvira eut jeté un léger châle sur son cou et ses épaules, ils sortirent tous deux du café pour se diriger vers la *Tête Noire*.

L'horloge de l'église sonnait onze heures quand ils

traversèrent la place du Marché. C'était une nuit sombre et douce, et les rues étaient désertes.

– Tout cela, c'est bien joli, mais j'ai un pressentiment : la nuit n'est pas encore finie.

III

La *Tête Noire* ne laissait filtrer aucun rai de lumière sur la rue, et la porte charretière était close.

– C'est sans précédent, ça ! fit remarquer Léon. Une auberge fermée à onze heures cinq. Et pourtant il y avait plusieurs voyageurs de commerce au café jusqu'à une heure tardive. Elvira, j'ai des doutes. Sonnons la cloche.

La cloche avait un timbre puissant et, comme elle était accrochée sous le porche, elle remplit la maison du haut en bas de résonances métalliques désagréables. Le bruit faisait encore davantage ressembler le bâtiment à un couvent ; un sentiment de découragement, un désir de prier et de s'humilier s'emparèrent de l'esprit d'Elvire ; quant à Léon, il semblait lire les indications scéniques d'un cinquième acte lugubre.

– C'est ta faute, dit Elvira. Voilà ce qui arrive quand on s'imagine des choses !

Léon tira de nouveau la corde de la cloche, et le tocsin solennel réveilla de nouveau les échos de l'auberge ; avant qu'ils se fussent apaisés, une faible lueur apparut sous le porche et on entendit une voix forte s'élever et vibrer de colère.

– Qu'est-ce qui se passe ? s'écria l'hôtelier sur un ton tragique à travers les barreaux de la grille. À près de minuit, vous vous mettez à vociférer comme des Prussiens à la porte d'un hôtel respectable ? Oh ! ajouta-t-il, je vous reconnais, maintenant ! De vulgaires chanteurs ! Des gens qui ont des ennuis avec la police ! Et vous vous présentez à minuit comme des grands seigneurs ? Allez-vous-en !

– Permettez-moi de vous rappeler, répondit Léon avec des trémolos dans la voix, que je suis votre hôte, que je suis normalement inscrit et que j'ai déposé des bagages d'une valeur de quatre cents francs.

– Vous ne pouvez pas entrer à cette heure, c'est impossible, répondit l'homme. Ceci n'est pas une taverne de voleurs pour des romanichels, des noceurs et des joueurs d'orgue de Barbarie.

– Espèce de brute ! s'écria Elvira.

Car en parlant d'orgue de Barbarie, il avait visé juste.

– Alors, j'exige mes bagages, dit Léon, sans rien perdre de sa dignité.

– J'ignore tout de vos bagages, répliqua l'hôtelier.

– Vous gardez mes bagages ? Vous avez l'audace de garder mes bagages ? cria le chanteur.

– Qui êtes-vous ? répondit l'hôtelier, il fait noir, je ne vous reconnais pas.

– Bon, très bien, gardez mes bagages, conclut Léon. Il vous en cuira ! Je vous ferai mourir à petit feu à force de persécutions ; je vous traînerai de tribunal en tribunal ; s'il y a une justice en France, elle sera rendue entre nous. Et je ferai de vous la risée de la ville... Je vous mettrai dans une chanson... une chanson injurieuse... une chanson obscène... une chanson populaire que les enfants vous chanteront dans la rue, et qu'ils viendront hurler devant cette grille à minuit.

Il n'avait cessé d'élever la voix à chaque mot car, pendant ce temps, l'hôtelier se retirait tout tranquillement, et quand la dernière lueur eut disparu du passage voûté et que le dernier bruit de pas se fut évanoui à l'intérieur, Léon se tourna vers sa femme, l'air héroïque.

– Elvira, dit-il, j'ai désormais un devoir à remplir. Je détruirai cet homme comme Eugène Sue a détruit le concierge. Allons tout de suite à la gendarmerie pour commencer à nous venger.

Il ramassa l'étui à guitare, qu'il avait appuyé contre le mur et, le cœur brûlant, ils se mirent en route par les rues silencieuses et mal éclairées de la ville.

La gendarmerie était cachée par le bureau télégraphique, au bas d'une immense place en partie occupée par des jardins. Là, tous les bergers de la communauté dormaient du sommeil du juste. Il fallut frapper longtemps pour en réveiller un ; et celui-ci, quand enfin il parvint à la porte, dit, pour toute réponse, que ce n'était pas son affaire. Léon essaya de lui faire entendre raison ; il menaça, supplia :

– Voyez, dit-il, Mme Berthelini en robe de soirée... une femme délicate... enceinte...

Cette dernière remarque, j'imagine, pour impressionner son interlocuteur ; et, à tous ces arguments, le gendarme répondait invariablement :

– Ce n'est pas mon affaire.

– Très bien, dit Léon, alors nous allons nous rendre au commissariat.

Ce qu'ils firent ; le bureau était fermé et plongé dans l'obscurité ; mais la maison d'habitation était juste à côté et Léon tira bientôt sur la sonnette comme un forcené. L'épouse du commissaire apparut à une fenêtre. Cette créature filiforme les informa que le commissaire n'était pas encore rentré.

– Est-il chez le maire ? demanda Léon.

Elle pensait que ce n'était pas improbable.

– Où habite le maire ? demanda Léon.

Sur ce point, elle lui donna quelques vagues renseignements.

– Reste ici, Elvira, dit Léon, de peur que je le manque en chemin. Si, quand je reviens, je ne te trouve plus ici, j'irai tout droit à la *Tête Noire*.

Et il partit à la recherche du maire. Il passa dix minutes à errer dans des impasses et, quand il parvint au but, il était déjà minuit et demie. Un long mur de jardin, blanc, d'où dépassaient de gros marronniers, une porte munie d'une boîte aux lettres, une poignée de sonnette métallique, ce fut tout ce qu'il vit du domicile du maire. Léon prit la poignée à deux mains et se mit à danser frénétiquement sur le trottoir. La sonnette elle-même était juste derrière le mur, elle répondit à ses assauts répétés et résonna de façon alarmante dans la profondeur de la nuit.

Une fenêtre s'ouvrit de l'autre côté de la rue et une voix s'enquit de la cause de ce vacarme intempestif.

– Je souhaite voir le maire, dit Léon.

– Il est couché, à cette heure, répondit la voix.

– Il faut qu'il se relève, reprit Léon.

Et il allait se remettre à tirer sur la poignée.

– Il ne vous entendra jamais comme ça, dit la voix. Le jardin est immense, la maison est à l'autre bout et le maire et sa gouvernante sont sourds.

– Ah ah ! dit Léon, et il s'arrêta. Le maire est sourd ? Tout s'explique !

Et il songea, momentanément soulagé, au concert de la soirée.

– Ah ! poursuivit-il, le maire est sourd, le jardin immense, et la maison à l'autre bout, c'est donc ça ?

– Et vous pourriez sonner toute la nuit, ajouta la voix, vous ne seriez pas plus avancé. Ça ne ferait que m'empêcher de dormir.

– Merci, voisin, répondit le chanteur, vous allez dormir.

Et il revint en arrière le plus vite possible vers la maison du commissaire. Elvira était toujours là, à faire les cent pas devant la porte.

– Il n'est pas venu, demanda Léon.

– Non, répondit-elle.

– Bon, reprit Léon. Je suis sûr qu'il est chez lui. Voyons cet étui à guitare. Je vais faire le siège en règle, Elvira, je suis en colère ; je suis rempli d'indignation ; je suis prêt à me montrer agressif ; mais je remercie le Seigneur de m'avoir laissé l'envie de m'amuser. Le juge injuste sera importuné par une sérénade, Elvira. Encore une tournée ! encore une tournée !

En même temps, il avait ouvert l'étui, plaqué quelques accords et pris une pose irrésistiblement espagnole.

– Bon, ajouta-t-il, voyons ta voix. Tu es prête ? Suis-moi.

La guitare vibra et les deux voix entonnèrent, en parfaite harmonie et avec une puissance saisissante, le refrain d'une chanson du vieux Béranger :

Commissaire ! commissaire !
Colin bat sa ménagère !

Les pierres de Castel-le-Gâchis frémirent de cette audacieuse innovation. Jusqu'ici, la nuit avait été consacrée au repos et aux bonnets de coton. Or, qu'était-ce là ? Les fenêtres s'ouvrirent les unes après les autres ; on gratta des allumettes, la flamme des bougies commença à vaciller, des visages ensommeillés scrutèrent les ténèbres dans la clarté des étoiles. Les deux silhouettes se tenaient là, devant le commissariat, droites comme des piquets, la tête en arrière et le regard interrogateur tourné vers le ciel étoilé ; la guitare gémissait, hurlait et résonnait à elle seule comme la moitié d'un orchestre ; tandis que les voix, dans leur débit nerveux et entraînant, lançaient le refrain approprié à la fenêtre du commissaire. Le nom de ce fonctionnaire était repris en écho. On aurait dit davantage l'intermède d'une farce de

Molière qu'un moment de vie réelle à Castel-le-Gâchis.

Le commissaire ne fut pas le dernier, sinon le premier, des voisins à succomber à l'influence de la musique ; il ouvrit violemment la fenêtre de sa chambre. Il était hors de lui. Il se pencha largement par-dessus le rebord de la fenêtre, tempêtant et gesticulant ; le pompon de son bonnet de nuit dansait la sarabande. Il ouvrait la bouche comme un four et pourtant sa voix, au lieu d'en sortir rugissante, s'échappait en un filet étouffé et balbutiant. Encore quelques minutes de sérénade, et il était clair qu'il allait connaître une crise d'apoplexie.

Je trouve indigne de reproduire son langage ; il évoqua au passage trop de sujets brûlants pour qu'un conteur modéré les reprenne. Bien qu'il fût connu pour avoir la langue bien pendue, et capable d'user d'expressions fortes pour se faire obéir, il excella de façon si remarquable cette nuit-là qu'une jeune fille, qui s'était levée comme tout le monde pour entendre la sérénade, dut refermer sa fenêtre dès la deuxième phrase. Les quelques mots qu'elle avait entendus troublèrent sa conscience et, le lendemain, elle dit qu'elle ne pouvait presque plus désormais se considérer comme une jeune fille.

Léon essaya d'expliquer sa situation, mais ne reçut en réponse que des menaces d'arrestation.

– Si je descends ! hurlait le commissaire.

– C'est ça, venez donc ! disait Léon.

– Je n'en ferai rien, criait le commissaire.

– Vous n'osez pas ! répondait Léon.

À ces mots, le commissaire referma sa fenêtre.

– Tout est fini, dit le chanteur. La sérénade a peut-être été une mauvaise idée. Ces péquenots n'ont aucun sens de l'humour.

– Sauvons-nous, dit Elvira en frissonnant. Tous ces gens qui nous regardent... c'est si grossier et si brutal.

Puis, cédant une fois de plus à la colère...

– Brutes ! hurla-t-elle aux spectateurs éclairés par les chandelles... brutes ! brutes ! brutes !

– *Sauve qui peut**, dit Léon. Tu l'auras voulu !

Alors, passant le premier, la guitare dans une main, l'étui dans l'autre, il s'éloigna du théâtre de cette absurde aventure avec une précipitation un peu trop grande pour mériter ce simple nom.

IV

Dans la partie ouest de Castel-le-Gâchis, quatre rangées de tilleuls vénérables formaient, en cette nuit étoilée, une avenue légèrement éclairée, bordée de deux allées latérales plongées dans l'ombre la plus totale. Des bancs de pierre étaient disposés de loin en loin entre les troncs des arbres. Il n'y avait pas un souffle de vent ; une atmosphère chargée de senteurs régnait sur l'ensemble et toutes les feuilles étaient totalement immobiles sur leur tige. C'est là qu'après avoir vainement frappé à la porte d'une ou deux auberges, les Berthelini échouèrent enfin pour passer la nuit. Léon insista pour donner son manteau à Elvira, bien qu'elle ne voulût pas en entendre parler, et tous deux s'assirent en silence sur le premier banc qui se présenta. Léon roula une cigarette qu'il fuma jusqu'au bout, les yeux levés sur les arbres et, au-delà, sur les constellations dont il essayait vainement de se rappeler les noms. Le silence fut rompu par la cloche d'une église ; elle sonna les quarts avec un tintement léger, suivi un peu plus tard d'un seul coup grave qui s'évanouit peu à peu en un frémissement, et l'immobilité reprit son empire.

– Une heure, dit Léon, encore quatre heures avant le jour. Il fait bon, il y a des étoiles ; j'ai des allumettes et du tabac. N'exagérons pas, Elvira ; l'expérience est somme toute agréable. Je sens une sorte de feu intérieur. Pense aux romans de Cooper, ma chérie.

– Léon, dit-elle violemment, comment peux-tu dire des sottises aussi abominables et cruelles ? Passer la nuit dehors, c'est un vrai cauchemar ! Nous allons mourir.

– Tu te laisses emporter, reprit-il avec douceur. On n'est pas mal, ici, mais tu vois tout en noir. Allons, viens, répétons une scène. On essaie Alceste et Célimène ? Non ? Ou un passage des *Deux Orphelines* ? Allez, viens, ça t'occupera l'esprit ; je te donnerai la réplique comme jamais encore je ne l'ai fait ; je sens l'art circuler dans mes veines.

– Tais-toi ! s'écria-t-elle, sinon tu vas me rendre folle. Rien ne peut donc te donner un peu de sérieux, même pas cette horrible situation ?

– Oh, horrible ! objecta Léon, c'est un bien grand mot. Eh bien, où voudrais-tu être ? *Dites, la jeune belle, où voulez-vous aller ?** chantonna-t-il. Bon, maintenant, poursuivit-il en ouvrant l'étui à guitare, j'ai une autre idée pour toi... chanter. Chanter : *Dites, la jeune belle !* Ça te calmera, Elvira, j'en suis sûr.

Et sans attendre la réponse, il se mit à pincer la guitare. Les premiers accords réveillèrent un jeune homme qui dormait sur un banc voisin.

– Salut ! s'écria le jeune homme. Qui êtes-vous ?

– *Sous quel roi, Bezonian ?* déclamait l'artiste. *Il faut parler ou mourir**.

Ou si ce n'était pas exactement cela, c'était quelque chose de très voisin, tiré d'une tragédie française.

Le jeune homme s'avança dans la pénombre. Il était grand, bien bâti, poli, le visage un peu bouffi, vêtu d'un costume de tweed gris, coiffé d'un chapeau de chasse en même tissu ; et il s'approcha, un sac à dos pendu au bras.

– Vous campez ici aussi ? demanda-t-il avec un fort accent anglais. Je ne suis pas mécontent d'avoir de la compagnie.

Léon expliqua leur mésaventure ; et l'autre leur dit qu'il était étudiant à Cambridge et qu'il voyageait à pied, qu'il n'avait plus d'argent et ne pouvait plus payer sa chambre, qu'il avait déjà couché deux nuits dehors et redoutait bien d'avoir encore à le faire deux autres nuits.

– Heureusement, il fait beau, conclut-il.

– Tu entends ça, Elvira, dit Léon. Mme Berthelini, poursuivit-il, est ridiculement affectée par ce petit incident. Pour moi, je trouve que c'est romantique et loin d'être inconfortable ; du moins, ajouta-t-il en changeant de position sur le banc de pierre, pas aussi inconfortable qu'on aurait pu le croire. Mais, je vous en prie, asseyez-vous.

– Oui, répondit l'étudiant en s'asseyant, c'est plutôt bien, une fois qu'on s'y est habitué ; seulement, il est diablement difficile de se laver. J'aime l'air frais, et ces étoiles, et tout ça.

– Ah ah ! dit Léon, monsieur est un artiste.

– Un artiste ? répondit l'autre, sans avoir l'air de comprendre. Pas que je sache.

– Pardon, dit l'acteur, ce que vous venez de dire sur les corps célestes...

– Allons donc ! s'écria l'Anglais, on peut admirer les étoiles sans pour autant être artiste.

– Vous avez une nature d'artiste tout de même, monsieur... Excusez-moi, puis-je, sans être indiscret, vous demander votre nom ? dit Léon.

– Je m'appelle Stubbs, répondit l'Anglais.

– Merci, répondit Léon, moi, c'est Berthelini... Léon Berthelini, ex-artiste des théâtres de Montrouge, Belleville et Montmartre. Modeste comme vous me voyez, j'ai créé avec succès plus d'un rôle important. La presse unanime a salué mon interprétation du diable, dans la pièce qui s'intitule *Les Hurlements du diable des montagnes*. Mme Berthelini, que je vous présente maintenant, est elle-même une artiste et, je dois le dire, une bien meilleure artiste que son mari. Elle aussi, elle a un talent de créateur : elle a créé près de vingt chansons à succès dans l'un des principaux music-halls parisiens. Mais, pour revenir à notre propos, je disais que vous aviez une nature d'artiste, monsieur Stubbs, permettez-moi d'être juge en la matière. J'espère bien que vous ne voudrez pas renier vos dons ; je vous adjure d'embrasser la carrière d'artiste.

– Merci, répondit Stubbs en gloussant. Je serai banquier.

– Non, dit Léon, ne dites pas des choses pareilles. Pas ça. Un homme doté d'une nature comme la vôtre ne devrait pas déroger à ce point. Que sont quelques privations ici et là, tant que vous œuvrez dans un dessein noble et élevé ?

« Cet homme est fou, pensa Stubbs, mais sa femme est plutôt jolie et il est assez drôle, tant qu'à faire. » Mais il émit une tout autre idée :

– Je croyais que vous aviez dit que vous étiez acteur ?

– Mais certainement, répondit Léon. Je le suis, ou, hélas, je l'étais.

– Et donc, vous voulez que moi, je sois acteur, n'est-ce pas ? continua l'étudiant. Eh bien Monsieur, je ne serais même pas capable d'apprendre un rôle ; ma mémoire est une vraie passoire et, pour ce qui est de jouer, je n'ai pas deux sous d'idées.

– Le théâtre n'est pas la seule voie artistique, dit Léon. Soyez sculpteur, danseur, poète ou romancier ; bref, suivez votre penchant et donnez-vous à fond avant de mourir.

– Et vous appelez ça de l'art ? demanda Stubbs.

– Mais bien sûr ! répondit Léon. Ces choses-là ne sont-elles pas toutes des branches du même art ?

– Oh, je ne savais pas, répliqua l'Anglais. Je croyais que le terme « artiste » désignait quelqu'un qui fait de la peinture.

Le chanteur le dévisagea avec surprise.

– Cela provient de la différence de langues, dit-il enfin. Cette tour de Babel, quand en aurons-nous fini avec elle ? Si je savais l'anglais, me suivriez-vous plus volontiers ?

– Entre nous, je ne crois pas, répondit l'autre. J'ai l'impression que vous avez diablement réfléchi à la question. Pour moi, j'admire les étoiles et j'aime qu'elles brillent – c'est si gai –, mais que je sois pendu si j'ai jamais imaginé qu'elles aient quelque chose à voir avec l'art ! Ce n'est pas mon domaine, vous voyez. Je ne suis pas un intellectuel ; j'ai toutes les peines du monde à passer tout juste mes examens, je vous assure ! Mais je suis plutôt sympathique, au fond, ajouta-t-il en voyant, malgré la pâle clarté des étoiles, que son interlocuteur paraissait désolé, et j'aime bien le théâtre, la musique, la guitare, que sais-je encore.

Léon sentit qu'ils ne se comprenaient pas totalement. Il changea de sujet.

– Donc, vous voyagez à pied ? poursuivit-il. Comme c'est romantique ! Comme c'est courageux ! Et vous aimez notre pays ? Comment appréciez-vous le paysage, comparé à vos collines sauvages ?

– Eh bien le fait est, commença Stubbs...

Il allait dire qu'il ne s'intéressait pas au paysage, ce

qui était entièrement faux et révélait simplement, au contraire, le parti pris d'un étudiant sportif ; mais il avait commencé à se douter que Berthelini attendait autre chose et il lui donna une autre réponse.

– Le fait est que je le trouve agréable. On m'avait dit que ce n'était pas bien ici ; c'était même écrit dans le guide, mais je ne sais pas ce qu'ils voulaient dire. Je trouve que c'est diablement beau, ma parole, c'est vrai.

À ce moment-là, de la façon la plus imprévue, Elvira éclata en sanglots.

– Ma voix ! s'écria-t-elle. Léon, si je reste un instant de plus je vais perdre ma voix.

– Tu ne resteras pas ici un instant de plus, s'écria l'auteur. Même si je dois enfoncer une porte, si je dois mettre le feu à la ville, je te trouverai un abri.

À ces mots, il remit la guitare en place et, réconfortant son épouse par quelques tendresses, lui donna le bras.

– Monsieur Stubbs, dit-il en ôtant son chapeau, l'accueil que je vous offre est plutôt problématique, mais, je vous en prie, faites-nous le plaisir de votre compagnie. Vous êtes un peu dans la gêne pour le moment ; laissez-moi vous avancer ce dont vous avez besoin. Je vous le demande comme une faveur ; nous ne devons pas nous séparer si peu de temps après nous être rencontrés de façon si étrange.

– Oh, mais voyons, commença Stubbs, je ne peux pas laisser un homme comme vous...

Puis il s'arrêta, sentant qu'il faisait en quelque sorte fausse route.

– Je ne voudrais pas utiliser la menace, poursuivit Léon en souriant, mais si vous refusez, je ne le prendrai vraiment pas en bonne part.

« Je ne vois pas bien comment m'en sortir », pensa l'étudiant ; puis, après un silence, il dit à voix haute et de façon peu aimable :

– D'accord, je... je vous suis très obligé, bien évidemment.

Et il se mit à les suivre en pensant au fond de lui-même : « Mais ça ne se fait pas que d'obliger quelqu'un contre son gré. »

V

En tête, Léon avançait à grandes enjambées, comme s'il savait exactement où il allait ; on entendait encore faiblement les sanglots de Mme Berthelini ; personne ne parlait. Un chien aboya férocement dans une cour sur leur passage ; puis la cloche de l'église sonna deux heures, suivies ou précédées des deux coups aigrelets des nombreuses horloges du voisinage. C'est à ce moment que Berthelini aperçut une lumière. Elle brillait dans une petite maison d'un faubourg de la ville, et le groupe prit alors cette direction.

– C'est déjà une chance ! dit Léon.

La maison en question se dressait en retrait de la rue, au fond d'un espace découvert mi-jardin, michamp de navets ; et plusieurs appentis étaient disposés de part et d'autre, à angle droit jusqu'à la façade. L'une d'elles avait été récemment transformée. Une énorme fenêtre, donnant au nord, avait été percée dans le mur et le toit, et Léon se prit à espérer que c'était un atelier d'artiste.

– Si seulement c'était un peintre, dit-il en riant, je parie dix contre un que nous aurions le meilleur accueil.

– Je croyais que les peintres étaient pour la plupart pauvres, dit Stubbs.

– Ah ! s'écria Léon, vous ne connaissez pas le monde comme moi. Plus ils sont pauvres, mieux ça vaut pour nous.

Et le trio pénétra dans le champ de navets.

La lumière provenait du rez-de-chaussée ; comme une fenêtre était vivement éclairée et les deux autres plus faiblement, on pouvait supposer qu'il y avait une seule lampe dans un angle d'une grande pièce ; un certain éclat vacillant, et de temps à autre réduit, indiquait qu'un feu dans une cheminée contribuait à créer cet effet. On entendait maintenant un éclat de voix et les intrus s'arrêtèrent pour écouter. C'était une voix aiguë et courroucée, mais elle avait toutefois une résonance masculine très nette. L'expression en était volubile, trop même pour être très compréhensible : elle montait et descendait en un flot de paroles, et une tournure revenait sans cesse, bien détachée du reste, comme si la personne qui parlait comptait sur son efficacité.

Soudain, une autre voix se joignit à la première.

Cette fois-ci, c'était une voix de femme ; et si l'homme était en colère, la femme était en proie à la plus violente fureur. On retrouvait chez elle ce ton calme, résolument neutre, bien connu des mâles qui souffrent, cette façon de s'exprimer terne et factice qui trahit une hésitation entre le meurtre et la crise de nerfs – le ton que les meilleures des femmes prennent quelquefois pour prononcer des paroles pires que la mort, à l'égard des êtres qui leur sont les plus chers. Si les morts étaient doués de parole, c'est ainsi, et pas autrement, qu'ils s'exprimeraient. Léon était courageux, et je crois qu'il n'avait pas beaucoup de foi (il avait été élevé dans un pays papiste), mais l'habitude de l'enfance l'emporta et il se signa dévotement. Il avait rencontré plusieurs femmes dans sa carrière. Il était évident que son instinct ne l'avait pas trompé, car la voix masculine éclata aussitôt, au paroxysme de la colère.

L'étudiant, qui n'avait pas compris le sens de l'intervention de la femme, dressa l'oreille au changement survenu chez l'homme.

– Il va y avoir une drôle de bagarre, fit-il.

Il y eut encore une réplique de la femme, toujours calme mais sur un ton légèrement plus haut.

– Crise de nerfs ? demanda Léon à sa femme. C'est ça, l'indication scénique ?

– Comment pourrais-je savoir ? répliqua Elvira, non sans une certaine aigreur.

– Oh ! femme, femme ! dit Léon, qui entreprit de sortir sa guitare. Voilà ce qui me pèse, monsieur Stubbs, elles se soutiennent entre elles ; elles disent toujours que c'est naturel. Même Mme Berthelini, qui est une artiste dramatique !

– Tu n'as pas de cœur, Léon, dit Elvira ; cette femme a des ennuis.

– Et l'homme, mon ange ? s'enquit Berthelini, passant la courroie de sa guitare. Et l'homme, *m'amour** ?

– C'est un homme, répondit-elle.

– Vous entendez ça, dit Léon à Stubbs. Ce n'est pas trop tard pour vous. Remarquez l'intonation. Bon alors, poursuivit-il, qu'est-ce qu'on va leur offrir ?

– Vous allez chanter ? demanda Stubbs.

– Je suis un troubadour, répondit Léon. Je demande accueil par et pour mon art. Si j'étais banquier, est-ce que je pourrais en faire autant ?

– Mais vous n'en auriez pas besoin, vous savez, répondit l'étudiant.

– Parbleu, dit Léon, c'est bien vrai. Elvira, c'est vrai.

– Bien sûr, répondit-elle, tu ne le savais pas ?

– Ma chère, répondit Léon avec emphase, je ne sais que ce qui est agréable. Même mon expérience de la vie est une œuvre d'art composée de manière supérieure. Mais qu'allons-nous leur offrir ? Il faudrait trouver quelque chose de circonstance.

Des visions de *Que les chiens se réjouissent* traversèrent l'esprit de l'étudiant ; mais il se dit que c'était un poème anglais et qu'il en ignorait l'air. C'est pourquoi il ne fit aucune suggestion.

– Quelque chose sur notre situation de sans-abri, proposa Elvira.

– J'ai trouvé ! s'écria Léon. Et il entonna la chanson de Pierre Dupont :

Savez-vous où gîte
Mai, ce joli mois ?

Elvira se joignit à lui ; Stubbs aussi, qui chantait juste et avait de l'oreille, mais ne connaissait pas très bien la musique. Léon et sa guitare furent à la hauteur de la situation. L'acteur dispensait ses roucoulades avec prodigalité et enthousiasme ; et, alors qu'il levait, comme à l'ordinaire, les yeux au ciel, rejetant en arrière ses boucles brunes, il lui semblait que les étoiles mêmes participaient, muettes, au concert d'applaudissements couronnant ses efforts, et que l'univers lui prêtait son silence en guise de chœur. C'est l'une des caractéristiques les plus appréciables des corps célestes que d'appartenir à chacun de nous en propre ; et un homme comme Léon, Endymion chronique qui s'arrangeait pour progresser dans la vie sans recevoir d'encouragements, est toujours pour lui-même le centre du monde.

Lui seul – et il faut remarquer au passage qu'il était le plus mauvais chanteur des trois – prenait la musique sérieusement à cœur et appréciait la sérénade d'un point de vue hautement artistique. Elvira, de son côté, était préoccupée par l'accueil qu'ils allaient recevoir. Quant à Stubbs, il considérait toute l'affaire comme une vaste plaisanterie.

Connaissez-vous le gîte de mai, ce joli mois ?

poursuivaient les trois voix dans le champ de navets.

Les occupants furent de toute évidence troublés. La lumière se déplaça dans la pièce, plus vive à une fenêtre, plus faible à une autre ; puis la porte s'ouvrit, un homme en blouse apparut sur le seuil, une lampe à la main. C'était quelqu'un de jeune et de solide, à la barbe et aux cheveux fous, au col de chemise ouvert ; sa blouse était tachée de peinture à l'huile en bigarrures dignes d'Arlequin ; et il y avait quelque chose de rustique dans la façon dont ses pantalons retenus par une ceinture tombaient et faisaient des poches aux genoux.

Derrière lui, par-dessus son épaule, un visage de femme scrutait l'obscurité ; il était pâle et un peu las, bien que toujours jeune ; il retenait encore quelque joliesse qui n'allait pas tarder à disparaître complètement, et son expression était à la fois douce et amère, faisant vaguement penser au goût de certains médicaments. Ce n'était pas malgré tout un visage désagréable ; quand sa joliesse aurait disparu, on pouvait penser qu'une certaine beauté pâle la remplacerait ; et puisque la douceur, tout comme la dureté, sont des attributs de la jeunesse, on pouvait espérer qu'avec les années, elles se fondraient pour donner un caractère équilibré et harmonieux, non dénué de bonté.

– Qu'est-ce que c'est que tout ce vacarme ? cria l'homme.

VI

Léon ôta aussitôt son chapeau. Il s'approcha avec sa grâce coutumière ; cet instant lui aurait valu une salve d'applaudissements sur la scène. Elvira et Stubbs avancèrent derrière lui, semblables aux moutons d'Admète suivant le dieu Apollon.

– Monsieur, dit Léon, l'heure est tardive, c'est inexcusable, et notre petite sérénade a l'air d'une insolence. Croyez-moi, monsieur, c'est un appel au secours. Monsieur est un artiste, à ce que je vois. Nous sommes nous-mêmes trois artistes surpris par la nuit et sans abri – une dame délicate, en robe du soir, enceinte. Cela ne manquera pas de toucher le cœur de madame, que j'aperçois vaguement derrière son mari et dont le visage éloquent laisse supposer un esprit bien contrôlé. Ah ! Monsieur, madame... un bon mouvement, et vous ferez le bonheur de trois personnes ! Deux ou trois heures près de votre feu : je vous le demande, monsieur, au nom de l'art ; Madame, au nom du caractère sacré de la nature féminine.

Les deux personnes ainsi interpellées s'écartèrent en silence de la porte d'un commun accord :

– Entrez, dit l'homme.

– Entrez, madame, dit la femme.

La porte donnait directement dans la cuisine, qui était de toute évidence le seul salon. Le mobilier était à la fois simple et sommaire, mais il y avait un ou deux tableaux représentant des paysages, encadrés avec soin, comme s'ils avaient déjà été préparés pour les salons du comité de réception d'une exposition, d'où on les aurait exclus. Léon s'approcha des tableaux et joua le rôle du connaisseur devant chacun d'eux, avec son intuition et sa force dramatiques habituelles. Le maître de maison, la lampe à la main, le suivait de toile en toile comme s'il était irrésistiblement attiré. On conduisit Elvira directement auprès du feu, où elle s'employa à se réchauffer tandis que Stubbs, debout au milieu de la pièce, suivait les faits et gestes de Léon d'un regard légèrement surpris.

– Si vous les voyiez à la lumière du jour, dit l'artiste.

– Je me promets ce plaisir, dit Léon. Vous possédez à la perfection, monsieur, si je peux me permettre une remarque, l'art de la composition.

– Vous êtes bien bon, répondit l'autre, mais ne devriez-vous pas vous approcher du feu ?

– Volontiers, dit Léon.

Et tout le monde se trouva bientôt rassemblé autour de la table devant un souper froid préparé à la hâte et assez peu raffiné, arrosé d'un vin des plus quelconques. Personne n'apprécia le repas, mais aucun des convives ne se plaignit ; ils firent bonne figure, tous sans exception, dans un grand cliquetis de couteaux et de fourchettes. Voir Léon manger une seule saucisse froide, c'était assister à un triomphe ; quand il eut fini, il s'était livré à une pantomime aussi prodigieuse qu'en aurait exigé un double aloyau et il avait l'air détendu d'une personne repue.

Comme Elvira s'était tout naturellement assise à

côté de Léon, et Stubbs tout aussi naturellement, bien qu'à mon avis sans y penser, à côté d'Elvira, l'hôte et l'hôtesse étaient l'un près de l'autre. On ne laissait cependant pas de remarquer qu'ils ne s'adressaient jamais la parole, ni ne permettaient à leurs regards de se rencontrer. La querelle interrompue survivait encore dans leur ressentiment ; et dès que les convives seraient partis, elle éclaterait de nouveau avec plus d'aigreur que jamais. La conversation roulait sur un sujet ou sur un autre – car, d'un commun accord, tous avaient décidé qu'il était trop tard pour aller se coucher ; mais les deux hôtes ne se laissèrent pas aller une seconde l'un envers l'autre ; Goneril et Regan, dans leur dispute fratricide, ne nourrissaient pas davantage d'inimitié.

Il se trouva qu'Elvira était si fatiguée par toutes les petites émotions de la nuit que pour une fois elle abandonna ses bonnes manières et sa correction habituelles, et laissa aller sa tête sur l'épaule de Léon de la façon la plus naturelle du monde. En même temps, la fatigue engendrant la tendresse, elle passa les doigts de sa main droite dans ceux de la main gauche de son mari et, fermant à demi les yeux, sombra dans un univers doré aux frontières du sommeil et de la veille. Pendant tout ce temps, elle ne se rendait pas compte de ce qui se passait, mais elle vit que la femme du peintre l'observait d'un regard où l'envie se mêlait au mépris.

Léon se rendit compte qu'un peu de tabac était indispensable à sa santé ; aussi détacha-t-il ses doigts de ceux d'Elvira pour rouler une cigarette. Il le fit doucement et veilla à ce que la satisfaction de son caprice ne dérangeât sa femme en aucune façon. Mais la femme du peintre le vit et parut y attacher une signification bien particulière. Elle regarda un instant droit devant elle puis, d'un mouvement rapide et furtif, saisit la main de son mari sous la table. Hélas ! elle aurait pu s'épargner cette prouesse. Car le pauvre homme fut si fortement ému par cette caresse qu'il en resta bouche bée au milieu d'un mot, et l'expression de son visage disait clairement à toute la compagnie que ses pensées avaient été détournées vers un cours plus doux.

Si ce n'avait été plutôt aimable, c'eût été ridiculement cocasse. Sa femme retira immédiatement sa main, mais, de toute évidence, cela ne se fit pas sans effort. Sur quoi, le jeune homme rougit et parut beau, l'espace d'un instant.

Léon et Elvira observaient tous deux le jeu de scène et un courant passa de l'un à l'autre ; car ils voulaient toujours marier les gens, surtout ceux qui l'étaient déjà.

– Je vous demande pardon, dit soudain Léon. Rien ne sert de faire semblant. Avant d'entrer, nous avons entendu des éclats de voix indiquant – si je puis m'exprimer ainsi – une harmonie imparfaite.

– Monsieur, commença l'homme.

Mais la femme fut plus rapide.

– C'est tout à fait vrai, dit-elle. Je ne vois aucune raison d'en avoir honte. Si mon mari est fou, du moins devrais-je faire de mon mieux pour en prévenir les conséquences. Figurez-vous, monsieur, madame, continua-t-elle, négligeant la présence de Stubbs, que ce misérable – un barbouilleur, propre à rien, incapable d'être un peintre en lettres – reçoit ce matin même une offre splendide d'un oncle – un oncle à moi, le frère de ma mère, que j'aime beaucoup –, une place d'employée de bureau pour près de cent cinquante livres par an et que – figurez-vous ! – il la refuse ! Pourquoi ? Pour l'amour de l'Art, à ce qu'il dit. Regardez son art, je vous demande un peu, regardez-le ! Est-ce que c'est présentable ? Posez-lui la question ! Est-ce que c'est vendable ? Et c'est pour cela, monsieur et Madame, qu'il me condamne à l'existence la plus lamentable, sans douceurs, sans agréments, dans le vil faubourg d'une bourgade. *Oh, non !* s'écria-t-elle, *non ! je ne me tairai pas, c'est plus fort que moi* !* Je prends ces messieurs et cette dame pour juges. Est-ce bien ? Est-ce convenable ? Est-ce digne d'un homme ? Est-ce que je ne mérite pas mieux auprès de lui, après l'avoir épousé et – *(geste brusque)* – avoir fait l'impossible pour lui plaire ?

Je ne crois pas qu'il y eût jamais autour d'une table assemblée plus embarrassée ; tous étaient là comme des imbéciles, le mari encore plus que les autres.

– Pourtant, l'art de Monsieur, dit Elvira, brisant le silence, ne manque pas de distinction.

– Il a cette distinction, précisément, dit la femme, que personne ne veut acheter.

– J'aurais pensé qu'un poste d'employé de bureau... commença Stubbs.

– L'Art, c'est l'Art, l'interrompit Léon. Je salue

l'Art. C'est le beau, le divin ; c'est l'esprit du monde, et l'orgueil de la vie. Mais...

Ici, l'acteur marqua une pause.

– Un poste d'employé de bureau... hasarda Stubbs.

– Je vais vous dire ce qu'il en est, dit le peintre. Je suis un artiste, et comme dit Monsieur, l'Art c'est cela et tout le reste ; mais bien sûr, si ma femme veut ruiner totalement ma vie jour après jour, je préfère aller me noyer sur-le-champ.

– Vas-y ! dit sa femme, j'aimerais bien t'y voir !

– J'allais dire, reprit Stubbs, qu'on peut être employé de bureau et peintre autant qu'on veut. Je connais quelqu'un dans une banque qui fait des aquarelles de premier ordre ; il en a même vendu une sept shillings six pence.

Pour les deux femmes, cela paraissait une planche de salut ; l'une et l'autre scrutèrent avec espoir le visage de leur seigneur ; même Elvira, artiste elle-même ! Mais il doit vraiment toujours y avoir, dans la nature féminine, quelque chose d'intéressé. Les deux hommes échangèrent un regard – tragique ; ce n'est pas autrement que deux philosophes pourraient se saluer, à la fin d'une vie de labeur, chacun reconnaissait qu'il est toujours un mystère pour ses disciples.

Léon se leva.

– L'Art, c'est l'Art, répéta-t-il tristement. Ce n'est pas peindre des aquarelles, ni faire des gammes. C'est une vie tout entière à lui consacrée.

– Et pendant ce temps, les gens meurent de faim, fit remarquer la maîtresse de maison. Si c'est ça la vie, elle n'est pas pour moi.

– Je vais vous dire ce qu'on va faire, éclata Léon. Vous, madame, vous allez dans une autre pièce et vous en discutez avec ma femme, et moi, je reste ici et j'en discute avec votre mari. Ça ne donnera peut-être rien, mais on va essayer.

– Je veux bien, dit la jeune femme, et elle entreprit d'allumer une bougie. Par ici, s'il vous plaît.

Elle emmena Elvira dans une chambre à l'étage.

– Le fait est, dit-elle en s'asseyant, que mon mari ne sait pas peindre.

– Pas plus que le mien ne sait jouer la comédie, répondit Elvira.

– J'aurais cru que oui, répondit l'autre ; il a l'air doué.

– Il l'est, et c'est au demeurant le meilleur des hommes, dit Elvira, mais il ne sait pas jouer.

– Du moins n'est-il pas un véritable charlatan comme le mien ; il sait au moins chanter.

– Vous vous méprenez sur Léon, répondit sa femme avec chaleur. Il ne prétend pas savoir chanter ; il a un goût trop subtil ; il le fait pour gagner sa vie. Et, croyez-moi, ni votre mari ni le mien ne sont des charlatans. Ce sont des hommes investis d'une mission... qu'ils ne peuvent pas mener à bien.

– Charlatan ou non, répliqua l'autre, vous avez failli passer la nuit dans les champs ; et, pour ma part, je vis dans la crainte de mourir de faim. Je croyais que c'était la mission d'un homme de réfléchir à deux fois en ce qui concerne sa femme. Mais il semble que non. Ils n'ont pas d'autre mission que celle de faire les imbéciles. Oh ! dit-elle, n'est-ce pas triste de penser une telle chose de cet homme qui est mon mari ? Si seulement il le faisait, l'imbécile, qui s'en soucierait ? Mais non... pas lui... pas plus que moi je n'en suis capable !

– Avez-vous des enfants ? demanda Elvira.

– Non, mais alors, je pourrais.

– Les enfants changent tellement la vie, soupira Elvira.

Et à ce moment précis, de la pièce au-dessous, s'éleva un brusque accord plaqué sur la guitare ; puis un autre, puis un autre encore ; puis la voix de Léon s'y associa ; et un air chanté accompagné à la guitare interrompit la conversation des deux femmes. L'épouse du peintre resta pétrifiée ; Elvira, la regardant dans les yeux, put y lire toutes sortes de beaux souvenirs et de pensées tendres qui lui traversaient l'esprit à chaque note ; c'était un peu de sa jeunesse qui se déroulait devant elle ; une plaine de France verdoyante, l'odeur des pommiers en fleurs, les méandres étincelants d'une rivière dans le lointain, les mots et la présence de l'amour.

« Léon est tombé juste, se dit Elvira. Je me demande comment. »

C'était pourtant bien clair. Léon avait demandé au peintre s'il n'y avait pas un air lié à une époque heureuse où il faisait la cour à sa femme ; ayant appris ce qu'il souhaitait et laissé passer quelques instants, il s'était lancé dans :

Ô mon amante
Ô mon désir

Sachons cueillir
L'heure charmante !

– Excusez-moi, dit la femme du peintre, mais votre mari chante admirablement bien.

– Il chante cet air avec sentiment, répondit Elvira d'un ton critique, bien qu'elle fût elle-même un peu émue, car la mélodie était une arme à double tranchant dans la chambre du haut, mais il le fait en acteur et non en musicien.

– La vie est bien triste, dit l'autre, c'est ainsi qu'elle nous coule entre les doigts.

– Je ne suis pas de cet avis, répondit Elvira. Je crois que les bons moments se conservent et prennent de jour en jour plus d'importance.

– Franchement, que me conseilleriez-vous ?

– Franchement, je laisserais mon mari faire ce qu'il veut. De toute évidence, c'est un peintre passionné ; et vous ne l'avez pas vu à l'œuvre en tant qu'employé de bureau. Et vous savez – ne serait-ce que comme père éventuel de vos enfants –, il vaut mieux le garder dans sa meilleure forme.

– C'est une excellente nature, dit sa femme.

Ils continuèrent jusqu'au lever du soleil à faire de la musique et à se témoigner beaucoup d'amitié sous toutes ses formes ; et lorsque le soleil se leva, dans un ciel toujours clair et doux, ils se séparèrent sur le seuil en échangeant mille souhaits de bonheur. Les fumées de Castel-le-Gâchis commençaient à s'élever et se détachaient sur l'horizon doré, à l'est. La cloche de l'église sonnait six heures.

– Ma guitare est un esprit familier, dit Léon, tandis qu'Elvira et lui prenaient le chemin le plus court pour rejoindre l'auberge. Elle a ressuscité un commissaire, fait naître un touriste anglais et réconcilié un homme et son épouse.

Stubbs, quant à lui, partit dans le matin, tout à ses pensées.

« Ils sont tous fous, se dit-il, vraiment tous fous... mais terriblement convenables. »

Les Nouvelles Mille et Une Nuits

Deuxième livraison
1885

Quand nous jouions à Shéhérazade...

par
FANNY OSBOURNE

Le petit chalet « la Solitude », où, d'après ce qu'il a dit, mon mari a passé la période la plus heureuse de sa vie, détonnait curieusement avec son entourage. À Hyères, un chalet avait quelque chose d'incongru, et la position qu'il occupait, accroché à une falaise peu élevée à l'entrée de la vieille ville, le rendait encore plus voyant. À partir de cette falaise, le terrain montait en pente douce et jusque devant la grille de notre jardin ; là, il devenait plus accidenté et escarpé, et à l'approche du sommet, il se terminait en rochers couronnés par les ruines d'un antique château sarrasin.

Notre minuscule chalet était la conséquence d'une visite à l'Exposition de Paris en 1878. Là, parmi des pagodes chinoises, des mosquées turques et autres édifices miniatures, se dressait un modèle de chalet suisse qui l'avait tellement fasciné qu'il l'acheta séance tenante et le fit transporter à Hyères pour y être reconstruit dans sa propriété. On aurait dit une maison de poupée, avec des pièces si exiguës qu'on pouvait à peine s'y retourner ; mais la vue qu'on avait des vérandas était très étendue, le jardin était grand et sauvage, avec des sentiers sinueux, et de vieux oliviers gris où les rossignols nichaient et chantaient. Dans une direction, nous pouvions voir les îles d'Or, et dans une autre, les collines, derrière Toulon. Notre vie était si calme et retirée que nous n'entendions presque pas parler du monde extérieur sauf de temps à autre par un correspondant anglais. Je me rappelle, avant que nous ayons appris que le choléra faisait rage à Toulon, à quelque cinq kilomètres de nous, comme nous regardions un nuage se former au-dessus de la ville et rester là, chaque jour, puis descendre peu à peu avec lourdeur. Nous sentions que c'était, dans une certaine mesure, un mauvais présage, et nous étions vaguement déprimés. On nous dit par la suite que, sur l'ordre du maire, on faisait à cette heure précise de grands feux dans les rues de Toulon et que, le soir, les gens se rassemblaient autour de ces foyers et gambadaient d'une manière fantastique dans une danse païenne, tirée des ténèbres des siècles, on ne savait par qui, ni comment.

Mais Toulon avait un autre aspect moins triste. Je n'oublierai jamais le jour où mon mari et moi nous y avons été en voiture en suivant des sentiers bordés de roses d'où l'on tire l'essence du commerce. D'un côté et de l'autre, les rosiers étaient en pleine floraison ; l'odeur, combinée à la senteur d'innombrables violettes, était vraiment grisante. Quand nous descendîmes sur une place* *tachetée par le soleil qui filtrait à travers les arbres, rafraîchie par un jet d'eau, où des jeunes filles en robes de couleurs vives riaient et bavardaient en exerçant leur métier de dentellières, nous avons eu l'impression que les cordeaux nous étaient échus en des lieux bien agréables.*

Nous ne fîmes pour ainsi dire pas de connaissances nouvelles à Hyères, à part celle de notre médecin, le Dr Vidal, et d'un pharmacien local anglais, Mr. Powell. Nous étions séparés de la nouvelle ville par une suite d'escaliers de bois descendant en pente rapide jusqu'à la rue en dessous. La pharmacie de Mr. Powell se trouvait au pied de l'un de ces escaliers ; elle était commodément située pour nous, comme cela se vérifia par la suite. Le pharmacien brûlait lui-même du désir d'écrire. Il y eut au moins l'une de ses histoires, une petite nouvelle d'un grand mérite, qui parut dans le Cornhill Magazine. *Je crois que mon mari était plus intéressé par le succès de cette tentative de Mr. Powell que par celui du* Prince Othon, *auquel il travaillait.*

Au chalet, notre vie était d'une extrême simplicité. Aidée par une servante inexpérimentée, je préparais les repas. La cuisine était si étroite que je risquais à tout instant d'être d'un côté brûlée par le fourneau et en même temps de m'empaler de l'autre côté sur les crochets à casseroles, et quand nous avions un invité, notre femme de chambre devait passer les plats par-dessus nos têtes, car nos chaises touchaient les murs de la salle à manger, sans laisser de passage. Les marchés d'Hyères étaient bien approvisionnés, le vin était excellent et bon marché, si bien que, pour la première fois, nous étions en mesure de vivre confortablement dans les étroites limites de nos revenus.

Habituellement mon mari écrivait depuis le petit matin jusqu'à midi, pendant que j'étais occupée aux travaux de la maison. Dans l'après-midi, on lisait à haute voix le travail du matin, nous en parlions, en critiquant et en suggérant des améliorations. Cela terminé, nous nous promenions dans notre jardin, écoutions le chant des oiseaux, regardions nos arbres et nos fleurs ; ou bien, accompagnés de notre scotch-terrier, nous remontions la colline en nous promenant, jusqu'aux ruines du château. Après dîner, nous parlions ou faisions la lecture à haute voix, et à de rares *occasions rendions visite à Mr. Powell ou recevions la sienne. Le chalet était bien nommé, en ce qui nous concernait, car c'était presque la solitude* à deux*, *mais les jours s'enfuyaient avec une étonnante rapidité.*

L'un des articles écrits à cette époque par mon mari s'intitulait « Vieille mortalité » et fut par la suite imprimé avec d'autres dans le livre intitulé Mémoires et Portraits. *Un homme qui avait été un ami de mon mari dans sa jeunesse était mort, et seules ses erreurs, qui étaient nombreuses, étaient rappelées, tandis qu'on passait sous silence ce qu'il avait fait de bien. L'injustice, et spécialement l'injustice à l'égard d'un mort sans défense, avait toujours beaucoup touché mon mari. Il écrivit ce qui était en réalité une défense de son vieil ami, puis, se rendant compte du caractère personnel de ce texte, il hésita à le publier. Finalement il envoya les épreuves à la sœur de son ami en lui laissant le soin de dire s'il devait ou non voir le jour. Elle répondit en demandant instamment qu'il soit publié. C'est l'ironie du destin qui a voulu que l'homme qui a écrit « Vieille mortalité » et « La Défense du père Damien » – dans les deux cas parce que la personne calomniée dormait de son dernier sommeil – ait eu lui-même sa mémoire attaquée non par un ennemi, ni même par un étranger, mais par quelqu'un qu'il avait eu toutes les raisons de considérer comme un ami loyal.*

Il se trouva, vers cette époque, que le rédacteur en chef d'un important journal de Londres, qui publiait des histoires scandaleuses concernant des personnes privées, fut poursuivi pour diffamation, déclaré coupable, et puni d'une peine de prison. Quand la nouvelle nous parvint, mon mari déclara que c'était un événement à célébrer. Le soir, nous avons mis une bougie à chaque fenêtre en guise d'illumination et allumé un feu de joie que nous avions préparé dans l'après-midi. Mon mari, notre servante et moi, nous battîmes des mains en dansant autour du feu, en criant et en riant. Némésis intervint bientôt. Nous n'avions pas remarqué, dans notre excitation, que le mistral soufflait, jusqu'au moment où nous avons été transis jusqu'à la moelle des os.

Le lendemain, mon mari était couché, dans les affres d'une nouvelle maladie – la sciatique –, et le lendemain soir il avait une terrible hémorragie. Si la pharmacie n'avait pas été si proche et Mr. Powell joint aussi rapidement, je doute que son rétablissement ait été possible. Sciatique et hémorragie paraissaient suffisantes pour l'endurance d'un mortel quel qu'il fût. Mais ce n'était pas tout.

La vieille ville, avec ses ruelles tortueuses, étroites, puantes, ses maisons sans soleil, délabrées par les ans, n'était pas autre chose qu'un foyer de maladies. Le typhus, la variole, le choléra, et Dieu sait quoi encore, guettaient dans l'ombre humide. Au petit matin, nous entendions un bruit rapide de roues sous nos fenêtres, indiquant que des malades de la vieille ville étaient emportés au lazaret. Quelques semaines avant de tomber malade, mon mari avait écrit au maire d'Hyères en attirant son attention sur les conditions sanitaires dans la vieille ville et la menace qu'elles constituaient pour l'ensemble de la commune. Nous reçûmes une réponse aimable : cet endroit allait être nettoyé immédiatement et à fond. Le maire tint parole en ce qui concernait la vieille ville, mais les débris* *accumulés au cours des années furent seulement transportés à une petite distance pour être empilés, en un énorme tas nauséabond, juste devant un joli cottage appelé Rosemount, dont le propriétaire anglais était absent. C'était insoutenable et plus dangereux qu'auparavant, car tous les chemins passaient devant Rosemount. De nouveau nous avons fait appel au maire, qui répondit avec affabilité. Mon mari, dans sa* *seconde lettre, avait malheureusement mentionné le fait que la route qui passait devant « la Solitude » avait grand besoin de réparations. On nous assurait que ce monticule malodorant allait être enlevé, que notre route serait réparée et aplanie. Dans l'état d'inquiétude résultant de la maladie de mon mari, j'avais tout oublié des promesses du maire quand l'activité insolite d'une équipe d'ouvriers, qui étaient apparemment en train d'étendre sur notre route un matériau particulier, me les remit en mémoire. À ma grande horreur je compris qu'il s'agissait du contenu du dépôt qui se trouvait jusque-là devant Rosemount !*

Le maire avait atteint la limite de sa bienveillance et mes appels instants restèrent ignorés. Au bout de peu de temps, dans chaque famille habitant au voisinage de la route, une personne au moins était atteinte d'une maladie que le docteur appelait « ophtalmie égyptienne contagieuse ». Mon mari en souffrit comme les autres et fut menacé de devenir complètement aveugle. Agréable perspective pour un écrivain ! Condamné par la sciatique à rester sans bouger sur son lit, le bras droit lié à son côté de crainte qu'un mouvement involontaire ne provoque une récidive de l'hémorragie, interdiction de parler pour la même raison, et à présent un bandage sur les yeux qui lui interdisait toute tentative de s'en servir ! Souvent, auparavant, quand je n'étais pas loin du désespoir, il me disait : « Allons, si seulement tu examinais les choses sous le bon éclairage, tu verrais que c'est ce qui pouvait arriver de mieux. »

Quand j'ai essayé de lui faire la lecture et que je me suis aperçue que je ne pouvais distinguer un mot dans la chambre obscure, je lui dis, avec une ironie désespérée : « Je suppose que ceci est l'une des meilleures choses qui pouvaient arriver ! » À ma honte, il prit ma remarque au sérieux, et répondit : « Eh bien, comme c'est étrange ; c'était juste ce que j'allais dire. » À présent, poursuivit-il, il était obligé de se reposer, ce qu'il n'aurait jamais fait de son plein gré. « Ne te rappelles-tu pas, écrivit-il (tout cela était laborieusement tracé au crayon, de la main gauche, sur de grandes feuilles de papier), ne te rappelles-tu pas l'idée d'oncle George[1] *sur ce qu'il appelait le traitement dérivatif ? Sa proposition de me mettre des vésicatoires à la plante des pieds pour m'obliger à rester couché sans bouger ? Eh bien, ceci est une forme de traitement dérivatif de la nature. » Il continua en disant qu'il y avait quelque chose qu'il désirait beaucoup me voir faire. Je devrais sortir chaque après-midi pour faire une promenade d'une heure, même si ce n'était que pour marcher de long en large devant notre porte, et je devrais inventer une histoire que je lui répéterais en rentrant – comme des contes des* Mille et Une Nuits *où je jouerais le rôle de Shéhérazade et lui celui du sultan. Il y avait eu, les derniers temps, plusieurs attentats à la dynamite à Londres, dont la plupart s'étaient terminés en fiasco. L'idée me vint de prendre comme fil conducteur de mes histoires une machination avortée de dynamiteurs. Je commençai par l'histoire du mormon et continuai avec d'innombrables autres, une par après-midi. Comme le temps passait, mon mari se rétablissait progressivement ; il s'absorba de nouveau dans son travail et on ne pensa plus aux histoires de Shéhérazade.*

Après plusieurs migrations et changements de domicile, nous nous sommes finalement installés à Bournemouth, dans le sud de l'Angleterre. La vie simple que nous menions au chalet était impossible là, et nous vîmes nos dépenses s'accroître d'une manière assez alarmante. Une théorie de mon mari, qu'il mit en pratique, était que celui qui a doit

1. Le Dr George Balfour.

donner. Quand il recevait un chèque pour un livre ou un autre travail, il dressait aussitôt une liste de ceux de ses amis qui avaient besoin d'argent, et la somme reçue était divisée en conséquence. Cette aimable et quelque peu donquichottesque procédure nous a souvent laissés avec une bourse vide. L'argent était donné avec une telle aisance que les bénéficiaires auraient été, j'imagine, surpris, et peut-être choqués s'ils avaient su le peu qui nous restait. Il est vrai que mon beau-père était toujours prêt à nous venir en aide, mais nous n'aimions pas faire de lui par procuration le dispensateur de ces dons.

Dans l'une de ces occasions où l'argent était absolument nécessaire, nous avons cherché quelque chose qui pourrait se faire rapidement et sans trop d'effort. Les histoires de Shéhérazade nous revinrent en mémoire et nous nous sommes mis tous les deux à l'œuvre pour écrire ce que nous pouvions nous en rappeler. Il ne nous est revenu à l'esprit que la matière d'un livre assez mince, si bien que mon mari a ajouté une histoire à la liste : « La Bombe explosive ».

« Le Dynamiteur » nous a ainsi rendu un double service : d'abord comme amusement pour mon mari pendant les heures tristes de sa maladie en 1883 ; et ensuite comme moyen de réalimenter notre compte en banque bien diminué. Il a été publié en 1885 par MM. Longmans, Green & Co et, comme nous avions pu l'espérer, il fut bien accueilli.

FANNY OSBOURNE[1]

1. Traduit de l'anglais par Jacques Parsons.

AVIS AU LECTEUR

Il est dans l'ordre des choses que vous preniez en main ce volume sans être, toutefois, familier des précédentes aventures, la première série des *Nouvelles Mille et Une Nuits*. Vous y perdez – et moi avec ; ou pour être plus exact, mon éditeur. Mais si vous avez cette malchance, je peux au moins vous mettre sur la voie. Lorsque, dans les pages qui suivent, il sera fait référence à un certain Théophile Godall, qui tient le Divan du Cigare de Bohême [1] dans Rupert Street à Soho, préparez-vous à reconnaître, sous son masque, rien de moins que le prince Florizel de Bohême, autrefois l'un des magnats européens, à présent détrôné, exilé, appauvri et engagé dans le commerce du tabac.

R. L. S.

1. Au dix-neuvième siècle, un divan garnissait la salle de certains cafés ; il donna son nom, par métonymie, à cette salle, puis au café lui-même. Le plus célèbre à Paris était le Divan Le Peletier (1837-1859).

Le Dynamiteur

Prologue au Divan du Cigare

DANS LA VILLE de toutes les rencontres, la Bagdad de l'Ouest et, pour être plus précis, sur le large trottoir qui borde Leicester Square au nord, deux jeunes gens de vingt-cinq ou vingt-six ans se retrouvèrent après des années de séparation. Le premier, d'un abord des plus affables, et vêtu dans le meilleur style, hésita à reconnaître son compagnon, en raison de ses traits tirés et de ses vêtements râpés.

– Quoi ! s'écria-t-il, Paul Somerset !

– Lui-même ! répondit l'autre, ou ce qu'il en reste après une pratique bien méritée de la pauvreté et du droit. Mais je ne vois rien de changé chez toi, Challoner ; on peut dire sans hyperbole que le temps n'a inscrit aucune ride sur ton front céleste.

– Tout ce qui brille n'est pas or, répondit Challoner. Mais nous sommes mal placés pour échanger des confidences, et nous empêchons ces dames d'aller et venir. Trouvons, si tu veux bien, un coin plus retiré.

– Si tu me permets de te montrer le chemin, je

t'offrirai un des meilleurs cigares qu'on puisse trouver à Londres.

Joignant le geste à la parole, il le conduisit alors d'un pas vif, en silence, jusqu'à la porte d'un établissement tranquille de Rupert Street, à Soho. L'entrée était agrémentée d'un de ces gigantesques Highlanders en bois sculpté qui se sont presque élevés au rang d'antiquités ; et sur toute la largeur de la vitrine, qui abritait l'étalage habituel de pipes, de tabac et de cigares, était écrit en lettres d'or : « Divan du Cigare de Bohême – T. Godall ». L'intérieur de la boutique n'était pas très grand mais spacieux et très décoré, le marchand, d'une gravité souriante et pleine d'urbanité ; les deux jeunes gens, tirant tous deux à petits coups sur un *regalia* sélectionné, eurent tôt fait de s'installer sur un sofa de peluche gris souris afin de poursuivre le récit de leurs aventures respectives.

– Je suis à présent avocat, dit Somerset, mais jusqu'ici la Providence et les procureurs m'ont refusé l'occasion de briller. Une société choisie a retenu mes soirées au Cheshire Cheese ; mes après-midi – Mr. Godall pourrait en témoigner – je les ai passés le plus souvent dans ce fumoir ; quant à mes matinées, j'ai pris la précaution de les abréger en ne me levant pas avant midi. À ce rythme, mon maigre patrimoine a été très rapidement et – je suis fier de le rappeler – très agréablement épuisé. Depuis lors, un monsieur qui n'a strictement rien d'autre pour lui, en dehors du fait qu'il est mon oncle maternel, me donne la modeste somme de dix shillings par semaine ; et si tu m'aperçois une nouvelle fois en train de revenir voir les lampadaires de mon quartier préféré, tu devineras aisément que j'ai hérité d'une fortune.

– Je n'aurais rien imaginé de tel, répondit Challoner. Mais tu te rendais probablement chez ton tailleur quand je t'ai rencontré.

– C'est une visite que j'ai l'intention de remettre à plus tard, répondit Somerset dans un sourire. Ma fortune a des limites précises. Elle s'élève, ou du moins s'élevait ce matin, à cent livres.

– Voilà qui est curieux, assurément, dit Challoner. Oui, la coïncidence est vraiment étrange. Moi aussi, j'en suis réduit aux mêmes extrémités.

– Toi ! s'écria Somerset. Et pourtant, Salomon dans toute sa gloire...

– C'est comme ça : je suis, mon cher, à bout de ressources, dit Challoner. À part les habits que je porte, j'ai à peine un pantalon correct dans mon armoire ; et si je savais comment m'y prendre, je me mettrais sur-le-champ à un travail ou à un commerce quelconque. Avec cent livres pour capital, on devrait pouvoir faire son chemin.

– Peut-être, répondit Somerset, mais que faire du mien, c'est plus que je ne peux imaginer. Monsieur Godall, ajouta-t-il à l'adresse du commerçant, vous connaissez le monde : qu'est-ce qu'un jeune homme modérément instruit peut faire de cent livres ?

– Cela dépend, répondit le commerçant, en retirant son cigare de la bouche. La puissance de l'argent est un article de foi à l'égard duquel je me déclare sceptique. Cent livres vous permettront difficilement de tenir une année ; il vous sera un peu plus difficile de les dépenser en une nuit ; et c'est sans la moindre difficulté que vous pourrez les perdre en cinq minutes à la Bourse. Si vous avez l'envergure d'un homme qui monte, un penny serait tout aussi utile ; si vous appartenez à la catégorie des hommes qui tombent, un penny ne serait pas plus inutile. Quand j'ai été moi-même jeté dans le monde à l'improviste, je possédais un art qui était toute ma fortune : je savais reconnaître un bon cigare. Ne vous y connaissez-vous donc en rien, monsieur Somerset ?

– Pas même en droit, répondit ce dernier.

– La réponse est digne d'un sage, répondit Mr. Godall. Quant à vous, monsieur, qui êtes l'ami de Mr. Somerset, poursuivit-il en se tournant vers Challoner, puis-je me permettre de vous poser la même question ?

– Ma foi, répondit Challoner, je suis assez fort au whist.

– Combien y a-t-il de personnes à Londres, repartit le commerçant, qui ont trente-deux dents ? Croyez-moi, jeune homme, il y en a davantage qui sont assez forts au whist. Le whist, monsieur, est vaste comme le monde ; c'est le même genre de talent que de respirer. J'ai rencontré un jour un jeune homme qui déclarait qu'il faisait des études pour être chancelier d'Angleterre ; il est certain que c'était là un projet ambitieux ; mais je le trouve moins excessif que celui de l'homme qui aspire à gagner sa vie en jouant au whist.

– Mon Dieu, dit Challoner, il va me falloir, j'en ai peur, me résoudre à être ouvrier.

– Vous résoudre à être ouvrier ? dit Mr. Godall en écho. Imaginez qu'un doyen rural soit défroqué, se résout-il à être chef de bataillon ? Imaginez qu'un capitaine soit réformé, se résoudrait-il à être conseiller à la cour ? L'ignorance de votre classe moyenne me surprend. Elle croit qu'en dehors d'elle-même le monde gît dans l'ignorance et l'uniformité totales, plongé dans une dégradation généralisée ; mais, aux yeux de l'observateur, toutes les classes sociales, chacune parée de ses talents et de ses connaissances spécifiques, forment une hiérarchie ordonnée. En raison des défauts de votre éducation, vous êtes plus inapte à être travailleur manuel qu'à gouverner un empire. L'abîme, monsieur, est au-dessous, et les arts véritablement éminents – les seuls à être à l'abri de la rivalité des rebelles profanes – sont ceux qui donnent sa qualification à l'artisan.

– Quel individu pompeux ! dit Challoner à l'oreille de son compagnon.

– Il est magnifique, répondit l'autre.

À cet instant même, la porte du fumoir s'ouvrit : un troisième jeune homme fit son apparition et demanda du tabac, non sans une certaine timidité. Il était plus jeune que les autres ; et, d'une certaine manière, bien anglaise et quelque peu insignifiante, c'était un beau garçon. Une fois servi, après avoir allumé sa pipe et pris place sur le sofa, il aborda Challoner en lui rappelant son nom, Desborough.

– Desborough, mais bien sûr ! s'écria Challoner. Eh bien, Desborough, que deviens-tu ?

– Ma foi, dit l'autre, je ne fais rien.

– Une fortune personnelle, peut-être ? s'enquit Challoner.

– Non, non, répondit Desborough d'un ton plutôt maussade. En fait, j'attends que quelque chose se présente.

– Tous dans la même galère ! s'écria Somerset. Et toi aussi, tu disposes de cent livres ?

– Pire que ça, hélas ! dit Mr. Desborough.

– Trois êtres futiles : voilà un spectacle navrant, monsieur Godall, dit Somerset.

– Un personnage typique de notre époque surpeuplée, répondit le commerçant.

– Monsieur, dit Somerset, je nie que notre époque soit surpeuplée ; je veux bien admettre un fait, et un seul : je suis futile, cet individu est futile et nous sommes tous trois diablement futiles. Qu'est-ce que je suis, moi ? J'ai de vagues notions de droit, de lettres, de géographie, de mathématiques ; j'ai même une bonne connaissance de l'astrologie judiciaire ; et je suis là, à Londres, dans cette ville qui, à deux pas d'ici, bourdonne d'activité, aussi faible qu'un enfant au berceau. J'ai un mépris prodigieux pour mon oncle maternel ; mais, sans lui, inutile de le nier, je me décomposerais tout bonnement en mes éléments comme un mélange instable. Je commence à me rendre compte qu'il est nécessaire de connaître une chose donnée à fond – ne serait-ce que la littérature. Et pourtant, monsieur, l'homme du monde est une grande figure de notre époque ; il possède une somme extraordinairement variée de connaissances ; il est partout chez lui ; il a vu la vie sous tous ses aspects ;

et il est inconcevable que cette grande habitude de l'existence ne porte pas ses fruits. Je me range moi-même parmi les hommes du monde : je suis cultivé, de la tête aux pieds. Tout comme toi, Challoner. Et vous, monsieur Desborough ?

– Oh, moi aussi ! répliqua le jeune homme.

– Eh bien alors, monsieur Godall, vous avez devant vous trois hommes du monde, sans métier pour être à couvert, mais postés au centre stratégique de l'univers (vous me permettrez de qualifier ainsi Rupert Street), au milieu de toute la masse des humains, et bien placés pour entendre sans cesse le tintement des espèces sonnantes et trébuchantes le plus important à la surface du globe. Monsieur, en tant qu'hommes civilisés, que faisons-nous ? Je vais vous montrer. Vous êtes abonné à un journal ?

– Je suis abonné, dit Mr. Godall avec solennité, au meilleur journal du monde, le *Standard*.

– Très bien, reprit Somerset. Le voici entre mes mains, à présent, la voix du monde, une sorte de téléphone qui retransmet tous les besoins des hommes. Je l'ouvre, et où mes yeux tombent-ils en premier ? Eh bien non, pas sur les pilules Morrison, mais là, bien sûr, juste un peu au-dessus, je trouve l'endroit que je cherchais : voici le point faible de cette société cuirassée. Voici un besoin, une plainte, une offre de reconnaissance appréciable : « Deux cents livres de récompense » – La récompense en question sera payée à toute personne susceptible de donner des renseignements concernant l'identité et le repaire d'un homme aperçu hier à proximité de Green Park.

Il mesure plus d'un mètre quatre-vingts, il est rasé de près, il a des épaules démesurément larges, des moustaches noires, et il porte un pardessus en peau de phoque. Voici, messieurs : si notre fortune n'est pas faite, elle est toute trouvée.

– Tu suggères donc, mon cher, que nous jouions les détectives ? demanda Challoner.

– Je le suggère ? Non, monsieur, s'écria Somerset. C'est la raison, le destin, la face visible du monde qui l'exigent et l'imposent. Ici, tous nos mérites produisent leur effet ; notre savoir-vivre, notre habitude du monde, notre capacité à nous exprimer, nos immenses réserves de connaissances dans tous les domaines, tout ce que nous sommes, tout ce que nous avons contribue à créer la personnalité du parfait détective. Bref, c'est le seul métier digne d'un gentleman.

– Cette proposition est peut-être excessive, répondit Challoner ; car jusque-là, je l'avoue, j'avais considéré ce métier comme l'un des plus minables et des plus bas, entre tous les métiers louches, sournois et indélicats.

– Défendre la société ? demanda Somerset ; risquer sa vie pour les autres ? Éradiquer un mal occulte et tout-puissant ? J'en appelle à Mr. Godall. Lui, du moins, lui qui porte un regard philosophe sur l'existence, va flétrir des idées aussi philistines. Il sait que le policier, à qui on fait appel pour affronter des forces supérieures toujours plus considérables, alors qu'il est à la fois moins bien équipé et qu'il œuvre pour des causes meilleures, est par son état et son essence un héros plus noble que le soldat. Vous laissez-vous aller, par hasard, à supposer qu'un général exigerait ou attendrait, de la meilleure armée jamais rassemblée, et sur le champ de bataille le plus considérable, le comportement d'un simple agent de police à Peckham Rye [1] ?

– Je n'avais pas compris que nous allions nous enrôler parmi eux, dit Challoner.

– Ce n'est pas non plus ce que nous allons faire. Les policiers sont les exécutants : mais c'est ici que se trouve la tête pensante, s'écria Somerset. Il suffit ! c'est décidé. Nous allons donner la chasse à ce scélérat au manteau en peau de phoque.

– Suppose que nous soyons d'accord, répliqua Challoner, tu n'as aucun plan, aucun indice ; tu ne sais pas où chercher pour commencer.

– Challoner ! s'écria Somerset, est-il possible que tu défendes la doctrine du libre arbitre ? Es-tu dépourvu de toute teinture philosophique que tu ne cesses de répéter des sophismes tellement discrédités ? Le Hasard, la Madone aveugle des Païens, règne sur l'agitation de ce monde, et je m'en remets au seul Hasard. Le Hasard nous a fait nous rencontrer ; quand, bientôt, nous nous séparerons pour suivre

1. Sur ce, l'Auteur arabe se lance dans une de ses digressions. Craignant apparemment que les idées un peu bizarres de Mr. Somerset jettent le discrédit sur une partie de la vérité, il invite les Anglais à se rappeler avec davantage de gratitude les services rendus par la police ; quels actes d'héroïsme isolés et sans témoins ils sont appelés à accomplir ; contre quelles forces supérieures en nombre et en armes, et pour quelle mince récompense, que ce soit en renommée ou en argent : un sujet trop sérieux, est-il apparu aux traducteurs, pour qu'on l'aborde ici. *(NdA.)*

chacun notre chemin, le Hasard placera sans cesse devant nos regards négligents un millier d'indices éloquents, non pour ce seul mystère, mais pour les mystères innombrables dont nous sommes environnés. C'est alors qu'intervient le rôle de l'homme du monde, du détective-né. Cet indice, que toute la ville aperçoit sans comprendre, il saute dessus avec une vivacité toute féline, se l'approprie, le suit avec adresse et passion et, à partir d'un détail infime, découvre un monde.

– C'est bien ça, dit Challoner, et je suis ravi que tu reconnaisses ces vertus en toi-même. Mais, en attendant, mon cher, j'avoue être incapable de prendre part à cette entreprise. Je ne suis pas né détective et n'ai pas non plus été élevé ainsi, mais en gentleman paisible et très assoiffé ; à propos, je commence à avoir très envie de boire quelque chose. Quant aux indices et aux aventures, la seule aventure susceptible de m'arriver me verra aux prises avec un huissier.

– Le voilà, le sophisme ! s'écria Somerset. C'est là que je saisis le secret de ta futilité dans l'existence. Le monde fourmille et bouillonne d'aventures ; elles t'assaillent dans la rue : des mains se tendent vers toi aux fenêtres, des escrocs t'abordent en te jurant qu'ils t'ont rencontré alors que tu étais à l'étranger, des gens affables et louches de toute espèce et de toutes conditions s'aplatissent devant toi pour quémander ton attention. Mais toi, non : tu te détournes, tu tournes en rond, apathique, il faut que tu prennes le chemin le plus morne. Or, moi je t'en prie : la prochaine aventure qui se présente, saisis-la à deux mains ; qu'elle ait l'air sinistre ou romantique, peu importe, empoigne-la. J'en ferai autant ; c'est diabolique, mais du moins allons-nous nous amuser ; et chacun de nous fera, à tour de rôle, le récit de ses aventures à notre ami philosophe du fumoir, le grand Godall, qui m'écoute, pour l'heure, en se réjouissant intérieurement. Allez, est-ce un marché conclu ? Me promettez-vous vraiment, l'un et l'autre, d'accueillir tous les hasards qui se présentent, de plonger courageusement dans la moindre brèche et de rester vigilant pour enfin, la tête froide, étudier et assembler tous les éléments qui se manifesteront ? Allez, promettez : laissez-moi vous ouvrir les portes de l'intrigue.

– Ce n'est pas vraiment mon genre, dit Challoner, mais si tu insistes, amen.

– Je ne vois pas d'inconvénient à promettre, dit Desborough, mais il ne m'arrivera rien.

– Ô hommes de peu de foi ! s'écria Somerset. Du moins ai-je votre promesse ; et Godall, à ce que je vois, est transporté de joie.

– Je me promets du moins beaucoup de plaisir de vos différents récits, dit le marchand avec ce raffinement serein dont il était coutumier.

– À présent, messieurs, conclut Somerset, séparons-nous. Je me hâte de me mettre sur le chemin du hasard. Écoutez : de ce coin paisible, Londres gronde comme la rumeur d'une bataille ; quatre millions de destins sont ici concentrés, et dans le grand apparat de mes cent livres, payables au porteur, je m'apprête à me jeter au cœur de cette toile d'araignée.

L'aventure de Challoner
Le chevalier servant

MR. EDWARD CHALLONER avait élu domicile dans la banlieue de Putney, où il jouissait d'un salon et d'une chambre à coucher, ainsi que de la sincère considération des propriétaires. C'est à cette maison éloignée qu'il se trouva condamné de se rendre à pied, le lendemain matin de très bonne heure. C'était un jeune homme corpulent, qui n'aimait pas l'exercice physique, affable, sédentaire, capable de supporter les retards, un fidèle des omnibus. Dans des jours meilleurs, il aurait pris un fiacre, mais ce luxe ne lui était plus permis ; aussi se mit-il en marche, avec tout le courage qu'il put rassembler.

On était au cœur de l'été et la saison battait son plein : le ciel était serein et sans nuage ; il avançait d'un bon pas en longeant les maisons aux stores baissés dans les rues désertes : la fraîcheur de l'aube avait disparu et, déjà, la chaleur et l'éclat d'une journée de juillet commençaient à se répandre sur la ville. Il marcha d'abord perdu dans ses pensées, songeant avec amertume et repentir à ses exploits au whist ; mais au fur et à mesure qu'il s'enfonçait dans le labyrinthe du sud-ouest de Londres, son oreille était peu à peu saisie par le silence. Toutes les rues considéraient avec mépris sa silhouette solitaire ; toutes les maisons amplifiaient son passage d'un écho discordant venu d'outre-tombe ; toutes les boutiques étalaient leur rideau baissé et leur enseigne ; cependant, il faisait route, aussi seul qu'un navire, sous le dôme resplendissant du jour, à travers ce campement de dormeurs diurnes.

« Si j'étais comme mon compagnon écervelé, se disait-il, c'est bien ici que je pourrais me mettre en quête d'une aventure. Ici, en plein jour, les rues sont aussi secrètes qu'au plus noir d'une nuit de janvier, et aussi solitaires, au milieu de quelque quatre millions de dormeurs, que les bois du Yucatán. Il me suffirait d'élever la voix pour rassembler toute une armée et pourtant, la tombe n'est pas plus silencieuse que cette ville endormie. »

Il était toujours à suivre ces rêveries étranges et sérieuses quand il arriva dans une rue plus bigarrée que le reste du quartier. Là, d'une part, se trouvaient sertis dans des murs et les cimes vertes des arbres plusieurs de ces *bijoux**, résidences discrètes que la bienséance a tendance à regarder d'un œil désapprobateur. Mais là, d'autre part il y avait beaucoup de ces taudis aux façades en brique qu'habitent les pauvres ; une vache en plâtre servant, par exemple, d'enseigne à une laiterie, ou une pancarte annonçant le commerce d'un charcutier. Devant l'une de ces maisons, qui se tenait un peu à l'écart au milieu de jardins clos, un chat jouait avec un brin de paille et Challoner s'arrêta un instant pour regarder l'animal solitaire au poil soyeux, qui semblait un emblème de la paix du voisinage. Quand cessa le bruit de ses pas, il se fit un silence de mort ; aucune fumée ne sortait de la cheminée de la maison : les stores étaient baissés et toute la machinerie de la vie, arrêtée ; Challoner eut l'impression qu'il aurait dû entendre la respiration des dormeurs.

Alors qu'il se tenait là, une détonation sourde et discordante, provenant de l'intérieur, le fit sursauter. Elle fut suivie d'un sifflement et d'un frémissement abominables, comme produits par une bouilloire de la taille de la cathédrale Saint-Paul et, en même temps, de tous les interstices des portes et des fenêtres, jaillit une vapeur nauséabonde. Le chat disparut en miaulant. À l'intérieur de l'hôtel meublé, on entendit des pas lourds descendre l'escalier ; la porte s'ouvrit toute grande, libérant des nuages de fumée ; deux hommes et une jeune dame élégamment vêtue se précipitèrent alors dans la rue et s'enfuirent sans un mot. Le sifflement avait déjà cessé, la fumée se fondait dans l'air, l'événement tout entier s'était passé comme dans un rêve et, pourtant, Challoner était rivé sur place. Pour finir, sa raison et ses craintes s'éveillèrent ensemble et il partit en courant avec l'énergie la plus extraordinaire.

Peu à peu, son élan premier se relâcha et il ne tarda pas à reprendre sa démarche posée et à rassembler, à partir du rapport confus de ses sens, les éléments d'une théorie de cet épisode. Mais la cause de ces bruits et de la puanteur qui l'avaient assailli de façon si soudaine, ainsi que l'étrange association des fugitifs qu'il avait vus sortir de la maison, étaient des mystères qui dépassaient son entendement. Il y réfléchissait avec un obscur effroi, tout en se frayant un chemin dans la trame des rues, seul à nouveau dans la lumière du matin.

Quand il avait commencé à battre en retraite, il était allé absolument au hasard ; et, à présent, alors qu'il se dirigeait vaguement vers l'ouest, il eut la chance de tomber sur une rue sans prétentions, qui s'élargit bientôt suffisamment pour admettre une bande cultivée en son milieu. Là, les feuillages bruissaient de la vie des oiseaux ; même à cette heure matinale, l'ombre était agréable ; au lieu de l'atmosphère surchauffée des villes, l'air avait quelque chose de vivifiant et de champêtre ; Challoner avançait à pas mesurés, les yeux rivés sur le trottoir et l'esprit plein d'images lointaines, quand il fut soudain rappelé à la réalité par un mur qui l'empêchait d'aller plus avant. Cette rue, dont j'ai oublié le nom, est une impasse.

Il n'était pas le premier à s'être aventuré dans cet endroit ce matin-là ; en effet, alors qu'il levait tranquillement les yeux, il aperçut la silhouette d'une jeune fille, en qui il fut frappé de reconnaître le troisième des fugitifs mal assortis. Elle avait couru jusque-là, semblait-il, en aveugle ; le mur avait arrêté sa course ; et, comme elle était complètement épuisée, elle s'était laissée tomber sur le sol près des grilles du jardin, ternissant sa robe dans la poussière d'été. Ils se virent l'un l'autre au même moment. Elle lui lança alors un regard farouche et, se relevant d'un bond, entreprit de se sauver.

Challoner fut doublement surpris : à la fois de retrouver l'héroïne de son aventure et d'observer la frayeur sous l'emprise de laquelle elle cherchait à l'éviter. La pitié et l'inquiétude se disputaient son esprit avec des forces presque égales et, cependant, malgré elles, il se vit condamné à suivre le sillage de la dame. Ce qu'il fit, avec précaution, comme s'il redoutait de lui faire peur davantage ; mais il eut beau marcher avec la plus grande légèreté possible, l'écho de ses pas le trahissait dans la rue déserte. Il sembla déclencher en elle quelque émotion forte, car à peine eut-il commencé à la suivre qu'elle s'arrêta. Une seconde fois, elle se mit à fuir et, une seconde fois, elle s'arrêta. Alors, elle fit demi-tour et, d'un pas incertain, non sans une apparente timidité pleine de charme, s'approcha du jeune homme. Lui, de son côté, continua à avancer, présentant les mêmes symptômes de gêne et de pudeur. Pour finir, quand ils ne furent plus qu'à quelques pas l'un de l'autre, il vit ses yeux débordants de larmes et elle tendit les bras dans un geste suppliant, plein d'éloquence.

– Êtes-vous un gentleman anglais ? s'écria-t-elle.

Le malheureux Challoner la considéra d'un air consterné. Il était l'essence même de la courtoisie raffinée et aurait rougi de manquer à ses devoirs envers une dame. D'un autre côté, il répugnait aux aventures amoureuses. Il regarda à l'est et à l'ouest ; mais les maisons qui donnaient sur cette rencontre restaient inexorablement fermées, et il se vit coupé, bien qu'en pleine lumière, de toute intervention humaine. Enfin, ses regards se portèrent de nouveau sur l'implorante. Il fut contrarié de remarquer qu'elle était charmante, aussi bien de visage que de silhouette, vêtue et gantée avec élégance : une dame, cela ne faisait pas l'ombre d'un doute ; l'image même de la détresse et de l'innocence, perdue et en larmes dans la ville où les gens dorment le jour.

– Madame, dit-il, je vous assure que vous n'avez pas à craindre que je vous dérange ; et si je vous ai donné l'impression de vous suivre, la faute en est à cette rue, qui nous a tous deux induits en erreur.

Un net soulagement se lut sur les traits de la dame.

– J'aurais pu m'en douter, s'exclama-t-elle. Merci mille fois ! Mais à cette heure, dans ce silence effroyable et au milieu de toutes ces fenêtres qui sont autant de regards curieux, je suis terrorisée – oh ! terrorisée ! s'écria-t-elle en blêmissant. Donnez-moi le bras, je vous en prie, ajouta-t-elle avec une inflexion suppliante des plus séduisantes. Je n'ose pas me déplacer seule ; je n'en ai plus le courage – j'ai reçu un choc, oh, un tel choc ! Accompagnez-moi, je vous en supplie !

– Chère madame, répondit Challoner avec gaucherie, mon bras est à votre disposition.

Elle le prit et s'y agrippa un instant, luttant contre ses sanglots ; puis, avec une hâte fébrile, elle se mit à le guider en direction de la ville. Une chose était claire, au milieu de tant d'obscurités : ses craintes étaient fondées. Tout en marchant, elle ne cessait de scruter les alentours comme s'ils recelaient des dangers ; tantôt elle tremblait comme une personne qui a froid, tantôt elle s'agrippait à son bras. Sa terreur était à la fois déplaisante et contagieuse pour Challoner ; elle le gagnait et le dominait, tout en continuant de l'offusquer : il se lamentait intérieurement et souhaitait vivement être libéré.

– Madame, finit-il par dire, je suis bien entendu enchanté d'être utile à une dame ; mais j'avoue que je me rendais dans une direction opposée, et un mot d'explication...

– Chut ! dit-elle en sanglotant, pas ici, pas ici !

Le sang de Challoner se glaça. Il aurait pu croire la dame folle ; mais sa mémoire était chargée de souvenirs plus dangereux ; étant donné la détonation, la fumée et la fuite du trio mal assorti, son esprit se perdait au milieu de tous ces mystères. Ainsi ils continuèrent de suivre en silence le labyrinthe des rues, à la vitesse de coupables fugitifs, frissonnant tous deux de terreurs incommunicables. Peu à peu cependant, et surtout grâce à leur allure rapide, ils commencèrent à se montrer plus assurés ; la dame cessa d'explorer du regard chaque coin de rue, et Challoner, enhardi par leurs pas sonores et par la silhouette éloignée d'un gardien de la paix, revint à la charge avec plus d'énergie et de franc-parler.

– J'ai cru, dit-il sur le ton de la conversation, vous avoir vaguement aperçue sortir d'un pavillon en compagnie de deux messieurs.

– Oh ! dit-elle, ne craignez pas de me blesser en

disant la vérité. Vous m'avez vue m'enfuir d'un hôtel meublé ordinaire, et mes compagnons n'étaient pas des messieurs. Dans une telle situation, la meilleure des politesses est de parler franchement.

– J'ai cru, reprit Challoner, encouragé autant que surpris par l'ardeur de sa réponse, avoir senti, en outre, une certaine odeur. Un bruit, également... je ne saurais à quoi le comparer...

– Silence ! s'écria-t-elle. Vous ignorez à quel danger vous faites allusion. Attendez, contentez-vous d'attendre ; et dès que nous aurons quitté ces rues et que nous serons parvenus à l'abri des oreilles indiscrètes, tout sera expliqué. En attendant, évitez ce sujet. Quel spectacle que cette ville endormie ! s'exclama-t-elle.

Puis, d'une voix toute frissonnante :

– *Mon Dieu*, cita-t-elle, *les maisons mêmes sont endormies et tout ce cœur puissant dort paisible* [1].

– Je constate, madame, dit-il, que vous avez des lettres.

– Plus que vous n'imaginez, répondit-elle en soupirant. Je suis une jeune fille condamnée à des idées qui la dépassent ; et j'ai un destin si contraire que cette marche au bras d'un inconnu est comme un intermède de paix.

Cependant, ils étaient parvenus au voisinage de Victoria Station et là, au coin d'une rue, la jeune femme s'arrêta, lâcha le bras de Challoner et regarda autour d'elle comme si elle souffrait ou était indécise.

1. Tout dernier vers du célèbre *Sonnet on Westminster Bridge*, de William Wordsworth.

Puis, avec un changement d'expression adorable et, posant sa main gantée sur le bras de Challoner, elle dit :

– Je tremble à l'idée de ce que vous pensez déjà de moi ; pourtant, il va me falloir aggraver encore mon cas. Je dois vous quitter ici et je vous supplie d'attendre mon retour. Ne cherchez pas à me suivre ni à épier ce que je fais. Retenez-vous encore quelque temps de juger une jeune fille aussi innocente que votre sœur ; et surtout, ne m'abandonnez pas. Vous avez beau être un inconnu pour moi, je n'ai personne d'autre sur qui compter. Vous me voyez en proie au chagrin et à une grande frayeur ; vous êtes un gentleman, courtois et attentionné : et lorsque je vous prie de patienter quelques minutes, je suis d'avance certaine que vous ne me le refuserez pas.

Challoner promit de mauvaise grâce ; et la jeune femme, lui adressant un regard reconnaissant, disparut à l'angle de la rue. Mais la force de sa prière avait été un peu émoussée ; car non seulement le jeune homme n'avait pas de sœur, mais il n'avait aucune parente plus proche qu'une grand-tante au pays de Galles. De plus, à présent qu'il était seul, le charme auquel il avait été soumis jusque-là commençait à s'affaiblir ; il considéra son comportement avec mépris et, envahi d'un sentiment de révolte, se lança à sa poursuite. Si le lecteur a jamais exercé le métier fascinant de noctambule, il n'ignore pas qu'aux abords des grands centres ferroviaires, certaines tavernes commencent leur journée de très bonne heure. C'est à l'intérieur de l'une d'entre elles que

Challoner, tournant le coin du pâté de maisons, vit disparaître sa charmante compagne. Il serait inexact de dire qu'il fut surpris, car il y avait longtemps qu'il avait renoncé à un tel sentiment. Un dégoût et une vive déception s'emparèrent de son âme ; et, jurant intérieurement, il maudit cette banale enchanteresse. Elle s'était à peine absentée une seconde que la porte à battants se rouvrit, et elle réapparut en compagnie d'un jeune homme à la tenue pauvre et négligée. Ils échangèrent avec animation quelques répliques ; puis, l'individu rentra dans le cabaret en poussant la porte d'un coup d'épaule et la jeune femme, d'un pas rapide et décidé, revint sur ses pas pour rejoindre Challoner. Il la regardait avancer – un miracle de grâce : sa robe, alors qu'elle se dépêchait, découvrait par éclairs sa cheville ; ses mouvements exprimaient la rapidité et la jeunesse ; et bien qu'il nourrît encore quelques pensées de fuite, elles s'affaiblissaient lamentablement au fur et à mesure que la distance s'amenuisait. Il était peu sensible à la simple beauté ; c'était la distinction évidente qu'elle déployait qui à présent lui ôtait le courage de sa lâcheté. Avec une aventurière confirmée, il aurait agi strictement comme il l'entendait ; avec une femme en qui, malgré tout, il était bien forcé de reconnaître une dame, il se trouvait désarmé. Elle tomba sur lui, encore pétrifié, à l'angle même d'où il avait épié sa conversation, et son visage s'empourpra :

– Comme vous êtes mesquin ! s'écria-t-elle.

La violence de l'attaque rendit en quelque sorte au chevalier servant la maîtrise de soi.

– Madame, répondit-il, avec un bel étalage de vaillance, je ne crois pas que vous puissiez jusqu'ici vous plaindre d'aucun manque de générosité de ma part ; j'ai moi-même souffert d'être entraîné à travers une portion considérable de la ville ; et si je vous demande à présent de me décharger de ma tâche de protecteur, vous avez à portée de main des amis qui seront contents de prendre la succession.

Elle resta muette un instant.

– C'est bien, dit-elle. Partez ! Partez ! Et que Dieu me vienne en aide ! Vous m'avez vue, moi, une jeune fille innocente, m'enfuir pour échapper à une catastrophe affreuse et harcelée par des hommes menaçants ; et ni la pitié, ni la curiosité, ni l'honneur ne vous incitent à attendre mes explications ni à m'aider dans ma détresse. Partez ! répéta-t-elle. Je suis bel et bien perdue !

Et d'un mouvement vif, elle tourna les talons et s'enfuit.

Challoner la regarda s'éloigner et disparaître : un sentiment presque intolérable de culpabilité était aux prises en lui avec l'impression profonde qu'il avait d'être dupé. Elle était à peine partie que la première de ces émotions l'emporta. S'il ne lui avait pas rendu justice, il voyait bien que sa conduite était parfaitement incivile ; le ton de sa voix révélant un esprit cultivé, son langage choisi ainsi que l'élégance et la retenue de ses mouvements plaidaient nettement pour une interprétation favorable ; poussé par le repentir et la curiosité, il se mit à marcher lentement sur ses traces. À l'angle de la rue, elle lui apparut à nouveau très distinctement. Son allure ralentissait comme celle d'un oiseau blessé. Au moment précis où il la regardait, elle tendit le bras à l'aveuglette, tomba et s'appuya contre le mur. À cette vue, le courage de Challoner fléchit. En quelques enjambées, il la rejoignit et, ôtant pour la première fois son chapeau, il l'assura dans les termes les plus émouvants de son respect total et du ferme désir qu'il avait de l'aider. Elle ne prêta tout d'abord aucune attention à ses propos ; mais, peu à peu, elle parut saisir ses paroles ; elle bougea un peu et se releva ; enfin, dans un élan soudain d'indulgence, elle tourna vers le jeune homme un visage où se mêlaient le reproche et la gratitude.

– Ah ! madame ! Faites de moi ce que vous voulez !

Et, de nouveau, mais cette fois avec la plus grande déférence, il lui offrit son bras. Elle le prit avec un soupir qui lui alla droit au cœur ; et ils recommencèrent à arpenter les rues désertes. Mais, à présent, comme épuisée par l'émotion, elle commençait à s'attarder en chemin ; elle s'appuyait d'autant plus lourdement sur son bras ; et lui, tel le père oiseau, se penchait tendrement vers sa charge alanguie. Sa souffrance physique ne s'accompagnait d'aucune faiblesse morale ; et, à l'entendre ainsi se retrouver si vite d'humeur à la conversation, de façon enjouée et charmante, Challoner ne pouvait assez admirer la souplesse de caractère de sa compagne. « Laissez-moi oublier, avait-elle dit, laissez-moi oublier pendant une demi-heure » ; et à ces seuls mots, ses chagrins semblèrent vraiment oubliés. Elle s'arrêtait devant chaque maison, inventait le nom du propriétaire et imaginait son caractère : là, habitait le vieux général qu'elle devait épouser le cinq du mois suivant ; là se trouvait l'hôtel particulier de la riche veuve qui avait jeté son dévolu sur Challoner ; et bien qu'elle s'accrochât toujours pesamment au bras du jeune homme, son rire étouffé sonnait agréablement aux oreilles de Challoner.

– Ah ! soupirait-elle en guise de commentaire, quand on mène une vie comme la mienne, il faut s'accrocher fortement à toutes les joies qui se présentent.

Ils parvinrent ainsi, sans se presser, à l'entrée de Grosvenor Place, au moment où s'ouvraient les grilles du parc et où la compagnie débraillée des noctambules pouvait enfin pénétrer dans ce paradis de pelouses. Challoner et sa compagne suivirent le mouvement et marchèrent un moment en silence au milieu de cette foule loqueteuse ; mais comme tous, fatigués par une nuit de déambulation sur le pavé de la ville, s'effondraient les uns après les autres sur les bancs ou s'en allaient au hasard sur des sentiers à l'écart, la vaste étendue du parc eut tôt fait d'engloutir totalement les derniers des intrus ; aussi tous deux continuèrent-ils seuls dans la paix réconfortante du matin.

Ils parvinrent bientôt en vue d'un banc qui se dressait à découvert sur un tertre de gazon. La jeune fille regarda autour d'elle avec soulagement.

– Nous voici enfin, dit-elle, à l'abri des oreilles

indiscrètes. Voici venu le moment pour vous de connaître et de juger mon histoire. Je ne pourrais pas supporter que nous nous séparions, et que vous supposiez encore que votre bonté a été prodiguée à quelqu'un qui n'en était pas digne.

Là-dessus, elle s'assit sur le banc et, faisant signe à Challoner de prendre place juste à côté d'elle, commença en ces termes, et pour sa plus grande joie, semblait-il, à faire le récit de sa vie.

Histoire de l'Ange exterminateur

MON PÈRE était originaire d'Angleterre, fils d'un cadet d'une grande et ancienne famille, dépourvue néanmoins de titre de noblesse. À la suite de quelque événement, par erreur ou malchance, il fut contraint de fuir sa terre natale et d'abandonner le nom de ses ancêtres. Il chercha refuge aux États-Unis et, au lieu de s'attarder dans les villes aux mœurs dissolues, il poussa aussitôt jusqu'au Far West avec un groupe de pionniers. Ce n'était pas un voyageur ordinaire ; car, non seulement il était courageux et intrépide par nature, mais il était savant dans bien des domaines, surtout en botanique, domaine qu'il affectionnait particulièrement. C'est ainsi qu'au bout de quelques mois, Fremont lui-même, le chef désigné du groupe, se mit à rechercher son amitié et à se soumettre à ses avis.

Ils s'étaient enfoncés, je l'ai dit, dans les régions encore inexplorées de l'Ouest. Pendant quelque temps, ils suivirent la piste de caravanes mormones, en se guidant dans cette immensité déserte et mélancolique à l'aide des squelettes humains et animaux. Puis, ils infléchirent leur route vers le nord et, perdant jusqu'à ces sinistres points de repère, parvinrent dans un pays au silence décourageant. J'ai souvent entendu mon père s'appesantir sur les particularités de cette chevauchée : une alternance de rochers, de falaises et de lande aride. Les ruisseaux étaient très espacés les uns des autres et ni bête ni oiseau ne troublaient la solitude. Le quarantième jour, la nourriture commençait déjà à manquer, au point qu'on jugea opportun de faire halte et de se disperser dans toutes les directions pour chasser. On prépara un grand feu pour que la fumée puisse servir de point de ralliement ; tous les hommes du groupe enfourchèrent leur monture et s'enfoncèrent au hasard dans le désert environnant.

Mon père chevaucha des heures, une chaîne de falaises abruptes d'un côté, très noire et effrayante ; une vallée à sec de l'autre, parsemée de rochers, qui évoquait le site d'une ville détruite. Il finit par découvrir les traces d'un grand animal et, d'après les empreintes des griffes et les poils accrochés aux broussailles, il estima que c'étaient celles d'un ours au pelage châtaigne, d'une taille très inhabituelle. Il accéléra l'allure de son coursier et, sans cesser de suivre la proie, parvint finalement à la limite de deux bassins hydrographiques. De l'autre côté, la région était extrêmement touffue et d'accès difficile, couverte de rochers et parsemée çà et là de quelques pins, qui semblaient indiquer la présence d'eau à proximité. Il attacha par conséquent son cheval à cet endroit et, confiant dans son fidèle fusil, s'avança seul dans cette étendue sauvage.

Bientôt, au cœur d'un silence impressionnant, il perçut sur sa droite un bruit d'eau courante. Alors, obliquant dans cette direction, il fut récompensé par la vue d'un spectacle qui était un curieux mélange de prodige naturel et de pathétique humain. La rivière courait au fond d'une gorge étroite et sinueuse dont les parois rocheuses, véritables murailles, étaient parfois pour l'homme impossibles à escalader sur des kilomètres. Quand la rivière était grossie par les pluies, l'eau devait la combler de part en part ; les rayons du soleil n'en atteignaient le fond qu'à l'heure de midi ; dans cet entonnoir étroit et humide, le vent soufflait violemment. Et pourtant, au fond de cet antre, juste sous les yeux de mon père penché par-dessus le bord de la falaise, un groupe d'une cinquantaine d'hommes, de femmes et d'enfants étaient couchés çà et là, peu confortablement, parmi les rochers. Certains étaient allongés sur le dos, d'autres sur le ventre et aucun d'eux ne bougeait ; leurs visages tournés vers le haut semblaient tous d'une pâleur et d'une maigreur extraordinaires ; et de temps en temps, par-dessus la rumeur de la rivière, un faible gémissement montait aux oreilles de mon père.

De ce poste d'observation, il vit soudain un vieillard se lever en chancelant, dérouler sa couverture et la placer avec beaucoup de douceur sur une jeune fille assise tout près, appuyée à même le rocher. La jeune fille ne sembla pas s'en rendre compte et le vieillard, l'ayant regardée avec la pitié la plus engageante, retourna vers sa couche et s'étendit de nouveau sur l'herbe, sans couverture. Mais la scène n'était pas passée inaperçue, même dans ce campement où l'on mourait de faim. De la bordure du cercle, un homme à barbe blanche qui paraissait d'un âge vénérable se dressa sur les genoux et s'approcha de la jeune fille en rampant furtivement au milieu des dormeurs ; jugez alors de l'indignation de mon père, quand il s'aperçut que ce gredin la dépouillait lâchement de ses deux couvertures pour les emporter avec lui à sa place. Là, il s'allongea un instant sous ces dépouilles et feignit – du moins c'est ce qu'imagina mon père – de dormir ; mais, bientôt, il s'était redressé sur un coude, avait observé avec une rare minutie ses compagnons, puis avait rapidement porté sa main sous sa chemise et, de là, à sa bouche. D'après le mouvement de ses mâchoires, il devait être en train de manger ; dans ce campement livré à la famine, il s'était ménagé une réserve de nourriture ; et tandis que ses compagnons étaient dans l'état de léthargie qui précède la mort, il reconstituait ses forces en secret.

Mon père fut tellement hors de lui à la vue de cette scène qu'il leva son fusil ; il a souvent déclaré que, sans un événement fortuit, il aurait abattu le vieillard sur-le-champ. Mon histoire aurait été bien différente, alors ! Mais cela ne devait pas être : au moment même où il levait le canon du fusil, son regard se posa sur l'ours, qui se traînait le long d'une corniche, un peu en dessous de lui ; alors, cédant à l'instinct du chasseur, c'est sur la bête sauvage et non sur l'homme qu'il déchargea son fusil. L'ours eut un soubresaut et tomba dans un trou d'eau ; le canyon renvoya l'écho de la décharge et, en un instant, le campement fut sur pied. Avec des cris à peine humains, trébuchant, tombant et se bousculant les uns les autres, ces gens affamés se ruèrent sur le gibier et, avant que mon père, qui descendait par la corniche, ait eu le temps d'atteindre le niveau de la rivière, nombre d'entre eux étaient déjà en train d'assouvir leur faim avec de la chair crue, et les plus délicats construisaient un feu.

Dans un premier temps, on ne remarqua pas son arrivée. Il se tenait au milieu de ces marionnettes chancelantes au visage couleur d'argile ; il était entouré de leurs cris, mais leur âme tout entière était fixée sur la carcasse de l'animal mort ; même ceux qui étaient trop faibles pour bouger étaient allongés, tournés sur le côté, les yeux rivés sur l'ours ; et mon père, se voyant debout, comme invisible au cœur de ce tumulte lugubre, fut saisi d'une envie de pleurer. Il en fut retenu par quelqu'un qui lui touchait le bras. Faisant volte-face, il se trouva face à face avec le vieillard qu'il avait été à deux doigts de tuer. À le mieux regarder cependant, il se rendit compte que ce n'était pas du tout un vieillard, mais quelqu'un dans la force de l'âge et dont les traits solides, expressifs et intelligents portaient les stigmates de l'épuisement et de la famine. Cet homme fit signe à mon père d'approcher de la falaise et, là, dans un murmure à peine audible, le supplia de lui donner du cognac. Mon père le dévisagea avec mépris :

– Vous me rappelez, dit-il, un devoir que j'allais négliger. La gourde que j'ai ici contient, je pense, assez pour ranimer les femmes de votre groupe ; et je commencerai par celle à qui je vous ai vu dérober ses couvertures.

Là-dessus, sans tenir compte de ses prières, mon père tourna le dos à l'égoïste.

La jeune fille était toujours allongée contre le rocher ; elle était déjà engagée trop avant dans l'antichambre de la mort pour avoir observé qu'on s'affairait autour de sa couche ; mais quand mon père lui eut soulevé la tête, mis la gourde entre les lèvres, et qu'il l'eut forcée et aidée à avaler quelques gouttes du reconstituant, elle ouvrit ses yeux languissants et lui sourit faiblement. Jamais sourire n'eut une douceur plus touchante ; jamais yeux n'eurent un violet plus intense, ni ne furent avec plus d'éloquence le reflet de l'âme ! Je parle en connaissance de cause, car ce fut ce même visage qui se pencha sur mon berceau en souriant. Après elle, qui devait devenir sa femme, mon père, toujours jalousement observé et suivi par l'homme à la barbe grise, se préoccupa de toutes les femmes du groupe, et donna les dernières gouttes de sa gourde à ceux des hommes qui semblaient en avoir le plus besoin.

– Il n'en reste plus ? Pas la moindre goutte pour moi ? demanda l'homme barbu.

– Pas la moindre, répondit mon père, et si vous avez besoin de quoi que ce soit, je vous conseille de glisser la main dans la poche de votre manteau.

– Ah ! s'écria l'autre, vous vous méprenez sur mon

compte. Vous croyez que je suis quelqu'un qui s'accroche à la vie en vertu de considérations égoïstes et banales. Laissez-moi vous dire que, si toute cette caravane devait périr, le monde serait soulagé d'un poids. Ce ne sont que des insectes humains, qui pullulent, aussi denses que des éphémères, dans les taudis des villes européennes, que j'ai moi-même arrachés à la déchéance et à la misère, aux tas d'immondices et aux tavernes populaires. Et vous comparez leur vie à la mienne !

– Alors, vous êtes un missionnaire mormon ? demanda mon père.

– Oh ! s'écria l'homme avec un étrange sourire, un missionnaire mormon si vous voulez ! Je ne prise pas le titre. Si je n'étais rien de plus, j'aurais pu mourir sans murmurer. Mais, à ma vie de médecin, sont liés la connaissance de grands secrets et l'avenir de l'humanité. C'est cela qui, lorsque nous avons perdu la caravane, essayé de prendre un raccourci et abouti par hasard dans ce ravin désolé, a rongé mon âme ; c'est ce qui en l'espace de cinq jours a fait passer ma barbe de l'ébène à l'argent.

– Et vous êtes médecin, réfléchit mon père en le regardant dans les yeux, tenu par serment de secourir l'humanité en détresse ?

– Monsieur, répondit le mormon, je m'appelle Grierson : vous entendrez encore parler de moi ; et vous comprendrez alors que mon devoir n'était pas de me consacrer à cette troupe d'indigents, mais à l'humanité en général.

Mon père se tourna vers le reste du groupe, qui

avait suffisamment repris connaissance pour entendre ; il leur dit qu'il allait partir immédiatement chercher des secours dans son propre groupe et ajouta :

– À supposer que vous soyez de nouveau réduits à de telles extrémités, regardez autour de vous et vous constaterez que la terre est jonchée de choses qui peuvent vous être utiles. Ici, par exemple, vous pouvez voir une mousse jaune, qui pousse sous les fissures de cette falaise. Croyez-moi, elle est à la fois comestible et délicieuse.

– Ah ! dit le Dr Grierson, vous connaissez la botanique !

– Je ne suis pas le seul, rétorqua mon père en baissant la voix ; car, regardez, là, on en a arraché. C'est bien ça ? C'était là votre provision secrète ?

Quand il regagna le feu qui servait de point de repère, mon père constata que ses camarades avaient eu une bonne journée de chasse. Ils furent ainsi plus aisément convaincus de porter assistance à la caravane mormone ; et le lendemain, les deux groupes se mirent en marche vers les frontières de l'Utah. La distance à parcourir n'était pas considérable ; mais la nature de la région et la difficulté à se procurer de quoi manger firent que le voyage dura presque trois semaines. Mon père eut ainsi tout loisir de connaître et d'apprécier la jeune fille qu'il avait secourue. Je désignerai ma mère par son prénom, Lucie. Il ne m'est pas permis de mentionner son nom de famille ; c'est un nom que vous reconnaîtriez facilement. Par quelle série de calamités non méritées cette innocente fleur de virginité, jolie, affinée par l'instruction, ennoblie par le goût le plus délicat, fut ainsi jetée au milieu des atrocités d'une caravane mormone, je ne m'attarderai pas à vous le raconter. Qu'il me suffise de dire que même dans ces circonstances malheureuses elle trouva un cœur digne du sien. L'ardeur de l'affection qui unissait mon père et ma mère fut peut-être due en partie à l'étrange façon dont ils se rencontrèrent ; du moins ne connaissait-elle pas de limite, divine ni humaine ; par amour pour elle, mon père décida de renoncer à ses ambitions et d'abjurer sa foi ; en moins d'une semaine, il abandonna son groupe, accepta la doctrine mormone et obtint la promesse que ma mère l'épouserait à leur arrivée à Salt Lake.

Le mariage eut lieu et je fus le seul fruit de cette union. Les affaires de mon père prospéraient merveilleusement et il restait fidèle à ma mère. Vous serez peut-être étonné de l'apprendre, mais il y eut peu de foyers, me semble-t-il, dans quelque pays que ce soit, plus heureux que celui où j'ai vu le jour et grandi jusqu'à l'adolescence. Évidemment, et en dépit de toute notre richesse, les fidèles les plus pointilleux et les plus pieux nous évitaient, nous considérant comme hérétiques et à demi croyants. On savait que Young lui-même, ce tyran redoutable, regardait de travers les richesses de mon père, mais je n'avais aucune idée de tout cela. Je demeurais bien sûr dans le système mormon en toute innocence et fidélité. Certains de nos amis avaient plusieurs femmes, mais telle était la coutume et pourquoi cela m'aurait-il surprise plus que le mariage lui-même ? De temps en temps, une de nos connaissances fortunées disparaissait, sa famille était dispersée, ses épouses et ses maisons distribuées entre les plus anciens de l'Église et on évoquait sa mémoire seulement en retenant son souffle, et avec d'épouvantables hochements de tête. Quand j'étais très tranquille et que, peut-être, on oubliait ma présence, les anciens abordaient ce sujet, le soir, au coin du feu ; je les voyais se rapprocher encore et jeter derrière eux des regards effrayés ; et je comprenais à leurs chuchotements que l'un de nous – un membre du groupe, riche, honoré, en bonne santé et dans la fleur de l'âge, quelqu'un qui m'avait peut-être prise sur ses genoux une semaine auparavant – avait été enlevé à son foyer et à sa famille comme par enchantement, pour disparaître telle une image dans un miroir, sans laisser derrière lui la moindre trace. C'était vraiment terrible ; mais la mort, cette loi universelle, ne l'était pas moins. Et même si la conversation se faisait plus assurée, entrecoupée de silences et de hochements de tête de mauvais augure ; même si j'entendais prononcer, dans un murmure, le nom de l'Ange Exterminateur, comment l'enfant que j'étais devait-elle interpréter ces mystères ? J'entendais parler d'un Ange Exterminateur comme un enfant plus heureux pouvait entendre parler en Angleterre d'un évêque ou d'un doyen de campagne, avec un vague respect et sans le moindre désir d'en savoir davantage. La vie, partout, dans la société comme dans la nature, repose sur des fondations redoutables. Je voyais des routes sûres, un jardin en fleurs dans le désert, des gens pieux qui se rassemblaient pour célébrer leur culte ; je ressentais la tendresse de mes parents envers moi et toutes les douceurs anodines de mon existence ; alors pourquoi aurais-je dû fourrer mon nez sous la surface apparemment honnête des choses, à la recherche des mystères sur lesquels elle reposait ?

Au début, nous habitions en ville ; mais, assez rapidement, nous déménageâmes pour une belle maison située dans un vallon vert et boisé, animé par le clapotis de l'eau et entouré à peu près de tous côtés par trente kilomètres d'un désert venimeux et rocailleux. La ville était à une cinquantaine de kilomètres de là ; il n'y avait qu'une route, qui n'allait pas plus loin que la porte de la maison de mon père ; le reste était constitué de sentiers muletiers impraticables l'hiver ; et nous vivions ainsi, dans une solitude inconcevable pour un Européen. Notre seul voisin était le Dr Grierson. À mes yeux d'enfant, habitués aux anciens de la ville aux cheveux graisseux et au menton barbu, ainsi qu'aux femmes laides et mentalement retardées de leurs harems, il y avait quelque chose d'agréable dans les manières courtoises, le port distingué, la barbe et les cheveux fins et blancs ainsi que les regards pénétrants du vieux médecin. Pourtant, bien qu'il fût presque notre unique visiteur, je ne surmontai jamais totalement un sentiment de peur en sa présence ; et cette inquiétude provenait plutôt de l'horrible solitude dans laquelle il vivait et du mystère dont il entourait ses occupations. Sa maison n'était qu'à deux ou trois kilomètres de la nôtre, mais dans un emplacement très différent. Elle dominait la route au sommet d'une pente raide, et était construite tout contre une chaîne de falaises en surplomb. La nature, aurait-on dit, avait voulu imiter ici les ouvrages de l'homme ; car la pente était uniforme, comme le glacis d'un fort et les falaises d'une hauteur régulière, comme les remparts d'une ville. Même le printemps ne réussissait pas à modifier un seul trait de ce paysage désolé ; les fenêtres donnaient sur une plaine que les sels alcalins rendaient neigeuse, et par-delà, sur des rangées de montagnes rocailleuses et froides au nord. Je me souviens être passée deux ou trois fois en vue de cette résidence sinistre ; et, la voyant toujours abandonnée, les volets fermés, sans la moindre fumée apparente, je faisais remarquer à mes parents qu'un jour ou l'autre elle serait certainement cambriolée.

– Ah, non ! disait mon père d'une voix empreinte d'une étrange conviction, jamais cambriolée.

Finalement, et peu avant que ce coup ne frappât ma malheureuse famille, le hasard me fit voir la maison du docteur sous un nouvel éclairage. Mon père était malade, ma mère obligée de rester à son chevet ; et on me permit d'aller, sous la responsabilité de notre cocher, à la maison isolée où on nous laissait nos colis, à une trentaine de kilomètres de là. Le cheval perdit un fer ; la nuit nous surprit à mi-parcours sur le chemin du retour ; et il n'était pas loin de trois heures du matin quand nous parvînmes, le cocher et moi, seule dans une charrette, à cet endroit de la route que domine la maison du docteur. La lune baignait dans un ciel pur ; les falaises et les montagnes, dans cette vive clarté, paraissaient complètement désertes ; mais la maison, étant adossée à la falaise au sommet de la longue pente, illuminait de toutes ses fenêtres les alentours comme un lieu de festivités et, de plus, crachait par la grande cheminée, à l'ouest, une spirale de fumée si épaisse et si dense qu'elle restait étale sur des kilomètres dans l'air calme de la nuit, et étendait son ombre très loin sur les sels alcalins qui scintillaient dans la clarté de la lune. De plus, comme nous continuions de nous rapprocher, une pulsation régulière et haletante se mit à trouer le silence. Cela me fit d'abord penser à un cœur qui bat ; puis l'idée me vint que c'était quelque géant, étouffé sous des montagnes, et qui chercherait néanmoins à respirer, au prix d'un effort incalculable. J'avais entendu parler de la voie ferrée, sans l'avoir vue, et je me tournai vers le cocher avec l'intention de lui demander si le train faisait ce bruit-là. Mais quelque chose dans son regard, un accès de pâleur, dû à la frayeur ou à l'éclat de la lune sur son visage, firent mourir la question sur mes lèvres. Nous continuâmes, par conséquent, d'avancer en silence, jusqu'à nous trouver tout à fait au pied de la maison éclairée, quand, soudain, sans le moindre bruissement prémonitoire, éclata une détonation d'une telle violence qu'elle ébranla la terre et renvoya les échos des montagnes gronder de falaise en falaise. Une colonne de feu ambré jaillit du sommet de la cheminée et retomba en une multitude d'étincelles ; au même moment, les lumières aux fenêtres devinrent un instant rouge sombre avant de s'éteindre. Le cocher avait instinctivement maîtrisé son cheval et les échos continuaient de rouler plus loin avec fracas dans le cirque des montagnes, quand éclata, de l'intérieur de la maison désormais plongée dans l'obscurité, une série de hurlements – il était impossible de deviner s'il s'agissait d'un homme ou d'une femme. La porte s'ouvrit avec violence, et surgit alors dans la clarté lunaire, au sommet de la longue pente, devant la maison, une silhouette vêtue de blanc qui se mit à danser, à sauter, à se jeter sur le sol et à se rouler par terre, comme si elle était en proie aux affres de la mort. Je ne pus réprimer mes cris davantage ; le cocher fouetta les flancs du cheval et nous nous enfuîmes le long du sentier rocailleux au péril de notre vie, sans nous arrêter avant d'apercevoir, en contournant la montagne, le ranch de mon père, ainsi que la verdure profonde des bosquets et des jardins endormis dans la clarté paisible.

Ce fut là la seule véritable aventure de ma vie, avant que mon père ne se fût élevé au sommet de la prospérité matérielle et que j'eusse moi-même atteint l'âge de dix-sept ans. J'étais encore innocente et gaie comme un enfant. J'entretenais mon jardin ou je courais sur les collines, heureuse et sans problèmes ; aucune coquetterie, aucun souci matériel n'occupait mes pensées ; et si mes yeux se posaient sur mon image dans un miroir ou dans quelque source sylvestre, c'était pour y chercher et reconnaître les traits de mes parents. Mais les craintes qui avaient longtemps oppressé les autres vinrent alors peser sur ma jeunesse. Par un après-midi étouffant et nuageux, je m'étais effondrée sur un divan ; les fenêtres étaient ouvertes sur la véranda, où ma mère était assise à broder ; et lorsque mon père, qui venait du jardin, la rejoignit, leur conversation, que je perçus clairement, fut d'une nature si troublante qu'elle me laissa clouée sur place, comme ensorcelée.

– Le châtiment s'est abattu, dit mon père, après un long silence.

J'entendis ma mère sursauter et se retourner, mais elle ne fit aucune réponse en paroles.

– Oui, reprit mon père, j'ai reçu aujourd'hui une liste de tous mes biens ; je dis bien, de tous ; de ce que j'ai prêté en secret à des hommes dont les lèvres sont scellées par la terreur ; de ce que j'ai enterré de mes propres mains dans la montagne déserte, quand il n'y avait pas un seul oiseau dans le ciel. L'air transporte-t-il donc les secrets ? Les montagnes sont-elles de verre ? Les pierres sur lesquelles nous marchons conservent-elles notre empreinte pour nous trahir ? Oh, Lucie, Lucie, pourquoi sommes-nous venus dans un tel pays !

– Mais cela ne constitue pas un événement très nouveau ni très menaçant, répondit ma mère. On t'accuse de dissimulation. Tu paieras plus d'impôts à l'avenir et tu seras mis à l'amende. C'est inquiétant, je te l'accorde, de découvrir qu'on épie ainsi nos actions et que l'on connaît les plus secrètes d'entre elles. Mais qu'y a-t-il là de nouveau ? N'avons-nous pas longtemps redouté et soupçonné le moindre brin d'herbe ?

– Oui, et jusqu'à nos ombres ! s'écria mon père.

Mais tout cela n'est rien. Voici la lettre qui accompagnait la liste.

J'entendis ma mère tourner les pages ; elle garda le silence quelques instants.

– Je vois, finit-elle par dire, puis, sur le ton de quelqu'un qui lit : « De la part d'un croyant si richement doté par la Providence de tous les biens de ce monde, continua-t-elle, l'Église attend confidentiellement quelque signe de piété. » C'est là que le bât blesse, n'est-ce pas ? Voilà les mots que tu redoutes ?

– Précisément, répondit mon père. Lucie, tu te souviens de Priestley ? Deux jours avant sa disparition, il m'a emmené au sommet d'une butte isolée ; on voyait à une quinzaine de kilomètres à la ronde ; eh bien, si un homme pouvait être à l'abri des espions dans un coin quelconque de ce pays, c'était bien dans un endroit de ce genre ; mais ce fut véritablement en tremblant de terreur qu'il me raconta fiévreusement son histoire : je l'écoutai. Il avait reçu une lettre comme celle-ci et il soumettait à mon approbation une réponse dans laquelle il proposait de renoncer au tiers de ses biens. Je le suppliai, comme il attachait du prix à la vie, d'augmenter l'offre et, avant que nous nous séparions, il avait doublé la somme. Eh bien, deux jours plus tard, il avait disparu – dans la rue principale de la ville en plein midi – et pour toujours. Ô Dieu ! s'écria mon père, par quel artifice arrachent-ils à la vie un être de chair et d'os ? De quelle mort ont-ils la maîtrise, qui ne laisse aucune trace, pour que cette structure matérielle, que ces bras forts, ce squelette qui peut résister à la tombe pendant des siècles, puissent être en un instant arrachés du monde sensible ? Il y a quelque chose d'horrible dans cette pensée qui est plus atroce que la simple mort.

– N'y a-t-il aucun espoir du côté de Grierson ? demanda ma mère.

– Abandonne cette idée, répondit mon père. Il sait à présent tout ce que je puis enseigner et ne fera rien pour me sauver. Son pouvoir, en outre, est faible, le danger qui le menace est sans doute plus imminent que le mien, car lui aussi vit à l'écart ; il néglige ses épouses et ne veille pas sur elles ; on dit ouvertement qu'il est mécréant et, à moins qu'il n'achète sa sécurité à un prix plus terrible... mais non ; je ne veux pas croire une chose pareille : je ne l'aime pas, mais je ne veux pas le croire.

– Croire quoi ? demanda ma mère.

Puis, changeant de ton :

– Mais quelle importance, après tout ? s'écria-t-elle. Abimelech, il n'y a qu'une seule solution : nous enfuir !

– C'est inutile, répondit mon père. Je ne ferais que t'impliquer dans mon destin. Il est impossible de partir d'ici : nous sommes enfermés dans ce pays comme les hommes le sont dans la vie ; et la seule issue, c'est la tombe.

– Nous ne pouvons que mourir alors, répondit ma mère. Mourons au moins ensemble. Ne nous laisse pas, Asénath* et moi, te survivre. Pense à quel sort nous serions vouées !

Mon père fut incapable de résister à sa tendre violence ; et bien qu'il ne nourrît, je le constatai, pas la moindre étincelle d'espoir, il consentit à renoncer à tous ses biens, excepté les quelques centaines de dollars qu'il avait sur lui à ce moment-là, et à s'enfuir cette même nuit, qui promettait d'être sombre et couverte. Dès que les serviteurs seraient endormis, il allait charger deux mules de provisions ; deux autres allaient nous porter, ma mère et moi et, prenant à travers les montagnes par une piste peu fréquentée, nous allions parcourir un bon bout de chemin vers la liberté et la vie. Dès qu'ils eurent pris cette décision, je me montrai à la fenêtre et, avouant que j'avais tout entendu, je les assurai qu'ils pouvaient compter sur ma prudence et sur mon dévouement. Je n'avais d'autre crainte, il va sans dire, que de me montrer indigne de ma naissance ; je tenais ma vie entre mes mains sans inquiétude et, quand mon père, pleurant contre mon épaule, eut béni le ciel pour le courage de son enfant, ce fut avec un sentiment de fierté et un peu de la joie que les guerriers éprouvent au combat que je commençai à envisager les périls de notre fuite.

Avant minuit, sous un ciel obscur et sans étoiles, nous avions laissé derrière nous les plantations de la vallée et gravissions dans les collines certain canyon étroit, encombré d'énormes rochers et qui résonnait des échos d'un torrent tumultueux. Les cascades grondaient les unes après les autres et accrochaient leur drapeau de blancheur dans la nuit, ou nous éventaient le visage de l'haleine humide de leur chute. La piste était à se rompre le cou et conduisait à des déserts où régnait la famine ; on l'avait depuis longtemps abandonnée pour des itinéraires plus praticables ; et c'était devenu une partie du monde qu'année après année ne parcouraient plus les humains. Jugez de notre désarroi quand, passant soudain un angle des falaises, nous découvrîmes un feu vif qui brûlait tout seul sous un rocher en surplomb ; et, sur le rocher, dessiné très grossièrement avec du charbon de bois, le grand Œil Ouvert, emblème de la foi mormone. Nous nous regardâmes à la lueur du feu ; ma mère, violemment émue, éclata en sanglots, mais aucune parole ne fut prononcée. On fit faire demi-tour aux mules et, laissant cet œil gigantesque surveiller le canyon solitaire, nous rebroussâmes chemin en silence. Le jour ne s'était pas encore levé que nous étions déjà de retour chez nous, condamnés sans recours.

Je n'ai jamais su quelle réponse envoya mon père ; mais, deux jours plus tard, un peu avant le crépuscule, je vis un homme à l'air franc et honnête gravir lentement la route à cheval, dans un grand nuage de poussière. Il était habillé de toile rustique et coiffé d'un chapeau de paille à larges bords ; il avait une barbe de patriarche et l'apparence d'un simple paysan, à mes yeux très rassurante. C'était en fait un très honnête homme et un pieux mormon, qui n'aimait pas la mission qu'on lui avait confiée, bien que ni lui ni personne d'autre en Utah n'eût osé désobéir ; et c'est avec un manque d'assurance évident qu'il s'était fait annoncer comme Mr. Aspinwall et avait pénétré dans la pièce où notre malheureuse famille était réunie. Il nous demanda, à ma mère et à moi, de nous retirer, d'un ton des plus gênés ; et dès qu'il fut seul avec mon père, il posa devant lui une feuille signée en blanc du président Young et lui offrit le choix entre deux missions : soit partir comme missionnaire dans les tribus de la mer Blanche, soit prendre part le lendemain, avec un groupe d'Anges Exterminateurs, au massacre de soixante immigrants allemands. Bien entendu, mon père ne pouvait accueillir favorablement cette dernière proposition et il considérait la première comme un prétexte : même à supposer qu'il acceptât de laisser sa femme sans défense et de rassembler des victimes nouvelles pour la tyrannie dont il subissait lui-même l'oppression, il était certain qu'on n'accepterait jamais qu'il revienne. Il refusa donc l'une et l'autre ; et il nous raconta qu'Aspinwall laissa voir une émotion sincère, en partie religieuse, au spectacle d'une telle désobéissance, mais en partie humaine par pitié pour mon père et sa famille. Il le supplia de reconsidérer sa décision ; et, enfin, se rendant compte qu'il ne pouvait pas persuader mon père, il lui donna jusqu'au lever de la lune pour régler ses affaires et dire au revoir à sa femme et à sa fille.

– Car, ajouta-t-il, à ce moment-là au plus tard, il vous faudra partir à cheval avec moi.

Je n'ose m'étendre sur les heures qui suivirent : elles passèrent bien trop vite et, bientôt, la lune apparut au-dessus de la chaîne de montagnes, à l'est ; mon père et Mr. Aspinwall partirent, côte à côte, pour leur chevauchée nocturne. Ma mère, bien qu'elle continuât de paraître héroïque, s'était hâtée de s'enfermer dans sa chambre, désormais vide ; quant à moi, seule dans la maison obscure, consumée de chagrin et d'inquiétude, je sellai mon poney indien en toute hâte pour chevaucher jusqu'au détour du chemin de la montagne et profiter de la dernière image de mon père qui s'éloignait. Les deux hommes avaient pris la route sans hâte et je n'étais pas partie non plus longtemps après eux ; je parvins bientôt au tournant en question. Je fus d'autant plus stupéfaite de ne voir aucun être vivant se déplacer dans le paysage. La lune, comme on dit, éclairait comme en plein jour ; et nulle part, sous la voûte nocturne, il n'y avait d'arbre, de buisson, de ferme, de champ labouré, ni le moindre signe de vie humaine, sauf un. De l'angle où je me tenais, un bastion rocailleux constitué par la ligne de falaises masquait la maison du docteur ; et, par-dessus cette saillie, le vent léger de la nuit charriait et déroulait sur les collines une spirale de fumée noire. J'étais incapable d'imaginer quel combustible pouvait produire une vapeur si lente à se dissiper dans cet air sec, ni quelle chaudière la déversait si abondamment, mais je savais parfaitement qu'elle provenait de la cheminée du docteur ; je voyais très bien que mon père avait déjà disparu et, en dépit de la raison, je liais dans mon esprit la perte de ce protecteur chéri et les volutes de fumée noire qui s'étiraient sur les montagnes.

Les jours passèrent et nous attendions toujours en vain, ma mère et moi, des nouvelles ; une semaine s'écoula, puis une autre, sans que nous entendîmes parler de notre père et époux. De même que la fumée se dissipe, de même que l'image s'échappe en douceur du miroir, de même, dans les dix ou vingt minutes que j'avais passées à seller mon cheval et à suivre sa trace, cet homme fort et courageux avait quitté la vie. L'espoir, si espoir nous avions, s'envolait au fil des heures ; le pire était désormais sûr en ce qui concernait mon père, le pire était à redouter pour sa famille restée sans défense. Sans faiblesse, mais avec un calme désespéré qui me sidère quand j'y repense, la veuve et l'orpheline attendaient qu'il se passe quelque chose. Le dernier jour de la troisième semaine, nous nous levâmes le matin pour nous retrouver seules dans la maison, seules, dans la mesure où nous avions bien cherché, dans la propriété ; tous nos domestiques, d'un commun accord, s'étaient enfuis ; et comme nous les savions tous dévoués et pleins de gratitude, nous vîmes dans leur fuite les indices les plus sombres. La journée s'écoula évidemment sans qu'il arrive rien ; mais à la tombée du jour, nous fûmes finalement attirées dans la véranda par un martèlement de sabots qui se rapprochait.

Le docteur, qui montait un poney indien, pénétra dans le jardin, descendit de sa monture et nous salua. Il semblait beaucoup plus courbé et sa chevelure plus argentée que jamais ; mais son comportement était calme, grave et plutôt aimable.

– Madame, dit-il, je suis venu accomplir une mission importante et j'aimerais que vous considériez comme un effet de la bonté du Président le fait d'envoyer en guise d'ambassadeur votre unique voisin et, qui plus est, le plus vieil ami de votre mari en Utah.

– Monsieur, dit ma mère, je n'ai qu'un seul souci, qu'une seule pensée. Vous savez très bien de quoi il s'agit. Dites-moi : mon mari ?

– Madame, reprit le docteur en s'asseyant, si vous étiez une enfant stupide, ma position serait à l'heure qu'il est douloureusement embarrassante. Vous êtes, au contraire, une femme d'une intelligence et d'une force d'âme peu communes : vous avez eu pendant trois semaines, grâce à ma prévoyance, la possibilité de tirer vous-même les conclusions et d'accepter l'inévitable. En dire davantage serait, me semble-t-il, superflu.

Ma mère était pâle comme la mort et tremblait comme une feuille ; je lui donnai la main, elle la garda dans les plis de sa robe et la serra à me faire mal.

– Alors, monsieur, finit-elle par dire, vous parlez à des sourdes. S'il en est vraiment ainsi, qu'ai-je à faire avec vos missions ? Que puis-je demander au ciel sinon la mort ?

– Allons, dit le docteur, contrôlez-vous. Je vous prie d'abandonner toutes pensées concernant votre défunt mari et de concentrer toute votre attention sur votre avenir et sur le sort de cette jeune fille.

– Vous me priez d'abandonner... commença ma mère. Alors vous savez ! hurla-t-elle.

– Je sais, répondit le docteur.

– Vous savez ? éclata la pauvre femme. Alors c'était vous l'auteur de cette action ! Je vous démasque et, avec épouvante et dégoût, je vous vois tel que vous êtes... Vous, que le pauvre fugitif entrevoit dans des cauchemars qui le réveillent en plein délire... Vous, l'Ange Exterminateur !

– Eh bien, madame, et alors ? répondit le docteur. Mon destin et le vôtre n'ont-ils pas été identiques ? Ne sommes-nous pas tous deux emmurés dans cette prison bien gardée de l'Utah ? N'avez-vous pas tenté de fuir et ne vous êtes-vous pas trouvée en face de l'Œil Ouvert dans le canyon ? Qui peut échapper à cet œil toujours en éveil de l'Utah ? Pas moi, en tout cas. Des tâches horribles, il est vrai, m'ont été imposées ; et la dernière était la plus ingrate ; mais à supposer que j'aie refusé mes services, votre mari aurait-il pour autant été épargné ? Vous savez bien que non. Moi aussi, j'aurais péri avec lui ; je n'aurais pas pu adoucir ses derniers instants, et je ne pourrais pas aujourd'hui m'interposer entre sa famille et la main de Brigham Young.

– Ah ! m'écriai-je, et pouviez-vous acheter la vie par de telles concessions ?

– Jeune demoiselle, répondit le docteur, non seulement je le pouvais mais je l'ai fait, et vous vivrez pour me remercier de cette ignominie. Vous avez un courage, Asenath, que j'ai plaisir à découvrir. Mais nous perdons notre temps. La propriété de Mr. Fonblanque revient, vous vous en doutez, à l'Église ; mais une partie en a été réservée à celui qui épousera la famille ; et cette personne, je ferais peut-être mieux de vous le dire sans plus attendre, n'est autre que moi-même.

À cette odieuse proposition, ma mère et moi poussâmes des cris et nous serrâmes l'une contre l'autre comme des créatures perdues.

– Tout se passe comme je le pensais, reprit le docteur, sur le même ton mesuré. Vous répugnez à cet arrangement. Pensez-vous que je vais vous convaincre ? Vous savez très bien que je n'ai jamais adopté le point de vue mormon sur les femmes. Absorbé dans les études les plus difficiles, j'ai laissé les souillons qu'ils appellent mes épouses se griffer et se quereller ; de moi, elles n'ont rien eu que ma bourse ; telle n'était pas l'union que je désirais, même si j'avais le loisir de la mener à bien. Non : vous ne devez pas, madame et chère amie – à ce point de son discours, le docteur se leva et s'inclina avec un rien de galanterie –, vous ne devez pas craindre que je vous importune. Au contraire, je me réjouis de voir en vous un esprit romain ; si donc je suis contraint de vous prier de me suivre immédiatement – et ce, au nom des ordres qui m'ont été donnés et non de mon désir –, j'espère que l'on s'apercevra que nous sommes du même avis.

Alors, nous priant de nous habiller pour la route, il s'empara d'une lampe (car la nuit était désormais tombée) et sortit préparer nos chevaux dans l'étable.

– Qu'est-ce que cela signifie ? Que va-t-il advenir de nous ? m'écriai-je.

– Pas cela, du moins, répondit ma mère en frissonnant. Nous pouvons lui faire confiance. Il me semble lire dans ces propos une certaine promesse tragique. Asenath, si je te quitte, si je meurs, tu n'oublieras pas tes malheureux parents ?

Sur quoi, nous en arrivâmes à une conversation pleine de malentendus : moi, la suppliant d'expliquer ce qu'elle avait voulu dire ; elle, évitant de le faire et continuant à me recommander le docteur comme un ami.

– Le docteur ! m'écriai-je enfin ; cet homme qui a tué mon père ?

– Non, dit-elle, soyons justes. Je crois vraiment, devant Dieu, qu'il a joué le rôle le moins malveillant. Et lui seul, Asenath, peut te protéger dans cette contrée de mort.

Là-dessus, le docteur revint, conduisant nos deux chevaux ; et quand nous fûmes tous en selle, il me pria de passer devant : il avait des questions à discuter avec Mme Fonblanque. Ils avancèrent au pas, plongés dans une conversation animée à peine audible ; bientôt, la lune se leva et je les vis se dévisager âprement tout en cheminant, ma mère la main posée sur le bras du docteur, et le docteur lui-même, avec force gestes, contrairement à son habitude, protestant énergiquement de son innocence.

Au pied de la piste qui montait à flanc de montagne jusqu'à sa porte, le docteur se mit au trot pour me rattraper.

– Maintenant, dit-il, nous allons mettre pied à terre ; et comme votre mère préfère être seule, nous allons nous rendre chez moi à pied tous les deux.

– La reverrai-je ? demandai-je.

– Je vous en donne ma parole, dit-il en m'aidant à descendre. Nous laissons les chevaux ici, ajouta-t-il. Il n'y a pas de voleurs dans ce désert de pierres.

La piste s'élevait progressivement, sans dérober la maison à la vue. Les fenêtres étaient une fois de plus éclairées ; la cheminée, une fois de plus, vomissait de la fumée ; mais le silence le plus absolu régnait et, mis à part la silhouette de ma mère qui nous suivait très lentement, j'eus la conviction qu'il n'y avait pas âme qui vive sur des kilomètres à la ronde. À cette pensée, je levai les yeux vers le docteur qui marchait d'un pas solennel à mes côtés, les épaules courbées sous sa blanche chevelure, puis de nouveau vers sa maison vivement éclairée qui déversait de la fumée comme une usine en plein rendement. Alors ma curiosité explosa.

– Au nom du ciel, m'écriai-je, que faites-vous donc dans ce désert inhumain ?

Il me regarda avec un sourire étrange et répondit par une dérobade.

– Ce n'est pas la première fois que vous voyez mes chaudières allumées. Un matin, à l'aube, je vous ai vue passer sur une charrette ; une expérience délicate avait échoué ; et je ne peux me pardonner d'avoir effrayé tant votre cocher que le cheval qui vous tirait.

– Comment ! m'écriai-je, revoyant en imagination la silhouette qui gambadait, c'était vous, ce...

– C'était moi, répondit-il ; mais n'allez pas croire que j'étais fou. Je souffrais le martyre. Je m'étais cruellement brûlé.

Nous étions désormais tout près de la maison qui, à la différence des maisons ordinaires du pays, était très solidement construite en pierre de taille. Elle était adossée à la paroi rocheuse, et ses fondations étaient également en pierre. Pas le moindre brin d'herbe ne poussait dans les cailloux autour des murs, pas une fleur n'ornait les fenêtres. Au-dessus de la porte, en guise d'unique décoration, l'Œil mormon était grossièrement sculpté ; j'avais été habituée à voir cet emblème dès l'enfance ; mais depuis la nuit de notre fuite, il avait acquis une signification nouvelle et me fit reculer. La fumée s'échappait en grosses volutes du sommet de la cheminée, aux arêtes rougeoyantes à cause du feu ; et de l'angle éloigné du bâtiment, près du sol, des bouffées de vapeur furieuses brillaient d'un éclat neigeux sous la lune avant de disparaître.

Le docteur ouvrit la porte et s'arrêta sur le seuil.

– Vous me demandez ce que je fabrique ici, fit-il remarquer. Deux choses : la Vie et la Mort.

Et il me fit signe d'entrer.

– Je vais attendre ma mère, dis-je.

– Mon enfant, répondit-il, regardez-moi : ne suis-je pas vieux et usé ? De nous deux, qui est le plus fort, la jeune fille ou l'homme chenu ?

Je m'inclinai et, passant devant lui, pénétrai dans une antichambre ou une cuisine, éclairée par un bon feu et une lampe de bureau munie d'un abat-jour. La pièce n'était meublée que d'un buffet, d'une table grossière et de bancs en bois ; le docteur me fit signe de m'asseoir sur l'un d'entre eux ; puis il emprunta une porte pour gagner une autre partie de la maison et me laissa seule, livrée à moi-même. Bientôt, j'entendis la trépidation métallique provenant de l'autre extrémité du bâtiment ; elle fut suivie du même battement qui m'avait fait sursauter dans la vallée, mais si proche à présent qu'il était menaçant par son intensité sonore, et qu'il ébranlait même la maison à chaque nouveau coup. J'eus à peine le temps de maîtriser mon inquiétude que le docteur revint et, presque au même instant, ma mère apparut sur le seuil. Mais comment vous décrire la paix et le ravissement qui se lisaient sur son visage ? Les années semblaient avoir passé sur elle pendant cette courte chevauchée, et l'avoir laissée plus jeune et plus belle ; ses yeux brillaient, son sourire m'alla droit au cœur ; elle n'avait plus l'air d'une femme mais de l'ange de la douceur en extase. Je courus vers elle, comme terrifiée ; mais elle recula légèrement et posa un doigt sur les lèvres, avec un air malicieux et cependant surnaturel. Au docteur, en revanche, elle tendit la main comme à un ami secourable ; la scène était si étrange que j'en oubliai d'être choquée.

– Lucie, dit le docteur, tout est préparé. Voulez-vous y aller seule, ou que votre fille nous suive ?

– Laissez venir Asenath, répondit-elle. Asenath chérie ! À cette heure, où je suis purifiée de toute peur et de tout chagrin, et où déjà je survis à moi-même et à mes affections, c'est par égard pour vous et non pour moi-même que je désire sa présence. Si elle était exclue, cher ami, il est à craindre qu'elle méconnaisse votre bonté.

– Mère, m'écriai-je violemment, mère, que signifie tout cela ?

Mais ma mère, avec son sourire radieux, se borna à dire « Chut ! » comme si j'étais redevenue une enfant qui s'agite dans un accès de fièvre ; et le docteur me pria de me taire et de ne plus la tourmenter.

– Vous avez fait un choix, poursuivit-il à l'adresse de ma mère, qui m'a souvent étrangement tenté. Les deux extrêmes, tout ou rien ; jamais, ou à cette heure même qu'indique l'horloge : c'étaient là mes désirs incompatibles. Mais accepter le moyen terme, me contenter d'une demi-mesure, n'être qu'une flamme qui vacille un instant avant de s'éteindre – cela n'a jamais, pas même une heure, depuis que je suis né, satisfait l'appétit de mon ambition.

Il dévisagea ma mère fixement, avec une grande admiration et une pointe d'envie dans les yeux ; puis, poussant un profond soupir, il nous guida dans la salle intérieure.

Elle était très longue, éclairée d'un bout à l'autre par quantité de lampes, dont j'ai pressenti, depuis, qu'elles étaient électriques, à cause de la couleur changeante de leur lumière et des claquements incessants qu'elles émettaient. À l'extrémité opposée, une porte ouverte nous laissait entrevoir ce qui devait être un appentis près de la cheminée ; cet endroit, qui contrastait violemment avec la salle elle-même, était d'un rouge qui réfléchissait la lumière provenant des portes de la chaudière. Les murs étaient tapissés de livres et de vitrines, les tables encombrées d'instruments de chimie ; de grands accumulateurs en verre miroitaient dans la lumière ; et à travers un trou ménagé dans le pignon proche de l'appentis, une lourde courroie de transmission pénétrait dans la pièce et courait au-dessus de nos têtes, sur des poulies d'acier, en se déplaçant lourdement, produisant quantité de bruits fantomatiques et palpitants. Dans un angle, je remarquai une chaise qui reposait sur des pieds de cristal, curieusement enrubannée de fils métalliques. Ma mère s'en approcha avec rapidité et décision.

– C'est ici ? demanda-t-elle.

Le docteur acquiesça d'un signe de tête.

– Asenath, dit ma mère, alors que ma vie s'achève tristement, j'ai trouvé quelqu'un pour m'aider. Regarde-le : c'est le Dr Grierson. Ne sois pas, oh ma fille, ne sois pas ingrate envers cet ami !

Elle s'assit sur le siège et prit dans les mains les globes situés à l'extrémité des bras.

– Je ne me trompe pas ? demanda-t-elle à l'adresse du docteur avec un visage si rayonnant que je tremblai pour sa raison.

De nouveau, il fit un signe de tête, mais cette fois en s'appuyant fortement contre le mur. Il avait dû toucher un ressort. Un choc des plus légers agita ma mère sur son siège ; une secousse fugitive des plus minimes parut contracter ses traits ; puis elle bascula en arrière sur la chaise comme quelqu'un qui s'abandonne à la lassitude. Je me jetai alors à ses pieds, mais ses mains retombèrent inertes dans mon étreinte ; son visage, toujours béatifié dans le même sourire touchant, bascula sur sa poitrine : son âme s'était à jamais envolée.

Je ne sais combien de temps s'écoula avant que, levant un instant mon visage baigné de larmes, je rencontre les yeux du docteur. Ils m'examinaient avec une telle intensité, mélange de pitié et d'intérêt, qu'en dépit même du caractère récent de mon chagrin, la surprise me contraignit à l'attention.

– Assez de lamentation, dit-il. Votre mère est allée à la mort comme à des noces, mourant là où son mari est mort. Il est temps, Asenath, de penser aux survivants. Suivez-moi dans la pièce voisine.

Je le suivis, comme en un rêve. Il me fit asseoir près du feu, me donna à boire du vin, puis, arpentant le sol dallé, il se mit à me parler en ces termes :

– Vous êtes à présent seule au monde, mon enfant, sous la surveillance directe de Brigham Young. Vous seriez normalement destinée à devenir la cinquantième épouse de quelque ignoble ancien, ou par une faveur spéciale, ce que l'on considère comme une faveur dans ce pays, à jouir des bonnes grâces du Président en personne. Un tel destin, pour une jeune fille comme vous, serait pire que la mort ; mieux vaut mourir comme votre mère plutôt que de sombrer chaque jour un peu plus dans la fange de cet enfer de la dégradation féminine. Mais la fuite est-elle envisageable ? Votre père l'a tentée ; vous avez vu vous-même avec quelle sûreté ses geôliers ont agi, et comment un dessin muet sur un rocher a été jugé une sentinelle suffisante sur les avenues de la liberté. Là où votre père a échoué, serez-vous plus avisée ou plus heureuse ? Ou bien êtes-vous également réduite à l'impuissance devant l'ampleur de la tâche ?

J'avais suivi ses paroles avec des sentiments changeants, mais je crois qu'à ce moment-là je compris.

– Je vois, m'écriai-je, vous me jugez bien. Je dois

suivre la voie de mes parents ; oh ! non seulement je le désire, mais j'en suis impatiente !

– Non, répondit le docteur, pour vous ce ne sera pas la mort. On peut briser le vase défectueux, mais non celui qui est parfait. Non, votre mère caressait un espoir différent, tout comme moi. Je vois la jeune fille devenir femme, s'écria-t-il, le projet se réaliser, la promesse, oui, s'accomplir. Je ne pourrais souffrir d'interrompre un processus si vivant, si beau. C'était le vœu de votre mère, ajouta-t-il en changeant de ton, que je vous épouse.

Je crains d'avoir montré une parfaite terreur par répugnance pour un tel sort, car il se hâta de me tranquilliser.

– Rassurez-vous, Asenath, reprit-il. Vieux comme je suis, je n'ai pas oublié les engouements tumultueux de la jeunesse. J'ai passé mes journées, il est vrai, dans des laboratoires ; mais au cours de toutes mes veilles, je n'ai pas oublié le chant qui fait vibrer un jeune cœur. La vieillesse demande timidement que lui soit épargnée la souffrance intolérable ; la jeunesse, prenant la chance par la barbiche, exige la joie comme un droit. Je n'ai pas oublié ces choses-là ; personne, au contraire, ne les a senties avec plus d'acuité ni ne les a plus jalousement envisagées ; je ne les ai que reportées à leur juste date. Alors, écoutez : vous êtes sans aucun soutien ; le seul ami qui vous reste, c'est ce vieil investigateur, vieux par son expérience, jeune par sa sensibilité. Ne répondez qu'à une seule question : êtes-vous libre de ces complications qu'on a coutume d'appeler amour ? Êtes-vous encore maîtresse de votre cœur et de vos intentions ? Ou vos sens sont-ils tombés dans quelque esclavage ?

Je lui répondis par des paroles hachées ; je crois lui avoir dit que mon cœur était avec mes parents morts.

– Il suffit, dit-il. Ç'a été mon destin, d'être sollicité souvent, trop souvent, pour le genre de services dont nous avons parlé ce soir ; personne en Utah ne pourrait mieux les mener à bien ; c'est pourquoi j'ai entre les mains une certaine part d'influence que je mets à présent à votre service, en partie pour l'amour de mes amis morts, vos parents, en partie pour l'intérêt que je vous porte pour vous-même. Je vous enverrai en Angleterre, dans la grande ville de Londres, attendre le fiancé que j'ai choisi pour vous. Ce sera mon fils, un jeune homme dont l'âge est en rapport avec le vôtre et qui n'est pas franchement dépourvu de cette qualité de beauté que votre jeunesse exige. Puisque votre cœur est libre, vous pouvez très bien me faire l'unique promesse que je vous demande en échange des dépenses importantes et d'un danger encore plus considérable : promettez-moi d'attendre l'arrivée de ce fiancé avec la modestie d'une épouse.

Je restai là, abasourdie, quelques instants. Je me souvenais d'avoir entendu dire que les mariages du docteur avaient été stériles ; et cela ajoutait la perplexité à ma détresse. Mais j'étais seule, comme il l'avait dit, seule dans ce pays sombre ; la pensée de la fuite, de n'importe quel mariage avec quelqu'un comme moi, suffisait déjà à raviver en moi une lueur d'espoir ; toujours est-il que – j'ignore en quels termes – j'acceptai la proposition.

Il parut plus ému par mon assentiment que je n'aurais pu raisonnablement m'y attendre.

– Vous verrez, s'écria-t-il, vous jugerez par vous-même.

Alors, gagnant précipitamment la pièce d'à côté, il revint avec un petit portrait à l'huile, d'une facture assez grossière. Le tableau montrait un homme dans la tenue à la mode presque quarante ans plus tôt, jeune évidemment, mais où l'on pouvait cependant reconnaître le docteur.

– Il vous plaît ? demanda-t-il. C'est moi quand j'étais jeune. Mon... mon fils sera comme ça, mais en plus noble, avec cette santé que les anges pourraient condescendre à envier ; et un homme intelligent, Asenath, d'une intelligence supérieure. Ce devrait être un homme, je crois ; un homme entre dix mille. Un homme comme cela – qui allie les passions de la jeunesse à la retenue, à la puissance, à la dignité de l'âge mûr – un homme propre à remplir tous les rôles et à assumer tous les talents, à incarner la quintessence de l'homme – dites-moi, est-ce que cela n'est pas susceptible de satisfaire les besoins d'une jeune fille ambitieuse ? Dites-moi, n'est-ce pas suffisant ?

Et comme il tenait le portrait tout près de mes yeux, je vis que ses mains tremblaient.

Je lui dis brièvement que je ne demanderais rien de mieux, car j'étais profondément touchée par ce déploiement d'émotion paternelle ; mais tout en prononçant ces paroles, la révolte la plus insolente courait dans mes veines. Je les avais en horreur, lui, son portrait et son fils ; et si j'avais eu n'importe quel choix autre que la mort ou un mariage mormon, je déclare devant Dieu que j'aurais choisi cette troisième voie.

– Fort bien, répondit-il, j'ai eu raison de compter sur votre courage. Mangez, dans ces conditions, car la route sera longue.

Ce disant, il me présenta de la nourriture ; et, tandis que je m'efforçais d'obéir, il quitta la pièce pour revenir les bras chargés de vêtements frustes.

– Tenez, dit-il, voici votre déguisement. Je vous laisse vous changer.

Les vêtements avaient dû appartenir à un garçon de quinze ans un peu rustre ; ils m'allaient à moi comme un sac et entravaient terriblement mes mouvements. Mais ce qui me donnait des frissons irrépressibles, c'était le problème de leur origine et du sort qui avait été réservé au garçon à qui ils avaient appartenu. J'avais à peine fait l'échange que le docteur revint, ouvrit une fenêtre à l'arrière, m'aida à sortir dans l'espace étroit situé entre la maison et les falaises qui la surplombent, et m'indiqua une échelle métallique scellée dans le rocher.

– Montez en vitesse, dit-il. Quand vous serez au sommet, marchez, aussi loin que vous pouvez, dans le nuage de fumée. La fumée vous amènera, tôt ou tard, à un canyon ; descendez ; là, vous trouverez un homme avec deux chevaux. Il vous faudra lui obéir aveuglément. Et rappelez-vous, silence ! Il suffit d'un seul mot pour que ce dispositif, que je fais à présent fonctionner pour vous servir, se retourne contre vous. Partez ; que le ciel vous soit favorable.

L'ascension fut facile. Arrivée au sommet de la falaise, je vis devant moi, de l'autre côté, une immense déclivité de pierre qui s'étendait, nue, sous la lune et les montagnes environnantes. Nulle part il n'y avait de position avantageuse ni de terrain où se cacher ; et sachant combien ces déserts étaient infestés d'espions, je me dépêchai de dérober mes déplacements sous le nuage de fumée en mouvement. Parfois, il flottait très haut, porté par le vent de la nuit, et je n'avais plus alors comme rideau substantiel que son ombre projetée par la lune ; parfois, il traînait à nouveau au niveau du sol à la hauteur de mes épaules, comme le brouillard dans la montagne, et j'avançais sous sa protection. Mais, d'une façon ou d'une autre, la fumée de cette chaudière de mauvais augure protégea les premiers pas de ma fuite et me permit d'arriver sans être vue jusqu'au canyon.

Là, comme prévu, je trouvai un homme sombre et taciturne à côté d'une paire de chevaux de selle ; et à partir de ce moment-là, nous avançâmes au hasard, en silence, toute la nuit durant, sur les sentiers les plus secrets et les plus dangereux, au cœur des montagnes. Un peu avant le lever du jour, nous trouvâmes refuge dans une grotte humide et venteuse, au fond d'une gorge ; nous restâmes cachés là tout le jour ; et la nuit venue, avant que les rougeurs du couchant se fussent évanouies à l'horizon, nous reprîmes notre errance. Vers midi, nous nous arrêtâmes de nouveau sur un coin de prairie qui dominait une petite rivière ;

protégé par un écran de buissons, mon guide me tendit un ballot tiré de son chargement, m'ordonna de changer à nouveau de vêtements. Le ballot contenait des habits à moi, qui avaient été pris dans notre maison, ainsi que des objets indispensables, comme un peigne et du savon. Je fis ma toilette devant le miroir constitué par un trou d'eau paisible ; et, alors que j'étais ainsi occupée et que je souriais de satisfaction en retrouvant mon image, la montagne résonna d'un hurlement bien plus perçant qu'un cri humain ; et tandis que je me tenais là, encore tout ébahie, une tempête se leva brusquement et s'enfla rapidement, avec un vacarme formé des bruits les plus terribles et les plus déchirants. Vous avouerai-je que je tombai face contre terre en hurlant ? Et pourtant, ce n'était que le train transaméricain qui serpentait dans les montagnes, à proximité : le moyen même de mon salut, les ailes puissantes qui devaient m'emmener hors de l'Utah.

Quand je fus habillée, le guide me donna un sac qui contenait, me dit-il, à la fois de l'argent et des papiers ; et, en me disant que j'étais déjà au-delà de la frontière, sur le territoire du Wyoming, il m'ordonna de suivre la rivière jusqu'à la gare du chemin de fer, quelques centaines de mètres plus bas.

– Voici, ajouta-t-il, votre billet jusqu'à Council Bluffs. L'East Express passera dans quelques heures.

Là-dessus, il prit les deux chevaux et, sans autre discours ni adieux, repartit à cheval par le chemin que nous avions emprunté pour venir.

Trois heures plus tard, j'étais assise sur la plate-forme arrière du train qui franchissait les gorges à toute vitesse et grondait en traversant les tunnels creusés dans la montagne. Le changement de paysage, le sentiment d'évasion, l'angoisse toujours vibrante d'être poursuivie et, par-dessus tout, la magie stupéfiante de mon nouveau moyen de transport, m'interdisaient toute pensée logique ou mélancolique. Deux nuits plus tôt, je m'étais rendue chez le docteur prête à mourir, prête à quelque chose de pire que la mort ; ce qui s'était passé avait beau être épouvantable, c'était presque lumineux comparé à ce que j'avais redouté ; et ce ne fut pas avant d'avoir dormi une nuit entière dans ce palace volant que je m'éveillai à la conscience de la perte irréparable dont j'avais été victime, et à une inquiétude naturelle concernant l'avenir. Dans cet état d'esprit, j'examinai le contenu de mon sac. Il était bien fourni en or ; il renfermait des billets et des indications complètes pour mon voyage jusqu'à Liverpool, ainsi qu'une longue lettre du docteur, qui me fournissait une histoire et un nom fictifs, me recommandait le silence le plus absolu et m'ordonnait d'attendre fidèlement l'arrivée de son fils. Tout avait donc été organisé d'avance : il avait compté sur mon consentement et, ce qui était dix fois pire, sur la mort volontaire de ma mère. L'horreur que j'éprouvai vis-à-vis de mon seul ami, mon aversion pour ce fils qui devait m'épouser, ma révolte contre le cours et les conditions de mon existence dans leur ensemble étaient à présent totales. J'étais assise, abasourdie par ma détresse et mon impuissance, quand, à ma joie, une dame vraiment charmante engagea avec moi la conversation. Je m'accrochai à cette planche de salut ; et je ne tardai pas à lui raconter avec volubilité l'histoire que me prêtait la lettre du docteur : je m'appelais Miss Gould, je venais de Nevada City et j'allais chez un oncle en Angleterre, j'avais tel argent, telle famille, tel âge et ainsi de suite, jusqu'à épuisement des directives, puis, comme la dame continuait toujours à me presser de questions, je me mis à broder de mon propre chef. Mon inexpérience me fit bientôt perdre pied ; et j'avais déjà remarqué une ombre se dessiner sur le visage de la dame, quand un monsieur s'approcha et m'aborda de façon fort civile.

– Miss Gould, je suppose, dit-il.

Puis, s'excusant auprès de la dame par mandat de mon tuteur, il m'attira vers la plate-forme avant du pullman.

– Miss Gould, me dit-il à l'oreille, comment pouvez-vous vous croire en sécurité ? Laissez-moi vous mettre en garde sérieusement. Encore une seule indiscrétion et vous retournez en Utah. Et, en attendant, si cette femme vous adresse à nouveau la parole, vous devez lui répondre en ces termes : « Madame, vous ne me plaisez pas et je vous serais obligée de me laisser choisir mes propres compagnons de route. »

Hélas, je dus faire comme j'en avais reçu l'ordre ; cette dame, vers qui je me sentais déjà attirée par les liens les plus forts de la sympathie, je la repoussai en l'outrageant avec une insulte ; et, à partir de ce moment, toute la journée, je restai assise en silence, regardant fixement les plaines nues et ravalant mes larmes. Qu'il me suffise d'ajouter ceci : mon voyage fut tout entier à cette image. Que ce fût dans le train, dans les hôtels ou à bord du paquebot, jamais je n'échangeai la moindre parole amicale avec aucun voyageur sans être certaine d'être interrompue. Dans chaque endroit, de tous côtés, les personnes les plus inattendues, homme ou femme, riche ou pauvre, se transformaient en protecteurs qui favorisaient le bon déroulement de mon voyage, ou en espions qui observaient et réglaient mon comportement. C'est ainsi que je traversai les États-Unis, franchis l'Océan, avec l'Œil mormon toujours à mes trousses ; et quand, pour finir, un taxi m'eut déposée devant cette pension londonienne d'où vous m'avez vue m'enfuir ce matin, j'avais déjà cessé de me battre et cessé d'espérer.

La tenancière, comme tous les autres au cours de ce voyage, attendait mon arrivée. Un feu était allumé dans ma chambre, qui donnait sur le jardin ; il y avait des livres sur la table, des vêtements dans les tiroirs ; et là (j'allais presque dire avec satisfaction, et certainement avec résignation), je vis défiler les mois. De temps en temps, la tenancière m'emmenait faire une promenade ou une excursion, mais elle ne me laissait jamais quitter la maison seule ; et voyant qu'elle vivait elle aussi sous l'ombre de cette terreur mormone universelle, j'éprouvais trop de pitié pour résister. Pour l'enfant né sur le sol mormon, comme pour l'homme qui accepte les obligations d'un ordre secret, aucune échappatoire n'est possible : je l'avais clairement appris et j'étais reconnaissante même pour ce sursis. En attendant, j'essayais loyalement de préparer mon esprit à mes noces prochaines. Le jour approchait où mon fiancé devait me rendre visite et la gratitude aussi bien que la crainte m'obligeaient à y consentir. Un fils du Dr Grierson, quel qu'il fût, devait être encore jeune et il était même probable qu'il fût beau ; je pensais que je n'osais pas compter obtenir davantage ; et me préparant mentalement à l'accepter, je m'attardais d'autant plus sur les attraits physiques que je croyais pouvoir attendre, et détournais les yeux de considérations morales ou intellectuelles. Nous avons un grand pouvoir sur nos états d'âme ; et au fur et à mesure que le temps passait, je me mettais dans une disposition d'esprit propre à me soumettre, c'est vrai, et je commençais à attendre ce moment avec impatience. Le soir, je ne pouvais trouver le sommeil ; j'étais assise toute la journée au coin du feu, absorbée dans des rêves, évoquant les traits de mon mari et savourant à l'avance le contact de sa main et le son de sa voix. Dans la solitude monotone de mon existence, c'était la seule fenêtre vers la lumière, la seule porte d'espoir. À la fin, j'avais tellement cultivé et forgé ma volonté que je commençai à être assiégée de craintes inverses. Que se passerait-il si c'était moi qui ne lui plaisais pas ? Si cet amoureux que je n'avais pas vu se détournait de moi, mécontent ? Désormais, je passais des heures devant le miroir, étudiant et évaluant mes attraits, sans me lasser jamais de changer de robe ni d'arranger mes cheveux.

Quand le jour attendu arriva, je passai beaucoup de temps à ma toilette ; mais je finis par reconnaître, avec une sorte de désespoir confiant, que je ne pouvais rien faire de plus et qu'il me fallait désormais gagner ou perdre naturellement. Je cessai de me donner du mal, je devins la proie de l'impatience la plus écœurante, entrecoupée d'alertes ; prêtant attention à la rumeur des rues qui s'enflait et, à chaque nouveau bruit ou à chaque silence, sursautant, me contractant et rougissant jusqu'aux oreilles. On ne peut pas se préparer à l'amour, je le sais, sans connaître un tant soit peu l'objet de cet amour ; et pourtant, quand le fiacre roula enfin avec fracas jusqu'à la porte et que j'entendis mon visiteur monter l'escalier, l'espoir agitait tellement mon pauvre cœur que l'amour lui-même aurait pu s'enorgueillir de l'avoir fait naître. La porte s'ouvrit et ce fut le Dr Grierson qui apparut. Je crois que je dus hurler de détresse ; en tout cas, je sais que je tombai évanouie sur le sol.

Quand je revins à moi, il était penché au-dessus de moi à compter mes pulsations.

– Je vous ai fait sursauter, dit-il. Une difficulté imprévue – l'impossibilité d'obtenir une certaine drogue dans toute sa pureté – m'a forcé à me rendre à Londres à l'improviste. Je regrette de m'être montré une nouvelle fois dépourvu de ces pauvres attraits qui représentent beaucoup pour vous, peut-être, mais qui pour moi n'ont guère plus d'importance que la pluie qui tombe sur la mer. La jeunesse n'est qu'un état, qui passe comme cette syncope dont vous ne faites que vous éveiller et, s'il est une vérité dans la science, aussi facile à rappeler à la vie ; je trouve, en effet, Asenath, qu'il est temps que je vous prenne pour confidente. Depuis mes premières années, j'ai consacré chaque heure et chaque acte de ma vie à une seule tâche ambitieuse ; et le moment est venu où je suis près de réussir. Dans ce Nouveau Monde où je me suis si longtemps satisfait de séjourner, j'ai recueilli des ingrédients indispensables ; je me suis armé de toutes parts contre la possibilité d'erreur ; ce qui était un rêve prend à présent la substance de la réalité ; et quand je vous ai offert un fils, je l'ai fait de façon symbolique. Ce fils – ce mari – Asenath, c'est moi-même – non tel que vous m'apercevez en ce moment, mais rendu à l'énergie première de la jeunesse. Vous me croyez fou ? C'est l'attitude habituelle qu'affecte l'ignorance. Je n'argumenterai pas ; je laisserai parler les faits. Quand vous me verrez purifié, revigoré, renouvelé, rétabli dans mon aspect d'origine – quand vous reconnaîtrez en moi l'expression première des facultés humaines, portée à son point de perfection –, je rirai de meilleure grâce de votre incrédulité passagère naturelle. À quoi pourrez-vous aspirer – célébrité, richesse, puissance, charme de la jeunesse, sagesse chèrement acquise de la vieillesse – que je ne serai alors en mesure de vous offrir totalement ? Ne vous leurrez pas. Je vous surpasse déjà dans tous les talents humains sauf un : quand ce don m'aura été également restitué, vous me reconnaîtrez comme votre maître.

Là-dessus, consultant sa montre, il me dit qu'il devait à présent me laisser seule ; et, me recommandant de faire appel à la raison, et non à des caprices de petite fille, il se retira. Je n'eus pas le courage de bouger ; la nuit tomba et me trouva encore là où il m'avait installée quand je m'étais évanouie, le visage dans les mains, l'âme noyée dans les inquiétudes les plus sombres. Tard dans la soirée, il revint, une chandelle à la main et, avec un certain tremblement trahissant sa colère, il m'ordonna de me lever et de souper.

– Est-il possible, ajouta-t-il, que je me sois trompé sur votre courage ? Une jeune fille lâche n'est pas une compagne digne de moi.

Je me jetai à genoux devant lui et le suppliai, dans un torrent de larmes, de me libérer de cette promesse de mariage, l'assurant que ma lâcheté était abjecte et que, sous le rapport de l'esprit et de la personnalité, j'étais irrémédiablement et dérisoirement inférieure à lui.

– Oui, sans aucun doute, répondit-il. Je vous connais mieux que vous ne vous connaissez vous-même et je suis assez averti de la nature humaine pour comprendre cette scène. Elle s'adresse à moi, poursuivit-il en souriant, à mon personnage avant transformation. Mais ne vous tracassez pas quant à l'avenir. Laissez-moi arriver à mes fins et ce n'est pas seulement vous, Asenath, mais toutes les femmes de la terre qui deviendront mes esclaves consentantes.

Là-dessus, il me força à me lever et à manger, s'assit avec moi à table, me servit et me fit la conversation avec les attentions d'un hôte stylé ; et ce n'est qu'à une heure avancée de la soirée que, me souhaitant courtoisement une bonne nuit, il me laissa de nouveau seule face à mon malheur.

Dans tous ses discours concernant un élixir qui lui

rendrait sa jeunesse, je ne savais guère quelle hypothèse je devais le plus vivement redouter. Si ses espoirs étaient quelque peu fondés, si, par certain miracle répugnant, il devait effectivement se défaire de sa vieillesse, la mort serait mon seul refuge contre cette union des plus dénaturées et impies. Si, au contraire, ces rêves n'étaient qu'extravagants, la folie soudain exacerbée à cette période de la vie, la pitié deviendrait un fardeau presque aussi lourd à porter que ma révolte contre le mariage. Ainsi s'écoula la nuit, avec des alternances de rébellion et de désespoir, de haine et de pitié ; et le matin venu, je ne compris que mieux mon asservissement. En effet, bien qu'il apparût l'air très paisible, il eut à peine remarqué les signes de souffrance sur mon front que le sien s'assombrit en retour.

– Asenath, dit-il, vous me devez déjà beaucoup ; je vous retiens encore d'un doigt suspendue au-dessus du gouffre de la mort ; ma vie est remplie d'efforts et d'angoisse, et je serais en droit d'attendre (il parlait sur un ton extraordinairement impérieux) que vous m'accueilliez avec le sourire.

Il n'eut jamais besoin de répéter cette recommandation. À dater de ce jour, je fus toujours prête à le recevoir avec une apparente bonne humeur ; en échange, il m'accorda souvent sa présence et plus que je ne pouvais supporter de sa confiance. Il avait installé un laboratoire à l'arrière de la maison où il peinait jour et nuit à la fabrication de son élixir et il n'en sortait que pour me rendre visite dans mon petit salon : tantôt passagèrement découragé ; tantôt – et bien plus souvent – rayonnant d'espoir. Il était impossible de le voir aussi fréquemment sans se rendre compte que son temps était compté ; et pourtant il ne cessait de tracer de vastes champs pour l'avenir et d'échafauder, avec toute la confiance de la jeunesse, les projets les plus ambitieux et les plus divertissants. Je ne sais comment je lui parlais en retour ; mais je trouvais une voix et des mots pour répondre, tout en pleurant et en rageant intérieurement à l'entendre.

Il y a une semaine, le docteur est entré dans ma chambre en montrant les signes d'une grande excitation, aux prises avec une faiblesse physique pitoyable.

– Asenath, dit-il, je possède désormais le dernier ingrédient. D'ici une semaine, le moment périlleux de l'ultime mélange sera proche. Vous avez déjà assisté une fois, sans vous en rendre compte, à l'échec d'une expérience identique. C'était l'élixir qui avait provoqué une explosion si terrible, une nuit où vous passiez devant ma maison ; et il serait vain de nier que le maniement d'une opération aussi délicate, au milieu des secousses et des trépidations innombrables d'une ville aussi grande, présente une certaine part de danger. De ce point de vue, je ne puis que regretter le calme parfait de ma maison au milieu du désert ; mais, d'un autre côté, j'ai réussi à établir que l'équilibre singulièrement instable de l'élixir, au moment du mélange, est dû plus à son manque de pureté qu'à la nature des ingrédients qui le composent ; et comme leur dosage est à présent absolument parfait, je n'ai pas trop d'inquiétude pour le résultat. Dans ces conditions, dans une semaine, ma chère Asenath, cette période d'épreuve sera terminée.

Et il me sourit d'une manière inhabituellement paternelle.

Je lui rendis son sourire du bout des lèvres, mais mon cœur était en proie à la terreur la plus noire et la plus débridée. Qu'arriverait-il s'il échouait ? Et – oh combien pire ! – qu'arriverait-il s'il réussissait ? Quel nouveau personnage honni et contre-nature apparaîtrait devant moi pour demander ma main ? Et pouvait-il dire la vérité, me demandais-je avec un horrible sentiment de désastre, lorsqu'il se vantait de vaincre sans peine ma répugnance ? Je savais bien qu'il était autoritaire et qu'il dirigeait ma vie d'un simple geste de la main. Alors, si l'expérience réussissait, s'il revenait vers moi, hideusement rajeuni, comme un vampire de légende, et si, par quelque fascination diabolique... La tête me tournait ; toutes mes peurs antérieures m'abandonnaient et je sentais que le pire pour moi était préférable à cela.

Je me décidai aussitôt. La présence du docteur à Londres était justifiée par les affaires touchant à l'administration mormone. Je l'avais souvent entendu admirer méchamment, au cours de nos conversations, les détails de cette grande organisation, qu'il redoutait cependant qu'il la contrôlait ; et il me rappelait souvent que, même dans ce labyrinthe bourdonnant qu'est Londres, l'œil toujours vigilant de l'Utah nous observait encore. Effectivement, ses visiteurs, qui étaient de toutes sortes, depuis le missionnaire jusqu'à l'Ange Exterminateur, et semblaient appartenir à toutes les catégories sociales, m'avaient jusque-là remplie d'une répulsion et d'une inquiétude totales. Je savais que si mon secret parvenait à l'oreille de n'importe quel chef, mon destin serait irrémédiablement scellé ; et pourtant, au point d'horreur et de désespoir où je me trouvais à présent, ce fut auprès de ces hommes mêmes que je cherchai de l'aide. J'arrêtai dans l'escalier, au passage, un des missionnaires mormons, un homme issu d'une classe modeste, mais non inaccessible à la pitié ; je lui racontai une histoire compliquée dont je me souviens à peine, afin de justifier ma demande et, par son intermédiaire, j'entrai en correspondance avec la famille de mon père. Ils acceptèrent mon appel au secours et aujourd'hui même, je devais tenter de m'enfuir.

Hier soir, je restai à veiller tout habillée, attendant le résultat des travaux du docteur, et je me préparai à affronter le pire. Les nuits sont courtes en cette saison et à cette latitude, et l'aube du lendemain arriva très vite. Le silence dans la maison et aux alentours n'était rompu que par l'activité du docteur dans son laboratoire ; je l'écoutai, montre en main, attendant l'heure de m'enfuir, et pourtant rongée par l'angoisse que m'inspirait l'expérience étrange qui se déroulait à l'étage au-dessus. Bien sûr, à présent que j'avais acquis la certitude d'être protégée, ma sympathie s'était tournée plus directement vers le docteur ; je me surpris même à prier pour qu'il réussisse et lorsque, il y a quelques heures, un cri étouffé et bizarre me parvint du laboratoire, ne pouvant contrôler davantage mon impatience je montai l'escalier et ouvris la porte.

Le docteur était debout au milieu de la pièce ; il tenait à la main un grand flacon ventru, en cristal, rempli aux trois quarts d'un liquide ambré ; son visage exprimait une joie et une gratitude extatiques. En me voyant, il tendit le flacon à bout de bras.

– Victoire ! s'écria-t-il. Victoire, Asenath !

Alors – le flacon glissa-t-il de ses doigts tremblants ou l'explosion fut-elle spontanée ? je ne saurais le dire – toujours est-il que nous fûmes projetés, moi contre le chambranle de la porte, le docteur dans un coin de la pièce ; que nous fûmes secoués jusqu'au tréfonds par l'explosion même qui a dû vous faire sursauter dans la rue ; et qu'en moins de temps qu'il n'en faut pour le dire, il ne resta rien au docteur, des travaux de toute une vie, que quelques débris de cristal et ces nuages de vapeurs nauséabondes qui me poursuivirent dans ma fuite.

Le chevalier servant

(Conclusion)

CHALLONER avait frémi à chaque péripétie avec une émotion sincère, tant à cause de la vivacité de la dame que des accents dramatiques de sa voix. Son imagination, qui n'était sans doute pas d'une espèce très vive, appréciait aussi bien la substance du récit que le style ; mais les facultés plus critiques de son esprit refusaient d'en reconnaître la véracité. C'était une excellente histoire : il se pouvait qu'elle fût vraie, mais il ne le pensait pas. Mlle Fonblanque était une dame et il était sûrement possible à une dame de s'écarter de la vérité ; mais comment un gentleman devait-il le lui dire ? Depuis quelques instants son moral avait baissé, mais à présent il était au plus bas ; et bien après que sa voix se fut éteinte, il restait assis là, l'air préoccupé, le regard perdu, et ne parvenait pas à trouver les mots pour la remercier de son récit. En réalité, en dehors d'un vague désir de fuite, il avait l'esprit vide. Il fut tiré de ce silence, qui devenait à chaque seconde plus embarrassant, par le rire soudain de la dame. Sa vanité s'en émut. Il se tourna pour la regarder : leurs yeux se rencontrèrent et il perçut dans les siens une étincelle de franche gaieté qui le mit immédiatement à l'aise.

– Vous semblez assurément, dit-il, endurer vos malheurs d'un cœur léger.

– N'est-ce pas ? s'écria-t-elle en éclatant de nouveau d'un rire délicieux.

Mais cette fois-ci, elle reprit son sérieux rapidement.

– Tout cela est très bien, ajouta-t-elle en hochant la tête gravement, mais je suis encore dans une situation extrêmement pénible, dont j'aurai toutes les peines du monde à me sortir si vous me refusez votre aide.

En l'entendant évoquer son aide, Challoner retomba dans sa tristesse initiale.

– Ma sympathie vous est acquise, dit-il, et je serais ravi de vous obliger, c'est certain. Mais notre situation est des plus inhabituelles ; et les circonstances, sur lesquelles – je puis vous l'assurer – je n'ai aucun contrôle, me privent de la possibilité... du plaisir... À moins, bien entendu, que je puisse vous confier aux soins de la police, ajouta-t-il en s'animant quelque peu à cette pensée.

Elle posa la main sur son bras et le regarda droit dans les yeux ; il constata alors avec stupéfaction que pour la première fois depuis qu'ils s'étaient rencontrés, toute trace de couleur avait disparu de ses joues.

– Faites-le, dit-elle, et – je pèse mes mots – vous me tuez aussi sûrement qu'avec un couteau.

– Dieu m'en préserve ! s'exclama Challoner.

– Oh, s'écria-t-elle, je vois que vous n'accordez pas foi à mon récit et faites peu de cas des périls qui m'entourent ; mais qui êtes-vous pour en juger ? Ma famille partage mes appréhensions ; ils m'aident en secret ; et vous avez vu par quel émissaire et en quel lieu ils ont choisi de me fournir les fonds nécessaires à ma fuite. Je reconnais que vous êtes courageux et intelligent et que vous m'avez fait une impression très favorable ; mais comment êtes-vous constitué pour préférer votre idée à celle de mon oncle, un ex-ministre d'État, un homme qui a la confiance de la reine et une longue expérience politique ? À supposer que je sois folle, l'est-il, lui ? En outre, vous devez admettre que j'ai un droit tout particulier de revendiquer votre aide. Aussi étrange que vous jugiez mon histoire, vous savez qu'elle est vraie pour l'essentiel ; et si vous, qui avez été témoin de l'explosion et avez vu le mormon à Victoria, refusez de me croire et de me prêter assistance, vers qui dois-je me tourner ?

– Alors, il vous a donné de l'argent ? demanda Challoner qui s'était arrêté à ce seul aspect du problème.

– Je commence à vous intéresser, s'écria-t-elle. Mais, franchement, vous êtes condamné à m'aider. Si le service que j'avais à vous demander était grave, louche, insolite même, je n'insisterais pas. Mais de quoi s'agit-il ? De faire un voyage agréable que je me propose, si vous le voulez bien, de financer, pour porter une somme d'argent d'une dame à une autre ! Quoi de plus simple ?

– La somme est-elle importante ? s'enquit Challoner.

Elle sortit un paquet de son corsage ; et faisant remarquer qu'elle n'avait pas encore trouvé le temps d'en faire le compte, elle déchira l'enveloppe et étala sur ses genoux un nombre impressionnant de coupures de la Banque d'Angleterre. Il lui fallut un certain temps pour en estimer le montant car les billets n'étaient pas tous de la même valeur ; mais, pour finir, en y ajoutant quelques souverains isolés, elle évalua la somme à un peu moins de sept cent dix livres sterling. La vue de tant d'argent opéra une révolution instantanée dans l'esprit de Challoner.

– Et vous vous proposez, madame, de confier cet argent à un parfait inconnu ! s'écria-t-il.

– Ah ! dit-elle avec un sourire charmant, mais je ne vous considère plus comme un inconnu.

– Madame, dit Challoner, je me rends compte que je vous dois un aveu. Bien qu'issu d'une très bonne famille – en fait descendant en ligne directe par ma mère du patriote Bruce –, je n'ose pas vous cacher que mes affaires sont très, très mauvaises. J'ai des dettes ; mes poches sont presque vides ; bref, j'en suis arrivé à la situation où une somme d'argent considérable constituerait pour beaucoup une tentation irrésistible.

– Ne voyez-vous pas, répliqua la jeune femme, que par ces paroles, vous m'avez ôté mes dernières hésitations ? Prenez cet argent.

Et elle fourra les billets dans la main du jeune homme.

Il resta si longtemps là, à les tenir comme un bébé sur les fonts baptismaux, que Mlle Fonblanque pouffa à nouveau de rire.

– Je vous en prie, dit-elle, n'hésitez pas davantage ; mettez-les dans votre poche, et pour ôter à notre situation toute trace de gêne, dites-moi comment je dois m'adresser à un chevalier errant dont j'ignore le nom.

S'il s'était agi d'emprunter, la sagesse de nos ancêtres serait venue facilement en aide au jeune homme ; mais sous quel prétexte pouvait-il refuser une confiance si généreuse ? Il n'en voyait aucun qui ne fût inexcusablement blessant. Les yeux brillants et la bonne humeur de sa compagne avaient déjà créé une brèche dans le rempart de prudence de Challoner. Toute cette affaire, se disait-il, était peut-être une simple mystification, qu'il serait le comble de la sottise de prendre sérieusement en mauvaise part. D'un autre côté, l'explosion, l'entretien au pub, jusqu'à l'argent entre ses doigts, tout semblait prouver, sans aucun doute possible, l'existence de quelque grave danger ; et s'il en était ainsi, pouvait-il l'abandonner ? Il fallait choisir entre les risques : celui de se comporter avec une grossièreté et une indélicatesse extraordinaires envers une dame et celui d'y aller pour le roi de Prusse. L'histoire avait l'air fausse ; et pourtant, l'argent était bel et bien réel. Tous les détails étaient douteux et peu clairs ; mais la dame était charmante et avait le langage et les manières de la bonne société.

Tandis qu'il était encore hésitant, un souvenir lui revint à l'esprit, chargé d'une valeur quasi prophétique. N'avait-il pas promis à Somerset de rompre avec les traditions de la banalité, d'accepter la première aventure qui se présentait ? Eh bien, il la tenait, son aventure !

Il fourra l'argent dans sa poche.

– Je m'appelle Challoner, dit-il.

– Monsieur Challoner, répondit-elle, vous m'êtes venu en aide avec beaucoup de générosité, quand tout était contre moi. Bien que je sois moi-même une personne très modeste, ma famille dispose d'un grand crédit, et je ne crois pas que vous vous repentiez de cette action généreuse.

Challoner rougit de plaisir.

– J'imagine que, peut-être, une charge de consul, ajouta-t-elle, posant sur lui un regard plein d'une admiration impartiale, une charge de consul dans quelque grande ville ou capitale... ou bien... Mais nous perdons du temps ; mettons-nous plutôt en devoir d'accomplir cette mission.

Elle lui prit le bras avec une confiance réelle qui lui alla droit au cœur ; et, mettant de côté une nouvelle fois toutes pensées sérieuses, elle bavarda gaiement, tandis qu'ils traversaient le parc. Près de Marble Arch, ils trouvèrent un fiacre qui les transporta rapidement jusqu'au terminus, à Euston Square ; là, à l'hôtel, ils s'installèrent devant un excellent petit déjeuner. La première démarche de la jeune femme fut de demander de quoi écrire, puis de rédiger sur un coin de table un mot hâtif, tout en continuant d'adresser des regards souriants à son compagnon.

– Voici, dit-elle, voici la lettre qui vous recommandera auprès de ma cousine.

Elle se mit à plier la feuille de papier.

– Ma cousine, bien que je ne l'aie jamais vue, passe pour une personne pleine de charme et d'une beauté notoire ; cela, je ne le sais pas personnellement, mais elle m'a du moins témoigné beaucoup de gentillesse ; tout comme monseigneur son père ; tout comme vous, le plus gentil de tous – plus gentil que tout ce que je peux imaginer.

Elle prononça ces paroles avec une émotion inhabituelle et, ce faisant, cacheta l'enveloppe.

– Ah ! s'écria-t-elle, j'ai fermé ma lettre ! Ce n'est pas tout à fait courtois ; et cependant, comme entre amis, c'est peut-être mieux ainsi. Je vous initie, après tout, à un secret de famille ; et bien que nous soyons déjà, vous et moi, de vieux amis, vous êtes toujours un inconnu pour mon oncle. Donc, vous allez à cette adresse – Richard Street, à Glasgow. Allez-y, s'il vous plaît, dès votre arrivée ; et donnez cette lettre en mains propres à Mlle Fonblanque, car tel est le nom sous lequel elle est connue. À notre prochaine rencontre, vous me direz ce que vous pensez d'elle, ajouta-t-elle avec une pointe de provocation dans la voix.

– Ah ! dit Challoner sur un ton presque tendre, il n'est pas possible qu'elle compte pour moi.

– Vous n'en savez rien, soupira la jeune dame. À propos, j'avais oublié – c'est très puéril, et j'ai presque honte d'en parler – mais quand vous verrez Mlle Fonblanque, il vous faudra paraître un peu ridicule ; et je suis certaine que ce rôle ne vous convient pas du tout. Nous étions convenues d'un mot de passe. Il vous faudra aborder la fille d'un comte par ces mots : « *Nigger, nigger, never die.* » Mais rassurez-vous, ajouta-t-elle en riant, la belle patricienne complétera aussitôt la citation. Allez, maintenant, récitez votre leçon.

– *Nigger, nigger, never die*, répéta Challoner avec une réticence non dissimulée.

Mlle Fonblanque fut prise d'un fou rire.

– Excellent, dit-elle, ce sera la scène la plus drôle.

Et elle se remit à rire.

– Et que sera la réplique ? demanda sèchement Challoner.

– Je ne vous le dirai qu'à la dernière minute, dit-elle, car je constate que vous devenez trop pressant.

Le petit déjeuner terminé, elle accompagna le jeune homme sur le quai, lui acheta le *Graphic*, l'*Athenœum* et un coupe-papier, et resta sur le marchepied à bavarder jusqu'au coup de sifflet. Alors, elle passa la tête dans le compartiment.

– « *Black face and shining eye !* », murmura-t-elle.

Et elle sauta aussitôt sur le quai, avec un rire frémissant, musical et joyeux. Quand le train quitta la grande verrière en crachant de la vapeur, ce rire résonnait encore aux oreilles du jeune homme.

La situation de Challoner était trop inhabituelle pour qu'il l'acceptât longtemps. Il se trouvait condamné à traverser l'Angleterre dans toute sa longueur, chargé d'une mission semée de détails obscurs et ridicules et, cependant, à cause du dépôt qu'il avait accepté, irrévocablement contraint de persévérer. Comme il aurait été simple, lui semblait-il rétrospectivement, de refuser la proposition tout entière, de rendre l'argent et de vaquer à nouveau à ses propres affaires, en homme libre et heureux ! Mais c'était impossible à présent : l'enchanteresse qui l'avait tenu sous son regard avait désormais disparu, prenant son honneur en gage ; et comme elle avait négligé de lui laisser une adresse, il ne lui était même pas permis de retrouver une sécurité peu glorieuse en faisant machine arrière. Se servir du coupe-papier, ou même lire les périodiques qu'elle lui avait donnés, c'était raviver l'amertume de son remords ; et comme il était seul dans le compartiment, il passa la journée à regarder défiler le paysage, dans l'impuissance et le regret, et bien avant de mettre le pied sur le quai de St. Enoch, il était tombé dans les zones les plus basses et les plus glacées du mépris de soi.

Comme il avait faim et était accoutumé à l'élégance, il aurait préféré dîner et se débarrasser des marques du voyage ; mais les propos de la jeune femme et son propre empressement à en finir ne souffraient aucun délai. C'est pourquoi, dans la lumière crépusculaire émaillée de lampadaires de ce soir d'été, il partit d'un bon pas.

La rue où on lui avait dit de se rendre n'avait été dans ses débuts qu'une ruelle bordée de petits pavillons de banlieue à flanc de coteau ; mais l'extension de la ville l'avait depuis longtemps, et de tous côtés, entourée de kilomètres d'autres rues. Du sommet de la colline, une rangée de bâtiments très élevés, abritant une forte densité de population des classes les plus pauvres, et dont une fenêtre sur deux arborait des lessives bigarrées, surplombait les pavillons et leurs jardinets comme une falaise le littoral. Cependant, sous la poussière de suie des fumées de la ville accumulée au cours des ans, ces maisonnettes vétustes, avec leurs stores vénitiens et leurs arcades rustiques, retenaient une saveur quelque peu mélancolique du passé.

Quand Challoner y pénétra, la rue était entièrement déserte. Des bruits de pas innombrables, à proximité, parvenaient bien sûr à son oreille, mais dans Richard Street à proprement parler, il n'y avait ni lumière ni bruit pour témoigner d'une présence humaine. L'aspect du voisinage troubla fortement l'esprit du jeune homme ; une fois de plus, comme dans les rues de Londres, cette impression de désert urbain le frappa vivement ; et comme il s'approchait du numéro indiqué et qu'il tirait la sonnette avec un brin d'hésitation, son cœur se serra.

La sonnette était très vieille, tout comme la maison ; elle avait un son grêle et babillard dont l'écho se répercuta jusque dans les profondeurs du pavillon. Là-dessus, on entendit une porte intérieure s'ouvrir furtivement et quelqu'un s'approcher par le couloir à pas de loup. Challoner, s'imaginant devoir être reçu immédiatement, sortit sa lettre et, dans la mesure du possible, se prépara à offrir un visage souriant. À son extrême surprise, toutefois, les pas cessèrent, puis, après une pause, se retirèrent avec la même allure furtive, progressivement étouffés vers l'intérieur de la maison. Le jeune homme sonna une seconde fois avec violence ; une seconde fois, prêtant vivement l'oreille, il perçut un bruit de pas discrets et rapides qui se déplaçaient sur les planchers grinçants de la vieille maison ; et, de nouveau, la garnison timorée ne s'approcha que pour mieux battre en retraite. Le visiteur était à bout : la coupe était pleine à présent, et près de déborder ; alors, vouant sur tous les tons la famille Fonblanque à tous les diables, il tourna les talons et redescendit les marches. Peut-être l'occupant de la maison était-il en train de l'observer d'une fenêtre et s'armait-il de courage à la vue de ce renoncement ; ou peut-être, là où il était tapi, tremblant, dans les profondeurs de la maison, la raison retrouvant ses droits avait-elle surmonté ses inquiétudes. Challoner, en tout cas, avait à peine mis le pied sur le trottoir que son attention fut attirée par le bruit d'un verrou intérieur qu'on ôtait ; un autre suivit, assorti du même cliquetis ; la clé grinça dans la serrure ; la porte s'ouvrit et, sur le seuil, apparut un homme en manches de chemise à la silhouette très robuste. C'était un individu qui n'avait ni grande beauté virile ni apparence raffinée ; il n'était pas homme, de façon générale, à attirer l'attention de l'observateur ; mais, tel qu'il se tenait à présent dans l'embrasure de la porte, il était si visiblement en proie à la plus vive terreur que Challoner resta frappé d'étonnement. L'espace de quelques secondes, ils se dévisagèrent en silence ; puis l'occupant de la maison, pâle comme la mort, demanda d'une voix entrecoupée à son interlocuteur ce qui l'amenait. Challoner répondit, en s'efforçant de bannir toute surprise, qu'il était chargé d'une lettre destinée à Mlle Fonblanque. À ce nom, comme s'il se fût agi d'un talisman, l'homme recula et l'invita sur-le-champ à entrer ; l'aventurier n'avait pas plus tôt franchi le seuil que la porte se referma sur lui, lui coupant toute retraite.

Huit heures du soir étaient passées depuis longtemps ; et bien que le crépuscule tardif des régions du Nord s'attardât encore dans les rues, on avançait déjà à tâtons dans le couloir. L'homme conduisit Challoner directement dans un petit salon qui donnait sur le jardin à l'arrière de la maison. C'est là qu'il avait apparemment dîné ; car, à la lumière d'une chandelle, on voyait la table recouverte d'une nappe, où étaient disposés un litre de bière et le talon d'un fromage de Gouda. La pièce, en outre, renfermait des meubles massifs un peu vétustes et les murs étaient tapissés de livres savants et coûteux enfermés dans des vitrines. La maison avait dû être louée meublée ; car elle ne correspondait nullement à cet homme en manches de chemise qui se contentait d'un maigre dîner. Quant à la fille du comte, au comte et aux promesses de charges consulaires dans des villes étrangères, il y avait longtemps qu'elles avaient commencé à s'évanouir dans l'imagination de Challoner. Comme le Dr Grierson et les anges mormons, elles étaient manifestement tissées dans l'étoffe des rêves. Il ne restait plus aucune illusion au chevalier errant ; il n'avait plus que l'espoir d'être rapidement dégagé de cette affaire sordide.

L'homme n'avait cessé de considérer son visiteur avec une inquiétude non feinte et se mit de nouveau à le presser de dire le motif de sa commission.

– Je suis ici, dit Challoner, simplement pour servir de lien entre deux dames ; et il me faut vous demander sans attendre davantage de faire venir Mlle Fonblanque, la seule personne à qui je sois autorisé à remettre la lettre dont je suis chargé.

Un étonnement croissant se mêla peu à peu, sur le visage de l'homme, aux marques de la préoccupation.

– Je suis Mlle Fonblanque, dit-il.

Puis, remarquant l'effet produit par cette affirmation :

– Bon Dieu ! s'écria-t-il, qu'est-ce que vous regardez ? Puisque je vous dis que je suis Mlle Fonblanque.

Constatant que celui qui parlait avait une barbiche d'une longueur considérable et que le restant de sa figure était bleu sous l'effet du rasage, Challoner ne put que supposer qu'il était victime d'une plaisanterie. Il n'était plus sous le charme opéré par la présence de la jeune femme ; et, avec les hommes, surtout quand ils étaient ses inférieurs, il était capable de faire montre d'un certain courage.

– Monsieur, dit-il tout net, je me suis donné bien du mal pour des personnes dont je ne sais presque rien et je commence à être lassé de cette affaire. Soit vous faites venir Mlle Fonblanque immédiatement, soit je quitte cette maison pour soumettre cette affaire à la police.

– C'est affreux ! s'exclama l'homme. Je déclare devant Dieu que je suis bien la personne en question, mais comment vous en convaincre ? Ce doit être Clara, j'imagine, qui vous a donné cette mission – une folle, qui plaisante avec les choses les plus graves. Nous voici peut-être incapables de nous entendre, et le ciel sait ce qui peut dépendre de notre retard !

Il parlait avec un sérieux réellement stupéfiant ; au même instant, Challoner pensa au petit couplet ridicule qui devait servir de mot de passe.

– Voici qui, peut-être, vous viendra en aide, dit-il, avant d'ajouter, avec un certain embarras : *Nigger, nigger, never die.*

Une lueur de soulagement apparut sur le visage inquiet de l'homme à la barbiche.

– *Black face and shining eye*, donnez-moi la lettre, haleta-t-il dans un souffle.

– Eh bien, dit Challoner, tout en gardant une certaine réticence, je suppose que je dois vous considérer comme le véritable destinataire ; et bien que je puisse à juste titre me plaindre de la façon avec laquelle j'ai été traité, je ne suis que trop heureux d'en avoir fini avec les responsabilités. Tenez.

Et il tendit l'enveloppe.

L'homme bondit dessus comme une bête sauvage, la déchira avec des mains qui tremblaient d'une façon pénible à voir, et déplia la lettre. Au fur et à mesure qu'il lisait, la terreur semblait croître en lui au point de se muer en cauchemar. Il se frappa le front d'une main tandis que, de l'autre, comme inconsciemment, il réduisait le papier en boule.

– Juste ciel ! s'écria-t-il.

Et, se précipitant vers la fenêtre ouverte sur le jardin, il plongea la tête et les épaules en avant et poussa un long sifflement strident. Challoner se recula dans un coin et, saisissant résolument sa canne, se prépara aux événements les plus terribles ; mais les pensées de l'homme à la barbiche étaient loin d'être violentes. Revenant vers l'intérieur de la pièce, et regardant de nouveau son visiteur qu'il semblait avoir oublié, il se mit presque à danser d'excitation.

– Impossible ! s'écria-t-il. Oh, vraiment impossible ! Mon Dieu, j'ai perdu la tête !

Puis, se frappant une nouvelle fois le front de la main :

– L'argent ! s'exclama-t-il. Donnez-moi l'argent !

– Mon cher ami, répondit Challoner, voilà un bien pénible spectacle ; et tant que je ne vous verrai pas raisonnablement maître de vous-même, je me refuse à passer à quelque affaire que ce soit.

– Vous avez entièrement raison, dit l'homme. Je suis très nerveux par nature ; une fièvre intermittente à évolution très longue m'a miné la santé. Mais je sais que vous avez l'argent ; cela peut encore me sauver ; oh ! cher jeune homme, par pitié, soyez prompt !

Challoner, quoique vraiment mal à l'aise, put à peine se retenir de rire ; mais il était aussi pressé de partir et, sans attendre davantage, sortit l'argent.

– Vous trouverez la somme exacte, je suppose, fit-il remarquer, et laissez-moi vous demander un reçu.

Mais l'homme ne fit pas attention à lui. Il s'empara de l'argent et, méprisant les souverains qui roulèrent librement sur le sol, fourra la liasse de billets dans sa poche.

– Un reçu, répéta Challoner, avec une certaine rudesse. Je tiens à avoir un reçu.

– Un reçu ? répéta l'homme sans réfléchir. Un reçu ? tout de suite ! Attendez-moi ici.

Challoner, en guise de réponse, pria le gentleman de ne pas perdre de temps inutilement, étant lui-même désireux de prendre un train précis.

– Ah, par Dieu, moi aussi ! s'exclama l'homme à la barbiche.

Là-dessus, il eut tôt fait de quitter la pièce et de grimper l'escalier quatre à quatre jusqu'à l'étage supérieur.

« C'est vraiment là une affaire très étonnante, pensa Challoner ; une affaire très inquiétante ; et je ne puis me dissimuler à moi-même que je me trouve mêlé soit à des fous soit à des malfaiteurs. Je ne peux que remercier sincèrement ma bonne étoile d'être si près de m'en tirer honorablement. » Alors qu'il réfléchissait ainsi, et se rappelant peut-être l'épisode du sifflement, il s'approcha de la fenêtre ouverte. Le jardin était encore vaguement éclairé ; Challoner distinguait les marches et les terrasses dont le petit domaine avait été agrémenté par de précédents propriétaires, ainsi que les buissons obscurcis et les arbres morts qui avaient naguère abrité les oiseaux des champs ; au-delà, il voyait le robuste mur de soutènement, haut d'une dizaine de mètres, qui fermait le jardin à l'arrière ; et plus haut encore, l'entassement de bâtiments misérables dressant leurs hautes façades dans la nuit.

Un objet particulier couché sur la pelouse déconcerta un instant son regard ; mais il finit par l'identifier comme étant une longue échelle, ou une série d'échelles mises bout à bout ; et il était encore en train de se demander à quoi pouvait servir un si grand instrument dans une enceinte aussi réduite, quand il fut rappelé à lui-même par le vacarme de quelqu'un qui descendait l'escalier à toute allure, suivi par le claquement soudain de la porte d'entrée, à son tour suivi par des pas rapides qui s'éloignaient dans la rue.

Challoner bondit dans le couloir. Il courut de pièce en pièce, à l'étage comme au rez-de-chaussée, et dans cette vieille maison miteuse et rongée par les vers, il se retrouva seul. Ce n'est que dans une seule pièce, donnant en façade, qu'il y avait quelques traces du dernier occupant : un lit défait où l'on avait dormi peu de temps auparavant, une commode où l'on avait fouillé en hâte et, sur le sol, une boule de papier chiffonné, qu'il ramassa. La lumière, à l'étage supérieur donnant en façade, était beaucoup plus vive que dans le petit salon, et il put distinguer que le papier portait l'en-tête de l'hôtel à Euston ; il put même, en y regardant de près, déchiffrer les lignes qui suivent, écrites d'une main féminine très élégante et soignée :

« Cher M'Guire, Il est certain que votre retraite est connue. Nous venons d'avoir un nouvel échec, le mécanisme d'horlogerie s'étant déclenché avec trente heures d'avance, entraînant le résultat humiliant que l'on sait. Zéro est complètement découragé. Nous sommes tous dispersés, et je n'ai pu trouver que ce fieffé imbécile pour vous apporter la présente et l'argent. J'adorerais assister à votre rencontre.

« Bien à vous,

« SHINING EYE. »

Challoner fut frappé en plein cœur. Il se rendit compte par quelle facilité, par quelle lâche crainte du ridicule il avait été amené à servir de dindon à cette intrigante ; et son courroux se déversa en proportion presque égale contre lui-même, contre la femme et contre Somerset, dont les conseils oiseux l'avaient incité à s'embarquer dans cette aventure. En même temps, une curiosité immense et inquiète, mêlée à un certain frisson de peur, s'emparait de son esprit. La conduite de l'homme à la barbiche, les termes de la lettre et l'explosion au petit matin s'agençaient comme les éléments de quelque obscur et malveillant imbroglio. Il se tramait de toute évidence quelque chose de mal ; le mal, le secret, la terreur et le mensonge étaient les mobiles et les passions des gens au milieu desquels il avait commencé à évoluer, telle une marionnette aveugle ; et son expérience lui disait que celui qui avait commencé comme une marionnette était souvent destiné à périr comme une victime.

De la stupeur dans laquelle ses réflexions l'avaient plongé à la lecture de la lettre, il fut tiré par le tintement violent de la sonnette. Il jeta un coup d'œil par la fenêtre, et quelles ne furent pas son horreur et sa surprise quand il aperçut, groupés sur les marches du perron, dans le jardin de devant et sur le trottoir, un redoutable détachement de policiers ! Il retrouva d'un coup la pleine possession de ses facultés et de son courage. Fuir, fuir à n'importe quel prix ! telle fut la seule idée qui l'habita. Il redescendit rapidement et en silence les marches qui craquaient ; il était déjà dans le couloir quand une deuxième sommation, plus impérieuse, à la porte d'entrée, réveilla les échos de la maison vide ; la sonnerie criarde n'avait pas fini de retentir qu'il avait enjambé le rebord de la fenêtre du petit salon et tentait de se glisser dans le jardin. Sa redingote resta accrochée à la jardinière en fer ; un instant, il se trouva suspendu, tête et talons dans le vide ; puis, dans un bruit de tissu qui se déchire, il tomba, suivi de plusieurs pots de fleurs, sur le gazon. On tira à nouveau la sonnette, mais cette fois-ci en carillonnant furieusement à coups redoublés. Le malheureux Challoner regarda de tous côtés. Ses yeux se posèrent sur l'échelle ; il s'y rua mais, malgré des tentatives acharnées, ne parvint pas à la soulever du sol. Soudain, le poids, qui résistait ainsi à tous ses efforts, commença à lui paraître plus léger ; l'échelle, comme une chose douée de vie, détacha sa masse du gazon et Challoner, faisant un bond en arrière avec un cri de terreur quasi superstitieuse, vit la structure entière se hisser progressivement contre le mur de soutènement. Au même moment, deux têtes apparurent indistinctement au-dessus de l'arête, et il fut salué par un coup de sifflet prudent. Quelque chose dans sa modulation lui rappela, comme un écho, le sifflement de l'homme à la barbiche.

Avait-il trouvé par hasard un moyen de s'échapper préparé à l'avance par ces scélérats mêmes dont il était devenu le messager et le dindon ? Était-ce vraiment une façon de se mettre à l'abri, ou seulement le point de départ de complications et de désastres ultérieurs ? Il ne s'arrêta pas pour réfléchir. À peine l'échelle avait-elle été hissée sur toute sa longueur qu'il bondit sur les barreaux ; une main après l'autre, rapide comme un signe, il escalada l'escalier chancelant. Des bras vigoureux le réceptionnèrent, le saisirent pour l'aider ; il fut soulevé et posé de nouveau sur la terre ferme ; toujours en proie à ses frissons d'angoisse, il se retrouva en compagnie de deux hommes à l'air fruste dans l'arrière-cour pavée de l'une des hautes maisons qui couronnaient le sommet de la colline. Entre-temps, d'en bas, la sonnerie avait fait place à des coups violents et redoublés.

– Êtes-vous tous sortis ? lui demanda l'un de ses compagnons.

Et dès qu'il eut bredouillé une réponse affirmative, la corde attachée au dernier barreau fut coupée et l'échelle repoussée brutalement dans le jardin, où elle tomba et se brisa dans un fracas effroyable. Sa chute fut saluée par de nombreux cris entrecoupés ; l'ensemble de Richard Street, en effet, était à présent dans tous ses états, les gens se massant aux fenêtres ou escaladant les murs du jardin. L'homme qui s'était déjà adressé à Challoner le saisit par le bras, l'entraîna rapidement par le sous-sol de la maison, puis de l'autre côté de la rue ; et avant que le malheureux aventurier ait eu le temps de se rendre compte de ce qui lui arrivait, une porte s'ouvrit et il fut jeté dans un réduit bas et sombre.

– Ma foi, fit remarquer son guide, il n'y avait pas de temps à perdre. Est-ce que M'Guire est parti ou si c'est toi qu'as sifflé ?

– M'Guire est parti, dit Challoner.

Le guide craqua une allumette.

– Oh là là ! dit-il, ça f'ra jamais l'affaire. Tu peux pas aller par les rues habillé comme ça. Attends tranquillement ici, j'vais t'apporter quelque chose de convenable.

Là-dessus, l'homme s'en alla et Challoner, dont l'attention avait ainsi été brutalement réveillée, se mit à considérer d'un air piteux les dégâts causés à ses vêtements. Il n'avait plus de chapeau ; son pantalon était largement déchiré et l'essentiel d'un des pans de sa très élégante redingote était resté pendu aux crochets en fer de la fenêtre. Il avait à peine eu le temps d'évaluer ce désastre que son hôte revenait dans la pièce et se mettait, sans un mot, à envelopper notre Challoner si élégant et si raffiné d'un long ulster de l'étoffe la plus ordinaire et d'un motif si grossier et si quelconque qu'à sa vue il en eut la nausée. Ce déguisement calomnieux fut couronné et parachevé par un chapeau tyrolien en feutre mou, trop petit de plusieurs tailles. Dans une autre circonstance, Challoner aurait simplement refusé de sortir dans la rue ainsi travesti ; mais le désir de fuir Glasgow était désormais trop fortement et trop exclusivement imprimé dans son esprit. Jetant un regard égaré aux pans mouchetés de son nouveau manteau, il demanda ce qu'il avait à payer pour cet accoutrement. L'homme l'assura que toute la dépense était facilement assumée par des fonds qu'il possédait et le pria, au lieu de perdre du temps, de disparaître au plus vite du voisinage.

Le jeune homme ne se le fit pas dire deux fois. Fidèle à sa courtoisie habituelle, il remercia son interlocuteur et le complimenta sur son goût en matière de pardessus ; puis, laissant l'homme vaguement décontenancé par ces remarques et la façon dont elles étaient exprimées, il se précipita dans la ville à la lueur des réverbères. Avant qu'il eût rejoint le terminus, au terme de bien des errances, le dernier train était parti. Vêtu comme il l'était, il n'osait pas se présenter dans une auberge de quelque renom ; et il se rendait bien compte que la dignité sans prétention de son comportement servirait à attirer l'attention, peut-être les rires et probablement les soupçons, dans n'importe quelle hôtellerie plus modeste. Il était ainsi condamné à passer les heures graves et tranquilles d'une nuit entière à arpenter les rues de Glasgow, sans dîner : un objet de plaisanterie pour tous ceux qui l'apercevraient ; il attendrait l'aube, avec espoir certes, mais au prix de dérobades insurmontables ; et, par-dessus tout, rempli du sentiment profond de la stupidité et de la faiblesse de son comportement. On peut concevoir de quelles imprécations il accabla le souvenir de la belle conteuse de Hyde Park ; son rire au moment de leurs adieux résonna dans ses oreilles toute la nuit, à intervalles réguliers, sur un ton moqueur accablant ; et quand il cessait un instant de penser à cet artisan principal de sa déconfiture, c'était pour déployer sa colère contre Somerset et la carrière de détective amateur. Avec la venue du jour, il trouva dans une humble crémerie de quoi apaiser sa faim. Il y avait encore de nombreuses heures à attendre avant le départ du South Express ; il les passa à errer dans les rues les plus obscures de la ville, en proie à une lassitude indescriptible. Finalement il se glissa tranquillement dans la gare et prit place dans l'angle le plus sombre d'un wagon de troisième classe. Là, il fut ballotté toute la journée à même la banquette en planches, accablé par la chaleur et sans cesse réveillé de ses sommes troublés. Avec le billet de retour qu'il avait en poche, il était autorisé à faire le voyage sur les coussins confortables, dans un compartiment spacieux de première classe ; mais, hélas ! dans cet accoutrement ridicule, il n'osait pas, par souci des convenances, se mêler à ses pairs ; cette légère contrariété, venant en dernier dans une telle série de catastrophes, le blessa profondément.

Cette nuit-là, dans son appartement de Putney, quand il repensait aux frais, à l'inquiétude et à la fatigue qu'avait occasionnés cette aventure, quand il regardait les lambeaux de son dernier bon pantalon et de son dernier manteau présentable, et surtout quand, par hasard, ses yeux se portaient sur le chapeau tyrolien ou sur l'ulster humiliant, son cœur débordait d'amertume ; et ce ne fut qu'en faisant sérieusement appel à sa philosophie qu'il put conserver la dignité de son maintien.

L'aventure de Somerset
La demeure superflue

Mr. Paul Somerset était un jeune homme à l'imagination vive et ardente, qui avait très peu d'aptitude à l'action. Création de ses propres théories, acteur de ses propres histoires, il vivait exclusivement dans les rêves et dans l'avenir. En quittant le Divan du Cigare, il se mit à se pavaner dans les rues, encore enflammé par le feu de son éloquence, cherchant de tous côtés quelque heureuse aventure. Dans le flot continu des passants, sur les façades fermées des maisons, sur les affiches qui couvraient les panneaux publicitaires, dans chaque particularité et chaque pulsation de la grande ville, il voyait de mystérieux hiéroglyphes pleins de promesses. Mais les éléments de l'aventure avaient beau circuler près de lui, aussi dense que les gouttes d'eau de la Tamise, c'est en vain qu'avec un air tantôt suppliant, tantôt bravache, il sollicitait et provoquait l'attention des passants ; en vain que, mettant le destin à l'épreuve, il se jetait en travers de leur chemin et entrait directement en collision avec ceux dont l'air était le plus prometteur. Des gens débordants de secrets, des gens qui soupiraient après un peu d'affection, des gens qui se mouraient par manque d'aide ou de conseil, il était persuadé qu'il pouvait en voir de tous côtés ; mais par un sort contraire, chacun allait son chemin sans prêter attention au jeune homme, et avançait plus loin (sûrement pour s'en trouver plus mal !) en quête du confident, de l'ami, ou du conseiller. Vers des milliers d'entre eux, il avait dû tourner un visage pathétique et, cependant, personne ne le prenait en considération.

Un dîner léger, en guise d'accompagnement de ses aspirations fougueuses, interrompit la série de ses tentatives pour forcer le hasard ; quand il se remit à la tâche, les réverbères étaient déjà allumés et il y avait foule sur le trottoir. Devant un certain restaurant, dont le nom se présentera aisément à l'esprit de n'importe quel connaisseur de notre Babylone, les gens étaient déjà tellement serrés qu'il était devenu difficile de passer ; et Somerset, en arrêt, guettait avec un espoir rongé peu à peu par la lassitude les visages et les attitudes de la foule. Soudain, une légère tape sur l'épaule le fit sursauter et, se retournant, il s'aperçut de la présence d'un coupé simple et élégant, tiré par deux chevaux vigoureux et conduit par un homme en livrée discrète. Il n'y avait pas d'armoiries sur la portière ; la vitre était ouverte, mais l'intérieur sombre ; le cocher bâillait derrière son poing et le jeune homme commençait déjà à se croire dupe de sa propre imagination, quand une main, pas plus grande que celle d'un enfant et finement gantée de blanc, apparut à un coin de la fenêtre et l'invita discrètement à s'approcher ; ce qu'il fit ; puis il regarda à l'intérieur. La voiture était occupée par une unique personne, petite et délicate, la tête et les épaules enveloppées dans des plis impénétrables de dentelle blanche. On lui susurra d'une voix cristalline :

– Ouvrez la porte et entrez.

« Ce doit être, se dit le jeune homme avec un tressaillement presque intolérable, ce doit être enfin cette duchesse ! » Toutefois, bien que ce moment fût l'un de ceux qu'il attendait avec impatience depuis longtemps, c'est avec une certaine inquiétude qu'il ouvrit la porte et, montant dans le coupé, prit place à côté de la dame aux dentelles. Qu'elle eût ou non pressé un bouton, ou donné quelque autre signal, le jeune homme avait à peine fermé la porte que la voiture, avec une rapidité surprenante et d'un mouvement ample et tout en souplesse sur ses suspensions, fit demi-tour et prit la direction de l'ouest.

Somerset, je l'ai dit, n'était pas pris au dépourvu ; il éprouvait depuis longtemps un plaisir particulier à répéter son rôle dans les situations les plus invraisemblables ; celui du noble ravisseur, entre autres, était l'un de ceux qu'il avait étudiés de près. Aussi étrange que cela puisse paraître, en tout cas, il ne trouvait rien à dire. Et comme la dame, de son côté, ne daignait pas lui faire d'autre signe, ils continuèrent à rouler en silence dans les rues. Mis à part les éclairs successifs des réverbères qui défilaient, la voiture était plongée dans l'obscurité ; et, en dehors du fait que les garnitures étaient luxueuses, que la dame était singulièrement petite et menue, et qu'à l'exception d'une seule main gantée, elle était encore tout entière enveloppée dans son voile précieux, le jeune homme ne pouvait distinguer aucun détail propre à lui donner du courage. Le suspense commençait à être insupportable. À deux reprises, il s'éclaircit la gorge, et à deux reprises toutes les ressources du langage lui firent défaut. Dans des situations similaires, quand il les avaient jouées par anticipation sur le théâtre de l'imaginaire, sa présence d'esprit avait toujours été totale, son éloquence remarquable ; aussi, devant cette différence entre la répétition générale et la représentation, il commença à être pris d'une peur panique. Et si là, sur le seuil même de l'aventure, il allait échouer honteusement ? Et si après dix, vingt ou soixante secondes d'un silence toujours ininterrompu, la dame allait presser le bouton commandant l'arrêt et le déposer à nouveau, jugé incapable, sur le pavé ? Des milliers de gens totalement dénués d'esprit, se disait-il, seraient jugés plus adéquats au rôle ; ils pourraient, à cet instant même, par quelque acte décisif, prouver que le choix de la dame avait été bien inspiré et mettre un terme à ce silence intolérable.

Son regard se posa alors sur la main. Il valait mieux être victime de décisions désespérées que de continuer de la sorte ; d'un geste mal assuré, il fondit sur les doigts gantés et les attira vers lui. Un acte manifeste, lui avait-il semblé, dissiperait le maléfice que lui faisait éprouver cet embarras ; en réalité, tout se passa autrement : il demeura tout autant incapable de parler que d'aller plus loin et, la main de la dame dans la sienne, il était réduit à l'impuissance. Mais le pire était à venir. Un frémissement particulier commença à agiter la silhouette de sa compagne ; la main qui reposait, consentante, dans celle de Somerset se mit à trembler comme sous l'effet de la fièvre ; et bientôt, dans l'obscurité de la voiture, un rire pétillant et musical éclata, auquel on s'efforçait de résister mais qui finit par triompher. Le jeune homme lâcha prise ; si cela avait été possible, il aurait bondi hors de la voiture. La dame, pendant ce temps, renversée sur les coussins, passait d'une roucoulade à une autre, révélant la gaieté la plus sincère, la plus aiguë, la plus claire et la plus féerique.

– Ne soyez pas offensé, finit-elle par dire, dès qu'elle put parler entre deux accès de fou rire. Si vous avez été trompé dans la chaleur de vos attentions, la faute est uniquement mienne ; cela ne provient pas de votre présomption, mais de ma manière bizarre de recruter des amis et, croyez-moi, je suis la dernière personne au monde à penser du mal d'un jeune homme qui fait preuve de courage. Pour ce soir, j'ai l'intention de vous offrir un petit souper ; et si je continue à être aussi satisfaite de vos manières que j'ai été séduite par votre visage, il se peut que j'en vienne à vous faire une proposition avantageuse.

Somerset chercha en vain à trouver une forme de réponse, mais sa déconvenue était encore trop fraîche et trop complète.

– Allons, ajouta la dame, n'ayons pas de mouvement d'humeur ; c'est pour moi le seul défaut qui disqualifie ; et comme je m'aperçois que nous parvenons à destination, je vous demanderai de descendre et de m'offrir votre bras.

La voiture, en effet, s'arrêta à cet instant précis devant une demeure imposante et austère, située sur une place spacieuse ; Somerset, qui avait très bon caractère, aida la dame à descendre avec la meilleure grâce du monde. La porte fut ouverte par une vieille femme à l'allure sinistre qui les introduisit tous deux dans une salle à manger assez faiblement éclairée, mais où la table était déjà dressée pour le souper, occupée par un nombre prodigieux de gros chats de race. Là, dès qu'ils furent seuls, la dame ôta les dentelles dans lesquelles elle était drapée ; et Somerset fut soulagé de découvrir que, bien que gardant encore l'empreinte d'une grande beauté et toujours remarquable par l'éclat et la couleur de ses yeux, elle avait les cheveux d'une blancheur argentée et le visage ridée par les années.

– Et à présent, *mon preux**, dit la vieille dame avec un mouvement de la tête qui exprimait une gaieté étrange, vous constatez que je ne suis plus dans la fleur de la jeunesse. Vous vous apercevrez vite que je n'en suis que meilleure compagne.

Alors qu'elle parlait, la servante revint, apportant un souper léger mais savoureux. Ils prirent donc place à table, les chats circulant autour de la chaise de la vieille dame dans une pantomime sauvage. L'excellence du repas, alliée à la gaieté de son hôtesse, mit bientôt Somerset complètement à l'aise. Quand ils eurent bien mangé et bu, la vieille dame se laissa aller contre le dossier et, prenant un chat sur les genoux, soumit son invité à un examen minutieux et prolongé, mais de toute évidence amusé.

– Je crains, madame, dit Somerset, que mes manières ne soient pas à la hauteur de votre attente.

– Mon cher, répondit-elle, jamais vous n'avez fait de plus grosse erreur de votre vie. Je vous trouve charmant et il se peut très bien que vous soyez tombé sur une fée marraine. Je ne suis pas de ces gens qui changent sans cesse d'avis et, à moins de démériter réellement, ceux qui ont une fois obtenu mes faveurs les conservent ; mais j'ai une singulière rapidité de décision, je lis dans l'esprit de ceux qui m'entourent d'un seul coup d'œil et j'ai toute ma vie suivi mes premières impressions. En ce qui vous concerne, je vous le dis, elles ont été favorables et si, comme je l'imagine, vous êtes un jeune homme plutôt oisif, il est fort probable que nous conclurons un marché.

– Ah, madame, vous avez deviné ma situation, répliqua Somerset. Je suis un homme bien né, très doué, ayant reçu une bonne éducation ; d'excellente compagnie, à mon avis du moins ; mais, en raison d'une injustice particulière du destin, je me trouve privé à la fois d'un métier et d'argent. J'étais précisément ce soir en quête d'une aventure, résolu à accepter toute offre présentant intérêt, appointements ou plaisir. Votre invitation, que j'avoue ne pas encore bien comprendre, est allée dans le sens de ma disposition d'esprit. Qualifiez-la, si vous voulez, d'impudence ; je suis ici, en tout cas, prêt à accueillir toute proposition que vous souhaitez me faire, et résolument décidé à accepter.

– Vous vous exprimez très bien, répondit la vieille dame, et vous êtes sûrement un jeune homme drôle et étrange. Je n'irai pas jusqu'à dire que vous êtes sain d'esprit, car je n'ai jamais trouvé quelqu'un qui le soit entièrement, à part moi-même ; mais, du moins, la nature de votre folie me plaît, et en guise de récompense, je vais vous décrire mon caractère et ma vie.

Là-dessus, la vieille femme, qui n'avait pas cessé de caresser le chat sur ses genoux, se mit à faire le récit détaillé de ce qui suit.

Récit de la vieille dame pleine d'entrain

J'ÉTAIS LA FILLE AÎNÉE du révérend Bernard Fanshawe, qui avait un bénéfice important dans le diocèse de Bath et Wells. Notre famille – une famille nombreuse – était connue pour son esprit pétillant et incisif, et était issue d'une très ancienne lignée où la beauté se transmettait de mère en fille. Il nous manquait par malheur une certaine grâce chrétienne naturelle. Dès mes plus jeunes années, j'ai vu et déploré les défauts des membres de notre famille à qui l'âge et la condition sociale auraient dû permettre de conquérir mon estime ; et, tandis que j'étais encore enfant, mon père prit une seconde épouse, en qui – chose étrange – les défauts des Fanshawe étaient poussés à un degré monstrueux qui frisait le ridicule. Quoi qu'on puisse dire contre moi, on ne peut nier que j'étais une fille modèle ; mais ce fut en vain que, armée de la patience la plus pathétique, je me soumis aux exigences de ma belle-mère ; et à partir du moment où elle mit les pieds dans la maison de mon père, je puis affirmer que je ne rencontrai qu'injustice et ingratitude.

Je n'étais pas seule, de toute façon, à avoir un naturel doux ; un autre membre de la famille, à part moi, était en effet exempt de toute disposition violente. Avant que j'eusse atteint l'âge de seize ans, ce cousin, Jean de son prénom, avait conçu pour moi une passion sincère mais silencieuse ; et bien que le pauvre garçon fût trop timide pour laisser entrevoir la nature de ses sentiments, j'eus tôt fait de les deviner et je commençai à les partager. Pendant quelques jours, je réfléchis à la situation singulière où me mettait la timidité de mon admirateur ; puis, à la longue, constatant qu'il commençait, dans son embarras, à m'éviter plutôt qu'à rechercher ma compagnie, je décidai de prendre moi-même les choses en main. Le trouvant seul dans un coin retiré du jardin du presbytère, je lui dis que j'avais deviné son aimable secret, que je savais de quel mauvais œil notre union serait sans aucun doute considérée, et que, dans ces conditions, j'étais prête à m'enfuir avec lui immédiatement. Le pauvre Jean fut littéralement paralysé de joie ; la force de ses sentiments était telle qu'il ne put trouver les mots pour me remercier et que, le voyant ainsi désemparé, je fus obligée d'organiser seule les détails de notre fuite et du mariage secret qui devait sur-le-champ la couronner. Jean avait, à cette époque, projeté une visite à la capitale. Je lui enjoignis de mettre ce projet à exécution et promis de le rejoindre le lendemain à l'hôtel Tavistock.

De mon côté, conformément à chaque détail de

notre accord, je me levai, le jour en question, avant les domestiques, fourrai dans un sac quelques objets indispensables, pris avec moi le peu d'argent que je possédais et dis adieu pour toujours au presbytère. Je marchai avec entrain jusqu'à une ville située à environ cinquante kilomètres de chez nous et, le lendemain matin, la diligence me déposa dans cette grande ville qu'est Londres. Tandis que j'allais du bureau des diligences jusqu'à l'hôtel, je ne pouvais m'empêcher de jubiler à l'idée du changement qui m'était advenu, tout en regardant avec une joie innocente la circulation dans les rues et me représentant, aux couleurs de l'imagination, l'accueil qui m'attendait de la part de Jean. Mais hélas ! quand je demandai Mr. Fanshawe, le portier m'assura qu'il n'y avait aucun gentleman répondant à ce nom parmi les clients. Par quel canal notre secret avait-il été divulgué, quelle pression on avait été amené à exercer sur l'esprit trop malléable de Jean, je ne pus jamais pénétrer ce mystère. Il me suffisait de comprendre que ma famille avait triomphé, que je me retrouvais seule à Londres, à un âge bien tendre, profondément humiliée, et exclue à jamais de la maison paternelle par tout ce que j'éprouvais d'orgueil et d'amour-propre.

Je me révoltai sous le coup et trouvai un logement dans le voisinage d'Euston Road où, pour la première fois de ma vie, je goûtai aux joies de l'indépendance. Trois jours plus tard, une annonce dans le *Times* me conduisit vers le bureau d'un notaire, qui, je le savais, avait la confiance de mon père. Là, je reçus la promesse de toucher une allocation très modeste et une notification formelle de n'avoir jamais à espérer d'être reçue à la maison. Je ne pouvais qu'être indignée d'un abandon si cruel, et j'expliquai au notaire que c'était une rencontre que nous souhaitions aussi peu les uns que les autres. Il sourit de mon attitude courageuse, me versa le premier quart de mon revenu et me donna le reste de mes effets personnels, qui m'avaient été adressés, par son intermédiaire, dans deux malles assez grosses. Je les ramenai triomphante à mon logement, plus satisfaite de ma situation que je ne l'aurais cru possible une semaine plus tôt, et bien décidée à tirer le meilleur parti de l'avenir.

Tout alla bien pendant plusieurs mois ; et c'est en fait par ma seule faute que s'est achevé cet épisode agréable et solitaire de mon existence. J'ai la fatale habitude, je l'avoue, d'être trop bonne avec mes inférieurs. Ma logeuse, envers qui j'avais été comme toujours extrêmement gentille, me fit des reproches insolents sur un détail trop insignifiant pour être mentionné. Ennuyée de lui avoir accordé la liberté dont elle se prévalait à présent, je lui ordonnai de sortir. Elle resta un moment muette, puis, reprenant son assurance, déclara :

– Votre note sera prête ce soir, madame, et demain vous quitterez les lieux. Veuillez, ajouta-t-elle, à être en mesure de me payer ce que vous me devez ; car si je ne reçois pas jusqu'au dernier sou, aucune de vos malles ne franchira le seuil de ma maison.

Je restai confondue par son audace, mais comme on me devait le revenu d'un trimestre, je ne fus pas autrement affectée par cette menace. Cet après-midi-là, comme je quittais le bureau du notaire, tenant à la main, enveloppé dans un papier, tout le montant de ma fortune, il m'arriva un de ces incidents décisifs qui parfois façonnent une vie. Le bureau du notaire était situé dans une rue débouchant à une extrémité sur le Strand, et fermée à l'autre, à l'époque dont je parle, par un parapet métallique qui donnait sur la Tamise. C'est alors que, dans cette rue, j'aperçus ma belle-mère qui venait à ma rencontre et se dirigeait sans aucun doute vers le bureau même que je venais de quitter. Une servante l'escortait, dont le visage était nouveau pour moi, mais le sien était trop clairement imprimé dans ma mémoire ; et sa vue, même à cette distance, me remplit d'une copieuse indignation. Impossible de fuir. Il n'y avait rien d'autre à faire que de battre en retraite contre le parapet et, le dos à la rue, de faire semblant d'admirer les péniches sur le fleuve ou les cheminées de la rive droite de Londres.

J'étais encore là et je n'avais toujours pas maîtrisé mon trouble et mon émotion qu'une voix à ma hauteur me posa une question insignifiante. C'était la domestique que ma belle-mère, avec sa dureté caractéristique, avait laissée dans la rue à attendre, tandis qu'elle réglait ses affaires avec le notaire de la famille. La fille ne savait pas qui j'étais ; l'occasion était trop précieuse pour que je la laisse échapper ; et je fus bientôt en train d'écouter les dernières nouvelles du presbytère et de la paroisse de mon père. Je ne fus pas surprise de découvrir que la jeune fille détestait ses employeurs ; et pourtant les termes dans lesquels elle en parlait étaient durs à supporter, durs à laisser passer sans protestation. Je les écoutai, cependant, sans marquer d'opposition, car je sais parfaitement me maîtriser ; et nous nous serions peut-être séparées comme nous nous étions rencontrées si elle ne s'était pas mise, à un moment funeste, à critiquer la fille absente du pasteur, et à raconter, en travestissant la vérité d'une façon extrêmement choquante, l'histoire de sa fugue. Je suis si généreuse par nature que je ne prends jamais le temps de réfléchir. Je levai brusquement la main, autant qu'il m'en souvienne, en guise de protestation indignée ; et, ce faisant, je laissai échapper le paquet, qui ricocha sur le parapet et sombra dans le fleuve. Je restai un moment pétrifiée puis, frappée par la cocasserie de l'incident, me laissai aller à rire à gorge déployée. Je riais encore lorsque ma belle-mère réapparut et la domestique, qui sans aucun doute me prenait pour une folle, courut la rejoindre ; je n'avais pas encore retrouvé mon sérieux quand je me présentai devant le notaire pour solliciter une nouvelle avance. Sa réponse me fit retomber sur terre, car c'était un refus catégorique ; et il me fallut l'implorer, au point même de sangloter, pour qu'il consentît à me prêter dix livres de sa propre poche.

– Je suis pauvre, dit-il, et vous ne devez rien espérer de plus de ma part.

La logeuse m'accueillit sur le seuil.

– Voici, madame, dit-elle en faisant une révérence bassement servile, voici ma note. Cela vous incommoderait-il de la régler sur-le-champ ?

– Vous serez payée, madame, dis-je, dans le courant de la matinée, comme prévu.

Et je m'emparai du papier avec un air hautain, mais tremblant intérieurement comme une feuille.

À peine l'eus-je regardé que je me rendis compte que j'étais perdue. À court d'argent, j'avais laissé mes dettes s'accumuler et elles avaient à présent atteint la somme, que je n'oublierai jamais, de douze livres, treize shillings et quatre pence et demi. Je restai toute la soirée assise au coin du feu à examiner la situation. Je ne pouvais pas payer la note ; ma logeuse ne me laisserait pas emporter mes malles ; et sans bagage ni argent, comment allais-je trouver un autre logement ? Pendant trois mois, à moins d'inventer quelque solution, j'étais condamnée à vivre sans toit et sans un sou. La décision que je pris alors de m'enfuir aussitôt ne surprendra personne ; mais là encore, je rencontrai une nouvelle difficulté, car à peine avais-je fait mes malles que je me rendis compte que je n'étais pas assez forte pour les soulever, et encore moins pour les porter.

Dans cette impasse, je n'hésitai pas un instant : je jetai un châle sur mes épaules et me coiffai d'un chapeau à brides, puis, me dissimulant le visage sous une épaisse voilette, je me rendis dans ce grand bazar d'aventures en tous genres – des plus dangereuses aux plus souriantes – que sont les rues de la ville. Comme la soirée était déjà bien avancée et le temps humide et venteux, il y avait peu de monde à part les policiers. J'avais assez d'intelligence pour savoir que, dans ma mission actuelle, ils étaient, eux, mes ennemis. Dès que je voyais se balancer leurs lanternes, je me hâtais d'obliquer et de choisir une autre rue. Quelques pauvres femmes arpentaient encore le trottoir ; il y avait, ici et là, des jeunes gens qui rentraient soûls ou des voyous de la pire espèce qui faisaient le guet, tapis à l'entrée des allées ; je commençais presque à désespérer de trouver quelqu'un à qui demander de l'aide dans ma détresse.

Pour finir, au coin d'une rue, je tombai littéralement dans les bras de quelqu'un qui était de toute évidence un gentleman et dont l'aspect extérieur, depuis la redingote fourrée jusqu'au fin cigare, trahissait l'opulence et la prospérité. Mon visage a beaucoup perdu de sa beauté initiale, mais je conserve encore (c'est du moins ce que je me dis) quelques traces de la légèreté juvénile de ma silhouette. Même voilée comme je l'étais alors, je me rendis compte que le gentleman était frappé par mon apparence ; et cela me donna l'audace de tenter l'aventure.

– Monsieur, dis-je, le cœur battant la chamade, monsieur, êtes-vous quelqu'un en qui une dame puisse mettre sa confiance ?

– Eh bien, ma chère, dit-il en ôtant son cigare de la bouche, cela dépend des circonstances. Si vous voulez bien relever votre voilette...

– Monsieur, l'interrompis-je, que les choses soient bien claires. Je vous demande, comme à un gentleman, de me rendre service, mais je n'offre pas de récompense.

– Voilà qui a le mérite de la franchise, dit-il, mais

n'est guère tentant. Et quelle est, si je puis me permettre cette question, la nature du service ?

Mais je savais parfaitement qu'il n'était pas dans mon intérêt de le lui dire au cours d'un si bref entretien.

– Si vous voulez bien m'accompagner, repris-je, jusqu'à une maison non loin d'ici, vous jugerez par vous-même.

Il me regarda un instant d'un air hésitant ; puis, jetant son cigare, dont il n'avait pas fumé le quart :

– Allons-y ! dit-il.

Et avec une politesse accomplie, il m'offrit son bras. Je fus assez sage pour le prendre, pour prolonger notre promenade le plus longtemps possible, en agrémentant l'itinéraire le plus court de quelques détours, et pour tromper la longueur du chemin avec le genre de conversation destinée à lui prouver sans doute possible quelle était ma position sociale. Au moment où nous atteignîmes la porte de mon logement, j'étais sûre d'avoir conforté son intérêt, et je pus me risquer, avant de tourner la clé dans la serrure, à le supplier de parler à voix basse et de marcher à pas feutrés. Il promit de m'obéir : je le fis entrer dans le couloir et, de là, dans mon salon qui, par chance, était juste à côté.

– À présent, dit-il une fois que j'eus allumé une chandelle en tremblant, quelle est la signification de tout cela ?

– J'aimerais, répondis-je en trouvant difficilement mes mots, que vous m'aidiez à sortir ces deux malles – et j'aimerais que personne n'en sache rien.

Il prit la chandelle :

– J'aimerais, quant à moi, voir votre visage, dit-il.

Je relevai ma voilette sans un mot et le regardai avec toutes les apparences de détermination que je pus rassembler. Il scruta mon visage pendant quelques instants, la chandelle toujours à la main.

– Eh bien, dit-il enfin, où aimeriez-vous les faire porter ?

Je compris que j'avais marqué un point ; et c'est d'une voix tremblante que je répondis :

– J'avais pensé que nous pourrions les porter, à nous deux, jusqu'à l'angle d'Euston Road, dis-je, où, même à cette heure tardive, on peut encore trouver un fiacre.

– Très bien.

Aussitôt, il hissa la plus lourde de mes malles sur son épaule, et prenant l'autre par une poignée, il me désigna la poignée opposée. Nous sortîmes ainsi sans encombre, et arrivâmes tout près de l'angle d'Euston Road sans la moindre aventure. Mon compagnon s'arrêta devant une maison où brûlait encore une lumière.

– Laissons nos malles ici, dit-il, cependant que nous irons jusqu'au bout de la rue à la recherche d'un fiacre. Ce faisant, nous pourrons toujours veiller sur elles, et nous n'offrirons pas le spectacle très insolite que nous ne manquerions pas de donner autrement – un jeune homme, une jeune femme et une masse de bagages, naufragés à minuit dans les rues de Londres.

Ainsi fut fait, et la suite lui donna raison ; car bien avant qu'il ne fût question d'un fiacre, un policier apparut sur les lieux, dirigea sur nous la lumière aveuglante de sa lanterne et s'attarda derrière nous sous un porche d'un air soupçonneux.

– Il ne semble pas y avoir de fiacre, policier, dit mon défenseur, avec une bonne humeur affectée.

Mais la réponse du gardien de la paix fut peu aimable ; et quant à l'offre d'un cigare, dont il fit suivre très imprudemment cette rebuffade, le policier la refusa tout net et sans la moindre civilité. Le jeune homme me regarda d'un air qui recommandait la prudence, et nous restâmes au bord du trottoir, sous une pluie battante, avec le policier qui surveillait toujours nos mouvements en silence depuis le porche.

Pour finir, après une attente qui sembla interminable, une voiture de place apparut, qui roulait péniblement dans la boue : mon compagnon la héla aussitôt.

– Arrêtez-vous ici un instant, voulez-vous ? cria-t-il. On a des bagages au bout de la rue.

C'est alors que se produisit un contretemps ; car lorsque le policier, qui nous suivait toujours de près, aperçut mes deux malles posées sous la pluie, il passa du simple soupçon à la certitude qu'il se tramait quelque chose de mal. La lumière, à l'intérieur de la maison, avait été éteinte ; toute la façade de la rue était sombre ; il n'y avait rien qui pût expliquer la présence de ces malles laissées sans surveillance ; et jamais, je crois, deux personnes innocentes ne furent surprises dans des circonstances aussi équivoques.

– D'où proviennent ces affaires ? demanda le

policier, dirigeant sa lampe droit sur le visage de mon défenseur.

– Eh bien, de cette maison, évidemment, répondit le jeune homme en s'empressant de charger une malle sur ses épaules.

Le policier siffla et se retourna pour regarder les fenêtres non éclairées ; puis il fit un pas en direction de la porte, comme pour frapper – un geste qui aurait immanquablement causé notre perte ; mais, nous voyant déjà nous précipiter le long de la rue sous notre double fardeau, il se ravisa, pour le meilleur ou pour le pire, et suivit notre trace.

– Pour l'amour du ciel, murmura mon compagnon, dites-moi où nous devons nous rendre.

– N'importe où, répondis-je, angoissée. Je n'en ai pas la moindre idée. Où vous voulez.

C'est ainsi que, lorsque nos malles furent installées et que j'eus pénétré dans le fiacre, mon libérateur donna à haute et intelligible voix l'adresse de la maison où nous sommes assis en ce moment. Je constatai que le policier était stupéfait. Ce voisinage, si retiré, si aristocratique, était loin de ce à quoi il s'était attendu. Il releva malgré tout le numéro du fiacre et, pendant quelques secondes, parla d'un air décidé à l'oreille du cocher.

– Qu'est-ce qu'il a bien pu lui dire ? demandai-je d'une voix entrecoupée dès que le fiacre se fut mis en route.

– Je peux très bien l'imaginer, répondit mon défenseur ; et je puis vous assurer que vous êtes à présent condamnée à vous rendre à l'adresse que j'ai indiquée ; car, si nous tentions de changer de destination en cours de route, le cocher nous conduirait tout droit au poste de police. Laissez-moi vous complimenter pour votre sang-froid, ajouta-t-il. J'ai eu, je crois bien, la plus grande frayeur de mon existence.

Mais mes nerfs, sur lesquels il se méprenait tant, étaient la proie d'une confusion si étrange qu'il m'était à ce moment-là devenu impossible de parler ; et nous fîmes dès lors le trajet dans un silence que rien ne vint briser. Quand nous parvînmes à destination, le jeune homme mit pied à terre et ouvrit la porte avec un passe-partout, comme quelqu'un qui rentre chez lui, ordonna au chauffeur de porter les malles jusque dans l'entrée et le congédia en lui glissant un pourboire confortable. Il me conduisit ensuite dans cette salle à manger, qui était à peu près telle que vous la voyez, à certains détails près révélant la demeure d'un célibataire, et s'empressa de me verser un verre de vin, insistant pour que je le boive. Dès que je pus retrouver ma voix, je m'écriai :

– Au nom du ciel, où suis-je ?

Il m'expliqua que j'étais la bienvenue chez lui, et que le plus urgent pour moi était de me reposer et de reprendre mes esprits. Tout en parlant, il m'offrit un second verre de vin dont j'avais grand besoin, en vérité, car j'étais affaiblie et au bord de la crise de nerfs. Puis il s'assit près du feu, alluma un autre cigare et m'observa un certain temps avec curiosité, en silence.

– À présent, dit-il, que vous avez repris quelques forces, voulez-vous avoir la gentillesse de me raconter dans quelle sorte de crime je viens de tremper ? Êtes-vous une meurtrière, une contrebandière, une voleuse ou simplement un être innocent et familier qui déménage à la cloche de bois ?

J'avais déjà été choquée de le voir allumer un cigare sans me demander la permission, car je n'avais pas oublié celui qu'il avait jeté quand nous nous étions rencontrés ; à présent, face à ces injures explicites, je résolus aussitôt de reconquérir son estime. En accord avec mes principes, j'ai toujours méprisé le jugement des gens, mais j'avais déjà commencé à accorder une certaine valeur à la bonne opinion de mon hôte. Commençant sur un ton pathétique, mais m'animant soudain grâce à ma vivacité et mon humour habituels, je lui racontai brièvement les circonstances de ma naissance, ma fuite et les malheurs qui s'ensuivirent. Il m'écouta jusqu'à la fin en silence, tout en fumant d'un air grave.

– Mademoiselle Fanshawe, dit-il quand j'eus terminé, vous êtes une personne très drôle et des plus charmantes ; je ne vois rien d'autre à faire que de retourner moi-même, demain matin, satisfaire les exigences de votre logeuse.

– C'est curieux comme vous interprétez mal mes confidences, répondis-je ; si vous appréciez un tant soit peu ma personnalité, vous comprendrez que je ne puis accepter de vous aucun argent.

– Votre logeuse ne sera, sans aucun doute, pas si regardante ; et je ne désespère pas non plus de vous persuader vous-même, si incorruptible que vous soyez. Je désire que vous me considériez avec une indulgence critique. Je m'appelle Henry Luxmore, fils cadet de lord Southwark. Je possède une rente annuelle de neuf mille livres, la maison où nous nous trouvons en ce moment, ainsi que sept autres dans les meilleurs quartiers de la ville. Je ne crois pas être repoussant à voir et, quant à mon caractère, vous m'avez vu à l'épreuve. Vous êtes tout simplement pour moi l'être le plus original de la création ; je n'ai pas besoin de vous dire ce dont vous êtes parfaitement informée, à savoir que vous êtes jolie à ravir ; et je n'ai rien d'autre à ajouter, sinon que, aussi fou que cela puisse paraître, je suis déjà éperdument amoureux de vous.

– Monsieur, dis-je, je suis préparée à être mal jugée ; mais aussi longtemps que j'accepte votre hospitalité, ce fait seul devrait suffire à me protéger des outrages.

– Pardonnez-moi, dit-il, je vous offre le mariage.

Et, se renversant en arrière sur son siège, il remit son cigare entre ses lèvres.

J'avoue que je fus confondue par une proposition non seulement inattendue, mais formulée en des termes si singuliers. Or, il savait parfaitement arriver à ses fins, car il était beau de sa personne, et qui plus est, son flegme même avait du charme. Bref, pour résumer une longue histoire, je devins quinze jours plus tard l'épouse de l'honorable Henry Luxmore.

Pendant près de vingt ans, je menai une vie parfaitement tranquille, ou peu s'en faut. Mon Henry avait ses faiblesses ; je fus à deux reprises amenée à m'enfuir de chez lui, mais pas pour longtemps ; car bien qu'il s'emportât facilement, il était d'une nature paisible en profondeur et, malgré tous ses défauts, je l'aimais tendrement. Il finit par m'être enlevé ; et tel est le pouvoir de l'illusion, et si étranges sont les caprices des mourants, qu'il m'assura vraiment, dans son dernier souffle, qu'il me pardonnait la violence de mon caractère !

Il n'y eut qu'un seul gage de cette union : ma fille Clara. Elle avait en fait hérité la faiblesse de son père, dont elle était, à cet égard, la réplique ; mais pour tout le reste, à moins que mon regard partial ne m'eût trompée, elle tenait ses qualités de moi, et on peut dire qu'elle était mon double moral. Quant à moi, quoi que j'aie pu faire de mal dans d'autres domaines, en tant que mère, j'étais irréprochable. Ce lien incarnait donc sûrement toutes les promesses d'avenir ; grâce à lui, je pouvais enfin espérer goûter au repos. Mais cela ne devait pas être. Vous aurez de la peine à me croire quand je vous apprendrai qu'elle s'est enfuie de la maison ; ce fut bel et bien le cas pourtant. Quelque lubie concernant les nationalités opprimées – l'Irlande, la Pologne, et les pays de ce genre – lui a tourné la tête ; et si vous rencontrez, où que ce soit, une jeune femme (très attirante, je dois le reconnaître) répondant au nom de Luxmore, de Lake ou de Fonblanque (car je me suis laissé dire qu'elle les utilise indifféremment, ainsi que beaucoup d'autres), dites-lui de ma part que je lui pardonne sa cruauté et que, quand bien même je ne reverrais jamais son visage, je suis prête à tout instant à lui verser une rente généreuse.

À la mort de Mr. Luxmore, j'ai cherché l'oubli en me consacrant tout entière aux affaires. Je crois avoir mentionné que sept demeures, en plus de celle-ci, faisaient partie des biens de Mr. Luxmore : c'étaient sept rossignols. La rapacité des locataires, la malhonnêteté des hommes de loi et l'incompétence des juges se sont combinées pour faire de ces maisons le fardeau de mon existence. Je n'eus pas plus tôt, en effet, commencé à mettre personnellement le nez dans ces affaires, que je découvris tant d'injustices et rencontrai tant de mauvaise foi, que je fus plongée dans une longue série de procès, dont certains sont à ce jour en instance. Vous avez dû déjà entendre parler de moi : je suis madame Luxmore des Recueils de Jurisprudence : un destin bien étrange, en vérité, pour une personne née avec un désir de paix qui frise la lâcheté ! Mais je suis de la trempe de ces gens qui, une fois qu'ils ont entrepris une tâche, mourraient plutôt que de laisser leur devoir inaccompli. J'ai affronté tous les obstacles : l'insolence et l'ingratitude de la part de mes propres avocats ; chez mes adversaires, ce défaut qu'est l'entêtement, le plus détestable peut-être aux assises ; de la part de la cour, de la courtoisie, certes – je l'accorde, toujours de la courtoisie –, mais jamais la moindre lueur d'indépendance, jamais cette connaissance de la loi et cet amour de la justice que nous sommes en droit d'attendre d'un juge, le plus auguste des fonctionnaires. Et pourtant, en dépit de toutes ces difficultés, j'ai persévéré sans me laisser décourager.

C'est après la perte d'un de mes innombrables

procès (un sujet sur lequel je ne m'appesantirai pas) que je m'avisai de faire un pèlerinage mélancolique à mes différentes maisons. Quatre d'entre elles étaient, à cette époque, sans locataires et fermées, comme des statues de sel, commémorant la corruption de notre époque et le déclin de la vertu privée. Les trois autres étaient occupées par des gens qui m'avaient lassée par toutes les exigences injustes qu'on pouvait concevoir et tous les subterfuges légaux : pour les mettre à la rue, je remuai aussitôt ciel et terre. Ce fut peut-être, des deux, le spectacle le plus triste ; et mon cœur s'échauffa à les voir ainsi occuper, à mon nez et à ma barbe et avec une ostentation insolente, ces beaux bâtiments qui faisaient tout autant partie de moi que ma propre chair.

Il me restait encore une maison à aller voir, celle où nous sommes actuellement. Je l'avais louée (car à cette époque j'habitais à l'hôtel – la vie que j'ai toujours préférée) à un colonel Geraldine, gentleman attaché au service du prince Florizel de Bohême, dont vous avez certainement entendu parler ; et j'avais supposé, d'après la personnalité et la position sociale de mon locataire, que là, au moins, j'étais à l'abri des ennuis. Quelle ne fut pas ma surprise de trouver cette maison également fermée et en apparence abandonnée ! Je ne nierai pas que j'en fus offensée ; j'imaginais qu'une maison, comme un yacht, avait intérêt à servir ; et je me promis d'exposer l'affaire à mon avocat le lendemain matin. Cependant, la vue de cette maison me reporta naturellement en arrière et, cédant à la tendre influence du sentiment, je m'assis en face de la porte sur le muret du jardin. C'était un après-midi étouffant du mois d'août, mais cet endroit, comme on s'en rend compte de jour, est abrité par les branches d'un châtaignier rameux ; le square était également désert ; on percevait de la musique, au loin, portée par le vent ; et tout contribuait à me plonger dans cet état des plus agréables qui n'est ni le bonheur ni le chagrin, mais qui a l'intensité de l'un et de l'autre.

Je fus rappelée à la réalité par l'arrivée d'une grosse voiture, très joliment aménagée, tirée par des chevaux de prix, où avaient pris place plusieurs hommes d'une apparence plus que convenable, et sur les panneaux de laquelle figurait, au lieu du nom d'un négociant, un blason trop modeste pour être déchiffré de là où je me tenais. Elle s'arrêta devant ma maison, dont un des hommes ouvrit immédiatement la porte. Ses compagnons – j'en comptai sept en tout – se mirent, en s'affairant en bon ordre, à transporter de la voiture dans la maison une série de paniers d'osier, de casiers à bouteilles, d'écrins et de boîtes comme on en utilise pour l'argenterie et le linge de table. On ouvrit grand les fenêtres de la salle à manger, comme pour l'aérer, et je vis une partie des hommes, à l'intérieur, dresser la table pour un repas. J'en conclu que, manifestement, mon locataire s'apprêtait à rentrer ; et tandis que j'étais toujours décidée à faire respecter mes droits, je fus satisfaite du nombre et de la discipline de son personnel, et de l'abondance tranquille qui semblait régner dans sa demeure. J'étais toujours occupée par ces pensées quand, à mon extrême surprise, les fenêtres et les volets de la salle à manger furent refermés ; les hommes commencèrent à ressortir et à reprendre leur place dans la voiture ; le dernier ferma la porte derrière lui ; la voiture repartit ; et la maison fut de nouveau livrée à elle-même, façade aveugle aux volets fermés sur le square, comme si tout ce cérémonial avait été une vision.

Mais ce n'en était pas une : comme je me levais et rapprochais ainsi mes regards du niveau de l'imposte au-dessus de la porte, je vis que, bien qu'il fît encore clair pour quelques heures, les lampes de l'entrée avaient été allumées et brûlaient toujours. Manifestement, donc, des invités étaient attendus, et ne l'étaient pas avant la nuit. Pour qui, me demandai-je, indignée, pour qui tous ces préparatifs secrets ? J'ai beau ne pas être prude, je suis une femme aux opinions très arrêtées en ce qui concerne la moralité ; si ma maison, celle où m'avait amenée mon mari, devait servir de *petite maison**, je me verrais dans l'obligation, bien contre mon gré, d'entamer un nouveau procès. Bien décidée à revenir pour en avoir le cœur net, je me dépêchai d'aller dîner à l'hôtel.

J'étais à mon poste à dix heures. La nuit était claire et paisible ; la lune brillait très haut et faisait pâlir les réverbères ; l'ombre sous le châtaignier était d'un noir d'encre. Là, donc, je me calai contre le muret peu élevé, le dos à la grille, devant la façade éclairée par la lune de mon ancienne maison, ruminant en douceur le passé. Le temps s'écoulait ; onze heures sonnèrent à toutes les horloges de la ville et, peu après, je me rendis compte qu'un gentleman au maintien imposant et agréable approchait. Il fumait tout en marchant ; son paletot léger, ouvert, laissait voir sa tenue de soirée ; il avait une allure pleine d'élégance et de sérieux qui éveilla immédiatement mon attention. Devant la porte de cette maison, il sortit de sa poche un passe-partout, entra tranquillement et fut absorbé dans le hall éclairé.

Il avait à peine disparu que je remarquai un autre homme, beaucoup plus jeune, qui approchait à grands pas de l'autre côté du square. Étant donné la saison et la douceur extrême de la nuit, il était pour le moins très étroitement emmitouflé. Tout en avançant, il ne cessait, malgré sa hâte, de regarder nerveusement derrière lui. Arrivé devant ma porte, il s'arrêta et posa un pied sur la marche, comme pour entrer ; puis, dans un revirement soudain, il se tourna et entreprit de se sauver ; il s'arrêta une seconde fois, en proie, semblait-il, à une douloureuse incertitude. Finalement, dans un geste violent, il fit volte-face, retourna droit à la porte et actionna brutalement le heurtoir. Il fut accueilli presque aussitôt par celui qui était arrivé le premier.

Ma curiosité était à présent largement éveillée. Je me fis aussi petite que je le pus au plus profond de l'ombre et attendis la suite. Je n'eus, du reste, pas longtemps à attendre. Venant du même côté du square, un second jeune homme fit son apparition, le pas lent et souple et, comme le précédent, emmitouflé jusqu'aux oreilles. Avant d'arriver à la maison, il s'arrêta, regarda tout autour de lui d'un rapide coup d'œil d'ensemble et, voyant la place vide à la clarté de la lune et des lampes, se pencha loin en avant par-dessus la grille de la cour ; il semblait prêter l'oreille à ce qui se passait à l'intérieur de la maison. On entendit sauter un bouchon de champagne dans la salle à manger et, aussitôt après, le son d'un rire ample et viril. L'homme qui écoutait reprit courage, sortit une clé, déverrouilla la porte de la cour, la referma sans bruit derrière lui et descendit l'escalier. Juste au moment où sa tête avait atteint le niveau du trottoir, il se retourna à moitié et de nouveau parcourut le square d'un regard soupçonneux. Ses cache-nez avaient glissé à la base du cou ; la lune l'éclairait directement ; je fus stupéfaite de constater la pâleur et l'agitation violente qui se lisaient sur son visage.

Je ne pouvais plus rester passive. Persuadée que quelque chose d'implacable était en train de se tramer, je traversai la chaussée et m'approchai de la grille de la cour. Il n'y avait personne en dessous ; l'homme avait donc déjà dû pénétrer dans la maison, dans quel dessein ? je redoutais de l'imaginer. Je n'ai jamais manqué de courage à aucun moment de mon existence et, à présent, trouvant la porte de la cour simplement tirée, je la poussai délicatement et descendis l'escalier. La porte de la cuisine de la maison, comme celle de la cour, était fermée mais non verrouillée. L'idée me traversa l'esprit que le criminel préparait ainsi sa fuite ; et cette pensée, comme elle confirmait mes pires soupçons, me prêta une nouvelle détermination. J'entrai dans la maison, et comme je me souciais peu du danger que je pouvais courir, je fermai la porte à clé.

J'entendais, venant de la salle à manger, au-dessus, les accents agréables d'une conversation. Au rez-de-chaussée, non seulement tout était profondément silencieux, mais l'obscurité semblait peser sur mes yeux. Je restai donc là quelque temps, m'étant jetée sans raison dans la gueule du loup, privée de tout pouvoir d'aider ou d'intervenir. Je ne nierai pas non plus que la peur avait déjà commencé à me gagner quand je pris conscience tout à coup, comme si on l'avait allumée soudain et sans bruit, qu'une lumière luisait faiblement sur le sol du couloir. Je me dirigeai à tâtons, avec d'infinies précautions, jusqu'à elle ; puis, étant finalement parvenue à l'angle du corridor, j'aperçus la porte de l'office légèrement entrouverte et un étroit filet de lumière qui passait par l'entrebâillement. Me glissant encore plus près, je jetai un coup d'œil par l'ouverture. L'homme était assis sur une chaise, l'oreille aux aguets – je le voyais –, dans la plus grande concentration. Sur une table, devant lui, il avait posé une montre, deux revolvers d'acier et une lanterne sourde. L'espace d'une seconde, quantité de théories et de projets contradictoires tourbillonnèrent dans ma tête ; l'instant d'après, j'avais claqué la porte, enfermant le malfaiteur à double tour. Surprise de ma propre détermination, je restai là, haletante, appuyée contre le mur. On n'entendait aucun bruit provenant de l'intérieur de l'office ; l'homme, quel qu'il fût, avait accepté son destin sans combat, et à présent, comme je me complaisais à l'imaginer, il était assis pétrifié d'angoisse, s'attendant au pire. Je me promis qu'il ne serait pas déçu ; et, pour mieux achever ma tâche, je me retournai pour monter l'escalier.

Alors que je gagnais le premier étage à tâtons, la situation me parut soudain pleine d'attraits, car j'avais un solide sens de l'humour. J'étais là, moi, la propriétaire de la maison, présente par effraction entre ses murs ; et là, dans la salle à manger, se trouvaient deux gentlemen inconnus de moi, en train de dîner avec contentement, et sauvés par ma seule promptitude d'une interruption surprenante, voire meurtrière. Il aurait été étrange que je n'arrive pas à tirer un sujet de divertissement d'une situation si inhabituelle.

Derrière la salle à manger, se trouve une petite pièce utilisée comme bibliothèque. C'est vers elle que je me rendis avec précaution dans l'obscurité ; et vous allez voir comme le hasard m'avait bien servie. Le temps, je l'ai dit, était étouffant ; pour aérer la salle à manger tout en conservant en façade l'apparence inhabitée de la demeure, la fenêtre de la bibliothèque avait été grande ouverte et la porte de communication entre les deux pièces laissée entrebâillée. J'appliquai alors mon œil dans cet interstice.

De fines bougies fixées dans des chandeliers en argent répandaient leur éclat tamisé sur la nappe damassée et les reliefs d'un repas froid d'une extrême délicatesse. Les deux gentlemen avaient achevé de souper et se délassaient maintenant en fumant un cigare et sirotant du marasquin ; cependant que, sur une lampe à alcool en argent, on préparait à l'orientale un café à l'arôme des plus magiques. Le plus âgé des deux, celui qui était arrivé en premier, me faisait face directement ; l'autre était installé à sa gauche. Tous deux, comme l'homme de l'office, semblaient être aux aguets ; et sur le visage du second je crus percevoir les signes de la crainte. Assez bizarrement, cependant, quand ils en vinrent à parler, les rôles se trouvèrent inversés.

– Je vous assure, dit le plus âgé des deux, que je n'ai pas seulement entendu une porte claquer, mais aussi un bruit de pas très circonspects.

– Votre Grandeur s'est sûrement trompée, répondit l'autre. J'ai l'ouïe extrêmement fine et je peux jurer qu'il n'y a pas eu le moindre bruissement de souris.

Mais la pâleur de son visage et la contraction de ses traits étaient en désaccord absolu avec la teneur de ses paroles.

Sa Grandeur (je devinai aisément, bien entendu, qu'il s'agissait du prince Florizel) regarda son compagnon à peine une fraction de seconde et, bien que rien n'ébranlât l'aisance tranquille de son attitude, je vis qu'il était loin d'être dupe.

– C'est bon, dit-il, abandonnons ce sujet. Et à présent, monsieur, que j'ai développé très clairement les sentiments qui m'animent, laissez-moi vous demander, comme vous me l'avez promis, d'imiter ma franchise.

– Je vous ai écouté, répondit l'autre, avec beaucoup d'intérêt.

– Avec une patience singulière, dit le prince, poliment.

– Oui, Votre Grandeur, et avec une sympathie

inattendue, répondit le jeune homme. Je ne sais comment expliquer le changement qui s'est produit en moi. Vous avez, il faut croire, un charme auquel même vos ennemis sont sensibles.

Il regarda l'horloge sur la cheminée et blêmit visiblement.

– Si tard ! s'écria-t-il. Votre Grandeur – Dieu sait que je parle à présent du fond du cœur... Avant qu'il ne soit trop tard, quittez cette maison !

Le prince jeta à nouveau un coup d'œil à son compagnon, puis secoua très ostensiblement la cendre de son cigare.

– Voilà une remarque étrange, dit-il ; et *à propos de bottes**, je ne continue jamais à fumer un cigare une fois que la cendre est tombée ; le charme est rompu, l'essence de l'arôme se dissipe, et ne reste plus alors que le corps inerte du tabac ; je me fais une règle de jeter cette cape et j'en prends un autre.

Il joignit le geste à la parole.

– Ne badinez pas avec ma prière, reprit le jeune homme d'une voix que son émotion faisait trembler. Elle est formulée au prix de mon honneur et au péril de ma vie. Partez... partez sans délai ! Ne perdez pas un instant ; et si vous avez la moindre bienveillance envers un jeune homme, lamentablement abusé certes, mais non dépourvu des meilleurs sentiments, ne regardez pas derrière vous en partant.

– Monsieur, dit le prince, je suis ici parce que vous avez engagé votre parole ; je vous donne la mienne que je vais continuer à avoir confiance en cette garantie. Le café est prêt ; il me faut de nouveau vous mettre à contribution, je le crains.

Et d'un geste courtois, il sembla inviter son compagnon à servir le café.

L'infortuné jeune homme se leva.

– Je vous en supplie, s'écria-t-il, par tout ce que vous avez de sacré, par pitié pour moi, sinon pour vous-même, allez-vous-en avant qu'il ne soit trop tard.

– Monsieur, répondit le prince, je ne suis pas aisément accessible à la peur ; et s'il existe un défaut pour lequel je doive plaider coupable, c'est celui d'un tempérament curieux. Vous vous égarez à vouloir ainsi me faire quitter cette maison où je joue, pour vous, le rôle d'hôte ; et souffrez que j'ajoute, jeune homme, que si quelque danger nous menace, c'est vous qui l'avez conçu et non moi.

– Hélas ! vous ne savez pas à quoi vous me condamnez, s'écria l'autre. Mais du moins n'y aurai-je aucune part.

À ces mots, il porta la main à sa poche, avala promptement le contenu d'une fiole, et à l'instant même chancela et bascula de sa chaise sur le sol. Le prince quitta sa place et vint se pencher au-dessus du jeune homme qui se tordait dans des convulsions sur le tapis.

– Pauvre papillon ! entendis-je Sa Grandeur murmurer. Hélas ! pauvre papillon ! Devons-nous encore nous demander ce qui est le plus funeste, de la faiblesse ou la méchanceté ? Est-il possible qu'une sympathie pour des idées qui ne sont sûrement pas indignes en elles-mêmes conduise un homme à cette mort déshonorante ?

J'avais pendant ce temps poussé la porte et pénétré dans la pièce.

– Votre Grandeur, dis-je, ce n'est pas le moment de faire de la morale ; en nous dépêchant un peu, nous pouvons sauver la vie de cet individu ; et quant à l'autre, qu'il ne vous cause aucun souci car je l'ai enfermé en lieu sûr.

Le prince s'était retourné à mon entrée et me considérait assurément sans inquiétude, mais avec un étonnement si profond que j'en perdis presque mon sang-froid.

– Chère madame, finit-il par s'écrier, qui diable êtes-vous donc ?

J'étais déjà sur le sol, aux côtés du mourant. Je n'avais, bien entendu, aucune idée du poison avec lequel il avait attenté à sa vie et je fus forcée d'essayer différentes sortes d'antidotes. Il y avait là de l'huile et du vinaigre, car le prince avait fait au jeune homme l'honneur de composer spécialement pour lui l'une de ses célèbres salades et je lui administrai entre le quart et la moitié d'une pinte de chacun des deux, sans efficacité apparente. Ensuite, je lui fis avaler le café chaud, dont il n'y avait peut-être pas loin d'un quart de pinte.

– Vous n'avez pas de lait ? demandai-je au prince.

– Je crains, madame, qu'on ne l'ait oublié, répondit le prince.

– Du sel, alors, dis-je ; le sel est un révulsif. Passez-moi le sel.

– Et peut-être la moutarde ? demanda Sa Grandeur en m'offrant le contenu des différentes salières répandu sur une assiette.

– Ah ! m'écriai-je, c'est une excellente idée ! Mélangez-moi environ une demi-pinte de moutarde, diluée de façon à être buvable.

Que ce fût le sel ou la moutarde, ou la simple combinaison de tant d'agents nocifs, dès que le dernier mélange eut été versé dans sa gorge, la jeune victime fut soulagée.

– Voilà ! m'exclamai-je, bien naturellement triomphante, j'ai sauvé une vie !

– Et pourtant, madame, répondit le prince, votre pitié est peut-être de la cruauté déguisée. Quand l'honneur est perdu, du moins est-il superflu de prolonger la vie.

– Si vous aviez mené une vie aussi variée que la mienne, Votre Grandeur, répondis-je, vous tiendriez des propos tout différents. En ce qui me concerne, si j'étais parvenue au dernier degré du malheur ou de la disgrâce, je continuerais d'estimer que la vie vaut d'être vécue.

– Vous parlez comme une femme, madame, dit le prince, et en tant que telle, vous dites la vérité. Mais pour les hommes, une telle licence est permise, et la bonne conduite exigée d'eux est à la fois si facile et si peu importante qu'échouer dans ce domaine, c'est se soustraire au pardon. Mais souffrez que je renouvelle une question que je vous ai posée au début, de façon peu courtoise, je le crains : qui êtes-vous donc et à quoi dois-je l'honneur de votre compagnie ?

– Je suis propriétaire de la maison où nous nous trouvons, dis-je.

– Je n'en suis que plus fautif, répondit le prince.

Mais à ce moment-là, l'horloge posée sur la cheminée se mit à sonner les douze coups de minuit ; et le jeune homme, se redressant sur un coude, en proie à un désespoir et une épouvante dont je n'ai jamais vu d'équivalent, s'écria lamentablement :

– Minuit ! oh ! juste ciel !

Nous restâmes figés sur place, tandis que le tintement du marteau de l'horloge frappait les derniers coups ; nous n'avions toujours pas bougé, si tragiques avaient été les accents du jeune homme, quand les différentes cloches de Londres se mirent tour à tour à annoncer l'heure. L'horloge était inaudible passé les murs de la pièce où nous nous trouvions ; mais le second coup de Big Ben avait à peine vibré dans la nuit qu'une détonation aiguë retentit dans la maison. Le prince bondit vers la porte par où j'étais entrée ; mais en dépit de sa rapidité, je parvins à l'arrêter au passage.

– Êtes-vous armé ? m'écriai-je.

– Non, madame, répondit-il. Vous me le rappelez fort à propos. Je vais prendre le tisonnier.

– L'homme qui est en bas a deux revolvers, dis-je. Voudriez-vous l'affronter dans des conditions si peu égales ?

Il s'arrêta, sa résolution semblant chanceler.

– Pourtant, madame, nous ne pouvons continuer à ignorer ce qui s'est passé.

– Non ! m'écriai-je. Qui parle de cela ? Je suis

aussi curieuse que vous, mais faisons plutôt venir la police ; ou bien, si Votre Grandeur redoute un scandale, quelques-uns de vos serviteurs.

– Non, madame, répliqua-t-il en souriant. Pour une femme aussi courageuse, vous m'étonnez. Voudriez-vous donc que j'envoie d'autres personnes là où j'ai peur d'aller moi-même ?

– Vous avez tout à fait raison, dis-je, et j'avais entièrement tort. Allez-y, au nom du ciel, et je tiendrai la chandelle !

C'est ainsi que nous descendîmes, ensemble, jusqu'à l'étage inférieur, lui portant le tisonnier, moi la chandelle ; et c'est ensemble que nous nous approchâmes pour ouvrir la porte de l'office. D'une certaine façon, j'imagine, j'étais prête à affronter le spectacle qui nous attendait ; c'est-à-dire que je me préparais à trouver mort le scélérat, mais je ne pus endurer les détails horribles d'un suicide aussi violent. Le prince, ferme face à l'horreur comme il l'avait été face à l'alerte, m'aida à regagner la salle à manger avec la galanterie la plus respectueuse.

Nous y trouvâmes notre malade, certes toujours mortellement pâle, mais en grande partie revenu à lui, et déjà assis sur une chaise. Il tendit les deux mains dans un geste d'interrogation des plus pitoyables.

– Il est mort, dit le prince.

– Hélas ! s'écria le jeune homme, ce devrait être moi ! Pourquoi suis-je ici, à m'attarder sur la scène que j'ai déshonorée, tandis que lui, mon fidèle camarade, blâmable à maints égards il est vrai, mais cependant la loyauté même, s'est condamné et donné la mort pour une faute involontaire ! Ah, monsieur ! dit-il, et vous aussi, madame, sans l'aide cruelle de qui je n'aurais plus à présent à reconnaître mes torts, vous voyez en moi la victime tant de mes défauts que de mes qualités. Je suis né avec, au cœur, la haine de l'injustice ; dès ma plus tendre enfance, j'ai bouillonné de rage contre le ciel quand je voyais des malades, et contre les hommes quand j'étais témoin de la misère des pauvres ; le croûton de l'indigent me restait en travers du gosier quand je mangeais des mets délicats, et l'enfant infirme m'a fait pleurer. Y avait-il dans une telle attitude rien qui ne fût noble ? Et pourtant, voyez à quoi ces pensées m'ont conduit ! Année après année, cette passion pour les déshérités m'a assailli plus étroitement. Quel espoir trouver chez les rois ? Quel espoir dans ces classes sociales bien nanties qui à présent roulent sur l'or ? J'ai étudié le cours de l'histoire ; je savais que le bourgeois, tout-puissant aujourd'hui, était abject, lâche et borné ; je l'ai vu, à toutes les époques, se liguer pour abattre ceux qui étaient juste au-dessus de lui et dépouiller ceux qui étaient en dessous ; je savais que sa balourdise finirait par provoquer sa ruine ; je savais que ses jours étaient comptés et, cependant, comment pouvais-je attendre ? Comment pouvais-je laisser le pauvre enfant frissonner sous la pluie ? Les jours meilleurs s'annonçaient, bien sûr, mais l'enfant mourrait avant. Hélas, Votre Grandeur, c'est dans une impatience certes non dénuée de générosité que je me suis engagé aux côtés des ennemis de cette société injuste et vouée à l'échec ; et dans un désir bien légitime de maintenir embrasés les feux de ma philanthropie que je me suis lié par un serment irrévocable.

» Ce serment est toute mon histoire. Pour donner la liberté à la postérité, j'avais renoncé à la mienne. Il me fallait être prêt au moindre signe. Bientôt, mon père s'est plaint de mes horaires irréguliers et m'a chassé de chez lui. J'étais fiancé à une honnête jeune fille ; d'elle aussi j'ai dû me séparer, car elle était trop perspicace pour ajouter foi à mes mensonges et trop innocente pour se voir confier la vérité. Imaginez-moi, dans ces conditions, seul avec des conspirateurs ! Hélas, au fil des années, j'ai perdu mes illusions. Entouré comme je l'étais par les disciples et les apôtres fervents de la révolution, je les voyais devenir chaque jour plus confiants et plus acharnés ; je voyais, en revanche, avec une régularité presque égale, ma foi décliner. J'avais tout sacrifié pour servir cette cause dans laquelle je croyais toujours ; mais tous les jours je me demandais un peu plus si nous la faisions vraiment progresser. La société que nous combattions était horrible, mais les moyens que nous employions ne l'étaient pas moins.

» Je ne m'appesantirai pas sur mes souffrances ; je ne m'attarderai pas à vous raconter comment, lorsque je voyais des jeunes gens encore libres et heureux, mariés, pères de famille, travaillant dur mais dans la joie, mon cœur me reprochait l'immensité et la vanité de mon malheureux sacrifice. Je ne vous décrirai pas comment, miné par la pauvreté, un logement misérable, une nourriture insuffisante et une conscience troublée, ma santé a commencé à se détériorer et, au cours des longues nuits où j'errais faute de lit par les rues pluvieuses, les souffrances du corps les plus cruelles sont venues s'ajouter aux tortures de l'esprit. Ces choses-là ne sont pas propres à moi ; elles sont communes à tous les malheureux dans ma situation. Un serment, chose si légère à prononcer, si grave à briser : un serment, prêté dans la fougue de la jeunesse, qu'on regrette avec quels sanglots de l'âme, mais qu'on regrette en vain, au fur et à mesure que les années passent ; un serment, qui était autrefois la véritable expression de la vérité divine, mais qui se rabaisse au rang de symbole d'un esclavage vide et dépourvu de sens ; tel est le joug que bien des jeunes gens assument avec joie, et sous le poids duquel ils vivent une souffrance plus mortelle que la mort.

» Ce n'est pas que je fusse endurant. J'ai supplié qu'on me libère ; mais j'en savais trop long et on me l'a toujours refusé. Je me suis enfui ; oui, et pour une fois, avec succès. J'ai gagné Paris. J'ai trouvé un logement rue Saint-Jacques, presque en face du Val-de-Grâce. Ma chambre était misérable et nue, mais elle était baignée de soleil en fin d'après-midi ; elle donnait sur la verdure d'un coin de jardin ; un oiseau dans une cage, à une fenêtre voisine, égayait la matinée ; et moi, qui étais malade, je pouvais rester au lit à me reposer ; moi qui étais en pleine révolte contre les principes selon lesquels j'avais vécu, je n'étais plus sous les ordres du conseil ni chargé d'accomplir des tâches honteuses et révoltantes. Ô ! quel intermède de paix ç'a été ! Il m'arrive encore de rêver, parfois, que j'entends chanter l'oiseau de mon voisin.

» Mon argent s'épuisait et il devenait nécessaire que je trouve un emploi. J'avais à peine cherché pendant trois jours que je me suis senti suivi. Je me suis assuré des traits de l'homme qui m'étaient tout à fait inconnus, et je suis entré dans un petit café où j'ai passé une heure, faisant semblant de lire les journaux, mais intérieurement contracté de terreur. Quand je suis ressorti, la rue était entièrement déserte, et j'ai respiré à nouveau ; mais hélas, je n'avais pas tourné trois coins de rues que j'ai remarqué une nouvelle fois la crapule qui me traquait. Je n'avais pas une heure à perdre ; une soumission opportune pouvait encore me conserver une vie qui sans cela était perdue et déshonorée. Je me suis enfui, à la vitesse que vous pouvez imaginer, à l'agence parisienne de la société pour laquelle je travaillais.

» On a accepté ma soumission. J'ai repris une fois de plus le fardeau haï de cette vie-là ; une fois de plus, j'ai été à la solde de gens que je méprisais et détestais, tout en les enviant et en les admirant cependant. Eux du moins se dévouaient sans réserve aux buts qu'ils s'étaient fixés ; mais moi qui, un jour, avais été semblable à eux, j'avais perdu l'intensité de ma foi et je peinais à présent comme un larbin pour recevoir les gages d'une existence que je méprisais. Oui, monsieur, voilà à quoi j'étais condamné ; j'obéissais pour continuer à vivre, mais je ne vivais que pour obéir.

» La dernière tâche que l'on m'a assignée a été celle qui s'est achevée si tragiquement ce soir. En déclarant ouvertement qui j'étais, je devais prier Votre Grandeur, au nom de ma société, de m'accorder une audience privée au cours de laquelle il était prévu de vous assassiner. Si une chose me restait de mes anciennes convictions, c'était bien la haine des rois ; et quand on m'a proposé cette tâche, je l'ai acceptée avec joie. Hélas, monsieur, vous avez triomphé. Alors que nous dînions, vous vous êtes imposé à moi. Votre personnalité, vos talents, vos projets pour notre malheureux pays, tout avait été dénaturé. J'ai commencé à oublier que vous étiez prince ; j'ai commencé à me rappeler, avec beaucoup trop d'émotion, que vous étiez un homme. Au fur et à mesure que je voyais l'heure approcher, je souffrais le martyre en silence ; et quand, enfin, nous avons entendu claquer la porte qui annonçait à mes oreilles réticentes l'arrivée de mon partenaire dans ce crime, vous reconnaîtrez avec moi avec quelle insistance je vous ai conjuré de partir. Vous avez refusé, hélas ! et que pouvais-je faire ? Vous tuer, cela m'était impossible ; mon cœur se révoltait, ma main se détournait d'une telle action. Pourtant, il m'était impossible de tolérer que vous restiez ; quand l'heure a sonné, quand mon compagnon est arrivé, conformément à l'ordre reçu – et à notre projet, du moins en ce qui le concernait –, je n'ai pu ni supporter que vous mouriez ni qu'il soit arrêté. D'une situation si tragique, la mort, et la mort seule, pouvait me sauver ; et ce n'est pas ma faute si je suis toujours en vie.

» Mais vous, madame, poursuivit le jeune homme, s'adressant plus directement à moi, vous étiez sans doute née pour sauver le prince et pour confondre nos objectifs. Vous avez prolongé ma vie ; et en enfermant mon compagnon à clé, vous m'avez rendu responsable de sa mort. Il a entendu l'heure sonner ; il était impuissant à me venir en aide ; et pensant avoir perdu l'honneur, pensant que j'allais être seul à m'attaquer à Sa Grandeur et à périr faute de son soutien, il a retourné le pistolet contre lui-même.

– Vous avez raison, dit Florizel, ce n'est pas par manque de générosité que vous vous êtes attiré ces charges ; et quand je vois que vous vous faites des reproches de façon si noble, que vous êtes si tragiquement puni, je me sens coupable. Car n'est-il pas étrange, madame, que vous et moi, en mettant en pratique des vertus admises et insignifiantes, et en faisant montre de défauts ordinaires et pourtant impardonnables, nous soyons ici, sous le regard de Dieu, avec ce qu'on appelle les mains propres et la conscience tranquille, tandis que ce pauvre garçon, pour une faute que je pourrais presque lui envier, est perdu sans espoir ?

Le prince se tourna vers le jeune homme et reprit :

– Monsieur, je ne peux rien pour vous ; mon aide ne ferait que déchaîner la foudre qui vous menace ; je ne puis que vous laisser libre.

– Et moi, monsieur, dis-je, comme cette maison m'appartient, je vous demanderai d'avoir la gentillesse d'enlever le corps. Vous et vos conspirateurs, me semble-t-il, ne pouvez, par politesse, faire moins.

– Ce sera fait, dit le jeune homme d'une voix lugubre.

– Et vous, chère madame, dit le prince, vous à qui je dois la vie, que puis-je pour vous servir ?

– Votre Grandeur, dis-je, pour être très franche, cette maison est ma préférée ; ce n'est pas seulement une propriété de valeur, mais elle m'est rendue plus chère encore par divers souvenirs. J'ai des ennuis à n'en plus finir avec des locataires issus de classes modestes ; et je me suis d'abord réjouie de la chance qui m'en avait envoyé un de la condition de votre Grand Écuyer. Je commence à changer d'avis : des dangers assiègent les grands ; et je ne souhaite pas que ma propriété partage ces risques. Procurez-moi la résiliation du bail et je me sentirai votre débitrice.

– Je dois vous dire, madame, répondit Sa Grandeur, que le colonel Geraldine me sert seulement de couverture ; et je serais vraiment désolé à l'idée d'être un locataire si importun.

– Votre Grandeur, dis-je, j'ai conçu une admiration sincère pour votre personne ; mais en ce qui concerne la propriété mobilière, je ne peux permettre à mes sentiments d'interférer. Toutefois, pour vous prouver qu'il n'est rien de personnel dans ma requête, je m'engage ici, solennellement, à ne jamais introduire d'autre locataire dans cette maison.

– Madame, dit Florizel, vous plaidez votre cause avec trop de charme pour que cela vous soit refusé.

Là-dessus, nous nous retirâmes tous les trois. Le jeune homme, dont le pas était encore chancelant, partit de son côté pour aller chercher de l'aide auprès de ses associés ; et le prince, avec la galanterie la plus attentive, m'accompagna jusqu'à la porte de mon hôtel. Le lendemain, le bail fut résilié ; à compter de ce jour, bien qu'il m'arrivât de regretter ma promesse, je n'ai plus jamais toléré de locataire dans cette maison.

La demeure superflue

(Suite)

Dès que la vieille dame eut achevé son récit, Somerset se hâta de lui faire des compliments.

– Madame, dit-il, votre histoire n'est pas seulement divertissante, mais instructive ; et vous l'avez racontée avec beaucoup de verve. J'ai été très ému vers la fin, étant donné que j'ai eu, à une époque, des opinions très libérales et que j'aurais certainement adhéré à une société secrète si j'avais pu en trouver une. Mais toute l'histoire m'a fait une forte impression ; j'ai compati d'autant mieux à vos différents problèmes que je suis moi-même d'un tempérament vif.

– Je ne vous comprends pas, dit Mrs. Luxmore, visiblement irritée. Vous avez dû étrangement mal interpréter ce que je vous ai raconté. Vous me remplissez d'étonnement.

Somerset, alarmé par le changement de ton et d'attitude de la vieille dame, se hâta de se rétracter.

– Chère madame Luxmore, dit-il, vous vous méprenez sûrement sur ma remarque. Étant d'humeur assez bouillante, j'ai eu à maintes reprises mauvaise conscience, quand j'entendais ce que vous aviez souffert de la part de personnes faites comme moi.

– Oh, très bien, vraiment, répondit la vieille dame ; et un esprit très convenable. Je regrette d'en avoir rencontré si rarement.

– Mais dans tout cela, reprit le jeune homme, je ne vois rien qui me concerne.

– J'y viens, répondit-elle. Et vous avez déjà devant vous, dans la promesse que j'ai faite au prince Florizel, un des éléments de l'affaire. Je suis une femme du genre nomade et j'ai l'habitude, quand je n'ai aucun procès devant les tribunaux, de me rendre dans des stations thermales sur le continent : non que j'aie jamais été malade, mais je ne suis plus toute jeune et je me plais toujours au milieu d'une foule. Donc, pour en venir rapidement au fait, je suis sur le point de partir pour Évian ; le fardeau de cette maison, que je dois abandonner et que je n'ose pas louer, est très lourd à porter. Je me propose de me débarrasser de ce souci et de vous rendre par la même occasion un fier service en vous prêtant la demeure, tout installée, telle qu'elle est. L'idée m'est venue tout d'un coup ; elle m'a plu par son côté amusant ; et je suis certaine qu'elle causera à ma famille, si jamais ils en entendent parler, le dépit le plus vif. Voici donc la clé ; et quand vous reviendrez demain, à deux heures de l'après-midi, je ne serai plus là, ni mes chats, pour vous déranger dans votre nouvelle possession.

À ces mots, la vieille dame se leva comme pour congédier son visiteur ; mais Somerset, qui regardait la clé sans comprendre, se mit à protester.

– Chère madame Luxmore, dit-il, voici une proposition fort inhabituelle. Vous ne savez rien de moi, sinon que j'ai fait preuve à la fois d'impudence et de timidité. Et si j'étais le pire des gredins ? Et si je vendais vos meubles...

– Vous pouvez faire sauter la maison à coup de poudre à canon, que voulez-vous que cela me fasse ? s'écria Mrs. Luxmore. Il est vain de raisonner. J'ai une si forte personnalité que, lorsque j'ai une idée bien en tête, je me fiche comme d'une guigne de toute considération annexe. Cela m'amuse de le faire, et ça suffit ! De votre côté, vous pouvez faire ce que vous voulez – louer des chambres ou conserver un hôtel particulier ; quant à moi, je vous promets de vous avertir de mon retour un bon mois à l'avance, et je ne manque jamais de tenir scrupuleusement mes promesses.

Le jeune homme s'apprêtait à renouveler ses protestations, quand il remarqua soudain un changement significatif dans l'attitude de la vieille dame.

– Si je vous croyais capable de me manquer de respect !

– Madame, dit Somerset sur un ton de protestation solennelle, madame, j'accepte. Je vous prie de comprendre que j'accepte avec joie et gratitude.

– Ah, bon ! répondit Mrs. Luxmore, si je me suis trompée, glissons là-dessus. Et à présent, puisque tout est bien décidé, je vous souhaite une bonne nuit.

Sur ce, comme pour ne pas lui laisser le temps de se repentir, elle le poussa rapidement dehors par la porte d'entrée et le laissa debout, clé en main, sur le trottoir.

Le lendemain, à peu près à l'heure fixée, le jeune homme se rendit au square que je nommerai Golden Square, bien que ce ne soit pas son nom. Il ne savait à quoi s'attendre ; car un homme peut vivre dans des rêves et cependant n'être pas préparé à les voir se réaliser. Ce fut déjà non sans un pincement de surprise qu'il aperçut l'hôtel particulier, en plein soleil, masse bien réelle parmi d'autres. La clé, dès le premier essai, ouvrit aussitôt la porte d'entrée ; il pénétra dans cette maison imposante en cambrioleur privilégié et, escorté par les échos de l'abandon, passa rapidement en revue les chambres vides. Chats, domestique, vieille dame : les caractéristiques mêmes d'un lieu habité avaient été, pendant ces quelques heures, effacées comme un texte écrit sur une ardoise. Il erra d'un étage à l'autre et trouva la maison très vaste, les cuisines et l'office spacieux et bien aménagés, les pièces nombreuses et grandes, et le salon, en particulier, un lieu aux dimensions princières et à la décoration d'un goût exquis. Bien qu'à l'extérieur la journée fût chaude, agréable et ensoleillée, balayée par un vent qui soufflait du quartier de Torquay, la maison semblait tout entière figée dans une sorte de syncope. La poussière et les ombres s'offraient au regard et le jeune homme tendait l'oreille en vain, si ce n'est pour entendre la procession sinistre des échos et la rumeur du vent dans les arbres du jardin.

Derrière la salle à manger, l'agréable bibliothèque à laquelle la vieille dame avait fait allusion dans son récit donnait sur les toits plats et le réseau des coupoles des cuisines ; lors d'une seconde visite, cette pièce sembla l'accueillir avec une bienveillance souriante. Il pourrait aussi, se dit-il, éviter les frais de logement : la bibliothèque, si l'on y installait le châlit en fer qu'il avait remarqué dans une des chambres du haut, ferait son affaire la nuit ; tandis que dans la salle à manger, grande, bien aérée et claire, qui donnait sur le square et le jardin, il pourrait passer très agréablement ses journées, cuisiner et travailler pour parvenir à une certaine compétence dans l'art de la peinture, qu'il avait récemment décidé d'étudier. Le déménagement ne lui prit pas beaucoup de temps : il eut tôt fait de revenir à l'hôtel particulier avec son modeste bagage ; et le cocher qui l'amena se laissa facilement persuader, par les manières charmantes du jeune homme et un petit pourboire, de l'aider à installer le lit. Vers six heures du soir, quand Somerset sortit pour dîner, il put se retourner pour regarder la demeure avec un orgueilleux sentiment de propriétaire. Elle se tenait, massive, avec sa façade imposante, ornée de chaque côté des armoiries familiales. Son regard, de là où il se tenait, sifflotant en harmonie, le dos appuyé à la grille du jardin, se posait sur toutes ces caractéristiques tangibles de la réalité ; et pourtant, ce qu'il possédait semblait aussi impalpable qu'un rêve.

Au bout de quelques jours, les habitants distingués de la place commencèrent à remarquer les habitudes de leur voisin. La vue d'un jeune homme tirant avec délectation sur une pipe en terre vers quatre heures de l'après-midi au balcon du salon d'une demeure si discrète ; plus encore, peut-être, sa sortie périodique vers une taverne convenable du voisinage, d'où il revenait nullement décontenancé, portant avec précaution une chope pleine, eurent bientôt accru de façon considérable l'intérêt et l'indignation des domestiques en livrée du square. La désapprobation de certains de ces messieurs alla au début jusqu'à l'insulte ; mais Somerset savait comment se montrer affable avec les gens de toutes les classes sociales ; quelques insolences acceptées gaiement par lui, quelques verres amicalement partagés avec eux lui valurent le droit d'être toléré.

Le jeune homme avait embrassé l'art de Raphaël, en partie à cause de l'idée que c'était facile, en partie à cause d'une méfiance congénitale à l'égard de la vie de bureau. Il méprisait l'idée d'être contraint de faire des études suivies, et il entreprit de transformer une moitié de la salle à manger en atelier pour peindre des natures mortes. Il y amassa une grande variété d'objets, pris au hasard dans la cuisine, le salon et le jardin de derrière, et y passa ses journées avec une assiduité souriante. Pendant ce temps, la masse énorme des étages vides au-dessus de lui pesait lourdement sur son imagination. Tenir une telle mise et n'en rien faire dénotait un certain manque d'énergie. Aussi, pour finir, décida-t-il d'agir suivant la suggestion de Mrs. Luxmore elle-même, et de coller à la fenêtre de la salle à manger, à l'aide de cachets, une petite annonce faisant état de meublés à louer. À six heures et demie, par une belle matinée de juillet, il afficha le papier et se rendit dans le square pour juger du résultat. Il lui parut prometteur et sans prétentions ; et il retourna sur le balcon du salon pour réfléchir, tout en fumant une pipe avec application, au problème épineux de savoir quel loyer il allait demander.

Là-dessus, il relâcha un peu son assiduité pour la peinture. En effet, à partir de ce moment-là, il se mit à passer la plus grande partie de la journée sur le balcon de la façade, semblable au pêcheur à la ligne absorbé dans la contemplation de son flotteur ; et, pour mieux surmonter l'ennui, il se consolait très souvent avec sa pipe en terre. À plusieurs reprises, des passants semblèrent intéressés par la pancarte, et d'autres fois, des dames et des messieurs s'arrêtèrent à la porte d'entrée par pleines voitures ; mais il semblait que la maison avait quelque chose de dissuasif dans son apparence ; car d'un commun accord, ils ne jetaient qu'un seul regard vers le haut et reprenaient leur route en hâte, ou ordonnaient au cocher de poursuivre. Somerset avait ainsi l'humiliation de rencontrer vraiment le regard d'un grand nombre de locataires potentiels ; et il avait beau se hâter de retirer sa pipe et de se composer une physionomie engageante, il n'était jamais récompensé, ne fût-ce que par une demande de renseignements. « Se peut-il qu'il y ait en moi quelque chose d'antipathique ? » se demandait-il. Mais un examen sincère dans l'une des glaces en trumeau du salon l'amenait à exclure cette crainte.

Quelque chose, cependant, n'allait pas. La masse et la précision des calculs effectués sur les pages de garde des livres ou au dos des affiches de théâtre se révélèrent une perte de temps inutile. Grâce à eux, il avait évalué de diverses façons les recettes hebdomadaires de la maison, des sommes aussi modestes que vingt-cinq shillings jusqu'au chiffre le plus imposant de cent livres ; et cependant, en dépit de ces rudiments mêmes d'arithmétique, il était là, littéralement, à ne rien gagner.

Cette incongruité fit sur lui une forte impression et mobilisa sa pensée pendant ses heures de loisir sur le balcon ; il crut enfin déceler l'erreur de sa méthode.

« Nous vivons actuellement, se disait-il, une époque où tout s'affiche à profusion : l'époque de l'homme-sandwich, de Griffiths, du célèbre savon Pear et des sels purgatifs Eno qui, par simple toupet et notoriété, ainsi que par les images les plus écœurantes que je me rappelle avoir vues, a remplacé ce réconfort de mon enfance, le purgatif pyrétique de Lamplough. Lamplough était distingué, Eno omniprésent. Lamplough était banal, Eno original et abominablement vulgaire ; et moi qui ai la prétention de connaître un peu le monde, voilà que je me suis contenté d'une moitié de feuille de papier à lettres, de quelques mots impersonnels qui ne parlent pas directement à l'imagination et de quatre cachets rouges en guise de décoration (si tant est qu'on puisse appeler cela une décoration) ! Vais-je donc sombrer avec Lamplough ou monter en flèche comme Eno ? Vais-je adopter cette modestie qui convient sans aucun doute à un duc, ou m'emparer des faits sanglants de la vie avec l'emphase du commerçant et du poète ? »

En conséquence, à la suite de ces méditations, il se procura plusieurs feuilles de papier à dessin du plus grand format ; déployant ses peintures, il se mit à composer une affiche susceptible d'attirer l'attention et, en même temps, selon ses propres termes, de s'adresser directement à l'imagination du passant. Quelque chose de séduisant dans les couleurs, un choix judicieux et savoureux des mots et une représentation réaliste exposant la vie qu'un locataire pourrait s'attendre à mener à l'intérieur des murs de ce palais de délices : tels devaient être, à son avis, les éléments de son annonce. D'un côté, il était possible de dépeindre les plaisirs tranquilles de la vie domestique : le feu dans la cheminée le soir, les bambins blonds et la bouilloire qui siffle ; mais d'un autre, il était possible (et il avait presque l'impression que cela convenait davantage à sa muse) de vanter les charmes d'une existence moins étroite ou, pour parler franchement, du paradis oriental. L'artiste oscilla si longtemps entre ces deux points de vue que, avant d'arriver à une conclusion, il avait finalement conçu et achevé les deux projets. Avec la tendresse proverbiale d'un père, il ne put se résigner à sacrifier aucun des fruits de son art et décida qu'il les exposerait à tour de rôle, un jour sur deux. « De cette façon, se dit-il, je m'adresserai indifféremment à toutes les classes sociales du monde. »

La seule question encore en suspens fut résolue à pile ou face : le tableau le plus imaginatif reçut les suffrages du hasard et fut le premier à apparaître sur la fenêtre de l'hôtel particulier. Il était hautement fantaisiste, la légende rédigée avec éloquence, l'arrangement des couleurs séduisant et hardi ; et n'était l'imperfection du dessin de l'artiste, on aurait pu le prendre pour un modèle du genre. Tel quel, en tout cas, vu de son poste d'observation favori contre la grille du jardin et en prenant un peu de distance, il causa à l'artiste une sensation agréable.

– J'ai donné là un motif inestimable ! s'exclama-t-il. Ce sera le sujet de ma première académie.

Ni l'une ni l'autre de ces œuvres n'eut un destin égal à son mérite. Bien sûr, une foule se rassemblait, de temps en temps, devant les grilles de la cour ; mais les gens venaient pour railler, non pour spéculer ; et ceux qui poussaient l'enquête plus loin étaient trop clairement animés d'un esprit de dérision. Le plus savoureux des deux dessins ne présenta en fait aucun indice d'un mérite séduisant ; et bien qu'il partageât quelque peu ce succès qu'on dit scandaleux, il manqua totalement son but. Cependant, le jour où l'autre œuvre apparut pour la seconde fois, une personne véritablement intéressée se présenta devant Somerset.

C'était un homme aux manières distinguées, qui était encore en proie à une certaine hilarité et ne contrôlait pas totalement sa voix.

– Je vous demande pardon, dit-il, mais quel est le sens de votre singulier écriteau ?

– C'est moi qui vous demande pardon, répondit

Somerset, violemment. Son sens est suffisamment explicite.

Et craignant désormais le ridicule, à la suite de cette dure expérience, il s'apprêtait à fermer la porte quand le gentleman passa brusquement sa canne dans l'ouverture.

– Pas si vite, je vous en prie, dit-il. Si vous louez réellement des appartements, vous avez devant vous un locataire potentiel ; et rien ne me ferait plus grand plaisir que de voir le logement et de connaître vos conditions.

Tout joyeux, le cœur battant, Somerset fit entrer le visiteur, lui montra les différents appartements et, ayant retrouvé quelque peu son éloquence persuasive, en énuméra les attraits. Le gentleman fut particulièrement satisfait des proportions harmonieuses du salon.

– Cela, dit-il, me conviendrait très bien. Que seraient, si je puis me permettre, vos conditions à la semaine, pour cet étage et celui du dessus ?

– J'avais pensé à cent livres, répondit Somerset.

– Il n'en est pas question, s'exclama le gentleman.

– Eh bien alors, cinquante, repartit Somerset.

Le gentleman le considéra d'un air plutôt étonné.

– Vous semblez étrangement souple dans vos exigences, dit-il. Que diriez-vous si, procédant selon votre propre principe de division, je vous en offrais vingt-cinq ?

– Entendu ! s'écria Somerset.

Puis, submergé par un embarras soudain :

– Voyez-vous, ajouta-t-il pour s'excuser, c'est de l'argent tout trouvé pour moi.

– Ah bon ? dit l'étranger, sans cesser de le dévisager avec un étonnement croissant. Sans supplément, alors ?

– Je... Je suppose, balbutia le gardien de la pension.

– Service compris ? poursuivit le gentleman.

– Service ? s'écria Somerset. Voulez-vous dire que vous attendez de moi que je vide vos eaux usées ?

Le gentleman le considéra avec un intérêt très amical.

– Mon cher ami, dit-il, si vous voulez mon conseil, abandonnez cette affaire.

Là-dessus, il remit son chapeau et s'en alla.

Cette déception cuisante produisit un effet considérable sur l'auteur des affiches ; et il se mit à ravaler, honteux, ses plus belles illusions. La première, puis la seconde de ses grandes œuvres furent condamnées, retirées de l'exposition et reléguées, comme de simples peintures, à la décoration de la salle à manger. Il mit à leur place une réplique de l'annonce originale avec ses cachets, à laquelle, en lettres particulièrement grandes, il ajouta la rubrique savoureuse : « Pas de service. » Entre-temps, il avait sombré dans une sorte de dépression, dans la mesure où c'était compatible avec son tempérament ; déprimé, il l'était à la fois par l'échec de son plan, le tour risible de son dernier entretien et l'aveuglement critique du public face au mérite de ses deux dessins.

Il s'écoula une semaine peut-être avant que le

heurtoir ne le fît sursauter de nouveau. Un monsieur à l'air un peu étranger et un peu militaire, rasé pourtant de près et coiffé d'un feutre mou, souhaita, dans les termes les plus polis, visiter les appartements. Il expliqua qu'il avait un ami, gentleman à la santé délicate, désireux de mener une vie calme et solitaire, soustraite au dérangement et au vacarme qui sont l'ordinaire des pensions.

– La clause inhabituelle de votre annonce, poursuivit-il, m'a particulièrement frappé. Voici un endroit pour Mr. Jones, me suis-je dit. Vous exercez vous-même sans doute, monsieur, une profession libérale ? conclut le visiteur en jetant un regard pénétrant sur le visage de Somerset.

– Je suis artiste, répondit le jeune homme avec légèreté.

– Et ce sont là, fit remarquer l'autre, avec un coup d'œil de côté par la porte ouverte de la salle à manger devant laquelle ils passaient à ce moment-là, ce sont là quelques-unes de vos œuvres. Très remarquable.

Et de nouveau, avec encore plus d'insistance, il scruta le visage du jeune homme.

Somerset, ne pouvant s'empêcher de rougir, se hâta d'autant plus de conduire son visiteur à l'étage et de lui faire visiter les chambres.

– Excellent, observa l'inconnu en regardant par une des fenêtres qui donnaient sur l'arrière. Est-ce une impasse, monsieur ? Parfait. Eh bien, monsieur, écoutez ce que je vous propose : mon ami prendra l'étage du salon ; il dormira dans le salon de derrière ; sa garde-malade, une veuve irlandaise extrêmement dévouée, pourvoira à tous ses besoins et occupera une mansarde ; il vous payera la somme rondelette de dix dollars par semaine et vous vous engagerez, de votre côté, à ne recevoir aucun autre locataire. Voilà qui est équitable, je pense.

Somerset trouvait à peine les mots pour exprimer sa gratitude et sa joie.

– Entendu, dit l'autre, et pour éviter de vous déranger, mon ami amènera avec lui quelques hommes afin de procéder aux modifications nécessaires. Vous allez voir que c'est un hôte réservé, monsieur ; il reçoit peu et quitte rarement la maison, hormis la nuit.

– Depuis que j'habite cette maison, répondit Somerset, je ne suis moi-même guère sorti que le soir, sinon pour aller chercher de la bière. Mais, ajouta-t-il, un homme doit pouvoir se distraire.

On convint ensuite d'une heure ; le gentleman partit et Somerset s'assit pour calculer en monnaie anglaise le montant du chiffre proposé. Le résultat de son calcul le remplit d'étonnement et de dégoût ; mais il était désormais trop tard ; il ne lui restait qu'à se résigner ; et il attendit l'arrivée de son locataire, essayant toujours, par divers expédients arithmétiques, d'obtenir un cours du dollar plus favorable. Pourtant, à l'approche du crépuscule, son impatience l'amena une fois de plus sur le balcon en façade. La nuit tombait, douce et paisible ; les réverbères brillaient tout autour du centre obscur du jardin ; et à travers le grand bosquet d'arbres qui l'en séparaient, quantité de fenêtres chaudement éclairées, de l'autre côté du square, en disaient long sur leurs nappes blanches, leurs vins de choix et leur hospitalité cordiale. Le ciel se constellait d'étoiles de plus en plus nombreuses, quand les yeux du jeune homme se posèrent sur un cortège de trois fiacres qui contournaient les grilles du jardin et se dirigeaient vers la Demeure Superflue. Elles étaient chargées d'énormes malles, se déplaçaient en ordre militaire, l'une derrière l'autre ; et, d'après l'extrême lenteur de leur approche, elles firent réfléchir sérieusement Somerset sur le mal dont souffrait son locataire.

Le temps qu'il ouvrît la porte, les fiacres s'étaient arrêtés le long du trottoir. Des deux premiers, étaient descendus le gentleman rigide de la matinée ainsi que deux porteurs très robustes. Ces derniers se mirent aussitôt à prendre possession de la maison ; à eux seuls et rejetant avec fermeté l'aide de Somerset, ils transportèrent à l'intérieur les différentes caisses et malles ; à eux seuls, ils démontèrent et transférèrent jusqu'au salon de derrière le lit où devait dormir le locataire ; et ce ne fut pas avant que le remue-ménage de l'arrivée se fût calmé et que les aménagements fussent achevés que descendit alors, du troisième des véhicules, un monsieur de haute taille, à la forte carrure, appuyé sur l'épaule d'une femme en vêtements de veuve ; lui-même était enveloppé d'un long manteau et emmitouflé d'un cache-nez de couleur.

Somerset put tout juste l'apercevoir au passage ; il s'enferma rapidement dans le salon de derrière ; les autres s'en allèrent ; le silence retomba sur la maison ; et si la garde-malade n'avait pas fait une apparition, un peu avant dix heures et demie, pour lui demander avec un accent irlandais prononcé s'il y avait une taverne convenable dans les environs, Somerset aurait pu se croire toujours seul dans la Demeure Superflue.

Les jours passaient ; pourtant, le jeune homme n'avait jamais réussi à voir son mystérieux locataire ni à lui parler. Les portes de l'étage du salon ne s'ouvraient jamais ; et bien que Somerset pût l'entendre aller et venir, l'homme de haute taille n'avait jamais quitté la retraite de ses appartements. Des visiteurs, bien sûr, arrivaient ; parfois au crépuscule, parfois à des heures intempestives de la nuit ou du petit matin ; des hommes, pour la plupart ; certains d'entre eux vêtus misérablement, d'autres convenablement ; certains bruyants, d'autres obséquieux ; mais tous, aux yeux de Somerset, déplaisants. Un certain air de crainte et de secret leur était commun à tous ; tous étaient volubiles, se disait-il, et mal à l'aise ; même le gentleman à l'allure militaire, à y regarder de plus près, se révéla n'être pas gentleman du tout ; quant au médecin qui soignait le malade, ses manières n'évoquaient pas des études universitaires. La garde-malade, elle aussi, était tout juste une voisine souhaitable. Depuis son arrivée, le niveau de la bouteille de whisky personnelle du jeune homme avait baissé à une vitesse accélérée ; et bien que n'étant jamais expansive, elle se montrait parfois d'une familiarité désagréable. Quand on l'interrogeait sur la santé du malade, elle secouait tristement la tête et déclarait que le pauvre monsieur était dans un état pitoyable.

Mais, sans bien savoir pourquoi, Somerset avait

commencé à nourrir l'idée que sa maladie était autre que corporelle. Les individus à la mine patibulaire qui se réunissaient dans la maison, les bruits étranges qui provenaient du salon au cœur de la nuit, la négligence du service et les penchants pour la boisson de la garde-malade, l'absence totale de courrier, la réclusion totale de Mr. Jones lui-même, dont, à ce jour, il n'aurait pu jurer devant un tribunal qu'il le reconnaissait – tous ces faits troublaient désagréablement le jeune homme. Le sentiment que quelque chose de mal se tramait – quelque chose d'anormal et de clandestin – l'obsédait et le déprimait. Cette inquiétude s'enracina d'autant plus fermement en lui qu'avec le temps l'occasion lui fut donnée d'observer les traits de son locataire. Cela se produisit de la façon suivante. Le jeune logeur fut réveillé vers quatre heures du matin par un bruit dans le vestibule. Il bondit sur ses pieds et, ouvrant la porte de la bibliothèque, vit l'homme de haute taille, une chandelle à la main, en pleine conversation avec le gentleman qui avait loué les chambres. Leurs deux visages étaient vivement éclairés : sur celui de son locataire, Somerset ne remarqua aucun symptôme de maladie, mais au contraire tous les signes de la santé, de l'énergie et de la résolution. Il était toujours à les dévisager lorsque le visiteur s'en alla ; l'invalide, après avoir soigneusement verrouillé la porte d'entrée, grimpa l'escalier quatre à quatre sans la moindre trace de lassitude.

Cette nuit-là, sur son oreiller, Somerset se mit une nouvelle fois à s'enflammer, en détective saisi par le démon de l'investigation. Le lendemain matin, il reprit la pratique de son art, le pinceau négligent et l'esprit préoccupé. La journée devait être riche en surprises ; il n'était pas assis depuis longtemps à son chevalet que se produisit la première. Un fiacre chargé de bagages s'arrêta devant la porte : Mrs. Luxmore en personne monta les marches à la hâte et commença à marteler la porte avec le heurtoir. Somerset se dépêcha de répondre à l'appel.

– Mon cher ami, dit-elle, au comble de la gaieté, me voici, je tombe de la lune ! Je suis ravie de vous retrouver, fidèle au poste ; et je ne doute pas que vous serez tout aussi content de recouvrer la liberté.

Somerset ne put trouver aucune parole, ni de protestation ni d'accueil ; la vieille dame pleine d'entrain passa vivement devant lui et s'arrêta sur le seuil de la salle à manger. La vue qui s'offrit à ses yeux était bien faite pour inspirer la stupéfaction. Le dessus de la cheminée était envahi de casseroles et de bouteilles vides ; des côtelettes étaient en train de griller sur le feu ; le sol était tout jonché de livres, de vêtements, de cannes et de l'attirail de peinture du jeune homme. Mais ce qui devançait de loin les autres merveilles du lieu était le coin qui avait été aménagé pour étudier les natures mortes. Il formait une sorte de rocaille, sur laquelle, conformément aux principes de l'art de la composition, un chou se détachait bien en évidence sur une bouilloire en cuivre, tous deux contrastant avec la carapace d'un homard bouilli.

– Grands dieux ! s'écria la propriétaire des lieux.

Puis se tournant, courroucée, vers le jeune homme :

– De quelle classe sociale êtes-vous issu ? s'enquit-elle. Vous avez l'apparence d'un gentleman, mais si j'en juge par les preuves surprenantes que j'ai sous les yeux, je dirai que vous ne pouvez être qu'un marchand de primeurs. Rassemblez vos légumes, je vous prie, et que je ne vous revoie plus.

– Madame, bredouilla Somerset, vous m'avez promis de m'avertir un mois à l'avance.

– C'était une méprise, répondit la vieille dame. Je vous avertis à présent que vous allez devoir partir sur-le-champ.

– Madame, dit le jeune homme, j'aimerais bien et, il est vrai qu'en ce qui me concerne, ça pourrait se faire. Mais alors, mon locataire !

– Votre locataire ? dit Mrs. Luxmore en écho.

– Mon locataire, oui, pourquoi le nier ? répondit Somerset. Il est ici à la semaine.

La vieille dame prit un siège.

– Vous avez un locataire... Vous ? s'écria-t-elle. Et comment l'avez-vous trouvé, je vous prie ?

– Par une annonce, répondit le jeune homme. Ô, madame, je n'avais pas les yeux dans ma poche. J'ai essayé – son regard se porta involontairement sur les affiches – j'ai essayé toutes les méthodes.

Les yeux de la dame avaient suivi les siens. Devant Somerset, qui n'en avait jamais vu encore, elle sortit un lorgnon ; et dès qu'elle se fut rendu compte de toute la valeur des œuvres, elle éclata d'un rire en cascade, de sa voix roucoulante de soprano.

– Oh ! je vous trouve parfaitement délicieux ! s'écria-t-elle. J'espère que vous les avez mises à la fenêtre. M'Pherson ! cria-t-elle à l'adresse de sa servante, qui avait attendu tout ce temps dans le couloir d'un air sévère, je déjeune avec Mr. Somerset. Prenez la clé de la cave et apportez du vin.

Elle persista dans cette humeur gaie pendant tout le repas et offrit à Somerset deux douzaines de bouteilles de vin qu'elle fit monter de la cave par M'Pherson :

– En guise de cadeau, mon cher, dit-elle dans un nouvel accès de joie qui lui fit venir les larmes aux yeux, pour vos charmants tableaux, que vous ne manquerez pas de me laisser quand vous partirez.

Finalement, protestant qu'elle n'osait pas semer la perturbation dans la plus absurde maison de fous de tout Londres, elle partit, dit-elle sans plus de précision, pour le continent.

Elle venait à peine de quitter la demeure que Somerset rencontra la garde-malade irlandaise dans le couloir ; à jeun, selon toute vraisemblance, et cependant en proie à une émotion singulièrement forte. Il apparut, d'après son récit, que la santé de Mr. Jones s'était déjà très vivement ressentie de la visite de Mrs. Luxmore, et que seule une explication complète pourrait apaiser l'inquiétude de l'invalide. Somerset, un peu effaré, raconta ce qu'il jugea à propos de l'affaire.

– Est-ce tout ? s'écria la femme. Devant Dieu, est-ce tout ?

– Ma bonne dame, dit le jeune homme, je ne sais vraiment pas à quoi vous voulez en venir. Supposez que cette personne soit la femme de mon ami, supposez qu'elle soit ma fée marraine, supposez qu'elle soit la reine du Portugal, en quoi cela pourrait-il bien vous affecter, vous ou Mr. Jones ?

– Sainte mère de Dieu ! s'écria la garde-malade, c'est lui qui va être content de l'apprendre !

Là-dessus, elle s'empressa de grimper à l'étage supérieur.

Somerset, de son côté, retourna à la salle à manger et, le front soucieux, ruminant quantité de théories, se mit en devoir de liquider le reste de la bouteille. C'était du porto, et le porto est le seul alcool, parmi les vins de qualité égale ou supérieure, à pouvoir, dans une certaine mesure, s'accommoder du tabac. Sirotant, fumant, échafaudant des hypothèses, Somerset allait de soupçon en soupçon, de résolution en résolution, toujours plus courageux et plus rouge au fur et à mesure que le niveau de la bouteille baissait. C'était un sceptique, aussi fier du titre qu'on peut l'être ; il n'avait pas systématiquement en horreur les crimes ni les vices, mais considérait le monde dans son ensemble avec une approbation immorale, ce qui est fréquemment le cas lorsqu'on a la jeunesse et la santé. En même temps, il était convaincu qu'il habitait sous le même toit que des malfaiteurs secrets et un instinct obstiné de détective l'incitait à la sévérité. La bouteille était presque vide ; le soleil d'été venait enfin de se coucher et, au même instant, la nuit et les tiraillements de son estomac le rappelèrent à la réalité.

Il sortit et alla dîner au Critérion : un dîner en accord, non tant avec sa bourse qu'avec l'excellent vin qu'il avait bu. Tant et si bien qu'il était passé minuit depuis longtemps quand il rentra chez lui. Il y avait un fiacre à la porte ; et quand il pénétra dans le vestibule, Somerset se trouva nez à nez avec un des rares visiteurs de Mr. Jones : un homme à la silhouette massive, aux traits accusés et portant une barbiche à l'américaine. Cet individu portait sur l'épaule une grosse valise noire qui semblait extrêmement lourde. Trouver un visiteur en train de transporter des bagages en pleine nuit rappela au jeune homme des histoires bizarres. Il avait entendu parler de locataires qui faisaient ainsi disparaître peu à peu, non seulement leurs biens personnels, mais les meubles et les objets mêmes de la maison qui les abritait ; si bien qu'à ce moment-là, dans une humeur intermédiaire entre la plaisanterie et le soupçon, et feignant l'ébriété, il se cogna brutalement contre l'homme à la barbiche et la malle bascula de son épaule avant d'atterrir sur le sol. Le visage soudain blanc comme un linge, l'homme à la barbiche invoqua sur un ton de lamentation le nom du Seigneur et se laissa tomber comme une masse sur le tapis au pied de l'escalier. En même temps, mais l'espace d'un instant seulement, les têtes du locataire souffrant et de la garde-malade irlandaise jaillirent comme des diables de leur boîte au-dessus de la rampe du premier étage ; et, sur chacune d'elles, se lisaient la même panique et la même pâleur.

La vue de ce trouble incroyable pétrifia Somerset et il demeura sans voix, tandis que l'homme se ressaisissait et, avec l'aide de la main courante, remerciant Dieu à haute voix, se remettait péniblement debout.

– Au nom du ciel, qu'est-ce qui vous prend ? dit le jeune homme d'une voix entrecoupée, dès qu'il put trouver ses mots et articuler.

– Avez-vous une goutte d'alcool ? répondit l'autre. J'ai mal au cœur.

Somerset administra deux petits verres, l'un après l'autre, à l'homme à la barbiche qui, ayant retrouvé quelques forces, se mit alors à se confondre en excuses pour ce qu'il appelait l'état lamentable de ses nerfs – résultat, prétendait-il, d'un long accès de fièvre intermittente ; puis, ayant pris congé d'une main encore moite et tremblante, il reprit avec précaution son fardeau et s'en alla.

Somerset alla se coucher mais ne put dormir. Que contenait donc, se demandait-il, la grosse valise noire ? Des marchandises volées ? le cadavre d'un homme assassiné ? ou – et à cette pensée, il se dressa dans son lit – une machine infernale ? Il fit le vœu solennel de dissiper ces doutes. Le lendemain matin, il s'installa à côté de la fenêtre de la salle à manger, l'œil et l'oreille en alerte, dans l'attente de la première occasion qu'il pourrait mettre à profit.

Les heures s'écoulaient lentement. À l'intérieur de la maison, il n'y avait aucun fait nouveau ; si ce n'est peut-être que la garde-malade se rendait plus souvent jusqu'à l'angle du square et que, dès le début de l'après-midi, elle avait une démarche et des propos plutôt vagues. Peu après six heures, toutefois, apparut à l'angle des jardins une jeune femme très belle et très élégamment vêtue, qui s'arrêta à quelque distance et contempla un moment, avec force soupirs, la façade de la Demeure Superflue. Ce n'était pas la première fois qu'elle s'était ainsi tenue à distance pour l'examiner, comme nos père et mère à tous aux portes de l'Éden. Le jeune homme avait déjà eu l'occasion de remarquer la sveltesse allègre de son maintien, et avait déjà été la cible d'une flèche que ses yeux avaient décochée au hasard. Il salua donc sa venue avec plaisir et se rapprocha légèrement de la fenêtre pour jouir de sa vue. Quelle ne fut pas sa surprise, alors, quand elle s'approcha, gravit les marches et frappa discrètement à la porte, au prix, semblait-il, d'un effort perceptible ! Il se hâta d'arriver avant la garde-malade irlandaise, probablement endormie, et eut la satisfaction de recevoir en personne cette gracieuse visiteuse.

Elle s'enquit de Mr. Jones ; puis, sans transition, demanda au jeune homme s'il était de la maison (à ces mots, il crut la voir sourire).

– Parce que si c'est le cas, ajouta-t-elle, j'aimerais voir quelques-unes des autres chambres.

Somerset expliqua qu'il s'était engagé à ne pas recevoir d'autres locataires ; mais elle l'assura que cela ne poserait aucun problème, étant donné qu'il s'agissait d'amis de Mr. Jones. Avançant soudain jusqu'à la salle à manger, elle poursuivit :

– Commençons par là.

Somerset ne fut pas assez rapide pour l'empêcher d'entrer, et peut-être n'eut-il pas le cœur d'essayer.

– Ah ! s'exclama-t-elle, quel changement !

– Madame, s'écria le jeune homme, depuis que vous êtes ici, c'est moi qui ai le droit de parler ainsi !

Elle reçut ce compliment inepte en baissant les yeux avec une modestie calculée et, retenant avec grâce un pan de sa robe pour mieux se déplacer au milieu de l'indescriptible fatras, passa en revue, tantôt avec un sourire, tantôt avec un soupir, les merveilles contenues dans les deux pièces. Elle examina les peintures les yeux pétillants et le rose aux joues, et d'une voix légèrement émue, fit grand cas de leurs qualités. Elle s'extasia devant l'heureux arrangement de la rocaille et, dans la chambre, dont Somerset s'était efforcé en vain d'interdire l'accès, elle laissa franchement éclater son admiration.

– Comme tout est simple et viril ! s'écria-t-elle. Rien de cet ordre efféminé, si détestable chez un homme !

Là-dessus, sans lui laisser le temps de répondre, elle lui dit qu'elle connaissait très bien le chemin et ne voulait pas le déranger davantage ; puis elle prit congé avec un sourire engageant et monta seule l'escalier.

La jeune femme resta tête à tête avec Mr. Jones pendant plus d'une heure. Au bout de ce temps, la nuit étant désormais complètement tombée, ils quittèrent ensemble la maison. C'était la première fois depuis l'arrivée de son locataire que Somerset se trouvait seul avec la veuve irlandaise. Alors, sans perdre plus de temps que n'en exigeait la bienséance, il s'avança jusqu'au bas de l'escalier et l'appela par son nom. Elle arriva aussitôt, souriant d'un air contraint en hochant la tête. Quand le jeune homme lui proposa poliment de lui montrer ses richesses artistiques, elle jura que rien ne pouvait lui procurer de plus grand plaisir car, bien qu'elle n'eût jamais franchi le seuil de la pièce, elle avait souvent aperçu ses magnifiques peintures par la porte ouverte. En pénétrant dans la salle à manger, la vue d'une bouteille et de deux verres la prépara à être un critique indulgent ; et dès que les tableaux eurent été examinés et admirés, elle n'eut pas de peine à se laisser convaincre de partager un verre – un seul – avec le peintre.

– Mes félicitations, dit-elle ; c'est un plaisir de voir dans cette horrible maison un gentleman comme vous, si affable et si spontané, et qui plus est, très bon peintre, ma foi !

Un premier verre si agréablement préfacé était sûr de mener à l'acceptation d'un second ; au troisième, Somerset fut libre de cesser de faire semblant de lui tenir compagnie ; quant au quatrième, elle le réclama de son propre chef.

– Car pour sûr, dit-elle, avec tous ces mécanismes et ces produits chimiques, sans une goutte d'alcool, la vie serait complètement impossible. Z'avez vu que même M'Guire était content d'en réclamer. Et même lui, Mr. Jones, quand il est abattu par toutes ces cruelles déceptions, il a beau être aussi sobre qu'un enfant, il lui arrive parfois d'en mendier un verre. Et je vous remercie de m'en donner encore une goutte pour me remettre l'estomac.

Peu après, elle se mit à raconter en pleurant les dispositions prises par son mari sur son lit de mort et à se lamenter sur les biens insignifiants qu'il lui avait laissés. Puis elle déclara qu'elle entendait « le maître » l'appeler. Elle se leva, ne fit qu'un pas en titubant pour se retrouver dans la rocaille des natures mortes et, la tête sur le homard, sombra dans un sommeil bruyant.

Somerset monta aussitôt au premier étage et ouvrit la porte du salon, vivement éclairé par de nombreuses lampes. C'était une grande pièce qui donnait sur le square par trois hautes fenêtres et était reliée à la chambre voisine par une double porte en accordéon ; de proportions élégantes, elle était tapissée de papier peint vert d'eau, avec des meubles habillés de velours d'un bleu délicat, et décorée d'un manteau de cheminée majestueux dans des marbres de différentes couleurs. Telle était du moins le souvenir qu'en avait Somerset. Celle qu'il avait à présent sous les yeux était presque entièrement changée : les meubles étaient recouverts de chintz imprimé ; les murs tendus d'un papier couleur rhubarbe et entrecoupés par les embrasures de sept fenêtres au moins, habillées de rideaux. Il crut être entré sans se rendre compte de la transition dans la maison voisine. Bientôt, de ces changements trompeurs, ses yeux revinrent sur les objets singuliers dont le sol était jonché. Il y avait des platines de pistolets démontés ; des horloges et des mécanismes d'horlogerie à tous les stades de démolition, dont certains fonctionnaient encore et d'autres étaient réduits à leurs délicats éléments ; toute une série de bonbonnes, de bocaux et de bouteilles ; un banc de menuisier et une table de laboratoire.

Le salon donnant sur l'arrière, vers lequel se dirigea Somerset, avait de la même façon subi des modifications. Il avait pris l'apparence exacte d'une chambre de pension ordinaire ; un lit garni de rideaux verts occupait l'un des angles ; la fenêtre était condamnée par la table de toilette et le miroir réglementaires. La porte d'une petite soupente attira alors l'attention du jeune homme. Grattant une *vesta*, il l'ouvrit et entra. Sur une table, s'étalaient des perruques et des barbes ; aux murs, était accroché un assortiment disparate de costumes et de pardessus ; et, placé bien en évidence au milieu de ces derniers, le jeune homme remarqua un grand manteau en une peau de phoque des plus coûteuses. En un éclair, son esprit se reporta à l'annonce parue dans le *Standard*. La grande taille de son locataire, la largeur disproportionnée de ses épaules et les détails étranges de son installation, tout aboutissait à la même conclusion.

L'allumette lui brûlait maintenant les doigts ; prenant le manteau sur le bras, Somerset se hâta de retourner dans le salon éclairé. Là, avec un mélange de crainte et d'admiration, il étudia de près sa belle coupe ainsi que la régularité de la peau et la douceur du poil. La vue d'une immense glace en trumeau lui fit imaginer autre chose. Il revêtit le manteau de fourrure et, debout devant le miroir dans une attitude évoquant un prince russe, il fourra les mains dans les vastes poches. Ses doigts rencontrèrent un journal plié. Il le sortit et reconnut la typographie et le papier du *Standard ;* au même instant, ses yeux se posèrent sur l'offre de deux cents livres. Manifestement donc, son locataire, qui n'était plus désormais mystérieux, avait mis de côté son manteau le jour même de la parution de l'annonce.

Il se tenait là, le manteau accusateur sur le dos, le papier compromettant à la main, quand la porte s'ouvrit et que l'homme de haute taille, le visage résolu mais plutôt blême, entra dans la pièce puis referma la porte derrière lui. Les deux hommes se dévisagèrent en silence un certain temps ; enfin Mr. Jones s'avança vers la table, prit un siège, et sans modifier une seule fois la direction de son regard, s'adressa au jeune homme.

– Vous avez raison, dit-il. C'est pour moi que la rançon est offerte. Et maintenant qu'allez-vous faire ?

C'était une question à laquelle Somerset était loin de pouvoir répondre. Pris au dépourvu comme il l'était, vêtu du manteau de cet homme comme d'un déguisement et entouré par tout un arsenal d'explosifs diaboliques, le patron de la pension était réduit au silence.

– Oui, reprit l'autre, c'est moi. Je suis cet homme qu'avec une haine et une peur impuissantes ils traquent encore de repaire en repaire, de déguisement en déguisement. Oui, mon cher logeur, il est en votre pouvoir, si vous êtes pauvre, de poser les bases de votre fortune ; et si vous êtes inconnu, de vous attirer les honneurs d'un seul coup. Vous vous êtes joué d'une veuve innocente et je vous trouve ici dans ma chambre, pour laquelle je vous paye en bon argent, en train de fouiller ma garde-robe et la main – honte à vous, monsieur ! – jusque dans ma poche. Vous pouvez à présent achever le cycle de vos actions ignominieuses par ce qui sera à la fois la plus simple, la plus sûre et la plus rémunératrice de toutes.

L'orateur s'arrêta comme pour mettre en valeur ses paroles ; puis, avec un grand changement de ton et d'attitude, il reprit en ces termes :

– Cependant, monsieur, quand j'observe votre visage, je suis certain de ne pas me tromper : certain qu'en dépit de tout j'ai l'honneur et le plaisir de parler à un gentleman. Ôtez ce manteau, monsieur, qui ne fait que vous embarrasser. Dépouillez-vous de cette honte, car ce qui n'est que pensé, Dieu merci, n'a pas à être un fardeau pour la conscience ; nous avons tous nourri des pensées coupables. Si vous a traversé l'esprit l'idée de vendre ma chair et mon sang, mon angoisse sur le banc des accusés et la sueur de mon agonie... cette pensée, cher monsieur, vous étiez tout aussi incapable de la mettre à exécution que je le suis, moi, de mettre votre honneur en doute. À ces mots, l'orateur, avec une expression très ouverte et souriante, comme un père qui accorde son pardon, tendit la main à Somerset.

Il n'était pas dans la nature du jeune homme de refuser le pardon ou de disséquer la générosité. Sur-le-champ, et presque sans y penser, il accepta de serrer la main qu'on lui tendait.

– À présent, reprit le locataire, à présent que je tiens votre main loyale dans la mienne, je mets de côté mes appréhensions, j'écarte les soupçons, je vais plus loin – par un effort de la volonté, je bannis le souvenir de ce qui s'est passé. Il m'est égal de savoir comment vous êtes entré : il me suffit de savoir que vous êtes ici... comme mon invité. Asseyez-vous. Faisons donc, avec votre aimable permission, plus ample connaissance devant un verre d'excellent whisky.

À ces mots, il sortit des verres et une bouteille, et tous deux burent en silence à la santé l'un de l'autre.

– Avouez, observa l'hôte en souriant, que vous avez été surpris par l'aspect de la pièce.

– Oui, c'est vrai, dit Somerset ; et je ne parviens du reste pas à imaginer le pourquoi de ces changements.

– C'est par ces procédés-là, répliqua le conspirateur, que je continue à exister. Imaginez-moi, à présent, accusé devant l'un de vos injustes tribunaux ; imaginez la comparution des différents témoins, et la variété singulière de leurs dépositions ! L'un d'eux m'aura rendu visite dans ce salon tel qu'il était auparavant ; un second le trouve tel qu'il est ce soir ; et demain ou après-demain, il se peut que tout ait changé. Si, comme les artistes, vous aimez le romanesque, sachez que peu de vies sont plus romantiques que celle de l'individu obscur qui vous parle en ce moment. Obscur et pourtant célèbre. Ma gloire est anonyme et infernale. C'est par des moyens infâmes que je travaille pour un objectif radieux. J'ai découvert que la liberté et la paix d'un malheureux pays étaient violées à outrance ; l'avenir sourit à cette terre ; mais, en attendant, je mène l'existence d'une bête traquée, je travaille à des fins effroyables et pratique des tours d'adresse diaboliques.

Somerset, le verre à la main, contemplait l'étrange fanatique assis en face de lui et écoutait sa rhapsodie passionnée avec une perplexité indescriptible. Il scrutait son visage avec une minutie étrange, y voyait les marques d'un esprit cultivé et s'étonnait d'autant plus profondément.

– Monsieur, dit-il, car j'ignore si je dois encore vous appeler monsieur Jones...

– Jones, Breitman, Higginbotham, Pumpernickle, Daviot, Henderland, vous pouvez m'appeler par tous ces noms ou n'importe lequel d'entre eux, dit le conspirateur, car je les ai tous portés à un moment ou à un autre. Cependant, celui que je prise le plus, celui qui est le plus redouté, le plus haï, et le plus respecté, n'est pas un nom que vous trouverez dans vos annuaires ; ce n'est pas un nom courant dans les bureaux de poste ou les banques ; et, en vérité, comme le clan célèbre des M'Gregor, je peux à juste titre me prétendre anonyme le jour. Mais, poursuivit-il en se levant, la nuit, et pour mes partisans désespérés, je suis le redouté Zéro.

Somerset ne connaissait pas ce nom, mais il exprima poliment sa surprise et son contentement.

– Dois-je comprendre, reprit-il, que sous ce nom d'emprunt, vous exercez la profession de dynamiteur [1] ?

1. L'Auteur arabe du texte original développe ici un long passage conçu dans un style trop oriental pour le lecteur anglais. En voici un spécimen (on ne parvient pas à démêler si on doit le publier en prose ou en vers) : « Tout écrivailleur qui écrit dynamitailleur trouvera en moi un combatailleur infatigable. » Et il continue (si nous comprenons bien ce qu'il veut dire) en protestant contre des orthographes aussi élégantes et aussi évidemment correctes que « allumailleur de

Le conspirateur avait repris son siège et remplissait à nouveau les verres.

– Oui, précisément, dit-il. Dans la période sombre que nous traversons, une étoile – l'étoile de la dynamite – s'est levée pour les opprimés ; et parmi ceux qui l'utilisent, assaillis de tous côtés par tant de dangers et soumis à des difficultés et à des déceptions si incroyables – peu ont été plus assidus et encore moins nombreux...

Il s'arrêta et une ombre de confusion voila son visage.

– ... Encore moins nombreux ceux qui ont mieux réussi que moi.

– J'imagine, fit remarquer Somerset, que d'après les résultats considérables que vous en attendez, la carrière n'est pas dépourvue d'intérêt. Vous avez, du reste, un peu du divertissement que procure le jeu de cache-cache. Mais il me semblerait tout de même – je parle en profane – que rien ne pourrait être plus simple ni plus sûr que de déposer une machine infernale puis de se retirer dans un comté limitrophe pour en attendre les douloureuses conséquences.

– Vous parlez, certes, reprit le conspirateur, avec une chaleur évidente, vous parlez vraiment par ignorance. Vous ne tenez donc pour rien le danger que nous partageons en ce moment ? Croyez-vous que ce ne soit rien d'occuper une maison comme celle-ci,

réverbères », « négocilleur en grain », « chapardailleur de pommes » (clairement justifié par le parallèle « poiscailleur » et « dansailleur d'opéra »). « Dynamitiste, ajoute-t-il, je pourrais comprendre. » *(NdA.)*

minée, menacée et, en un mot, littéralement chancelante sur ses bases ?

– Grands Dieux ! s'exclama Somerset.

– Quand vous parlez de facilité, poursuivit Zéro, à notre époque d'études scientifiques, vous me remplissez de surprise. N'êtes-vous pas conscient que les produits chimiques sont, de façon proverbiale, aussi volages qu'une femme, et les mécanismes d'horlogerie aussi capricieux que le diable en personne ? Voyez-vous sur mon front ces rides creusées par l'angoisse ? Remarquez-vous ces fils d'argent qui se mêlent à mes cheveux ? Ces mécanismes, oui, ces mécanismes les ont imprimées sur mon front – les produits chimiques les ont disséminés sur mes boucles ! Non, monsieur Somerset, reprit-il après un instant de silence, la voix toujours vibrante d'émotion, n'allez pas imaginer que la vie du dynamiteur est entièrement rose. Au contraire, vous ne pouvez vous représenter les heures de veille qui m'ont laissé les yeux injectés de sang et les déceptions consternantes d'une vie comme la mienne. J'ai travaillé dur, disons, pendant des mois, me levant tôt, me couchant tard ; mon sac de voyage est prêt, mon réveil est réglé ; un de nos agents, plein d'audace, est allé en toute hâte, le visage blême, déposer l'instrument de la ruine ; nous attendons la chute de l'Angleterre, le massacre de milliers de gens, le hurlement de terreur et de malédiction. Hélas, voyez ! Un claquement sec comme en produirait un pistolet d'enfant, une odeur nauséabonde et c'est la perte totale de tant d'heures et de matériel ! Si nous avions seulement été capables de récupérer les sacs de dynamite perdus, conclut-il, songeur, je crois qu'il aurait suffi d'une légère retouche de ma part pour réparer le moteur coupable. Mais entre la perte du matériel et les difficultés scientifiques presque insurmontables de la tâche, nos amis de France sont quasi prêts à abandonner le médium choisi. Ils proposent, à la place, de détruire le système d'assainissement des villes et de faire périr des populations avec la typhoïde pernicieuse et dévastatrice : un projet scientifique tentant ; une méthode aveugle, évidemment, mais d'une simplicité idyllique. J'en reconnais l'élégance, mais, monsieur, il y a un peu du poète en moi ; un peu, sans doute, du tribun. Et, pour ma modeste part, je resterai attaché à cette méthode plus énergique, plus frappante et (si vous le voulez bien) plus populaire, qu'est la bombe explosive. Oui, s'écria-t-il avec un espoir inébranlable, je continuerai encore et, je le sens au fond de moi, je finirai bien par réussir !

– Je constate deux choses, dit Somerset. La première me remplit d'un certain étonnement. N'avez-vous donc, dans le cours de votre vie, que vous avez dépeint d'une manière si colorée, n'avez-vous donc pas une seule fois réussi ?

– Je vous demande pardon, dit Zéro. J'ai eu un succès. Vous avez devant vous l'auteur de l'attentat de la résidence du Lion Rouge.

– Mais, autant que je me souvienne, objecta Somerset, l'affaire fut un *fiasco*. Une charrette de balayeur et quelques exemplaires du *Weekly Budget* furent les seules victimes.

– Je vous demande bien pardon encore une fois,

répliqua Zéro avec une âpreté manifeste : un enfant fut blessé.

– Et cela m'amène fort à propos à ma seconde constatation, dit Somerset. Car j'ai noté que vous avez employé le mot « aveugle ». Or, c'est certain, une charrette de balayeur et un enfant (si enfant il y eut) représentent avec une extrême précision le summum des représailles « aveugles » et, si vous permettez, inefficaces.

– Ai-je employé ce mot ? demanda Zéro. Dans ce cas, je ne veux pas le justifier. Mais en ce qui concerne l'efficacité, vous mettez le doigt sur des questions plus graves. Avant d'aborder un sujet si vaste, permettez-moi de remplir nos verres une fois de plus. La discussion est une activité desséchante, ajouta-t-il avec un enjouement non dénué de charme. Ils burent un autre whisky bien tassé à la santé l'un de l'autre. Zéro, assez content de lui, se laissa aller en arrière et se mit à développer plus amplement ses opinions.

– Aveugle ? commença-t-il. La guerre, mon cher monsieur, est aveugle. La guerre n'épargne pas l'enfant ; elle n'épargne pas la charrette du balayeur innocent. Moi non plus, conclut-il rayonnant, moi non plus ! Tout ce qui peut semer la terreur, tout ce qui peut bouleverser ou paralyser les activités de la nation coupable, balayeur ou enfant, parlement impérial ou steamer de croisière est bienvenu pour mes simples desseins. Vous n'êtes pas, s'enquit-il avec un soupçon de sympathie, vous n'êtes pas croyant, j'espère ?

– Monsieur, dit le jeune homme, je ne crois en rien.

– Vous êtes donc, répondit Zéro, en mesure de suivre mon raisonnement. Nous sommes d'accord que l'humanité est le but, le triomphe glorieux de l'humanité ; et, ayant pris l'engagement d'œuvrer pour atteindre ce but, confronté à l'opposition de la clique des rois, des parlements, des églises et des représentants de la force, qui suis-je – qui sommes-nous, cher monsieur – pour feindre d'avoir des scrupules quant aux outils employés ? Vous vous attendriez peut-être que nous attaquions la reine, le sinistre Gladstone, le rigide Derby ou l'habile Granville ; mais là, vous auriez tort. Notre appel est dirigé vers la masse populaire ; ce sont ces gens-là que nous aimerions toucher et intéresser. À présent, monsieur, avez-vous observé la femme de chambre anglaise ?

– Et comment ! s'écria Somerset.

– De la part d'un homme de goût et d'un artiste fervent, je n'en attendais pas moins, répondit poliment le conspirateur. Une espèce à part ; une personne très charmante ; qui correspond exactement à nos objectifs. Le bonnet soigné, le costume net, la personne avenante, les manières engageantes ; sa situation sociale entre deux classes : père et mère d'un côté, employeurs de l'autre ; la probabilité qu'elle ait au moins un amoureux aux sentiments duquel nous ferons appel : oui, j'ai un penchant – appelez cela une faiblesse, si vous voulez – pour la femme de chambre. Il ne faudrait pas en déduire que je méprise la garde-malade. Car l'enfant est un élément extrêmement intéressant : j'ai depuis longtemps repéré l'enfant comme le point sensible de la société.

Il hocha la tête, avec un sourire averti et pensif.

– À propos d'enfants, monsieur, et des dangers de notre métier, laissez-moi à présent vous raconter un petit incident occasionné par une bombe explosive, qui s'est produit il y a quelques semaines, et dont j'ai été le témoin. Voici comment les choses se sont passées.

Zéro, se calant en arrière sur sa chaise, raconta la simple histoire que vous allez découvrir.

Zéro fait le récit de la bombe explosive[1]

J'AVAIS RENDEZ-VOUS pour dîner avec l'un de nos agents les plus fiables dans un salon privé de St. James's Hall. Vous l'avez vu : c'était M'Guire, l'individu le plus chevaleresque, mais qui ne connaissait pas nos engins à fond. D'où la nécessité de notre rencontre ; car je n'ai pas besoin de vous rappeler quels résultats considérables dépendent de l'ajustement précis de la machine. Je réglai notre petit pétard sur une demi-heure, le lieu de l'action étant tout proche ; pour éviter le plus possible un échec, j'utilisai un dispositif inventé peu de temps auparavant par mes soins, grâce auquel l'ouverture du sac Gladstone qui renfermait la bombe devait aussitôt déclencher l'explosion. M'Guire était un peu décon-

1. L'Auteur arabe, avec cette touche particulièrement originale que néglige généralement notre traduction, note ici un détail assez intéressant : Zéro prononçait « boum » au lieu de « bombe » ; et le lecteur, ne serait-ce que pour l'occasion, consentira probablement à le suivre. *(NdA.)*

certé par cette mesure, nouvelle pour lui : il fit remarquer, avec beaucoup de bon sens et de clairvoyance, que s'il était arrêté, il serait probablement entraîné dans la chute de nos adversaires. Mais je ne me laissai pas émouvoir : je fis fermement appel à son patriotisme, lui offris un bon verre de whisky et l'envoyai accomplir sa glorieuse mission.

Notre objectif était l'effigie de Shakespeare à Leicester Square : un emplacement, à mon sens, admirablement choisi ; non seulement à cause du dramaturge, toujours très sottement revendiqué comme une gloire nationale par la race anglaise, malgré ses opinions politiques écœurantes, mais du fait que les bancs, dans le voisinage immédiat, sont souvent occupés par quantité d'enfants, de garçons de courses, de jeunes femmes infortunées de la classe la plus déshéritée, et de vieillards infirmes – toutes catégories faisant directement appel à la commisération publique et convenant, par conséquent, à nos desseins. Comme M'Guire s'approchait, son cœur brûlait d'un sentiment de triomphe des plus nobles. Il n'avait jamais vu le jardin si plein de monde ; des enfants en train de jouer et de crier couraient çà et là en trébuchant encore par suite de la faiblesse de leur jeune âge ; un vieux pensionné malade était assis sur le banc le plus proche, une médaille sur la poitrine, une canne dont il s'aidait pour marcher (car il était invalide de guerre) appuyée contre son genou. L'Angleterre coupable serait ainsi poignardée dans ses secteurs les plus vulnérables. Le moment avait été vraiment bien choisi ; M'Guire, radieux, anticipant sur l'événement, se rapprochait gaiement. Soudain, son regard se posa sur la silhouette bien charpentée d'un policier qui se tenait tout près de l'effigie et semblait monter la garde. Mon hardi compagnon s'arrêta et regarda attentivement autour de lui ; ici et là, en différents points de l'enceinte, d'autres hommes flânaient, faisant semblant d'être distraits, feignant de contempler les arbustes, de bavarder, d'être las et de se reposer sur les bancs. M'Guire, dans ce genre d'affaires, n'était pas un enfant de chœur ; il pressentit aussitôt une de ces machinations du machiavélique Gladstone.

Une des difficultés principales auxquelles nous avons affaire tient à une certaine nervosité chez les agents subalternes du corps ; quand approche l'heure de mettre à exécution quelque plan, ces poules mouillées de conspirateurs semblent éprouver un revirement dans leurs intentions ; et il n'est pas rare qu'ils envoient aux autorités, non pas des dénonciations spécifiques, mais des avertissements vagues et anonymes. Sans cet état de choses purement fortuit, l'Angleterre n'existerait plus que dans les livres d'histoire. À la réception d'une telle lettre, le gouvernement tend un piège à ses adversaires et entoure l'endroit menacé de mercenaires. Mon sang bout parfois dans mes veines quand je considère le cas de ceux qui se vendent pour une telle cause. En vérité, grâce à la générosité de nos partisans, nous recevons, nous les patriotes, un salaire confortable ; pour ma part, évidemment, je touche une somme qui me place bien au-delà de toute pensée mercenaire mesquine.

M'Guire lui-même, avant de rejoindre nos rangs, était à deux doigts de mourir de faim et, à présent, Dieu merci, il perçoit un revenu convenable. C'est dans l'ordre des choses. Le patriote ne doit pas être détourné de sa tâche par de viles considérations, et la différence entre notre situation et celle de la police est trop évidente pour être formulée.

Manifestement, en tout cas, notre plan concernant Leicester Square avait été divulgué. Le gouvernement avait astucieusement rempli l'endroit de subordonnés à sa solde ; il n'était pas improbable que le pensionné lui-même fût un larbin déguisé ; et notre émissaire, sans autre aide ni protection que le simple dispositif enfermé dans son sac, se trouvait confronté à la force : la force brutale, cette main puissante caractéristique des époques d'oppression. S'il se risquait à déposer la machine, il était presque certain qu'il serait observé et arrêté ; une clameur s'élèverait et il était à craindre que la police ne soit pas présente en nombre suffisant pour le protéger de la sauvagerie de la foule. Le plan devait être retardé. Il restait là, le sac pendu au bras, faisant semblant de contempler la façade de l'Alhambra, quand une pensée propre à épouvanter les plus courageux lui traversa l'esprit. L'engin était réglé ; à l'heure prévue, il ne manquerait pas d'exploser ; et comment, dans l'intervalle, devait-il s'en débarrasser ?

Mettez-vous, je vous en conjure, dans la peau de ce patriote. Il était là, sans ami, réduit à l'impuissance ; un homme dans la fleur de l'âge – il n'a pas encore quarante ans – avec de longues années de bonheur devant lui, et désormais condamné, en l'espace d'un instant, à une mort cruelle et révoltante par la dynamite ! Le square, a-t-il raconté, se mit à tourner comme un phénakistiscope ; il vit l'Alhambra bondir dans les airs comme un ballon, et il roula contre la grille. Il est probable qu'il s'évanouit.

Quand il revint à lui, un agent de police le tenait par le bras.

– Mon Dieu ! s'écria-t-il.

– Vous ne semblez pas très bien, monsieur, dit le mercenaire.

– Je me sens mieux à présent, s'écria le pauvre M'Guire.

Et, d'un pas incertain, car le pavé du square semblait vaciller et se dérober sous ses pieds, il s'enfuit de la scène de cette catastrophe. S'enfuit ? Hélas, que fuyait-il ? N'emportait-il pas avec lui ce qu'il fuyait ? et quand bien même il aurait eu les ailes de l'aigle, la vitesse des vents de l'océan et la possibilité d'être ravi jusque dans les régions de la terre les plus éloignées, comment allait-il échapper au désastre qu'il transportait ? Nous avons entendu parler de personnes vivantes qui ont été enchaînées à des morts : le tort, tout bien considéré, n'est que sentimental ; l'affaire n'est qu'une piqûre de puce comparée à celle de qui serait lié, comme M'Guire, à une bombe explosive.

Dans Green Street, une pensée lui fit l'effet d'un trait qui lui aurait transpercé le foie : et si c'était déjà l'heure ? Il s'arrêta comme s'il avait été touché et tira sa montre. Ses oreilles bourdonnèrent avec la violence de la tempête en hiver ; sa vue, obscurcie tantôt comme par un nuage, tantôt comme sous l'effet d'un éclair, lui révélait la poussière même qui montait de la rue. Mais ces intervalles de vision étaient si brefs et la montre vibrait si fort dans sa main qu'il lui était impossible de distinguer les chiffres sur le cadran. Il se couvrit les yeux quelques secondes ; et dans ce laps de temps, il lui sembla s'être métamorphosé en un homme de quatre-vingt-dix ans. Quand il regarda de nouveau la montre, le cadran en était devenu visible : il lui restait vingt minutes. Vingt minutes et aucun plan !

Green Street, à cette heure, était complètement déserte. Il remarqua alors une petite fille d'environ six ans qui s'approchait de lui et, tout en marchant, poussait devant elle, comme le font les enfants, un morceau de bois. Elle chantait, aussi ; quelque chose dans son accent lui rappela le passé et créa une soudaine clarté dans son esprit. C'était là une bénédiction !

– Ma mignonne, dit-il, est-ce que tu aimerais que je te fasse cadeau d'un joli sac ?

La petite fille poussa des cris de joie et tendit les mains pour le prendre. Elle avait d'abord regardé le sac, comme l'aurait fait n'importe quel enfant ; mais, fort malencontreusement, avant d'avoir reçu le présent fatal, ses yeux se posèrent sur M'Guire, et à peine eut-elle vu le visage du pauvre homme qu'elle hurla et fit un bond en arrière comme si elle s'était trouvée en présence du diable. Presque au même moment, une femme apparut sur le seuil d'une boutique voisine et appela l'enfant sur un ton de colère.

– Viens ici, ma chérie, dit-elle, et ne tourmente pas ce pauvre vieux monsieur !

Là-dessus, elle rentra dans la maison et la petite fille la suivit en sanglotant.

Avec la perte de cet espoir, la raison de M'Guire vacilla. Quand il reprit conscience, il se tenait devant St Martin-in-the-Fields, oscillant tel un homme soûl ; les passants le considéraient avec des yeux où il lisait, comme dans un miroir, un reflet de la terreur et de l'horreur qui avaient envahi les siens.

– J'ai bien peur que vous ne soyez très malade, fit remarquer une femme, s'arrêtant et le regardant droit dans les yeux. Puis-je faire quelque chose pour vous ?

– Malade ? dit M'Guire. Ô mon Dieu !

Puis, retrouvant un semblant de maîtrise de soi :

– C'est chronique, madame, une longue crise de fièvre intermittente. Mais puisque vous êtes si pleine de compassion... Une course que je n'ai pas la force d'effectuer, dit-il d'une voix entrecoupée... Ce sac à Portman Square. Oh, ma brave femme, s'il est vrai que vous espérez le salut, que vous êtes une mère, au nom de tous les bébés qui attendent votre retour à la maison, oh ! portez ce sac à Portman Square ! J'ai une mère, moi aussi, ajouta-t-il la voix brisée. 19, Portman Square !

Je suppose qu'il s'était exprimé sur un ton trop énergique, car la femme se mit de toute évidence à avoir peur de lui.

– Pauvre monsieur ! dit-elle, si j'étais vous, je rentrerais chez moi.

Et elle le laissa à sa détresse.

« Chez moi ! pensa M'Guire, quelle dérision ! » Quelle maison y avait-il pour lui, lui la victime de la philanthropie ? Il pensa à sa vieille mère, à sa jeunesse heureuse ; à l'angoisse atroce et déchirante de l'explosion ; au fait qu'il n'en mourrait peut-être pas, qu'il pourrait être cruellement mutilé, infirme à vie, condamné pour toujours à souffrir, rendu aveugle peut-être et, presque certainement, sourd. Ah, vous avez parlé avec légèreté du danger encouru par le dynamiteur ; mais même en écartant l'idée de la mort, vous représentez-vous ce que c'est, pour un homme de quarante ans, beau et courageux, que d'être frappé d'un seul coup de surdité, coupé de toute la musique de la vie et de la voix de l'amitié, de l'amour ? Nous n'avons pas vraiment conscience des souffrances d'autrui ! Même votre gouvernement brutal, à l'apogée de sa cruauté, bien qu'il n'ait aucun scrupule à faire traquer le patriote par ses espions, à s'assurer un jury corrompu, à soudoyer le bourreau et à ériger les gibets infâmes, hésiterait à infliger un destin si horrible : non pas, j'en ai pleinement conscience, par vertu, ni par philanthropie, mais par crainte, en le faisant, d'encourir le souverain mépris des gens de bien.

Mais je m'égare, revenons à M'Guire. Après cette brève mais atroce plongée dans le passé et l'avenir, ses pensées retournèrent d'un bond au présent. Comment était-il arrivé jusque-là, et combien de temps – oh, ciel ! combien de temps cela avait-il pris ? Il sortit sa montre et s'aperçut que trois minutes seulement s'étaient écoulées. Cela semblait trop beau pour être vrai. Il jeta un coup d'œil à l'horloge de l'église : effectivement, elle était en avance d'une heure quatre minutes sur sa montre.

De tout ce qu'il a enduré, M'Guire déclare que c'est cette angoisse-là qui fut la plus terrible. Jusque-là, il avait eu un ami, un conseiller en qui il avait toute confiance, qui lui indiquait les minutes lui restant à vivre ; son témoignage sûr lui permettait de dire que l'heure était venue de se lancer dans sa nouvelle aventure, de jeter le sac loin de lui et de prendre la fuite. Mais, à présent, sur quoi pouvait-il se reposer ? Sa montre retardait ; il se pouvait qu'elle retarde de plus en plus, et si oui, dans quelles proportions ? Quelle limite pouvait-il fixer à son dérèglement ? Et de combien de minutes une montre pouvait-elle retarder en l'espace d'une demi-heure ? Cinq ? Dix ? Quinze ? C'était possible ; il lui semblait déjà qu'il avait quitté St James's Hall depuis des années pour cette entreprise si prometteuse ; il pouvait donc s'attendre que l'explosion se produise à tout instant.

Face à cette nouvelle angoisse, le rythme désordonné de son pouls s'apaisa ; et l'abattement et la fatigue lui succédèrent, comme s'il vivait depuis des siècles et était mort depuis aussi longtemps. Les bâtiments et les gens dans la rue devinrent incroyablement petits, pareils à des points lumineux. Londres résonnait paisiblement à ses oreilles, comme dans un murmure ; et le fracas du fiacre lancé à vive allure qui lui fonçait presque dessus était comme un bruit venu d'Afrique. Cependant, il avait le sentiment de se dédoubler ; il entendait et reconnaissait le bruit de ses pas sur le sol comme ceux d'un très vieil homme, petit, faible, au destin tragique, dont il avait sincèrement pitié.

Comme, dans cette disposition d'esprit, il passait devant la National Gallery, où l'atmosphère était plus raréfiée et plus sereine, semblait-il, que l'air qu'on respire habituellement, le souvenir d'un certain passage tout proche donnant sur Whitcomb Street lui revint à l'esprit – un endroit où il pourrait peut-être déposer sa charge tragique sans se faire remarquer. C'est donc vers ce lieu qu'il se dirigea, semblant flotter au-dessus du trottoir ; là, à l'entrée même, se trouvait un homme vêtu d'un gilet à manches, qui mâchonnait une paille avec sérieux. Il passa devant lui puis se mit à aller et venir par deux fois, guettant le moindre hasard ; mais l'homme s'était retourné et continuait à l'observer avec curiosité.

Un autre espoir s'était enfui. M'Guire quitta l'entrée, toujours suivi par le regard inquisiteur de l'homme au gilet à manches. Il consulta de nouveau sa montre : plus que quatorze minutes. Cette constatation parut déployer dans son cerveau une ardeur soudaine et réconfortante. Pendant une ou deux secondes, il vit le monde rouge sang ; il recouvra ensuite une parfaite maîtrise de soi et une incroyable bonne humeur qui l'incitait à chanter et à glousser tout en marchant. Cependant, cette gaieté était du domaine des choses extérieures ; en lui, il avait conscience du poids qui pesait sur son âme, tel un noyau sombre, lesté de plomb.

Je ne me soucie de personne, non, moi non,
Et personne ne se soucie de moi,

chantait-il, et il se mit à rire du refrain plein d'à-propos, au point que les passants le dévisageaient. La chaleur semblait augmenter encore et devenir encore plus réconfortante. Qu'était-ce donc que la vie ? se demandait-il, et qu'était-il, lui, M'Guire ? Qu'était même l'Irlande, notre verte Irlande ? Tout semblait si infiniment petit qu'il souriait en jetant les yeux autour de lui. Il aurait donné des années, s'il les avait possédées, pour un verre d'alcool ; mais le temps lui manquait, et il devait renoncer à cette dernière satisfaction.

À l'angle de Haymarket, il héla un fiacre d'un air désinvolte, y grimpa, pria le cocher de le conduire à un endroit de l'Embankment, dont il donna le nom ; dès que le véhicule eut démarré, il cacha le sac du mieux qu'il put sous le volant de la housse des sièges et, une fois de plus, sortit sa montre. Il roula ainsi pendant cinq interminables minutes, avec un serrement de cœur à chaque cahot, tout juste capable de contenir ses terreurs, mais redoutant d'éveiller l'attention du cocher par un changement de projet trop manifeste et soucieux de lui laisser, dans la mesure du possible, le temps d'oublier le sac Gladstone.

Enfin, au sommet d'un escalier de l'Embankment, il héla le cocher ; le fiacre s'arrêta et il descendit – le cœur infiniment soulagé ! Il fourra la main dans sa poche. Tout était fini désormais : il avait sauvé sa peau ; non seulement cela, mais il avait machiné une saisissante action à la dynamite ; quoi de plus représentatif en effet, de plus impressionnant que l'explosion d'un fiacre lancé à vive allure dans les rues de Londres ? Il tâta une de ses poches, puis l'autre. La crise de désespoir la plus foudroyante s'abattit sur son âme ; frappé d'un mutisme pitoyable, il regardait fixement le cocher. Il n'avait pas un sou.

– Dites donc, fit le cocher, vous n'avez pas l'air bien.

– J'ai perdu mon argent, dit M'Guire d'une voix si faible et si étrange qu'elle le surprit lui-même.

L'homme regarda par la trappe.

– Eh ! vous avez oublié votre sac.

Dans une demi-inconscience, M'Guire tira le sac du fiacre ; et regardant ce continent noir qu'il tenait à bout de bras, il se ratatina intérieurement et sentit ses traits s'accuser comme sous l'effet d'une maladie mortelle.

– Ce n'est pas le mien, dit-il. Votre dernier client a dû le laisser. Vous feriez mieux de le porter à la gare.

– Sans blague ! répondit le cocher ; vous êtes timbré ou quoi ?

– Alors, écoutez... s'exclama M'Guire, vous le gardez pour payer la course !

– Allons bon ! répondit le cocher. Et pis quoi, encore ? Qu'est-ce qu'il y a là-dedans ? Ouvrez-le, et faites-moi voir.

– Non, non, répondit M'Guire. Oh, non ! pas ça ! C'est une surprise, c'est exprès : une surprise pour les cochers intègres.

– Pas question, dit l'homme en descendant de son perchoir et en s'approchant du malheureux patriote. Soit vous me payez ma course, soit vous remontez et vous venez au poste.

C'est à cet instant suprême de son malheur que M'Guire aperçut la silhouette corpulente d'un certain Godall, marchand de tabac dans Rupert Street, qui s'approchait de l'Embankment. Cet homme ne lui était pas inconnu ; il lui avait acheté des articles à l'occasion, et l'avait entendu citer en exemple comme incarnant l'essence même de la générosité ; la proximité du danger était telle à présent qu'il s'accrocha avec reconnaissance à ce simple fétu d'espoir.

– Dieu merci ! s'écria-t-il. Voici un ami à moi. Je vais lui emprunter de l'argent.

Et il se précipita à la rencontre du commerçant.

– Monsieur, dit-il, je me suis fourni chez vous – vous me reconnaissez sûrement. Des malheurs dont je ne suis pas responsable m'ont submergé. Oh, monsieur, pour l'amour du bien, par les liens de l'amitié, et aussi vrai que vous espérez obtenir miséricorde au pied du trône de Dieu, prêtez-moi une demi-couronne !

– Votre visage ne me dit rien, répondit Mr. Godall, mais je me rappelle votre barbe dont je n'apprécie malheureusement pas la coupe. Voici, monsieur, un souverain, que je vous avance très volontiers, à la seule condition que vous vous rasiez le menton.

M'Guire s'empara de la pièce sans un mot et la jeta au cocher en lui criant de garder la monnaie ; il descendit les marches d'un bond, lança le sac loin dans le fleuve et tomba tête la première à sa suite. Il fut extirpé de ce tombeau liquide, croit-on, grâce à Mr. Godall. Au moment même où on le hissait tout dégoulinant sur la berge, une explosion sourde et étouffée ébranla la solide maçonnerie de l'Embankment ; au loin, sur le fleuve, une gerbe d'eau s'éleva un instant, puis disparut.

La demeure superflue

(Fin)

SOMERSET s'efforçait en vain de trouver un sens à ces propos. Il avait, dans l'intervalle, eu particulièrement recours à la bouteille. Le conspirateur commença à se dédoubler, il semblait se dilater et planer au-dessus de son siège ; en proie à une vague impression de cauchemar, le jeune homme se leva en chancelant et, refusant l'offre d'un troisième whisky, affirma qu'il se faisait tard et qu'il devait absolument aller se coucher.

– Oh là là ! fit remarquer Zéro, je vous trouve bien raisonnable. Mais je ne veux pas me montrer tyrannique. Il suffit que nous soyons désormais des amis sûrs ; mon cher logeur, *au revoir* !*

À ces mots, le conspirateur lui serra de nouveau la main et, avec les façons les plus polies et en guidant utilement ses pas, accompagna le jeune homme désorienté jusqu'au sommet de l'escalier.

Justement, sur la question de savoir comment il

rejoignit son lit, Somerset resta dans le noir le plus total ; mais le lendemain matin, quand tout d'un coup il se réveilla en sursaut, il fut totalement envahi par une tornade d'horreur et de stupéfaction. Qu'il ait pu supporter de se laisser amener à un semblant d'intimité avec un homme tel que son abominable locataire lui sembla, dans la froide lumière du jour, une illustration mystérieuse de la faiblesse humaine. Il est vrai qu'il était pris dans une situation qui aurait pu mettre à l'épreuve le sang-froid de Talleyrand. C'était peut-être une circonstance atténuante, mais ce n'était pas une excuse. Pour une capitulation de principe si entière, pour une telle chute dans la familiarité criminelle, il n'y avait assurément aucune excuse possible ; ni aucun remède, si ce n'est dénoncer ce lien sur-le-champ.

Aussitôt habillé, il se dépêcha de monter, décidé à rompre. Zéro le salua avec la chaleur qu'on réserve à un vieil ami.

– Entrez, cher monsieur Somerset ! s'écria-t-il. Entrez, asseyez-vous et acceptez sans cérémonie de partager mon petit déjeuner.

– Monsieur, dit Somerset, permettez-moi d'abord de libérer mon honneur. La nuit dernière, j'ai été entraîné par surprise à montrer une certaine apparence de complicité ; mais laissez-moi vous informer une fois pour toutes que je vous considère, vous et vos machinations, avec une horreur et un dégoût sans mélange et que je remuerai ciel et terre pour briser votre vile conspiration.

– Mon cher ami, répondit Zéro, d'un air plutôt

suffisant, je suis bien habitué à ce genre de faiblesse humaine. Du dégoût ? J'en ai moi-même éprouvé ; ça se dissipe vite. Je ne vous en estime pas moins, au contraire, pour cette franchise sympathique. Mais, pendant ce temps, qu'allez-vous faire ? Vous vous trouvez dans une situation assez analogue, si mon interprétation est correcte, à celle de Charles II (le moins dégénéré peut-être de vos souverains britanniques) quand le voleur lui accorda sa confiance. Me dénoncer est hors de question ; et que pouvez-vous tenter d'autre ? Non, cher monsieur Somerset, vous avez les mains liées et vous êtes condamné, sous peine de vous comporter comme un goujat, à être ce même compagnon charmant et plein d'esprit qui m'a enchanté la nuit dernière.

– En tout cas, s'écria Somerset, je puis vous ordonner et vous ordonne de quitter cette maison.

– Ah, s'écria le conspirateur, mais, sur ce point, je ne vous suis plus ! Vous pouvez, si cela vous plaît, jouer le rôle de Judas ; mais si, comme je le suppose, vous reculez devant cette extrême mesquinerie, je suis, quant à moi, bien trop intelligent pour quitter ce logement où je me plais énormément, et d'où vous n'avez pas le pouvoir de me chasser. Non, non, cher monsieur, j'y suis et j'ai la ferme intention d'y rester.

– Je répète, s'écria Somerset, mis hors de lui par le sentiment de sa propre faiblesse, je répète que je vous donne un préavis. Je suis le maître de cette maison ; et je suis catégorique : je vous donne un préavis.

– Un préavis d'une semaine ? dit le conspirateur, imperturbable. Très bien : nous en reparlerons dans une semaine. C'est d'accord ; en attendant, je m'aperçois que mon petit déjeuner refroidit. Puisque vous vous trouvez condamné, au moins pour une semaine, à la compagnie d'un individu très intéressant, montrez donc un peu de ces bonnes grâces, un peu de cet intérêt pour les aspects les plus obscurs de la vie, qui sont la marque de la personnalité du véritable artiste. Pendez-moi, si vous voulez, demain ; mais aujourd'hui montrez-vous dépouillé des scrupules bourgeois et ayez l'amabilité de vous asseoir et de partager mon repas.

– Diable ! s'écria Somerset, comprenez-vous mes sentiments ?

– Certainement, répondit Zéro, et je les respecte ! Voudriez-vous être vaincu dans un tel combat ? Serez-vous le seul à vous montrer injuste ? Deux gentlemen de bonne éducation ne peuvent-ils convenir, en plein dix-neuvième siècle, qu'ils diffèrent sur un point de politique ? Allons, monsieur, toutes vos paroles sévères m'ont fait sourire ; jugez donc lequel d'entre nous est le philosophe !

Somerset était un jeune homme très tolérant de caractère et par nature facile à soumettre à la sophistique. De désespoir, il leva les bras au ciel et s'assit, comme l'y invitait le conspirateur. Le repas était excellent ; l'hôte n'était pas seulement affable mais se révélait une mine de connaissances singulières. Il semblait, en vérité, comme quelqu'un qui a été trop longtemps contraint de garder le silence, exulter à l'idée de faire quantité de révélations. L'intérêt de ce qu'il avait à raconter était grand ; de plus, sa personnalité se manifestait petit à petit. Au fur et à mesure que le temps passait, Somerset non seulement se libérait du malaise créé par sa fausse situation, mais il commençait à considérer le conspirateur avec une familiarité qui frisait le mépris. En toute circonstance, il souffrait d'une incapacité singulière à quitter la société dans laquelle il se trouvait ; la compagnie d'autrui, même détestable, le tenait captif comme un moineau pris dans de la glu ; et cette fois-ci, il laissait filer les heures, il était facilement persuadé de se rasseoir à table, et il ne chercha même pas à se retirer, jusqu'au moment où Zéro, la nuit venue, le congédia, non sans se confondre en excuses. Les autres membres de la conjuration, lui expliqua le dynamiteur avec élégance, seraient effrayés de voir un visage étranger, dans la mesure où ils ignoraient les solides qualités du jeune homme.

Dès qu'il fut seul, Somerset retomba dans l'humeur du matin. Il était furieux à l'idée de s'être laissé faire si facilement ; il arpentait la salle à manger, prenant les résolutions les plus fermes pour l'avenir ; il serrait à la briser la main qui avait été déshonorée par le contact d'un assassin. Parmi toutes les pensées qui tourbillonnaient dans sa tête, il en était une qui lui venait de temps en temps, comme un éclair, et toujours avec un frisson de terreur : celle de tous les maudits ingrédients dont la maison était approvisionnée. Une poudrière semblait un fumoir sûr comparé à la Demeure Superflue.

Il chercha refuge dans la fuite, dans la marche, dans la boisson. Tant que les bars furent ouverts, il alla de l'un à l'autre, recherchant la lumière, la sécurité et la compagnie des humains ; quand cela ne lui fut plus possible, il se rabattit sur le marchand de pommes de terre en robe des champs, encore ouvert malgré l'heure tardive. Enfin, toujours arpentant les rues, il fut incité à fraterniser avec la police. Hélas ! avec quel sentiment de culpabilité il conversa avec ces gardiens de la loi ; comme il aurait pleuré de bon cœur dans leur giron ; et comme le secret lui montait aux lèvres pour se voir toujours refuser le passage ! L'épuisement finit par triompher du remords ; c'est ainsi qu'à l'heure du premier laitier, il retourna jusqu'à la porte de l'hôtel particulier ; le regarda en s'attendant au pire, comme s'il allait à l'instant prendre feu ; sortit sa clé et, le pied déjà sur la première marche, perdit de nouveau courage et s'enfuit chercher le calme dans l'abri sinistre d'un asile de nuit.

Midi sonnait quand il se réveilla. Fouillant tristement ses poches, il s'aperçut qu'il ne lui restait qu'une demi-couronne ; et lorsqu'il eut payé le prix de sa mauvaise couche, il se vit contraint de retourner à la Demeure Superflue. Il se glissa furtivement dans le vestibule et se faufila sur la pointe des pieds jusqu'au placard où il conservait son argent. Encore une demi-minute, se disait-il, et il serait libéré pour longtemps de son locataire obsédant : il pourrait décider tranquillement de la conduite à adopter. Mais le destin en avait décidé autrement : on frappa légèrement à la porte, et Zéro entra.

– Ça y est, je vous ai coincé ! s'écria-t-il avec une

innocente gaieté. Mon cher ami, je commençais vraiment à m'impatienter.

Sur son visage plutôt impassible, passa une lueur de sincère affection.

– J'ai depuis si longtemps perdu l'habitude d'avoir un ami, poursuivit-il, que je commence à craindre de me montrer jaloux.

Et il serra vivement la main de son logeur.

Somerset était l'homme le moins capable de réagir à un tel accueil. Rejeter ces aimables avances était au-dessus de ses forces. Ne pouvoir lui rendre la pareille était déjà presque plus qu'il n'en pouvait supporter. Cette différence de réaction qui, pour les caractères généreux, apparaît toujours comme une sorte de culpabilité, mettait le comble à son accablement ; aussi bégaya-t-il quelques paroles vagues et mensongères.

– C'est bon ! s'écria Zéro ; tout va bien... n'en dites pas davantage ! J'ai eu une vague inquiétude ; j'avais peur que vous ne m'ayez abandonné ; mais je reconnais à présent que cette peur était indigne, et je m'en excuse. Douter de votre pardon serait répéter mon erreur. Venez donc ; le dîner attend ; tenez-moi encore une fois compagnie et racontez-moi vos aventures de la nuit.

L'amabilité scellait toujours les lèvres de Somerset ; il accepta donc une nouvelle fois de s'installer à la même table que cette connaissance toute récente, innocente et criminelle. De nouveau, le conspirateur plongea jusqu'au cou dans des révélations préjudiciables : tantôt c'était le nom et la biographie d'un particulier, tantôt l'adresse de quelque centre important qui, comme par hasard, lui venaient aux lèvres ; et chaque mot était comme un autre tour de vis qui venait torturer son hôte malheureux. Finalement, le tour affable du monologue de Zéro l'amena à parler de la jeune femme apparue deux jours plus tôt : cette jeune femme, qui était passée comme un éclair devant Somerset, avec un charme si conquérant, et dont la grâce attachante, les yeux communicatifs et l'admirable façon de tenir sa large jupe restaient gravés dans sa mémoire.

– Vous l'avez vue ? demanda Zéro. Belle, n'est-ce pas ? Elle aussi est une des nôtres ; une enthousiaste convaincue : nerveuse, peut-être, en présence des produits chimiques, mais en matière d'intrigue, l'âme même du talent et de l'audace. Lake, Fonblanque, de Marly, Valdevia, ce sont là quelques-uns des noms sous lesquels elle se présente ; son vrai nom – mais peut-être vais-je trop loin. Qu'il me suffise de dire que c'est à elle que je dois mon logement actuel et, cher Somerset, le plaisir de vous avoir rencontré. Il semble qu'elle connaissait la maison. Voyez-vous, cher ami, je ne vous cache rien : tout ce que vous désirez savoir, je vous le dis franchement.

– Pour l'amour de Dieu, s'écria le malheureux Somerset, tenez votre langue ! Vous ne pouvez imaginer à quel point vous me torturez !

L'ombre d'un trouble sérieux passa sur le visage ouvert de Zéro.

– Il y a des moments, dit-il, où je commence à m'imaginer que vous ne m'aimez pas. Pourquoi donc,

Somerset, ce manque de cordialité ? Je suis déprimé ; l'instant décisif de mon existence approche ; et si j'échoue...

Il hocha la tête d'un air sombre.

– Je tombe dans le mépris de toute la hauteur de mes plans ambitieux, mon garçon. Ce sont là des pensées graves et vous pouvez juger combien j'ai besoin de votre charmante compagnie. Votre babillage innocent me soulage du poids de mes soucis. Et cependant... Cependant...

Il repoussa son assiette et se leva de table.

– Suivez-moi, dit-il, suivez-moi. Mon humeur est au beau. Il faut que je prenne l'air, que je voie le champ de bataille.

À ces mots, il conduisit en hâte Somerset jusqu'au dernier étage de la demeure et, de là, par une échelle et une trappe, jusqu'à une certaine plate-forme plombée, protégée à une extrémité par de hautes cheminées et située au faîte même du toit. De chaque côté, elle confinait, sans rambarde ni garde-fou, au plan incliné des ardoises ; au nord, surtout, elle avait une vue très étendue sur les toits des maisons et les flèches lointaines des églises, qui s'élevaient à travers la fumée.

– Vous avez devant vous, s'écria Zéro, la ville, ce champ de bataille ; la ville riche, surpeuplée, satisfaite des dépouilles des continents, mais bientôt, très bientôt, réduite à néant ! Un jour, une nuit, de cette position stratégique, vous sursauterez peut-être en entendant sonner la trompette du Jugement, non pas une détonation aiguë et sèche comme un coup de canon, mais profonde et pleine d'onction et de solennité. Aussitôt après, vous verrez l'incendie éclater. Oui ! s'écria-t-il en tendant la main, oui ! Ce sera là le jour du Jugement. Alors, l'agent de police blême s'enfuira en compagnie du voleur. Flambe ! s'écria-t-il, flambe ! Ville bafouée ! Tombe, monarchie flatulente, tombe comme Dagon !

À ces mots, son pied glissa sur la surface plombée et, sans la promptitude de Somerset, il aurait été à l'instant précipité dans le vide. Pâle comme la mort et mou comme une chiffe, il fut tiré par le bras loin du bord, aidé, ou plutôt transporté en bas de l'échelle, puis déposé en sûreté sur le palier du grenier. Là, il commença à revenir à lui, s'essuya le front, et, enfin, saisissant la main de Somerset dans les siennes, se mit à lui dire sa reconnaissance.

– Le sort en est jeté, dit-il. C'est désormais à la vie à la mort. Vous m'avez arraché aux griffes de la mort ; et si j'étais déjà séduit par votre personnalité, jugez à présent de l'ardeur de ma gratitude et de mon amitié ! Mais je me rends compte que je suis encore très ébranlé. Prêtez-moi, je vous en prie, prêtez-moi votre bras jusqu'à mon appartement.

Un petit verre d'alcool rendit au conspirateur un peu de son sang-froid habituel. Il était là, le verre à la main et gaiement convalescent, quand son regard s'arrêta sur le malheureux jeune homme qui avait l'air fort abattu.

– Grands dieux, cher Somerset ! s'écria-t-il, qu'avez-vous ? Laissez-moi vous offrir une goutte d'alcool.

Mais Somerset, tombé bien bas, était hors de portée de ce réconfort matériel.

– Laissez-moi tranquille, dit-il. Je suis perdu ; vous m'avez pris dans vos rets. Jusqu'à maintenant, j'ai passé toute ma vie de la façon la plus insouciante et fait exactement ce qui me plaisait, dans la plus parfaite innocence. Mais à présent... que suis-je ? Êtes-vous si aveugle et insensible que vous ne voyiez pas le dégoût que vous m'inspirez ? Est-il possible que vous puissiez supposer que je veuille continuer à vivre dans de telles conditions ? Penser qu'un jeune homme, s'écria-t-il, coupable d'aucune faute au monde si ce n'est son amabilité, puisse se trouver impliqué dans un tel maudit imbroglio !

Et, mettant les poings sur ses yeux, Somerset se laissa rouler sur le sofa.

– Mon Dieu, dit Zéro, est-ce possible ? Et moi qui suis si débordant de tendresse et d'intérêt pour vous ! Se peut-il, cher Somerset, que vous soyez sous l'empire de ces scrupules dépassés ? Ou que vous jugiez un patriote à l'aune de la moralité des brochures de piété ? Je vous croyais un bon agnostique.

– Monsieur Jones, dit Somerset, il est vain d'argumenter. Je me vante d'être un parfait mécréant, non seulement en matière de religion révélée, mais aussi en ce qui concerne les données, la méthode et les conclusions de toute l'éthique. Eh alors ! qu'importe ! Que signifie une formule verbale ? Je vous considère comme un reptile que je me réjouirais, que je me languis de pouvoir écraser sous mon talon. Vous voudriez faire sauter les autres ? Alors, comprenez-moi :

je veux, sans omettre aucun détail d'infamie et de supplice, vous faire sauter, vous !

– Somerset, Somerset ! dit Zéro qui avait pâli, c'est mal, c'est très mal ! Vous me peinez, vous me blessez, Somerset.

– Une allumette, vite ! s'écria sauvagement Somerset. Que je puisse mettre le feu à ce monstre incomparable ! Que je périsse avec lui dans sa chute !

– Pour l'amour de Dieu, s'écria Zéro, s'agrippant au jeune homme, pour l'amour de Dieu, contrôlez-vous ! Nous sommes sur le bord de l'abîme ; la mort ouvre sa gueule béante tout autour de nous ; un homme – un inconnu sur cette terre étrangère –, quelqu'un que vous avez désigné comme votre ami...

– Silence ! s'écria Somerset, vous n'êtes pas un ami, pas mon ami. Je vous regarde avec dégoût, comme un crapaud : j'éprouve une répugnance physique qui me donne la chair de poule et mon âme se révolte à votre vue.

Zéro éclata en larmes.

– Hélas ! sanglota-t-il, cela rompt brutalement le dernier lien qui me rattachait à l'humanité. Mon ami me renie... il m'insulte. En vérité, je suis maudit.

Somerset resta un instant désarçonné par ce changement soudain de contenance. L'instant d'après, dans un geste de désespoir, il quitta brusquement la pièce et la maison. Dans un premier élan, sa fuite le conduisit presque à mi-chemin du bureau de police le plus proche : mais son ardeur retomba bientôt et, avant d'avoir atteint l'établissement d'intervention légale, il se remit de nouveau à peser le pour et le contre. Était-il agnostique ? Avait-il le droit d'agir ainsi ? Au diable de telles inepties, que Zéro périsse ! se disait-il. Puis, de nouveau : n'avait-il pas donné sa promesse, n'avait-il pas serré sa main et partagé son pain ? Et ce, en toute lucidité ? Dans ce cas, comment pouvait-il intervenir sans perdre son honneur ? Mais l'honneur ? Qu'était-ce donc que l'honneur ? Une pure invention que, dans la poursuite du crime, il devait rejeter violemment. Oui, mais le crime ? Une pure invention également, à laquelle son intellect affranchi renonçait. Toute la journée, il erra dans les parcs, en proie à des pensées tourbillonnantes ; toute la nuit, il fit les cent pas dans la ville et, à la première lueur du jour, il s'assit au bord de la route dans le quartier de Peckham et pleura amèrement. Ses dieux l'avaient abandonné. Lui qui avait choisi les chemins larges, dégagés et lumineux du scepticisme universel, il se retrouvait toujours esclave de l'honneur. Lui qui avait accepté la vie d'un point de vue aussi élevé que celui de l'aigle prédateur, bien que sans intention de trouver une proie ; lui qui avait clairement reconnu les bases morales communes de la guerre, de la concurrence commerciale et du crime ; lui qui était disposé à aider le meurtrier fugitif ou à étreindre le voleur impénitent, s'apercevait – ce qui réduisait à néant toute sa logique – qu'il désapprouvait l'usage de la dynamite. L'aube se glissait parmi les pavillons endormis et au-dessus des champs de bataille de la ville où ne flottait aucune fumée ; pourtant, notre infortuné sceptique sanglotait sur la perte de sa cohérence.

Pour finir, il se leva et prit le soleil levant à témoin.

– Il n'y a pas de problème en ce qui concerne les faits ! s'écria-t-il. Le bien et le mal sont de pures inventions et des ombres de mots ; cependant, il est certaines choses que je ne puis faire, et certaines autres que je ne supporterai pas.

Là-dessus, il se décida à rentrer pour s'efforcer une fois encore de persuader Zéro, et s'il ne pouvait le convaincre de cesser son métier infernal, à envoyer promener la délicatesse, à donner un délai d'une heure au conspirateur avant de le dénoncer à la police. Aussi vite qu'il partit, sa résolution lui donnant des ailes, la matinée était déjà bien avancée quand il arriva en vue de la Demeure Superflue. La jeune femme aux multiples noms d'emprunt était là, qui descendait l'escalier d'un pas léger, et il fut surpris de lire sur son visage les signes de la colère et de l'inquiétude.

– Madame... commença-t-il, cédant à un mouvement intérieur, et sans bien savoir ce qu'il allait ajouter.

Mais au son de sa voix elle sembla la proie d'une soudaine terreur, ou d'une soudaine répulsion ; elle recula d'un bond ; baissa sa voilette d'un mouvement brusque et, quittant la place, s'enfuit sans se retourner.

Ici donc, nous cessons momentanément de suivre les aventures de Somerset pour entamer le récit de l'épisode étrange et romantique du Coffre Havane.

L'aventure de Desborough
Le Coffre Havane

MR. HARRY DESBOROUGH habitait Bloomsbury, un vieux quartier aux demeures distinguées et sévères, cerné de tous côtés par l'agitation grondante de Londres, mais jouissant lui-même des silences romantiques d'une ville paisible. Il avait élu domicile dans Queen Square, à côté de l'hôpital des Enfants, à gauche lorsqu'on se dirige vers le nord : Queen Square, consacrée aux arts humanitaires et libéraux, d'où les demeures tiraient leur beauté, où les pauvres faisaient leur éducation, où pépiaient les moineaux innombrables, et où des groupes d'enfants rôdaient patiemment tout le jour devant l'hôpital, dans l'espoir d'échanger à la fenêtre quelques mots avec leur frère malade, ou de lui baiser le bout des doigts. La chambre de Desborough était au premier étage et donnait sur le square ; mais il avait en outre le droit, dont il profitait souvent, d'aller s'asseoir pour fumer sur une terrasse située à l'arrière, qui dominait une belle végétation de jardins et où donnaient aussi les fenêtres d'un appartement vide.

Par un chaud après-midi, Desborough s'aventura nonchalamment sur cette terrasse, plutôt découragé et abattu, car il cherchait en vain un emploi depuis quelques semaines : il s'apprêtait à fumer la pipe, tout en s'abandonnant à ses pensées mélancoliques. Ici, du moins, se disait-il, il serait seul ; car, comme la plupart des jeunes gens qui ne sont ni riches ni spirituels et à qui rien ne réussit, il évitait plutôt qu'il ne la recherchait la société de ses semblables. À l'instant même où il exprimait cette pensée, ses yeux se posèrent sur la porte-fenêtre de la pièce qui donnait sur la terrasse et, à sa surprise et son déplaisir, il vit qu'elle était tendue d'un rideau de soie. C'était bien sa chance, pensa-t-il, son intimité avait disparu, il ne pourrait plus rester là à ressasser et à soupirer sans être observé ; il ne pourrait plus laisser son découragement s'exhaler en paroles ni l'apaiser en sifflotant une romance. Sous le coup de la contrariété, il frappa la balustrade de sa pipe avec une véhémence inutile. C'était une vieille pipe de bruyère, bien culottée, lustrée et patinée par un long usage, à juste titre chère à son cœur. Quel ne fut pas son chagrin, alors, de voir le foyer se séparer brusquement du tuyau, rebondir légèrement dans les airs, avant de tomber et de disparaître parmi les lilas du jardin.

Il se jeta dans le fauteuil, tira de sa poche le feuilleton qu'il avait apporté avec lui pour le lire, en arracha un morceau du dernier feuillet, celui qui renferme seulement les réponses aux lettres des correspondants, et entreprit de se rouler une cigarette. Il n'était que novice en cet art ; à plusieurs reprises, le papier se déchira entre ses doigts et le tabac se répandit sur le sol ; dans son énervement, il était déjà sur le point de se résigner, quand la porte-fenêtre s'ouvrit lentement sur l'intérieur, le rideau de soie s'écarta, et une dame, dans un accoutrement quelque peu étrange, s'avança sur la terrasse.

– *Señorito*, dit-elle d'une voix ample et frémissante comme la note de l'orgue, señorito, vous avez des ennuis. Laissez-moi vous aider.

Joignant le geste à la parole, elle lui prit le papier et le tabac sans qu'il s'y oppose et, avec une aisance qui parut magique à Desborough, roula une cigarette qu'elle lui tendit. Il s'en empara, sans bouger, sans dire un mot, regardant cette apparition de tous ses yeux. Elle avait le teint chaud et coloré ; un visage triangulaire d'un piquant caractéristique, si innocent et espiègle, si mutin et aguichant, si rare sous nos climats plus nordiques ; de grands yeux émerveillés, animés de lueurs changeantes ; des cheveux en partie couverts par une mantille de dentelle, qui laissait voir des bras d'un blanc laiteux, nus jusqu'à l'épaule ; sa silhouette aux courbes pleines et douces était cependant vive et alerte, légère par surabondance de vitalité et élancée par la grâce de ses proportions de déesse.

– Vous n'aimez pas mon cigarillo, *señor* ? demanda-t-elle. Il est pourtant mieux fait que le vôtre.

À ces mots, elle se mit à rire, et ce rire perlé résonna, musical, aux oreilles de Desborough. Mais l'instant d'après, son visage redevint sérieux.

– Je vois, s'écria-t-elle, ce sont mes manières qui vous choquent. Je suis trop réservée, trop froide. Je ne suis pas, ajouta-t-elle, la simple petite Anglaise que je semble être.

– Oh ! murmura Harry, débordant de pensées qu'il ne pouvait exprimer.

– Dans mon cher pays, poursuivit-elle, les choses s'ordonnent différemment. Là-bas, je dois le reconnaître, une jeune fille est contrainte par de nombreuses règles très sévères ; on ne lui permet que peu de choses : elle apprend à être distante, elle apprend à paraître rébarbative. Mais ici, en Angleterre, au pays de la liberté – oh ! liberté chérie ! s'écria-t-elle en levant les bras avec une grâce inimitable –, ici, il n'y a pas d'entraves ; ici, la femme ose être elle-même complètement, et les hommes, les hommes chevaleresques – n'est-ce pas inscrit sur le blason même de votre nation, *honni soit* ? Ah ! c'est dur pour moi d'apprendre, dur d'oser être moi-même. Attendez encore avant de me juger ; je finirai bien par surmonter cette raideur, je finirai bien par devenir anglaise. Est-ce que je parle correctement votre langue ?

– À la perfection... oh, à la perfection ! dit Harry avec une ferveur et une conviction réservées d'ordinaire à un sujet plus important.

– Alors, dit-elle, j'apprendrai vite ; mon père avait du sang anglais dans les veines, et j'ai eu la chance d'apprendre les rudiments de votre langue si expressive. Si j'arrive à parler sans accent, en ayant l'air totalement anglaise, il ne me restera plus qu'à changer ma façon de me comporter.

– Oh non ! dit Desborough, non, je vous en supplie ! Moi... Madame...

– Je suis, l'interrompit la dame, la *señorita* Teresa Valdevia. L'air du soir fraîchit. Adios, señorito. Et avant que Harry pût bégayer le moindre mot, elle avait disparu dans sa chambre.

Il restait pétrifié, la cigarette encore intacte à la main. Ses pensées s'étaient envolées bien au-delà du tabac, et il évoquait encore, tout en l'embellissant, l'image de sa nouvelle connaissance, dont la voix résonnait dans son souvenir et les yeux hantaient son esprit, quoiqu'il en ignorât la couleur. Les nuages s'étaient dissipés à son arrivée et il contemplait un monde nouvellement créé. Il ne pouvait imaginer ce qu'elle était réellement, mais il l'adorait. Il n'osait se risquer à apprécier son âge, craignant de découvrir qu'elle était plus âgée que lui et considérant qu'il était sacrilège d'associer ce beau visage à l'idée de vieillissement et de mort. Quant à son caractère, la beauté chez un être jeune est toujours bonne. Ainsi, le malheureux garçon demeura longtemps sur la terrasse, jetant des regards timides sur la porte-fenêtre au rideau tiré, soupirant devant les cytises d'or, transporté au royaume des contes bleus ; et quand il finit par rentrer dîner de mouton bouilli froid et d'une pinte de bière, il s'attabla à un festin digne des dieux.

Quand il retourna le lendemain sur la terrasse, la porte-fenêtre était légèrement entrouverte et il aperçut avec ravissement l'épaule de la dame, tranquillement assise à sa couture et ignorant totalement sa présence. À peine était-il apparu le surlendemain que la porte-fenêtre s'ouvrit et que la señorita s'avança d'un pas léger, auréolée de soleil, dans un aimable désordre matinal, délicat et de bon goût, avec cependant quelque chose d'étranger, de tropical et de singulier. Elle tenait un paquet à la main.

– Voulez-vous goûter, dit-elle, au tabac de mon père, en provenance de Cuba, ma chère patrie ? Là-bas, vous le savez sans doute, tout le monde fume, les dames comme les messieurs. Vous n'avez donc pas à craindre de me déranger. L'arôme me rappellera mon pays. Mon pays, señor, est baigné par la mer.

Alors qu'elle prononçait ces derniers mots, Desborough, pour la première fois de sa vie, prit conscience de la poésie de l'océan.

– Jour et nuit, j'en rêve ! Cuba, ma patrie, ma chère patrie !

– Mais, un jour, dit Desborough avec un serrement de cœur, un jour vous y retournerez ?

– Jamais ! s'écria-t-elle, ça, jamais, au nom du ciel !

– Vous allez donc résider toute votre vie en Angleterre ? demanda-t-il, sentant son esprit s'alléger.

– Vous m'en demandez trop, vous m'en demandez plus que je n'en sais, répondit-elle tristement.

Puis, retrouvant sa gaieté, elle ajouta :

– Mais vous n'avez pas essayé mon tabac cubain !

– Señorita, dit-il, légèrement décontenancé par un soupçon de coquetterie apparue dans son attitude, quoi qu'il m'arrive... Vous... Je veux dire, conclut-il en rougissant vivement, que je ne doute pas que le tabac soit délicieux.

– Ah, señor, dit-elle sur un ton grave, presque mélancolique, vous paraissez si simple et si bon, et vous essayez déjà de me faire des compliments. Et, du reste, ajouta-t-elle, le visage s'épanouissant en un sourire tandis qu'elle lui jetait un rapide coup d'œil, vous le faites si mal ! Les Anglais, m'a-t-on dit, peuvent être de solides amis, des amis honnêtes et respectueux ; ils peuvent être des compagnons, des consolateurs, si le besoin s'en fait sentir, ou des défenseurs, et cependant ne jamais s'imposer. Ne cherchez pas à me plaire en copiant les manières de mes compatriotes. Soyez vous-même : le gentleman anglais franc, bon et honnête dont j'entends parler depuis mon enfance et que j'ai toujours désiré rencontrer.

Harry, tout abasourdi, et bien qu'ayant des doutes sur les manières des Cubains, nia farouchement toute idée de plagiat.

– Le sérieux de votre comportement national vous convient mieux, señor, dit la dame. Voyez ! – et elle traça une ligne de son pied délicat – jusqu'ici, ce sera un territoire commun ; là, près du seuil de ma porte-fenêtre, commence la frontière véritable. Si vous le voulez, vous pouvez m'obliger à regagner ma forteresse ; mais si, au contraire, nous devons être de véritables amis anglais, je peux vous rejoindre ici quand je ne suis pas trop triste ; ou encore, quand je suis de bien meilleure humeur, vous pouvez approcher votre chaise de ma porte-fenêtre pour m'apprendre les mœurs anglaises, pendant que je suis à mon ouvrage. Vous verrez, je serai une bonne élève, car je mettrai mon cœur à la tâche.

Elle posa une main légère sur le bras de Harry et le regarda droit dans les yeux.

– Savez-vous, dit-elle, j'ai l'audace de croire que j'ai déjà pris un peu de votre aplomb anglais. Ne remarquez-vous pas un changement, señor ? Infime, peut-être, mais un changement tout de même. Mon comportement n'est-il pas plus ouvert, plus libre, plus semblable à celui de la chère *Miss* anglaise que lorsque vous m'avez vue pour la première fois ?

Elle lui adressa un sourire radieux, retira sa main du bras de Harry et, avant que le jeune homme pût formuler les émotions éloquentes qui se déchaînaient dans sa tête, elle disparut de sa vue derrière le rideau, en lui lançant un « Adios, señor, bonne nuit, mon ami anglais ».

Le lendemain, Harry eut beau fumer une once de tabac sur la terrasse en terrain neutre, il n'en fut récompensé d'aucune manière : il ne la vit ni ne l'entendit, et l'heure du dîner l'arracha enfin au théâtre de sa déception. Le surlendemain, il pleuvait ; mais rien, ni ses menues besognes ni le mauvais temps, ni la perspective de la pauvreté, ni les difficultés présentes, ne put distraire le jeune homme du service de sa dame. Enveloppé d'un long ulster, le col relevé, il se mit en faction contre la balustrade, attendant que le sort lui sourie, des images d'humidité et d'inconfort devant les yeux, mais le cœur brûlant d'ardeurs tendres et délicieuses. Bientôt, la porte-fenêtre s'ouvrit et la belle Cubaine, dissimulant avec peine un sourire, apparut sur le seuil.

– Venez ici, dit-elle, ici, près de ma porte-fenêtre. Le petit auvent forme une bande abritée.

Et elle lui tendit gracieusement un siège pliant.

Tandis qu'il s'asseyait, visiblement rongé de timidité et de plaisir, la vue de sa poche renflée lui rappela qu'il n'était pas venu les mains vides.

– J'ai pris la liberté, dit-il, de vous apporter un petit livre. J'ai pensé à vous lorsque je l'ai remarqué à l'étalage, parce que j'ai vu qu'il était en espagnol. Le marchand m'a assuré que c'était l'un des meilleurs auteurs, et très convenable.

Tout en parlant, il lui mit le petit volume dans la main. Son regard s'attristait à mesure qu'elle tournait les pages ; une rougeur s'emparait du visage de la jeune femme, pour disparaître aussitôt, aussi intense que passagère.

– Vous êtes fâchée, s'écria-t-il avec inquiétude. J'ai abusé de votre amitié.

– Non, señor, ce n'est pas ça, répondit la dame. Je...

Une vive rougeur lui monta de nouveau au visage.

– Je suis confuse et honteuse parce que je vous ai abusé. L'espagnol, commença-t-elle...

Elle s'arrêta...

– ... L'espagnol est bien entendu ma langue maternelle, reprit-elle, comme si elle s'armait soudain de courage, et cela donnerait sûrement la plus grande valeur à votre gentille attention ; mais hélas, monsieur, à quoi peut-il me servir ? Et comment vous dirai-je la vérité – l'humiliante vérité ? Je ne sais pas lire.

Comme dans les yeux de Harry se lisait une stupéfaction évidente, la belle Cubaine sembla se faire toute petite sous son regard.

– Lire ? répéta Harry. Vous !

Elle ouvrit la porte-fenêtre encore plus grande d'un geste ample et noble.

– Entrez, señor, dit-elle. Voici le moment tant attendu, si redouté ; le moment où je dois soit craindre de perdre votre amitié, soit vous faire sans rien celer le récit de ma vie.

C'est avec un sentiment proche de la dévotion que Harry franchit le seuil. Un plaisir à demi sauvage avait présidé au désordre étudié de la pièce où il pénétrait. Elle était pleine d'étoffes délicates, de fourrures, de petits tapis et d'écharpes aux teintes vives, garnie de babioles élégantes et étranges – des éventails sur le dessus de la cheminée, une lampe ancienne sur une console, et sur la table une coupe en noix de coco montée sur argent à moitié remplie de pierres précieuses non serties. La belle Cubaine, joyau elle-même et chef-d'œuvre qui convenait à ce cadre somptueux, indiqua un siège à Harry et, s'enfonçant dans un autre, commença ainsi son histoire.

Histoire de la belle Cubaine

Je ne suis pas celle que l'on croit. Mon père descendait à la fois de Grands d'Espagne d'un côté et, par la branche maternelle, du patriote Bruce. Ma mère aussi était issue d'une lignée de rois ; mais, hélas ! c'étaient des rois africains. Son teint était d'une pureté absolue : plus que le mien, car j'ai hérité du sang plus sombre qui coulait dans les veines de mon père, originaire d'Europe. Elle avait une âme généreuse et des manières accomplies, dignes d'une reine ; plus je grandissais, plus je l'adorais, car je la voyais supérieure à ceux qui l'entouraient et comblée de l'affection et du respect les plus attentifs. Puis, l'heure venue, je reçus son dernier soupir sur mes lèvres, ignorant encore qu'elle était une esclave et, hélas ! rien de plus que la concubine de mon père. Sa mort, qui survint alors que j'étais dans ma seizième année, fut mon premier chagrin : elle laissa notre maison privée de son charme, jeta un voile de mélancolie sur ma jeunesse et opéra à jamais sur mon père un changement tragique. Les mois passèrent ; avec le ressort propre à la jeunesse, je retrouvai en partie la gaieté simple qui me caractérisait auparavant. La plantation s'épanouissait sous de nouvelles récoltes ; les Noirs du domaine avaient déjà oublié ma mère et pris l'habitude de m'obéir à moi sans se poser de questions ; et pourtant les nuages ne faisaient que s'amonceler sur le front du señor Valdevia. Il avait déjà autrefois l'habitude de s'absenter fréquemment de la maison, car il faisait le commerce des pierres précieuses à La Havane. Il était désormais presque toujours loin ; et quand il revenait, ce n'était que pour une nuit et avec l'air d'un homme écrasé par l'adversité.

Je suis née et j'ai passé mon enfance dans une île des Caraïbes, à une demi-heure de canot des côtes de Cuba. C'était une île escarpée, montagneuse et, à part la famille de mon père et sa plantation, entièrement inhabitée et inculte. La maison, une construction peu élevée entourée de spacieuses vérandas, se dressait sur une élévation de terrain, face à la mer et à Cuba. La brise la caressait avec bonheur, nous éventant tandis que nous nous prélassions dans nos hamacs de soie, et agitait les branches et les fleurs de magnolia. Derrière la maison, à gauche, les cases des Noirs et les champs ondoyants de la plantation couvraient un huitième de la surface de l'île. À droite, à la limite du jardin, se trouvait un immense marécage très redoutable, planté d'une végétation de taillis serrés, suintant la fièvre, parsemé de profonds bourbiers et habité par des huîtres venimeuses, des crabes carnivores, des serpents, des alligators et des poissons toxiques. Personne ne pouvait pénétrer dans les replis de cette jungle si ce n'est les gens d'ascendance africaine ; un ennemi invisible et tout-puissant y guettait l'Européen : on y respirait la mort.

Un matin (d'où je dois dater le début de mes malheurs), je quittai ma chambre peu après l'aube – car sous ces climats chauds on se lève de bonne heure – et ne trouvai aucune servante pour s'occuper de moi. Je fis le tour de la maison tout en les appelant, et ma surprise se changea en inquiétude lorsque, parvenant enfin dans une grande cour fermée d'une véranda, je vis qu'elle était remplie de Noirs. Même à ce moment-là, quand je fus au milieu d'eux, pas un ne se tourna vers moi ni ne prêta la moindre attention à mon arrivée. Ils n'avaient d'yeux et d'oreilles que pour une seule personne : une femme vêtue avec goût et opulence, au port élégant et à la voix mélodieuse ; usée et défraîchie avant l'âge à force de ne rien se refuser : son visage encore séduisant était marqué par les passions les plus cruelles, ses yeux brûlaient de la soif du mal. Ce n'est pas, je crois, son apparence, mais cette impression étrange qui émanait d'elle, qui me fit reculer et presque défaillir d'horreur ; cette femme me faisait peur et m'impressionnait vivement, comme il existe des plantes qui ont une influence néfaste et des serpents qui fascinent. Mais j'étais courageuse ; je foulai aux pieds ma faiblesse et, me frayant un passage au milieu des esclaves qui s'écartèrent devant moi avec gêne, comme s'ils étaient en présence de maîtresses rivales, je demandai d'un ton impérieux :

– Qui est cette personne ?

Une esclave pour qui j'avais été bonne me murmura à l'oreille de prendre garde, car c'était Mme Mendizabal ; mais cela ne signifiait rien pour moi.

Pendant ce temps, cette femme, munie de son face-à-main, m'observait de la tête aux pieds avec une insolente minutie.

– Jeune fille, dit-elle enfin, j'ai une grande expérience des servantes rebelles et je me glorifie de les avoir soumises. Vraiment, vous me tentez, et si je n'avais pas sur les bras d'autres occupations de plus grande importance, je vous achèterais certainement dans la vente des biens de votre père.

– Madame... commençai-je.

Mais je ne pus articuler un mot.

– Est-il possible que vous ne connaissiez pas votre situation ? reprit-elle avec un rire détestable. Comme c'est drôle ! Il me faut absolument l'acheter. Des talents, je suppose ? ajouta-t-elle en se tournant vers les domestiques.

Plusieurs d'entre eux l'assurèrent que la jeune maîtresse avait été élevée comme une demoiselle, du moins le croyaient-ils dans leur inexpérience.

– Elle conviendrait très bien pour mon comptoir de La Havane, dit la señora Mendizabal, m'observant une fois encore derrière son face-à-main ; et j'aurais plaisir, poursuivit-elle en s'adressant plus directement à moi, à vous faire connaître le fouet.

Elle me sourit alors avec un air de convoitise qui touchait à la cruauté.

Cela me fit retrouver la parole. Appelant les domestiques par leur nom, je leur ordonnai de chasser cette femme de la maison, de la conduire au bateau et de la déposer à Cuba. Mais ils protestèrent d'une seule voix qu'ils n'osaient pas obéir, se rapprochèrent de moi, me suppliant et m'implorant d'être plus raisonnable ; et comme j'insistais, m'échauffant davantage et parlant de cette abominable intruse dans les termes qu'elle méritait, ils s'éloignèrent de moi comme de quelqu'un qui aurait blasphémé. Un respect mêlé de superstition entourait de toute évidence l'étrangère ; je le lisais dans leur attitude métamorphosée, dans la pâleur qui altérait la couleur naturelle de leurs visages ; et leur crainte se répercutait sans doute sur moi. Je regardai une nouvelle fois Mme Mendizabal. Parfaitement calme, elle m'observait derrière son face-à-main avec un sourire méprisant. Alors, à la vue de la supériorité et de l'assurance qu'elle opposait à toutes mes menaces, un cri s'échappa de mes lèvres, un cri de colère, de frayeur et de désespoir ; traversant la véranda, je m'enfuis de la maison.

Je courais au hasard, mais en fait je me dirigeais vers la plage. J'avais la tête qui tournait, si étranges et si soudains étaient ces événements et ces insultes. Qui était-elle ? Grands dieux ! quel était ce pouvoir qu'elle exerçait sur mes Noirs dociles ? Pourquoi s'était-elle adressée à moi comme à une esclave ? Pourquoi avait-elle parlé de la vente des biens de mon père ? À toutes ces questions qui se bousculaient dans ma tête, je ne pouvais apporter aucune réponse ;

et dans le tourbillon de mon esprit, rien n'était clair sauf l'image détestable de cette femme pernicieuse.

Je courais toujours, folle de peur et de colère, quand je vis mon père venir à ma rencontre depuis le débarcadère ; poussant alors un cri dont la violence aurait pu, je crois, causer ma mort, je me jetai dans ses bras et j'éclatai en sanglots incoercibles contre sa poitrine. Il me fit asseoir sous un grand palmier qui se dressait non loin de là, me réconforta mais d'un ton plutôt froid et, dès que j'eus repris tant soit peu la maîtrise de mes sentiments, me demanda, non sans une certaine dureté, ce que ce chagrin signifiait. Étonnée du ton sur lequel il me parlait, je parvins à me contrôler davantage. D'une voix ferme, bien que toujours entrecoupée de sanglots, je lui dis qu'il y avait une étrangère dans l'île : je crus alors le voir sursauter et pâlir ; j'ajoutai que les domestiques ne voulaient pas m'obéir ; que l'étrangère était Mme Mendizabal, ce qui parut à la fois l'inquiéter et le soulager ; qu'elle m'avait insultée, traitée comme une esclave (le visage de mon père commença à s'assombrir), menacée de m'acheter dans une vente et qu'elle avait interrogé mes propres servantes en ma présence ; et qu'enfin, me trouvant totalement démunie et exposée à cette intolérable liberté de comportement, j'avais fui de la maison sous l'emprise de la terreur, de l'indignation et de la stupeur.

– Teresa, dit mon père d'un ton particulièrement grave, il me faut aujourd'hui faire appel à ton courage ; j'ai beaucoup à t'apprendre, tu dois faire l'impossible pour m'aider ; et ma fille doit se montrer une femme par son sang-froid. En ce qui concerne cette Mendizabal, que pourrais-je te dire ? Ou comment vais-je t'expliquer ce qu'elle est ? Il y a vingt ans, c'était la plus ravissante des esclaves ; aujourd'hui, elle est ce que tu as vu – prématurément vieillie, déshonorée par la pratique de tous les vices et de toutes les actions scélérates, mais libre, riche, mariée, dit-on, à un homme honorable, que le ciel lui vienne en aide ! Elle exerce sur ses anciens compagnons, les esclaves de Cuba, une influence aussi démesurée que la raison en est mystérieuse. Des rites horribles, raconte-t-on, des rites vaudou, cimentent son empire. Quoi qu'il en soit, je voudrais que tu cesses de penser à cette sorcière d'une monstruosité sans égale ; ce n'est pas de ce côté que le danger nous menace ; et jamais, je n'hésite pas à t'en faire la promesse, tu ne tomberas entre ses mains.

– Père ! m'écriai-je. Tomber ? Y avait-il donc du vrai dans ses paroles ? Suis-je... Ô père, dites-le-moi franchement, je peux tout supporter sauf cette incertitude.

– Je vais te le dire, répondit-il sans détour par égard pour moi. Ta mère était une esclave ; mon intention était, dès que j'aurais acquis une honnête aisance, de prendre le bateau pour la libre Angleterre où la loi m'aurait permis de l'épouser : projet trop longtemps retardé, car la mort intervint, au dernier moment. Tu comprends maintenant de quel poids pèse sur mes épaules le souvenir de ta mère.

J'éclatai en sanglots, pleine de pitié pour mes

parents et, en cherchant à consoler le survivant, j'oubliai mon malheur.

– Cela importe peu, reprit mon père. Ce que je n'ai pu faire ne pourra jamais être réparé et je dois porter le poids de mon remords. Mais, Teresa, avec un souvenir aussi cuisant du mal causé par le retard, je me mis sur-le-champ à accomplir ce qui était encore possible : faire de toi un être libre.

Je commençai à me répandre en remerciements, mais il m'arrêta avec une sombre âpreté.

– La maladie de ta mère, reprit-il, avait occupé une bonne part de mes journées, mes affaires en ville étaient restées trop longtemps aux mains de subalternes ignorants. Mon esprit, mon goût, ma connaissance sans égale des pierres les plus précieuses, cet art par lequel je sais distinguer, même dans la nuit la plus noire, un saphir d'un rubis, et dire au premier coup d'œil dans quelle région du globe tel joyau a été trouvé – tout cela était resté trop longtemps loin de la conduite des affaires. Teresa, j'étais ruiné.

– Qu'importe, m'écriai-je, qu'importe la pauvreté si nous pouvons rester ensemble avec notre amour et nos souvenirs sacrés ?

– Tu ne comprends pas, dit-il tristement. Esclave, car tu l'es, jeune – hélas ! à peine plus qu'une enfant ! –, douée de tous les talents, belle de la beauté la plus touchante et d'une innocence angélique : toutes ces qualités, qui désarmeraient les loups et les crocodiles eux-mêmes, sont, aux yeux de ceux à qui je suis redevable, des marchandises qui peuvent s'acheter et se vendre. Tu es un objet ; tu as une valeur marchande ; oui, tu vaux... Ciel ! commences-tu à comprendre ? Si je devais te donner la liberté, je ferais tort à mes créanciers ; l'affranchissement serait certainement annulé ; tu serais toujours une esclave, et moi un criminel.

Je pris sa main dans la mienne, la couvris de baisers, me lamentai et versai des larmes de pitié pour moi-même, de sympathie pour mon père.

– J'ai travaillé dur, poursuivit-il, j'ai pris des risques et me suis démené pour réparer mes pertes : les cieux en sont témoins et s'en souviendront. Leur bénédiction a été refusée à mes efforts, ou plutôt, comme je me plais à l'imaginer, seulement retardée pour descendre sur la tête de ma fille. Pour finir, tout espoir fut perdu. J'étais ruiné irréparablement ; il me fallait rembourser une forte somme le lendemain, mais je ne pus faire face. Je devais être mis en faillite, et mes biens, mes terres, mes bijoux tant aimés, mes esclaves que j'avais gâtés et rendus heureux seraient vendus et tomberaient entre les mains de trafiquants ignorants et avides, et toi avec – oh, comble de malheur ! – toi, ma fille tant aimée. J'avais trop longtemps accepté, je le compris alors, ce grand crime qu'est l'esclavage et j'en avais bénéficié ; mais ma fille, ma fille innocente et pure, devait-elle, elle, en payer le prix ? Je m'écriai « non ! » et pris le ciel à témoin de ma tentation ; je ramassai vivement le sac que voici et m'enfuis. Les poursuivants sont sur mes talons ; cette nuit, demain peut-être, ils débarqueront sur cette île vouée à la mémoire de la chère âme qui t'a portée, pour livrer ton père à une prison ignominieuse et toi-même à l'esclavage et au déshonneur. Nous n'avons pas beaucoup de temps devant nous. Un yacht anglais croise depuis quelques jours, par un étrange et heureux hasard, au large de la côte nord de notre île. Il appartient à sir George Greville, que je connais vaguement pour lui avoir rendu jadis des services exceptionnels, et qui ne refusera pas de nous aider à prendre la fuite. S'il refusait, s'il venait à manquer de gratitude envers nous, il me serait possible de l'y contraindre. Car, qu'est-ce que cela signifie, mon enfant ?... quelles sont les intentions de cet Anglais qui hante depuis des années les côtes de Cuba et rentre de chaque voyage avec de nouvelles pierres précieuses ?

– Il a peut-être découvert un gisement, me risquai-je à suggérer.

– C'est ce qu'il affirme, répondit mon père, mais le don mystérieux que j'ai reçu de la nature m'a facilement permis de découvrir la supercherie. Il m'apportait seulement des diamants, que j'achetai au début en toute innocence. À y regarder de plus près, je sursautai ; car, de toutes ces pierres, mon enfant, certaines avaient vu le jour en Afrique, d'autres au Brésil ; pour d'autres, je devinai, d'après leur eau particulière et la façon grossière dont elles avaient été travaillées, qu'elles provenaient du pillage de temples antiques. Ayant ainsi été mis sur la piste, je fis des enquêtes. Oh, il est malin ! Mais je l'étais encore plus que lui. Je découvris qu'il se rendait dans toutes les boutiques de joailliers de la ville ; chez l'un, il proposait des rubis, chez un autre des émeraudes, chez un troisième des béryls précieux ; à tous, il racontait cette même histoire de gisement. Mais dans quel gisement, dans quel riche épitomé de la surface de la terre les rubis d'Ispahan, les perles de Coromandel et les diamants de Golconda se trouvaient-ils réunis ? Non, mon enfant, il faut que cet homme, en dépit de son yacht et de son titre, me craigne et m'obéisse. Ce soir, donc, dès la nuit tombée, nous devons fuir à travers le marais par le sentier que je vais te montrer tout à l'heure ; de là, à travers les montagnes de l'île, il existe une piste qui nous mènera jusqu'au port situé au nord ; le yacht croise tout près. Si mes poursuivants arrivaient avant l'heure à laquelle je m'attends à les voir, il serait cependant trop tard : un homme de confiance veille sur le continent. Dès qu'ils apparaîtront, nous apercevrons, s'il fait nuit, le rougeoiement d'un feu, s'il fait jour, une colonne de fumée sur le promontoire opposé ; et ainsi avertis, nous aurons le temps de mettre le marais entre le danger et nous. En attendant, je voudrais cacher ce sac ; je voudrais avant tout qu'on me voie arriver à la maison les mains vides ; un esclave bavard risquerait sinon de causer notre perte. Vois donc ! ajouta-t-il.

Et levant le sac qu'il m'avait déjà montré, il déversa sur mes genoux une pluie de joyaux non sertis, plus éclatants que des fleurs, de toutes tailles et de toutes couleurs, et qui, en tombant, captaient les rayons du soleil sur leur mille facettes délicates.

Je ne pus retenir un cri d'admiration.

– Même à tes yeux ignorants, poursuivit mon père, ils imposent le respect. Pourtant, que sont-ils d'autre que des cailloux, inertes sous l'outil, froids comme la mort ? Ingrats ! s'écria-t-il. Chacun d'entre eux, miracle de patience de la nature, né de la poussière au cours d'innombrables siècles d'activité microscopique, chacun d'entre eux représente, pour toi et moi, une année de vie, de liberté et d'affection mutuelle. Comment, dans ces conditions, ne pas les chérir ! Et pourquoi retarder le moment de les mettre à l'abri ? Teresa, suis-moi.

Il se leva et me conduisit jusqu'à l'orée de la vaste jungle, là où elle surplombe, en un mur de feuillage brunâtre et toxique, la pente de la colline où se dressait la maison de mon père. Pendant quelques instants, il longea avec une attention soutenue la lisière du hallier. Puis, semblant reconnaître quelque signe, car son expression devint aussitôt moins tendue, il s'arrêta et se tourna vers moi :

– C'est ici, dit-il, que se trouve l'entrée du sentier secret dont je t'ai parlé, et c'est ici que tu vas m'attendre. Je ne pénètre que de quelques centaines de mètres à l'intérieur du marais pour enterrer mon malheureux trésor ; dès qu'il sera en sûreté, je reviendrai.

En vain, je cherchai à le dissuader, lui représentant vivement les dangers de cet endroit ; en vain, je le suppliai de m'autoriser à l'accompagner, invoquant le sang noir que je savais désormais couler dans mes veines : en dépit de toutes mes protestations, il fit la sourde oreille et, faisant ployer une partie de l'écran que formaient les buissons, disparut dans le silence pestilentiel du marais.

Une bonne heure après, les buissons furent de

nouveau écartés brusquement ; mon père sortit du fourré, s'arrêta et chancela presque sous le choc de la lumière aveuglante. Son visage était d'un rouge singulièrement bistré ; et pourtant, malgré toute la chaleur tropicale de la mi-journée, il ne semblait pas transpirer.

– Tu es fatigué ! m'écriai-je, me levant d'un bond pour aller à sa rencontre. Tu es malade.

– Je suis fatigué, répondit-il ; l'air dans cette jungle est suffocant ; mes yeux, du reste, se sont accoutumés à ses ténèbres et la vive lumière du jour les transperce comme des lames. Un instant, Teresa, donne-moi juste un instant. Tout ira bien, va. J'ai enterré le trésor sous un cyprès, juste après le bayou, sur le côté gauche du sentier ; ces trésors resplendissants sont désormais ensevelis dans la vase ; c'est là que tu les trouveras, si nécessaire. Mais, viens donc, allons à la maison ; il est temps de manger en provision de notre voyage de cette nuit ; manger puis dormir, ma pauvre Teresa, dormir.

Il me regarda alors de ses yeux injectés de sang, hochant la tête comme par compassion.

Nous avancions très vite, car il ne cessait de murmurer qu'il s'était absenté trop longtemps et que les esclaves risquaient d'avoir des soupçons ; nous franchîmes l'espace aéré de la véranda et parvînmes enfin dans la demi-obscurité bienfaisante de la maison aux volets clos. Le repas était servi ; les serviteurs de la maison, déjà informés par les passeurs du retour du maître, avaient tous repris leur poste et semblaient terrifiés de se trouver en ma présence. Comme mon père, avec une obstination due à la fatigue et à la fièvre, ne cessait de répéter à voix basse qu'il fallait nous hâter, je me dépêchai aussitôt de prendre place à table ; mais j'avais à peine lâché son bras qu'il s'arrêta et tendit les deux mains en avant de façon bizarre, comme quelqu'un qui cherche à avancer à tâtons.

— Que se passe-t-il ? s'écria-t-il d'une voix perçante qui n'avait rien d'humain. Suis-je aveugle ?

Je courus à lui et tentai de le conduire à table ; mais il résista et se tint raide là où il était, ouvrant et fermant les mâchoires, comme s'il cherchait péniblement à reprendre son souffle. Puis, soudain, il porta les deux mains à ses tempes et s'écria :

— Ma tête ! Ma tête !

Il chancela puis s'affaissa contre le mur.

Je savais trop bien ce que ce devait être. Je me tournai vers les serviteurs et les priai de lui venir en aide. Mais eux, d'un commun accord, refusèrent d'envisager le moindre espoir. Le maître s'était rendu dans le marais, dirent-ils, le maître allait mourir ; tout secours était en vain. Pourquoi m'appesantirais-je sur ses souffrances ? Je le fis transporter sur un lit et le veillai. Il gisait, immobile ; de temps à autre, il grinçait des dents, et prononçait parfois des paroles inintelligibles, hormis ce seul mot : « vite, vite », qui parvenait distinctement à mes oreilles et me signifiait que, même dans son dernier combat contre les puissances de la mort, son esprit était toujours torturé par le danger que courait sa fille. Le soleil s'était couché, l'obscurité était tombée, quand je me rendis compte que j'étais seule sur cette terre de malheur. Comment aurais-je pu penser à fuir, à rechercher la sécurité, à éviter les dangers qui, dès lors, me menaçaient ? Près du corps de mon dernier ami, j'avais tout oublié hormis les angoisses naturelles sécrétées par sa perte.

Quatre heures environ s'étaient déjà écoulées depuis que le soleil était apparu à l'horizon, quand l'arrivée de la jeune esclave dont j'ai déjà parlé me fit reprendre conscience des choses terrestres. La pauvre fille m'était vraiment entièrement dévouée ; et ce fut dans un torrent de larmes qu'elle me révéla le motif de sa venue. Aux premières lueurs de l'aube, un bateau avait rejoint notre petit port et avait débarqué un groupe d'officiers sur le rivage de notre île (jusqu'à présent si heureuse), porteurs d'un mandat d'arrêt contre mon père, ainsi qu'un homme obèse aux manières frustres, qui déclara que l'île, la plantation et tous ses occupants lui appartenaient désormais.

– Je crois, dit ma jeune esclave, que ce doit être un homme politique ou un sorcier très puissant, car à peine Mme Mendizabal les a-t-elle vus venir qu'elle s'est enfuie à travers bois.

– Sottises ! dis-je, c'étaient les officiers qu'elle redoutait ; en tout cas, pourquoi cette vieille sorcière ose-t-elle encore souiller l'île de sa présence ? Et puis, oh, Cora ! m'exclamai-je en me rappelant mon chagrin, qu'importent tous ces ennuis à une orpheline ?

– Maîtresse, dit-elle, il me faut vous rappeler deux choses. Ne parlez jamais comme vous venez de le faire de Mme Mendizabal ; ou du moins jamais à une personne de couleur ; car c'est la femme la plus puissante du monde, et son vrai nom même, si quelqu'un osait le prononcer, serait une formule magique capable de réveiller les morts. Aussi, quoi que vous fassiez, ne parlez plus d'elle à votre malheureuse Cora ; car, bien qu'il soit possible qu'elle ait peur de la police (en vérité, je crois avoir entendu dire qu'elle se cachait), il est vrai néanmoins, il est prouvé, et de notoriété publique – je sais que vous allez rire et ne pas me croire –, qu'elle entend tout ce que les gens disent dans ce vaste monde ; et votre pauvre Cora a déjà le malheur d'être sur sa liste noire. Elle me regarde, maîtresse, jusqu'à ce que mon sang se glace. C'est la première chose que j'avais à dire ; et voici la seconde : gardez à l'esprit, je vous en prie, au nom du ciel, que vous n'êtes plus la fille du pauvre señor. Il est mort, le cher monsieur, et désormais, vous n'êtes plus qu'une esclave ordinaire, comme moi. L'homme à qui vous appartenez vient vous chercher ; oh ! ma chère maîtresse, allez-y tout de suite ! Avec votre jeunesse et votre beauté, vous pouvez encore, si vous savez le séduire et lui obéir, vous assurer une vie tranquille.

Je regardai un instant cette créature avec l'indignation que vous pouvez imaginer ; peu après, ce sentiment avait disparu : Cora m'avait simplement parlé suivant sa nature, comme l'oiseau chante ou le bétail mugit.

– Va-t'en, dis-je. Va-t'en, Cora. Je te remercie de tes bonnes intentions. Laisse-moi seule un instant avec mon père défunt ; et dis à cet homme que j'arrive.

Elle partit. Quant à moi, je me retournai vers le lit mortuaire et adressai à ces oreilles qui ne pouvaient plus m'entendre le dernier appel et la dernière justification de mon innocence assiégée.

– Père, dis-je, ta dernière pensée, même dans les affres de la mort, fut d'exprimer le vœu que ta fille échappe à la disgrâce. Ici, à tes côtés, je jure que ton souhait sera réalisé ; par quels moyens, je n'en sais rien ; par le crime, si nécessaire ; que le ciel nous pardonne, à toi et à moi, ainsi qu'à nos oppresseurs ; et qu'il fortifie ma faiblesse !

Alors, je me sentis revigorée comme après un long repos ; je me dirigeai vers le miroir, oui, même dans cette chambre mortuaire ; je me hâtai d'arranger ma coiffure, rafraîchis mes yeux abîmés par les larmes, murmurai un adieu muet à l'auteur de mes jours et de mes chagrins ; puis, me composant un visage souriant, je sortis à la rencontre de mon maître.

Il déployait une intense activité, passant en revue toute cette maison qui avait été naguère la nôtre et dont il venait à l'instant de prendre la succession : c'était un homme d'âge moyen, corpulent, sanguin, sensuel, vulgaire, drôle et, si je ne me trompais pas, par nature assez bien intentionné. Mais l'éclair qui anima son regard quand il me regarda entrer m'avertit que je devais m'attendre au pire.

– Est-ce là votre ancienne maîtresse ? s'enquit-il auprès des esclaves.

Et quand il en eut confirmation, il les congédia sur-le-champ.

– Eh bien, ma chère, je ne suis pas un homme

compliqué, pas un de vos maudits Espagnols, mais un Anglais authentique, travailleur et honnête. Je m'appelle Caulder.

– Merci, monsieur, dis-je tout en faisant une prompte révérence, comme je l'avais vu faire aux esclaves.

– Allons, dit-il, je m'attendais à pire ; et si tu acceptes d'être soumise là où il a plu à Dieu de t'appeler, tu trouveras en moi un très brave bougre. J'aime bien ton air, ajouta-t-il en me nommant par mon prénom, qu'il écorcha d'une façon scandaleuse. C'est tes vrais cheveux, ça ? demanda-t-il ensuite sur un ton pour le moins abrupt en s'approchant de moi.

Il s'en assura grossièrement, comme si j'étais un cheval. Je brûlais intérieurement des pieds à la tête, mais je maîtrisai ma juste colère et me montrai docile.

– Très bien, poursuivit-il en me relevant le menton avec bonne humeur. Tu n'auras pas lieu de regretter de venir chez le vieux Caulder, pas vrai ? Cela dit en passant, mais pour en revenir à des choses plus importantes : ton ancien maître était un gredin de la pire espèce ; il a levé le pied avec des biens de grande valeur qui me reviennent de droit. Aussi, étant donné les liens qui vous unissaient, je te considère comme la personne la mieux placée pour savoir ce qu'il en est advenu ; et je t'avertis, avant que tu ne répondes, que toute ma gentillesse à venir dépendra de ton honnêteté. Je suis moi-même un homme honnête, et j'attends la même chose de mes serviteurs.

– Vous voulez parler des bijoux ? dis-je d'une voix qui sombra dans un murmure.

– Très exactement, gloussa-t-il.

– Chut ! dis-je.

– Chut ? répéta-t-il. Et pourquoi chut ? Je suis chez moi, je voudrais bien que tu le saches, et entouré de mes esclaves légitimes !

– Les officiers sont-ils partis ? demandai-je.

Oh ! comme mes espoirs étaient suspendus à la réponse !

– Oui, ils sont partis, dit-il, un peu déconcerté. Pourquoi me poses-tu la question ?

– J'aurais préféré que vous les gardiez, répondis-je avec une certaine solennité, bien qu'en même temps mon cœur bondit de joie. Maître, je ne dois pas vous cacher la vérité. Les serviteurs de ce domaine sont dangereux, et une mutinerie se trame depuis longtemps.

– Quoi ! s'écria-t-il, je n'ai jamais vu de ma vie un lot de nègres à l'air plus docile.

Mais, malgré tout, il devint plutôt pâle.

– Vous ont-ils dit, continuai-je, que Mme Mendizabal est sur l'île ? Que depuis son arrivée, ils n'obéissent qu'à elle ? Que si, ce matin, ils vous ont reçu avec la courtoisie et le calme qui conviennent, c'était uniquement sur ses ordres – émis avec quelle arrière-pensée, je vous le laisse à envisager.

– Mme Jezebel ? dit-il. Eh bien, c'est un dangereux démon ; la police est à ses trousses, du reste, pour toute une série de meurtres ; et après, en fin de compte ? Elle a, assurément, une grande influence sur vous autres, les gens de couleur. Mais au nom du ciel, qu'est-ce qu'elle fiche ici ?

– Les bijoux, répondis-je. Ah ! monsieur, si vous aviez vu ce trésor : des saphirs, des émeraudes, des opales et des topazes dorées, des rubis rouges comme le soleil couchant – quelle valeur incalculable ! Quelle beauté inégalée pour les yeux ! Si vous les aviez vus comme moi, et hélas, comme elle les a vus, vous comprendriez et vous trembleriez face à un tel danger.

– Elle les a vus ! s'écria-t-il.

Et je devinai, à son expression, que mon audace était justifiée par sa réussite.

Je pris sa main dans la mienne.

– Mon maître, dis-je, je suis à vous désormais ; c'est mon devoir, ce devrait être mon plaisir, de défendre vos intérêts et votre vie. Alors, écoutez mon conseil et, je vous en conjure, laissez-vous guider par ma prudence. Suivez-moi en secret ; que personne ne voie où nous allons ; je vous conduirai à l'endroit où le trésor a été enfoui ; et une fois déterré, nous nous dirigerons tout droit vers le bateau, nous partirons pour le continent et ne reviendrons pas sur cette île dangereuse sans l'appui des soldats.

Quel homme libre en territoire libre aurait accordé foi à un dévouement si soudain ? Mais cet oppresseur, à travers les stratagèmes et les sophismes mêmes dont il avait abusé pour apaiser la révolte de sa conscience et se convaincre lui-même que l'esclavage était naturel, tomba comme un enfant dans le piège que je lui tendais. Il me loua et me remercia ; me raconta que j'avais toutes les qualités qu'il estimait chez une servante ; et quand il m'eut questionnée plus avant sur la nature et la valeur du trésor, et que j'eus de nouveau habilement enflammé sa cupidité, il m'ordonna de commencer sans tarder à mettre mon projet à exécution.

Je pris dans une cabane du jardin une pioche et une pelle ; de là, par des sentiers détournés au milieu des magnolias, je conduisis mon maître jusqu'à l'entrée du marais. Je marchai devant, portant les outils, comme c'était désormais mon devoir, et jetant sans arrêt des coups d'œil en arrière, de peur que nous fussions épiés et suivis. Quand nous fûmes parvenus au tout début du chemin, je m'aperçus que j'avais oublié d'emporter de la nourriture ; et abandonnant Mr. Caulder à l'ombre d'un arbre, je retournai seule à la maison chercher un panier de provisions. Étaient-elles pour lui ? me demandai-je. Une voix intérieure répondit que non. Quand nous étions face à face, que j'avais encore sous les yeux l'homme à qui j'appartenais comme la main appartient au corps, mon indignation me soutenait courageusement. Mais à présent que j'étais seule, j'éprouvais un dégoût de moi-même et de mes desseins que j'avais grand-peine à supporter. Je souhaitais me jeter à ses pieds, avouer ma déloyauté préméditée et le mettre en garde contre ce marais pestilentiel, piège mortel où je l'attirais ; mais le serment que j'avais fait à mon père défunt, mon devoir envers ma jeunesse innocente l'emportaient sur ces scrupules ; et bien que mon visage fût pâle et reflétât sans doute l'horreur qui oppressait mon âme, c'est d'un pas assuré que je retournai en bordure du marais et que je lui enjoignis, le sourire aux lèvres, de se lever et de me suivre.

Le sentier sur lequel nous avancions à présent était taillé, comme un tunnel, en pleine jungle. De chaque côté et au-dessus de nos têtes, la masse de feuillage se rejoignait de façon ininterrompue ; le jour filtrait avec parcimonie à travers la profondeur des bois menaçants ; l'air, chaud et humide, entêtant à cause des senteurs végétales, pesait de tout son poids sur les poumons et le cerveau. Sur le sol, une épaisseur d'humus considérable recevait nos empreintes silencieuses ; de chaque côté, des mimosas de la taille d'un homme se dérobaient au passage de mes jupes avec un froissement froufroutant et perpétuel ; mis à part ces plantes sensibles, tout dans ce repaire pestilentiel était immobile et feutré.

Nous ne nous étions pas enfoncés très profond sur le chemin quand Mr. Caulder fut pris d'une nausée soudaine qui l'obligea à s'asseoir un instant sur le sentier. Mon cœur s'émut à le regarder ; et je priai sérieusement ce mortel condamné de revenir sur ses pas. Qu'étaient quelques bijoux en comparaison de la vie ? lui demandai-je. Mais non ; cette sorcière de Mme Jezebel les découvrirait ; il était honnête et ne supporterait pas d'être escroqué, et ainsi de suite, répondit-il tout en haletant comme un chien malade. Bientôt, il se remit debout, protestant qu'il avait vaincu son malaise ; mais alors que nous avions repris la marche, je lus dans son expression métamorphosée les premières approches de la mort.

– Maître, dis-je, vous êtes pâle, mortellement

pâle ; votre pâleur me remplit d'épouvante. Vos yeux sont injectés de sang ; ils sont aussi rouges que les rubis que nous cherchons.

– Ma fille, s'écria-t-il, regarde devant toi ; regarde où tu mets les pieds. Je déclare, et le ciel m'en est témoin, que si tu m'ennuies une nouvelle fois en me parlant de retourner en arrière, je te rappellerai ton changement de situation.

Peu après, je remarquai un ver sur le sol et je dis, dans un murmure, que son contact était mortel. Bientôt, un énorme serpent vert, d'un vert éclatant comme l'herbe au printemps, zigzagua en travers du chemin ; de nouveau, je m'arrêtai et me retournai vers mon compagnon, les yeux horrifiés : le serpent mortel, annonçai-je, celui qui harcèle sa victime comme un chien de meute.

Mais il était impossible de le dissuader :

– Il y a longtemps que je voyage, dit-il, cette jungle est vraiment immonde, mais nous en aurons bientôt terminé.

– Ah oui ? dis-je en le dévisageant d'un sourire étrange, terminé comment ?

Sur ce, il rit à n'en plus finir, mais pas vraiment du fond du cœur ; puis, se rendant compte que le sentier commençait à s'élargir et à s'élever, il dit :

– Là ! Qu'est-ce que je vous disais ? Nous avons franchi le pire.

En réalité, nous étions maintenant parvenus au bayou, qui était à cet endroit très étroit, et qu'on traversait sur un tronc d'arbre ; mais de chaque côté, on le voyait s'élargir, sous une voûte constituée par les énormes branches des arbres et les lianes retombantes : stagnant, putride, dégageant une puanteur épouvantable et malsaine, où flottaient les têtes plates des alligators et dont les rives grouillaient de crabes écarlates.

– Si nous tombons de ce pont branlant, dis-je, regardez, là ! Le caïman est prêt à nous dévorer ! Si nous nous écartions tant soit peu du sentier et étions pris au piège dans un bourbier, regardez, là ! Ces myriades de crabes rouges qui fouillent la lisière des fourrés ! Une fois que nous serions réduits à l'impuissance, comme ils se presseraient pour donner l'assaut ! Que pourrait un homme contre un millier d'assaillants en rangs aussi serrés ? Et quelle mort ce serait que de tomber tout vifs entre leurs pinces !

– Es-tu folle, ma fille ? s'écria-t-il. Je t'ordonne de te taire et de continuer à avancer.

De nouveau je le regardai, me laissant à moitié fléchir ; là-dessus, il leva le bâton qu'il tenait à la main et me frappa cruellement au visage.

– Avance ! cria-t-il de nouveau. Devrai-je passer la journée à attraper la mort dans ce bourbier abominable, et tout cela à cause d'une esclave qui jacasse ?

Je reçus le coup en silence, avec le sourire ; mais le sang reflua à mon cœur. Quelque chose, j'ignore quoi, tomba à cet instant dans les eaux du lagon avec un plongeon mat, et je me dis que c'était ma pitié qui avait sombré.

Sur l'autre rive, que nous nous dépêchions à présent de rejoindre à quatre pattes, le bois n'était pas aussi dense, le réseau de lianes pas aussi solidement emmêlé. Il était possible, çà et là, d'observer une tache de lumière un peu plus claire, ou de distinguer, à travers le tissu moins serré de parasites, les proportions d'un arbre élancé. Le cyprès, à gauche, se voyait très nettement en bordure de cette clairière ; le sentier, à cet endroit, s'élargissait considérablement ; et il y avait une plaque de terre retournée, hérissée de fourmilières horribles, envahies par leurs ouvrières. Je posai les outils et le panier près de la racine du cyprès, où ils furent instantanément recouverts et noircis par les fourmis rampantes ; puis je regardai une fois encore le visage de celui qui était ma victime sans le savoir. Les moustiques et les mouches venimeuses tissaient un voile si serré entre nous que ses traits en étaient obscurcis ; et le bruit qu'ils faisaient en volant ressemblait au vrombissement d'une roue puissante.

– Voici l'endroit, dis-je. Je ne peux pas creuser parce que je n'ai pas appris à me servir de tels instruments ; mais, dans votre intérêt, je vous supplie de faire vite.

Il s'était de nouveau effondré sur le sol, palpitant comme un poisson hors de l'eau, et je voyais monter à son visage la même rougeur brunâtre qui avait recouvert celui de mon père.

– Je me sens mal, suffoqua-t-il, horriblement mal ; le marais tourne autour de moi : le bourdonnement de ces mouches charognardes m'étourdit. As-tu du vin ?

Je lui en donnai un verre, qu'il but avidement.

– C'est à vous de réfléchir, dis-je, si vous devez ou non persévérer. Le marécage a mauvaise réputation.

Disant ces mots, je hochai la tête d'un air sinistre.

– Donne-moi la pioche, dit-il. Où sont enterrés les bijoux ?

Je lui répondis évasivement ; dans la chaleur et le manque d'air oppressants, dans cette pénombre trouble de la jungle, il se mit à manier la pioche, d'un large mouvement au-dessus de la tête, avec la vigueur d'un homme en bonne santé. Au début, il transpira abondamment, ce qui fit ruisseler son visage et attira sur lui un nuage épais d'insectes voraces.

– Transpirer dans un tel endroit, dis-je. Ô maître, est-ce bien raisonnable ? La fièvre est absorbée par les pores dilatés.

– Que veux-tu dire ? vociféra-t-il, s'arrêtant, la pioche plantée dans la terre. Cherches-tu à me rendre fou ? Crois-tu que je ne comprenne pas le danger que je cours ?

– C'est tout ce que je veux, dis-je, je vous souhaite seulement d'être prompt.

Puis, mes pensées me ramenant au lit de mort de mon père, je commençai à prononcer dans un souffle les mêmes mots lancinants et inutiles : « Vite, vite, vite. »

Bientôt, à ma surprise, le chercheur de trésor les reprit ; et sans cesser de manier la pioche, mais en frappant désormais des coups hésitants et mal assurés, il se répétait, comme si c'était le refrain d'une chanson : « Vite, vite, vite », puis encore : « Il n'y a pas de temps à perdre ; le marais a mauvaise réputation, mauvaise réputation », puis, de nouveau : « Vite, vite, vite » avec une élocution épouvantable, mécanique, précipitée et malgré tout très lasse, comme un homme malade se tourne d'un côté et de l'autre sur son oreiller. La sueur avait disparu ; sa peau était sèche, désormais, pourtant tout ce que j'en voyais était de ce même rouge brique terne. Bientôt sa pioche déterra le sac de bijoux ; mais il ne le remarqua pas et continua à creuser le sol.

– Maître, dis-je, voici le trésor.

Il parut se réveiller d'un rêve.

– Où ? s'écria-t-il.

Puis, l'apercevant devant ses yeux :

– Est-ce possible ? Je dois être pris de vertige. Ma fille, s'écria-t-il soudain, en vociférant sur le même ton que j'avais déjà remarqué une fois, qu'est-ce qui ne va pas ? Ce marais est-il maudit ?

– C'est une tombe, répondis-je. Vous n'en sortirez pas vivant, et quant à moi, ma vie est entre les mains de Dieu.

Il tomba sur le sol comme un homme qu'on vient de frapper, mais je n'aurais su dire si c'était l'effet de mes paroles ou bien une attaque soudaine du mal. Très vite, il releva la tête :

– Tu m'as amené ici pour me faire mourir, dit-il, tu m'as condamné au risque de ta vie. Pourquoi ?

– Pour sauver mon honneur, répondis-je. Admettez que je vous avais prévenu. C'est votre cupidité pour ces cailloux, et non moi, qui a causé votre perte.

Il sortit son revolver et me le tendit.

– Tu vois, dit-il, j'aurais pu encore te tuer. Mais je

meurs, comme tu dis ; rien ne pourrait me sauver ; et la liste de mes chefs d'accusation est déjà assez longue. Mon Dieu, mon Dieu ! reprit-il en me dévisageant d'un regard bizarre, perplexe et pathétique, comme un enfant obtus à l'école, s'il y a un jugement dans l'au-delà, la liste est assez longue comme ça.

Finalement, j'éclatai en un torrent de larmes, rampai à ses pieds, lui baisai les mains, implorai son pardon, remis le pistolet entre ses mains et le suppliai de venger sa mort ; car, si par le sacrifice de ma vie j'avais vraiment pu lui rendre la sienne, je n'aurai pas hésité à en payer le prix. Mais il était décidé, le pauvre, à me faire regretter encore plus amèrement mon acte.

– Je n'ai rien à pardonner, dit-il. Juste ciel ! Quelle drôle de chose qu'un vieil imbécile. Ma parole, je croyais que tu t'étais prise d'affection pour moi.

Au même moment, il fut saisi d'un vertige atroce, s'agrippa à moi comme un enfant et invoqua le nom d'une femme. Bientôt cet accès, que j'observais en ravalant mes larmes, s'atténua et disparut. Il fut alors de nouveau en pleine possession de lui-même.

– Il faut que je rédige mes dernières volontés, dit-il. Sors mon calepin.

Ce que je fis. Il écrivit à la hâte sur une page avec un crayon.

– Ne laisse pas mon fils savoir, dit-il ; c'est un chien cruel, mon fils Philip ; ne lui dis pas comment tu t'es vengée.

Puis, tout d'un coup :

– Mon Dieu, s'écria-t-il, je suis aveugle !

Et il plaqua ses deux mains devant ses yeux ; puis encore, dans un gémissement, il murmura :

– Ne me laisse pas aux crabes !

Je jurai que je lui serais fidèle aussi longtemps que son cœur battrait et je tins ma promesse. Je m'assis et le veillai, comme j'avais veillé mon père, mais avec des pensées tellement différentes, tellement effroyables ! Dans le courant de ce long après-midi, il sombra progressivement. Pendant tout ce temps, je menai une lutte sans merci pour le protéger des essaims de fourmis et des nuées de moustiques : j'étais prisonnière de mon crime. La nuit tomba, le vrombissement des insectes redoubla aussitôt dans les galeries obscures du marécage ; et pourtant je n'étais pas certaine qu'il avait rendu le dernier souffle. Finalement, la chair de sa main, que je tenais encore dans la mienne, devint glacée entre mes doigts et je sus que j'étais libre.

Je m'emparai de son calepin et de son revolver, bien décidée à mourir plutôt qu'à être capturée et, chargée en outre du panier et du sac de pierres précieuses, je pris la direction du nord. Le marais, à cette heure de la nuit, était rempli d'un vacarme ininterrompu : des animaux et des insectes de toutes sortes, tous hostiles à l'homme, jouaient leur rôle. Cependant, au milieu de ce tumulte, j'avançai comme si j'avais les yeux bandés, ne voyant rien. Le sol, d'une consistance horrible et glissante, comme si je marchais sur des crapauds, s'enfonçait sous mes pas ; le contact de l'épaisse paroi de feuillage, qui seule me permettait de me guider, m'effrayait comme si j'avais touché des serpents ; l'obscurité entravait ma respiration comme un bâillon ; je n'ai assurément jamais souffert de tels paroxysmes de terreur que durant cette marche nocturne, et je n'ai jamais non plus connu de soulagement plus intense que lorsque je m'aperçus que le chemin se mettait à monter et à devenir plus ferme sous les pas, et que je vis, bien qu'encore assez loin devant moi, la clarté argentée de la lune.

J'en eus bientôt fini avec la jungle et j'avançai au milieu des arbres nobles et élevés, des rochers aux contours nets, de la poussière sèche et propre, des odeurs aromatiques des plantes de montagne qui avaient baigné toute la journée au soleil, et du silence éloquent de la nuit. Mon sang noir m'avait permis de franchir indemne la puanteur de ce marécage pestilentiel ; par pure chance, j'avais échappé à la vermine rampante et cuisante dont il était infesté ; et j'avais désormais devant moi la partie la plus facile de mon entreprise : traverser l'île, réussir à parvenir au port et à être admise sur le yacht anglais. De nuit, il était impossible de suivre la piste que m'avait décrite mon père ; je cherchais un indice, quel qu'il fût, et dans mon ignorance, je consultais en vain la position des étoiles, quand je perçus, loin en avant, des voix nombreuses qui chantaient sur un rythme précipité.

Sans bien savoir pourquoi, je dirigeai mes pas vers ce bruit ; au bout d'un quart d'heure de marche, je parvins sans être vue à la lisière d'une clairière dégagée, éclairée par la vive clarté de la lune et les flammes d'un feu. Au milieu, se dressait une petite construction basse et sommaire, surmontée d'une croix : une chapelle, dont je me rappelai alors avoir entendu parler, depuis longtemps profanée et consacrée aux rites vaudou. Tout près des marches de l'entrée, il y avait une masse sombre qui ne cessait de remuer, agitée de spasmes ; je me rendis compte bientôt qu'il s'agissait d'un tas de coqs, de lièvres, de chiens et d'autres oiseaux et animaux, qui se débattaient encore, mais étaient attachés, impuissants et cruellement jetés les uns sur les autres. Le feu et la chapelle étaient tous deux entourés d'un cercle d'Africains agenouillés, hommes et femmes. Tantôt ils levaient leurs paumes à moitié fermées vers le ciel, dans un geste de supplication singulièrement passionné ; tantôt ils baissaient la tête et posaient leurs mains ouvertes devant eux sur le sol. Comme ce double mouvement se répétait tout le long du cercle, les têtes ne cessaient de se lever et de se courber, telles les vagues sur la mer ; et toujours, comme pour rythmer ces gesticulations, le chant précipité se poursuivait. Je me tenais là, envoûtée, sachant que ma vie ne tenait qu'à un fil, sachant que j'étais tombée sur une célébration de rites vaudou.

Bientôt, la porte de la chapelle s'ouvrit et un Noir de haute taille en sortit, entièrement nu, portant à la main le couteau sacrificatoire. Il était suivi d'une apparition encore plus étrange et bouleversante : Mme Mendizabal, nue elle aussi, qui portait à deux mains et élevait à hauteur de son visage un panier d'osier ouvert. Il était rempli de serpents enroulés ; ces derniers, alors qu'elle tenait ainsi le panier élevé, se glissèrent à travers le treillis d'osier et s'enroulèrent autour de ses bras. À ce spectacle, la ferveur de la foule sembla d'un coup s'enfler encore ; la mélopée monta d'un ton et adopta une mesure et des accents plus irréguliers. Puis, à un signal émis par le Noir de haute taille, de l'endroit où il était, immobile et souriant, éclairé par la lune et le feu, le chant s'arrêta ; commença alors la seconde phase de cette célébration barbare et sanglante. De différents points du cercle, les hommes et les femmes, chacun à son tour, s'avancèrent en courant jusqu'au centre, et baissèrent la tête, avec le même geste de la main levée, devant la prêtresse et ses serpents ; puis, avec des supplications variées, tous formulèrent à voix haute les souhaits les plus noirs que la prêtresse portait dans son cœur. La mort et la maladie étaient les faveurs généralement invoquées : la mort et la maladie des ennemis ou des rivaux ; certains appelaient ces calamités sur leur parenté la plus proche, et l'un d'eux, à qui je n'ai jamais – je le jure – témoigné que de la gentillesse, les appela sur ma personne même. À chaque requête, toujours souriant, le Noir de haute taille prenait dans la masse palpitante un oiseau ou un animal, le mettait à mort avec son couteau et jetait son cadavre sur le sol. Pour finir, sembla-t-il, vint le tour de la grande prêtresse. Elle déposa le panier sur les marches, avança jusqu'au centre du cercle, se vautra dans la poussière devant les reptiles, et toujours vautrée, éleva la voix, déclamant et chantant à la fois avec une ferveur si passionnée et si démente qu'elle me glaça le sang d'horreur.

– Puissance, commença-t-elle, dont nous ne prononçons pas le nom ; puissance qui n'est ni le bien ni le mal mais au-dessous de l'un et de l'autre ; plus forte que le bien, plus grande que le mal – je t'ai, ma vie durant, adorée et servie. Qui a versé le sang sur tes autels ? Qui a la voix brisée à force de chanter tes louanges ? Qui a les membres affaiblis avant l'heure à force de danser dans tes orgies ? Qui a tué le fruit de ses entrailles ? C'est moi, s'écria-t-elle, moi, Metamnbogu ! De mon propre nom, je me nomme. J'arrache le voile. Je souhaite être obéie ou périr. Moi qui suis ici, limon du marais fertile, ténèbres du tonnerre, venin de la mamelle du serpent – écoute-moi ou tue-moi ! Je voudrais deux choses, ô être sans forme, ô horreur du vide – deux choses, ou mourir ! Le sang de mon mari à la peau blanche, oh ! accorde-moi cela ; il est l'ennemi de Vaudou ; accorde-moi son sang ! Et une autre encore, ô toi qui fais lever les vents aveugles, ô toi qui engendres sur les ruines des morts, ô racine de vie, racine de corruption ! Je deviens vieille, je deviens hideuse ; je suis connue, je suis traquée ; permets que ta servante abandonne ce corps usé ; permets que la grande prêtresse retrouve la fleur de sa jeunesse et soit de nouveau une jeune fille désirée par tous les hommes, ainsi qu'autrefois. Ô seigneur et maître, comme je te demande ici un miracle qui n'a pas encore été accompli depuis que nous avons été arrachés à l'ancienne terre, n'ai-je pas préparé l'agneau de lait, ce sacrifice dans lequel ton âme se délecte ?

Au moment où elle prononça ces mots, il y eut une

grande rumeur d'allégresse dans tout le cercle des adorateurs, qui s'éleva, retomba pour s'élever à nouveau, et enfin s'enfla jusqu'à l'extase lorsque le Noir de haute taille, qui avait pénétré un instant dans la chapelle, en ressortit, portant dans ses bras le corps de Cora, la jeune esclave. Je ne sais pas si je vis ce qui suivit. Quand mon esprit se réveilla à la conscience claire, Cora était étendue sur les marches devant les serpents ; le Noir muni du couteau se tenait au-dessus d'elle ; le couteau fut brandi : à ce spectacle, je hurlai, épouvantée, leur ordonnant, au nom de Dieu, de s'arrêter.

Le silence s'abattit sur la foule des cannibales. Un instant de plus, ils se seraient sans doute défaits de cette stupeur et j'aurais péri, immanquablement. Mais les cieux avaient décidé de me sauver. Le silence de ces misérables n'était pas encore rompu, quand s'éleva, dans la nuit vide, un vacarme plus sonore que le grondement d'une tempête en Europe ; un vacarme qui se déplaçait plus rapidement que les ailes d'un vent d'est. L'obscurité engloutit le monde ; l'obscurité, poignardée de tous côtés par un réseau d'éclairs aveuglants. Presque à la même seconde, engloutissant le monde en une seule foulée, le noyau de la tornade atteignit la clairière. J'entendis un fracas déchirant, et la lumière de ma raison fut anéantie.

Quand je revins à la conscience, le jour s'était levé. J'étais indemne ; les arbres près de moi n'avaient pas perdu la moindre branche ; et j'aurais pu croire, dans un premier temps, que la tornade était un élément d'un rêve. Il en allait, en réalité, tout autrement ; car, lorsque je regardai autour de moi, je constatai que j'avais échappé d'un cheveu à la destruction. En plein cœur de la forêt qui recouvrait ici collines et vallons, la tempête avait creusé un sillon de ruine. De chaque côté, les arbres ondoyaient, intacts, dans l'air du matin ; mais sur le trajet direct de sa progression, l'ouragan n'avait laissé aucun trophée debout. Arbre, homme ou animal, la chapelle profanée et les adorateurs de Vaudou, tout, dans ce sillon, avait été renversé et détruit au cours de ce bref spasme de colère des puissances célestes. Tout, à moins d'un ou deux mètres au-delà de la ligne de son passage, humble fleur, arbre élevé, jusqu'à la pauvre jeune fille vulnérable qui s'agenouillait à présent pour témoigner sa reconnaissance au ciel, s'éveillait sain et sauf dans la pureté cristalline et la paix du jour nouveau.

Suivre le chemin emprunté par la tornade était impossible, tant s'entassaient sauvagement les épaves de cette grande forêt sous l'effet de ce bouleversement passager. Je le franchis cependant ; avec tant d'efforts et de patience, avec tant de glissades et de chutes dangereuses que je restai, de l'autre côté, privée d'énergie autant que de courage. Là, je m'assis un instant pour reconstituer mes forces ; et alors que je mangeais (comment bénir la clémence du ciel !), mes regards, passant de l'un à l'autre fût dans l'enfilade des grands arbres, se posèrent sur un tronc qui avait été marqué. Oui, guidée par la main de la Providence, j'avais été conduite jusqu'à la piste même que je devais suivre. De quel cœur léger je me remis en route et de quel pas plein d'allant je franchis les hautes terres de l'île !

Il n'était pas loin de midi quand je parvins, tout en loques et épuisée par la route, au sommet d'une pente abrupte d'où je surplombais la mer. Les vagues, activées par la tornade de la nuit, déferlaient avec une violence particulière tout le long de la côte, laissant une frange neigeuse. À mes pieds, tout près, je vis un port, situé sur un promontoire rocheux escarpé et couronné de palmiers. Non loin, au large, se balançait sur la vague un bateau aux mâts si pimpants, à la peinture si brillante, si élégant et si impeccable dans ses moindres détails que mon cœur fut saisi d'admiration. Le pavillon anglais flottait à la tête de mât ; et, de ma position élevée, j'apercevais son bordage blanc comme neige, alors qu'il roulait sur l'océan agité, et je voyais le soleil étinceler sur les cuivres du matériel du pont. C'était donc là le navire qui devait me servir de refuge ! Il ne me restait plus qu'une difficulté à résoudre : monter à bord.

Une demi-heure plus tard, je quittai enfin les bois en lisière d'une crique entre les parois de laquelle les flots bleus déferlaient avant de se fracasser contre le rivage avec une résonance surprenante. Un promontoire boisé masquait le yacht et j'avais fait quelques pas le long de la plage, dans ce qui se révéla une solitude vierge, quand mes regards se posèrent sur un canot amarré dans un port naturel où il se balançait en sécurité ; mais l'embarcation était vide. Je cherchai des yeux ceux qui auraient pu en composer l'équipage ; et bientôt, juste à l'orée du bois, je découvris les braises rouges d'un feu et un groupe de marins assoupis, étendus tout autour dans différentes attitudes. Je m'approchai d'eux : la plupart étaient noirs, quelques-uns blancs ; mais tous étaient vêtus avec la bienséance remarquable des yachtmen. D'après sa casquette à visière et ses boutons dorés, je pensai avec raison que l'un d'entre eux était officier. Ce fut donc lui dont je tapotai l'épaule. Il sursauta ; son geste brusque éveilla les autres et tous me dévisagèrent avec surprise.

– Que voulez-vous ? s'enquit le commandant.

– Monter à bord du yacht, répondis-je.

Ils eurent tous l'air décontenancé, me sembla-t-il, par une telle demande. L'officier, non sans une certaine rudesse, me demanda qui j'étais. À présent, j'étais bien décidée à cacher mon identité jusqu'à ce que je rencontre sir George ; le premier nom qui me vint aux lèvres fut celui de la señora Mendizabal. À ces mots, un frisson passa dans le petit groupe des marins ; les Noirs me dévisagèrent avec un intérêt indescriptible et les Blancs eux-mêmes avec une sorte de surprise mêlée d'effroi ; aussitôt, un esprit malicieux m'incita à ajouter :

– Et si ce nom est nouveau pour vous, appelez-moi Metamnbogu.

Je n'avais jamais vu se produire d'effet aussi étonnant. Les Noirs projetèrent les mains en l'air, avec le même geste que j'avais remarqué la veille aux abords du feu de camp vaudou ; l'un d'eux s'approcha en courant, puis un autre ; ils s'agenouillèrent et baisèrent le bas de ma robe déchirée ; et quand l'officier blanc se mit à jurer et à crier pour savoir s'ils étaient fous, les marins de couleur le prirent par les épaules, le tirèrent sur le côté de façon à le mettre hors de portée et firent cercle autour de lui, la bouche ouverte, en se livrant à une pantomime extravagante. L'officier semblait avoir fort à faire ; il riait tout haut, je le voyais faire des gestes de protestation et de dénégation ; enfin, soit que la raison triomphât ou tout simplement qu'il fût las d'opposer une résistance, il céda ; il s'approcha de moi assez poliment, mais avec une sorte de mépris sous-entendu, et portant la main à sa casquette, il me dit :

– Madame, si vous êtes bien celle que vous avez dit, le canot est prêt.

Mon accueil à bord du *Nemorosa* (tel était le nom du yacht) releva de la même attitude ambivalente. Nous étions à peine à portée de voix de ce grand bâtiment élégant, à l'endroit où il roulait bord sur bord en faisant ressembler le bleu de la mer à de la neige, qu'au bastingage apparurent les têtes d'une grande foule de marins, Noirs, Blancs et Jaunes ; ces derniers commencèrent à échanger avec les quelques membres de l'équipage des exclamations dans une sorte de *lingua franca* incompréhensible pour moi. Tous les regards se dirigèrent sur la passagère ; et je vis à nouveau les Noirs lancer leurs mains en direction du ciel, mais cette fois-ci avec un émerveillement et un plaisir passionnés.

À l'extrémité de la passerelle, je fus accueillie par un autre officier, un homme aux manières courtoises qui avait des favoris blonds et broussailleux ; c'est à lui que j'adressai ma requête : je voulais voir sir George.

– Mais ce n'est pas... s'écria-t-il.

Et il se tut.

– Je sais, répondit l'officier qui m'avait amenée du rivage. Mais que diable pouvons-nous faire ? Regardez tous ces nègres !

Je suivis du regard la direction qu'il indiquait. Comme mes yeux se posaient sur chacun d'eux, les pauvres Africains ignorants se courbèrent et s'inclinèrent, lancèrent leurs mains en l'air, comme en présence d'une créature semi-divine. L'officier à la moustache avait paru adopter sur-le-champ l'opinion de son subalterne ; car il s'adressa désormais à moi avec toutes les marques du respect :

– Sir George est dans l'île, madame, où, avec la permission de madame, je vais me rendre immédiatement. Les cabines sont prêtes. Steward, emmenez lady Greville en bas.

Sous ce nouveau nom, donc, et en proie à une telle surprise que je ne pouvais ni penser ni parler, je fus introduite dans une cabine spacieuse et bien aérée ; sur les parois, entourées de divans, étaient accrochées des armes. Le steward me demanda ce que je désirais ; mais j'étais à ce moment-là si lasse, si désorientée et si troublée que je ne pus que lui faire signe de me laisser seule, avant de m'effondrer sur un tas de coussins. Bientôt, le mouvement du bateau ayant changé, je compris qu'il avait levé l'ancre ; mes pensées, bien loin de se clarifier, devinrent de plus en plus affolées et confuses ; des rêves commencèrent à s'y mêler et s'y confondre ; et je finis, par une transition insensible, par sombrer dans un sommeil sans rêves.

Quand je me réveillai, une journée et une nuit s'étaient écoulées, et c'était de nouveau le matin. Le monde sur lequel je rouvrais les yeux tanguait étrangement de haut en bas ; les diamants, dans le sac posé près de moi, n'arrêtaient pas de cliqueter ; l'horloge et le baromètre oscillaient de côté et d'autre comme un pendule ; au-dessus de ma tête, des marins s'interpellaient bruyamment tout en travaillant, et les rouleaux de cordages s'entrechoquaient et retombaient lourdement sur le pont. Cependant, je mis longtemps à deviner que j'étais en mer ; longtemps à me rappeler, les uns après les autres, les événements tragiques, mystérieux et inexplicables qui m'avaient amenée là où j'étais.

Quand j'eus totalement repris conscience, surprise de découvrir qu'on n'y avait pas touché, je fourrai les bijoux dans le corsage de ma robe ; puis, avisant une clochette en argent à proximité sur une table, je l'agitai énergiquement. Le steward apparut aussitôt ; je lui demandai à manger ; il se mit à dresser la table, tout en me dévisageant très attentivement, d'un air inquiétant et obstiné. Pour me défaire de mon embarras, je lui demandai, en déployant autant d'aisance que j'en pouvais rassembler, s'il était d'usage pour les yachts d'avoir un équipage aussi important.

– Madame, dit-il, je ne sais qui vous êtes, ni quelle folle lubie vous a incitée à usurper un nom et un destin effroyable qui ne sont pas les vôtres. Je vous préviens du fond du cœur. À peine arrivés dans l'île...

À ce moment-là, il fut interrompu par l'officier moustachu, qui était entré sans bruit derrière lui et lui posait à présent une main sur l'épaule. La pâleur soudaine et la terreur mortelle qui se gravèrent sur le visage du steward ajoutèrent encore un élément alarmant à ses propos.

– Parker ! dit l'officier.

Et il lui montra la porte.

– Oui, monsieur Kentish, dit le steward. Par pitié, monsieur Kentish !

Et il s'éclipsa, le visage blême, hors de la cabine.

Là-dessus, l'officier m'enjoignit de m'asseoir et entreprit de me servir et de partager mon déjeuner.

– Je vais remplir le verre de madame, dit-il.

Et il me tendit un gobelet de rhum pur.

– Monsieur, m'écriai-je, croyez-vous que je vais boire ceci ?

Il rit de bon cœur.

– Madame est tellement transformée, dit-il, que je ne crois pas plus une chose qu'une autre.

Tout de suite après, un marin blanc pénétra dans la cabine, salua Mr. Kentish et moi-même, et avertit l'officier qu'un voilier était en vue, qui n'allait pas manquer de passer très près de nous. Il ajouta que Mr. Harland ne savait quel pavillon hisser.

– Si près de l'île ? demanda Mr. Kentish.

– C'est ce qu'a dit Mr. Harland, monsieur, répondit le matelot avec une révérence maladroite.

– Il vaut mieux pas, je crois, dit Mr. Kentish. Mes compliments à Mr. Harland ; s'il s'agit d'un bateau léger, hissez la bannière étoilée, mais si c'est un lent et que nous pouvons facilement le dépasser, arborez le pavillon hollandais. C'est tout de même une autre façon de manquer de civilité en mer ; de la sorte, nous pouvons ne pas tenir compte d'un appel ou d'un pavillon de détresse, sans toutefois attirer l'attention.

Dès que le matelot eut regagné le pont, je me tournai tout étonnée vers l'officier.

– Monsieur Kentish, si tel est votre nom, dis-je, auriez-vous honte de votre propre pavillon ?

– Madame fait référence au *Jolly Roger ?* demanda-t-il avec un sérieux parfait.

Et, juste après, il partit d'un grand éclat de rire.

– Pardonnez-moi, dit-il, mais voici que pour la première fois je reconnais l'impétuosité de Madame.

J'eus beau faire, je ne pus lui soutirer la moindre explication de ce mystère, si ce n'est une dérobade mielleuse et banale.

Tandis que nous étions ainsi occupés, le mouvement du *Nemorosa* se faisait peu à peu moins violent ; en même temps, il ralentissait l'allure et, peu après, on jeta l'ancre, qui sombra avec un bruit sourd. Kentish se leva aussitôt, m'offrit son bras et me conduisit sur le pont : là, je découvris que nous avions mouillé dans une rade parmi de nombreux îlots rocheux affleurant légèrement, autour desquels planait un nuage dense d'oiseaux de mer. Tout près de nous, se trouvait une île légèrement plus grande, aux arbres verdoyants, où se dressaient quelques bâtiments bas, et sur laquelle on abordait par un débarcadère de fabrication très branlante, tandis qu'un peu plus près de la côte se trouvait un bateau à l'ancre.

J'eus à peine le temps de jeter un coup d'œil circulaire à l'horizon qu'un canot fut mis à l'eau. On m'y installa. Kentish prit place à côté de moi et nous rejoignîmes sans tarder le débarcadère. Une foule de badauds, de scélérats en armes, tant Noirs que Blancs, suivaient des yeux notre débarquement ; de nouveau la nouvelle circula parmi les Noirs, et de nouveau je fus accueillie avec des prosternations et le même geste de la main tendue en l'air. À cette vue, tant à cause de l'apparition de ces hommes que de l'endroit anarchique et ceint par la mer où je me trouvais, mon courage commença un peu à décliner et, m'agrippant au bras de Mr. Kentish, je le priai de me dire ce que cela signifiait.

– Voyons, madame, répondit-il, vous le savez, vous.

Me guidant adroitement à travers la foule, qui continuait à nous suivre d'assez loin, et sur laquelle il ne cessait de se retourner ; me disais-je, avec appréhension, il m'amena jusqu'à une maison basse qui se dressait, isolée, dans une cour encombrée ; là, il ouvrit la porte et me pria d'entrer.

– Mais pourquoi ? dis-je. J'exige de voir sir George.

– Madame, répondit Mr. Kentish, l'air soudain aussi sombre qu'un ciel d'orage, pour parler sans ambages, je ne sais ni qui ni ce que vous êtes, mis à part le fait que vous n'êtes pas la personne dont vous vous êtes approprié le nom. Mais soyez ce que vous voulez, espionne, fantôme, diablesse ou farceuse des plus mal avisées, si vous n'entrez pas immédiatement dans cette maison, je vous réduis en bouillie.

Tout en parlant, il jetait un regard inquiet derrière lui sur la foule de Noirs qui nous suivait.

Je n'attendis pas une seconde menace ; j'obéis aussitôt, le cœur battant la chamade, l'instant d'après, la porte fut fermée à double tour de l'extérieur et la clé retirée. L'intérieur était une longue pièce basse, sans le moindre meuble, mais remplie, presque d'un bout à l'autre, de canne à sucre, de barils de goudron, de vieilles cordes enduites de goudron et autres matériaux disparates et hautement inflammables. Non seulement la porte était fermée à clé, mais l'unique fenêtre était munie de barreaux de fer.

Je me sentais alors si profondément abasourdie et terrifiée que j'aurais donné des années de ma vie pour être de nouveau l'esclave de Mr. Caulder. J'en étais là, les mains jointes, l'image même du désespoir, regardant autour de moi le fatras qui encombrait la pièce ou levant les yeux au ciel, quand apparut à travers les barreaux de la fenêtre le visage d'un Noir à la peau très foncée qui, d'un geste impérieux, me fit signe d'approcher. Je m'exécutai et, aussitôt, avec toutes les marques de la ferveur, il m'adressa un long discours dans une langue inconnue et barbare.

– Je vous assure, m'écriai-je en fronçant les sourcils, que je ne comprends pas le moindre mot.

– Non ? dit-il en espagnol. Immenses, immenses, sont les pouvoirs de Vaudou ! Son esprit même est changé ! Mais, Ô grande prêtresse, comment vous êtes-vous laissé enfermer dans cette cage ? Pourquoi n'avez-vous pas appelé immédiatement vos esclaves à la rescousse ? Ne voyez-vous pas que tout a été préparé pour vous tuer ? À la moindre étincelle, cette maison si légère va prendre feu, et, hélas ! qui sera alors la grande prêtresse ? Et à quoi servira le miracle ?

– Ciel ! m'écriai-je, ne puis-je pas voir sir George ? Il faut absolument que j'arrive à m'entretenir avec lui. Oh ! emmenez-moi auprès de sir George !

Alors, ma terreur prenant complètement le pas sur mon courage, je tombai à genoux et me mis à prier tous les saints.

– Seigneur ! s'écria le Noir, le voici !

Et sa tête sombre se retira aussitôt de la fenêtre.

– Je n'ai jamais de ma vie entendu pareille absurdité ! s'exclamait une voix.

– C'est bien ce que nous disons tous, sir George, répondit la voix de Mr Kentish. Mais mettez-vous à notre place. Les nègres étaient presque deux contre un. Et, ma foi, si vous permettez, monsieur, étant donné l'idée qu'ils se sont mise dans la tête, je crois que c'est rudement bien pour nous tous que cette méprise ait eu lieu.

– Rudement bien ou non, là n'est pas la question, monsieur, répondit sir George. Il s'agit de mes ordres, et vous pouvez me croire, Kentish, soit Harland, soit vous-même soit Parker – ou bien, que diable, tous les trois à la fois ! – vous serez pendus pour cette affaire. Voilà mon avis. Donnez-moi la clé et allez-vous-en.

Tout de suite après, la clé tourna dans la serrure ;

et, sur le seuil, apparut alors un gentleman entre quarante et cinquante ans, à la mine très engageante, robuste et bien fait de sa personne.

– Ma chère jeune dame, dit-il, qui diable pouvez-vous bien être ?

Je lui racontai toute mon histoire en un flot précipité de paroles. Il m'écouta, depuis le début, avec un étonnement que vous pouvez difficilement imaginer, mais quand j'en arrivai à la mort de la señora Mendizabal dans la tornade, il sauta presque en l'air.

– Ma chère enfant, s'écria-t-il en me serrant dans ses bras, excusez un homme qui pourrait être votre père ! C'est la meilleure nouvelle qu'on m'ait apprise depuis que je suis né ; car cette vieille sorcière de mulâtresse n'était rien de moins que mon épouse.

Il s'assit sur un baril de goudron, comme désarmé par la joie.

– Mon Dieu, dit-il, j'avoue que je suis désormais tenté de croire à la Providence. Et que puis-je faire pour vous ? ajouta-t-il.

– Sir George, dis-je, je suis déjà riche : tout ce que je vous demande, c'est de me protéger.

– Comprenez bien une chose, dit-il avec beaucoup de véhémence : je ne me marierai plus jamais.

– Je ne me serais pas risquée à faire une telle proposition ! m'exclamai-je, incapable de réprimer mon hilarité. Je cherche seulement à être emmenée en Angleterre, le foyer naturel de l'esclave qui s'enfuit.

– Eh bien, franchement, répondit sir George, je vous dois quelque chose en échange de cette nouvelle qui me transporte ; de plus, votre père m'a rendu des services. Or, j'ai gagné une honnête aisance dans les affaires – une mine de diamants, une sorte d'agence maritime, etc. Et je m'apprête à dissoudre ma compagnie et à me retirer chez moi dans le Devonshire pour passer mes vieux jours dans la simplicité, en célibataire. Un prêté pour un rendu : si vous jurez de tenir votre langue en ce qui concerne cette île, ces petites affaires de feux de joie et tout l'épisode de mon mariage malheureux, eh bien, je vous emmènerai là-bas à bord du *Nemorosa.*

J'acceptai ses conditions avec empressement.

– Une chose encore, dit-il. Feu ma femme était une sorte de sorcière pour les Noirs ; et ils sont tous persuadés qu'elle a été réincarnée dans votre charmante personne. Alors, vous aurez la bonté de maintenir cette chimère, si vous le voulez bien, et de leur jurer, au nom de Vaudou ou quel que soit son nom, que je suis dorénavant une personnalité tout à fait sacrée.

– Je le jure, dis-je, sur la mémoire de mon père, et c'est un serment que je ne briserai jamais.

– J'ai sur vous un pouvoir bien plus important que n'importe quel serment, gloussa sir George ; car non seulement vous êtes une esclave en fuite, mais vous avez, à vous entendre, une quantité considérable de biens volés.

Je restai sidérée ; je compris que ce n'était que trop vrai ; en une seconde, j'admis que ces diamants ne m'appartenaient plus ; avec la même rapidité, je décidai qu'il fallait que je les rende, oui, s'ils devaient me coûter la liberté que je venais de recouvrer. Oubliant tout le reste, oubliant sir George, qui était assis et me regardait avec un sourire, je sortis le calepin de Mr. Caulder et l'ouvris à la page sur laquelle le mourant avait griffonné son testament. Comment décrire le paroxysme de bonheur et de remords que j'éprouvai à sa lecture ? Car ma victime avait non seulement fait de moi un être libre, mais m'avait légué le sac de diamants.

Mon récit véridique tire à sa fin. Sir George et moi, dans mon rôle d'épouse rajeunie, nous nous affichâmes bras dessus bras dessous parmi les Noirs, et nous fûmes acclamés et suivis jusqu'au lieu d'embarquement. Là, sir George, se retournant, fit devant ses anciens compagnons un discours où il les remerciait et leur disait adieu dans un esprit très viril ; et où, vers la fin, il eut quelques expressions que je me rappelle encore :

– Si quelqu'un d'entre vous, les gars, venait à perdre son argent, ayez soin de ne pas venir me trouver ; car, en premier lieu, je ferai de mon mieux pour vous faire assassiner ; et en cas d'échec de cette tentative, je vous remettrais à la police. Le chantage ne marchera pas avec moi. Je préférerais tout risquer d'un seul coup que d'être mis en pièces petit à petit. Je préférerais être pendu plutôt que de donner un sou à un seul *majak* d'entre vous.

La même nuit, nous appareillâmes et nous nous rendîmes jusqu'à La Nouvelle-Orléans, d'où j'accomplis un devoir sacré : expédier le calepin au fils de Mr. Caulder. En l'espace d'une semaine, tous les matelots furent mis en congé ; un nouvel équipage fut embarqué ; et le *Nemorosa* leva l'ancre pour la vieille Angleterre.

Il serait difficile d'imaginer traversée plus agréable. Sir George, évidemment, n'était pas un homme scrupuleux ; mais il avait un caractère naturellement gai qui le faisait spontanément apprécier des jeunes ; et il était intéressant de l'entendre faire des projets pour l'avenir, quand il serait élu au Parlement et qu'il mettrait son expérience des affaires maritimes au service de la nation. Je lui demandai si sa conception de la piraterie sur un yacht privé n'était pas inédite. Mais il me répondit que non.

– Un yacht, mademoiselle Valdevia, est un fléau doté d'une charte. Qui fait de la contrebande ? Qui pille les rivières à saumon de l'ouest de l'Écosse ? Qui frappe cruellement les gardiens s'ils osent intervenir ? Les équipages et les propriétaires de yachts. Tout ce que j'ai fait, c'est repousser légèrement les limites, et si vous voulez savoir mon avis impartial, je ne crois pas être du tout le seul.

Bref, nous étions les meilleurs amis du monde, et vivions comme père et fille, mais je lui refusais encore, bien entendu, ce respect qui n'est dû qu'à l'excellence morale.

Nous étions encore à quelques jours de voile de l'Angleterre quand sir George reçut, d'un bateau en partance, un paquet de journaux ; à partir de cette heure fatale, mes malheurs recommencèrent. Il était assis, ce soir-là, dans la cabine, lisant les nouvelles et se livrant à des commentaires savoureux sur le déclin de l'Angleterre et la triste condition de la marine, quand je le vis soudain changer d'expression.

– Oh là là ! dit-il, voilà qui est mauvais, diablement mauvais, mademoiselle Valdevia. Vous n'avez pas voulu écouter le bon sens, vous avez voulu envoyer ce calepin au fils de ce Caulder.

– Sir George, dis-je, c'était mon devoir.

– Vous voilà joliment payée, en tout cas, pour avoir fait votre devoir, dit-il ; et à mon grand regret, je suis coulé avec vous. Ce Caulder exige votre extradition.

– Mais une esclave est en sécurité en Angleterre, répondis-je.

– Oui, pardieu, répondit le baronnet ; mais ce n'est pas une esclave qu'il réclame, mademoiselle Valdevia, c'est une voleuse. Il a tranquillement détruit le testament et vous accuse à présent d'avoir volé les diamants qui constituent la fortune de son père en faillite, pour une valeur de cent mille livres.

Je fus tellement vaincue par l'indignation devant cette accusation détestable et l'inquiétude concernant mon malheureux sort que l'aimable baronnet se hâta de me rassurer.

– Ne soyez pas abattue, dit-il. Bien entendu, moi-même, ce qui vous attend, je m'en lave les mains. Un homme de ma condition – baronnet, vieille famille, et ainsi de suite – n'est jamais assez exigeant quant aux gens dont il s'entoure. Mais je suis un satané vieux garçon et j'ai bon caractère, je peux vous le dire, quand je ne suis pas contrarié, et je ferai de mon mieux pour arranger votre situation. Je vais vous prêter un peu d'argent liquide, vous donner l'adresse d'un excellent avocat à Londres, et trouver un moyen de vous débarquer sans éveiller les soupçons.

Il se révéla dans les moindres détails aussi bon qu'il l'avait promis. Quatre jours plus tard, le *Nemorosa*, sous l'obscur manteau de la nuit, s'engagea dans le goulet d'un certain port de la côte anglaise ; et un canot aux avirons assourdis me déposa sur la plage à un jet de pierre d'une gare de chemin de fer, vers laquelle je me dirigeai, guidée par les indications de sir George, par un chemin détourné ; ayant trouvé un banc sur le quai, je m'assis, enveloppée dans un grand pardessus de fourrure, pour attendre le jour. Il faisait toujours sombre quand une lumière s'alluma à l'une des fenêtres du bâtiment ; et l'orient n'avait pas encore commencé à s'enflammer des couleurs plus chaudes de l'aube qu'un porteur, une lanterne à la main, sortit et se trouva face à face avec la malheureuse Teresa. Il regarda autour de lui ; dans la clarté du jour naissant, le port était désert, et le yacht avait disparu depuis longtemps.

– Qui êtes-vous ? hurla-t-il.

– Je suis une voyageuse, dis-je.

– Et d'où venez-vous ?

– Je vais à Londres par le premier train.

C'est de cette façon, comme un esprit ou un être nouvellement créé, que Teresa aborda sur les rivages d'Angleterre avec son sac de diamants ; c'est de cette manière silencieuse, sans histoire et sans nom, qu'elle prit place parmi les millions d'habitants d'un pays nouveau pour elle.

Depuis lors, j'ai vécu des expédients de mon notaire, cachée dans des logements tranquilles, suivie par les espions de Cuba, sans savoir à quelle heure il se pouvait que je perde ma liberté et mon honneur.

Le Coffre Havane

(Conclusion)

HARRY DESBOROUGH fut sur-le-champ convaincu par cette histoire. La belle Cubaine était déjà pour lui la plus belle, elle devenait à présent à ses yeux la plus romantique, la plus innocente et la plus malheureuse des femmes. Il lui manquait les mots pour exprimer ce qu'il ressentait : quel objet de pitié, d'admiration et d'envie pour un esprit jeune qu'une vie aussi éclatante et mouvementée !

– Oh, madame... commença-t-il.

Comme il ne trouvait aucun langage qui convînt à cette apostrophe, il lui saisit la main et la serra dans la sienne.

– Comptez sur moi ! ajouta-t-il avec une ferveur hébétée.

Et, sortant tant bien que mal de chez elle, loin du cercle rayonnant de cette ensorceleuse, il se retrouva bizarrement perdu dans un environnement étranger, à regarder des façades ternes, à s'étonner de voir des passants ternes – un ange déchu. Elle lui avait souri lorsqu'il l'avait quittée, de quel beau sourire chargé de sens ! Il en gardait le souvenir dans son cœur et, quand il parvint à un certain restaurant où l'on jouait de la musique, la flûte (pour ainsi dire céleste) accompagna son repas. Les cordes vibraient sur la mélodie de ce sourire d'adieu ; elles le paraphrasaient et le développaient dans le sens qu'il souhaitait ; et pour la première fois de sa vie – une vie quelconque et plutôt morne – il se rendit compte qu'il avait du goût pour la musique.

Le lendemain et le surlendemain, ses méditations se déroulèrent sur cet air délectable. Tantôt il la voyait et recevait ses faveurs, tantôt il ne la voyait pas du tout, tantôt il la voyait mais était rejeté. Le bruit de ses pas dans l'escalier le plongeait dans le ravissement ; les livres qu'il recherchait et lisait étaient des livres sur Cuba, qui lui parlaient d'elle indirectement ; même dans le salon de sa logeuse il en trouva un qui racontait précisément une telle tornade et, jusqu'au moindre détail, confirmait – si une telle confirmation avait été nécessaire – la véracité de son récit. Il tomba bientôt dans cet état délicieux des prémices de l'amour, où l'amoureux se reproche sa présomption. Qui était-il, lui, l'obscur, le médiocre sans emploi, l'homme sans aventure, l'impur, le fourbe, pour soupirer après une créature d'air et de feu, auréolée et parée de tels moments d'une vie extraordinaire ? Que devrait-il faire pour se montrer plus digne d'elle ? Par quelle dévotion pourrait-il appeler sur un être aussi terre à terre que lui l'attention de ces yeux ?

Là-dessus, il se retirait dans l'intimité champêtre du square où, par son bon cœur, il s'était fait un cercle de connaissances parmi les habitués timides, les chats à demi sauvages et les visiteurs pendus aux fenêtres de l'hôpital des Enfants. Tout en marchant, il évaluait la profondeur de son démérite et la suprême perfection de sa bien-aimée ; parfois il retombait sur terre pour dire un mot agréable au frère de quelque enfant malade, parfois, avec un grand soupir, il se rappelait la reine des femmes et le soleil de sa vie.

Que devait-il faire ? Il avait remarqué que Teresa avait l'habitude de quitter la maison au début de l'après-midi : elle courait peut-être un danger venant de quelque émissaire cubain, et la présence d'un ami pourrait alors faire pencher la balance en sa faveur ; et s'il la suivait ? Lui proposer de l'accompagner semblerait une intrusion ; s'attacher à ses pas ouvertement serait une offense manifeste. Il se voyait réduit à agir en catimini, rôle qu'il pouvait jouer sans aucun doute avec l'habileté d'un détective, bien que, par certains côtés, cela lui déplût.

Le lendemain, il s'attela à mettre son plan à exécution. À l'angle de Tottenham Court Road, cependant, la señorita se retourna brusquement et lui fit face avec toutes les marques du plaisir et de la surprise.

– Ah, señor, j'ai parfois de la chance ! s'écria-t-elle. Je cherchais un messager.

Avec le plus doux des sourires, elle l'expédia dans l'East End de Londres, à une adresse qu'il fut incapable de trouver. La pilule fut amère pour notre chevalier servant ; mais quand il fut de retour, le soir, épuisé par son errance vaine et consterné par son *fiasco**, la dame lui fit un accueil enjoué, déclarant que tout était pour le mieux puisqu'elle avait changé d'avis et depuis longtemps regretté son message.

Le lendemain, il reprit sa tâche, brûlant de compassion et de courage, décidé à protéger Teresa au péril de sa vie. Mais un coup pénible l'attendait. Dans Hanway Street, une rue étroite et silencieuse, elle se retourna brusquement et lui parla sur un ton et avec une lueur dans les yeux qui étaient nouveaux pour le jeune homme.

– Dois-je comprendre que vous me suivez, Señor ? s'écria-t-elle. Sont-ce là les manières d'un gentleman ?

Harry se confondit en excuses les plus plates et la supplia de lui pardonner, jura de ne plus l'offenser et finit par être renvoyé l'oreille basse et le cœur lourd. Le coup était fatal ; il renonça à cette façon de la servir et se remit une fois de plus à traîner dans le square ou sur la terrasse, débordant de remords et d'amour, admirable et stupide, objet propre à éveiller le mépris et l'envie des hommes plus âgés. Dans ces heures vaines, tandis qu'il priait le sort de lui faire entrevoir sa bien-aimée, il advint naturellement qu'il eut le loisir d'observer l'aspect et le comportement de ceux qui fréquentaient la maison. Une seule personne rendait de temps à autre visite à la jeune femme : un homme très grand, dont le seul trait distinctif était une barbiche d'un goût douteux, comme en portent les pasteurs américains. Quelque chose dans son aspect parut désagréable à Harry. Sa répugnance grandit au fil des jours et, quand il prit enfin son courage à deux mains et demanda à la belle Cubaine qui il était, sa réponse l'effara encore davantage.

– Ce monsieur, dit-elle en s'efforçant de sourire, ce monsieur, je n'essaierai pas de vous le cacher, désirerait m'épouser et me harcèle avec une ardeur des plus respectueuses. Hélas ! que dois-je répondre ? Moi, pauvre Teresa, comment puis-je refuser ou accepter de telles déclarations ?

Harry redoutait d'en dire davantage ; il était envahi par les affres de la jalousie et il eut à peine la force d'âme de prendre poliment congé. Dans la solitude de sa chambre, il se laissa aller à toutes les manifestations du désespoir. Il adorait passionnément la señorita et son âme était affligée non seulement à l'idée de son union possible avec un autre, mais par la conviction indestructible que son galant n'était pas digne d'elle. Il l'aurait abandonnée avec une sorte de joie amère à un duc, à un évêque, à un général victorieux ou à tout homme doté de qualités évidentes ; il se voyait suivant de très loin le cortège nuptial ; il se voyait revenant à sa pauvre maison, privée alors de son joyau ; et, tout en pleurant de désespoir, il sentait qu'il aurait pu le supporter vaillamment. Mais cette affaire semblait bien différente. De toute évidence, l'homme n'était pas un gentleman ; il avait l'air effrayé et coupable de quelqu'un qui se cache ; ses ongles étaient noirs, son regard fuyant ; son amour était peut-être un prétexte ; peut-être était-il un émissaire cubain déguisé ! Harry jura qu'il satisferait sa curiosité ; et le lendemain soir, à l'heure de la visite quotidienne, il se posta à un endroit d'où il avait vue sur les trois issues du square.

Peu après, un fiacre s'arrêta lourdement devant la porte et l'homme à la barbiche en descendit, régla la course, puis Harry le vit entrer dans la maison, un coffre havane hissé sur le dos. Une demi-heure plus tard, il en ressortit sans le coffre et prit rapidement la direction de l'est ; Desborough, avec la même habileté et la même prudence que celles dont il avait fait preuve pour Teresa, se mit alors à marcher sur les traces de son prétendant. L'homme commença à ralentir, étudiant avec un intérêt apparent la devanture d'un marchand de fruits ou d'un débit de tabac ; il reprit par deux fois son pas pressé dans la même direction ; puis, comme s'il avait tout à coup dominé un instant d'hésitation, il prit, d'une allure rapide et résolue, la direction de Lincoln's Inn. Enfin il tourna dans une ruelle déserte et, se dirigeant vers Harry, le visage plus vieux et plus pâle, semblait-il, lui demanda avec rudesse s'il n'avait pas déjà eu le plaisir de le rencontrer.

– Oui, monsieur, c'est exact, dit Harry, quelque peu interloqué mais montrant une certaine fermeté ; et je ne nie pas que je vous suivais de propos délibéré. Sans doute, ajouta-t-il, car il s'imaginait que les pensées de tous les hommes étaient tournées vers Teresa, sans doute devinez-vous mes raisons.

À ces mots, l'homme à la barbiche fut saisi d'un tremblement nerveux. Il parut, pendant quelques secondes, chercher les mots que sa peur l'empêchait de trouver ; puis, se retournant brusquement, il prit ses jambes à son cou.

Harry fut d'abord si stupéfait qu'il ne se lança pas à sa poursuite ; et quand il eut recouvré ses esprits, sa promptitude lui permit seulement d'apercevoir l'homme au bouc monter dans un fiacre qui disparut aussitôt dans la foule mouvante de Holborn.

Intrigué et consterné par ce comportement inattendu, Harry revint à la maison de Queen Square et se hasarda pour la première fois à frapper à la porte de la belle Cubaine. Elle lui dit d'entrer, et il la trouva à genoux près d'un coffre en bois havane, l'air assez désolé.

– Señorita, dit-il, je me demande si le caractère de cet homme est conforme à ce qu'il souhaite vous faire croire. Son comportement, quand il s'est aperçu, en fait quand j'ai admis que je le suivais, ne fut pas celui d'un honnête homme.

– Oh ! s'écria-t-elle, levant les bras au ciel de désespoir, don Quichotte, don Quichotte, vous avez encore essayé de vous battre contre les moulins à vent ?

Puis, en riant, elle ajouta :

– Pauvre homme, comme vous avez dû lui faire peur ! Sachez que les autorités cubaines sont arrivées et qu'on va sans doute bientôt donner la chasse à votre malheureuse Teresa. Et même ce simple clerc de notaire peut se trouver à tout moment la proie d'espions armés.

– Un simple clerc ! s'écria Harry. Comment ? Vous m'avez dit qu'il désirait vous épouser !

– Je croyais que vous autres Anglais aimiez ce que vous appelez une plaisanterie, répondit calmement la jeune femme. En fait, c'est le clerc de mon notaire et il est venu ici ce soir, porteur de nouvelles désastreuses. Je suis dans une situation très critique, señor Harry. Voulez-vous m'aider ?

À ces mots, si bienvenus, le cœur du jeune homme exulta ; et dans l'espoir, l'orgueil, le contentement de soi qu'éveillait la pensée même d'aider la jeune femme, il oublia de s'attarder sur sa plaisanterie.

– Demandez ! s'écria-t-il. Que puis-je faire ? Vous n'avez qu'à parler.

Visiblement en proie à une émotion qui n'était pas feinte, la belle Cubaine posa la main sur le coffre.

– Ce coffre, dit-elle, contient mes bijoux, mes papiers et mes vêtements ; en un mot, tout ce qui m'attache encore à Cuba et à mon passé abhorré. Il faut maintenant le faire sortir d'Angleterre subrepticement ; sans cela, d'après mon notaire, je suis irrémédiablement perdue. Demain, à bord d'un bateau irlandais, un agent de confiance attendra le coffre. Ce qui n'est pas encore résolu, c'est de savoir qui l'emportera jusqu'à Holyhead, le placera à bord du steamer et reviendra sans tarder à Londres. Voulez-vous être cet homme ? Voulez-vous partir demain par le premier train, obéir ponctuellement aux ordres, en vous rappelant que vous êtes entouré d'espions cubains et, sans le moindre regard derrière vous, sans le moindre geste qui trahisse ce qui vous occupe, laisser le coffre où vous l'aurez déposé et revenir directement sur le rivage ? Voulez-vous faire cela et sauver ainsi votre amie ?

– Je ne comprends pas bien... commença Harry.

– Moi non plus, répondit la Cubaine. Ce n'est pas obligatoire, tant que nous obéissons aux ordres du notaire.

– Señorita, répliqua gravement Harry, je crois que cela n'est qu'une très petite chose que je puis faire pour vous, alors que je voudrais faire tant. Mais permettez-moi de dire un mot. Si Londres n'est pas sûre pour vos trésors, elle ne peut l'être longtemps pour vous ; et si je comprends bien le projet de votre notaire, je crains que vous n'ayez déjà disparu à mon retour. Je ne suis pas, je crois, très intelligent, et je sais simplement dire ce que j'éprouve : je vous aime et ne peux supporter l'idée de vous perdre. Je n'espère rien de plus que d'être votre serviteur ; je ne demande rien d'autre qu'avoir de vos nouvelles. Oh, promettez-le-moi !

– Vous en aurez, dit-elle après une pause, je vous le promets.

Mais, quoiqu'elle parlât avec sérieux, les signes d'un grand embarras et d'un vif conflit de sentiments apparurent sur son visage.

– Je voudrais vous dire, reprit Desborough, en cas d'accident...

– D'accident ! s'écria-t-elle, pourquoi dites-vous cela ?

– Je ne sais pas, dit-il, il se peut que vous soyez partie avant mon retour, et que nous ne nous revoyions pas de longtemps. Aussi, je souhaite que vous sachiez ceci : depuis le jour où vous m'avez donné la cigarette, vous n'avez jamais, pas une seule fois, quitté mon esprit. Et si cela peut vous être utile le moins du monde, vous pouvez me chiffonner comme ce morceau de papier et me jeter au feu. J'aimerais mourir pour vous.

– Partez ! dit-elle, partez immédiatement. La tête me tourne. Je sais à peine de quoi nous parlons. Partez ! Bonne nuit ! Et puissiez-vous revenir sain et sauf !

De retour dans sa chambre, le jeune homme fut envahi par une joie mêlée de terreur ; en se rappelant comme elle avait blêmi tout à coup et prononcé ses derniers mots de façon hachée, il fut, tout en chantant victoire, rempli de sombres pressentiments. L'amour lui apparaissait vraiment sous un masque tragique ; pourtant, cela importait peu, du moment que c'était l'amour – du moment qu'elle était troublée à l'idée de leur séparation. Il se mit au lit en remuant ces idées bigarrées et passa toute la nuit d'un rêve à un autre, hanté par le visage pâli de Teresa, que torturaient des pensées inexprimées ; et, dans le gris de l'aube, il sauta soudain au bas du lit avec une espèce d'effroi. Il était déjà temps pour lui de se lever. Il s'habilla, prit un petit déjeuner froid fait du repas préparé pour lui la veille, et descendit jusqu'à l'appartement de son idole pour chercher le coffre. La porte était ouverte ; un étrange désordre régnait dans la pièce ; le mobilier avait été repoussé sur les côtés et le centre était vide, comme pour permettre à un être à l'esprit torturé d'aller et venir librement. Le coffre était là, cependant, avec, sur le couvercle, un papier portant ces mots : « Harry, j'espère être de retour avant votre départ. Teresa. »

Il s'assit pour attendre et posa sa montre sur la table devant lui. Elle l'avait appelé Harry : cela devrait suffire, pensa-t-il, pour illuminer la journée ; et pourtant la vue de cette pièce en désordre empoisonnait encore sa joie. La porte de la chambre à coucher était grande ouverte, et bien qu'il en détournât les yeux comme d'un sacrilège, il ne put s'empêcher de remarquer que le lit n'avait pas été défait. Il était toujours là à se demander ce que cela pouvait bien signifier, à essayer de se convaincre que tout allait bien, lorsque l'aiguille de sa montre lui rappela brusquement qu'il était temps de se mettre en route. Il était avant tout un homme de parole ; il courut à Southampton Row chercher un fiacre et, plaçant le coffre sur le siège avant, se dirigea vers le terminus.

Les rues étaient encore endormies ; il n'y avait pas grand-chose à voir ; et l'attention du jeune homme se concentra sur le compagnon muet de sa course. Il y avait une carte fixée sur le côté, portant l'inscription : « Miss Doolan. Voyageur pour Dublin. Fragile. À manipuler avec précaution. » Il songea, non sans être choqué dans ses sentiments, que la belle idole de son cœur avait peut-être été amenée à adopter le nom de Doolan et il se rendit compte, alors qu'il étudiait encore la carte, qu'un profond découragement s'emparait peu à peu de son esprit. Il essaya en vain de lutter contre cette marée, de se secouer ou d'essayer de siffloter, il ne pouvait chasser l'impression de menace qui pesait sur lui. Il regarda dehors : dans les longues rues désertes, le fiacre poursuivait sa route sans être aucunement suivi. Il écouta : par-dessus les cahots des roues sur le pavé, il entendait nettement certain bruit régulier et discret qui semblait provenir du coffre. Il appliqua son oreille contre le couvercle ; à un moment donné, il lui sembla percevoir un tic-tac délicat ; l'instant d'après, plus rien, impossible de le retrouver, même en prêtant une oreille attentive. Il se moqua de lui-même, mais la tristesse persistait et ce fut avec un soulagement plus grand que celui qu'on éprouve d'ordinaire à la fin d'un voyage qu'il sauta du fiacre devant la gare.

Sans doute intentionnellement, Teresa avait indiqué un horaire présentant trente minutes d'avance sur la réalité ; et quand Harry eut confié le coffre à un porteur, qui le déposa sur un chariot, il se mit à faire rapidement les cent pas sur le quai. Bientôt, le kiosque de la gare s'ouvrit ; le jeune homme regardait les livres quand on lui saisit le bras. Il se retourna et, bien qu'elle portât une épaisse voilette, reconnut tout de suite la belle Cubaine.

– Où est-il ? demanda-t-elle.

Le ton de sa voix le surprit.

– Qui ? Quoi ? dit-il.

– Le coffre. Faites-le placer sur un fiacre immédiatement, je suis terriblement pressée.

Il se hâta d'obéir, s'étonnant de ces changements mais n'osant pas l'importuner de questions ; et quand le fiacre fut amené et le coffre installé à l'avant, elle fit quelques pas sur le trottoir et d'un signe lui ordonna de la suivre.

– À présent, dit-elle, toujours de la voix basse et hachée qu'il avait remarquée au début, vous devez aller à Holyhead seul ; montez à bord du bateau et si vous voyez un homme vêtu d'un pantalon écossais et d'un foulard rose, dites-lui que tout a été remis ; sinon, ajouta-t-elle en sanglotant, tant pis. Bon, au revoir.

– Teresa, dit Harry, montez dans le fiacre ; je vous accompagne. Vous êtes dans l'affliction, en danger peut-être ; et tant que je ne saurai pas toute l'histoire, rien, pas même vous, ne pourra me faire vous quitter.

– Vous ne voulez vraiment pas ? demanda-t-elle. Oh ! Harry, ça vaudrait mieux !

– Non, je ne veux pas, dit Harry résolument.

Elle le regarda un moment à travers sa voilette, prit soudain sa main, d'un geste brusque, mais plus par crainte que par tendresse ; puis, sans le lâcher, elle se dirigea vers la porte du fiacre.

– Où devons-nous aller ? demanda Harry.

– À la maison, vite ! répondit-elle. Je double la course !

Dès qu'ils furent montés, le véhicule quitta la gare à toute vitesse.

Teresa se laissa aller en arrière. Tout le long du chemin, Harry vit les larmes couler derrière sa voilette ; mais elle ne daigna lui accorder aucune explication. Tous deux descendirent à la porte de la maison de Queen Square et le cocher sortit le coffre qu'il installa sur le dos de Harry, heureux de faire étalage de sa force.

– Laissez-le faire, murmura-t-elle, laissez-le faire.

– Mais non, pas du tout, dit Harry gaiement.

Après avoir payé la course, il franchit le seuil de la porte derrière Teresa qui venait d'ouvrir avec sa clé. La propriétaire et sa servante étaient parties faire leurs courses matinales ; la maison était vide et tranquille ; et tandis que le fiacre s'éloignait avec fracas dans Gloucester Street, et que Harry continuait à monter l'escalier avec son fardeau, il entendit contre son oreille le même tic-tac faible et étouffé qu'auparavant. La jeune femme, qui le précédait, ouvrit la porte de sa chambre et l'aida à poser délicatement le coffre dans l'angle près de la fenêtre.

– Et maintenant, dit Harry, qu'est-ce qui ne va pas ?

– Vous ne voulez pas partir ? s'écria-t-elle, la voix soudain brisée, battant des mains dans un mouvement d'extrême impatience. Oh ! Harry, Harry, allez-vous-en ! Oh, partez, et laissez-moi au destin que je mérite !

– Au destin ? répéta Harry, qu'est-ce que ça veut dire ?

– Non, pas le destin, reprit-elle. Je ne sais pas ce que je dis. Mais je souhaite être seule. Vous pouvez revenir ce soir, Harry ; revenez quand vous voulez, mais laissez-moi, maintenant, laissez-moi donc, maintenant !

Puis, soudain, elle s'exclama :

– J'ai une course à vous faire faire, vous ne pouvez me refuser cela.

– Non, répondit Harry, vous n’avez aucune course à me faire faire. Vous êtes en peine ou en danger. Relevez votre voilette et dites-moi ce que c’est.

– Bon, dit-elle, soudain très calme, vous ne me laissez pas le choix.

Relevant sa voilette, elle lui montra un visage d’où toute couleur avait disparu, des yeux gonflés par les larmes et un front où la détermination l’emportait sur la peur.

– Harry, commença-t-elle, je ne suis pas celle que l’on croit.

– Vous m’avez déjà dit ça plusieurs fois, dit Harry.

– Ô, Harry, Harry, comme vous m’humiliez ! s’écria-t-elle. Mais voici la vérité vraie. Je suis une fille mauvaise et dangereuse. Je m’appelle Clara Luxmore. Je n’ai jamais été plus près de Cuba que Penzance. Du début à la fin, je vous ai trompé et je me suis jouée de vous. Ce que je suis, je n’ose même pas le formuler. Jusqu’à ce jour, jusqu’aux heures sans sommeil de la nuit dernière, je n’avais jamais vraiment saisi l’importance et la laideur de ma faute.

Le jeune homme la regardait, épouvanté. Puis un sang généreux coula dans ses veines.

– Tout cela m’importe peu, dit-il. Si vous êtes vraiment tout ce que vous dites, vous n’en avez que plus besoin de moi.

– Est-il possible, s’exclama-t-elle, que j’aie inventé tout ça en vain ? Rien ne pourra donc vous faire quitter cette maison de mort ?

– De mort ? répéta-t-il en écho.

– De mort ! Oui, de mort ! s’écria-t-elle. Dans ce

coffre, que vous avez traîné à travers Londres et porté sur vos épaules sans défense, repose l'énergie destructrice de la dynamite, libérable sur simple déclic.

– Mon Dieu ! s'écria Harry.

– Ah ! poursuivit-elle avec véhémence, vous en irez-vous à présent ? À tout moment peut résonner le déclic qui annoncera la destruction de ce bâtiment. J'étais sûre que M'Guire s'était trompé ; ce matin, avant le jour, je suis allée voir Zéro ; il a confirmé mes craintes ; je vous ai vu, mon cher Harry, tomber victime de mes propres machinations. J'ai su alors que je vous aimais... Harry, voulez-vous partir maintenant ? Ne voulez-vous pas m'épargner ce crime que je n'ai pas souhaité ?

Harry demeurait muet, les yeux fixés sur le coffre. Enfin, il se tourna vers elle.

– Est-ce là, demanda-t-il d'une voix rauque, une machine infernale ?

Ses lèvres formèrent le mot « oui », que sa voix refusait de prononcer.

Rempli d'une curiosité démoniaque, Harry s'approcha et se pencha sur le coffre ; dans cette chambre silencieuse, on entendait distinctement le tic-tac ; à l'écoute de ce bruit régulier, le sang reflua vers son cœur.

– Pour qui ? demanda-t-il.

– Quelle importance ! s'écria-t-elle, en lui prenant le bras. Si vous pouvez encore être sauvé, à quoi bon poser des questions ?

– Juste ciel ! s'écria Harry. Et l'hôpital des

Enfants ! Il faut à tout prix arrêter cette machine infernale !

– On ne peut pas, dit-elle d'une voix entrecoupée. L'homme n'a pas le pouvoir de conjurer la catastrophe. Mais, vous, Harry, vous, mon bien-aimé... vous pouvez encore...

C'est alors que, du coffre qui était là si tranquille dans un coin, leur parvint un soudain déclic, comme celui d'une horloge juste avant la sonnerie de l'heure. L'espace d'une seconde, tous deux se regardèrent, les sourcils froncés et le regard glacé. Puis, Harry, se cachant le visage d'une main, attira de l'autre la jeune fille à lui et recula en titubant contre le mur.

Un bruit sourd, étouffé et effrayant résonna dans la pièce. Ils fermèrent à demi les yeux pour ne pas voir l'horreur inévitable ; et toujours accrochés l'un à l'autre comme des gens qui se noient, ils tombèrent sur le sol. Alors se produisit un sifflement strident, prolongé comme s'il provenait d'une fosse en furie ; une odeur nauséabonde les prit à la gorge ; la pièce se remplit de vapeurs épaisses qui les suffoquèrent.

Elles commencèrent bientôt à se disperser et, quand ils finirent par se relever et s'asseoir, tout secoués, bras et jambes coupés, la première chose qui s'imposa à leur regard fut le coffre intact dans son coin, mais laissant encore échapper de petites volutes de fumée tout le tour de son couvercle.

– Oh, pauvre Zéro ! s'écria la jeune fille, riant et pleurant à la fois. Hélas, pauvre Zéro ! Ça va lui briser le cœur !

La demeure superflue

(Conclusion)

SOMERSET monta l'escalier en toute hâte ; la porte du salon, contrairement à l'habitude, n'était pas fermée à clé : le jeune homme y pénétra en trombe et découvrit Zéro, assis sur un divan, en proie à un profond abattement. Tout près de lui était placé un grog auquel il n'avait pas touché, ce qui indiquait une vive préoccupation. En outre, tout était sens dessus dessous dans la pièce : des malles avaient été renversées ici et là, le plancher était jonché de clés et autres instruments ; au milieu de ce désordre, se trouvait un gant de femme.

– Je suis venu, s'écria Somerset, pour en finir avec tout cela. Ou vous renoncez sur-le-champ à tous vos projets, ou je vous dénonce à la police.

– Ah ! répondit Zéro, secouant lentement la tête. Vous venez trop tard, cher ami ! Il ne me reste plus aucun espoir et je suis réduit à n'être qu'un objet de risée. Je n'ai pas lu beaucoup d'œuvres romanesques, ajouta-t-il d'un ton légèrement découragé, pourtant je me rappelle avoir trouvé dans l'une d'elles une expression qui dépeint avec une exactitude de connaisseur mon état actuel : vous me voyez ici « comme un tambour crevé ».

– Que vous est-il arrivé ? s'écria Somerset.

– Mon dernier dosage, répondit le conspirateur avec lassitude, est comme tous les autres un simulacre trompeur et une imposture. C'est en vain que j'en combine les éléments, en vain que j'en ajuste les ressorts ; j'en suis arrivé maintenant à un tel degré de déconsidération qu'à part vous, cher ami, je ne connais personne que je puisse regarder en face. Mes subordonnés eux-mêmes se sont retournés contre moi. Quel langage j'ai entendu aujourd'hui ! Quelle étroitesse de pensée ! Quels sarcasmes ! Elle est venue une fois : j'aurais pu le lui pardonner parce qu'elle était émue ; mais elle est revenue, revenue pour m'annoncer ce coup mortel. Oui, Somerset, elle s'est montrée très cruelle. Mon cher, j'ai bu une coupe amère ; le langage des femmes est remarquable par... Bon, bon ! Dénoncez-moi si vous voulez ; vous ne dénoncerez que les morts. Je suis anéanti. Il est étrange de constater combien, dans cette crise la plus grave de ma vie, je suis hanté par des citations tirées d'ouvrages d'un genre inexact et même fantaisiste, mais en voici une autre, ajouta-t-il : « La tâche d'Othello est terminée. » Oui, cher Somerset, c'est terminé ; je ne suis plus dynamiteur et, je vous le demande, après avoir goûté de telles joies, comment pourrais-je m'abaisser à mener une vie moins glorieuse ?

– Je ne saurais vous dire combien vous me soulagez, répondit Somerset en s'asseyant sur l'une des malles dont le contenu avait été déversé au milieu de la pièce. J'avais conçu une sorte de tolérance et de tendresse larmoyante pour votre personne. Au demeurant, je déteste vraiment tout ce qui ressemble à une obligation et, pour ces deux raisons, la nouvelle que vous m'annoncez me réjouit. Mais il me semble entendre, ajouta-t-il, un certain tic-tac dans ce coffre...

– Oui, répondit Zéro avec la même lassitude et la même lenteur, j'en ai mis plusieurs en marche.

– Mon Dieu, s'écria Somerset en se levant d'un bond. Des mécanismes ?

– Des mécanismes, répliqua le conspirateur avec amertume. Des mécanismes, oui, vraiment ! Je rougis d'en être l'inventeur. Hélas ! dit-il en se cachant le visage dans les mains, quand je pense que j'aurai vécu pour dire une chose pareille !

– Insensé ! s'écria Somerset en lui secouant le bras, que dois-je comprendre là ? Avez-vous réellement mis en marche ces inventions diaboliques ? Et nous restons ici pour sauter avec elles ?

– *Emporté par son propre pétard !* répondit le conspirateur, méditatif. Encore une citation. C'est étrange ! Mais vraiment mon esprit est frappé de stupeur. Oui, mon petit, j'ai, comme vous le dites, mis mon invention en marche. Celle sur laquelle vous êtes assis est programmé dans une demi-heure. Cette autre là-bas...

– Une demi-heure ! répéta Somerset en écho, tremblant de tous ses membres. Juste ciel ! Dans une demi-heure ?

– Mon ami, pourquoi vous exciter de la sorte ? demanda Zéro. Ma dynamite n'est pas plus dangereuse qu'un caramel mou ; si j'avais un enfant, fût-il unique, je la lui donnerais pour qu'il s'amuse. Vous voyez ce pavé ? continua-t-il en prenant un pain de cette composition infernale sur la table du laboratoire. Il devrait exploser dès qu'on le touche, et avec une énergie si irrésistible qu'il pourrait joncher le square de ruines. Eh bien, regardez donc ! Je le projette sur le plancher.

Somerset se précipita en avant et, avec l'énergie provoquée par la plus intense terreur, lui arracha le pavé.

– Ciel ! s'écria-t-il en s'épongeant le front.

Puis, avec plus de précaution qu'une mère n'en eut jamais pour s'occuper de son premier-né, il transporta délicatement l'explosif à l'autre bout de la pièce ; le conspirateur le considérait, découragé, les bras ballants une fois de plus.

– Il était tout à fait inoffensif, soupira-t-il. On prétend qu'il brûle comme le tabac.

– Que diable vous ai-je fait, s'écria Somerset, ou que vous êtes-vous fait à vous-même pour persister dans cette conduite insensée ? Sinon pour vous, du moins pour moi, quittons cette maison maudite où j'avoue n'avoir pas le cœur de vous laisser ; puis, si vous m'en croyez et si votre détermination est sincère, quittez sur-le-champ cette ville où nulle tâche ne peut plus vous retenir.

– Telle était mon intention, cher ami, répondit le conspirateur. Je n'ai, comme vous le faites remarquer, plus rien à faire ici ; et dès que j'aurai préparé un petit bagage, je vous demanderai de partager avec moi un frugal repas, de m'accompagner à la gare et de dire adieu à un homme au cœur brisé. Et pourtant, ajouta-t-il, tandis que son regard s'attardait comme à regret sur les malles, j'aurais vraiment aimé en faire la preuve. Je ne peux m'empêcher de soupçonner mes subordonnés d'avoir mal mené l'affaire. C'est peut-être la faiblesse d'un homme de science, et pourtant, s'écria-t-il, retrouvant une certaine énergie, je ne pourrai jamais croire, j'ai beau essayer, que ma pauvre dynamite a été traitée comme il convenait !

– Cinq minutes ! dit Somerset, jetant un coup d'œil horrifié sur le mécanisme d'horlogerie. Si vous ne bouclez pas votre sac sur-le-champ, je vous abandonne.

– Quelques objets indispensables, répliqua Zéro, seulement quelques objets indispensables, mon cher Somerset, et je suis à vous.

Il passa dans sa chambre et, après un instant qui sembla se prolonger une éternité pour son malheureux compagnon, il revint, un sac Gladstone ouvert à la main. Ses gestes étaient toujours terriblement mesurés et il ne parvenait pas à détacher de ses chers coffres des yeux pleins d'un plaisir méchant, tandis qu'il allait et venait dans le salon, rassemblant quelques bricoles. Il saisit, pour finir, un des pains de dynamite.

– Posez ça ! s'écria Somerset. Si ce que vous dites est vrai, vous n'avez aucune raison de vous charger de ce maudit objet de contrebande.

– Un objet rare, simplement, mon garçon, dit-il d'un ton persuasif, en glissant le pavé dans son sac. Un simple souvenir du passé – ah ! passé heureux, passé lumineux ! Vous ne voulez pas une goutte d'alcool ? Non ? Je vous trouve bien sobre. Bon, ajouta-t-il, si vous n'avez réellement aucune curiosité pour attendre l'événement...

– Moi ! hurla Somerset, je brûle de me sauver.

– Eh bien, alors, dit Zéro, je suis prêt, je voudrais pouvoir dire, très volontiers. Mais quitter ainsi le théâtre de mes sublimes tentatives...

Sans discuter davantage, Somerset le saisit par le bras et le traîna jusqu'en bas. La porte d'entrée se referma sur l'hôtel particulier abandonné avec un bruit retentissant. Remorquant toujours son compagnon qui traînait, le jeune homme traversa rapidement le square en direction d'Oxford Street. Ils n'avaient pas encore dépassé l'angle du jardin qu'ils furent arrêtés par un bruit sourd qui résonna avec une amplitude extraordinaire, accompagné et suivi par une explosion fracassante. Somerset se retourna juste à temps pour voir l'hôtel particulier se déchirer en deux, vomir des flammes et de la fumée et s'effondrer en un instant sur sa base. En même temps, il fut violemment projeté à terre. Son premier regard fut pour Zéro. Le conspirateur avait simplement vacillé contre la grille du jardin. Il était là, le sac Gladstone serré contre son cœur, tout son visage rayonnant de soulagement et de gratitude. Le jeune homme l'entendit se murmurer à lui-même : « *Nunc dimittis, nunc dimittis*[1] *!* »

La consternation de la foule fut indescriptible. Golden Square tout entier grouillait d'hommes, de femmes et d'enfants qui couraient en tous sens comme des fous, et qui ne cessaient d'entrer et de sortir des maisons comme des lapins de leur terrier. À la faveur de cette confusion, Somerset entraîna le conspirateur qui s'attardait.

– C'était grandiose ! continua-t-il à murmurer, indiciblement grandiose. Ah ! verte Irlande, verte Irlande, quel jour de gloire ! Oh ! ma dynamite calomniée, comme tu l'as emporté triomphalement !

Soudain, une ombre passa sur son visage ; s'arrêtant au milieu du trottoir, il consulta sa montre.

– Grands dieux ! s'écria-t-il, que c'est humiliant ! Sept minutes d'avance ! La dynamite a dépassé mes espérances ; mais le mécanisme d'horlogerie, mécanisme capricieux, m'a une fois de plus trahi. Hélas ! n'existe-t-il donc pas de succès qui ne soit entaché d'échec ? Faut-il que même ce jour mémorable soit assombri ?

– Incomparable imbécile ! dit Somerset, qu'avez-vous donc fait ? Détruire la maison d'une vieille dame innocente, et tous les biens terrestres de la seule per-

1. Premiers mots de Luc 2,29 : « Et maintenant, *Seigneur*, laisse aller *en paix ton serviteur...* »

sonne qui soit assez stupide pour vous manifester de l'amitié !

– Vous ne comprenez pas ces problèmes, répondit Zéro avec beaucoup de dignité. Cela va ébranler l'Angleterre jusqu'au tréfonds. Gladstone, ce vieillard truculent, va reculer devant ce doigt vengeur pointé sur lui. Maintenant que ma dynamite s'est révélée efficace...

– Ciel ! vous me faites penser... proféra Somerset. Ce pavé dans votre sac, il faut vous en débarrasser tout de suite. Mais comment ? Si on pouvait le jeter dans le fleuve...

– Une torpille ! s'écria Zéro dont les yeux brillèrent. Une torpille dans la Tamise ! Superbe, mon cher ! Je reconnais en vous les signes du parfait anarchiste.

– C'est vrai, reconnut Somerset, on ne peut pas agir ainsi ; la seule chose à faire, c'est de l'emporter avec vous. Allez, venez, et laissez-moi vous mettre tout de suite dans un train.

– Non, non, mon cher, protesta Zéro. Il n'y a à présent pas de raison que je parte. J'ai désormais retrouvé ma dignité. Ma réputation devient prometteuse ; c'est ce que j'ai fait de meilleur jusque-là et j'entends d'ici les ovations qui attendent l'auteur des atrocités de Golden Square.

– Mon ami, repartit l'autre, je vous donne le choix. Je veux vous voir en sûreté dans un train ou en prison.

– Somerset, cela ne vous ressemble pas ! dit le chimiste. Vous me surprenez, Somerset.

– Je vous surprendrai encore bien davantage au prochain poste de police, répliqua Somerset, d'un ton qui frisait la colère. Car sur ce point ma décision est prise : soit je veux vous voir embarquer pour l'Amérique, avec votre pavé et le reste, soit vous dînez en prison.

– Vous avez peut-être négligé un aspect des choses, répondit Zéro, qui n'était pas choqué. Car, pour parler en philosophe, je ne vois pas quel moyen vous pouvez employer pour me contraindre. La volonté, mon cher...

– Bon, écoutez, l'interrompit Somerset. Vous ne connaissez rien d'autre que les sciences, domaine que je ne pourrai jamais considérer comme étant véritablement un savoir. Moi, monsieur, j'ai étudié la vie, et permettez-moi de vous dire que je n'ai qu'à lever la main et à élever la voix – ici même, dans cette rue – et la foule...

– Dieu du ciel, Somerset ! s'écria Zéro, devenant d'une pâleur de cire et s'arrêtant de marcher, Dieu du ciel quel discours est-ce là ? Oh, on ne devrait pas parler ainsi, même pour rire, même pour rire ! La foule brutale, les passions sauvages... Somerset, pour l'amour de Dieu, un débit de boissons !

Somerset le considéra avec une curiosité fraîchement éveillée.

– Voilà qui est très intéressant, dit-il. Vous reculez devant une telle mort ?

– Qui n'en ferait autant ? demanda le conspirateur.

– Alors, être tué par une explosion de dynamite,

demanda le jeune homme, ça vous semble sans doute une forme d'euthanasie ?

– Excusez-moi, dit Zéro, je considère cette mort, puisque je l'ai bravée quotidiennement dans ma carrière professionnelle, je la considère, oui, avec fierté : c'est une mort qui répugne rarement à l'esprit humain.

– Encore une question, dit Somerset : vous désapprouvez la loi de Lynch, pourquoi ?

– C'est de l'assassinat, dit le conspirateur avec calme, mais en ouvrant de grands yeux comme s'il s'étonnait de la question.

– Serrons-nous la main ! s'écria Somerset. Dieu merci, il ne me reste plus aucun ressentiment désormais. Bien que je brûle de vous voir sur l'échafaud, je peux assister à votre départ avec une entière satisfaction.

– Je ne comprends pas très bien, dit Zéro, mais je suis sûr que vous ne pensez pas à mal. Quant à mon départ, il y a autre chose à envisager : j'ai négligé de prendre de l'argent, mes quelques biens ont péri dans ce que l'histoire se plaira à raconter sous le nom des Atrocités de Golden Square, et sans ce qu'on appelle vulgairement mais en termes précis des espèces sonnantes et trébuchantes, vous devez bien savoir qu'il m'est impossible de franchir l'océan.

– Pour moi, dit Somerset, vous avez maintenant cessé d'être un homme. Je ne vous dois rien, pas plus qu'à un décrottoir. Mais la confusion de votre esprit m'émeut et m'empêche d'en arriver aux dernières extrémités. Jusqu'à ce jour, j'avais toujours pensé que la sottise était drôle ; je vois les choses autrement à présent, et quand je regarde votre visage imbécile, je suis pris d'hilarité comme d'une maladie mortelle et les larmes me montent aux yeux, aussi amères que le sang. Qu'est-ce que cela peut bien présager ? Je commence à douter ; je perds ma foi dans le scepticisme. Est-il possible, s'écria-t-il, en proie à une sorte d'horreur de lui-même, est-il concevable que je croie à l'existence du bien et du mal ? Il m'est déjà arrivé, à ma surprise incrédule, d'être la victime d'un tort fait personnellement à mon honneur. Ce changement doit-il se poursuivre ? M'avez-vous volé ma jeunesse ? Dois-je tomber, à ce moment de ma vie, dans les mains du Grand Ordonnateur ? Mais pourquoi parler à cette tête de bois ? Il suffit. Je n'ose vous laisser vivre au milieu des femmes et des enfants. Je n'ai pas le courage de vous dénoncer, si je peux l'éviter par quelque moyen que ce soit. Vous n'avez pas d'argent ? Eh bien, prenez le mien et partez ; et si jamais, à compter d'aujourd'hui, je revois votre visage, ce jour-là sera votre dernier jour.

– Étant donné les circonstances, répondit Zéro, je ne vois guère le moyen de refuser votre offre. Vos paroles me peinent peut-être, elles ne peuvent me surprendre. Je me rends compte que notre attitude demande un peu d'entraînement, un peu d'hygiène morale, si je puis m'exprimer ainsi. Un des aspects qui m'ont toujours charmé chez vous, c'est votre délicieuse franchise. Quant à la petite avance, elle vous sera renvoyée de Philadelphie.

– Mais non, dit Somerset.

– Mon cher, vous ne comprenez pas, répondit le conspirateur. Je serai maintenant reçu avec une confiance renouvelée par mes supérieurs, et mes expériences ne seront plus entravées par de misérables considérations financières.

– Ce que je vais faire maintenant, monsieur, c'est un crime, répondit Somerset, et quand même vous rouleriez sur l'or comme Vanderbilt, je trouverais indigne de moi d'être remboursé d'un argent que j'aurais si scandaleusement mal employé. Prenez-le et gardez-le. Parbleu, monsieur, trois jours avec vous ont fait de moi un antique Romain.

Sur ce, Somerset héla un fiacre qui passait. Tous deux furent rapidement conduits au terminus ferroviaire. Là, après que Somerset eut exigé un serment, l'argent changea de mains.

– À présent, dit Somerset, j'ai racheté mon honneur avec tout mon argent jusqu'au dernier sou. Grâce à Dieu, bien que je n'aie pas autre chose à espérer que de mourir de faim, je n'ai plus rien à voir avec Mr. Zéro Pumpernickel Jones.

– Mourir de faim ! s'écria Zéro. Mon cher, je ne peux en supporter l'idée.

– Prenez votre billet, répondit Somerset.

– Je trouve que vous faites preuve de mauvaise humeur, dit Zéro.

– Prenez votre billet, répéta le jeune homme.

– Ma foi, dit le conspirateur en revenant, son billet à la main, votre attitude est si étrange et si pénible que je ne sais guère si je dois vous demander de me serrer la main.

– En tant qu'homme, non, répliqua Somerset, mais je ne vois aucun inconvénient à vous serrer la main à vous, comme je pourrais le faire à une pompe à bras !

– C'est une bien froide séparation, soupira le dynamiteur.

Et, toujours suivi de Somerset, il s'engagea sur le quai qui grouillait à présent de voyageurs. Le train de Liverpool allait partir, un autre venait d'arriver, si bien que la double marée humaine rendait tout mouvement difficile. Cependant, nos deux amis débouchèrent sur un espace dégagé en arrivant à proximité du kiosque à journaux, où l'attention du conspirateur fut attirée par la marge d'un *Standard* qui portait les mots : « Deuxième édition : Explosion dans Golden Square. » Son œil s'alluma ; il fit un bond en avant tout en cherchant la pièce de monnaie nécessaire au fond de sa poche ; son sac heurta violemment l'angle du kiosque et, aussitôt, avec une détonation prodigieuse, la dynamite explosa. Quand la fumée se dissipa, on vit que le kiosque avait été grandement endommagé et que le vendeur, terrorisé, sortait des décombres en courant ; mais on ne retrouva aucun reste reconnaissable du patriote irlandais ni du sac Gladstone.

Dès le début de la confusion consécutive à l'alerte, Somerset parvint à s'échapper et se retrouva dans Euston Road : la tête lui tournait, son estomac criait famine et il n'avait pas un sou en poche. Pourtant, alors qu'il continuait à arpenter les rues, il s'étonnait de se sentir au cœur une sorte de joie paisible, une grande satisfaction, le sentiment, pour ainsi dire, d'une présence divine et de la bienveillance du destin ; et il put se dire que, même s'il lui arrivait le pire, il pourrait maintenant se passer de nourriture avec un certain réconfort, du moment que Zéro avait disparu.

En fin d'après-midi, il se trouva à la porte de la boutique de Mr. Godall. Complètement affaibli par son long jeûne, sans presque savoir ce qu'il faisait, il ouvrit la porte vitrée et entra.

– Ha ! dit Godall, monsieur Somerset ! Eh bien, avez-vous rencontré une aventure ? Avez-vous l'histoire promise ? Asseyez-vous, je vous prie ; permettez-moi de vous choisir un cigare spécial de ma propre marque. Et, en guise de remerciement, racontez-moi votre histoire dans votre meilleur style.

– Non, pas de cigare pour moi, dit Somerset.

– Vraiment ! dit Mr. Godall. Mais à vous regarder de plus près, je m'aperçois que vous n'êtes plus le même. Mon pauvre enfant, rien de grave, j'espère ?

Somerset fondit en larmes.

Épilogue
au « Divan du Cigare »

UN JOUR de décembre de l'année dernière, alors que la pluie tombait à verse, entre neuf et dix heures du matin, Mr. Edward Challoner, à l'abri de son parapluie, se fraya un chemin jusqu'à la porte du Divan du Cigare, Rupert Street. C'était un endroit où il ne s'était rendu qu'une seule fois dans le passé, le souvenir de ce qui avait suivi cette visite et la peur de Somerset lui ayant ôté toute envie d'y retourner. Même à présent, il regarda à l'intérieur avant d'entrer, mais il n'y avait aucun consommateur.

Le jeune homme, derrière le comptoir, était tellement appliqué à écrire dans un petit carnet de quatre sous qu'il ne remarqua pas l'arrivée de Challoner. À mieux le regarder, ce dernier crut le reconnaître.

« Que diable ! pensa-t-il, pas d'erreur, on jurerait Somerset ! »

Bien que ce fût là l'homme même qu'il avait si soigneusement cherché à éviter, sa place inexpliquée à la réception de la clientèle transforma son aversion en curiosité.

– *Qu'une opulente rotonde couronne les cieux*, se répétait l'employé, du ton de quelqu'un qui étudie l'effet produit par un vers. Je crois qu'on ne pourrait pas dire : *Que ronde une rotonde*... et pourtant, comme ce serait beau ! *Que ronde une rotonde couronne les cieux*. Voilà bien la rigueur poétique ; on trouve un bel effet, et le non-sens vient constamment troubler le sens.

– Somerset, mon cher ami, dit Challoner, est-ce là un déguisement ?

– Quoi ? Challoner ! s'écria l'employé. Je suis ravi de te voir. Un instant, que je finisse les quatrains de mon sonnet. Seulement les quatrains.

Et, hochant la tête en signe d'amitié, il se replongea dans le commerce des Muses.

– Dis-moi, reprit-il bientôt en levant les yeux, tu sembles magnifiquement bien conservé : qu'en est-il des cent livres ?

– J'ai fait un petit héritage d'une grand-tante au pays de Galles, répondit Challoner modestement.

– Ah ! dit Somerset, je doute beaucoup de la légitimité de l'héritage. À mon avis, l'État devrait le saisir. Je traverse en ce moment une phase de socialisme et de poésie, ajouta-t-il en manière d'excuse, comme quelqu'un qui parlerait d'une cure thermale.

– Et tu es vraiment le responsable de... l'établissement ? demanda Challoner, évitant habilement le mot « boutique ».

– Un vendeur, monsieur, un simple vendeur,

répondit l'autre, fourrant son poème dans sa poche. J'aide le Vieux, le Vieux *dans toute sa gloire*, comme dirait l'hymne national ! Je peux t'offrir un cigare ?

– C'est que... je n'aime guère... commença Challoner.

– Sottises, mon cher ! s'écria l'employé. Nous sommes très fiers de notre affaire ; et laisse-moi te dire que le Vieux, outre qu'il est la plus illustre des créatures en ce qui concerne la morale, est littéralement sorti de la cuisse de Jupiter. *De Godall, je suis le fervent**. Il n'y a qu'un seul Godall... À propos, ajouta-t-il, tandis que Challoner allumait son cigare, qu'est-ce que ça a donné, le métier de détective ?

– Je ne m'y suis pas essayé, dit Challoner sèchement.

– Ah bon, moi si, répliqua Somerset, et j'ai fait des bêtises inouïes. J'ai perdu tout mon argent et je me suis rendu odieux et ridicule. On ne voit pas le dessous des cartes dans cette affaire, Challoner ; dans n'importe quelle affaire, en fait. Il faut y croire, ou du moins faire comme si. D'où l'infériorité reconnue du plombier, ajouta-t-il, car personne ne pourrait croire au métier de plombier.

– *À propos**, demanda Challoner, tu fais toujours de la peinture ?

– Pas en ce moment, répondit Paul, mais je songe à apprendre le violon.

Le regard de Challoner, qui n'avait cessé d'aller et venir depuis que le métier de détective avait été mentionné, se posa alors sur les colonnes du journal du matin, qui était étalé sur le comptoir.

– Parbleu ! s'écria-t-il, voilà qui est étrange !

– Qu'est-ce qui est étrange ? demanda Paul.

– Oh, rien, répondit l'autre, sauf que j'ai connu un jour quelqu'un qui s'appelait M'Guire.

– Moi aussi ! s'écria Somerset. Il est question de lui ?

Challoner lut ce qui suit :

« MORT MYSTÉRIEUSE À STEPNEY – On a procédé hier à une enquête pour déterminer la mort de Patrick M'Guire, désigné comme charpentier. Le Dr Dovering a déclaré que depuis quelque temps il soignait au dispensaire le défunt qui souffrait d'insomnie, de perte d'appétit et de dépression nerveuse. Sa mort n'avait aucune cause apparente. Il pensait que le défunt s'était laissé mourir. Il avait tendance à boire, ce qui avait certainement précipité sa mort. Il se plaignait de fièvre intermittente, mais le témoin n'avait jamais pu déceler de maladie véritable. Il n'avait, à sa connaissance, aucune famille. Le témoin le considérait comme quelqu'un qui n'avait pas toutes ses facultés, qui se prétendait membre et victime d'une société secrète. S'il devait donner un avis, il dirait que le défunt était mort de peur. »

– Et le médecin aurait raison, s'écria Somerset. Mon cher Challoner, je suis tellement soulagé d'apprendre son décès que je vais... Eh bien, après tout, ajouta-t-il, le pauvre diable, il a eu ce qu'il méritait.

À cet instant, la porte s'ouvrit et Desborough apparut sur le seuil. Il était enveloppé dans un long imperméable auquel il manquait quelques boutons. Ses chaussures étaient imprégnées d'eau, son chapeau était graisseux d'avoir beaucoup servi. Mais il avait, malgré tout, l'air d'être extrêmement content de son sort. Les deux autres l'accueillirent par de vives exclamations de surprise.

– Tu as essayé de faire le détective ? demanda Paul.

– Non, répondit Harry. Enfin si, en fait : à deux reprises, et j'ai été repéré les deux fois. Mais je croyais que j'allais trouver ma... ma femme, ici ? ajouta-t-il, à la fois fier et confus.

– Quoi ? Tu es marié ? s'écria Somerset.

– Oui, oui, dit Harry, ça fait longtemps, au moins un mois !

– Besoin d'argent ? demanda Challoner.

– C'est bien là le pire ! reconnut Desborough. On est fauchés comme les blés. Mais le prin..., Mr. Godall va faire quelque chose pour nous. C'est ce qui nous amène.

– Qui est Mrs. Desborough ? demanda Challoner, du ton d'un homme du monde.

– C'était une demoiselle Luxmore, répondit Harry. Vous deux, vous allez sûrement la trouver sympathique, car elle est beaucoup plus intelligente que moi. Et puis, elle raconte des histoires formidables, mieux qu'un livre.

À ce moment précis, la porte s'ouvrit et Mme Desborough entra. Somerset poussa un cri en reconnaissant la jeune femme de la Demeure Superflue ;

Challoner recula d'un pas et laissa tomber son cigare en apercevant l'enchanteresse de Chelsea.

– Quoi ! s'écria Harry, vous connaissez donc tous les deux ma femme ?

– Je crois l'avoir vue, déclara Somerset, un peu excité.

– Je crois avoir rencontré ce monsieur, dit Mrs. Desborough d'une voix douce, mais je ne me rappelle pas où.

– Non, moi non plus ! s'écria Somerset avec chaleur. Je n'ai aucune idée – impossible de me souvenir – de l'endroit où cela a pu se produire. Vraiment, continua-t-il avec toujours plus d'insistance. Je crois qu'il est hautement probable qu'il s'agit d'une erreur.

– Et toi, Challoner, demanda Harry, tu as semblé aussi la reconnaître ?

– Ce sont deux de tes amis, Harry ? intervint la jeune femme. Enchantée, vraiment. Je ne me rappelle pas avoir rencontré Mr. Challoner.

Challoner avait le rouge aux joues, peut-être pour avoir cherché à tâtons son cigare sur le sol.

– Je ne me rappelle pas avoir eu ce plaisir, répondit-il d'une voix altérée.

– Eh bien, et Mr. Godall ? demanda Mrs. Desborough.

– C'est vous la dame qui a rendez-vous avec le Vieux... commença Somerset.

Il s'arrêta en rougissant.

– ... Parce que si c'est ça, reprit-il, j'avais la consigne de vous annoncer tout de suite...

L'employé souleva un rideau, ouvrit une porte et

pénétra dans un petit pavillon qui avait été ajouté à l'arrière de la maison. La pluie faisait entendre sa mélodie sur le toit. Les murs étaient couverts de cartes, d'estampes et de quelques ouvrages de référence. Sur une table, se trouvait une carte à grande échelle représentant l'Égypte et le Soudan, une autre le Tonkin, où l'avancée des différentes guerres était suivie jour après jour grâce à des épingles de couleur. L'odeur légère et revigorante du tabac le plus délicat flottait dans l'air. Un feu de bûches de résineux à la flamme claire, et non de charbon nauséabond, crépitait sur des chenets d'argent. À l'intérieur de cette pièce élégante et simple, Mr. Godall était absorbé dans une méditation matinale, contemplant calmement le feu et écoutant la pluie chanter sur le toit.

– Ah, mon cher Somerset, dit-il, avez-vous depuis la nuit dernière adopté quelque nouveau principe politique ?

– La dame, monsieur, dit Somerset, rougissant de nouveau.

– Vous la connaissez, je crois ? répondit Mr. Godall.

Et comme Somerset répondait par l'affirmative, il reprit :

– Excusez-moi, mon cher, si je vous fais une suggestion. Je crois qu'il n'est pas improbable que cette dame souhaite oublier totalement le passé. D'un gentleman à un autre, il est inutile de s'étendre davantage.

Un instant après, il avait accueilli Mme Desborough avec cette courtoisie grave et touchante qui lui allait si bien.

– Je suis heureux, madame, de vous accueillir dans ma modeste demeure, dit-il, et je le serai plus encore si ce qui pourrait n'être pour moi que politesse stérile et plaisir égoïste se révélait un bienfait appréciable pour vous et Mr. Desborough.

– Votre Grandeur, répondit Clara, il me faut commencer par vous remercier. Cela est bien conforme à ce que j'ai appris sur vous, que vous embrassiez ainsi la cause des malheureux. Quant à mon Harry, il mérite tout ce que vous pourrez faire pour lui.

Elle marqua une pause.

– Et vous ? suggéra Mr. Godall – c'est ainsi que vous alliez continuer, je pense ?

– Vous allez au-devant de mes pensées, dit-elle. Moi, c'est différent.

– Je ne suis pas ici pour porter un jugement sur les hommes, dit le prince, encore moins sur les femmes. Je suis désormais un simple citoyen, comme vous-même et des millions d'autres gens. Mais je suis toujours celui qui combat aux côtés des humbles. Or, madame, vous savez mieux que moi, et Dieu le sait mieux que vous, ce que vous avez fait contre l'humanité dans le passé ; je ne m'arrête pas à vous le demander. Ce qui me préoccupe, c'est l'avenir, c'est pour l'avenir que j'exige la sécurité. Je n'accepterai pas volontiers d'armer le bras d'un combattant déloyal, ni de remettre en possession de sa fortune un fauteur d'une guerre barbare. Je parle sévèrement et, cependant, je pèse mes mots. Je ne cesse de me dire que vous êtes une femme, et une voix ne cesse de me rappeler les enfants dont vous avez risqué la vie, que vous auriez pu mutiler. Une femme, répéta-t-il solennellement... et des enfants. Peut-être, madame, lorsque vous serez mère vous-même, sentirez-vous la pointe acérée de cette contradiction. Peut-être, lorsque vous vous agenouillerez le soir près d'un berceau, une crainte descendra-t-elle sur vous, plus lourde que toute honte, et quand votre enfant sera soumis à la souffrance et au danger que représente la maladie, hésiterez-vous à vous mettre à genoux devant votre Créateur.

– Vous considérez la faute, dit-elle, et non l'excuse. Votre cœur a-t-il jamais battu au récit de quelque oppression ? Mais non, hélas ! Vous êtes né sur un trône.

– Je suis né d'une femme, dit le prince. Je suis né des douleurs de ma mère, démuni comme un roitelet, semblable aux autres nourrissons. Voilà ce que vous avez oublié et dont je me souviens toujours fidèlement. N'est-ce pas l'un de vos poètes anglais qui jetait les yeux autour de lui sur le monde et voyait d'énormes retranchements, d'innombrables troupes en train de manœuvrer, des navires de guerre sur la mer et une grande poussière de combats sur la côte ? Comme il cherchait anxieusement quelle pouvait être la cause de tant de préparatifs douloureux, il aperçut enfin, au centre de tout cela, une mère et son enfant. Telle est, madame, ma ligne politique ; et ces vers, qui sont de Coventry Patmore, je les ai fait traduire dans la langue de Bohême. Oui, telle est ma ligne politique : changer ce que nous pouvons changer, améliorer ce que nous pouvons améliorer ; mais toujours se rappeler que l'homme n'est qu'un démon faiblement enchaîné à des convictions et à des tâches généreuses, et ne relâcher en aucun cas la rigueur de ces liens, ni pour une parole, quelque noble qu'elle semble, ni pour une cause, quelque juste et pieuse qu'elle soit.

Il y eut un instant de silence.

– Je crains, madame, reprit le prince, de ne parvenir qu'à vous ennuyer. Mes objectifs sont conventionnels, comme moi, et comme moi ils commencent à vieillir. Mais je dois encore vous prier de me répondre.

– Je ne peux dire qu'une chose, dit Mrs. Desborough : j'aime mon mari.

– C'est une bonne réponse, répliqua le prince, et vous mentionnez là une bonne influence, mais une influence ne doit pas nécessairement se terminer avec la vie.

– Je ne veux pas jouer les orgueilleuses devant un homme tel que vous, répondit-elle. Qu'exigez-vous de moi ? Non pas des déclarations emphatiques, j'en suis sûre. Que vous dirai-je ? J'ai commis trop d'actes indéfendables que je ne referai pas. Puis-je dire autre chose ? Oui, je peux dire ceci : je ne me suis jamais laissé abuser par les contes de fées embrouillés de la politique. J'étais du moins disposée à faire face aux représailles. Tout en organisant la guerre moi-même – ou le meurtre, si vous choisissez le terme le plus clair –, je n'ai jamais accusé mes adversaires d'être des assassins. Je n'ai jamais éprouvé ni simulé une juste horreur quand ma vie était mise à prix par ceux que j'attaquais. Je n'ai jamais traité un policier de mercenaire. Bref, j'ai peut-être été une criminelle, jamais une imbécile.

– Assez, madame, répondit le prince, en voilà plus qu'assez ! Vos paroles sont très réconfortantes pour mon âme ; car, à notre époque où même l'assassin est un sentimental, il n'est pas de vertu plus grande à mes yeux que la clairvoyance intellectuelle. Souffrez, par conséquent, que je vous demande de vous retirer. Car cette sonnerie m'annonce que ma vieille amie, votre mère, est toute proche. Je vous promets de faire tout mon possible pour vous auprès d'elle.

Tandis que Mrs. Desborough retournait dans le fumoir, le prince faisait entrer Mrs. Luxmore par une porte donnant de l'autre côté.

– Madame et très chère amie, dit-il, mon visage est-il si changé que vous ne reconnaissiez plus le prince Florizel en la personne de Mr. Godall ?

– Mais bien sûr ! s'écria-t-elle, le regardant à travers son pince-nez. J'ai toujours considéré Votre Grandeur comme un homme parfait, et dans la mauvaise situation où vous vous trouvez, que j'ai apprise avec un profond regret, je vous supplie de croire que mon respect n'en est que plus grand.

– C'est ce que j'ai découvert avec mes relations, dans toutes les classes sociales. Mais, madame, asseyez-vous, je vous en prie. Ce que j'ai à vous dire est d'un genre délicat et concerne votre fille.

– Dans ce cas, dit Mrs. Luxmore, vous pouvez vous épargner la peine de parler, car j'ai bien décidé de n'avoir plus rien à faire avec elle. Je ne veux pas entendre un seul mot en sa faveur. Mais comme je ne place rien au-dessus de la vertu de la justice, je crois qu'il est de mon devoir de vous expliquer les raisons que j'ai de me plaindre. Elle m'a abandonnée, moi, sa protectrice naturelle. Pendant des années, elle s'est associée aux personnes les moins honorables. Et pour comble de scandale, elle vient de se marier. Je refuse de la voir, elle, aussi bien que l'être à qui elle a lié sa vie. Cent vingt livres par an : voilà ce que je lui ai toujours offert ; voilà l'offre que je lui renouvelle. C'est ce que j'avais moi-même quand j'avais son âge.

– Très bien, madame, dit le prince, qu'il en soit ainsi ! mais pour aborder un autre sujet : quel était le revenu du révérend Bernard Fanshawe ?

– Mon père ? demanda la vieille dame pleine d'entrain. Je crois qu'il avait sept cents livres par an.

– Vous n'étiez pas fille unique, poursuivit le prince...

– Quatre filles. Nous étions quatre filles. Et quoi qu'il m'en coûte de le reconnaître, on ne pourrait guère trouver de famille plus détestable en Angleterre.

– Mon Dieu, s'écria le prince. Et vous, madame, vous avez un revenu de huit mille livres ?

– Pas plus de cinq mille, répondit la vieille dame, mais où diable voulez-vous m'entraîner ?

– À une rente de dix mille livres par an, reprit le prince en souriant. Je ne saurais supporter que vous preniez votre père en exemple. Il était pauvre, vous êtes riche. Sa pauvreté était souvent mise à contribution, votre fortune jamais. Et même, si vous me permettez, madame, d'effleurer ce sujet de la pointe d'une aiguille, il n'y a qu'un seul point commun à vos deux situations : chacun de vous avait une fille plus remarquable par sa vivacité que par son sens du devoir.

– J'ai été prise au piège dans cette maison, dit la vieille dame en se levant. Mais cela ne servira à rien. Tous les marchands de tabac d'Europe ne...

– Ah, madame ! l'interrompit Florizel. Avant ce qu'il est convenu d'appeler ma chute, vous n'utilisiez pas un tel langage. Et puisque vous désapprouvez tellement le métier ordinaire qui me permet de vivre, laissez-moi vous donner un conseil d'ami. Si vous ne voulez pas consentir à subvenir à l'entretien de votre fille, je me verrai dans l'obligation de placer cette jeune femme derrière mon comptoir où, je n'en doute pas, elle se révélera très séduisante ; votre gendre aura une livrée, et il fera les courses. Avec des jeunes gens de leur espèce, mes affaires pourraient doubler et je serais peut-être contraint par simple reconnaissance d'inscrire le nom de Luxmore à côté de celui de Godall.

– Votre Grandeur, dit la vieille dame, j'ai été très impolie et vous êtes très habile. Je suppose que la coquine est dans les parages. Faites-la venir.

– Observons-la plutôt sans qu'ils nous voient, dit le prince.

Ce disant, il se leva et tira doucement le rideau.

Mrs. Desborough était assise et leur tournait le dos. Somerset et Harry étaient suspendus à ses lèvres, extraordinairement intéressés ; Challoner, prétextant quelque affaire, s'était depuis longtemps éloigné du voisinage détesté de l'enchanteresse.

– À ce moment-là, disait Mrs. Desborough, Mr. Gladstone découvrit les traits de son lâche assaillant. Un cri monta à ses lèvres, un cri de triomphe mêlé...

– Ça, c'est Mr. Somerset, s'écria la vieille dame d'une voix suraiguë. Monsieur Somerset, qu'avez-vous fait de mes biens ?

– Madame, dit le Prince, laissez-moi le soin de vous l'expliquer et, en attendant, accueillez votre fille.

– Eh bien, Clara, comment vas-tu ? dit Mrs. Luxmore. Il semble que je doive te verser une rente. Tant mieux pour toi. Quant à Mr. Somerset, je suis tout à fait prête à entendre ses explications, car toute l'affaire, bien que coûteuse, a été éminemment drôle. En tout cas, ajouta-t-elle en désignant Paul de la tête, c'est un jeune homme pour qui j'ai beaucoup d'affection, et ses tableaux étaient les plus amusants que j'aie jamais vus.

– J'ai commandé une collation, dit le prince. Monsieur Somerset, comme toutes ces personnes sont de vos amis, je suggère, si vous le voulez bien, que vous preniez place avec eux autour de la table. Je vais m'occuper de la boutique.

Table des matières

LES NOUVELLES MILLE ET UNE NUITS
Première livraison 1882

Le Club du suicide

Le Diamant du rajah

Le Pavillon sur la lande

Un logis pour la nuit :
Histoire de François Villon

La Porte du sire de Malétroit

La Providence et la Guitare

LES NOUVELLES MILLE ET UNE NUITS
Deuxième livraison 1885

Le Dynamiteur

Achevé d'imprimer par N.I.I.A.G.
en Avril 2004
pour le compte de France Loisirs, Paris

N° éditeur : 40503
Dépôt légal : Avril 2004
Imprimé en Italie